由南开大学中外文明交叉科学中心资助出版
南开大学中外文明交叉科学中心文明互鉴系列

古希腊文明史刍论

一位古史研究者的学路历程

On the History of
Ancient Greek
Civilization

杨巨平————著

江苏人民出版社

图书在版编目(CIP)数据

古希腊文明史刍论:一位古史研究者的学路历程 /
杨巨平著. 一南京:江苏人民出版社,2024.1
  (南开大学世界古史论丛)
  ISBN 978 - 7 - 214 - 27832 - 6

  Ⅰ . ①古… Ⅱ . ①杨… Ⅲ . ①文化史一研究一古希腊
Ⅳ . ①K125

中国国家版本馆 CIP 数据核字(2023)第 003529 号

书　　　名　古希腊文明史刍论——一位古史研究者的学路历程
著　　　者　杨巨平
责 任 编 辑　王　溪
责 任 监 制　王　娟
装 帧 设 计　刘　俊
出 版 发 行　江苏人民出版社
地　　　址　南京市湖南路 1 号 A 楼,邮编:210009
照　　　排　江苏凤凰制版有限公司
印　　　刷　南京新洲印刷有限公司
开　　　本　652 毫米×960 毫米　1/16
印　　　张　35.75　插页 4
字　　　数　480 千字
版　　　次　2024 年 1 月第 1 版
印　　　次　2024 年 1 月第 1 次印刷
标 准 书 号　ISBN 978 - 7 - 214 - 27832 - 6
定　　　价　151.00 元

(江苏人民出版社图书凡印装错误可向承印厂调换)

"南开大学世界古史论丛"总序

南开大学历史学科即将迎来建立百年的日子,为纪念这一重要时刻,特推出"南开大学世界古史论丛"。作为南开大学世界史学科发展的重要学科领域,世界上古中古史学科方向经几代学者的不懈努力,不仅培养了大批学有专长的后备人才,而且取得了显著的科研成果。在世界上古中古史学科发展的历史上,涌现出蒋廷黻(曾开设欧洲文艺复兴史)、雷海宗、黎国彬、辜燮高、陈楠、王敦书、于可、李景云等蜚声国内外的老一辈学者群体,他们的弟子遍及海内外,也为其后以陈志强、杨巨平和王以欣等学者为代表的学科中坚力量的发展打下了坚实的学术基础。

改革开放以来,本学科优势持续发扬光大,呈现出令人可喜的局面,形成了西方古典史、拜占庭史、希腊化史、古代中西交流史、古埃及学等诸多国内领先的研究领域,在国内外学界的影响力持续增强。作为南开大学世界史学科重要的组成部分。世界上古中古史学科方向建立了南开大学希腊研究中心(教育部国别和区域研究备案中心)、西方古典文明研究中心、东欧拜占庭研究中心、丝路古代文明研究中心等学术机构,承担国家社科基金重大项目及以下各级别研究课题多项,培养了数以百计的硕士和博士生,他们已经成为国内各高校和科研机构的骨干力量。

为了继承和发扬传统、回顾和总结经验和成果、激励后学,在学院和学校各级领导大力支持下,我们决定共同努力,收集整理南开大学世界史老中青三代教师们的相关成果,编辑和出版"南开大学世界古史论丛"。该论丛以马克思主义历史唯物论为指导,突出学术性,展现南开大学世界上古中古史研究的实力,并向南开大学历史学科百年生日献上一束花,祝愿学科发展再上层楼。

序：我的艰难为学之路

以下是 2020 年 10 月 15 日我在南开大学历史学院"说出你的学问"讲座上的一个谈话，面对的是在校的本科生、研究生。按照邀请方的安排，主要是谈个人求学和治学的经历、体会。现在这本书也是自己学术生涯各个起步阶段的一个回顾，二者颇有吻合之处，或可相互补充，加深读者的理解，尤其是引起同代人的共情。因此，稍加整理，呈现给大家，权以为序。①

一、求学经历

我个人求学有一个特点，就是断断续续，艰难而漫长，可以说终生都在上学。我们是属于 20 世纪 50 年代初出生的人，是生在新中国、长在红旗下的一代。我们这代人的经历都比较坎坷。1966 年"文化大革命"爆发，当时我刚刚结束小学生涯，还有幸参加了县里的初中考试选拔。那时全县才招 300 多人，我很幸运考上了，还到学校报到，所以就算一个初中生。初中这三年正值"文化大革命"的初始阶段，一是搞"革命大串联"，再是后来学农学工，到农村、工厂去劳动，真正的学习时间很少，但有些课程在复课之后还是开了。我记得，语文课就学毛主席诗词和"毛选"，早晨朗读就读"毛选"四

---

① 此文稿由学生赵团团博士根据录音整理，我做了最后的修订。

卷,数理化只有数学可能还上了一个学期,代数稍学了一点,物理、化学、外语根本就没有上,生物就是到农场里劳动。1966—1969 年,主要就是参加"文化大革命",3 年很快就稀里糊涂过去了。1969 年 5 月,我们是最后一届走出中学校门的,前几届的同学毕业时,还有师生敲锣打鼓欢送,到了我们这一届,学校没有学生了,只有食堂的大师傅拿着锣鼓,站在校门口随便敲了几下,算是为我们送行,之后那所学校就空了。对于我们来说,求学生涯就等于中断了,回到农村成了纯粹的农民。我们都以为再没有上学的机会了,没有想到"文革"结束,1977 年开始恢复高考,我们这些人还能够再去考大学。

但是那一年我没有参加高考,我这个年龄还能考吗? 当时我已成家,心里没底,也没有勇气去试。后来一看能考,而且有的考生就是我辅导过的,居然也考得不错。他们敢考,我为什么不去一试? 所以,我是第二年考的,算是 78 级,但实际上和 77 级同年入学,同年毕业,先后只差半年。77、78 级这两届的学生比较特殊,我的同学中有的是"文革"前的最后一届老高三,还有刚刚高中毕业的应届生。当时实行的是小学、初中、高中九年制,同学中年龄最小的只有 16 岁。这些阅历、年龄差别如此巨大的同学要在一个环境中学习,心理落差可想而知,但是我们都有一个共同的愿望,就是要把失去的青春赶回来。我们那时都在拼命地学习,为实现"四化"而读书。"再过二十年,我们来相会",对未来充满了憧憬和希望。

我上大学的时候 25 岁,毕业后工作了 3 年,1985 年读研究生,这时我已 32 岁了。你们到这个年龄博士都早毕业了,但是我才刚读研究生。之后,又工作了许多年才读博士,是在职博士,1996 年入学,到 2001 年获得学位,也够长了。我一直是个大龄新生,之所以读博,就是当时的形势所迫。因为我在大学当老师,而且还担任山西大学历史系的主任,当时我们提了一个所谓的"十博士工程",鼓励在职的老师们读博士,而自己还不是,那我也不能落后啊。所以,我当时就到北京师范大学读的博士。

前面耽搁，上大学就迟，有时代的原因，但是后来为什么大学毕业就去工作，没有继续深造，说到底还是一种特殊的环境造成的。需要先生存再发展，因此只好先工作，等工作了三年以后，感觉不行，还是要再读研究生。本来我在咱们南开大学读研究生，是有机会留校的，我的导师王敦书先生当时极力挽留我，但我情况特殊，还是想先解决全家的生存问题，于是，就回到山西大学工作了16年。2004年，我重新回到南开大学，一直工作到现在。

求学经历漫长而艰难，当然不是虚度年华。总体看来，大概从小学开始，我就一直是一个勤奋优秀的学生。在小学六年级的时候，老师为了提高中考升学率，就把班上的学生按学习排队，最好的坐在前面，我的座位就在前排第一桌。到了中学以后，尽管停课闹"革命"，但我痴心不改，感觉即使是"文化大革命"，是学生，仍然要学习。这段时光我还看了些古文。我古文有点基础，就是从那个时候打下的。后来上大学就更不用说了，拼着命学。所以我现在常常对我的博士生说，你们如今一天学习12个小时，大概才能跟我们那个时候差不多。从早上6点到晚上11点，中间除了吃饭和午休，其余时间都是在学习，午休就是打个盹。在南开读研究生的时候，我常常是上午提一个饭盒出去，一直到晚上11点多才回宿舍，剩下的时间全在教室、图书馆和教研室。当时我们世界古代史教研室有一个大桌子，中午就在上面枕上几本书稍微躺一下。当然，事倍功半，那个办法也不可取，不过至少说明我还是很努力的。

我为什么学历史，这与高考成绩有关。高考结束，我的历史分数在五门考试科目中是最高的，因此，就报了历史专业。上了大学，第一学期，没想到我的世界古代史成绩竟在全班名列前茅，这激起了我的学习兴趣，后来就把世界古代史作为自己的研究方向了，到准备毕业论文时，全班仅我一人在写世界古代史的学位论文，题目是《伯里克利与雅典民主政治》。也就是说，一个偶然的机缘，我就学了历史，而且有了方向。大学毕业后我来到现在的山西师范大学工作，还是从事世界古代史的教学和研究。

我再说一段小插曲。我上大学的时候，要写毕业论文，就将伯里克利作为研究的重点。"古希腊史的内部极盛时期是伯里克利时代，外部极盛时期是亚历山大时代"（马克思语），所以，这两个时代都是我的关注点，这两位代表人物也是我一生学术研究的重点。但起步是从伯里克利开始的。当时我所知道的第一手资料就是英文版《伯里克利传》，这是普鲁塔克《名人传》（直译为《平行传》，国内也有译为《希腊罗马名人传》）中的一篇。其实，当时山西大学就有一套"罗叶布古典丛书"（Loeb Classical Library），其中就有《名人传》，可是我并不知道，学校也没有老师告诉我有这本书。因此，我就赶到北京，利用实习机会，天天待在北海的北京图书馆（现国家图书馆古籍馆）把普鲁塔克的书找出来抄。某天，旁边有位老者见我老在抄，就问我为什么。我说我是外地的，这本书我回去就看不成了，我也不能借，怎么办，就只能抄。这位老先生说，楼下就有复印机，复印一下不就行了。我才知道还有复印这样的好事。除了普鲁塔克的《伯里克利传》，还有《不列颠百科全书》的 Pericles 词条，我或是复印或是抄写带了回来。

回到学校以后怎么办？要想了解它就要能读懂能翻译。但当时我是从大学才开始学的英语。"文革"期间没能学英语，我们初中那一届两个班，原来计划一个班学俄语，一个班学英语。我是属于学英语的那个班，《毛主席语录》本来发的也是英文版的，可我一个字都不认识，因为从来没有人教过我们。"文革"后考大学时，我们是不考外语的，外语免试，要考外语我什么学校也进不了。到了大学，我拼命学外语。虽然没什么基础，但我知难而进。当时我们的外语课有初级班、高级班。我是在初级班从零开始，学了一年以后，我就感觉和高级班的同学不相上下了。大学英语的教材，我也是提前学，后面的两册还没有上，我就把它看完了。所以，到了写毕业论文的时候已经可以看些英文材料了。从北京把资料带回后，我就开始翻译，翻译了三个多月，初稿有三四万字。当时主要是给本科毕业论文作资料的。等到我考王敦书先生研究生的时候，我就给他寄了初稿。王先生一看很高兴，经他审校后，就推荐到内蒙古大学胡钟达老先生主编的《世界古代史译文集》发表了。这是我第一次发表作品。没有想到，偶然间就走了这么一条道。

总之，求学期间，确实是非常艰难，但是一路走来，不敢说有多么辉煌，总是在一步步努力向前。就是现在，虽然已是暮年，但还是壮心不已，老骥伏枥，志在千里。不过，毕竟岁月不饶人，力不从心了。我也曾感慨，现在的我们已经没有回旋余地了，而你们是早晨八九点钟的太阳，朝气蓬勃，未来前途无量。

二、治学经历

治学，就是自己开始做点学问了。当然前面也谈了一些，就是说从本科生开始，我对世界古代史产生了兴趣，撰写学位论文过程中，查阅翻译了很多资料，这也是一种学术训练。那个时候读书如饥似渴，我主要借阅世界史方面的书籍，不过当时图书馆馆藏的专业书并不多，绝大多数是"文革"前出版的，"文革"后的即使有也很少。我就把此前出的书，包括希罗多德的《历史》、修昔底德的《伯罗奔尼撒战争史》等与古希腊史有关的书都看了，做了笔记。本科阶段我打好了两个基础，一个是外语，一个是专业知识。英语我是从零开始到能翻译一点原文。我开始翻译时是大学四年级，实际学习英语就三年时间。当时翻译原文，就是蚂蚁啃骨头，大量单词都不认识，就靠查词典。好在我对汉语语法比较熟悉，别人是用英语语法套中文，我是用中文语法套英语，结果一套还套对了，主谓宾、定状补，我全把它搞清楚了。不过，当时我的词汇量大概也就两三千个，面对的却是英国大文豪德莱顿领衔、从古希腊语翻译为英语的《名人传》（the Dryden Translation，非罗叶布古典丛书版本）。这个版本的英语译文好像是一种仿古式翻译，用的是莎士比亚时代的那种古色古香的英文，所以读起来很困难，很多单词都得查，查还不一定查得到，但是我最后硬把它啃下来了。

本科毕业后，我到山西师范大学历史系去做助教。那个时候一去就要上台讲课，所以就要备课，写教案。当时我想，这上课可不简单，要站好讲台那了不得。备课的时候我把图书馆仅有的与世界古代史有关的参考资料，统统找到，做了卡片，然后在这个基础上开始编写讲义。这个准备过程对我在1985年考研有很大帮助。当时要考一门"古希腊史"，还有一门"通史基础"。这些考试内容都和自己的前期备课有关。另外，为什么考研时候，我的英语还能过去，而且成绩还不错，因为我把基础打牢了。当时兴起一股出国风，我就赶快买了个录音机，苦练听力口语，遗憾的是没有上过专门的外语培训课。没有想到三年后，我南开大学也考上了，美国田纳西州立大学的省内出国名额也考上了，在这种两难境地下，我决定来南开大学，我感觉这个决定应该说还是一个明智的选择。因为留学只有一年时间，是进修性质的，到时必须回去；而我到南开来是攻读学位的，将来在哪儿工作还不一定。山西师大的校系领导对我很理解也很支持，临行前给我特别补助。这也是我对山西师大非常感恩的原因之一。前年（2018年）山西师大校庆，邀请我回去，在历史学院做一场学术报告，院长非要给我讲课费，我坚决不要。我说我是从这个地方走出去的，当年我在这里，是我人生中最愉快的时光，这是我给原单位的回报。其实，我在那里只待了三年，我也不是那里的学生，我就是个青年老师，但是我对那里的印象特别好。那个时候学校人文环境真好，风清气正，大家互相关心，宽容理解。现在回顾起来，还是令人神往的。

在研究生期间，我很早就确定了研究方向，就是"希腊化时代"。因为当时爱琴海文明、古风时代、古典时代，国内都有人在做，后来我想希腊化时期好像没人做。我翻了一下，20世纪50年代武汉大学吴于廑先生写过两篇关于希腊化的文章，其他的我真还没有找到。我想，我就做它，从此以后我和希腊化就结了缘，缘分还很深很长，一直延续到现在。

读研期间，我在外语学习上投入了大量的时间和精力。1986年春天，王敦书先生送我到四川大学卢剑波老先生那里学希腊语。后来，老先生重病住院，我在医院还陪了他一段时间。老先生教得很认真，一句一句读，说你只要把这本教材读完，就可以达到希腊语的初中水平，其实现在看来根本达不到。当时我们在老先生家内上课，还是挺温馨的。但是难度也确实很大，总体来说还学了一点，我这个希腊语入门就是从那里开始的。再一个是英语，这个时候英语学习主要是阅读和口语、听力。在当时的南开大学，国际交流非常活跃，历史系有三四个外教，他们给本科生和研究生上课。我记得，我们有两三门课都是外教上，用英语讲课，学生要听得懂。可我根本听不了，那就练啊！我们同学中有外语系毕业的，人家给我们翻译，我们在下面听，后来慢慢就不需要翻译了，能够听一部分了。另外，我们还有很多机会与外教交往，在食堂一块吃饭，一块活动，也是一种训练。研究生期间，我还学过拉丁语，给我们上课的是天津天主教堂的一位神父。当时课本也没有，不过我还买了本拉丁语词典，一本《圣经》。

研究方向定了以后就确定硕士学位论文的题目，最后就定了"希腊化文化宏观考察"，这方面我是有经验教训的。刚开始，我的题目是"希腊化时代研究"，结果老师们一看，说这题目太大。那就缩小范围到"希腊化文化"吧，可这个也太大，最后根据王先生的指点，改成了"希腊化文化宏观考察"，就是想把基本的资料综合分析一下。严格说，这个题目也是很大的。我初稿写了大概有七八万字①，答辩时压缩到三四万字。

1988年以后，我就来到山西大学工作，当然主要是教世界古代

---

① 初稿经修订后收入本书。

史。我还想把在南开大学的研究继续做下去,就在硕士学位论文的基础上发表了系列论文。可以不夸张地说,我那篇硕士学位论文一共写了五节,连绪论是六节,但几乎每一节都发表了文章,有一个小节里还延伸发了好几篇,甚至包括我现在的研究还是硕士毕业论文的延续。究其原因,就是在读研的年代下了功夫,打好了基础。当时自我感觉良好,认为已经穷尽资料,但充其量只是国内图书馆的资料,和现在的互联网时代根本不可同日而语。

研究生期间,我在南开大学哲学系选修过一门课——欧洲哲学史,有一个作业,我毕业后进行修改补充,1993年在《历史研究》上发表了,主要依靠的还是在南开读研时期积累的资料。我将硕士学位论文中的两节内容合并整理后,1992年在《世界历史》上发表。这说明选题方向比较准,我的研究方向是国内研究的一个薄弱环节,只要写出文章来就有可能发表。

1993年,王先生在南开大学组织召开了中国世界古代史学界的第一次国际大会。我有幸参加,深有感触。外国学者说他们的那套头头是道,但是一涉及中国,我发现他们的史料功夫就不行了,有的不懂中文,也在大谈中国如何如何。我当即有了一种感悟,我们中国的世界史学者还是要把自己的研究与中国相联系,只有立足于中国,才可能在国际学界有一席发言之地。当然,我这里说的是比较研究。

因此,要根据本国的国情,根据个人情况来确定自己研究方向。我在南开大学确定的这个研究方向,我认为这影响了我的一生,可以说贯穿了我的学术生涯。

下面接着谈谈我其他的研究工作。在山西大学任教阶段,我参与了吴于廑和齐世荣两位先生主编的六卷本《世界史》中的《古代史编》上卷的撰写。大约是1992年交的稿,1994年出版。那时,我刚硕士研究生毕业,就参与了这个全国统编教材的撰写,颇有受宠若惊之感。当然我的两位老师,刘家和先生和王敦书先生是分卷主编,知道我的研究领域,但自己的研究还是要得到学术界的认可。这些都与硕士毕业论文有关。

我在这个阶段还参加了一些科研项目,如中国社会科学院世界史所施治生先生主持的"古代王权与专制主义"研究课题。除了王敦书先生的推荐,施先生是通过 1991 年我在《山西大学学报》上发表的一篇文章得知我在研究希腊化君主制的,就请我来参与该项目。后来,我还参与了施先生主持的另外一个研究项目"古代民主与共和制度",撰写的是希腊化时期的民主制残余部分,还是与希腊化研究方向有关。

前面提到,我在山西大学期间,在北京师范大学读了个博士,当时的研究方向是中外古史比较,我的导师是刘家和先生。大家都知道,刘先生德高望重,学贯中西,现在是北师大的资深教授。我想做点与中国史有关的研究,刘先生对我很理解,欣然接受了我。我后来写的博士学位论文是《古希腊罗马犬儒现象研究》,如果没有看内容,只看题目,以为我写的仍是古希腊与古罗马,其实,这篇论文有一章是专门阐述犬儒学派和中国的庄子学派的比较。最初设想的博士论文题目很大,想写古希腊古典时期、希腊化时期和中国春秋战国时期出现的两个知识群体的处世观之比较,即他们对各自社会的态度。我当时总结出来,一个是出世,一个是入世。中国的儒家是入世的,古希腊的斯多亚学派是入世的,这可以做比较;然后中国的庄子学派是出世的,希腊的犬儒学派也是出世的,是与当时社会主流背道而驰的,他们愤世嫉俗,也可以做比较。这是博士论文最开始设计的框架,开题报告也是这么谋划的。但是到了后来发现写不下去了,题目太大了,因此,只写了出世这个部分,庄子学派与犬儒学派的比较。我的专业基础是古希腊罗马史,对中国古代史并不精通,所以后来就以古希腊罗马的犬儒现象为主,但同时结合中国先秦的庄子学派进行比较。这项研究对我来说也很有用。因为师从刘先生,一定要先学好古文。《十三经注疏》、《四书五经》、"前四史"、《资治通鉴》，我都买了。然后就有选择性地读原典，特别是《左传》，当然《庄子》就更不必说，那是一定要好好读的，这是最基础的史料。原来我的古文底子发挥了作用，那时背了很多古诗，还多次读过《古文观止》，这时机会来了，我就把古文重新拾起来。我现在做的就是把中外史料结合起来，研究希腊化世界与丝绸之路的关系，这些基本功大有用处，否则现在看中文古典文献可能困难更大。所以说要感谢王敦书、刘家和这两位先生，一位是古希腊史研究的大家，引我入门；一位是中外古史比较研究的泰斗，带我进入了另外一个研究境界。

下一个阶段就是再次回到南开大学，始于 2004 年，研究的重点是希腊化时期的东西方文明互动和丝绸之路文明互动。我连续承担了三个项目，第一个是国家社科基金项目"希腊化文明与古代东西方诸文明的互动"（2005 年），第二个是教育部人文社会科学重点研究基地重大项目"丝路古国文明研究"（2011 年），第三个是国家社科基金重大项目"希腊化文明与丝绸之路"（2015 年）。这些年我主要在做这三个课题，当然还参与了其他的课题，但这三个项目可以说把我的研究范围基本限定了。

表面上看，这似乎是一个新的领域，得益于 2013 年以后国家的"一带一路"倡议。但对我而言，实际还是硕士研究生阶段研究的延续。我在撰写毕业论文时，就意识到丝绸之路和希腊化文化方面存在着某种联系，毕业论文的最后一节写到希腊化文化影响，提到两个方向：一是通过古罗马影响到近代西方文明，一是通过中亚、丝绸之路与中国文明发生了联系。硕士论文大约是 1988 年 5 月底 6 月初答辩的，其中最后一条资料用的是《光明日报》5 月 18 日刊登的一篇关于龟兹石窟的文章。

我这里想表达的是，不是有了"一带一路"这个机缘，我才开始做丝绸之路研究，而是早有准备。在这个阶段，可以说，我的学术人生似乎到了"收获的季节"。简单总结一下，一方面是在国内外重要刊物上发表了系列成果;另一方面就是自己的研究不仅得到国内学界的承认,而且在国际学术界也有了一定的影响。

总之,我的学术研究历程,可以分为两个大的阶段,第一阶段就是 1985—2003 年,这是第一个阶段,主要是希腊化文化的本体研究或者希腊化文明本身的研究;第二个阶段就是 2004 年迄今,重点是希腊化文明与丝绸之路的关系。

三、主要学术观点及研究成果

几十年的研究中,我不敢说有什么创新,只有一些不成熟的观点,一些个人的体会。主要有以下三点认识:

第一个观点,关于希腊化文化的定性:希腊化文化(Hellenistic culture),既非希腊文化的纯粹东传,也非东方因素起了决定性作用,而是希腊文化与东方文化的结合。多元、统一是其基本特征。

多元,就是指这种文化是由多个文化混合而成,其中虽然以希腊文化为主,但是它也包含波斯的、埃及的、巴比伦的、印度的、中亚游牧文明的因素。一元为主,多元并存,这是就希腊化世界而言。但就希腊化文化或文明而言,多元融合可能比较准确一些。统一是相对于多元而言。尽管文化的载体可以划分为文学、艺术、哲学、宗教、历史、自然科学等多个分支,但希腊化文化统一的特征体现于其中,主要体现在个人主义、世界主义、混合主义三个方面。这里的个人主义不是我们一般所理解的自私自利,它是体现个人为主体的那种思想。古希腊城邦社会突出公民集体,但到希腊化时期突出的是个人,不管是君王还是下面的一般臣民。

希腊文化和希腊化文化有什么不同? 其实这是两个概念,英文表达得很清楚,希腊文化,Hellenic Culture,希腊化文化,Hellenistic Culture。二者内涵不同但联系密切。希腊文化主要是指古希腊的古风、古典时期形成的本土文化,而希腊化文化则是植根于东方大地上的一种混合文化。希腊文化东传和希腊化文化东传也不相同,各有侧重。希腊文化东传是从古希腊传过来的，但希腊化文化东传是说，希腊文化和当地文化结合以后，再通过丝绸之路东传到中国或其他地区。我举个简单例子，如犍陀罗艺术。它是一种佛教艺术，但其中就有古希腊罗马文化的因素，那些希腊式的人物雕像、服饰、柱式、纹饰，甚至一些希腊罗马神话故事，在犍陀罗艺术中都有体现。犍陀罗艺术是希腊罗马古典文化和印度文化的结合，或者更准确更具体地说，是希腊化的造型艺术、宗教观念和印度佛教精神的结合，也可以说它是希腊化的一个产物，或者希腊化艺术的一个分支。犍陀罗艺术东传就意味着希腊化艺术的东传，我们在一些隋唐以前开凿的佛教石窟中就能感受到犍陀罗艺术的影响。

这是我对希腊化文化的定义，不管它是否能被学界所接受，这是我的一点心得。我现在研究的希腊化、丝绸之路和两个德国人分别都有关系。"希腊化"在近代是谁最先提出来的？是德国的历史学家德罗伊森（Droysen）；"丝绸之路"是谁最先系统提出并使其普遍接受的？是地理学家李希霍芬（Richthofen），也是个德国人。

我们不能曲解德罗伊森，过去人们在介绍德罗伊森的希腊化观点时，就称他主张亚历山大把希腊的文化带到东方去。其实，他还有一个观点，就是希腊文化到东方后，与东方文化融合，从而导致了基督教世界的出现。他的这个表述，有的我是认可的，带到东方是事实，和东方文化发生融合也是事实，把这一历史进程的结果仅仅归于基督教的诞生，我看这种说法是有问题，这是西方中心论的视角。他主要还是在强调希腊文化的传播，这就是他的文化传播论。

第二个观点，亚历山大东征和张骞通西域在丝绸之路的开通上发挥了同样重要的作用。这两个事件，一个始于公元前334年，一个发生于公元前139/138年到前126年，这是两个时间，两个节点。亚历山大东征最远抵达印度河，进军中也曾征服中亚地区。张骞通西域，也是先到中亚之地，亲历此地当时的大宛、康居、大月氏、大夏各国。可见张骞耳闻目睹的地方就是原来希腊人的统治之地，亚历山大东征和张骞通西域这两个似乎不相关的历史事件就这样有了联系。

张骞一到西域,进入中亚,就等于踏上了通往地中海的道路。从波斯帝国开始,地中海和印度、中亚之间的道路是畅通的,因为古代印度西北部和中亚的巴克特里亚地区都是波斯帝国的行省。这些地方被亚历山大占领了,也就标志着他占领了波斯帝国的全部疆土。亚历山大死后,他的部将瓜分了他的帝国,他开创的希腊化世界又存在了两三百年。这个时期,从中亚、印度到地中海,这条道路依然是畅通的,不管水路,还是陆路。张骞抵达中亚是公元前128年,距离亚历山大东征已经有200多年过去了。尽管如此,两个人干了同一件大事,即奠定了后来丝绸之路的基础。亚历山大东征把帕米尔和印度河以西的这片土地统一起来了,这就是后来丝绸之路的西线所经之地。然后,张骞来了。从长安到河西走廊,经塔里木盆地,到达中亚,这段路线他也走通了,这就是著名的"张骞西域凿空"。帕米尔以东这段,就是后来丝绸之路的东线,也就是中国境内的丝路段。2007年,我在《历史研究》上发表了一篇文章,题目为《亚历山大东征与丝绸之路开通》。此文在国内外学术界引起了一些反响。如《光明日报》发布摘要、《中国社会科学报》将全文缩写刊登、中国台湾的《历史月刊》全文转载,国外至少有4家杂志,把我这篇文章的英文修订稿分别发表。现在我把其中的一个英文修订版①上传到了国际学术网站"Academia"上,阅读点击率也是很高。原因就在于这篇文章提出了一个新的观点:亚历山大东征在丝绸之路开通上与张骞通西域一样,具有同样重要的历史地位。正是亚历山大帝国的建立,希腊化世界形成,奠定了中国文明与希腊文明在中亚相会的基础,从而使从中国到地中海的丝绸之路全线迅速贯通成为可

① Yang Juping, "Hellenistic World and the Silk Road," *Anabasis：Studia Classica et Orientalia*, 4(2013), pp. 73-91.

能。希腊化文明遗产通过丝绸之路与中国文明接触汇合，其标志就是犍陀罗艺术进入中国，随着佛教的汉化而融入了中国的传统文化洪流之中。我们现在到寺庙里面看到的那个佛陀，有可能就是从希腊的阿波罗神形象演变、改造而来。

第三个观点，丝绸之路不仅仅是一条商贸之路、文化交流之路，还是一条和平发展之路、互惠互利之路。这条始于中国的东西方交通要道，也有人称之为"丝瓷之路"，还有的说应该叫"纸张之路"，中国的纸、造纸术就是由此路传到西方的。但现在普遍接受的是以丝绸之路经过的地区特征为基础的三分法，一个是绿洲丝绸之路（Oasis Silk Road），一个是草原丝绸之路（Steppe Silk Road），还有一个是海上丝绸之路（Maritime Silk Road）。

丝绸之路的本质是文明互惠，不是文明对抗，沿线不同的文明都从这种互动中得利，丝绸之路才能延续千年之久。如果这条路就是一条破坏之路、征伐之路，可能早就不通了。大秦（罗马帝国）想直接和中国相通，遭到宿敌安息（帕提亚）的"遮阂"，但陆路上的对立并不排除大秦、安息和印度"交市于海中"。原因就在于三者有共同的利益。文明互惠，就是不同的文明都从中受益了。如佛教源自印度，后来却成了中国儒、释、道三教之一。佛教7世纪以后在印度就衰落了，但在中国兴起，这对印度文明也是好事。那些去印度的僧人，如玄奘写了《大唐西域记》，法显写了《佛国记》，这些游记恰恰可以帮助印度复原他们的历史。

这些年，我确实出了一些成果。希腊化文明系列研究之一《碰撞与交融——希腊化时期的历史与文化》2018年已经出版了，现在正准备出版系列研究之二《互动与交流——希腊化世界与丝绸之路关系研究》，这部著作已经纳入"南开史学家论丛"第四辑，可能近期就能出来①。我还有个计划要出希腊化文明系列研究之三。这是一

---

① 2022年10月已经由中华书局出版。

本英文著作,主要收录我在国外杂志上发表的文章和在国外讲学的一些演讲稿,以及一些在国内重要学术刊物上发表的论文翻译稿。另外还有一些合作之作,最近就要出的《古国文明与丝绸之路》,就是由我主编,与几位学生合写的。[①]《剑桥古代史》第七卷第一分册《希腊化世界》也是我和几位已经在高校工作的学生合译的。[②] 我还主编有一套国家重大课题的成果,6 卷本约 200 万字,也是集体之作。[③]

迄今为止(2020 年)我在国内外学术刊物上正式发表的中外文论文有六七十篇,其中,在《中国社会科学》《历史研究》《世界历史》《世界宗教研究》《光明日报》上发表约 20 篇,外文期刊有 10 多篇,基本上反映了我的系列研究成果。

四、国际学术交流

这些年我开始注意扩大与国外学界的交流,尽量使自己的研究与国际接轨,主要通过到国外参加国际学术会议、在外文期刊上发表文章、与外国学者合作等多种方式把自己的研究推向世界。现在看来效果还不错。如美国休斯敦大学的教授、英国的一些学者已经开始引用我的有些文章,还有美国的一个教育机构的网站,把我在《丝绸之路》(The Silk Road)上发表的亚历山大与丝绸之路的那篇文章列为他们的必读书目。

还有一种交流的途径就是应邀访学。2009 年,我受希腊奥纳西斯基金会的邀请,到希腊访学考察一个月。对方提供的待遇非常优厚,但唯一的要求就是要在雅典大学作一次学术报告,其余时间自由支配。我利用这个千载难逢的机会,考察了克里特、伯罗奔尼撒、德尔菲、雅典等地的历史古迹和诸多博物馆,深切感受到了作为西

---

① 2021 年 6 月已经由中国社会科学出版社出版。
② 2021 年 1 月已经由中国社会科学出版社出版。
③ 已经申请到国家出版基金资助,中华书局将于 2024 年出版。

方文明源头的古希腊文明的无穷魅力。基金会这个项目一年在国际上选十个教授,我没想到第一次申请就成功了,这大概是他们对我研究的认可。我研究亚历山大,研究希腊和中国,他们也想把希腊的历史和文化推向世界。再一个比较大的学术活动,就是2013年至2014年期间,我获得了哈佛大学希腊研究中心和德国考古研究院的 Joint Fellowship 身份,就是共同聘请的客座研究员。我在这两个地方享受的待遇都是非常优厚的。哈佛大学希腊研究中心不在波士顿,是在华盛顿一个非常漂亮的小庄园里。那里的研究和生活条件都非常好。居住有免费的公寓,研究有独立的办公室,一把电子钥匙,图书馆24小时随时可进。在那里待了一段时间,我又去德国,然后在德国待了半年,最后又回到美国。

在德国,研究条件也非常好。德国考古研究院有三个研究所,本部是古典所和东方所,还有一个欧亚所在另外一处,是个单独的小院,里面有一个图书馆。我就住在这里,有图书馆的钥匙,也是24小时自由进出。德国的冬夜太漫长了,我一般在图书馆看书到晚上七八点,晚饭后再出去走一走,走到九十点再回来。这次访学行程,我是两头在美国,中间在德国。很幸运,在我之后,大概这个项目就取消了。我和大家说此事,不是说我有什么特殊之处,主要是他们对知识的尊重,给我印象特别深刻。当然,这些项目都是全球招聘,应聘者要提交代表作,当时我提交的就是在《历史研究》上发表的三篇文章的译文。那年两个项目兼有的只有两个人。我之所以能够入选,我想大概是因为我是做丝绸之路研究的,需要考古材料。我那年申请的课题就是"希腊化文明与丝绸之路"(Hellenistic Civilization and the Silk Road)。聘期结束时,要在哈佛大学希腊研究中心作一次报告,尽管我的英语口语表达并不是太好,但是也得讲,就要克服困难。在德国期间,我还应邀到荷兰莱顿大学作过一次报告,在德国自由大学参加过一个会议,回到美国后,在辛辛那提大学作过一次报告。逐渐地,我也有了经验,最后一次在哈佛大学,也不是很紧张。按规定，一个人讲20分钟，提问10分钟。当时我说我的图片多，需要多讲几分钟，主持人欣然同意。最后的报告发到他们的简报（Bulletin）上去了。我的英语口语并不流利，外国学者倒不介意。在辛辛那提大学作报告之前，我给邀请我的科恩教授（Getzel M. Cohen）说，我的英语口语不好，他鼓励道："我们请你来又不是听你说英语，我们请你来，是让你介绍你的研究的。"那天也是来了一屋子听众，提问也很热烈。2017年，我应邀到伊朗伊玛目霍梅尼国际大学演讲，当时的场面就宏大热烈多了，是在一个大礼堂，坐在台上，灯光一聚，我讲上一段，我的伊朗籍博士后接着翻译。我发现，他比我说得还长，我估计他自由发挥了，加上自己的思考。我用英语，他用波斯语翻译，很有意思。

学术交流，我认为有些时候，就要胆大，要敢说。这10来年间，我在国外访问、讲学、参会，去过多所大学、研究机构，绝大部分都是名校。美国是哈佛大学、辛辛那提大学、西雅图华盛顿大学，英国是牛津大学、爱丁堡大学、雷丁大学，德国是柏林自由大学，法国是巴黎高等师范学院，荷兰是莱顿大学，希腊是雅典大学，捷克是布拉格查理（查尔斯）大学，澳大利亚是新南威尔士大学，日本是明治大学，乌兹别克斯坦是铁尔梅兹大学，伊朗是伊玛目霍梅尼国际大学和伊朗历史学会，2019年9月去了韩国首尔大学，也作了会议发言。有的大学，我有两次讲学经历，如希腊的雅典大学、荷兰的莱顿大学。这种学术交流，我感觉还是很有收获的。

五、人才培养

这些年还有一个成果就是人才培养，我在硕士、博士培养方面，还是下了很大功夫。战战兢兢，唯恐误人子弟。我在招生、授业和毕业这三个阶段有个"十二字方针"。

招生阶段是"有教无类"。大家知道这是孔子的说法。学生不论此前学校出身如何，只要愿意来学习，只要能考上就行。授业阶段是"因材施教"。就是学生来了以后,根据个人实际情况制定一套培养方案。毕业阶段是"再送一程"。就是尽力帮学生找工作,学生工作之后,再给予后续帮助,就是"扶上马再送一程"这个意思。这"十二字方针",我感觉自己还是能一以贯之的。

利用项目培养学生,使他们毕业后有一个自己的研究领域,也是我带学生的一种方法,这也是和国际接轨。这些年,学生的学位论文选题大多围绕着我的项目。如"丝路古国文明研究"项目就分区域、国别请几位学生参与,结果培养出了从事帕提亚、罗马、贵霜、萨珊波斯、粟特、草原文明等研究领域的专门人才。他们有的已在国内本领域崭露头角,小有名气。"希腊化文明与丝绸之路"项目也培养出一批从事希腊化和丝路城市、钱币、艺术、交通等方面研究的专门人才。学生们不仅得到了经费的支持,获得了更多的出国留学机会,更重要的是确立了自己的研究方向,为未来的发展奠定了基础。当然,对于个别另有兴趣者,我也因势利导,帮助他们在更大的范围内选择研究方向,完成论文。在我们的学术团队里,学生都是平等的参与者和合作者,只不过"闻道有先后,术业有专攻"而已。当然,在学期间他们可能要付出更多的时间和精力,会碰到完全陌生的领域,但最终的结果,如在就业的选择上,在工作后的发展上,在未来可预期的研究目标上,他们的付出都会得到加倍的回报。每每想到这一点,看到学生们在各自领域的进步,我还是会感到一丝欣慰的。

六、治学体会

第一,我觉得做学问要有一点"傻气",没有这点"傻气",学问真还做不出来。所谓的"傻气",实际上就是真正对学术有特殊的兴趣,愿意为之献身。此外,对学术要有敬畏之心,做学问也是有底线的,只能实事求是,不能弄虚作假,要做到无一句无来历,无一句无出处,论从史出。

第二,就是要根据自己的实际情况,确定明确的研究方向。本科阶段可能还不需要,但是本科生也有学年论文和毕业论文的问题。方向明确,就是不要本科毕业论文写的是一个方向,硕士研究生阶段换一个方向,到博士研究生阶段又换一个方向,甚至转到另一个专业。最好不要这么变换,还是尽量早一点确定一个方向,从硕士到博士一直往下钻,一口井打到底,最后就有可能成为这个领域的专家了。

第三,要有坐冷板凳的精神,这是范文澜老先生提倡的。我们现在做的是学术研究、历史研究,必须坐下来,坐不下来什么也做不成。当然有的同学兴趣广泛,喜欢社会活动,这个挺好,将来事业有成,我们老师也与有荣焉。如果要想做学问,做真学问,还是要耐得住寂寞,不要急于求成、急功近利。历史学的一个重要功能,是为现实提供借鉴。只要学问做好了,自然会得到关注,但想一步登天,那是不可能的,也不现实。当然也要有阶段性成果,不能老在打基础,打了多年基础,一篇文章也没写出来,在现在的考核体制下也不行。

第四,要有坚实的专业基础。除了中外通史基础知识,还要掌握古文、外语等。外语不仅包括英语,其他的现代语种也是需要的。当然时间有限,只能根据需要而定。学习古罗马史,最好能够懂拉丁文。要是学古希腊史,古希腊语要懂。像我们研究的丝绸之路文明,如研究中亚、印度,还得要懂点古文字、死文字。这些都是基础,只要打好了,就奠定了未来起飞的高度。

第五,要有问题意识和精品意识。这就是说你在做研究的时候,一定要主题明确,有的放矢,尤其是硕士、博士论文,都是要解决学术问题的。再一个要有精品意识。精品说到底就是一家之言,就是不仅究天人之际,通古今之变,还能成一家之言。

第六,要有人文关怀精神,走出象牙之塔。我们做学问的人有时候钻到故纸堆里出不来,钻进象牙之塔走不出去,不看社会,不看国际国内形势,只顾埋头做学问。这个也不行,尤其是我们决定选题的时候,要有人文关怀。面前可供选择的题目很多,但我研究哪一个呢？我的研究与国计民生，与我们民族的命运，与国际大局到底有无联系？这些都是学术价值之外也应该考虑的。如现在的"修昔底德陷阱"研究，虽然似乎有些"赶时髦"，但实际上它确实有用。为什么现在我们中美两个大国出现这种局面、这个趋势？"修昔底德陷阱"这个概念到底对不对？大家可能也会关注这个问题，因为它可以和现实结合起来，为现实提供借鉴。比如说，西方人为什么对亚历山大感兴趣？因为亚历山大是伟大的征服者，把西方文明的源头——古希腊文明带到东方去了。有的英国学者为什么对亚历山大情有独钟？因为印度曾经是英国的殖民地。在他们之前，亚历山大早就征服了印度西北部，这不就是历史的重演或重合吗？为什么学界对伯罗奔尼撒战争史那么感兴趣？因为伯罗奔尼撒战争是雅典同盟和斯巴达同盟之间的一场争霸战争。第一次世界大战不就是类似这样吗？我们研究伯罗奔尼撒战争史，也有助于解决现实中的政治问题。修昔底德的著作《伯罗奔尼撒战争史》，不仅历史专业需要研究，国际政治、国际关系专业更要研究，它确实提出了我们现在熟悉的国际政治、国际关系的很多原则。

第七，要有国际视野，立足本土，放眼全球。这就是说在做历史研究，尤其在做世界史研究时，要考虑国际上现在关注什么；研究一个中国或外国的问题，尽量把它置于世界文明整体发展史的大视野、大框架之下。如亚历山大东征和张骞通西域，如果把它们各自视为独立的历史事件，那前者只是希腊-马其顿人对波斯帝国的一次征服，后者只是汉武帝时期的一次寻求外援活动。但将二者置于欧亚非大陆古代文明碰撞、交流、融合的宏大视野之下，这两个事件就有了联系，有了"世界性"的意义。《全球通史》的作者斯塔夫里阿诺斯曾声称要写一部非常客观的全球史，就像人站在月球上一样俯瞰地球。我说对，你可以站在月球上，但是你是从哪儿登上月球的？莫斯科、华盛顿，还是北京？出发点不一样，对全球的看法肯定就不一样。换言之，既要有国际视野，同时与现实也脱离不了关系，所以一切历史都是现代史，克罗齐说的就是这个道理。斯塔夫里阿诺斯追求的纯粹客观是不可能的。

第八，做学问，没有捷径可走，但有方法可循。例如，中外比较研究、中外史料的互证，还有跨学科研究、分析与综合、个案与整体研究、宏观与微观的结合，这些都是做学问的方法。我们中国学者喜欢综合，题目很大。外国学者，偏向微观研究、个案研究，很小一个问题，研究得很深，但是现在他们也有一种趋势，也是列一个大标题，但是下面还是小问题，就是说把小问题放到一个大的背景之下进行研究，它就有意义了。这也是一种研究方法。

第九，选题优先。我常常给我的学生说，好的选题就是成功的一半。硕士、博士论文尤其重要。好的选题要尽可能具备三新，即新观点、新材料和新方法。如果选题里面能突出一个新观点，或者能够使用新材料，或者能够运用一种新的方法也可以。比如说用一套新的理论模式来解释历史，这个模式大家还能接受，那当然也可以。

第十，我又回到我刚开始的第一句话了，学术之路艰难而漫长，需要终身的投入。"吾生也有涯，而知也无涯"，我们青年学子，还是要好好努力，沉舟侧畔千帆过，病树前头万木春，逆水行舟，不进则退。

最后，我用大家熟知的王国维先生的一段话结束我今天的谈话。

> 古今之成大事业、大学问者，必经过三种之境界："昨夜西风凋碧树。独上高楼，望尽天涯路。"此第一境也。"衣带渐宽终不悔，为伊消得人憔悴。"此第二境也。"众里寻他千百度。蓦然回首，那人却在，灯火阑珊处。"此第三境也。

如果我的理解大致无误，他的意思就是说作为一个初学者，在宏大的学问面前,要有敬畏之心。第一个境界叫高瞻远瞩,要知道自己前程远大,要知道未来之路的艰辛。要立大志干大事,要有一个辉煌的理想。第二个境界就是说在治学的过程中,要克服千难万险,"为伊消得人憔悴",这个"伊"就是学问,要做好学问,就要砥砺前行,就要全身心付出。只有这样,最后才能够达到第三个境界:水到渠成,苦尽甘来,于无声处听惊雷,理想变为现实。

我愿与诸位共勉。谢谢!

目　录

第二编　希腊化文化研究

第三编　古希腊罗马犬儒现象研究

第四编　希腊化文明与丝绸之路关系研究

前　言

　　本书有炒冷饭之嫌,因为收入其中的是笔者学习世界古代史,主要是古希腊史的三部曲,也就是在本科、硕士、博士期间和其后的的标志性论作。虽然写作时间几乎涵盖了我的全部学习和学术生涯,但基本都是每个阶段起步时的习作,远没有达到应有的水平。当然,每个阶段都有后续的发展,这些都已经或将在我的研究系列《希腊化文明研究》、主持编撰的《古国文明与丝绸之路》(2021 年出版)和六卷本《希腊化文明与丝绸之路》中得以体现。为了避免重复,我把自己求学和研究的几个关键阶段起步时的成果加以整理,汇成一集,供学界同仁批评指正。

　　本书主要内容是三篇学位论文和一组近期专题研究文章。

　　本科学位论文《伯里克利与雅典民主政治》,完成于 1982 年 6 月,此文曾提交 1985 年内蒙古大学世界古希腊罗马史会议,从未发表。虽然非常粗浅,但其中的观点现在看来并未过时。另有一篇译文《伯里克利传》是此文的主要资料依据。一篇《试论演说家与雅典民主政治的互动》(合作,第一作者,《世界历史》2007 年第 4 期)可以说是本科学位论文的延续。一篇《西方现代化的古典渊源刍议》(《世界近现代史研究》2006 年第 3 辑),其中有关于古典城邦民主政治对西方现代政治制度的影响的论述。

　　硕士学位论文《希腊化文化宏观考察》,完成于 1988 年 5 月。其后大部分章节都经过修改或延伸扩展后正式发表。我的希腊化文明研究系列之一《碰撞与交融：希腊化时期的历史与文化》已经将与此有关的论文纳入。此次结集，我在以前手稿的基础上，做了一定的补充和修改，与毕业时呈交答辩的简本大约多出了三分之一，基本保持了硕士学位论文初稿的原貌。从此文可以看出，在那个改革开放刚刚开始的年代，当时的学人如何筚路蓝缕，开辟出自己的学术之路。

博士学位论文《古希腊罗马犬儒现象研究》，完成于 2001 年 6 月，2002 年在人民出版社出版。这是本人学术的一次转向，内容属于古代哲学史、思想史的范畴，但涵盖的时间仍然是以希腊古典后期和希腊化时期为主。其中有与中国战国时期的庄子学派的比较，可以说是在中外古史比较研究领域的一次尝试。虽然也是受资料和能力所限，浅尝辄止，浮光掠影，谈不到有多么深入的研究，但作为国内第一部关于古希腊罗马犬儒派的著作，对于初学者或有参考价值。3 篇与之相关的论文作为附录，可视为博士学位论文的缩微版。

重大项目代表性成果，2015 年，我作为主持人成功申报国家社科基金重大项目《希腊化文明与丝绸之路》（15ZDB059）。我为此课题的研究先后准备了 30 年，尤其是 2004 年重返南开以后，自己连续在中外重要期刊上发表了系列文章，从不同的侧面论证了自己的研究心得和观点。这实际上也是一个学习的过程，因此，我也选了其中的两篇作为这一学习过程的反映。

全书分为四个部分：

第一编　古希腊民主政治研究

第二编　希腊化文化研究

第三编　古希腊罗马犬儒现象研究

第四编　希腊化文明与丝绸之路关系研究

第 一 编

古希腊民主政治研究

第一章　伯里克利与雅典民主政治

对于伯里克利在雅典奴隶主民主政治改革史上的地位和作用，国内史学界有过一些不同的看法，本人学识浅薄，接触资料有限，不敢对此妄加评断，但为抛砖引玉，愿将自己的一知半解呈现于各位学者面前，祈请斧正。

一、伯里克利其人及其投身民主改革的时代背景

伯里克利（Pericles，公元前 495—前 429 年），出身于雅典的名门望族，就社会地位而言，他属于奴隶主贵族阶级。可是，在他参政和执政的 32 年间（公元前 461—前 429 年），他却继承梭伦（Solon）、克里斯提尼（Cleisthenes）的事业，锐意改革，使雅典的奴隶主民主政治不论从广度上和深度上都得到了重大的发展，从而使雅典城邦一跃而为希腊世界的海上霸国，成为东地中海的政治、经济、文化中心。马克思曾指出："希腊的内部极盛时期是伯里克利时代。"[1]那么，是什么力量、什么形势促使他挺身而出，成为叱咤风云的民主派领袖呢？

首先，这与他的家庭成员和良师益友关系极大。伯里克利虽出

---

[1]《马克思恩格斯全集》第一卷，人民出版社，1956 年，第 113 页。

身贵族,但从他的经济地位来看,他属于工商业奴隶主阶层。他的父亲桑西巴斯(Xanthippus)是雅典名将,一度担任民主派的领袖,曾对贵族派领袖米太亚德(Miltiades)进行过不懈的斗争。伯里克利的母亲是克里斯提尼的侄女,其家族(Alcmaeonids,阿尔克迈昂为始祖)也是雅典民主派的首领。民主世家的影响和熏陶肯定在他的思想上打下了深深的烙印。伯里克利早年从师于智者哲人代蒙(Damon)、阿纳克萨哥拉(Anaxagoras),后来与智者派的杰出代表普罗泰戈拉(Protagoras)结为密友。这些人在政治上拥护民主政治,主张人人平等;否认神的存在,重视人的价值;怀疑传统观念,崇尚智慧,反对迷信。他们给伯利克利以极大影响,不仅使他掌握了修辞学,讲演术及音乐等方面的知识,具备了作为一个卓越政治家所必备的文化素养,而且使他具有"不迷信神异的唯物主义思想和高尚庄严的情操和风格。"[1]他们的确是伯里克利的良师益友,正如普鲁塔克所说:正是这些人,与伯里克利相处时间最长,对他影响最大,特别是使他具有了一种庄重高贵之感(这超出了一切征服人心的技艺),使他树立了远大的志向和崇高的品格。[2]

其次,梭伦、克里斯提尼的政治改革,给伯里克利进一步推行民主政治打下了基础。在公元前 6 世纪的一百年间,经过他们的两次改革,雅典社会的氏族制度残余大致扫清,奴隶主民主政体基本建立。代表旧贵族利益的元老院的权力大大削弱,代表工商业奴隶主和其他平民意愿的公民大会、五百人议事会和陪审法庭,却越来越充分地发挥了独立的作用。这些民主政权机关,特别是公民大会成为伯里克利向贵族派发动强大攻势的前沿阵地,而民主思想深入人心,大多数公民支持民主政治,则是伯利克力进一步扩大民主,实行

---

① 王敦书:《伯里克利》,载朱庭光主编:《外国历史名人传》(古代部分)上册,中国社会科学出版社、重庆出版社,1982 年,第 163 页。

② Plutarch, *Pericles*, 4, in *Eight Great Lives*, The Dryden translation, Revised by Arthur Hugh Clough, New York: Holt, Rinehart, and Winston, 1962. 也可参见本编附录 1 作者依据此英文版本翻译的《伯里克利传》。

改革的社会基础。但是梭伦、克里斯提尼建立的民主政治的根基并不十分稳固。他们用财产资格的限制把大多数公民排除于城邦的管理阶层之外,而且下层公民的一般参政权利由于囿于谋生的需要并不能得到保证。另外,与民主相辅相成的法制工作还很不健全,民主政权的正常职能不能充分发挥,公民的政治权利也得不到法律上的保证。这样就不可避免地先后出现了庇士特拉图(Pisistratus)的僭主政治,元老院势力的抬头和贵族派对政权的操纵。改革势在必行,否则,雅典民主政治事业就会中途夭折,伯里克利生逢此时,面临着严峻的抉择。

最后,也是最重要的一点,希波战争的胜利给伯里克利推行民主政治改革提供了广阔的活动天地和必要条件。

希波战争结束后,雅典奉行上邦政策,视盟邦为藩属,逐渐把每年约六百塔兰特的盟金收入攫为己有。① 这些盟金不外是同盟各邦奴隶的血汗,而且在战后,雅典的奴隶制也大大发展起来。国家矿山、私人手工业作坊、农场里役使着成千上万的奴隶,就是雅典城的一般奴隶主也都拥有三五个奴隶不等。这些奴隶全部来自外地(因梭伦改革时禁止役使雅典人为奴)。正是对这些本邦和外邦奴隶的奴役才使雅典的奴隶主有余力闲暇去从事政治活动,可见,外族奴隶制是伯里克利推行改革的一个重要经济条件。

希波战争对雅典政局也产生了重大影响。一方面,元老院由于在国事危难之秋,起了关键领导作用,战后权力有所恢复,以西蒙(Cimon)为首的贵族派借机向民主派进行猖狂反扑,公元前470年左右,民主派领袖地米斯托克利(Themistocles)被逐即是一例。另一方面,随着战后雅典奴隶制经济的发展和海军的扩大,以工商业阶层和第四级公民为主体的民主派的力量也迅速壮大起来。他们

① Thucydides, *History of the Peloponnesian War*, 2. 13. 3, with an English translation by Charles Forster Smith, Cambridge, Mass.：Harvard University Press, 1956;修昔底德:《伯罗奔尼撒战争史》,谢德风译,商务印书馆,1978年,第115页。

在战争中付出了沉重代价,但也作出了巨大贡献。工商业奴隶主提供船只,第四级提供海军兵员,希波战争中的多数决定性战役都是靠雅典的海军获胜。他们在战争中认识到自己力量的强大,已成为雅典国内一支举足轻重的政治力量。他们迫切要求打破财产限制,实行广泛的民主政治,使他们能真正直接参与国家的管理。一方要恢复失去的特权,一方要扩大现存的民主。两派斗争如火如荼,雅典社会动荡不安。正是在这种复杂多变的历史条件下,伯里克利勇敢地登上了政治舞台。公元前463年,他因控告西蒙受贿罪而崭露头角。两年之后,另一民主派领袖厄菲阿尔特(Ephialtes)遇难。他继之而起,成为民主派的领袖,开始了他的民主改革生涯。

二、伯里克利的民主改革措施

伯里克利的改革措施主要表现在扩大民主、加强法制两个方面。他紧紧依靠下层公民,自上而下,步步深入,终于使雅典奴隶主民主政治日臻完善。

第一,协助厄菲阿尔特,完成了对元老院的最后改革。元老院从来就是贵族派的核心组织,希波战争后恢复了它的威望和影响,并以此来压制、迫害民主派。要实行民主政治,必先打破这个顽固堡垒。公元前462—前461年间,伯里克利与厄菲阿尔特一道,首先在公民大会上谴责元老院个别成员的渎职行为,进而转为对元老院本身的打击。斗争的结果是褫夺了元老院(初审理凶杀案之外)的几乎所有审判权和监察权。并把这些权力分别授予公民大会、五百人议事会和陪审法庭。[①] 元老院权利的削弱,扫除了民主改革道路

---

① 关于他和厄菲阿尔特的合作,参见 Aristotle, *The Athenian Constitution*, 25, 27, with an English Transaltion by H. Rackham, Cambridge, Mass.: Harvard University Press, 1935;Aristotle, *Politics*, 1274a (2.9.3), with an English Transaltion by H. Rackham, Cambridge, Mass.: Harvard University Press, 1959;亚里士多德:《雅典政制》,日知、力野译,生活·读书·新知三联书店,1957年,第30、32页。

上的最大障碍。从此,伯里克利的改革可以较为顺利地进行了。

第二,各级官职向所有公民开放。梭伦改革时规定,只有第一、二级公民才可担任执政官和其他高级官职。在伯里克利控制城邦事务时,取消了这一决定。据亚里士多德的记载,公元前457年,双牛级(即第三级)的公民也有资格担任执政官。[①] 这一法令是对少数公民凭其财产富有而享有参政特权的否定,给下层公民进入城邦管理阶层打开了道路,使民主的基础进一步扩大。后来,第四级公民也取得了担任公职的资格,但他们本身没有参政能力的状况直到实行公职津贴后才有所改变。

第三,给公职人员发放服务津贴。雅典的各种官职向来是实行无薪制的。没有公薪,贫民的参政就会成为一句空话。很清楚,因饥肠辘辘而终日惶惶,谁还能去管理国政、享受民主呢?伯里克利有感于此,在前451—前450年间提出了给陪审团成员发放津贴的法令,每人每天两个奥波尔(obol)。据说,伯里克利采取此项措施是为了击败贵族派领袖西蒙,笼络人心。因为西蒙依仗其万贯家财,收买民众。他无计可施,遂接受友人建议,采取这样的对策。[②] 此外,在他当政时,应该还给服役战士和水手每天发放三个奥波尔,[③] 给最穷公民发放观剧费,一天两个奥波尔。[④] 不论伯里克利这些措施的动机何在,或者像某些历史学者指出的,这并非他的首创,只不

---

① Aristotle, *The Athenian Constitution*, 26.2;亚里士多德:《雅典政制》,日知、力野译,第31页。

② Aristotle, *The Athenian Constitution*, 27.2 - 4;亚里士多德:《雅典政制》,日知、力野译,第32页。

③ 据亚里士多德,在伯罗奔尼撒战争初年,雅典公民已经习惯于依靠服兵役生活。他们每天的报酬应该不会少于陪审员报酬和观剧津贴。Aristotle, *The Athenian Constitution*, 27.2. 据普鲁塔克,这时的海军服役公民是有薪俸的。Plutarch, *Pericles*, 12.

④ 据普鲁塔克,发放观剧津贴、公职津贴都是伯里克利提出并实施的。Plutarch, *Pericles*, 9. 据亚里士多德,这是克勒奥丰(Cleophon)提出来的,后来卡里克拉底(Callicrates)增加到三个。Aristotle, *The Athenian Constitution*, 28.3;亚里士多德:《雅典政制》,日知、力野译,第33页。

过"是希波战争时代订立的负担国家义务(尤其是兵役)报酬制的自然而然的延续和发展罢了"[1]，但其实际效果却是给贫民参政提供了必要的经济保证，他们可专事公务而不必为衣食忧虑。据载，当时领取津贴者不下二万人，[2]占所有全权公民的二分之一以上，而且当时的陪审员多由最穷的公民(第四级公民)担任。[3] 由此可见，发放津贴对广大贫苦公民来说是何等重要。此时雅典才可以说完成了从梭伦改革以来由富豪政治向民主政治的根本转变。

第四，健全法制，保证立法、司法、行政三种权力机关既互相制约，又协调统一。雅典公民可在约每九天召开一次的公民大会上提出自己的议案，以付之通过，但是提案者必须在一年内对其所提法案负责。如果与旧有法律相抵触，或与公众利益相违背，即使提案已被通过，若有人起诉，经判定确是如此，提案者也得受罚。惩罚形式轻重不等，有的处以罚金，有的甚至处以死刑。这就是伯里克利时期的"违宪法案起诉条例"[4]。另外，这时还设立了护法官一职，由七人担任，行使监督之权。当元老院或公民大会开会时，护法官坐在主席旁边，遇有任何措施或提案与现行法律不合，他们就有权干涉。他们也有权干涉行政长官，限定其只能按照法律行事。法制法庭也是这时设立的，成员从陪审员中抽签决定，有时为五百人，有时为一千人。[5] 法制法庭的作用，是把法律的制定和废止变得像审判讼案一样，使之具有同样严肃可靠的性质。这三点并非对于民主的限制，而是为了更好地实行民主。亚里士多德说过，"法律不应该看

① 塞尔格叶夫：《古希腊史》，缪灵珠译，高等教育出版社，1955 年，第 235—236 页。
② Aristotle，*The Athenian Constitution*，24；亚里士多德：《雅典政制》，日知、力野译，第 29—30 页。这里说的是波斯战争之后雅典霸权最为强盛的时期，应该包括伯里克利当政的时代。
③ J. D. Bury, S. A. Cook, F. E. Adcock, ed., *The Cambridge Ancient History*：*Volume 5, Athens 478-401 B.C*, Cambridge at The University Press, 1927, p. 112.
④ Aristotle，*The Athenian Constitution*，59.2；亚里士多德：《雅典政制》，日知、力野译，第 62 页。《格罗特〈希腊史〉选》，郭圣铭译，商务印书馆，1964 年，第 29—33 页。
⑤《格罗特〈希腊史〉选》，郭圣铭译，第 26、27 页。

作(和自由相对的)奴役,法律毋宁是拯救。"[1]在雅典贵族派和民主派的斗争中,为了战胜对方,两派常常不择手段的造谣,污蔑,甚至暗害,无所不用其极。所以,有这三项措施就可保证正确地制定法律,谨而慎之地运用法律,防止了由于某些人的煽动而使法律变化无常,朝令夕改。当然,法律毕竟是法律,它是由特定的人来执行的。到了后来,违宪法案起诉条例常被滥用,以至于成了敌对党派相互攻讦的工具。但伯里克利制定它的目的,是使公民在法律许可的范围内,更好地行使民主权力。

第五,扩大陪审法庭的权力。在伯里克利时代,陪审法庭的职权,人数都比过去大为扩大和增加。其一,原来由元老院掌握的一部分审判权现在归于陪审法庭。其二,雅典的陪审法庭成为帝国的最高法庭,拥有终审裁决权。各同盟国之间的纠纷及其内部的诉讼都汇集于雅典。其三,诉讼案件的增加,绝非少数人可以承办,于是,伯里克利把陪审法庭的成员扩大到六千人。五百人一组,分成十二个陪审团。平常由十个陪审团抽签审判。最后判决用秘密投票的方式决定。另外两个陪审团作为递补。陪审团如此庞大,诉讼双方预先又不知将由哪个陪审团审理。这在较大程度上防止了营私舞弊和行贿受贿等不法行为。

第六,实行抽签制和轮换制。为了防止少数人专擅政务,给所有公民以平等的任职机会,伯里克利时期,还实行了担任公职人选的抽签制和轮换制。从亚里士多德的《雅典政制》来看,几乎所有公职人选,不论官职高低,都得在全体公民中经过抽签才可决定,唯军事官吏和财务官是举手选出。不论个人财产多寡、地位高低,在抽签制面前一律平等。而且,每次担任公职一般以一年为限。不得连任(十将军等除外),到期轮换,这样就使所有公民在一生中都有可

---

① 亚里士多德:《政治学》,吴寿彭译,商务印书馆,1981年,第276页。

能一次或数次担任不同的公职。① 当然,实行抽签制不免使一些平庸之辈当选,但因任期不长,且受公民监督,所以在伯里克利当政时,并未造成什么明显恶果。

伯里克利进行上述改革,并非一帆风顺,失去昔日特权的旧贵族势力从梭伦、克里斯提尼时代起,就从未停止过反抗。到了伯里克利时代,随着民主改革的进一步实行,贵族派的活动也就更加猖狂,西蒙被逐之后,贵族派又推出修昔底德(Thucydides,并非历史学家修昔底德)为领袖。他重组贵族力量,向伯里克利进行猛烈的攻击。两党几乎发展到白刃相见的地步。但因其逆雅典历史潮流而动,终于在公元前443年遭到了与西蒙同样的命运——被逐。自此之后,伯里克利才连续15年担任首席将军,执雅典大权之牛耳。所以说,伯里克利改革的成功,是在斗争中实现的,是民主派对贵族派的巨大胜利。

对于伯里克利的民主政治改革,本文的概括肯定不够全面。但仅从这几方面,我们就可以看出伯里克利在民主政治的广度和深度上,远远超过了他的前辈——梭伦,乃至克里斯提尼。如果说,他们奠定了雅典奴隶主民主政治的基础,那伯里克利则在这个基础之上建造了富丽堂皇的大厦。通过一系列改革,伯里克利不仅使雅典公民获得了比较充分的民主权力,而且给他们提供了行使这种权力的必要条件,更重要的是用法律保证了他们的权力凛然不可侵犯。总之,伯里克利使他在雅典阵亡将士葬礼演讲上宣扬的民主政治理想②在一定程度上得到了实现,从而使雅典历史进入了它的"黄金时代"。

---

① 参见 Aristotle, *The Athenian Constitution*, 42-62;亚里士多德:《雅典政制》,日知、力野译,第46-65页。这是亚里士多德时代的宪政制度,究竟与伯里克利时代有多大的差别,不得而知。但后来再没有出现一个像伯里克利这样的民主改革家,这些基本的原则和运行机制那时应该已经确立了。
② 涉及自由、平等、民主、法律等各个层面,类似于美国总统林肯的"民有、民治、民享",详见 Thucydides, *History of the Peloponnesian War*, 2.35-46;修昔底德:《伯罗奔尼撒战争史》,谢德风译,第129—137页。

三、伯里克利民主改革的成果及其影响

诚然,伯里克利苦心经营的民主政治只是奴隶主的民主,他的目的是调整奴隶主(包括自由民)内部的关系,以更有效地维护他们的统治地位。而且它实行的范围仅限于成年男性公民。不用说奴隶,就是自由民妇女,也被排斥在民主机制之外。然而,在当时的历史条件下,雅典民主政治总比贵族政治或君主专制要优越得多,这不仅仅表现在公民政治权力的扩大和经济上、法律上的保证。更重要的是它极大地推动了雅典奴隶制城邦政治、经济、文化各方面的发展,创造了希腊古典时代的灿烂文明。雅典民主政治所产生的深远影响,大大超出了它实际实行的狭小范围。

正是在这种民主制度下,雅典公民才自觉关心政治,富于牺牲精神。伯里克利说:"在我们这里,每一个人所关心的,不仅是他自己的事务,而且也关心国家的事务。就是那些最忙于他们自己事务的人,对于一般政治也是很熟悉的。"①这种情况只有在高度民主的雅典才能出现。公民关心政治,说明这样的政治反映了他们的利益,为了保卫这样的政治制度,他们不惜牺牲一切。伯罗奔尼撒战争开始时,雅典人舍弃世代相传的田园庐舍,举族迁入雅典城的壮举,就是他们热爱祖国、热爱民主的矢忠精神的反映。

正是这种民主政治,在一定程度上体现了"主权在民,法律面前人人平等"的原则。雅典的政务,不论内政外交,都要经过公民大会讨论通过,雅典的大小诉讼案件,都要经过陪审法庭的判决,雅典的各级官职向全体公民开放。公民的意愿决定一切,法律面前没有例外,不管它实际效果如何,但在形式上作为一个原则的申明却是值

---

① Thucydides, *History of the Peloponnesian War*, 2.40.2;译文引自修昔底德:《伯罗奔尼撒战争史》,谢德风译,第132页。

得肯定的。正因为如此,在雅典,不论民主派,还是贵族派,都把争取公民的拥护当作实现自己政治主张的第一要务。伯里克利之所以能连克对手西蒙,修昔底德,也正是由于获得了大多数公民的支持。到了后来,由于伯罗奔尼撒战争初期的失利、瘟疫的发生,人们迁怒于他。尽管他为民主政治的实行和雅典帝国的建立,可以说是劳苦功高,尽管他一人曾经主导雅典政局十多年,他领导下的民主政体被历史家修昔底德视为"实际上是第一公民的统治"[1],但仍免不了被革职罚款。[2] 由此可见雅典公民的权力之大,他们的"政治生活是自由而公开的","每个人在法律上都是平等的"[3]。

正是这种民主政治,形成了三权分立制的雏形。公民大会为最高立法机关,一切决议,提案、法律均需经其通过才能生效。陪审法庭为最高司法机关,受理除死刑以外的大小诉讼案件。十将军委员会和五百人议事会及其他机关分别行使行政大权。元老院仅仅成了名义上的荣誉机关。这种三权分立制虽然不很明确,但在某种程度上防止了某个人或某一权力机构滥用职权。这种各政权机构既各自独立、又相互制约的政治形式,曾被近代资产阶级启蒙思想家所推崇,并从理论上加以发挥,现已为世界上大多数国家所采用。

正是在这种民主政治下,雅典的奴隶制经济才得到迅速发展。雅典是以工商业立国,工商业的发展是雅典民主政治赖以产生的经济基础。因此,在此基础上形成的民主政治,必然给奴隶制经济特别是工商业以巨大的推动。伯里克利实行对外开放政策。他鼓励有技艺的外邦人移居雅典,让他们为雅典的繁荣献智献力,据一般估计,当时住在雅典的外邦人有三四万之多。他大力发展海军,保

① Thucydides, *History of the Peloponnesian War*, 2.65.9-10;修昔底德:《伯罗奔尼撒战争史》,谢德风译,第150页。
② Plutarch, *Pericles*, 35;Thucydides, *History of the Peloponnesian War*, 2.65.3-4 修昔底德:《伯罗奔尼撒战争史》,谢德风译,第149页。
③ Thucydides, *History of the Peloponnesian War*, 2.37.1;修昔底德:《伯罗奔尼撒战争史》,谢德风译,第130页。

持雅典海上霸权,借此来开拓商路,扩大原料人力来源。一般认为,在伯里克利当政时,雅典奴隶数目占全体居民的二分之一,达近20万。奴隶的劳动渗入雅典社会各个生产领域。而且,在民主的雅典,奴隶的处境、地位较其他各邦要强一些。[①] 从这一点上来说,也是对生产力的解放。奴隶的大量使用和奴隶劳动积极性的相对提高,无疑促进了雅典经济的发展。伯里克利鼓励对外贸易,雅典的手工业、农业都不同程度地卷入商品经济的轨道。他本人就醉心于此,一年的收获一次全部卖掉,然后逐渐从市场上购回所需之物。[②] 阿提卡内地也出现了许多种植橄榄、葡萄的大庄园。雅典当时主要的出口品就是手工业制品(特别是陶器)、橄榄和葡萄酒。它们远销到黑海一带。同样,其他各地(包括黑海、小亚、埃及、南意大利)的产品也源源不断涌往雅典。伯里克利把庇里优斯港(Piraeus)扩建一新,使其成为当时世界上最大的商港,各地的产品在此转手交易,贸易额每年达2000塔兰特。[③] 雅典人收取关税和各种交易税,大发其财,伯里克利发放公职津贴,举办大型庆典,修建神庙,部分费用就来源于此。一句话,伯里克利的经济政策与他的民主政治改革密切相关。雅典经济的繁荣昌盛,既是民主政治的产物,也是它的基础和保证。历史已经证明,伯里克利的民主政治日臻完善之日,也就是雅典的奴隶制经济繁盛之时。

正是由于这种民主政治,雅典才成为当时希腊世界文化艺术的中心。诚然,奴隶制经济的发展、海外霸权的建立、宗教上的影响都是雅典文化繁荣的主要原因,但除去传统因素之外,它们中的哪一点与雅典的民主政治无关呢? 在伯里克利时代,氏族制度的残余基本扫除,传统观念受到怀疑。伯里克利认为:"人是第一重要的,其

---

① 何鲁之:《希腊史》,商务印书馆,1934年,第93页;塞尔格叶夫:《古希腊史》,缪灵珠译,第249页。
② Plutarch, *Pericles*, 16.
③ 苏联科学院主编:《世界通史》第二卷上册,北京翻译社译,生活·读书·新知三联书店,1960年,第41页。

他一切都是人的成果。"①这种人本主义思想可以说是他那个时代的普遍观念。在民主的雅典,"人"受到重视,"人"的个性、自由、平等权利和人的知识才能得到尊重,因此,"人"的积极性得到较大程度的发挥,人们的文化艺术才华突然迸发。自由的学术空气、平等的社会制度,吸引了各地的文人学士,刺激了人们的创作灵感;丰富多彩的神话传说,提供了取之不尽的艺术素材和大显身手的艺术天地。伯里克利时代,真可谓是群星灿烂,出现了被誉为历史之父的希罗多德(Herodotus)和修昔底德这样的历史家,出现了菲迪亚斯(Pheidias)、卡里克拉底(Callicrates)和伊克提诺斯(Ictinus)这样的雕刻家和建筑师,出现了索福克里斯(Sophocles)、阿纳克萨哥拉、普罗泰戈拉这样的悲剧家和哲学家,就是苏格拉底(Socrates),也是这个时代的产物。对于他的死因、他的思想仍在探索之中,但近来的研究证明,苏格拉底至少并不反对民主政治。② 伯里克利兴建大型公共工程,雄伟壮丽的雅典娜神庙就是雅典民主政治事业欣欣向荣的象征和伯里克利时期建筑、雕刻等艺术精华的凝聚。它的外观庄严和谐,恰是那个时代的特征。如果我们把它与两河流域的高台神庙建筑和埃及的金字塔作一比较,我们就会看到后者体现着君王的威严,前者体现着社会的平衡、协调。伯里克利致力于雅典文化事业,其目的就是要使雅典成为全希腊的学校,③外可抬高雅典的威望,招引各邦人士的景仰,内可对公民进行爱祖国、爱民主政治、爱自由平等的理想教育。其实,我们从希罗多德、修昔底德那些著作中,不就可以处处感受到他们对雅典民主政治的赞誉和颂扬吗?

---

① Thucydides, *History of the Peloponnesian War*, 1. 143. 5;修昔底德:《伯罗奔尼撒战争史》,谢德风译,第 103 页。据罗叶布古典丛书译本,这段话也可译为"我们不应为失去田园庐舍而伤心,而应为失去人而悲痛。因为那些房屋和土地不会给我们带来人,而人是可以获得它们的",简言之,有人就有一切。
② 张树栋:《略论苏格拉底之死》,《南京大学学报》1981 年第 2 期。
③ Thucydides, *History of the Peloponnesian War*, 2. 41. 1;修昔底德:《伯罗奔尼撒战争史》,谢德风译,第 133 页。

如前所述,雅典民主政治调动了公民的爱国热忱和献身公共事务的精神,壮大了雅典的经济实力,加强了海上霸权,促进了文化艺术的繁荣。雅典先后与波斯、斯巴达角逐于地中海达几十年之久,其长久不衰的精神正是来源于这种民主政治。从这个意义上说,正是伯里克利的民主政治,造就了雅典帝国。伯里克利时期的民主政治,并不仅限于在雅典一邦实行。凡是当时雅典帝国所辖范围内的大小城郊,绝大多数都建立了民主政治。伯里克利每征服一地,首先就是推翻那里的僭主或寡头政治,代之以雅典式的民主政治,这样,就使这种民主政治具有更为广泛的意义。尤为重要的是,这种民主政治不仅影响了其后的罗马共和国,而且影响了近代资本主义民主制度的诞生,甚至影响到现在。早期文艺复兴运动的指导思想——人文主义,以及近代资产阶级启蒙思想家们所宣扬的"天赋人权论""三权分立论",溯其根源,无一不在于希腊的城邦制度,尤其是雅典的民主政治。因此,我们不能因伯里克利是奴隶主政治家,就抹杀他的历史功绩,也不能因他实行的是奴隶主民主政治,就笼统地以"都是为奴隶主服务"的结论予以否定。我们要尊重历史,特别要看到它对后世的深远影响。

（本章原文初稿于 1982 年 6 月,修改于 1985 年 5 月,校订于 2021 年 6 月。此文为未刊稿,基本保持原貌,略有删改与补充。）

第二章　演说家与雅典民主政治的互动

在以"主权在民"为特征的古希腊城邦社会，在各种公共机构或公开场合中发表演说表达自己的意愿或建议是公民参与城邦公共生活的重要方式和手段。那些具有演说才能、对公众富有影响力，在城邦政治生活中能够发挥重大作用的公民则往往被时人和后人称为演说家（rhetor，orator）。这些所谓的"演说家"是古希腊城邦社会中的知识精英和政治精英，他们不仅活跃于公民大会、陪审法庭、节庆典礼，用自己的"言辞"来行动，而且常常担任城邦要职，身体力行，用行动来实践自己的政治理想和目标。从古希腊历史上看，演说雄辩之风在荷马时代已显露端倪，古风时代蔚然兴起，古典时代成为政坛时尚，直到公元前4世纪末希腊城邦失去独立地位之后才逐渐衰落，可以说，与城邦制度的发展进程相始终。就演说家本身而言，自古风时代以来，大致经历了具有演说才能的政治家、具有政治才能的演说家和以演说为生的职业演说家几个发展阶段。但不论演说者的身份如何变化，他们都是城邦制度的产儿，没有古希腊这种特殊的实行直接民主制的城邦制度，没有如此开放、自由、平等的公民社会空间，演说家这类以己一技之长、主动投身于城邦政治生活的社会精英分子就无由产生，也不可能生存。演说家与希腊城邦制度之间显然有一种必然的联系。

对于这种关系，西方学者近年来从不同的角度都有所涉及，并提出了一些颇有代表性和启发性的观点。如 M. I. 芬利论述了雅典的人民领袖、政治家和演说家三者身份的一致性。P. 哈丁从演说术的角度探讨了雅典民主政治的特点。J. 奥伯以雅典演说家的演说词为基础,分析了雅典民主政治中民众与精英的关系。近年国内也有学者开始从不同的角度对演说术、演说家和希腊城邦制度的关系进行探讨。[①] 但就古希腊演说家和城邦民主政治之间特殊的依存互动关系而论,似仍有进一步探究的必要。雅典是古希腊城邦中实行民主政治的典范,其民主政治不论在设计理念上,还是在运行程序上,到公元前5—前4世纪的希腊古典时代,都达到了古代社会所能达到的最高程度。这一时期也是演说家在雅典最为活跃的时期,其中最著名的就是后世所称之的"阿提卡十大演说家"[②]。因此,本文主要以这一时期的雅典城邦为例展开讨论。

一、雅典演说家群体的出现与形成

演说家大批出现,并在社会政治生活中发挥不可或缺的作用,并非古代诸文明中的通例,而是希腊罗马城邦时代一种特有的历史现象。那么它为什么会首先发生在古希腊,尤其是集中出现在雅典

---

① 西方学者的相关论著主要有:M. I. Finley:"Athenian Demagogues" in *Studies in Ancient Society*, edited by M. I. Finley, London: Routledge and Kegan Paul, 1974, pp. 1 - 25; P. Harding, "Rhetoric and Politics in Fourth-Century Athens," *Phoenix*, 41 (1987); Josiah Ober, *Elites and Mass in Democratic Athes*. Princeton University Press, 1989. 国内有晏绍祥:《演说家与希腊城邦政治》,《历史研究》2006 年第 6 期;蒋保:《演说与雅典民主政治》,《历史研究》2006 年第 6 期。

② "阿提卡演说家"(Attic Orators)这一称谓最早出现在奥古斯都时代罗马学者卡西略(Caecilius of Caleacte)的《论十大演说家的风格》中。但据现代学者推测,可能是希腊化时代的亚历山大里亚学者们最先提出。一般认为他们是安提丰(Antiphon)、安多吉德斯(Andocides)、吕西阿斯(Lysias)、伊索克拉底(Isocrates)、伊萨阿斯(Isaeus)、德谟斯提尼(Demosthenes)、埃斯基涅斯(Aeschines)、许珀里德斯(Hyperides)、吕库尔戈斯(Lycurgus)和狄纳尔科斯(Dinarchus)。其中个别演说家并非雅典公民,但活动于雅典,或以撰写演说辞为生,如吕萨阿斯。*Oxford Classical Dictionary*, Edited by Simon Hornblower and Antony Spawforth. 3rd rev. ed. Oxford and New York: Oxford University Press, 2003. p. 212.

城邦呢？这首先与以雅典为代表、以"主权在民"、"直接参与"为原则的城邦民主制度密切相关。

希腊的城邦制度形成于古风时期。但早在荷马时代，希腊各部落及其联盟就形成了全体战士参加的民众大会和氏族贵族参加的部落首领议事会制度。在荷马看来，要想成为一个英雄，不仅要能够在战场上冲锋陷阵，还要能在公众会议中发表滔滔演讲。①。像奈斯托耳（Nestor）、奥德修斯（Odysseus）、墨奈劳斯（Menelaos）以及阿伽门农（Agamemnon）等所谓的英雄都具有出色的演说才能。②进入古风时期，作为"公民集体"（community or body of citizens）③意义上的希腊城邦（πολιs）开始出现。梭伦（Solon）被视为古希腊民主政治之父，他的改革（公元前 594 年）的核心内容之一就是确立公民的主体地位。他扩大了公民大会的立法权，并颁布解负令使许多雅典人摆脱了奴役地位，重新获得公民权，从而使"具有投票权的平民们成为政体的主宰"④。他还设立了全体公民都可通过抽签方式参加的陪审法庭。这些措施都直接或间接地推动了诉讼性演说的兴起。实际上，梭伦就是一个演说家，⑤只不过与众不同的是，他常常以在广场上朗诵诗歌的形式来向公众表达自己的政治意图。⑥

---

① 年迈的福伊尼克斯（Phoinix）曾受阿基琉斯（Archilleus）之父委托，要他把这个"既不知战事的险恶，又不晓出类拔萃的门道—会场上的雄辩"的男孩，培养成"一名辩者，能说会道，一位做者，行动果敢"。荷马：《伊利亚特》，陈中梅译，上海译文出版社，2000 年，第 241 页。

② 荷马：《伊利亚特》，陈中梅译，第 43、76、32—34 页。

③ Henry George Liddell and Robert Scott, *A Greek-English Lexicon*, with a revised supplement, Oxford University Press, 1996, pp. 1433–1434.

④ 亚里士多德：《雅典政制》，颜一译，苗力田主编：《亚里士多德全集》第 10 卷，中国人民大学出版社，1997 年，第 10 页。

⑤ 西塞罗就认为梭伦是一个非常有成就的杰出演说家。西塞罗：《论演说家》，王焕生译，中国政法大学出版社，2003 年，第 45 页。

⑥ 如梭伦为了鼓动雅典人重开争夺萨拉米斯岛之战，假装疯癫，在广场上面向公众朗诵自己的诗歌，促使雅典人废除了禁止公民提议争夺萨拉米斯岛的法律。普鲁塔克：《希腊罗马名人传》上册，黄宏煦主编，陆永庭、吴彭鹏等译，商务印书馆，1999 年，第 173 页。关于梭伦的哀歌体演说，亦可见亚里士多德：《雅典政制》，颜一译，苗力田主编：《亚里士多德全集》第 10 卷，第 12—14 页。

公元前 6 世纪末,民主派领袖克里斯提尼(Cleisthenes)再次在雅典推行大规模的政治民主化改革。新设立的五百人议事会成为公民大会的常设机构,任何提交公民大会的议案,都必须事先得到议事会的讨论同意。他所创立的陶片放逐法每年是否采用,都要经过公民大会的首肯,并且在有 6000 名以上公民投票时,表决结果才能有效。这些措施都在一定程度上进一步扩大了公民的参政议政权,同时也增加了政治家登场演说、影响民众的机会。从希罗多德的《历史》中可以看到,希波战争中雅典的主战派统帅地米斯托克利(Themistocles,公元前 524—前 460 年)、阿里斯泰德(Aristides,约公元前 530—前 467 年)、米太亚德(Miltiades,公元前 554—前 489 年)等都擅长演说,其中地米斯托克利尤其突出。在战前他能说服雅典人把金钱用于建造海军,在战中他能说服雅典人留在萨拉米斯(Salamis),其演说才能显然发挥了重要作用。[1]

公元前 5 世纪中期,雅典历史进入了它的黄金时代——伯里克利(Pericles)时代。伯里克利继续推进雅典的政治民主化进程,使其臻于完善。所有男性成年公民都获得了各级官职的选举权和被选举权,公民出席陪审法庭还可以获得津贴。这种用经济手段来保证公民平等的参政权利是一个伟大的创举。这些措施都有助于演说术的发展和新型的演说家的出现。演说术成为城邦中一种最有实用价值的技艺。"不仅那些想在政治上崭露头角的公民必须具备一定的演说能力,而且那些普通公民也必须如此,以便在法庭上维护自己的权利或驳斥他人的控告。""新的司法制度,十分有力地促使雅典人的天才向雄辩术方面发展"。[2] 近代著名希腊史家格罗特(G. Grote)的这些分析应该说是十分中肯的。由于演说术在公共事务和私人生活中显得越来越重要,以至于成了一个人能否获得人

---

[1] 希罗多德:《历史》,王以铸译,商务印书馆,1985 年,第 520—521、580—583 页。
[2] 吴于廑主编:《外国史学名著选》下册,商务印书馆,1987 年,第 236 页。

生的成功或诉讼胜利的决定性因素,也由于演说术的日益专业化、学科化,于是,熟谙演说术,并以撰写诉状讼词、教授演说术为生的职业演说家也就出现了。"阿提卡十大演说家"的出现,标志着雅典的演说家进入了他们的全盛期。

与此同时,雅典的演说家也通过对城邦社会生活和政治活动的积极参与,成为推动城邦政治民主化进程的主力军。首先,他们可能是演说家型的政治家。梭伦、克里斯提尼、伯里克利,都属于这类政治家。[①] 他们往往利用自己的雄辩才能,赢得多数人民的支持,来完成自己的民主改革使命。这类政治家可以伯里克利为例。他是雅典全盛时期的政治领袖,演说才能颇得古代作家的赞誉,[②]修昔底德(Thucydides)的《伯罗奔尼撒战争史》(*The History of Peloponnesian War*)中有4篇演说归于他的名下,其中的《在雅典阵亡将士国葬典礼上的演说》影响深远,传诵至今。修昔底德称赞伯里克利"能够尊重人民的自由,同时又能够控制他们"。所谓"控制",就是说伯里克利能够利用演说来说服人民按照他的建议行事。"因为他从来没有从不良的动机出发来追求权力,所以他没有逢迎他们的必要:事实上他这样崇高的受人尊敬,以至于他可以对他们发出怒言,可以提出反对他们的意见。"[③]伯里克利去世之后,雅典政坛再未出现如此具有演说天才并如此深孚众望的政治家。其次,他们可能是政治家型的演说家,伯里克利之后的演说家们,如德谟斯

---

① 在芬利看来,雅典的政治领袖就是演说家,二者实则同义词。M. I. Finley, ed., *Studies in Ancient Society*, London: Routledge and Kegan Paul, 1974, p. 13.
② 普鲁塔克记载了伯里克利演说的威力:"当他向群众发表演说时,像雷鸣,像闪电,像是舌头上有一根可怕的霹雳棒。"普鲁塔克:《希腊罗马名人传》上册,黄宏煦主编,陆永庭、吴彭鹏等译,第 468 页。译文也可参见笔者译《伯里克利传》。原文见 Plutarch, *Pericles*, 8.
③ 修昔底德:《伯罗奔尼撒战争史》,谢德风译,商务印书馆,1978 年,第 150 页。

提尼、吕库尔戈斯、许珀里德斯等均可属于这一类。① 他们在雅典民主政治体制的框架内,通过建言献策、担任管理要职,出使外邦、领导抵抗外敌等方式维护城邦的稳定和繁荣。最后,他们也可能是教育家型的演说家。他们在参与城邦政治活动的同时,开办修辞学校,主要传授有关演说、辩论、诉讼等方面的技能与知识。演说家伊索克拉底、伊萨阿斯、吕西阿斯的学生中有的成为新一代的演说家,不断推动着雅典民主政治的发展。②

二、雅典演说家的"话语权"与"风险"

虽然民主政治（δημοκρατια, democracy）的本质是人民的统治（popular government）,从梭伦到伯里克利的历代政治改革家都致力于人民权利的扩大,公民的直接参政。但有一点却是这些政治家所必须面对的,就是公民权利的平等、机会的均等并不等于政治素质和参政能力的平等。管理城邦需要个人才能与专门知识,某些职务并非所有公民都能胜任。然而,听凭运气安排的抽签制、频繁的轮换制、极为有限的任期制（唯十将军可连选连任）都有可能使才能平庸的公民偶尔当选。③ 因此,为了保证决策的正确、公正、合理,公开的讨论是投票前必不可少的程序。演说家们的重要作用在此时显得尤为重要。尽管理论上每个公民都有发言权,④但是在实际操

---

① 德谟斯提尼（约公元前384—前322年）是雅典最著名的反马其顿派领袖,曾受命出使马其顿。吕库尔戈斯（约公元前390—前325年）曾主管雅典财政长达12年,并六次创制新法律。许珀里德斯（约公元前389—前322年）也是雅典反马其顿的主战派领袖之一。

② 如德谟斯提尼就是伊萨阿斯（约公元前420—前350年）的学生,而伊萨阿斯又是伊索克拉底（约公元前436—前338年）的学生。伊索克拉底于公元前392年在雅典开办了一所修辞学校,从此执教终生。他的学校培养了一批又一批的学生,可谓是"演说家的摇篮"。

③ 亚里士多德就曾抱怨用抽签制选出的陪审员中"更多的总是寻常之辈而非贤能之人"。亚里士多德:《雅典政制》,颜一译,苗力田主编:《亚里士多德全集》第10卷,第30页。

④ Josiah Ober, *Elites and Mass in Democratic Athes*, p. 24.

作中,演说家却因其出类拔萃的辩才和对城邦内外事务的了解而拥有了"特殊话语权"。事实上,关于城邦事务的辩论大多是在演说家之间进行的。他们一般自认为是公民的代言人。雅典普通公民大部分是文盲,受过教育的占少数,多数人并不具备在公众场合发表长篇大论的能力。能言善辩、擅长此道的个别公民就成了所谓的"演说家"。在伊索克拉底看来,能够最大限度地把分布于他人头脑中的种种想法收集起来,然后用最好的形式表达出来的人,就是最成功的演说家。① 德谟斯提尼则讲得更直率,他认为演说家的价值不在于他的演说风格或声音的有力,而在于他是民众政策的支持者,与他的国家有着共同的朋友和敌人。② 在他看来,表达公民的意愿似乎是演说家义不容辞的责任。演说家们也常常以人民的建议者和指导者自居。城邦需要精通公共管理的人才,公民需要熟悉诉讼事务的专家。演说家热心城邦公私事务,自然就成为向公民们提供政策建议的最佳人选。德谟斯提尼在一篇演说中特别呼吁公民要注意倾听演说家的建议:"雅典人哪,我希望,在当前正在讨论的诸多事务中,如果能够弄清什么将是我们最好的政策时,你们就应当把它看作一笔巨大的财富而接受下来。如此,你们就应该热情地倾听那些给你们提供建议的人们。这不仅因为当有人来向你们提出一个深思熟虑的计划,你们会听取并接受,而且因为不止一个的演说家们会当场受到鼓舞激励,提出许多适当的建议,而这,我认为,也是你们的一份幸运。所以,在诸多建议中作出最佳的选择应该不是什么难事。"③但要公民听取建议的前提是演说家们必须提出最好的建议,必须为城邦负责。演说家应该专注于人民的事务,否

---

① Isocrates, *To Nicocles*, 41, with an English translation by George Norlin, Cambridge, Mass. : Harvard University Press, 1928.
② Demosthenes, *On the Crown*, 280, with an English translation by J. M. Vince, Cambridge, Mass. : Harvard University Press, 1926.
③ Demosthenes, *Olynthiac I*, 1, with an English translation by J. M. Vince, Cambridge, Mass. : Harvard University Press, 1930.

则便是失职。有的演说家可能会在某个时期成了城邦的实际领导人，在民众享有崇高的威望。在这种特殊情况下，他的建议如果与大部分民众的意见相左，遭到公民大会的抵制，他仍可以坚持己见，继续劝说民众，甚至对公民进行适度的批评。伯里克利、德谟斯提尼、吕库尔戈斯都曾一度是享有这种"地位"的演说家。此外，公民大会议事时留给演说家的时间并不多，相关决议必须在很短的时间内就作出，一般在天黑之前要进行投票表决，①因此有机会向民众进行演说的只能是少数人。每当这种时刻，那些被民众所信任的一位或几位演说家就有可能成为城邦事务的实际领导者。

但是，值得注意的是，演说家的上述所谓"权利"和"地位"都是临时性的，是一种"情势需要时由公民授权、代表公民行事的一种非宪法机制"②，因此受到雅典民主监督机制的严格制约。其一，演说家虽然有时可以左右、影响公民大会的决定，但他们的成功与否，最终仍然取决于公民大会的投票结果。并且，演说家要为自己的建议、提案负责。在奉行简单多数票决制的希腊城邦中，有一条公认的原则：人民永远没错。人民可能会为某一决定而后悔，甚至为它平反，但责任不在民众，而在提议者。面对这样的政治生态环境，德谟斯提尼甚至发出了这样的感叹：政治家的生活太危险，动辄招人批评攻击，每天都受到被审判和厄运的威胁。③ 即使是拥有雅典"第一公民"之称的伯里克利，也曾因伯罗奔尼撒战争初期雅典的失利被公民大会罚款和免职。④ 其二，公民对演说家普遍抱有警惕心理。公元前5世纪末期以后，由于修辞术涉嫌"诡辩"受到多方批评，演说家开始越来越多地受到怀疑和猜忌。在雅典甚至出现了一种颇为有趣的现象：演说家甲频频呼吁或警告公民们注意演说家乙的雄

① M. I. Finley, ed. , *Studies in Ancient Society*, p. 13.
② Josiah Ober, *Elites and Mass in Democratic Athes*, p. 324.
③ Demosthenes, *Philippic IV*, 70.
④ 修昔底德：《伯罗奔尼撒战争史》，谢德风译，第149页。

辩。例如,埃斯基涅斯呼吁陪审员们注意德谟斯提尼的诡辩:"正如你们在体育竞赛中看到拳击手为了荣誉地位相互攻击一样,你们陪审员也必须为了城邦的利益与他整天做斗争以取得辩论的胜利,不要让他逃脱违法的控告,听他讲演时要察言观色,看看他到底说些什么,注意把他赶回到关于违法的讨论中,要警惕他演说中的迂回曲折。"[1]演说家将民众对于他们自己这一类人以及演说术的不信任心理当作了互相攻击的武器,从反面证明了这种"信任缺失"心理的普遍存在。由于害怕受到怀疑,演说家们经常假装谦虚地称自己"不会演说""没有能力演说"等。[2] 这种气氛无疑使演说家心有余悸,在发表演说时不得不三思而行。其三,雅典在长期实践过程中,形成了一套较为完备的权力监督机制,不仅适用于国家公职人员,也适用于向人民提出建议和指导的演说家。其中最有效的是陶片放逐法(Ostracism)和违法法案指控制度(graphe paranomon)。前者的目的是防范那些"权高位重者",最初适用于那些与此前雅典僭主庇士特拉图(Pisistratus)沾亲带故的朋友,后来则是"被用来除去其他看起来过于强大的人",[3]防止他们对稳定的城邦体制造成危害。地米斯托克利、阿里斯泰德、客蒙[4]等政治家,狄纳尔科斯等演说家都曾被此法所放逐。后者对演说家的制约更为有力。此法规定任何公民都要在一年内为自己的提案负责,而不论该法案被五百人议事会或公民大会或其他立法机关审查批准与否。如有其他公

---

① Aeschines, *Against Ctesiphon*, 206, with an English translation by Charles Darwin Adams, Cambridge, Mass.: Harvard University Press, 1919.

② 演说家在演说开始时往往都要先表白自己不会演说,反过来说对手很会演说,以争取陪审员的同情。这已经成为大部分法庭演说词的固定套路。详见 Lysias, *On the Property of Aristophanes*, 1 - 2, with an English translation by W. R. M. Lamb, Cambridge, Mass.: Harvard University Press, 1930; Lysias, *Against Philon*, 2; Plato, *Apology*, 17a - b, with an English translation by Harold North Fowler, Cambridge, Mass.: Harvard University Press, 1914.

③ 亚里士多德:《雅典政制》,颜一译,苗力田主编:《亚里士多德全集》第 10 卷,第 25 页。

④ 客蒙(Cimon)是公元前 5 世纪上半期雅典著名的政治家与军事家,贵族派领袖,曾是伯里克利的政敌之一。

民在此期限内发现此法案与现行法律法规相抵触,或不适用,均可向陪审法庭提起诉讼,追究提议者(rhetor,即演说家)的责任。如果控告属实,该法案不仅要被撤销,提议者也会因欺骗和误导人民而受到惩罚。例如,公元前406年公民大会通过的处决六位将军的冤案不久即获平反,但提出动议的卡里克塞诺斯(Callixeinus)等人则获罪受到监禁。尽管一个偶然的事件使他逃脱了审判,但却因此成为千夫所指,因饥饿而死。① 同时,为了防止违法法案指控制度成为党派政治斗争的工具,违法法案指控还规定,指控者若缺乏证据而未获得五分之一审判员赞成票,则被课以罚金并剥夺再次提出违法法案指控的权利。② 公元前330年,埃斯基涅斯就因控告克泰西丰未能获得法定的赞成票而遭放逐。③ 这项法律无疑大大增加了演说家在提出法案时的风险成本,是对他们滥用提案权的一种制约。

三、演说家与雅典民主政治的"成"与"败"

作为城邦主体中颇有影响的重要构成部分,演说家在城邦生活的各方面都留下了自己的印记,也自然引起了世人的关注。实际上,在雅典,演说家自兴起之日起就一直招致民主政治反对派的非议和批评。特别是公元前5世纪后期和公元前4世纪,本来是"人民领袖"(popular leader,即活跃于民众大会上的演说家和提议者)之意的"δημαγωγos"竟然在那个时代某些古典作家的话语中变成了具有贬义的"暴民领袖"(leader of mob),一些演说家型政治家和政治

① Xenophon, *Hellenica*, I. 7. 35, with an English Translation by Carleton L. Brownson, Cambridge, Mass. : Harvard University Press, 1918.
② 吴于廑主编:《外国史学名著选》下册,第221—225页;Mogens Herman Hansen, *The Athenian Democracy in the Age of Demosthenes*, pp. 356 - 357.
③ Plutarch, *The Lives of Ten Oators IV*, "Aeschines", 840, with an English translation by Harold North Fowler, Cambridge, Mass. : Harvard University Press,1936.

家型演说家因此获得了"煽动家""蛊惑者"(demagogue)的恶名。①。
但无论对演说家扮演的社会角色如何评价,从伯罗奔尼撒战争结束
到马其顿人征服期间,雅典民主制度本身及其运行基本上处于稳定
的状态,却是不可否认的事实②。而这一时段恰恰是不同政治派别
的演说家们主导雅典政局的时期。因此,他们与雅典民主制度之间
到底存在着一种怎样的互动关系,值得做进一步的分析。

首先,从主观上看,绝大部分演说家都是民主制度的支持者。

其一,他们积极维护公民的民主权利。雅典民主政治自建立之
日起,便一直面临贵族寡头制复辟的威胁,从客蒙到克里底亚
(Critias),③贵族派和寡头派领袖从来没有放弃过这方面的努力。
雅典公民大会对于寡头政治倾向一向保持着强烈的警惕性。如果
某人被控告或被判决为"寡头"或者"企图颠覆民主制度",就会受到
严厉的惩罚,轻则罚款、放逐,重则处死。公元前411年和前404年,
由于战争造成的混乱和斯巴达的支持,寡头政变两度成功,民众受
到残酷的迫害。这时,使寡头派有所顾忌的就是那些能够站出来保
护人民的"将军、舰队司令"和"民主派的领袖"(the leaders of the
popular party),其中就包括捍卫民主政体的演说家。也正由于这个
原因,他们一直被寡头派视为心腹之患,意欲除之而后快。公元前
404年,民主派演说家克勒奥丰(Cleophon)就被寡头派以晚上没在
军营住宿的莫须有罪名处以死刑,而真正的原因是克勒奥丰发表演
说反对接受斯巴达拆毁雅典长墙的要求。④ 但寡头统治毕竟是短命
的,公元前411年的"四百人政体"和公元前404年的"三十僭主"的

---

① 亚里士多德:《政治学》,颜一、秦典华译,苗力田主编:《亚里士多德全集》第9卷,中国
人民大学出版社,1997年,第128—130,201页。
② 亚里士多德认为雅典政体从建立到公元前403年民主政体恢复,先后发生过11次大的
动荡,但"自那以来一直延续至今",即到他撰写《雅典政制》之时。亚里士多德:《雅典
政制》,颜一译,苗力田主编:《亚里士多德全集》第10卷,第44页。
③ 克里底亚(约公元前460—前403年),寡头派政治家,公元前404年政变中"三十僭主"
的主要成员之一。
④ Lysias, *Against Agoratus*, 7-8, 12.

迅速被推翻都与演说家型的政治家有关,像掌握雅典海军的民主派领袖色拉绪布鲁斯(Thrasybulus)就在这两次斗争中发挥了关键的作用。在推翻第一次寡头政变时,他所统帅的海军是民主派的中坚力量和坚强后盾。在第二次寡头政变时,他和另一位民主派领袖阿基努斯(Archinus)带领流亡的民众从边境上的斐勒(Phyle)据点返回,建立了温和的民主政体①,恢复了公民平等参政的权力。由此可见,演说家往往是公民权利的维护者,因为一旦公民失去了直接参政的权利,演说家也就失去了赖以存在活动的基础。

其二,他们坚决捍卫城邦的政治独立和雅典民主政体。演说家是民主政治制度的孪生物和受益者,很自然,他们中的绝大部分都是城邦制度的捍卫者。如前所述,在城邦面临危机的关键时刻,演说家往往挺身而出,甚至不惜付出生命的代价。他们或是在公民大会上控告那些妄图推翻民主政治的贵族寡头派领袖,或为城邦出谋划策,应对战争的来临,或充当外交使节,周旋于各邦之间。以德谟斯提尼为例,在长达30年之久的政治生涯中,抗击马其顿始终是他演说的主旋律。他频频呼吁雅典人警惕来自北方的威胁,劝说雅典人不要耽于声色之乐,应把观剧基金(Theoric)用于军事建设,还主张雅典团结希腊各邦甚至波斯共同抵抗马其顿。他以身作则,将自己财产的大部分捐献给城邦,发展海军。即使在喀罗尼亚(Charonea)战败之后,德谟斯提尼仍然没有气馁,他千方百计地寻求各种可以恢复雅典民主与自由的机会。但因大势已去,最后愤而服毒自杀(公元前322年),做了雅典民主政治的殉葬品。② 再以伊索克拉底为例。他从不当众发表演说,"他的演说与其说是为了演

① Aeschines, *On the Embassy*, 176.
② 关于德谟斯提尼的生平事迹,参阅 Plutarch, *The Lives of Ten Oators* Ⅷ, "Demosthenes"; Plutarch, *Demosthenes*, with an English translation by Bernadotte Perrin, Cambridge, Mass. ; Harvard University Press, 1919.

说,还不如说是为了阅读"①,他所写的演说词对雅典的公众舆论产生了一定的影响,也为我们认识、分析公元前4世纪的许多重要的政治问题"提供了极有价值的资料"。② 在伊索克拉底的演说词中,他表现出强烈的爱国主义精神,多次称颂希腊人尤其是雅典人的光荣历史,呼吁希腊人团结起来,停止内争,一致对抗波斯。在对待马其顿的问题上,伊索克拉底的政策取向与德谟斯提尼正好相反,他认为雅典只有与马其顿合作,把战争带到亚洲,把财富带回希腊,才能解决雅典城邦目前面临的困境。③ 可以说,伊索克拉底与德谟斯提尼在主观上都想挽救雅典城邦,挽救民主制度,只是选择的方式不同而已。

但是,历史的发展并不以历史人物的主观意志为转移。我们在关注大多数演说家具有维护民主政治主观愿望的同时,也要注意到,由于演说活动本身的特殊性,演说家在客观上也对雅典的民主政治产生了一定的消解作用。

首先是对城邦理性精神的消解。理性是雅典城邦精神的灵魂。在伯罗奔尼撒战争之前,雅典城邦的对内对外政策大多还是比较谨慎且具有长远眼光的。但是,在战争期间,尤其是稳健睿智的伯里克利去世后,这种情况开始发生变化。例如,在密提林(Mytilene)叛乱平定之后,雅典公民大会在如何处置密提林城邦的问题上发生激烈争论,结果在演说家克里昂(Cleon)的鼓动下,公民大会作出了一个极不理性的报复性决定:将密提林城邦男女老幼全部处死。虽然这一决定被醒悟过来的雅典人及时纠正,但演说家的负面煽动作用由此可见一斑④。如果说雅典人在密提林事件中还存有理性的话,那么后来与弥罗斯(Melos)人辩论时所体现出来的霸道、残忍、贪婪

① George A. Kennedy, *Art of Persuasion in Greece*, Princeton University Press, 1964, p.100.
② *Oxford Classical Dictionary*, Edited by Simon Hornblower and Antony Spawforth. 3rd rev. ed. Oxford and New York: Oxford University Press, 2003. p. 769.
③ Isocrates, *To Philip*, 9.
④ 修昔底德:《伯罗奔尼撒战争史》,谢德风译,第204—209页。

则完全背离了城邦的理性精神。① 这种蜕变和演说家不无关系。演说本来就是一种说服的艺术。② 虽然亚里士多德将演说分为议事、法庭和展示性三类："议事演说意在劝说或劝阻"，"法庭演说或是控告或是辩护"，"展示性演说或是赞颂或是谴责"，③但它们都有一个共同的目的，那就是要使听众接受自己的观点。演说家若要达到说服的目的，就必须讲究策略，投其所好。克里昂、亚西比德的煽动之所以能够一时得逞就是利用雅典民众极端的偏执和狂妄心理。柏拉图笔下的苏格拉底(Socrates)将修辞学或演说术讽喻(eironeia)为"烹调术"(cookery)或"奉承术"(flattery)④，看来并非无端攻击。亚里士多德曾提到一个叫德谟克拉底(Demokrates)的人"把演说家比做自己吞下了食物却用唾沫抹湿婴儿嘴唇的奶妈"⑤，也是讽刺演说家对民众极近哄骗之能事。个别有远见的演说家也注意到了这种哗众取宠、阿谀迎合之风的根源和危害。德谟斯提尼提请人民分清两种截然不同的演说家和政治家。他说，过去那些著名的政治家演说家，如阿里斯泰德(Aristides)、尼西阿斯(Nicias)、与自己同名的德谟斯提尼(公元前?—前413年)和伯里克利等，在演说时，首先考虑的是城邦的利益，而非获取民众的欢心，而现在的演说家们，则首先考虑的是你们想听什么，想要什么，怎样才能使你们满意，为了获取一时的支持而将不惜牺牲城邦的利益⑥。他还指出，在这些演说家兼政客们的奉承、煽动和哄骗下，民众在集会上变得危险，固执，只想听好话，但在战争准备上却粗心大意，让人瞧不起，从而使

① 弥罗斯是爱琴海上的一个小岛，由斯巴达移民所建。伯罗奔尼撒战争中保持中立，但仍被雅典人视为心腹之患，于公元前416年派兵远征该岛。雅典使者以"强者能够做他们有权力做的一切，弱者只能接受他们必须接受的一切"的霸主论调，胁迫弥罗斯人屈服。修昔底德：《伯罗奔尼撒战争史》，谢德风译，第412—421页。
② 柏拉图：《柏拉图全集》第1卷，王晓朝译，人民出版社，2002年，第322—326页。
③ 亚里士多德：《修辞术》，颜一译，苗力田主编：《亚里士多德全集》第9卷，第346页。
④ 柏拉图：《柏拉图全集》第1卷，王晓朝译，第338—344、395页。
⑤ 亚里士多德：《修辞术》，颜一译，苗力田主编：《亚里士多德全集》第9卷，第505页。
⑥ Demosthenes, *Olynthiac III*, 21-22.

城邦处于最严重的危险之中①。虽然同为演说家的德谟斯提尼此处难免有攻击他人之嫌,但他提到的演说流弊却绝非危言耸听。城邦理性的丧失,演说家确实应负一定的责任。

其次是对城邦公民精神的消解。公民作为"政治动物",他们的命运是与城邦紧紧联系在一起的。公民作为个体,享有权利,也有义务。公民的个体利益必须服从城邦的整体利益。在希波战争时期,雅典公民舍小家保大家,放弃田园庐舍,全体登船转移,到海上与波斯决战,就是这种爱国主义的集中体现。但在伯里克利之后,情况开始发生变化。公民们所关心的已经不是城邦的整体利益,而是他们自己的一己私利。在远征西西里前的辩论中,面对尼西阿斯的苦苦劝阻,雅典公民大会表现出了一种可怕的狂热与偏执。他们在厄基斯泰(Egesta)人重金的诱惑下,试图通过远征西西里获取个人财富和荣誉。这时,他们已经将个人利益置于城邦利益之上,将公民对于城邦的责任与义务完全抛到一边。在讨论决策过程中。个别演说家型的"政治家",如一贯善于投机的政客亚西比德(Alcibiades,约公元前450—前404年)就扮演了极不光彩的角色,雅典人的狂热情绪就是被他的演说煽动起来的。② 此外,在公元前5世纪—前4世纪的雅典,演说、诉讼成风,能言善辩受到人们的羡慕。大部分公民虽然自己不精于演说,但是他们喜欢欣赏公民大会、陪审法庭、节日庆典中的演说。对他们来说,言辞的美丽与动听已经胜过了事实的真相与真理。历史家修昔底德曾借克里昂之口严厉批评了公民大会中这种危险的倾向:"你们经常是言辞的欣赏者;至于行动,你们只是从人家的叙述中听来的;如果将来需要做什么事情的时候,你们只是从听到关于这个问题的一篇好的

① Demosthenes, *On Chersonesus*, 32 - 34.
② 修昔底德:《伯罗奔尼撒战争史》,谢德风译,第435—439页。

演说词来估计可能性；至于过去的事情，你们不根据你们亲眼所看见的事实，而根据你们所听到关于这些事实的巧妙言词评论，一个新奇的建议马上骗得你们信任；但是被证实了的意见，你们反而不愿意采纳；凡是平常的东西，你们都带着怀疑的态度来看待；遇着似是而非的理论，你们就变为俘虏。……你们是悦耳言辞的俘虏；你们像是坐在职业演说家脚下的听众，而不像是一个讨论国家事务的议会。"①克里昂虽也负有"煽动家"的恶名，但这段话却恰如其分地道出了当时雅典公民的思维方式、精神状态及其与演说家的干系。事实也确实如此，在演说家们的鼓动或煽动下，雅典公民往往会突然间集体丧失了理智，忘记了自己那一票的神圣责任与义务。西西里远征失败以后，面对惨痛的失败，雅典人不是总结教训反省自身原因，而是"转而攻击那些赞成远征的演说家，好像他们自己没有表决赞成似的"，②其出尔反尔的手法几近无赖。可见演说家的活动在一定程度上助长了公民的非理性心态，演说家为迎合这种心态又不可避免地导致了自身的堕落。正是在这种无耻公民与煽动型演说家二者之间的恶性互动中，城邦理性精神与公民精神逐渐消解。这大概是伯里克利及其以前的政治改革家们所从来没有想到的后果。

综上所述可知，古希腊演说家既是城邦民主制度的必然产物，也是推动其不断发展完善的一股不可忽视的社会力量。他们在城邦民主政治中享有特殊的"话语权"，但同时也受到它的严格监督与制约。从整体上看，他们在主观上是城邦民主政治的维护者，但客观上也在消解着它的公民基础。相互作用、兴衰与共应该说是二者关系的基本特征。

[此文是和学生王志超（现为山西师范大学教授）合作而成，原载《世界历史》2007 年第 4 期。]

---

① 修昔底德：《伯罗奔尼撒战争史》，谢德风译，第 206 页。
② 修昔底德：《伯罗奔尼撒战争史》，谢德风译，第 567 页。

第三章　西方现代化的古典渊源刍议

现代化作为一股影响世界历史发展走向的主要潮流到底源于何处,始于何时,是国内外现代化进程研究者首先遇到的两个彼此相关的问题。

一、现代化为什么始于西欧?

尽管各国通向现代化的基本方式有内源型与外源型之分,进入现代化进程的时间有先后之别,但就整个世界范围内而言,现代化进程首先发轫于西欧,则是学界公认的事实。但它发生于何时,则众说不一。有的学者认为始于文艺复兴,[①]有的主张始于 16、17 世纪的科学革命,[②]而更多的学者倾向于 18、19 世纪的工业革命。我国学者罗荣渠先生就坚持后一观点。[③] 笔者是比较赞成第一种说法的。这不仅因为具有现代或近代意义的 Modern 一词是人文主义者首先采用,以表示自己所处的时代是一个新的、有别于中世纪的时

---

① 参见佚名:《现代化:从科技革命到传统复兴》,http://www.51lw.com/html/philosophy/kejizhexue_103/4651.html
② 罗荣渠:《现代化新论》,北京大学出版社,1993 年,第 14 页。
③ 参见罗荣渠:《现代化新论》,第 11—17 页。但罗先生在同书第 128—129 页中,又把 15 世纪到 18 世纪中期西欧出现的早期城市化、早期商业化、早期工业化、世俗化等称为西欧内源型现代化的基本动力和各种变革的基本前提条件,并把这个创造前提条件的过程,称之为原初现代化(pre-mordinal modernization)。可见在罗先生看来,西欧现代化的起始时间可以前推到 15 世纪。

代,更重要的是,文艺复兴是西欧中世纪以来前所未有的思想大解放运动。它以古希腊罗马文化为武器,以人文主义为旗帜,从文化上、思想上使西欧摆脱了长达千年的基督教神学的控制,从而为人的天赋才能的尽情发挥开辟了广阔而自由的天地。这是一个需要巨人而且产生了巨人,尤其是科学巨人的时代。它既是近代西欧的开端,也是现代化进程的开端。① 由 Modern 而走向 Modernization 是历史发展的必然。

那么,为什么以思想解放、文化重建和科学革命、工业革命、制度革命为标志的现代化进程开始于西欧呢? 这是一个现代化进程研究中必须面对而且无法回避的问题。但从发生学意义上的现代化起源来看,这只是问题的一个方面,另外一个相关的问题随之产生。那就是为什么西欧以外的世界其他地区没有自发地产生科技革命、工业革命这样改变社会生产方式和整个社会面貌的重大事件呢? 为什么现代化的基本特征,如政治民主化、经济市场化、文化多元化、工业科技化等没有在非西方地区或非欧美地区率先萌芽并逐渐形成呢? 作为中国的一名世界史研究者,既有感于近几个世纪以来西方遥遥领先、飞速发展的现代化进程,也深痛于中国近代长期落后挨打的屈辱,自然更会关切为什么具有五千年文明史的中国却未能在深厚的历史积淀与发展中孕育出现代化的胚胎,并使之在我们的传统和文化背景中发育、成长、壮大,从而成为世界新潮流的引领者呢? 其实,这个问题早在 20 世纪三四十年代就引起了一位对中国科技文明极为痴迷的英国学者李约瑟的注意。他曾在一篇名为《东西方的科学与社会》的著名论文中,明确提出了与此相关的两个问题:其一,"为什么现代科学只在欧洲文明中发展,而没有在中国(或印度)的文明中成长?"其二,"为什么在公元前 1 世纪到公元

---

① 本文在表示历史分期意义上的"近代"时,采用近年来国内通行的观点,即以 1500 年前后作为世界近代史的开端。但从现代化进程研究的角度来看,此时属于现代化的起始阶段。

15 世纪期间,中国文明在获取自然知识,并将其应用于人的实际需要方面要比西方文明有成效得多?"①这就是科学史研究中非常著名的"李约瑟难题"。李约瑟先生的这一想法是 1938 年产生的。他为此苦苦思索了大半个世纪,试图作出合理的解释。据说,李约瑟本来打算在其巨著《中国科技史》第七卷中系统阐述对这些问题的看法,可惜生前并未完成。国内学者对此提出了种种解释,总的看法是中国传统文化的内在因素阻抑了中国科技的突破性发展。② 不过也有的学者认为近代西欧科技先进、中国落后的原因应从当时当地的社会条件中去寻找。而不必回到一千多年前的古代希腊和中

---

① 李约瑟:《李约瑟文录》,李约瑟文献中心等译,浙江文艺出版社,2004 年,第 152 页。此文撰写于 1960 年,修订于 1990 年。
② 关于中国近代为什么无科学的问题,早在民国初年就有人进行讨论。近代科学是现代化的基础与先导,因此这种讨论也可看作是对中国近代为什么未进入现代化的讨论。比较有代表性的观点有:一、中国无归纳法,故无科学。此为近代科学的先驱、中国科学社的创始人任鸿隽(1886—1961)1915 年所提出。二、国人受"德成而上,艺成而下"观念影响太久太深,对于自然研究素无兴趣。而清代中国又没有学校、学会、报馆之类的建制,科学发明不能流传和交流。这是梁启超(1873—1929)1920 年在他的《清代学术概论》中提出的。蒋方震(1882—1938)在 1921 年为这部著作作写的序中则特别从民族性上来解释,他认为中华民族"富于调和性","尚谈玄"是科学落后的原因。三、与此同时,冯友兰在《为甚么中国没有科学——对中国哲学的历史及其后果的一种解释》一文中认为,探讨中国没有自然科学的原因,主要不能归之于地理、气候、经济,……而主要应归之于中国人的价值观、中国人的哲学。四、1924 年,梁启超发表了《中国近三百年来学术史》,进一步综述了乾嘉时期只有考证学得到畸形发展,而自然科学未能发展起来的原因。认为八股取士的科举制是最大的障碍物。总之,这些学者把中国近代科学落后的原因大体上归之于研究方法、哲学思想、价值观念、专制政治和教育制度(科举制度)等。后来的学者则将原因较多地归于社会经济制度。代表性的人物有竺可桢。他认为,"中国农业社会的机构和封建思想,使中国古代不能产生自然科学"。20世纪 80 年代以来的讨论虽然不乏新见,但基本上仍在前人讨论过的范围内讨论,无非是从社会制度、文化传统的层面上再加深入而已。(以上资料引自范岱年《关于中国近代科学落后原因的讨论》)何兆武先生曾将原因归于明末清初以利玛窦为首的耶稣会士传来的不是当时西方最先进的科学知识,虽然突破了常说,但似乎失之偏颇。(见何兆武著《中西文化交流史论》"序言"中的第 6 页,中国青年出版社,2001 年)而且,他在书中的《中国传统思维与近代科学》一文中也认为是中国主道德、重伦理、知识依附于政治的文化传统和轻分析、重综合的传统思维方式阻碍了近代科学在中国的产生。

国。① 此论一出,即引起激烈争论。② 但犹如李约瑟难题一样,至今尚无定论。当代美国研究中国科技史的著名学者席文甚至认为,中国没有出现西欧式的科技革命是一种历史存在。不要问它为什么发生或没有发生。③ 席文先生似乎是用一种历史命定论或自然生成论来劝导人们不要再纠缠于这样的无意义命题。然而,问题毕竟还是问题,不会因为暂时无解而不再存在。历史研究者的任务不仅要还原历史,弄清是什么的问题,更重要的是要提出问题,并回答为什么的问题。因此,要对现代化进程进行研究,就应首先对其起源问题作出合理的解释。而且随着这一研究的深入,我们不仅有可能揭开现代化何以首先在西欧发生之谜,而且可以为回答它为什么没有在其他地区、国家,特别是在中国内部自发产生的问题提供新的视角和思路。

笔者认为,西欧率先发生现代化的原因必须回到西欧的历史传统中去寻找,也就是说首先把现代化看作一个历史过程而非历史发展的结果来研究。任何一个历史事件,都是历史演进序列或链条中的一环。它们不会孤立地发生和存在,或与此前与此后的历史相割裂。诚然,偶然的因素有时似乎可以影响历史的进程(如西方人所津津乐道的埃及艳后"克列奥帕特拉的鼻子"),但这些偶然因素实际上只是隐形的历史必然性的一种显性表达而已。无数个偶然构成历史的必然。基因突变的生物学理论在历史学领域并不适用。

---

① 参见席泽宗:《古希腊文化与近代科学的关系》,《光明日报》,1996 年 5 月 11 日第 5 版;《近代科学与传统文化无太大关系》.
② 持批评意见的主要有刘华杰:《席先生,我不能同意您》,载《中华读书报·文史天地》,2000 年 5 月 24 日;《谈文化传统对科学的影响——简评席泽宗院士的一个观点》。李建珊、魏佳音:《也谈近代科学与古希腊文化的关系——与席泽宗先生商榷》,《科学技术与辩证法》2003 年第 2 期。持赞同意见的有李申:《我赞同席先生——古希腊文化与近代科学关系问题》。
③ 详见席文:《为甚么中国没有发生科学革命? 或者它真的没有发生吗?》,《科学与哲学》译刊,1984 年第 1 辑。也可参见席文(N. Sivin)1984 年 2 月 14 日致何兆武先生的信,其中再次表达了类似的观点。(见何兆武:《中西文化交流史论》,中国青年出版社,2001 年,第 294 页。)

因为它等于否定了历史发展的延续性，从而否定了历史研究的合理性。历史不会中断，也不会被人为地中断。历史长河可以一时改道，或潜入地下，但它终究还要保持前进的态势并重新流出地面。从古希腊罗马文明到当代西方文明，历史就是这样一步步发展过来的。古希腊文明的火种首先被罗马人欣然接受，其后通过拜占庭文明、阿拉伯文明的中介而传入西欧（西欧一些教会和修道院也保存了不少珍贵的古代典籍），并经过文艺复兴的深入挖掘、发扬光大，从而影响了包括现代化在内的西欧历史进程。此外，文明或文化的影响是潜移默化的，"随风潜入夜，润物细无声"即是其最形象的写照。经过文艺复兴大洗礼的西欧，无疑会受到希腊罗马古典文化的深刻影响。虽然现代西方文明中到底包含有多少或什么样的古典文明因素，受到它多大的影响，学者们可能会见仁见智，但古希腊文明是西方文明的源头，"我们都是希腊人"（雪莱语），"没有古代的希腊和罗马，就没有近代的欧洲"，[①]已成为西方学者（包括马克思主义创始人）的共识。恩格斯甚至说，"如果理论自然科学想要追溯自己今天一般原理发生和发展的历史，它也不能不回到希腊人那里去"[②]。由此可见，西方现代化的源头还是应该回溯到西方的古典文明时代去。

二、西方古典文明中有哪些因素与现代化的起源有关？

笔者认为主要有以下两个方面。

1. 古希腊的一些科学猜想与技术上的发明创造成为近代西欧科学技术革命的起点。

一般认为，近代科技与古代科技最大的不同在于前者是以科学

---

① 《马克思恩格斯选集》第 3 卷，人民出版社，1995 年，第 524 页。
② 《马克思恩格斯全集》第 20 卷，人民出版社，1971 年，第 386 页。

实验为基础,后者则以天才的想象与发明为特征。但事实并非全然如此,古希腊也有一些科学理论成就是建立在长期观察、研究基础上的。近代的天文学革命始于哥白尼的"太阳中心说"。其实,早在公元前3世纪,古希腊的天文学家阿里斯塔克(Aristarchus)就提出了同样的学说。① 只不过后来罗马帝国时期亚历山大里亚学者托勒密的"地心说"体系被基督教所接受,从而统治了西欧天文学界一千多年。哥白尼曾坦然承认他受到了阿里斯塔克"太阳中心说"的启示。② 阿里斯塔克很可能利用了西亚古巴比伦人和亚述人上千年的天文观测资料,这在希腊化时期东西方文化大交流的背景之下是可以理解的。③ 阿基米德(Archimedes)是古希腊堪称牛顿式的天才科学家。他提出了浮力定律、杠杆定律,发明了螺旋吸水器、滑轮组以及弩炮、带钩的起重机等军事防守器械。他曾自豪地说:"给我一个支点,我就可以撬动地球。"这种对科学的自信无疑激励了近代科技发明者的勇气。培根(Francis Bacon)的名言"知识就是力量"在某种意义上就是阿基米德豪言壮语的转述。古希腊医学上的解剖学也是近代的先驱。托勒密王朝的统治者为了便利亚历山大里亚的医学研究,竟然将死囚交给医生去做活体解剖。当时最著名的医生希罗菲洛斯(Herophilus,约公元前335—前280年)被誉为"古代最伟大的解剖家"。他的解剖实践扩大了人们对大脑、眼睛、十二指肠、肝脏和再生器官的认识,分辨出了动脉与静脉的不同,实际早于哈维(William Harvey,1578—1657)19个世纪发现了血液的循环。他和另外一名医生埃拉西斯特拉图(Erasistratus)共同发现了人体

---

① 后人在阿基米德《沙计算器》一文中发现了关于阿里斯塔克创立太阳中心说的证据,其中提到阿里斯塔克认为:"恒星与太阳皆固定不动;地球循圆周路线绕太阳旋转,而太阳位于此一轨道的中央。"M. Cary, et al, ed., *The Oxford Classical Dictionary*, Oxford Clarendon Pres,1964,p. 89,"Aristarchus".
② 参见威尔·杜兰:《世界文明史》第二卷《希腊的生活》,幼狮文化公司译,东方出版社,1998年,第493页及以下注 *。
③ 当时他的观点的唯一支持者塞琉古就是一位生活于底格里斯河畔希腊人新建城市塞琉西亚的当地人,亦可资佐证二人资料同源的可能性。

的神经系统,区别出了感受神经与运动神经。这些医学成就的取得显然是包括解剖学在内的医学实验的结果。此外,古希腊的地理学家埃拉托斯特尼(Eratosthenes)最先实测了子午线的长度,计算出的地球周长实际数值仅差 300 公里左右。他主张"地圆说",曾在一本书中写道:"如果大西洋不是一种障碍,我们当能轻易地由海路从西班牙前往印度,只需将航线保持在同一条纬度圈上便行了。"①他的大胆设想直接影响了哥伦布的远航,从而导致了新大陆的发现。这在某种意义上又推动了从西欧到欧美的现代化进程。古希腊数学家欧几里得(Euclid)的《几何原本》,直到近代仍被当作教科书使用。阿波罗尼乌斯(Apollonius)的圆锥曲线理论则为开普勒(Kepler)的行星轨道提供了工具。古希腊百科全书式的学者亚里士多德(Aristotle)及其学派对动植物的观察、分类和研究,可以说是近代生物学和生命科学的发端。甚至工业革命的标志——蒸汽机的动力原理也已被古希腊人所发现。公元 1 世纪亚历山大里亚的希罗(Hero)就曾发明了一个利用蒸汽推动球体转动的装置,可惜这只是一个玩具,其原理并未应用到实践生产中去。② 自然哲学家德谟克利特(Democritus)的"原子论"成为近代原子论复兴和发展的基础。近代化学原子论的创立者道尔顿(Dalton)承认他的原子论得益于德谟克利特的"原子论"思想,大科学家牛顿(Newton)也认为古代"原子论"对他的研究影响很大。上述几例虽然远远不足以代表古希腊人与近代科学技术革命全部有关的科学理论、设想和技术发明,但足以说明古希腊的科学遗产与近代的科学革命之间有着多么密切的前后承继关系。即使他们提出的一些近代已经证明是错误的理论,如托勒密(Ptolemy)的"地心说",或如亚里士多德的物体落地理论,也都从相反的方向推动了近代科学研究的深入。总之,深

① 威尔·杜兰:《世界文明史》第二卷《希腊的生活》,幼狮文化公司译,第 470 页。
② 吴国盛:《科学的历程》(上),湖南科学技术出版社,1997 年,第 160 页。

厚的求知爱智传统、执着的理性探索精神和对自然奥秘的强烈好奇，以及敏于观察、精于分析、善于综合的实证逻辑研究方法是古希腊人留给后世的西欧乃至全人类的一份最为宝贵的无形财富。①"近水楼台先得月"，近代科学革命之所以首先出现在西欧，绝非偶然。

2. 古希腊罗马的城邦民主制为近代社会提供了可以借鉴、改进的对象。他们在主权在民、三权分设、权力监督、法治以及平等、自由等基本人权方面的理论和实践是近代西方民主制的先驱。

古希腊罗马在进入阶级社会之后不久，就形成了以民主共和为特征的城邦制度。虽然此前它们都经过所谓的国王（如传说中的雅典国王提秀斯）或王政（如罗马的前七王）时代，但最终都放弃或改造了先前的王制（kingship），走上了一条与同时代其他东方文明国家中央集权式的君主制迥然不同的发展之路。当然，作为小国寡民意义上的城邦，或城市国家，在古代印度的列国时代，两河流域的苏美尔城邦时期，或古埃及的前王朝诺姆时期，都或多或少地存在过。但作为古希腊 polis 意义上的城邦（英译为 city-state），则主要是指一种封闭性的公民集体或共同体。公民是城邦的主体。用亚里士多德的话来说，公民实际上是一个"政治动物"，离开了城邦，他的政治生命可以说暂时停止或宣告结束。② 希腊城邦普遍流行的政体形式主要有民主制、寡头制或贵族制，③真正意义上的君主制或王制实际并不存在。斯巴达城邦虽仍有二王，但国王的称号对他们而言更多的是荣誉而非实际权力，甚至有限的权力还受到监察官和长老会

---

① 有学者指出，古希腊毕达哥拉斯的数学理性、亚里士多德的逻辑理性、阿基米德的实验理性是影响近代科学出现的三大理性因子。见李建珊、魏佳音《也谈近代科学与古希腊文化的关系——与席泽宗先生商榷》，《科学技术与辩证法》2003 年第 2 期。

② 亚里士多德：《政治学》，吴寿彭译，第 7—8 页（1253a-5）。

③ 这里采用了亚里士多德的观点，寡头制是贵族制的变种，二者可合为一类。参见亚里士多德：《政治学》，吴寿彭译，第 182—183 页（1290a10-25）、208 页（1296a20）、235 页（1301a40）。

的严格制约,而且他们二人也只是 30 人长老会中的两名平等成员。只有战时他们中的一人才可代表国家统帅公民出征,另一人留守国内。因此,从来没有人把斯巴达的政治制度看作是君主制或王政,而将其视为贵族寡头制。

按照古典作家的通行观点,民主制(Democracy)是多数人或人民的统治,贵族制(Aristocracy)是少数人的统治,君主制(Monarchy)则是一个人的统治。根据亚里士多德的政体分类,正宗的政体是君主政体、贵族政体和共和政体,与此相应的变态政体是僭主政体、寡头政体和平民政体。①"僭主政体以一人为治,凡所设施也以他个人的利益为依归,寡头(少数)政体以富户的利益为依归,平民政体则以穷人的利益为依归。"②而共和政体是"以群众为统治者而能照顾到全邦人民公益的"政体③。既然民主制是多数人的统治,那共和政体和平民政体实际上都属于民主制的范畴。以此而论,在希腊城邦和罗马共和国时期,实际上主要是民主制(或共和制)和贵族制(或寡头制)在发挥作用。其中雅典的民主制和罗马的贵族共和制可作为两种类型的典型代表。

雅典的民主制上承荷马时代以军事首长(Basileus,巴西琉斯)、人民或战士大会、部落首领会议为主要因素的军事民主制,下经梭伦、克里斯提尼、伯里克利三位政治家的民主改革,终于在公元前 5 世纪中期达到其发展的顶峰。其基本特征是:

(1)主权在民

公民是雅典城邦的真正主人,直接参与城邦事务的决策、管理和监督。公民大会是最高权力机关,公民皆可自由参加,均有发言权和表决权。城邦的一切官职对所有的公民开放,没有财产、出身的限制。公民皆可通过选举、抽签的方式当选为任期长短不一(最

---

① 亚里士多德:《政治学》,第 134 页(1279b5)、178 页(1289a25)。
② 亚里士多德:《政治学》,第 134 页(1279b5)。
③ 亚里士多德:《政治学》,第 133 页(1279a35)。

多为一年,最少为一天,如五百人议事会 50 人轮值团的主席)的官员。机会均等、轮流执政,除十将军外,其他所有的公职人员一律不得连选连任。伯里克利时期开始实行公职津贴,以免贫穷公民因生活窘迫而失去参政权利。这样就从法理上、制度上和经济上保证了伯里克利所谓"政权在全体公民手中"理想的实现。人民即权力而非权力来自人民或权力代表人民(当然更非中国古代统治者的"为民做主"),是古典直接民主制与近代间接民主制(代议制)的根本区别之所在。

(2)三权分立、权力制约的雏形基本形成

亚里士多德从宏观的角度,认为希腊城邦的一切政体都有三种机能,即议事、行政和审判(司法)机能。议事机能具有最高权力,公民大会为其代表,行政机能指城邦事务的具体管理者。这些行政人员"在一定范围内具有审议、裁决和指导责任",审判机能指各种专门的法庭。[①] 但就雅典而言,城邦的议事权或立法权主要归于公民大会和陪审法庭(The Court of People,又可译为"人民法庭")中的"千人立法委员会"。司法审判权主要归于由 6000 人组成的陪审法庭,而行政权则主要由公民大会的常设机构五百人议事会、九执政官、十将军委员会和其他各种城邦事务的管理者来行使。但这些只是雅典城邦运行机制的大致分类。其实它的具体运行较为复杂,各种权力交叉重叠现象也很明显,如元老院(Council of the Areopagos,又译"战神山议事会")仍保留传统的对雅典公民被害案的审理权,但审理由执政官之一的王者执政官主持。[②] 陪审法庭虽为司法机关,但如前所述,也拥有一定的立法权。权力制约机制也初露端倪,如官员在任前要接受候选人资格审查,任期中要接受公

[①] 详见亚里士多德:《政治学》,第 214—230 页(1297b35 - 1301a15)。

[②] Mogens Herman Hansen, *The Athenian Democracy in the Age of Demosthenes*, Oxford: Basil Blackwell, 1991, pp. 351("Council of the Areopagos"), 350("Basileus, The King Archon").

民的监督,对有渎职行为嫌疑的官员,则由公民大会投票决定是否有罪。如认为有罪,则送交陪审法庭审理。① 任满时要接受离陪审法庭两个专门委员会的审查,其一审查账目,其二审查该官员是否滥用职权,如果有人对他提出控告。② 对于公民大会和五百人议事会通过的法令,如有公民提出其与现行法律相抵触或不适用,则要暂时搁置,由陪审法庭进行审理。如认定该法令违法,原提议者(Rhetor)要受处罚,该法令也被取消。③ 这一规定体现了司法机能对立法机能的监督与制约,也可防止公民对提议权、控告权的随意滥用。

(3)公民享有自由、平等等基本人权

自由意味着公民可以在城邦的政治生活中自由表达个人的意见,可以自由地选择城邦的管理者或自愿参与城邦事务的管理,只要能够当选。平等意味着在城邦政治生活中人人享有平等权利,没有财产、出身等外在条件的限制。正如伯里克利所宣称的"任何人,只要他能够对国家有所贡献,绝不会因为贫穷在政治上湮没无闻……我们的政治生活是自由而公开的",即使在私人生活中,"我们也是自由的和宽恕的"④。希罗多德曾赞扬民主制的最大优点"首先在于它的最美好的名声,那就是在法律面前人人平等"⑤,伯里克利在国葬演说中也表达了同样的理念。⑥ 在雅典,只有能够影响国家决策的政治家或民众领袖,而无法理上有特权的公民,即使伯里克利这样德高望重、劳苦功高,几十年来在雅典极富影响力,被同代

① Mogens Herman Hansen, *The Athenian Democracy in the Age of Demosthenes*, pp. 353 ("Dokimasia ton archen"),354 - 355("Epicheirotonia ton archon").
② Mogens Herman Hansen, *The Athenian Democracy in the Age of Demosthenes*, p. 355 ("Euthynai").
③ Mogens Herman Hansen, *The Athenian Democracy in the Age of Demosthenes*, p. 356 ("Graphe paranomon").
④ 修昔底德:《伯罗奔尼撒战争史》,谢德风译,第 130 页。
⑤ 希罗多德:《历史》,王以铸译,商务印书馆,1985 年,第 232 页。
⑥ 即在雅典,"每个人在法律上都是平等的"。见修昔底德:《伯罗奔尼撒战争史》,谢德风译,第 130 页。

历史家修昔底德称为"第一公民"的人物,也难免因伯罗奔尼撒战争初期失利而遭到撤职罚款的命运。[①] 在雅典也没有职业政治家和职业官员,"轮番为治"(to rule and to be ruled)的前提就是公民政治权利的平等,既有机会和权利去管理别人,也有义务接受别人的管理。

相对于封闭性的、一直处于小国寡民型的希腊诸城邦,罗马却是一个先是由台伯河畔七个小山丘的拉丁人组成的小邦,后来逐步统一意大利并进而向地中海扩张的大国。它的共和政体曾受到公元前 2 世纪的古希腊历史家波利比乌斯(Polybius)的大加赞扬,认为它是君主制(王制)、民主制和贵族制三种政体的混合,是"所有现存政体中最好的政体"。[②] 它不仅具备了三者的优点,而且形成了有效地相互制约的机制。在他看来,执政官权力体现了君主制或王制的因素,元老院权力体现了贵族制的因素,而民众(公民大会)的权力则体现了民主制的因素。[③] 这三种因素有机地结合在一起,在整个国家事务的管理中发挥着缺一不可的作用,但是三者之间又相互牵制,保持平衡。任何一种权力都不可能超越其他两种权力。[④] 他认为,正是由于这种混合政体才使得罗马在不到 53 年的时间内几乎将整个世界(实际指地中海世界)置于它的统辖之下。[⑤] 当然,在波利比乌斯生活的时代,他只看到了罗马共和国的壮大与扩张,而未想到正是这种扩张,使共和国最终被帝国所代替,共和制被元首制所代替。

近代以来的西方政治制度虽然各国由于历史传统、民族特性和国情的不同而形式各异,但三权分立、议会民主、主权在民、法治、公

---

① 修昔底德:《伯罗奔尼撒战争史》,谢德风译,第 149—150 页。
② Polybius, *The Histories*, 6. 10. 14, with an English translation by W. R. Paton, Cambridge, Mass.：Harvard University Press, 1993.
③ Polybius, *The Histories*, 6. 11. 12.
④ Polybius, *The Histories*, 6. 12 - 18.
⑤ Polybius, *The Histories*, 6. 2. 3.

民自由平等参与是其基本特征。它们似乎就是古希腊罗马民主共和制度在近代条件下的延续与发展。事实也确实如此。古希腊的城邦制度虽然在马其顿亚历山大帝国之时就已名存实亡,罗马的贵族共和制也随着帝国时代元首制的确立实质上不复存在。但城邦制度的精魂并未泯灭。诚如当代西方古史学家 M. I. 芬利所说:"就'遗产'的全部词义而言,不存在制度上的遗产……然而,确实存在着一个内容丰富、名副其实的文化遗产",并建议人们"应在政治理论领域而不应在制度领域来寻找可能的遗产"。① 古典作家留下的大量的希腊拉丁文著作向后世一代一代地传递了古代的民主共和理念。如"西方历史之父"希罗多德在其《历史》巨著中,对希腊城邦制度,尤其是雅典民主制极力推崇,认为正因为以雅典为代表的希腊人是为自由而战,所以才能同仇敌忾,以少胜多,打败强大的波斯帝国。他曾这样说道:"权利的平等不是一个例子,而是在许多例子上证明是个绝好的事情。"②古希腊另一位著名的历史家修昔底德在其《伯罗奔尼撒战争史》中,借伯里克利之口对雅典的民主制度大加赞扬。他自豪地说:"我们的政治制度不是从我们的邻人的制度中模仿得来的。我们的制度是别人的模范,……我们的制度之所以被称为民主政治,因为政权是在全体公民的手中,而不是在少数人的手中。"③即使对雅典民主制度颇有微词的哲学家柏拉图、亚里士多德也分别在他们的著作《理想国》《法律篇》及《政治学》中,希望对现行的城邦制度进行改造、调整,使之理想化、完美化。他们主要反对的是伯里克利之后、特别是置苏格拉底于死地的极端民主制,主张专家治国,憧憬的仍然是小国寡民、精英治国或哲学家为王的贵族政体。从整体上看,他们只是城邦民主制的批评者、改造者,并非它

① M. I. 芬利主编:《希腊的遗产》,张强等译,上海人民出版社,2004 年,第 21—22、37 页。
② 希罗多德:《历史》,王以铸译,第 379 页。
③ 修昔底德:《伯罗奔尼撒战争史》,谢德风译,第 130 页。

的彻底否定者。犹如 18 世纪的美国建国之父们亚当斯(Adams)、麦迪逊(Madison)、富兰克林(Franklin)等,虽然他们一度极力反对雅典曾经出现过的极端民主制,担心它可能会在美国重演,①但仍然在吸取、借鉴历史上曾经存在过的包括雅典在内的各种民主政体经验教训的基础上,精心设计并亲手创建了美利坚合众国的民主体制。此外,古典传记作家普鲁塔克的《希腊罗马名人传》中,对有关古希腊罗马政治制度创建、改革的重要人物(如雅典的梭伦、伯里克利,斯巴达的来库古等)都分别立传,有的甚至成为后人研究城邦政治制度的唯一资料来源(如《来库古传》,*Lycurgus*)。如前所述,波利比乌斯的混合政体理论也经由其《通史》流传了下来,并产生了深远的影响。罗马政治家西塞罗(Cicero)的《论共和国》《论法律》也对各种城邦政体的优缺点进行了分析,并补充、发挥了波利比乌斯的混合政体论。古典作家的这些著作及其思想有可能经过文艺复兴运动传入西欧,影响了洛克(Locke)、孟德斯鸠(Montesquieu)、卢梭(Rousseau)等自然契约论、社会契约论、三权分立说的提出,从而大大推动了西欧政治民主化的进程。我们只要读一读美国的《独立宣言》和法国的《人权宣言》,就可看出其中的观点与古希腊的政治理念有颇多相似之处(如公民权利的自由平等,主权在民,权力分立等)。我们再去比较一下美国总统林肯(Abraham Lincoln)在葛底斯堡(Gettysburg)阵亡将士葬礼上的演讲与修昔底德笔下的伯里克利的国葬演讲,就会发现二者对民主政治的颂扬如出一辙,林肯矢志要建立并使之永存于世的"民有、民治、民享"的社会理想似乎就是伯里克利时代雅典民主制度的遥远回响。古代民主制与现代民主制就所谓"人民的统治"(Democracy)而言,并无本质的差别,但在形式

---

① 参见 Jennifer Roberts，*The Creation of a Legacy*：*A Manufactured Crisis in Eighteenth-Century Thought*，in J. Peter Euben, John R, Wallach, and Josiah Ober, ed.，*Athenian Political Thought and the Reconstruction of American Democracy*，Cornell University Press,1994，pp. 81 - 102.

上则有直接与间接之分,运行程序上的相对简单幼稚与复杂成熟之分,以及适用范围上的大小之分。从这个意义上说,尽管西方民主制与中世纪日耳曼人的马尔克公社制残余、分封制下封主和封臣的权利义务关系,以及在此基础上形成的封建等级君主制关系(可以法国的三级会议的召开、英国大宪章的签署及早期国会的设立为标志)都有直接的、密切的"血缘"关系,但古希腊罗马城邦的民主共和制度无疑是近代西方民主制度形成与发展的思想源头和早期实验。

如果说古典民主制的影响是遥远的,间接的,那罗马法对近代法律制度建设的影响则是直接的。罗马法是古罗马人对人类文明的最大贡献。它在西欧中世纪后期和近代得以复兴,主要原因是它适应和满足了新兴的资产阶级利用法律手段调节各种日益复杂的社会关系和利益关系的迫切需求。主要受罗马法影响而形成的大陆法系与受到一定影响的英美法系是近代西方世界的两大法系。随着西方殖民主义的扩张,罗马法的影响被带到了全世界。现代化语境之下的法治社会在某种程度上即与罗马法的复兴与利用有关。

以上仅从科学技术、政治制度与思想两大方面探讨了古典文明与率先启动现代化进程的西欧社会之间的间接或直接关系。古典时代的某些文明成果或是近代发展的起点,或是它的思想基础,或是它的早期实验或实践,均对推动现代化进程的启动起了潜移默化的但又显而易见的作用。有鉴于此,我们在关注西方现代化进程的古典渊源时,也应从历史传统、文化背景、民族心理甚至地理环境等方面来对中国为何没有成为现代化的启动者,以及近代为什么在实现现代化的道路上又如此步履艰难的深层次原因进行一番追根溯源式的探讨。笔者相信,这样的研究将会有助于李约瑟难题的解答,也有助于我们根据国情理性地探索出一条具有中国特色的现代化之路。

附录 1

普鲁塔克《伯里克利传》译文^①

1. 有一次，凯撒（Caesar）在罗马城里遇到了一群富有的外邦人，只见他们亲昵地抚摸着抱在胸前的小狗、猴子，在大街上来回游荡。于是，他就很自然地上前相问，在他们的国内是否女人们不习惯生育？他就这样义正词严地狠狠谴责了那些人，他们把大自然赋予我们的，应该奉献给人类的仁爱之心，滥施于没有理性的动物身上。根据同样的理由，我们也可以谴责这么一些人，他们把大自然播植于我们心灵中的探求观察之爱好，不恰当地倾注在那些不值耳目一顾的事物上，而同时却对本身十分美好并能造益人类的事物漠然视之。

纯粹的肉体感官对于那些自然出现并施加影响于自身的事物的印象只能消极地作出反应，所以，它也许不得不对呈现在眼前的一切予以接受和注意，不管它将是什么，有用与否。但是，人们通过运用自己的脑力，如果他有所选择，他就具有天然的能力使自己在

---

① 本译文最初是根据哈佛古典丛书的德莱顿英译本转译的。后来经南开大学导师王敦书先生校对，内蒙古大学胡钟达先生审定出版。在此谨向他们致以深深的感谢。胡先生已经驾鹤西去，但愿他在九泉之下可以感受到晚生的敬意。此次整理，我基本保持原译文，仅有个别地方依据德莱顿译本的修订版（Plutarch, *Pericles*, in *Eight Great Lives*, The Dryden translation, Revised by Arthur Hugh Clough, New York：Holt, Rinehart, and Winston, 1962.）和罗叶布古典丛书英译本（Plutarch, *Pericles*, with an English translation by Bernadotte Perrin, Cambridge, Mass.：Harvard University Press, 1916）作了改动，并据此给原译文加上了编号。所有的译名首次出现时我也加上了英文译名，以便对照。极个别易于引起歧义之处，也稍加译者注说明。

任何情况下都能自我调整,能轻而易举地改变和转向他认为适合自己需要的方面去。因此,寻求和追随一切出类拔萃之事物就成了一个人的天职。这样,他不仅可以利用自己的深思熟虑,而且能由此获得长进。因为,正如只有鲜艳宜人的色彩才能刺激和扩大视野,最为赏心悦目一样,一个人应当将智力使用于那些使人欢乐,易于唤起理智,并使理智趋于正当、完善和有益的事物上去。

我们在功德善行中发现这样的事物,它们使纯粹的观察者头脑中也产生出加以模仿,与之竞胜的热望。而其他的事物,人们虽然对他们也表示钦佩和爱好,却没有一种付之于实践的强烈愿望随之而来。并且,往往正好相反,我们一方面对某些作品非常满意,另一方面却轻视它的制作者或艺术家本人。举例来说明吧,我们喜欢香水和紫色染料,但认为那些染色工和香料制造者不过是一些等而下之的可怜之辈。安提斯泰尼(Antisthenes)说得对。当人们告诉他说,一个名叫伊斯门尼亚斯(Ismenias)的人是个绝好的笛师时,他说:"此事可能,但他只不过是个可怜的人。否则,他就不会成为一个负有盛名的笛师了。"国王腓力(Philip)也有同感。他的儿子亚历山大在一次游乐会上极其熟练地奏了一段优美动人的乐曲,腓力就对他说:"儿子,你的演奏是如此动听,难道你不觉得羞耻吗?"因为作为一个国王或王子,闲暇时听听他人歌唱也就足够了,并在艺人们从事技艺练习和比试时,他能乐于光临,那就使缪斯们不胜荣幸了。

2. 那些忙碌于种种卑贱职业的人们,对于那些琐碎无用的东西煞费苦心,恰恰提供了否定他们自己的证据,表明了他们对真正美好事物的忽视和厌恶。任何出身高贵、心地纯朴的年青人都不会这样:在比萨(Pisa)看到宙斯的雕像,就期望自己是菲迪亚斯(Pheidias),或在阿尔哥斯(Argos)看到赫拉的雕像,又渴望自己成为坡力克利特(Polycleitus),或者被诗人们的艺术魅力所吸引,就又希望做阿纳克里翁(Anacreon)或菲勒特斯(Philetas)、阿基洛库斯

（Archilochus）式的人物。因为如果一件作品因其优雅而讨人喜欢，它的制作者不一定就应受到我们羡慕。因此，任何事物凡不能令人在看到它们时产生加以模仿的热忱，或者激起愿意和努力做这类行为的任何冲动和爱好，都不能使观察者真正得益受惠。但是美德，通过对其行为的直率陈述，就能够影响人们的思想，使人立即产生对已做之事的羡慕和以此善行者为楷模的愿望。财富，我们愿意拥有和享用，那些美德，我们渴望在实践中身体力行。我们甘愿从他人手中接受前者，我们也期望他人从我们身上体验后者。美德是实践的促进因素，它一旦被发现，就会推动我们去亲身实践。它不仅仅通过我们所看到的模式，而且通过对那个事实的陈述，来影响人们的思想和性格，制定我所要建立的道德目标。

因此，我们认为，花费我们的时间和精力来为那些著名人作传是完全应该的，而且我们已经确定了这一主题的第十卷内容，其将由伯里克利和法比乌斯·马克西姆斯（Fabius Maximus）两人的传记所成，后者曾坚持进行了对汉尼拔（Hannibal）之战。这两个人的美德和其他优点都是相似的，特别是他们都具有温和的性格和正直的品德，以及对公民同胞和同僚们桀骜不驯情绪的忍耐大度。凭借这些特点，他们都为自己的国家作出了卓绝的贡献。是否我们能恰当地达到预期的目的，这留待读者们根据自己以下所看到的去判断吧！

3. 伯里克利属于阿克曼提斯（Acamantis）部落乔拉古斯村镇（township of Cholargus）①，父母双方都出身名门贵胄。他的父亲桑西巴斯（Xanthippus）曾在米卡尔（Mycale，）战役中，打败了波斯国王将军。他的母亲叫阿加丽丝特（Agariste），是克里斯提尼（Cleisthenes）的孙女。克里斯提尼曾驱逐庇士特拉图（Peisistratus）

---

① 希腊文原文是 Dēmos，英译 Deme，中文也可音译为"德莫"，是指乡村的一个区，或一个村镇。Deme 也有"平民、普通民众"之意。Democracy 一词就是由此而来，即"人民的统治"，民主政治或政体。——译者注

之子,实现了结束他们残暴统治的壮举。此外,他还系统地制定了各种法律,令人钦佩地创建了一个保证民众安全以及他们间和谐的政府形式。

伯里克利的母亲快要分娩时,竟做一梦,梦见她生了一头狮子。几天以后,伯里克利就降生了。他身材匀称,体格健壮,唯脑袋稍长,有失比例。为他作像的人显然不愿把这一点暴露出来,所以他的各种雕像,几乎在头上都加着头盔。雅典的诗人称他Schinocephalos,或海葱头,此词源于Schinos,即螳螂或海葱。喜剧诗人克拉替努斯(Cratinus)在《喀戎家族》(*Cheirons*)中写道:

> 年老的克罗诺斯(Cronos)曾娶塞底逊(Sedition)女王为妻,
> 他们生了一个孩子;
> 后来成为极其著名的暴君
> "巨头"的称号由神赐给。

在《那米西斯》(*Nemesis*)中,这样称呼他:

> 来了,宙斯,你,诸神之头。

又一个诗人泰勒克利德(Telecleides)提到,当伯里克利陷入政治困境,一筹莫展之际,他坐在城中:

> 在脑袋的重负之下,
> 思绪混乱,昏昏沉沉,
> 从他的大头颅里生出了
> 困扰国家的是非。

第三个诗人尤珀利斯(Eupolis),在他的喜剧《德莫斯》(*Demes*,意译《民众》)中,提出了一系列关于民众领袖的问题。在剧中,他让这些领袖从冥府中出来。最后点到了伯里克利,他叫道——

> "前面我们已经简略而过,
> 现在,看哪!一句话,所有人的头集于一人之身。"

4. 虽然,亚里士多德告诉我们,在音乐技能各方面,伯里克利曾全面地受教于毕托克利德(Pythocleides.),但绝大多数作者都认为他的音乐教师是达蒙(Damon)(他们说,他名字的发音第一个音节应该拼短音)。这并不是不可能的:作为诡辩家的达蒙,出于策略而用音乐的职业来掩护自己,以便使人们一般不知道他在其他方面的才能。可以这么说,在这一借口之下,达蒙作为一个"教练",在政治诸方面,培育了伯里克利这个年青的"运动员"。然而在后来,达蒙的竖琴并没完全证明是个成功的障眼物。他被陶片放逐,为期十年,罪名是:他是专断权力的支持者和危险的干涉者。而且人们据此上演了关于他的戏剧。比如喜剧诗人柏拉图在他的剧中,让一个人问达蒙:

> "对不起,请告诉我,
> 既然你就是培育了伯里克利的喀戎。"

伯里克利也是爱利亚学派的芝诺(Zeno, the Eleatic)的学生。芝诺研究自然科学的方法,与巴门尼德(Parmenides)相同。而且使自己的辩论术臻于完美,能在辩论中驳倒对方,使其哑口无言。正如菲琉斯的泰门(Timon of Phlius)所描述的:

> 伟大的芝诺能言善辩,巧舌如簧,
> 能颠倒黑白,混淆是非。

但是,与伯里克利相处时间最长、教育最大,特别是使他具有一种庄重高贵之感(这超出了一切征服人心的技艺)的,总之给予他远大志向和崇高品格的那个人,是克雷佐门尼的阿纳克萨哥拉(Anaxagoras of Clazomenae)。当时的人称他"Nous",这是"智力""智慧"的意思。这个称号的来源可能是由于人们对他在自然科学上表现出的伟大非凡天才的钦佩,也可能是由于他是这类哲学家的鼻祖:他们不是把万物始初的秩序归于命运和机缘,或归于必然性和外力的推动,而是归于纯粹的、真正的智慧。只有这种智慧才能对现存的混合庞杂的万物进行鉴别,把同类事物加以结合。

5. 伯里克利对此人极为尊奉和钦佩,并以他这种高超的,且被人称为玄妙的思想充实自己。因此,他不仅自然而然地获得了崇高的目标和尊严的言辞,远远摆脱了哗众取宠、趣味低级的不实之风。而且,除此之外,能使自己的行为举止沉着镇定、从容不迫,讲话时语调平稳,滔滔不绝,不受干扰。类似的优点尚有许多。这一切,都给他的听众以强烈的感染。有一次,当他在市场上忙于一些紧急事务时,有个无耻可恶之徒当面侮辱他,喋喋不休地说他的坏话。整整一天,他始终保持沉默,有条不紊地处理自己的事情。暮色降临,他若无其事地走回家去,而那个人仍像癞皮狗一样,尾随着他,嘲笑,谩骂,无所不用其极,甚至一直骂到他的家里。这时,天已完全黑了,他就吩咐仆人点着蜡烛把那人安全送了回去。诚然,剧作诗人爱温(Ion)说过,伯里克利在交际场合中有点过于傲慢与浮夸,并说,在他的高尚举止中加入了许多对别人的蔑视和嘲笑。爱温赞扬客蒙(Cimon)在社交中平易近人,宽厚柔顺,谦和自然。然而,爱温一味要使美德像一出悲剧那样,加进一些喜场面,因此,我们不必相信他。芝诺常常劝告那些称伯里克利的庄重严肃为骗子式的装模作样的人们,不妨去以身试试伯里克利之道,因为他们这种纯粹的装模作样最终可能会潜移默化地灌输给他们一种对那些高贵品质的爱好和了解。

6. 上述这些并非伯里克利因同阿纳克萨哥拉结识而得到的仅有收获。在他的熏陶下,伯里克利似乎也变得不为迷信行为所左右。由于迷信,对自然现象愚昧无知的诧异之感充斥了人们的头脑,比如对天空就是如此。人们不了解这些现象的起因,对超自然现象渴求得到解释,但又因缺乏经验而容易过敏激动。然而,对自然界原因的知晓就可弥补经验的不足,美好的愿望和对理智的坚信就可以取代荒诞、怯懦的迷信。

有这么一个故事。一次,伯里克利从他的庄园里给阿纳克萨哥拉带来了一只独角的公羊头。占卜师赖姆本(Lampon)看到这个坚硬的角长在羊前额中间,就对此作出判断说,既然当时雅典城里有两个分别以修昔底德①和伯里克利为首的实力雄厚的集团、党派或两种利益,那么,在谁的土地或地产上发现了这只羊头,城市未来的统治权就属于谁,这是命运的显示和表现。但是,阿克萨哥拉却劈开了那个羊头,让周围的人看到:脑浆并没充满脑颅,它收缩为椭圆形的一团,像个鸡蛋,那只角就由此而生。当时,由于这个解释,阿纳克萨哥拉受到了周围在场人的高度称赞。然而,不久以后,当修昔底德被逐,雅典国家和政府大权都集中于伯里克利一人之手时,赖姆本也获得了同样的声誉。

但是,在我看来,说他们两人都正确,这并不荒谬。他们两人是自然哲学家和预言家,一个公正地探求这个事物之所以产生的原因,另一个说明所预示的结果。因为,一个人的任务是要弄清并说明这个事物何以构成,以什么方式,通过什么手段才成为现在这样,另一个是要向人们预示它这样形成的目的、结果以及它可能意味或预兆什么。有些人认为,探究出一件异兆的缘由实际上就毁掉了此兆本身所含的意义。这种人没有注意到,他们在置这些异兆于不顾的同时,也破坏了人类艺术与和谐的标志及信号。比如,铁环的碰撞、烽烟以及日晷的阴影,各有自己的起因,并通过这种起因和设计,成为预示其他事物的标志。也许这个问题在其他地方谈更为合适吧!

7. 伯里克利尚在年轻时,就处于对人民的极大恐惧之中,因为他被认为在脸型和身材上都非常像僭主庇士特拉图,老年人在谈到他那娓娓动听的口音和口若悬河的演讲时,都大大惊诧他们的相似,伯里克利考虑到,他有一相当大的地产,又出身于名门望族,且

---

① 非同名历史学家修昔底德。此人生于约公元前500年,美勒西亚斯(Melesias)之子,伯里克利的政敌,贵族派的领袖。——译者注

有势力很大的朋友,他担心,所有这些都可能使他被当作一个危险分子而遭放逐。由于这个原因,他对城邦事务毫不插手,只是在军队服役中,显示了他的勇敢无畏和坚忍不拔的性格。可是,当亚里斯泰德(Aristides)已经去世,地米斯托克利(Themistocles)被逐,客蒙大半时间都在希腊本土以外的地方作战时,他看到了当时的有利形势,就挺身而出,不站在少数有钱人的一边,而一反他远离民主政治之天然倾向,与人数众多的贫民联合在一起。很可能由于怕追求专横权力之嫌疑,而且看到客蒙拥护贵族政治,并被显贵高门所拥戴,他为了保证自己的安全,获得反对客蒙的武器,就加入了民主派。

他的生活方式和时间安排马上有了新的变化。他不再到大街上抛头露面,人们只能在通往市场和议事厅的路上见到他的身影,他谢绝任何朋友的晚宴邀请,避免一切友好访问和任何交往。在他必须处理繁多公务的全部时间里,他谢绝了朋友们的晚宴邀请,只有一次当他的近亲幼里普特勒姆斯(Euriptoemus)结婚时,他前去参加,但也只待到祭酒仪式时,就匆匆离席而去了,因为这些友好的聚会很快就会使装腔作势的高人一等化为乌有,在亲密无间中往往难于保持外部的庄重严肃。实际上,真正的杰出卓越只有在最公开地被人们认识时,才能得到普遍的承认,而在真正的高尚者身上,外部观察者所看到的一切,都不如这些高尚者的普通日常生活值得他们亲近朋友的钦佩那样,真正值得人们景仰。然而,伯里克利为了避免任何平庸感或人民方面的厌倦,仅仅隔上一段时间,才出头露面一次。他并不对每一件事都发表看法,也不每一次公民大会都出席,而是如克里托拉里斯(Critolalis)所说,像萨拉密尼亚三列桨战船(the Salaminian trireme)一样只在重大场合才露面,至于次要的事则由他的朋友或其他发言人在他的指导下办理。据说,厄菲阿尔特(Ephialtes)也是伯里克利集团中的一个成员,他削弱了元老院(战神山会议)的权力。按照柏拉图的说法,厄菲阿尔特给民众以充分而有力的自由，使他们变得狂野不驯，就像脱缰之马，难以驾驭。正如喜剧诗人所描述的，它——

变得无法控制，

在优卑亚嘶鸣，在诸岛上跳跃。

8. 可以这么说，在阿纳克萨哥拉提供给他的"乐器"的音调里，伯里克利找到了最适合他的生活方式和高贵思想的讲演风格。他一直运用阿纳克萨哥拉的教导，以自然科学的染料来加深雄辩的色彩。除了他的伟大天赋之外，由于他因研究自然，用神圣的柏拉图的语言来说，而达到了智慧的高峰，获得普遍完美的能力，并由此吸取一切在演讲术上有利于他的东西，所以他显得远远超过其他的人。据说，他因此获得了"奥林帕斯神"（the Olympian）的称号。虽然，有的人认为，他之所以有此雅号，是因为他修筑了装饰雅典的公共建筑。还有人认为，是因为他在政府事务和宣战媾和方面所拥有的巨大权力。也可能，这一称号是他所有品质的集中体现，他的所作所为早就使他享此英名。然而，当时上演的喜剧，无论是严肃认真，还是插科打诨，都有许多台词的矛头指向伯里克利。它们清楚地表明，他得到那个称号是由于他的讲演。它们谈到了他在向人民发表滔滔不绝的演说时，那种令人惊骇的"雷鸣闪电"般的讲演方式。

据记载，美勒西亚斯（Melesias,）的儿子修昔底德曾用幽默的语言谈到了伯里克利的聪明敏捷。修昔底德是一个杰出的、高尚的公民，曾经是伯里克利的最大对手。当拉栖第梦人的国王阿基达马斯（Archidamus）问他，伯里克利和他相比，哪一个是更好的摔跤手时，他这样回答："当我已经把他狠狠摔倒在地时，他坚持说自己没有摔倒，结果他胜过了我，使旁观者不顾亲眼所见而相信了他。"其实，伯里克利对讲什么、如何讲都极为认真考虑，以致无论什么时候去演讲，都要向诸神祈祷，以保佑他不要无意失口，说出于事情不利、于场合不宜的话。

伯里克利死后,除了一些法令之外,没有留下什么文字记载,仅仅有极少的言论被记录下来。比如,他说过:厄基那(Aegina)就像是庇里优斯港(Piraeus)的眼中钉,必须把它除去。他还说过,他已经看见战争正越出伯罗奔尼撒向雅典步步逼近。还有一例,一次,他和他的同僚将军索福克里斯(Sophocles)一起登上船舷。当索福克里斯向他赞扬他们在路上碰到的一个漂亮青年时,"索福克里斯",他说,"一个将军不仅要有一双干净的手,而且要有一双纯洁的眼睛"。斯泰西姆布鲁图(Stesimbrotus)告诉我们,伯里克利在为萨摩斯(Sarnos)战役中的牺牲者们所致的颂词中说,他们将"像诸神一样永垂不朽"。"虽然",他说,"我们已经看不到他们了,但是仅仅凭着我们授予他们的荣誉和他们留给我们的好处,我们就认为他们永生不死。同样的光荣也属于那些为了他们的祖国而捐躯的人们!"

9. 修昔底德把伯里克利的统治描述成一个贵族政体,认为他虽然挂着民主的招牌,实则是一个伟人的至高统治。① 与此相反,有许多人说,正是伯里克利,首次怂恿和引导普通的民众做出这样的坏事:如占用属国领土、发给观剧津贴、支付公薪等。这些坏习惯在伯里克利公共措施的影响下,把雅典平民由一个依靠自身劳动维持生计的朴素节俭的民族变成了挥霍浪费、放纵无度的爱好者。那么,就让我们通过确凿的事实来考察这个变化的原因吧!

首先,如前所说,当他着手反对客蒙的巨大权威时,他确实在阿谀奉承人民。他发现自己在钱财上比不上他的对手,而客蒙正好利用这一优势来拉拢穷人。每天,他邀请那些需要一顿晚餐充饥的公民到家里吃饭,他把衣服赠给老年人,他还拆掉他土地上的树篱和围

① 此修昔底德是历史学家,著有《伯罗奔尼撒战争史》,这段话可见 Thucydides, *History of the Peloponnesian War*, 2.65.9-10, with an English translation by Charles Forster Smith, Cambridge, Mass.: Harvard University Press, 1956;修昔底德:《伯罗奔尼撒战争》,谢德风译,第 150 页。

栏,让人们随心所欲地采摘水果。这样,伯里克利在笼络民众的权术上就落后于他的对手。据亚里士多德说,他接受了奥阿的达摩尼德斯(Damonides of Oa)的劝告,转而采取了分配国库金钱的对策。由于发给观剧津贴和陪审员薪俸,还由于其他形式的支付和赠予,他在很短的时间内,就把人民收买了过来。他利用他们反对元老院。他并不是元老院的成员,因为他从没有被抽签任命为首席执政官、立法者、王者执政官或军事执政官。很久以来,这些职务都是通过抽签而授予人们的。当他们任满解职后,就进入元老院。通过影响平民而保证他的权力后,他指挥他的党派全力反对元老院。在厄菲阿尔特的帮助下,大获成功,元老院过去拥有的对大部分案件和诉讼的审理权被取消了。客蒙也以支持拉第梦人,憎恨人民的罪名被陶片放逐,虽然如在其传中所述,他在家庭富有和出身高贵上都属第一流,并曾多次取得打败野蛮人的辉煌胜利,用从战争中获得的巨款和掠夺物充实了雅典。伯里克利就这样在人民中得到了如此巨大的权威。

10. 法律规定陶片放逐期限为十年。但是,在此期间,拉栖第梦人(the Lacedaemonians)[①]的一支大军侵入了塔那格拉(Tanagra),雅典人前往应战。这时处于流放中的客蒙马上归来,全身披挂,与他所属部落的公民们同赴战场,期望用出生入死、与同胞并肩作战的行动来打消人们对他支持拉栖第梦人的怀疑。但伯里克利的朋友们抱成一团,迫使他作为一名流放者而退出。由于这个原因,伯里克利似乎也比在任何战斗中表现得更为英勇。他奋不顾身,特别引人注目。客蒙的朋友全部阵亡,而伯里克利曾谴责他们与客蒙一起站在拉栖第梦人一边。雅典人在国境上吃了这场仗,希望明春再打一场大战。

现在,他们开始为失去客蒙抱憾不安,对他的放逐后悔不已。伯里克利察知他们的感情所在,马上顺水推舟,满足了他们的愿望。他亲自提议召客蒙回国。客蒙回来后,就与斯巴达人缔结了和约。

---

① 即斯巴达人。

这是因为拉栖第梦人对他抱有好感的程度正如对伯里克利和其他民众领袖深恶痛绝一样。

可是,也有人说,只是在客蒙的姐姐厄尔皮尼丝(Elpinice)的斡旋下,伯里克利和客蒙达成了一项秘密协议之后,才提出了让客蒙回国的建议。这个协议是:客蒙应以司令官的身份,率领一支二百艘战船组成的舰队,到海外去攻占波斯国王的领土;伯里克利则应保持国内的权力。

人们认为,厄尔皮尼丝在此之前已经取得了伯里克利对她弟弟的某些好感,劝他在有关客蒙生命的审指控中宽大随便些,因为那时伯里克利被公众推为控诉客蒙的委员会成员之一。当厄尔皮尼丝为弟弟前来向伯里克利求情时,他笑着回答说:"噢,厄尔皮尼丝,你太老了,作为一个女人,已经不宜来办这样的事了。"但是,在出场指控客蒙时,他仅仅例行公事站起来讲了一次话,就离开了法庭。在起诉者中,他对客蒙的指控最轻。

那么,我们如何能相信伊多迈纽斯(Idomeneus)所说的呢?他谴责伯里克利似乎出于对他的老朋友厄菲阿尔特——一个深得民心的政治家,在所有的政治活动中一直与他风雨同舟的战友——的崇高威望的嫉妒,就背信弃义地使他遭到了谋杀。看来,这个历史家搜罗了这些我不知出自何处的故事,用它们来诽谤这么一个人:他也许并非十全十美,无疵可寻,但他有高尚的精神和追求荣誉的心胸,而具备这种品质的人,就不会容纳如此野蛮残酷的感情。至于厄菲尔特,正如亚里士多德告诉我们的,实情是这样:由于他坚决维护人民的权力,对于那些不论用何种手段伤害人民的人,他都强烈谴责,彻底清算,绳之以法。这种咄咄逼人的行动使贵族党十分害怕。于是,他们便借塔那格拉人亚里斯多迪克(Aristodicus)之手,秘密杀害了他。客蒙在任舰队司令时,死于塞浦路斯岛。①

---

① "客蒙在任舰队司令时,死于塞浦路斯岛。"这一句在德莱顿原译中,归于下一段之首(原译未分节)。此处根据修订版和罗叶布版本移至上段第10节之末。

11. 贵族党虽看到伯里克在此之前已成为全城最伟大和最重要的人物,但他们还是希望有人起来反对他,以钝挫他的权力的锋芒,使之不至于成为君主政体。他们抬出阿罗皮斯的修昔底德(Thucydides of Alopece)①来领导反对伯里克利的活动。此人处事谨慎,是客蒙的近亲属,虽在军事才能上逊于客蒙,但擅长讲演,通晓政治,比客蒙更胜一筹。他在城中严密防范,与伯里克利展开论战,短时间内就在政府里使两派旗鼓相当,这是因为他不能容忍那些被称为诚实和高尚的人(这些人不仅高贵,而且杰出)再像从前一样,如同一盘散沙,混同于平民之中,失掉影响,削弱乃至泯灭了他们在民众中的优势,而是使他们独立分出,组成一个整体,利用这种联合的力量,正如在一架天平上,与另一派保持均衡。

实际上,从一开始,整个城市中就潜伏着民主政治和贵族专政的分裂趋向,正像在一块铁板上也可能出现裂缝一样。现在,这两个对手间的公开对立和斗争使得这种裂缝更为加深。城市分成了两派:人民派和少数派。伯里克利此时比在其他任何时候都更加放纵人民。他把自己的政策建立在满足他们的爱好之上。在城里,他精心设计、连续举办大型公共演出,或正式的庆典,或宴会,或列队游行,以及其他等等娱乐活动,来取悦他们。他用甜言蜜语,用并非不体面的娱乐像哄小孩似的讨好民众。此外,每年他都派出六十艘战船,船上有许多公民,每人付给八个月的薪俸,让他们在此期间学习和掌握航海技术。

另外,他派出一千公民到刻索尼塞(Chersonese)去殖民,在他们中间抽签分配土地,五百多人到那克索斯岛(Naxos),二百五十人到安德罗斯(Andros),还有一千人到色雷斯(Thrace),被安置在俾萨尔提亚人(the Bisaltae)中。当西里巴斯城(Sybaris),现在叫作图里(Thurii)的地方需要再次殖民时,另外一些人便被派到了意大利。

---

① Alopece 是雅典的一个德莫。这里的修昔底德就是前面提到的伯里克利的政治对手。

他这样做,是为了在城里减少和免除那些无所事事,又因此而到处惹是生非的人,同时,也为了解决贫民的生活急需和恢复他们的财产,而且,通过在同盟者中间布置这样的驻防军,可以说,也威慑和制止了他们任何变动的企图。

12. 伯里克利时期的公共设施和神庙建设给了雅典城极大的欢乐和五彩缤纷的盛装,使所有到雅典的外邦人无限赞美,甚至惊讶不已。它们也是今日希腊仅存的证据,说明希腊人引以为豪的强盛及其古老的财富并非虚构的传奇。而且,这也是伯里克利全部政绩中最受他的敌人白眼和挑剔的。他们公民大会上叫嚷,由于把希腊人的共同财富从提洛岛(Delos)转移到自己手中,雅典共和国失掉了它的威望,被盟邦说尽了坏话。本来对这种做法的最好借口是说把金库移走是为了保证它的安全,防止遭到野蛮人打劫,可是伯里克利的行为却使这一借口无法利用了。他们说"盟邦为战争需要而贡献的财富,现在被我们乱花一通,来装饰我们的城市,雅典城确实被打扮得壮丽无比,它好像一个爱虚荣的女人,浑身缀满价值连城的宝石。雕塑和神庙,耗去世上大量钱财。希腊人看到这些后,必然要愤恨这种难以容忍的侮辱,而且认为他们公然受到暴君的统治。"

但是,伯里克利向人民宣布:只要盟邦的安全被保证,野蛮人无法向他们进攻,那么雅典人就没有任何责任向他们说明这些钱的下落,而同时,他们没有出过一匹马,一个人,一只船,仅仅交纳了代役的盟金。"那些钱",他说,"不属于提供它的人,而属于接受它的人,只要他们履行据以接受这些钱的条件。"而且,城市既已充足地供给,储备了各种战争用品,他们就有极好的理由把财富的多余部分用于这样的事业。这在将来完成后,将会给他们带来永久的光荣,就在当前进行时,也慷慨地给全体居民提供了大量实惠。各种各样的工程,形形色色的工作,调动了所有技艺和行业,要求雇用各种人手来建设。他们确实在一定程度上使雅典处于国家支付的状态,而同时它也得以美化和自给了。既然那些年龄和身体适用于作战的人在外服军役并从国库中取得给养和开支,那些留在国内没有受过训练的手工业者也应当得到一份公薪,但又不能让他们仍然无所事事,不劳而获。为了实现这个愿望和计划,伯里克利认为这样做是合适的,即经人民批准后,进行一些大型工程建筑和艺术品的制作。工程将一直进行,到结束为止,要让各种工艺都充分发挥,以便使那些待在国内的人同那些在海外驻防或远征中的人一样,具有公平合理的机会取得津贴和分享国库金钱。

工程建筑所用的材料是:石头、黄铜、象牙、黄金、黑檀、柏木。使用这些材料的手艺行业有:铁匠、木匠、制工、铸工、铜匠、石匠、染工、金匠、象牙雕工、画工、绣工、旋工。给城市转运所用的材料的人,海运方面有:商人、水手、船主,陆运方面有:车匠、养牛人、赶车人、制绳人、亚麻工、鞋工、皮匠、筑路工、矿工。每一行业都雇有属于自己的技术工人和一般工人,就像军中一个中队长手下有一伙专门的兵,他们组织严密、浑然一体,人人各执其事,宛若将军指挥的方阵。总之,这些公共工程所提供的种种机会和工作,使整个雅典不同年龄、不同条件的每一个人都各尽其才,各得其所。

13. 那时,各个建筑物巍然耸立,规模宏伟壮观,形式精致优美,工匠们力求精湛的手艺胜过材料和设计。然而,最令人惊叹的是他们完成任务的迅速。人们以为,任何一件这样的工程都需要连续好几代人来完成,但它们却都在一个人政治生涯的巅峰和全盛时期建成了。虽然,人们也说过,一次,油漆工阿加塔库斯(Agatharchus)自夸不费吹灰之力就迅速完成了他的工作,但宙克西斯(Zeuxis)听见后却回答说:"我可用了好长时间。"因为草草仓促了事不能使艺术品长久地保持它的坚固和精美。一件物品一旦被制作出来,它的寿命与人们在它身上付出的劳动时间成正比。由于这个原因,伯里克利时期的各种艺术品和建筑特别令人钦佩。尽管它们竣工很快,但却历史长存。虽然它们的每一个特殊部分甚至在当时就立即以其壮丽、雅致显示了古典的风采,但时至今日,它们看上去仍给人生气勃勃的新鲜之感,好像刚刚完成。时间未能拂去充溢于这些杰作上的鲜花般的芳香、清新,似乎在它们身上,蕴藏着历世不朽的精神和经久不衰的活力。

虽然每项工程都有专门的能工巧匠负责,但菲迪亚斯是总监工,细心照料着全部工程。卡里克拉底(Callicrates)和伊克提诺斯(Ictinus)建筑了帕特农神庙(the Parthenon)。埃琉西斯(Eleusis)圣所是举行秘仪的地方,它先由科勒布斯(Coroebus)经手。他竖起了地面上的柱子,用楣梁把它们连接起来。他死后,克苏皮托德莫的麦塔真尼(Metagenes of Xypete)补加了中楣和上一列柱子。科拉古德莫的克努克利斯(Xenocles of Cholargus)给神庙的顶部加上了灯室。苏格拉底说他亲耳听到伯里克利向人民提出修筑长墙的建议,而它是由卡里克拉底(Callicrates)负责完成的。克拉替努斯(Cratinus)嘲笑长墙修筑时间之长:

> 自伯里克利后很久了;如果空话能够修筑它,
> 那就谈论这座墙吧,然而它一点儿也增加不了。

"奥代姆"(Odeum),或者叫做音乐厅,据说是模仿波斯国王的"阁"(Pavilion)而建成,这同样也是伯里克利的安排,它的内部全是座位和一排排的柱子。它的屋顶呈斜坡状,从最高处向四面斜下。克拉替努斯在他的喜剧《色雷斯的女人》(Thracian Women)中又制造了一次嘲讽的机会:

> 好,我们在这儿看见,
> 长脑袋的宙斯伯里克利出现,
> 自从放逐以来,他把脑袋放到一边,
> 戴上新的音乐厅作为替换。

伯里克利也渴望荣誉。他首次制定了一项每年在泛雅典娜节举行一次音乐艺术竞赛的法令。他被选为裁判官,还安排了参赛者唱歌和演奏长笛与竖琴的程序及方法。不只在那时,就是其他时候,雅典人也总是坐在这音乐厅里观看和聆听这样的比赛。

普洛匹莱亚(Propylaea),即卫城的正门,用了五年时间才完工。姆奈西克里(Mnesicles)是主要的建筑师,在施工过程中,发生了一件奇事,表明女神不反对这个工程,而是提供帮助和合作,使它臻于完美。工匠中有一个人,手最灵巧,干活速度最快,一次失足从高处掉了下来。他伤势很重,医生们对他的恢复失去了希望。伯里克利为此事苦恼不已,晚上忽然梦见智慧女神雅典娜(Athena)给他指出了治疗的方法。他马上照办,那人的伤很快而且很容易就痊愈了。为此,他竖立了一座雅典娜的大型铜像,称其为健康之神(Hygieia)。这个雕像在卫城里的祭坛附近。人们说,以前它位于那里。然而,正是菲底亚斯用金子制作了雅典娜的神像,并把自己的名字作为制作者刻在雕像的底座上。实际上,整个工程,在某种意义上是在他负责之下的。如前所说,他通过与伯里克利的友谊关系,成为建筑师、艺术家和工人们的总监工,而这一点确实招致了人们对他的强烈嫉妒,以及对他的赞助人的种种无耻诽谤,说什么他为了伯里克利,而常常接待来工地参观的自由民妇女。城里的喜剧作家借此大加渲染,用他们所能创造出的一切下流语言来玷污伯里克利的名声。他们诬陷他和既是他的朋友又是他战争年代下属的美尼普斯(Menippus,)的妻子有不正当的关系,还胡说伯里克利的熟人披里拉姆普(Pyrilampes)不时赠送孔雀给伯里克利的情人们。有一种人,他们终生热衷于嘲弄别人,他们时刻准备以恶魔一样的、庸俗的嫉妒和蔑视来诋毁才能超过他们的人,甚至塔索斯人斯泰西姆布罗图(Stesimbrotus of Thasos)也竟敢将与儿媳私通这种荒谬绝伦的罪名加于伯里克利之身,那么,对于来自这种人的任何奇谈怪论,我们又有什么可大惊小怪的呢?通过历史来回溯和弄清任何一件事情的真相确实太困难了。因为,一方面后来写到这件事的那些人发现时间的久远已经阻碍了他们的考察,另一方面,就是同时代某些活动和传记的记载,也会或是出于嫉妒和恶意,或是出于偏爱或逢迎而歪曲了事实真相。

14. 那些站在修昔底德和他的党派一边的演说家,曾一度照老习惯大肆鼓噪,指责伯里克利乱花公款,使国库消耗殆尽。伯里克利在一次公民大会上,站起来向与会者提出:是否他们认为他过去花钱太多了?他们说:"太多了,太多了!"他说:"既然如此,那就不要让这笔开支记入你们的账上,这钱由我来付,可是要在所有建筑物上全刻上我的名字!"听了他的话后,不知是由于对他伟大精神的惊叹,还是出于对工程荣誉的竞争心,他们大喊表示,让他继续花钱,从国库中支付他认为合适的开支,不要节省,直到所有的工程完毕。终于,他与修昔底德的最后决战来到了,两个人中将有一被放逐。经过一场严峻的斗争,他赶走了对手,击溃了那个先前组织起来与他为敌的党派。①

15. 此时,所有的政治分裂与不和都已消失,城市达到了稳定和团结。伯里克利成了整个雅典的主宰,属于雅典人的一切事务,他们的贡金、军队、战船、岛屿、海洋,在一定程度上扩及全希腊,甚至达到野蛮人境内的霸权,在属国、王室间友谊和同盟关系之上建立、掌握和壮大的整个帝国,无一不成了他的囊中之物。

此后,他再也不是从前那个伯里克利了。他不像以前那样,对民众顺从、和蔼、亲近,那么乐意给他们以欢悦,屈就于他们的愿望,如同一个水手看风使舵。他摆脱了那个松散的、不负责任的、在某些情况下由民众意愿摆布的为所欲为的法庭,他把那些软弱无力、华而不实的作风变为贵族、国王式的严厉统治。为了国家最大的利益,他坚定不移地进行这种统治。他劝谕人民,向他们指明什么是当务之急,因而也就能广泛地引导人民心甘情愿地沿着他的方向前进。有时候,他也说服和强迫他们极端违背个人的目的意志,使他

---

① "终于,他与修昔底德的最后决战来到了……"本句德莱顿原译本归于下段之首(原译未分节),此处依据修订本和罗叶布版本移至上段第14节之末。

们不管愿意与否而服从自身利益的需要。说实话,此时他的所作所为就像一个高明的医生,在治疗病人的顽症痼疾时,看准时机下药,有时让他服其所喜欢的缓和药剂,有时又使他疼痛难忍和施用麻醉药来进行治疗。一个民族当它有如此巨大的权力和疆域时,很自然,在它的身上就会产生和出现种种不正常的情感。只有伯里克利作为一个杰出的大师,知道如何恰当地掌握和处理每一种这样的感情。他以特殊的方式,使用希望和恐惧作为他的两个主要指导原则:一个用以随时制止他们对自己行动的过于自信,另一个则是在他们沮丧时,用以提高和振奋他们的情绪。这清楚地表明,修辞学或演讲术,用柏拉图的话来说,是人类灵魂的主宰,它的主要职责就是去支配感情和激情,而感情和激情就像是灵魂的琴弦与琴键,需要加以小心而熟练地拨动才能进行正常的演奏。伯里克利取得如此优势的原因并不仅仅在于语言的有力,正如修昔底德使我们确信的,还在于他一生的声誉,在于从他的性格中所感到的信任,在于他不受任何贿赂,在于他不作任何金钱的考虑。尽管他把本身就伟大的雅典变得更加伟大、富有,其程度随你怎么想象都不算过分,尽管他本人的权势似乎已经超过了许多国王和专制统治者,而且他们中的某些人也通过遗嘱将其权力传给后代,但伯里克利却没有使他从父亲手中继承下来的财产的价值比以前多出一个德拉克马。

16. 修昔底德①确实对伯里克利所拥有的权力作了明白的叙述,而那些讽刺诗人则用恶劣的手段,对此进行了比暗示更进一步的攻击。他们称他的同事或朋友为新的庇士特拉图族人,要求他放弃篡权的企图,似乎他的名望地位已大得再也不能和一个民主政府或民众政府相称了。泰勒克利德(Telecleides)说,雅典人已交付给他——

　　　诸盟邦的贡金以及盟邦本身,由他任意摆布;

———————
① 这里是指历史家修昔底德。

　　环城石墙的修筑与拆毁,随他所愿;

　　他们的和约、同盟、权力、帝国、和战,他们的永远增

　　加的财富和成功。

　　所有这些并不是由于交了某些好运,也不是由于某种英明政策的昙花一现,而是由于在长达四十年之久的时间中,他在一系列政治家中占据的首要地位。这些政治家是:厄菲阿尔特、利奥克拉特(Leocrates)、米隆尼德(Myronides)、客蒙、托尔密德(Tolmides)和修昔底德。修昔底德失败被逐后的十五年内,伯里克利一直不间断地处于公共事务领导地位,每年连任将军之职。虽然在关心他的经济利益,经营他继承父亲的地产等其他方面,他并不是无所事事,漫不经心,但是他始终廉洁奉公,两袖清风。他做出这样的安排,以使这些财产既不会因粗心大意而遭到浪费或减少,也不会使公务缠身的他花费巨大的时间和精力来加以照管,而是把它置于一种他认为对他来说最简便也最恰当的管理之下。每年,他把地产上的产品和收益一次全部卖掉,以后又从市场上购买他或家庭所要的每一件东西,来满足他的家庭之需。因此,他的孩子们长大后,对这种管理不大满意。他花在那些跟他生活在一起的女眷们身上的开销很少,她们也抱怨这种治家方法。在他家里,每一件事都逐日有安排,有记载,特别精确。他的家,不像一般的大户人家和殷实产业那样,有节余或富余的东西,而是一切物的进出,钱的收支,都有条不紊,好像经过计算和预测似的。他的一切家务都由一个名叫伊凡吉琉斯(Evangelus)的仆人来管理。这个人或是天性聪敏,或是经过伯里克利的教育,总之,他比任何人都善于管理家庭经济。

　　所有这些,事实上,与纳克萨哥拉的智慧很少一致,如果他确实曾经由于一种非凡的推动和伟大的精神而自愿放弃他的房产,让土地休闲,就像一块公地一样,让人们去牧羊。但是我相信,一个善于沉思的哲学家和一个活跃的政治家的生活毕竟是不同的。因为前者仅仅使用智力来研究各种崇高美好的思想,这既不需要辅助手

段,也不需要提供任何外部的材料,而后者,为了人类的需要而磨炼和使用他的美德。他可能也需求大量的财富,但对他来说,这不是一件必要之事,而是一件高尚之事。伯里克利就是如此,他救济了许多贫穷的公民。

然而,有这么一个故事。当伯里克利忙于公务,一时照顾不到阿纳克萨哥拉时,他念及自己年事已高,就决定把自己裹起来,欲绝食而死。这件事恰巧传到了伯里克利的耳里,他大吃一惊,立即赶到老师的家里,竭尽说服恳求之能事,并说如果失去一个早就是自己良师益友的人,他对自己的处境将比对阿纳克萨哥拉更感悲痛。于是,阿纳克萨哥拉松开他的长袍,指着自己让伯里克利看,并作出了这样的回答,"伯里克利,"他说,"甚至那些需要一盏灯的人也会给它加油的。"

17. 一方面,由于拉栖第梦人对雅典势力的增长开始表示不安;另一方面,为了大大振奋人民的精神,提高他们对伟大行动的认识,伯里克利提出了一条法令,号召各个地方的希腊人和每一个城,无论位于欧罗巴还是亚细亚,不计大小,都派出他们的代表到雅典来参加一个广泛的集会或大会,以便协商下列诸事宜:关于全希腊被野蛮人焚毁的庙宇的重建。关于献祭,这是雅典人在和野蛮人作战时为祈求安全而向诸神发出的誓言。关于海上航行,以使今后他们都能和平相处,在海上自由航行,安全经商。

他们一共派了二十个五十岁以上的公民去完成这一使命。五个去邀请亚细亚的爱奥尼亚人(Ionians)、多利亚人(Donians)和海上居民,远到列斯堡(Lesbos)和罗德斯(Rhodes)。五个去访问赫勒斯滂(Hellespont)和色雷斯的各个地区,直到拜占庭(Byzantium)。另外五个到彼奥提亚(Boeotia),佛西斯(Phocis)和伯罗奔尼撒(Peloponnesus),并由此通过罗克里斯人(Locrians)到达相邻的大陆,直到阿开那尼亚(Acarnania)和安布累喜阿(Ambracia),剩下的五个从优卑亚(Euboea)到奥伊塔伊人(Oetaeans)、马利斯湾(the

Malian Gulf),再到福提俄提斯(Phthiotis)的阿凯亚人(Achaeans)和帖撒利人(Thessalians)。他们与所经过地区的人们谈判,劝导他们来参加这个奠定安全和共同管理全希腊事务的讨论。

但是,这个目的并未实现,没有一个城市派出他们的代表来参加雅典人所期望的大会。据说,拉栖第梦人阴险地破坏这个计划,这项努力首先在伯罗奔尼撒半岛遭到冷遇和挫折。但我认为,把这个事叙述出来以表现伯里克利的精神和他的伟大思想还是合适的。

18. 在军事上,伯里克利由于谨慎小心获得了极大声望。他不凭他的良好愿望进行毫无把握、风险四伏的战斗,他对那些草率从事、冒险作战、靠运气来取得荣誉的将军们并不羡慕,不管他们是如何被另外一些人推崇。他也不认为他们值得他奉为楷模。他总是对公民们说,只要他权力在握,他们就将英名长存。托尔马欧斯(Tolmaeus)的儿子托尔密德(Tolmides),对他以前的胜利非常自信。他的军功给他带来了荣誉,他因而志得意满,准备深入彼奥提亚人的国土与之作战,虽然当时战机并不成熟。他动员了最勇敢、最有进取心的青年人作为志愿者参加了他的军队,除了原有的人马,总数有一千名。伯里克利获悉后,在公民大会上力图阻止他,对他说了一段流传至今的名言。即,时间是最聪明的顾问,如果托尔密德不愿听从伯里克利的劝告,他也应当等一下,接受时间的支配,这个并没有什么错。当时,这个说法没有得到多少赞许。但几天之后,消息传来,托尔密德在喀罗尼亚(Coroneia)附近战斗中败亡,许多勇敢的公民一同殉国。这样,凭着他对国民的热爱之心和他的聪明才智,他在人民中获得了巨大的名声和拥戴。

19. 在伯里克利的所有远征中,最使人满意和愉快的莫过于对刻索尼塞的出征了。这次远征保证了居住在此地的希腊人的安全。他不仅通过带来一千名新加的公民增添了那些城市的军队和力量,而且在横跨半岛与大陆相连的整个地峡修筑了堡垒和工事。这样,他遏止了散居在周围的色雷斯人的袭击,封住了一场连绵不绝的残酷战争的门户。这个地区过去一直遭受战争的骚扰,因为它暴露于野蛮邻人侵犯的矛头之下,因遭受境内外那些掠夺成性的居民的欺凌而痛苦呻吟。

伯里克利率领一百艘战船从麦加拉(Megara)的港口培加(Pegae)即"泉水"出发,完成了对伯罗奔尼撒半岛的环航,在国外同样引起了赞誉和钦佩。因为他不仅像托尔密德以前那样蹂躏了沿海,而且带领船上的士兵深入腹地。许多城市闻风丧胆,不敢出城应战。在尼米亚(Nemea),他用主要兵力击溃了坚守作战的西息温人(Sicyonians),并在此地树立了一个胜利纪念碑。在当时与雅典结盟的阿凯亚,他给船上补充了一部分士兵,然后带着舰队开赴对面的大陆。航行到阿基洛斯(Acheloiis)河口,他侵入阿开那尼亚(Acarnania),围困奥伊尼亚代人(Oeniadae),劫掠破坏他们的乡村。最后带着双重战果起锚回国,既向敌人显示了他们的威风,又对国内的公民表明了他的稳健可靠、精力旺盛,因为在他领导之下,整个航行中没有误过任何战机。

20. 伯里克利还率领一支规模宏大、装备优良的舰队进入黑海,为此地的希腊人诸城市做了新的如意安排,并与他们建立了友好关系。他还向这些城市周围的野蛮民族、国王、部落首领炫示了雅典人的强大霸权和在海上的恣意游弋以及控制全部海域的能力与自信。他给息诺普人(Sinopians)留下十三条战船以及由拉马卡斯(Lamachus)指挥的士兵,帮助他们反对僭主提米西琉斯(Tiniesileus)。当这伙人被逐之后,他通过一条法令:派遣六百名愿意到息诺普去的雅典人移殖此地,并把那个僭主和他的党徒所拥有的房屋和土地平分给他们。

然而,在其他事情上,他并不顺从公民们轻率的冲动,也不附和他们的空想而放弃自己的决定。当时,他们被自身的强大和辉煌的胜利冲昏头脑,热切地期望再次干涉埃及,以动摇波斯国王的海上领地。不仅如此,甚至在那时候,就有许多人的头脑充满了那个邪恶的不吉利的对于西西里的欲望。后来,亚西比德(lcibiades)一党的演说家们煽动这种激情而燃起了战火。也有一些人梦想占领伊特鲁里亚(Etruria)和迦太基(Carthage),这对当时拥有巨大霸权和城邦事务蒸蒸日上的雅典人来说,似乎是可以理解的。

21. 但是,伯里克利约束了这种对外征服的激情,毫不留情地打消了他们那无所不欲的胡思乱想,指导他们把精力放在确保和巩固已经取得的成果上,认为如果要做到抑制斯巴达,他们就有足够多的事情要做。对于斯巴达,他一直保持着敌视态度。这种态度,正如在其他许多场合一样,在神圣战争期间特别突出地在他的行动中表现出来。拉栖第梦人派军队进入了德尔斐(Delphi),把以前为佛西斯人占据的阿波罗神庙交还给了德尔斐人。他们一离开,伯里克利就派出了另一支军队来到德尔斐,把神庙又给予佛西斯人。以前,拉栖第梦人从德尔斐人手里得到了先于其他城邦请求神谕的特权,并将这种特权用文字刻于庙里黄铜铸狼的前额。现在,伯里克利从佛西斯人手里也为雅典人得到了这种特权,并把它刻写在同一只黄铜铸狼身的右边。

22. 他把雅典人的努力限制在希腊的界限之内的做法是非常英明的,这在以后的事件中也得到了充分的证明。因为,首先,优卑亚人(Euboeans)发起了反抗。他带着军队渡过海峡前去镇压。接着不久,麦加拉人转向敌人的消息又传来了,在拉栖第梦人国王普雷斯特安那克斯(Plelstoanax)的率领下,一支大军出现在阿提卡(Attica)边境。为此,伯里克利十万火急地率军从优卑亚赶回,来对付这场威胁到国内的战争。但他不敢冒风险与这支为数众多、士气高昂的劲旅开战。普雷斯特安那克斯只不过是个年轻人,实际上他的一切主要听从克里安得吕达斯(Cleandridas)的主意,此人是因国王年轻由监察官派来充当监军和副手的。当伯里克利了解到这个情况后,就秘密地试探了一下此人的忠诚程度,然后很快就用金钱收买了他,要他把军队撤出阿提卡。当伯罗奔尼撒军队撤出,并各自分散回国后,愤怒的拉栖第梦人罚了他们的国王一笔巨款。他偿付不起,只得离开了拉栖第梦。而那个克里安得吕达斯却偷偷溜走了,被缺席判处死刑。他就是以后在西西里挫败了雅典人的吉里普斯(Gylippus)的父亲。这种贪婪欲望似乎是一种父子相传的遗传病,因为吉里普斯后来也由于许多劣迹被发现遭到了巴达人的放逐。但这方面我们在吕山达(Lysander)的传记里已经叙述得很细了。

23. 当伯里克利交代他的远征账目时,声明有十塔兰特的应急开支,人民对此既没提出异议,也没探究其中的奥秘,就欣然通过了。包括哲学家西奥弗拉斯图(Theophrastus)在内的某些历史学家则当真地说,为了避免战争,伯里克利每年都要秘密地向斯巴达的当权者送礼十塔兰特,这并不是要购买和平,而只是为了赢得时间,以便他可以从容准备,此后能够更好地进行战争

这边战事一结束,伯里克利就带着五十条战船、五千名战士重返优卑亚镇压反叛者。他攻城略地,赶走了称为"希波伯塔"(Hippobotae)即牧马人、骑兵的那部分卡尔西斯人(Chalcidians),他们在财富和名望上是卡尔西斯人中的主要人物。他也把赫斯提亚人(Histiaeans)全部逐出国境,随之把此地辟为雅典人的一块殖民地。因为他们先前俘获了一艘阿提卡船,杀死了船上所有的人,所以,伯里克利以此作为从严惩罚之例。

24. 此后,伯里克利和拉栖第梦人订立了三十年和约。通过公开的法令,他又发动了对萨摩斯岛(Samos)的远征,理由是他对萨摩斯人提出的停止与米利都人(Milesians)交战要求遭到了拒绝。由于伯里克利反对萨摩斯的各项措施被认为是为了讨好阿斯帕西娅(Aspasia),这就不禁要探询这个女人到底有什么才能和魅力,竟能强烈地吸引那些最伟大的政治家,而且能使哲学家们对她谈论不休,况且还不是说她的坏话。众所共知,她出生在米利都,父亲叫克西奥克(Axiochus)。而且他们说,她仿效旧日爱奥尼亚时代的高等

妓女撒吉丽娅(Thargelia),专门向那些掌握大权的男人们求欢献媚。撒吉丽娅是个聪明伶俐、极其迷人的大美人,她在希腊人中有许多追求者。她使与她交往的人为波斯人效劳。这都是些大权在握、地位显赫的人物,通过他们之手,她在好几个城市中撒下了亲波斯派的种子。某些人说,由于阿斯帕西娅对政治颇为精通,所以才得到了伯里克利的追求和钟爱。有时,苏格拉底也带着一些熟人去拜访她,而且那些经常出入她家的人还带着妻子聆听她的谈话。她的住处成了那些年轻名妓之家,所以她的职业是根本不值得一提的。埃斯基涅斯(Aeschines)也告诉我们:有个羊贩子,名叫西克利。他出身卑微,默默无闻,但伯里克利死后,他同阿斯帕西娅关系密切,后来,竟然成了雅典城里的风云人物。柏拉图的《曼尼克塞诺》(*Menexenus*)一书,虽然我们并不认为它的前言十分严谨可靠,但仍有许多似乎是有历史根据的,其中说,许多学习演讲术的雅典人常去她那儿求教,她因此而享有盛名。然而,伯里克利之倾心于她,主要是由于对她的爱慕之情。他原来的妻子是他的近亲。她的第一个丈夫是希波尼卡斯(Hipponicus,),他们生了一个孩子,正名是卡利阿斯(Callias),绰号为"富者"。她和伯里克利结婚后,又生了两个孩子:桑西巴斯(Xanthippus)和巴拉洛斯(Paralus)。后来因感情不和,他们分开了。经她本人同意,伯里克利让她嫁给了另外一个男人,而自己则与阿斯帕西娅结合,爱之极深,每天出门和从市场上归来时,都要向她致意,与她亲吻。

在喜剧中,她被冠以"新翁法勒(New Omphale)"和"戴阿尼拉(Deianeira)"的绰号,以后又被称作赫拉(Hera)。克拉替欧斯(Cratieus,)干脆直称她——妓女。

> 为了给他找到一个赫拉,
> 淫荡的女神生下了这个厚颜无耻的娼妓,
> 阿斯帕西娅就是她的名字。

他和她似乎有个儿子,尤珀利斯在他的《德米》中有这么个情节。当伯里克利探询他的儿子的安全时,迈隆尼德回答说:

"我的儿子呢?"

"他活着,早已是个男子汉了,

但他不该有这么一个妓女母亲。"

他们说,阿斯帕西娅变得是如此著名,以至于后来居鲁士(Cyrus)竟把他那个最得宠的爱妾改名为阿斯帕西娅。居鲁士曾发动战争与阿塔薛西斯(Artaxerxes)争夺波斯王位,他的爱妾原名米尔托(Milto),是佛西亚人赫摩替姆斯(Hermotimus)的女儿。当居鲁士战死之后,她被献给了国王阿塔薛西斯,后来在宫廷中极有影响。当我正在写这个故事时,我想到了这些,如果省略了它们,那将是不合人之常情的。

25. 然而,伯里克利被特别指控因偏袒米利都人和应阿斯帕西娅的恳求而向公民大会提出进攻萨摩斯。当时,这两个国家为争夺普里恩(Priene)而交战,萨摩斯占了上风,因而拒绝停战和由雅典人来仲裁他们之间的争端。因此,伯里克利就装备了一支舰队,开到萨摩斯,推翻了这里的寡头政府,俘虏了城中五十名重要人物,及其同样数目的孩子作为人质。他们被送往利姆诺斯岛(Lemnos)拘留。虽然有人说,每一个人质向他提出各以一塔兰特自赎;那些迫切希望不要在本城建立民主政治的人纷纷赠送他许多其他礼品;而且,对萨摩斯人具有好感的波斯总督皮苏特尼斯(Pissouthnes)也愿送他一万金币,要他原谅那个城市。可是,伯里克利对此全部拒绝,而是按照他认为恰当的既定的对待萨摩斯的计划,在那里建立了民主政体,然后就返回雅典。

但是,萨摩斯人很快又起义了,因为皮苏特尼斯秘密地帮助他们的人质脱身,而且供给他们战争之需。因此,伯里克利带着舰队重萨摩斯,但发现他们士气高昂,严阵以待,英勇地力图夺取海上控制权。结果,在特累基亚岛(Tragia)附近的激烈海战中,伯里克利用四十四条船击溃了敌人的七十条船,其中有二十艘满载兵员,取得了决定性的胜利。

26. 随着这次海战的胜利和对残敌地追歼,他成了这个港口的主人,进而围攻萨摩斯城,封锁他们的出路。萨摩斯人千方百计谋求冒险突围,并在城下奋战。但是当雅典的另一支更大的舰队到来后,城就被围得水泄不通了。伯里克利带了六十艘战船,驶到地中海上,正如作家所说的,其意图是为了迎击前来增援萨摩斯的一只腓尼基舰队,并在尽可能远离萨摩斯的地方与他们接战。而斯泰西姆布鲁图说,那是为了把战场移到塞浦路斯,这似乎并不可能。但是不管哪一种是他的意图,好像都是失算之策。因为他离开之后,萨摩斯人当时的将军、伊塔吉尼斯(Ithagenes)之子哲学家迈利苏斯(Melissus)看不起雅典人剩下的少量船只和指挥者的缺乏经验,就鼓动公民们向雅典人进攻。萨摩斯人获得胜利,俘虏了一些人,重创了几艘战船,控制了那一带海面,将他们以前缺乏的所有战争必需品运入港内。亚里士多德也说,在此之前,伯里克利曾被迈利苏斯在一次海战中击败。

萨摩斯人可能为了洗雪以前从雅典人那里蒙受的奇耻大辱,在那些被俘的雅典人的前额上,烙上了猫头鹰的标记。因为雅典人以前在萨摩斯人的前额上烙过"萨米纳"(samaena)的形象。萨米纳是一种船,船头又低又平,看上去像个塌鼻子,但其内部又宽又大,这样不仅可以大量载重而且航行自如。其所以有此名称,是因为这类船首先见于萨摩斯,它是根据僭主波利格拉底(Polycrates)的命令而建造的。据说,这些打在萨摩斯人额上的标记在阿里斯托芬(ristophanes)的作品中曾被暗示,其中一节说道——

噢,萨摩斯人是个身有烙印的民族!

27. 伯里克利一听他的军队遭到厄难的消息,就火速赶回援救,打败了立志与他为敌的迈利苏斯。他的军队仓皇逃窜。伯里克利马上筑了一道墙把他们包围起来,他决心攻下这个城市,成为他们的主人。他宁愿进行一场耗费巨资、旷日持久的战争,而不愿让他的公民去冒伤亡的危险。但要让这些因战争的延长而烦躁不安,跃跃欲试,愿一举解决战斗的雅典人放弃攻城是一件棘手之事。所以,他把全部人马分为八部,然后让各部来抓阄,凡抓到白豆的那一部就留下来宴饮娱乐,而其余七部仍进行战斗。他们说,这就是人们称他们兴高采烈、自娱自乐之时为"白色的日子",以暗示这个白豆的原因。

另外,历史家爱孚卢斯(Ephorus)还告诉我们,伯里克利在攻城中使用了弩炮器械,这些都是在阿尔泰蒙(Artemon)亲临现场的帮助下制作出来的,其新奇精巧大大吸引了伯里克利。阿尔泰蒙是一个工程师,还是个瘸子,所以人们经常用轿子抬着他到需要他亲自指导的工地上去。也正是由于这个原因,人们称他"佩里弗瑞特"(Periphoretus)即被人抬着走的人。然而赫拉克利德·蓬提克斯(Heracleides Ponticus)根据阿那克利昂(Anacreon)的诗否定了这种说法。在那些诗中提到的阿泰蒙·佩里弗瑞特比萨摩斯之战,或当时这些事件中的任何一个都要早好几个时代。而且他说,阿泰蒙贪图舒适安逸,还胆小如鼠,害怕危险。他的大多数时间是把自己关家里,有两个仆人专门在他的头上举起一个铜盾,这样就不至于有什么东西从上落到他的头上。而且,到了非出门不可的时候,他就让人用小吊床抬着他,床还要紧贴地面,因此,他被称作"佩里弗瑞特"。

28. 至第九个月,萨摩斯人献城投降。伯里克利拆毁其域墙,夺取了他们的全部船只,还罚以巨款。萨摩斯人马上交出部分罚款,同意在限定的时期里交付其他部分,并交出了作为抵押的人质。萨摩斯人杜里斯(Duris)根据这些事件编了一出悲剧,指责雅典人和伯里克利极其野蛮残酷。但这一点不论是修普底德、爱福卢斯,还是亚里士多德从未讲过,大概很不可靠。比如,说伯里克利如何将萨摩斯的舰长和士兵带进米利都的市场中心,把他们牢牢绑在木板上达十天之久,然后在他们奄奄一息时,下令用木棒将他们脑壳砸碎,并曝尸于大街上和田野里。杜里斯即使在不牵涉其任何私人感情之处,也不习惯于将他的叙述保持在事实范围内,在现在的情况下就更可能大为夸大降到他们国家头上的灾难,以煽起对雅典人的憎恨。伯里克利降服萨摩斯后,就回到雅典。他首先悉心安排,使那些在战争中捐躯的公民得到光荣的安葬。在墓地的葬礼上,他照例发表了赞扬死者的讲演,并为此获得极大的声誉。当他从讲台上走下来时,妇女们拥上前去赞美他,拉住他的手,给他带上花环和彩带,就像一个在竞技场上获胜的运动员一样。但是厄尔皮尼斯挤到跟前对他说:"伯里克利,这些就是你所做的值得接受我们花环的勇敢功绩;你损失了我们许多优秀的公民,但不像我的弟弟客蒙是在一场反对腓尼基人或者米底人的战争中,而只是为了推翻同族的一个结盟城市。"当她说这些话时,据说,伯里克利从容地微笑着,用这样的诗句回答她——

　　老妇不应再求香气袭人。

　　爱温(Ion)谈到,伯里克利在征服萨摩斯之后,为自己的丰功伟业自我陶醉。因为阿伽门农费时十年才攻陷一个野蛮人的城市,而他九个月就征服了爱奥尼亚人中最强大的城市。他确实不无理由将这样的荣誉归于自己。因为这次战争的确是吉凶难卜,危险异常的,如修昔底德告诉我们,萨摩斯人当时已几乎就要从雅典人手里夺到海上的全部权力和领地了。

　　29. 这次战事结束后,伯罗奔尼撒战争就在剑拔弩张的气氛中爆发了。伯里克利建议人民给遭到科林斯人(Corinthians)进攻的科西拉人(Corcyraeans)以援助。因为伯罗尼撒人已经和雅典人处于一触即发的状态了,所以雅典人要为自己确保这个拥有强大海军力量的岛国。人民欣然同意投票决定派出援助。伯里克利于是迅速派遣了客蒙的儿子拉栖第梦尼阿斯(Lacedaemonius)仅仅带十只战船前往,这好像是出于一种公开侮辱他的计谋。因为,客蒙一家和拉栖第梦人有深厚的交情和友谊,如果拉栖第梦尼阿斯这次出征不能取得重大战果,那就会使他易于受到指控,至少被怀疑是偏袒拉栖第梦人而弄伪作假。这就是只给他一只小舰队,强行派他出征的原因。实际上,伯里克利是有点阻碍客蒙的儿子们在国内提高地位的私心的。他声称,根据他们的名字,他们就不应被看作是真正的雅典人,而只能看作是异邦人或外国人,他们一个名叫拉栖第梦尼阿斯,另一个叫帖撒拉斯(Thessalus),第三个叫埃琉斯(Eleius)。据认为,他们都是一个阿卡狄亚(Arcadia)女人生的。伯里克利由于这十条船而遭到非议,因为对于正在急需中的人们,他只给予如此少量的支援,而对于那些可能抱怨这次干涉行动的人们却提供了巨大的口实。因此,伯里克利后又派出另一支较大的军队前往科西拉(Corcyra),当他们到达时,那儿的战事已经结束。但是现在,对雅典人极为愤慨的科林斯人在拉栖第梦公开地控诉他们,麦加拉人也加入他们的行列,控诉他们享受不到共同的权利和在希腊人中宣誓遵守的和平条款,被排斥和驱逐出雅典人控制的全部市场和港口。厄基那人也自称不堪忍受残暴的对待,秘密地向拉栖第梦人请求解救,虽然他们还不敢公开地质问雅典人。同时,在雅典控制之下,但以前又是科林斯殖民地的波提狄亚(Potidaea),也起来反对雅典人,但遭到了正式的围攻,成了导致战争爆发的进一步原因。

尽管如此,使者们被派往雅典,拉栖第梦人的国王阿基达马斯(Archidamus)力图使两家争端中大部分的问题得出一个公平的裁决,平息和减轻盟国的愤愤不平。所以,如果雅典人能够被说服取消反对麦加拉的法令,与其和好,很可能战争就不会根据任何其他冲突的理由而降临到他们头上了。既然主要是伯里克利提出了这条法令,挑起了人民坚持与麦加拉为敌的激情,那么,他当然被认为是战争的唯一祸首了。

30. 此外，他们说，为了这件事，使者们奉命从拉栖第梦来到了雅典，而伯里克利则极力主张通过一项法令，规定法律不可更改，即取下或撤掉那些刻有法令的石板是非法的行为。这时一个名叫波吕阿尔斯（Polyalces）的使者说："好吧！那就不要把它拿下来，而是把它翻过去，我想，总没有禁止这样做的法律吧！"虽然他回答得十分巧妙，但并没有丝毫动摇伯里克利的决定。十之八九，这里有一些他本人对麦加拉的不可告人的妒忌和仇恨的因素。然而，公开的指控是麦加拉人占用了边境上的一块圣地。因此，提出派专使前往麦加拉和拉栖第梦以指控麦加拉人，这是一条确实显示十分公正和友好举动的法令。但是使者安提莫克利图（Anthemocritus）死于麦加拉，据信这与麦加拉人有关。于是，卡里努斯（Charinus）提出了一条针对麦加拉人的法令，其中规定：从此以后，雅典同麦加拉誓不两立，为敌到底。凡麦加拉人进入阿提卡，格杀勿论。将军们宣誓就职时，必须在通常的誓词之外，再宣誓保证每年侵犯麦加拉国境两次。安提莫克利图应埋葬在斯里亚西城门（the Thriasian Gates,）附近，该城门现在叫迪普隆（Dipylon），或者叫双门。

但麦加拉人矢口否认与安提莫克利图的被谋害有关。他们利用《阿卡奈人》（Acharnians①）中的著名诗句，把整个事情都推到了阿斯帕西娅和伯里克利头上。

> 我们的一些鲁莽汉跑到了麦加拉，
> 从那里拐走了他们的妓女西玛撒（Simaetha），
> 麦加拉人不甘耻辱，
> 来到阿斯帕西娅宅里抢走了两个妓女。

31. 这场冲突的真正原因并不是那么容易找到的，但由于伯里

---

① 喜剧诗人阿里斯托芬的作品，上演于公元前425年。

克利导致拒绝取消那个法令，所有的人都把责任归之于他。有些人说，他之所以对那个要求断然拒绝，是出于高尚的精神和对国家最大利益的考虑，认为那些使者们的要求是着意考验雅典人的屈从程度，只要他们做出让步，就会被当作承认自己软弱，似乎不敢采取其他行动。而另外一些人说，这主要是出于他的骄傲自大和任性固执，以显示他自己的力量，并趁机表示对拉栖第梦人的蔑视。但大多数材料确认，他最坏的动机如下：如前所述，雕刻家菲迪亚斯承担了雕塑雅典娜神像的工作。现在，由于他被认为是伯里克利的朋友和心腹，所以遭到了许多人的嫉妒、诽谤。反对派还想通过对菲迪亚斯案件的审判做个验证：如果伯里克利在场的话，公众将会证明自己是个什么样的审判官。他们首先收买了一个和菲迪亚斯在一起工作的名叫迈浓（Menon）的人，然后安排他到市场上，向公民们提出一个请求，就是希望在他说出他的发现和检举菲迪亚斯时，大家一定要保证他的安全。民众接受了他的要求，让他直讲无妨。控告在公民大会上进行，结果没有什么盗窃和欺诈证明是菲迪亚斯所为。因为他一开始工作，就接受了伯里克利的建议。他巧妙地将用于塑像的黄金包在像上，以便人们能揭下它，称出它的重量。当时，伯里克利就吩咐告发者们这样做了。但是，正是他们的作品的声望给他带来了嫉妒。特别是在他雕塑的女神的盾牌，有反映亚马逊神族（the Amazons）战斗的场面。他把自己的肖像作为一个两手抱起一块巨石的秃顶老人刻了进去，而且还极其精致地刻上了伯里克利与亚马逊人的战斗情景。他让伯里克利那个执矛的手巧妙地遮在脸前，在某种程度上，遮住了从两边可以看得出的肖像。

于是，菲迪亚斯被捕入狱，后死在狱中。但有的人说，他是由于伯里克利的敌人投毒致死，以便造成对他们的诽谤，至少也可以让人产生怀疑，好像是伯里克利招致了他的死亡。对于那个告密者迈浓，根据格吕康（Glycon）的提议，人民免除了对他的各种税收，还要求将军们特别注意他的人身安全。

32. 大约与此同时,由于悲剧演员赫米普斯(Hermippus)的告发,阿斯帕西娅因渎神罪而受讯。他还进一步指控她在家里接待自由民妇女,以供伯里克利玩乐。而且,狄奥皮塞(Diopeithes)提出了一条法令:应对那些忽视宗教,或者宣扬新教义的人提出公诉。这实际上是借着反对阿纳克萨哥拉而导致人们对伯里克利的猜疑。通过这些手段,人民终于相信和赞成了这些控告和指责。根据德拉康泰德(Dracontides)的提议,他们制定了一项法令:要求伯里克利把他所经手的账目交给当值官员,法官们应带着从卫城祭坛那里取得的投票证,在市里审查和判决这一案件。哈格浓(Hagnon)把法令的最后一条改为:这类案件,无论他们是否称为抢劫起诉、贿赂起诉或者其他任何营私舞弊起诉,皆应当由一千五百名陪审员来审讯。正如埃斯基涅斯所说,在审判阿斯帕西娅时,伯里克利含着热泪,亲自替她向陪审员求情才得免罪。但是他为不知阿纳克萨哥拉将会如何而担心害怕,就把他送出了城。他发现,自己在菲迪亚斯一案中失宠于民众,他还担心控告会落到自己头上。于是,就点燃了早已不断冒烟的战火,使它迅速蔓延扩大。他希望用这种方法来化开怨恨和责难,减少猜疑和妒忌。因为每逢雅典陷入危急时,由于他的权威和本身特有的影响,人民总是把一切交付给他一人,而且只信任他单独的指挥。

上述这些就是导致伯里克利不让雅典人屈从于拉栖第梦人的提议的原因,但它们是不大可靠的。

33. 对于拉栖第梦人来说,他们肯定地认为如果一旦把伯里克利弄下台,那他们就可以随心所欲地对付雅典人了。于是,就派人到雅典去说,他们应当驱逐那个"亵渎者",正如修昔底德所说,伯里克利的母方亲属是犯有渎神罪的,但结果却适得其反,伯里克利不仅没有受到怀疑和责难,反而作为一个敌人极为恐惧和痛恨的人物,在公民中大大提高了声望和受到了尊敬。另一方面,在伯罗奔尼撒人的统帅阿基达马斯率兵侵入提卡之前,伯里克利向雅典人宣布：如果阿基达马破坏阿提卡的农村时，无论是出于他们之间的友谊，或他们之间的款待权，或是企图给他们的敌人留下诋毁他的机会而保全了他的庄园，那么，他愿无偿地将自己的全部土地以及土地上的房屋交给国家供公共使用。于是，拉栖第梦人和他们的同盟者组成大军，在阿基达马斯指挥下，侵入阿提卡，摧毁雅典的乡村，一直深入到阿卡奈（Acharnae），然后在那儿安营扎寨。他们推测，雅典人将不能忍受田园遭劫，名誉损伤，而出城与他们作战。伯罗奔尼撒人和彼奥提亚人最初侵入时人数达六千人，伯里克利认为，与如此大军作战，实在非常危险，会危及城市本身。他设法平息那些看到家园遭到破坏而伤心悲痛、愤愤不满的公民的情绪，耐心地劝导他们说："树木，当我们砍掉它之后，在很短的时间里就会重新长起，而人，一旦失去生命，却是永难复生的。"他不召开公民大会，因为怕公民们会强迫他违背自己的意志行动，而是仿佛一个富有经验的舵手或船长，在海上突然遇到风暴时，当即做好全面安排，把一切都绑紧缚牢，听从他的经验技术的号令，只考虑船只的安全，毫不理会那些胆小乘客的眼泪和晕船者的哀求。伯里克利就是这样，根据自己的理智和判断，紧闭城门，各处设防，基本不考虑那些反对他的呼声和对他的安排的愤怒。虽然，他的许多朋友向他再三请求，他的许多敌人威胁着他，控告他的所作所为，许多人编了歌谣和讽刺作品，散布全城，责备他在将军任上怯懦如鼠，把一切都乖乖送给了敌人。

克里昂（Cleon）也在对他的攻击者之列，想利用人们对伯里利的不满作为他登上民众领袖地位的步骤，正如赫米普斯（Hermippus）的抑扬格诗中所描述的：

森林之神，放弃了宝剑，
难道你总是空话连篇，
你的言辞确实激烈勇敢，
但"忒勒斯"（Teles）却隐藏在后面。

你的牙齿格格作响，

当狂暴的克里昂，

把日夜砥砺、寒光闪闪的短剑,刺向你的时候。

34. 然而,伯里克利在四面八方的攻击之下,毫不动摇。他忍辱负重,默默地经受着人们向他抛射过来的耻辱和恶意。他派出一百艘战船前往伯罗奔尼撒,本人并未随舰队出征,而是坐镇城里,以照料国内,保持自己对城市的控制,直到伯罗奔尼撒人拆营回国为止。为了安慰那些因战争而疲惫不堪、苦恼忧伤的普通民众,他给他们发放国家津贴,下令对属国土地进行新的分配。因为厄基那人已被全部逐出,他就根据抽签结果,在雅典人中分配了岛上的土地。同时,他们也可以从敌人的遭遇中使自己的悲伤得到一些安慰和补偿。环绕伯罗奔尼撒航行的队,破坏了许多乡村,劫掠了大小不等的城镇。在陆地上,伯里克利亲自率军攻入麦加拉,进行了严重破坏。自此,战局是十分明显的了。虽然伯罗奔尼撒人在陆地上给了雅典人巨大的打击,但在海上,却受到了同样程度的来自雅典人的破坏。如果不是神的力量阻挠人的意志的话,则伯罗奔尼撒人就会像伯里克利最初预言的那样:很快放弃战争,而不会将它延长得如此持久。

首先,传染病,或者瘟疫,在全城蔓延起来,吞噬了雅典的年轻人和军队中的全部精华。由于这个情况,不仅人民的肉体,而是他们的精神都受到了摧残折磨。人们像疯子一样,完全迁怒于伯里克利了。他们就像那些变得发狂的病人,企图加害他们的医生,或加害他们的父亲了。在伯里克利政敌的煽动下,他们的头脑完全被这样一种信念所占据:瘟疫的起因在于乡下人一起涌入城市。他们被迫在夏季的酷暑中,尽可能多地挤在窄小的住屋和令人窒息的杂物小间,他们被关在户内,懒散度日,而以前,他们生活在纯净、露天和自由自在的空气中。他们说,所有这一切的起因和制造者就是伯里克利。由于战争,他把大量的乡下人抛进城市,强加在城里人中间,不给他们安排工作和服役,而是像牛一样地关起来。他们的住处没法改变,精神得不到调剂,结果一个个染疫而亡。

35. 为了挽回这些不幸,进一步打击敌人,伯里克利装备了一百五十艘战船,满载训练有素的步兵和骑兵,准备扬帆出征。大军浩荡、军威森严,给了公民们极大希望,也使他的敌人大为恐惧。正当兵马登上战船,伯里克利也已走上旗舰之际,突然发生了日食,顿时天昏地暗,人们惊骇不已,因为这被认为极其不祥的前兆。伯里克利看到他的舵手胆战心惊,举止失措,就拿起他的斗篷举在那个人的脸前,封住了他的视线,使他毫无所见,然后问他,是否以为会有巨大的危害,或其中有任何大凶之兆?他回答说没有。伯里克利说:"为什么没有呢?日食造成的黑暗与此有什么不同呢?只是造成前者黑暗的东西比斗篷更大些罢了。"这是哲学家们告诉他们的门徒的一个故事。

然而,伯里克利出海之后,似乎并未取得可与他如此充分的准备相称的成绩。当他包围圣城厄庇道鲁斯(Epidaurus)时,眼看这个城市将要投降,但瘟疫又使他的计划破产。因为它不仅在雅典人中间蔓延,而且传染到所有其他与雅典军队以任何形式往来的人。此后,伯里克利发现人民已被恶意所影响,对他特别不满,就尽最大努力,试图安抚和鼓励他们。但是,他已不能平息或减少他们的愤慨,也不能用任何办法来说服和劝导他们,结果他们随便地通过了关于他的决定。他们恢复了自己的权力,免去伯里克利的一切领导职务,科他以一笔罚金。各家记载中,说的最少是十五塔兰特,而最多的估计达五十塔兰特。照伊多梅纽斯(Idomeneus)所说,带头控告者是克里昂,根据塞奥弗拉斯特,是西米亚斯(Simmias),而赫拉克利德·蓬提克斯却说,是拉克腊泰德(Lacratides)。

36. 此后,公共事务就不再麻烦打扰他了。可以这么说,人民用他们对伯里克利的打击发泄了心头之恨,把他们的刺留在了他的伤口里。然而,他的家庭生活也陷入困境。他的许多朋友和熟人都死于那场瘟疫,他的家庭成员一直处于混乱和反抗的情绪之中。他的合法的大儿子桑西巴斯生来就是个挥霍无度的浪子,他娶了个年轻而奢华的妻子,她就是厄皮吕卡斯(Epilycus)之子替山达(Tisander)的女儿。桑西巴斯对他父亲的节俭非常不满,因为伯里克利只给他不多的费用,而且分次发给,每次一点。一天,他派人以他父亲的名义到一个朋友家里借钱,假称说这是他父亲的吩咐。后来那个人到他家里来讨债。伯里克利不但不付款,而且对他提出了起诉。从这件事上,桑西巴斯认为他受到了虐待和限制,就公开地辱骂他的父亲。首先,用嘲弄、奚落的方式,告诉人们关于他父亲在家谈话以及与来访的诡辩家、学者们讨论的种种故事。譬如,说什么有个掌握五项运动技巧的能手曾用一支箭或一支标枪无意击死了法萨利亚人厄皮替姆斯(Epitimus, the Pharsalian)。他的父亲竟用了一整天的时间和普罗塔戈拉(Protagoras)进行认真地争辩,以求根据严格和最充足的理由来判断,是那支标枪,还是掷它的人,还是指定这些运动项目的赛会组织者应该被认为是这个不幸事件的根源。除了这个,斯泰西姆布鲁图还告诉我们:正是这个桑西巴斯,到人民中间去宣扬他的妻子无耻之极的丑事。一般地说,直到桑西巴斯死时,他们父子之间的分歧和矛盾从未缓和。桑西巴斯也于瘟疫流行之时病死。同一时期,伯里克利还失去他的姐姐,他的绝大多数的亲戚朋友,以及那些在执政时对他最有用和得力的人。但他没有因此而畏缩、屈服,在重重不幸的压力下,他仍保持着他那高尚的精神和伟大的情操,人们甚至没有见过他哭泣和哀伤,甚至在他参加他的任何一个朋友和亲属的葬礼时,也没有人见他哭过。直到最后他失去了他唯一还活着的儿子之时。这一打击使他悲不自胜,可是他仍竭尽所能努力坚持他的原则,保持他的伟大心灵。然而,当他去履行给他死去的那个儿子头上戴花冠的仪式时,一见儿子的尸体,他的感情就悲痛到了极点,以至于突然仰天长叹,热泪夺眶而出,在他过去的整个一生中,他还从未如此涕泪滂沱。

37. 雅典人考验了其他那些指挥战争的将军和负责城邦事务的演说家。他们发现，还没有一个德高望重的人，可委以主持国政，没有一个威信崇隆的人可托以统率三军。他们后悔不该让伯里克利去职，就重新邀请他出来给大家讲话，为他们出谋划策，重新担任将军职务。可是，他坚辞不出，沉浸在抑郁哀伤之中。后来，在亚西比德和另外一些朋友的苦劝下，他才走出家门，出现在民众面前。由于他的露面，民众向他致谢，并为他们以前对他处置不当致歉。他又一次担当公务重任。当他被选为将军时，他请求停止执行自己过去使之通过的关于出身低贱儿童的法律。这样，他的家庭的名字和血统就不至仅仅由于缺少一个合法的后裔来继承而消失并绝嗣。那个法律的情况是这样的：很早以前，伯里克利权倾一时，前已指出，那时他已有了合法的儿女，当时他提出一条法律，规定只有父母均为雅典公民的人才能获得雅典的真正公民的荣誉。此法通过后，埃及国王以赠予的方式，给雅典人送来四万蒲式耳小麦，这将在公民中间分配。这样，就因这条法律产生了许许多多的关于公民合法性的诉讼。而这些情况到此时，都已无人知晓也不被人注意了。有些人就因诬告而蒙冤。大约将近五千人被判有罪，卖为奴隶。那些经受了审查、留在政府并被登记为真正雅典公民的人，从选举名册上看，有一万四千零四十人。

看起来很令人费解，一项已被广泛推行并打击了那么多人的法律，竟又被制定它的同一个人所取消。然而，伯里克利因他的家庭不幸经受的灾难和痛苦还是冲垮了所有的异议，赢得了雅典人对他的怜悯。因为他的损失和不幸已经狠狠惩罚了他以前的傲慢自大和目中无人了。人们认为，他的苦难值得他们的同情，甚至应该引起他们的义愤。他的请求已变成一个"人"的请求，而大家也作为"人"来给予。他们允许他的儿子使用他的名字，在他的胞族里登记入册。这个儿子后来在阿吉纽斯打败了伯罗奔尼撒人，接着，就和他的同僚将军们一起，被民众处死。

38. 看来,大约在他儿子被登记入册的时候,伯里克利也染上了瘟疫。但这病在他身上表现得与众不同,不是那种急剧的猛烈发作,而是迟缓地拖延,同时伴随着各种各样的起伏变化,慢慢地、一点一点地消耗他的体力,侵蚀他那高尚的灵魂。所以,塞奥弗拉斯图在他的《论道德》一书中,当讨论人的性格是否随着环境的变迁而改变,他们的道德习惯是否因疾病缠身的干扰而偏离了美德的准则时,留下了这样的记载:伯里克利染病后,曾让前来探望他的一位朋友观看女人们挂到他脖子上的护身符或饰物,这足以说明,当他做出如此愚蠢的行为时,确实是病入膏肓了。

在他生命垂危的时刻,城中最优秀的公民和他的那些尚在世上的朋友,坐在他的周围,谈论着他的卓越功勋和赫赫权威,历数他的著名战绩和胜利的次数。他,作为他们的统帅和敌人的征服者,为了雅典的光荣,至少建立了九个胜利纪念碑。他们在一起如此谈论着,好像他早已失去了知觉,不能理解或关注他们所谈的事情。其实,他一直在听着,而且在专心听着。于是,他也加入他们的谈话,说他感到好奇的是,他们竟然把他们所赞扬和注意的种种事不仅归因于其他因素,同样也归因于命运,而且这些事也同样发生在其他许多统帅身上。同时他还奇怪,他们为什么没有谈到甚至连提也没有提他一生中的最卓越最伟大之处。"因为,"他说,"没有一个雅典人由于我的原因而为亲人服丧。"

39. 他确实是一个值得我们高度景仰的人物。这不仅是因为在其一生处理的各种事务和招致的巨大敌意中,他始终保持着公正平允、温和宽厚的气质,而且因为他具有高尚的精神和伟大的情操。正是这种精神与情操使他认为:自己全部最高贵的荣誉在于在行使如此巨大的权力时,他从来没有为满足自己的妒忌和愤怒行事,也从来没有像敌人对待自己那样势不两立地去对待他的任何敌人。我觉得,这一美德就可以使那个本来就幼稚、狂妄的称号具有合适相称的含意了。在居于权力和地位的高峰时,他能具有如此荣辱不惊的气质,如此纯洁无瑕的生活,那么,根据我们对神明这一概念的理解,他被称为"奥林帕斯神"是完全当之无愧的。神是一切美、善、德的自然创造者,我们把整个世界都置于他们的管理和支配之下。我们对神的看法与诗人们所描述的不同。诗人们常常用愚昧无知的空想来搅混我们的大脑,同时又由于他们的诗歌和传奇而自相矛盾。他们确实称诸神居住的地方是安全、宁静的所在,没有危险动乱,没有风云变幻,永远艳阳高照,光线柔和纯净,俨然是幸福的、永生的仙境福地。可是,与此同时,他们又断言,诸神之间充满着烦恼、敌视、愤怒和其他激情,而这些甚至在稍有理解力的人们身上也是不适合或不会有的。不过,这也许是更适于作其他方面考虑的题材,应当在其他地方加以探讨。

伯里克利死后,公共事务的进程很快就使人产生了丧失伯里克利的感觉。当他在世时,他的巨大权威使某些人暗淡无光,所以这些人对他非常不满,而在伯里克利离开"舞台"后不久,他们通过对其他讲演家和民众领袖的考察,都乐意承认世界上从来没有一个人具有他那样的气质:身居国家高位,更为稳健明智;待人宽大温和,而尤庄重凛人。他那个招人忌恨的专断权力,以前人们称之为君主专制和僭主政治,现在倒显得是当时公众安全的首要保证。在他之后,腐化堕落,作奸犯科,如洪水猛兽汹涌而来,而以前,在他的抑制下,这些罪恶处于微弱无力、鲜为人知的状态,尚未由于宽容放纵而达到不可救药的地步。

附录 2

伯里克利与阿斯帕西娅①

　　在古希腊的雅典,男子抛头露面,奔走政界,效命疆场,女子则深居简出、操持家务,对政治很少有发言权。雅典著名政治家伯里克利在一次为阵亡将士举行的葬礼上就宣称,一个女子的最大光荣就在于让男人们少谈论自己。② 然而,我们翻开伯里克利本人执政的时代即公元前 5 世纪中期的历史画卷,却不时碰到一位容貌迷人、才华出众的妇女。她不甘寂寞,社交广泛,精通政治,喜欢哲学,成为当时雅典颇有影响的人物。据说雅典与萨摩斯的战争以及牵动整个希腊的伯罗奔尼撒战争的爆发都与她有关。当时的喜剧诗人阿里斯托芬甚至将她写进了自己的剧本在雅典上演。她不仅在雅典引起了轰动,而且名扬海外。波斯王子居鲁士对她不胜倾慕,竟以她的名字为自己的爱妾改名。那么,她是何许人也? 为什么会获得如此声名?

　　原来,她就是来自小亚沿岸希腊城邦米利都的名妓阿斯帕西娅(约公元前 470—前 400 年)。她的出身不详,从其教养与才华来看,可能属于上层自由民之家。她在雅典之所以出名,除了她个人的才貌、职业等因素外,在很大程度上是因为她既是前面提到的那位政治家伯里克利的情人、妻子,又是他的政治助手。

---

① 本文主要取材于前译文普鲁塔克的《伯里克利传》(附录 1),恕不一一注明出处。
② Thucydides, *History of the Peloponnesian War*, 2. 45. 2, with an English translation by Charles Forster Smith, Cambridge, Mass. : Harvard University Press, 1956;修昔底德:《伯罗奔尼撒战争》,谢德风译,第 136 页。

公元前 5 世纪中期的雅典,正处于政治、经济、文化空前繁荣的黄金时代。希腊各地的文人学者把雅典视为文化都会,纷纷慕名而来,寻求施展抱负的机会。阿斯帕西娅就是这时由因放逐返回的老亚西比德①带到雅典的,并很快以其绰约的丰姿、高雅的举止、明快的谈吐、敏捷的才思吸引了许多文人政客。人们蜂拥而至,都想一睹她的风采,就连衣着不整、相貌丑陋、喜欢追根问底的大哲学家苏格拉底也带着他的学生前去登门拜访。

究竟伯里克利与阿丝巴帕西娅是如何结识的,不得而知。但阿丝帕西娅到来之际,正是伯里克利在政治事业上一帆风顺、却在婚姻生活上郁郁寡欢之时。他的妻子是他的一位近亲,两人感情不和。阿斯帕西娅的出现,无疑使这位大政治家一下子觅到了可以倾诉衷肠的知音。二人一见钟情,大约于公元前 445 年同居。从此,命运之神就把他们紧紧地联系在了一起。

按理说,这么一个才女,在文化空气相当浓厚、相当自由的雅典是不该遭到非议或责难的,但事实远非如此。阿斯帕西娅初到雅典时,仍操妓女旧业。雅典男子虽不以狎妓为耻,但这种职业仍被人看不起。另外,一个外邦女子在雅典声名鹊起,也可能使一向把妇女限制在家中的雅典人无法接受。更为重要的是由于她与伯里克利的关系。伯里克利的政敌在对他无可奈何时,就把愤恨发泄到他的情人身上,好像阿斯帕西娅就是把雅典导向战争深渊的祸根。

萨摩斯和米利都均是雅典同盟的成员,为争夺一块地方刀兵相见,相持不下。米利都请雅典仲裁,伯里克利下令双方停战。萨摩斯人不从,伯里克利遂率舰队迫其投降。有人说,伯里克利此举是为了讨取阿斯帕西娅的欢心。麦加拉是雅典的近邻,商业上的竞争

---

① 老亚西比德(the elder Alcibiades)曾被雅典人放逐,留居于米利都,与阿斯帕西娅的姐姐结婚,放逐期满后带着妻子及她的妹妹返回雅典。这个老亚西比德是后来雅典著名的将军和政治家亚西比德(约公元前 451—前 403 年)的祖父。因此,阿斯帕西娅与亚西比德家族有亲缘关系。

对手,属于与雅典同盟为敌的伯罗奔尼撒同盟。公元前 432 年,伯里克利下令不许麦加拉商船进入雅典同盟的任何港口。这本来是商业利益上的冲突,但伯里克利的政敌却认为他另有他图。当时雅典出现了几起对伯里克利亲友的控告,阿斯帕西娅首当其冲。有人告发她渎神,还有人指控她在家里接待自由民妇女,以供伯里克利玩乐。只是由于伯里克利含泪向陪审员苦苦求情,阿斯帕西娅才免于厄难。他的政敌指责说,他是为了给亲友开脱罪责,转移国内的注意力,才下封港令,点燃了正在微微冒烟的战火。阿里斯托芬干脆把责任都推到了阿斯帕西娅的头上,认为是麦加拉人抢走了她的两个妓女而导致了伯罗奔尼撒战争。他的喜剧虽然写在伯罗奔尼撒战争爆发之后,但却反映了当时雅典人的看法。

阿斯帕西娅曾和伯里克利生一子,也取名伯里克利。但根据伯里克利于公元前 451 年重申的法律:凡父母皆为雅典公民的子女才具合法身份,他们的儿子不能算是真正的雅典人。伯罗奔尼撒战争开始后不久,战局对雅典不利。加之城中瘟疫流行,死亡枕藉,雅典人迁怒伯里克利,他被革职罚款。可很快,雅典人就发现值此国家危难之秋,非伯里克利不能担当领导雅典人的重任。于是,雅典人聚集到他的面前,请求他原谅人民过去对他的不公平待遇,请他复出。伯里克利在民众的再三请求之下,挥泪答应,但提一条件,就是要让他与阿斯帕西娅的儿子成为雅典的合法公民。人们满足了他的心愿。这个儿子后来还担任过雅典的将军。

伯里克利复出不多时就染疫而亡。他和阿斯帕西娅一块生活了 16 个年头,其中他担任将军 13 年。阿斯帕西娅辅其执政,对雅典的政治、文化事业作过一定的贡献。伯里克利对她爱之极深,每次外出或归来,都要向她亲吻致意。二人既可谓是英雄美人,也可谓是患难知己。阿斯帕西娅代伯里克利受过,伯里克利俯首含泪为阿斯帕西娅在大庭广众下求情,说明他们有着坚固的爱情基础。

第 二 编

希腊化文化研究

绪　论

　　希腊化文化①是世界文化史上的重要一页。它属古希腊文化范畴,但在内容和精神实质上与古典时期的文化又有明显的不同。它是亚历山大东侵之后,希腊文化与其他地区,特别是与埃及、西亚、印度等地文化相互撞击、交流、融汇的结晶。它承前启后,经罗马文化、基督教文化、拜占庭文化、阿拉伯文化影响了西欧文化的发展方向。它意义深远,今日的东方佛教艺术仍闪动着它的一线光辉。

　　恩格斯说过,有了人,就有了历史。② 我们可进一步说,人类的历史,从其伊始就是一部走向全球的历史。如果从地球之外俯瞰人类历史几千年上下纵横之发展,我们就会发现一幅各地区文化逐渐扩大交流,最后浑然相通的画卷。如果说,1492 年哥伦布的远航揭

---

① 关于"希腊化文化",有两个问题需要说明。第一,"希腊化"是个外来术语(英语:Hellenism;德语:Hellenismus),关于其内涵,国内外学术界见仁见智。本文采纳国外及国内部分学者的观点,沿用"希腊化"一词,但给它的时空范围、性质等以新的解释。详见下文。第二,"文化"的界定。国内外对它的定义解释很多。但总的看来,"文化"有狭义、广义之分。狭义上的文化指与政治、经济相平行、相对应的社会意识形态,具体内容包括人文科学、社会科学和自然科学。广义上的"文化"是文化学上的文化,是指包括物质生活和精神生活的整个社会形态。在后一意义上,"文化"(culture)有时等同于"文明"(civilization)。斯宾格勒(Oswald Spengler,1880—1936)的"文化"和汤因比(Arnold J. Toynbee,1889—1975)的"文明"即可看作对同一社会形态的不同表述。我在此文中使用的"文化"概念基本上是狭义的,但也不排除有时赋予其广泛的意义,但非斯宾格勒等文化形态学上的"文化"含义。因此,我所说的"希腊化文化"一般是相对于希腊化政治、希腊化经济而言,但有时也把它与"希腊化文明"相等同。
② 恩格斯:《自然辩证法》,载中共中央马克思恩格斯列宁斯大林著作编译局:《马克思恩格斯选集》第三卷,人民出版社,1972 年,第 457 页。

开了世界各区域文化纳入全球文化体系的序幕,那么公元前334年亚历山大的东征则开辟了欧亚非大陆间文化汇合的先河。

马克思对亚历山大时代给予了高度评价,誉其为"古希腊外部的极盛时期"。① 亚历山大时代的历史意义不仅在于疆域的扩大,大帝国的建立,而且更重要的在于它打开了各古老文化相互交流的通道,奠定了具有"世界"性意义的希腊化文化诞生、发展的基础。

对于这一文化,自19世纪上半叶以来,褒者有之,贬者也有之。"一切历史都是现代史"。史家所处的时代不同,地域不同,政治文化倾向不同,研究的动机不同,得出的结论自然有所歧异,甚至大相径庭。对他们的研究成果,笔者推之、崇之、学之唯恐不及,岂敢妄加厚非。然而,对他们研究成果的尊重,并不妨碍个人见解的形成。因此,不揣冒昧,愿对希腊化文化做点"评头品足"的工作,以期有助于世界文化交流史的研究。

在正式论述之前,先就有关的概念、研究动态和本文的研究路径作点简单的说明。

一、"希腊化"与"希腊化文化"

希腊化文化即希腊化时期或希腊化世界的文化,是亚历山大东征的产物。这一点学界殆无异议。现在英文著作中通用的Hellenistic(希腊化的)、Hellenism(希腊化)分别是从希腊语"ἑλληνίζω"、"Ελληνισμός"演变而来。"ἑλληνίζω"的本意是"说希腊语"(to speak Greek),但它的准确含义是指非希腊人说希腊语。Ελληνισμός是它的名词形式。后来,此词的意义扩大,一般用来指非希腊人对希腊生活方式、希腊文化的采用与模仿。自从德国历史学

---

① 马克思:《第19号"科伦日报"社论》,载《马克思恩格斯全集》第一卷,人民出版社,1956年,第113页。

家德罗伊森（Johann Gustav Droysen,1808—1884）19 世纪三十到四
十年代出版了他的《希腊化史》（*Geschichte des Hellenismus*）一书
后，"希腊化"（Hellenismus, Hellenism）就专用来指亚历山大之后，
希腊文化向外传播的特定历史时期，即希腊化时期。英语世界一般
用"Hellenistic"这个形容词来限定这个世界（Hellenistic World）或
时期（Hellenistic Period 或 Hellenistic Age）以及在此时空范围之内
的其他方面。但对于希腊化时期的具体时间起止和希腊化世界的
空间范围，研究者各执己见，莫衷一是。但总的趋向是把希腊化时
期定在亚历山大之死（公元前 323 年）到最后一个希腊化王国——
托勒密埃及亡于罗马人之手（公元前 30 年）之间，把亚历山大的后
继者建立的三大王国和周边受希腊文化影响较深的地区都划入希
腊化世界的范围之中。但在我看来，文化史的发展有其与政治史、
军事史、经济史的不同之处，一种文化往往不是随着政权的更替、统
治民族的变更而迅速改变其本来面貌，它总有一个发生、发展和逐
渐消融的过程。因此我把亚历山大东征的开始作为希腊化时代，亦
即希腊化文化的开端。因为，不论就希腊文化的传播还是就它与当
地文化相互接触与影响而言，这种进程在亚历山大东征时就已经开
始了（详见本编第二章）。至于希腊化文化的下限，以公元前后罗马
吞并埃及和印度—希腊人王国的消亡[①]为界也未尝不可，因为文化
的创造者主体的消失自然就意味着文化生命力的衰竭。但希腊化
文化的影响却由于其特有的包容性和渗透力远远超出了希腊化王
国的统治范围之外，因此，我所说的希腊化文化的地域范围也不只
限于希腊人控制的地区，而且包括同时代受其影响的国家和民族。
如果我们把希腊化文化看作一个多层次的文化圈，那东地中海地区

---

① 【补注】根据法国钱币学家波比拉赫奇的研究，印度的最后一个希腊化王国消失于约公
元 10 年。（Osmund Bopearachchi, *Monnaies gréco-bactriennes et indo-grecques*,
Catalogue Raisonné, Paris: Bibliothèque Nationale, 1991, p. 453.）现在看来，将公元
前后作为希腊化王国时代的结束可能更为合理一些。

就是它的内圈,希腊化文化主要形成、繁荣于此。其他周边地区包括南俄(South Russia)、小亚(Asia Minor)内陆、中亚(Central Asia)腹地、印度(India)西北部、阿拉伯(Arabia)、中非(麦罗埃,Meroe)等则为其外圈,它们主要是希腊化文化的传播与渗透之地。罗马是通过对希腊化世界的征服而接受希腊化文化的,一般是不把它划入希腊化文化范围之内。但我认为,罗马文化实质上是希腊文化的继续(尽管在很大程度上已经拉丁化了),希腊化文化主要是通过罗马而传之后世,所以,本文也把它列入希腊化文化外圈加以考察。①

文化圈不同于政治范围,它超出希腊人控制地区之外似是可以理解的。汤因比就认为:"希腊主义(Hellenism)的核心不是地理的,或语言上的,而是社会的、文化的。"②

既然希腊化文化的时空是如此广延,层次是如此不同,而且"希腊化"这个词本身就带有使非希腊人希腊化的色彩,那我们使用这个词,不就是承认希腊化即希腊文化的传播了吗?我们不否认,在这一时期,由于希腊—马其顿人把外族统治用暴力强加于被征服民族,他们所到之处,广建希腊式城市、要塞,开通商路,从而大大传播了希腊文化。但是,它在传播过程中,必然要和已经存在了两三千年之久的东方古老文化以及处于起步阶段的其他文化发生碰撞、汇合,并自觉不自觉地受到了当地文化的反作用。因此,这时的文化已非过去那种地不过百里、人不过数万、数十万的城邦式文化,而是生长于广袤的"蛮族"原野上的希腊人已知之世界的文化。虽然它仍然保留着希腊古典时期文化的躯壳(并非全部),但它的肌体已渗

---

① 【补注】需要特别说明的是,随着半个多世纪以来中亚和印度西北部考古发掘的突飞猛进,以阿姆河和印度河为中心的地区作为希腊化世界的第二个文化圈——远东希腊化文明圈的地位已经确立。这是近年希腊化史研究的突破,在笔者撰写此文时,已见端倪。但形成一种研究模式,则是近年之事。详见杨巨平:《远东希腊化文明的文化遗产及其历史定位》,《历史研究》2016年第5期,第127—143页,及本书第四编第二章。

② Arnold J. Toynbee, *Hellenism: The History of A Civilization*, New York: Oxford University Press, 1959, p. 6.

入了当地文化的血流，它的精神必然呈现出新时代、新世界的特征。所以，用"希腊化文化"区别于"希腊古典文化"就不仅是必要的，也是适当的，因为这种文化是在希腊——马其顿人统治之下，以希腊文化形式为载体，以通用希腊语（Koine）为媒介，吸收当地文化因素发展起来的一种新型文化。

二、"希腊化"文化的性质

对于这么一种文化，究竟应该如何定性，自然成了希腊化文化研究中争论的焦点。

自英国希腊史大家格罗特（G. Grote, 1794—1871）之后，西方学界对希腊化时期及其文化持全然否定的观点似难见到了。[①] 以德罗伊森为首对这一时期的研究百多年来从未中断。学者们尽管在希腊化时代的起止、范围上有不同看法，但在对希腊化文化的认识趋向上是大体一致的。一般都认为希腊化文化即希腊文化的传播及其与东方文化的融合。当然在此前提下也有两种倾向。

一种是强调传播，德罗伊森和罗斯托夫采夫（Michael I. Rostovtzeff, 1870—1952）等就持这样的观点。德罗伊森认为希腊化的本质在于"希腊的治权和教化普及到（东方的）衰败文明民族中间"。[②] 罗斯托夫采夫甚至否认希腊文明与东方文明的融合，认为希

---

① 格罗特认为，严格的希腊主义（Hellenism）只能存在于自治（autonomy）的古典时代。他说："从亚历山大时代起，不仅希腊的政治自由和自立消失，而且富有创造力的天才开始凋谢，体现于柏拉图（Plato）和德谟斯提尼（Demosthenes）身上的那种公元前4世纪无与伦比的杰出文学与修辞学也尽显堕落颓废之象。……希腊作为一个独立的历史单位已不复存在。"很显然，格罗特是用希腊城邦文化的标准来衡量希腊化时代。G. Grote, *History of Greece*, Vol. 12, London: John Murray, 1857, pp. 363, 661–662.
② 转引自塞尔格叶夫：《古希腊史》，缪灵珠译，第434页。【补注】德文原文见 Johann Gustav Droysen, *Geschichte des Hellenismus*, *erster Teil*, *Geschichte Alexanders des Grossen*, Gotha: Perthes, 1877, p. 3. 英译见 Johann Gustav Droysen, *History of Alexander the Great*, translated from the German by Flora Kimmich, Philadelphia: American Philosopphical Society, 2012, p. 3.

腊文学、希腊艺术、希腊科学甚至在亚历山大死后仍保持着希腊的传统，并由此得出结论："所谓的希腊化时代的文明是真正的希腊文明。"这是他 1926 年的观点。① 在其后的巨作《希腊化世界的社会经济史》中，他仍坚持认为："希腊化世界就其本身而言，是希腊天才的惊人创举。"②塔恩（W. W. Tarn，1869—1957）也有类似的看法。他在《希腊化文明》一书中列举了学界对"Hellenism"的四种不同解释：(1)希腊和东方因素混合而成的新文化。(2)希腊文化向东方的扩张。(3)古典希腊文明的纯粹延续。(4)与前一样，还属于同一文明，只是在新的条件下得到修正。塔恩认为，"所有这些都包含一个真理，但无一能代表全部真理"。以他之见，没有一个一般概念能包括这三个世纪的文明，"希腊化仅仅是给其加的一个便签而已。在这三个世纪中，希腊文化远远传播到希腊之外"③。

　　一种是在肯定传播的同时，也承认与各地文化的融合，沃尔班克（F. W. Walbank，1909—2008）、哈达斯（Moses Hadas）、斯塔夫里阿诺斯（L. S. Stavrianos）等就如此认为。其中，哈达斯著的《希腊化文化》最为明显。此书的副标题是"融合与传播"（"*Fusion and Diffusion*"）。作者虽然承认在希腊化时代，"那些迥然不同的文化传统相互影响，确定了欧洲文明的永久轮廓"，但却把希腊人将自己的价值观强加到和渗透于其他文明上的成功列为希腊的奇迹之一，而且把阐明希腊的思想、希腊的爱好、希腊的理想，如何成为欧洲延续不断之遗产作为此书的目的。④ 沃尔班克的观点主要贯穿于他的《希腊化世界》一书。他认为："希腊人与非希腊人（Barbarians）相互

① M. Rostovtzeff, *A History of the Ancient World*, Vol. I, *The Orient and Greece*, Oxford: Clarendon Press, 1926, pp. 378 - 379.
② M. Rostovtzeff, *The Social and Economic History of the Hellenistic World*, Oxford: Clarendon Press, 1941, p. 1310.
③ W. W. Tarn, *Hellenistic Civilisation*, London: Edward Arnold, 1952, p. 1 - 2.
④ 见 Moses Hadas, *Hellenistic Culture: Fusion and Diffusion*, New York: Columbia University Press, 1959, preface, p. 1.

影响。实际上,各种文化的撞击与汇合就是这个时代的主要魅力之一。"①他参与主编的新版《剑桥古代史》第 7 卷第 1 分册《希腊化世界》中也谈道:一种愈来愈统一的文化在欧洲、亚洲和利凡特(Levant)地区逐渐扩散传播。② 斯塔夫里阿诺斯虽然认为希腊化文明是随着亚历山大的征服、古典希腊文化的传播而出现的,但他承认"在这个过程中,他们自己也得到改变,所以,这样引起的希腊化文明是一个混合(amalgam)而不是移植","这个文明是融合的结果,它的每一方面实质上都不同于古典的双亲"③。

　　在这些西方学者中,塔恩的观点具有二重性。他无疑是对希腊文化的传播持充分肯定的态度,也特别注重希腊文化与东方文化的结合,但他的大英帝国殖民主义情结导致他对亚历山大的"人类统一思想"过于拔高,对远东希腊人的历史地位也有过誉之嫌,由此引起的学术论争一直延续到他去世之后的若干年。

　　由于资料和语言的障碍,我们对苏联古史学界希腊化文化研究状况知之甚少,而且,就目前材料所及,也只是他们(20 世纪)40、50年代的观点,主要来自三种中文译本:塞尔格叶夫的《希腊史》,苏联科学院主编的《世界通史》第二卷上册和科尔宾斯基等著的《希腊罗马美术史》。苏联学者的观点与西方稍有不同,他们承认希腊文化在希腊化世界的广泛传播,但也注意到希腊文化因素与当地(主要

① F. W. Walbank, *The Hellenistic World*, Glasgow: William Collins Sons & Co. Ltd., 1981, p. 15.

② J. K. Daves, "Chapter 8: Cultural, Social and Economic Features of the Hellenistic World", in F. W. Walbank & A. E. Astin ed., *The Cambridge Ancient History*, second edition, *Vol. Ⅶ Part Ⅰ: The Hellenistic World*, Cambridge: Cambridge University Press, 1984, p. 320.

③ L. S. Stavrianos, *A Global History to 1500*, New Jersey: Prentice-Hall, 1970, pp. 123 - 127.

是东方)文化传统的结合。①

我国学者对西方观点的态度经历了由采用、全部否定到部分肯定的变化。② 20世纪50年代初，雷海宗先生受教育部委托编写的《世界上古史讲义》中，沿用"希腊化"一词，将"希腊化与罗马帝国成立时代"列为一章，时间范围是公元前323—前31年，这实际上就是希腊化时代的历史。③ 50年代中期到60年代初，吴于廑先生提出了与西方学者截然不同的观点。他认为，"希腊化"这个词具有片面性，不足以恰当概括那三个世纪的历史。希腊化文化是东西方文化的汇合或融合。东方的因素不容忽视，在多数的希腊化国家，东方因素在经济、政治和文化生活方面都起了"不可估计的和具有决定意义的作用"④。也有的学者主张放弃使用"希腊化"一词。1962年出版的周一良、吴于廑先生主编的《世界通史·上古部分》用"后期希腊文化"代替素称的"希腊化文化"，把希腊人在东方建立的外族王朝单独列章述之，视为该地区"过去历史的延续"，因其"社会结构

---

① 塞尔格叶夫认为："在文化方面，希腊主义代表希腊的与东方的文化及宗教的综合。……完全不能抹杀地中海西岸的社会中也有许多希腊主义的特点存在。"（塞尔格叶夫：《古希腊史》，缪灵珠译，第433页）苏联科学院主编的《世界通史》第二卷上册否定了希腊化即希腊—马其顿的统治和希腊文化向东方扩展的观点，认为"希腊因素与当地因素的结合，宗教、艺术、科学的综合性也是希腊化的特征"（见苏联科学院：《世界通史》第二卷上册，第367页）。科尔宾斯基等著的《希腊罗马美术》指出希腊化文化有两个特点：第一，希腊文化在希腊化世界整个地区十分广泛地流布。第二，希腊文化因素和当地的、主要是东方的文化传统相结合。（见科尔宾斯基等：《希腊罗马美术》，严摩罕译，人民美术出版社，1983年，第164页。）
② 【补注】这里指的是20世纪50年代到笔者撰写此文的80年代。
③ 详见雷海宗编：《世界上古史》，中央人民政府教育部代印，1954年？（南开大学历史系1955年油印本），第307—333页。【补注】也见雷海宗著、王敦书整理：《世界上古史讲义》，中华书局，2012年，第277—314页。
④ 吴先生的观点集中反映在《希腊化时期的文化》（《历史教学》1958年第2期）一文中。在他著的《古代的希腊和罗马》（中国青年出版社，1962年）和主编的《世界通史》上古部分（人民出版社，1962年）中，以及同年在北师大的讲演中（《北京师范大学学报》1962年第2期）中都坚持了同样的看法。【补注】吴于廑先生后来将《希腊化时期的文化》一文改写为《东西历史汇合下的希腊化文化》，对以前的观点做了一些修正，详见吴于廑：《吴于廑学术论著自选集》，首都师范大学出版社，1995年，第471—483页；杨巨平：《碰撞与交融——希腊化时期的历史和文化》，中国社会科学出版社，2018年，"补正"，第341—343页。

基本未变"。① 1979 年后出版的几本世界古代史教材大多不用此词,在编写体例上以周吴本《世界通史》为蓝本,把希腊化时期的文化归于后期希腊文化或略去,②或采取属地主义,将希腊化王国的历史归入所在地区的历史。③ 但也有例外,李纯武、寿纪瑜的《简明世界通史》(1982 年版)就辟一子目"希腊化文化"。④ 1984 年再版的刘家和先生主编的《世界上古史》,虽未用"希腊化"的字样,但认为这一时期的文化是对古典文化的继承,其中也包含了东方文化的传统。⑤

从国内外关于希腊化性质的研究来看,分歧的焦点并不在于"希腊化"这个词到底能否使用,而是如何对其进行定性。至本文撰写前有两个问题似乎悬而未决:其一,希腊化只是希腊文化的东传,还是与东方文化的融合或汇合? 其二,如果不否认二者的结合,那么是以希腊因素为主,还是以东方因素为主? 此外,在希腊化文化研究方面,还有几个问题需要进一步探讨:希腊化文化产生的背景和发展脉络是什么? 它有哪些特点? 其历史地位如何?

三、研究路径

本文就是试图对上述这些分歧和问题提出自己的看法。然而,

---

① 周一良、吴于廑主编:《世界通史》上古部分(分册主编:齐思和),人民出版社,1973 年第 2 版(1962 年第 1 版),第 242 页。该卷的第十八章"马其顿的兴起及其东侵,马其顿时期的希腊",第十九章"托勒密时期的埃及,塞琉古时期的西亚、帕加马",第二十章"马其顿东侵时期的伊朗、中亚、巴克特里亚",包括了亚历山大帝国和各希腊化王国的历史。第十八章第四节的"后期希腊文化"(第 247—250 页)就是希腊化时期的文化。
② 崔连仲先生主编的《世界史・古代史》(人民出版社,1983 年)将其归于"公元前 4 世纪末至公元前 1 世纪希腊的文化"(见第 270—279 页)。刘家和先生主编的《世界上古史》(吉林人民出版社,1979 年)没有涉及这一部分内容。
③ 如刘家和先生主编的《世界上古史》在第二章"埃及"中设一子目:"希腊人统治下的埃及",在第三章"西亚诸国"中设一子目:"塞琉古王国",在第五章"希腊"中设一节:"马其顿、亚历山大帝国和马其顿统治下的希腊",基本涵盖了各希腊化王国的历史。
④ 李纯武、寿纪瑜:《简明世界通史》,人民教育出版社,1982 年,第 117 页。
⑤ 刘家和主编:《世界上古史》,吉林人民出版社,1984 年(第二版),第 285 页。

这一目的绝不是通过对希腊化文化的某一分支、学科、流派进行孤立研究所能达到的,这是由这一文化本身的复杂性、多元性和发展的不平衡性决定的。比如在宗教领域,东方因素明显占主要地位,如果以此为据,"东方因素决定论"自然成立,但如果在文学、雕塑方面,得出的结论就可能正好相反。而且,在希腊化文化的内圈和外圈,希腊文化与当地文化的关系也有很大的不同。就是在文化的内圈,也有希腊化王国与个别独立的希腊城邦和自治的希腊人城市之别。在文化的外圈,也有希腊人控制地区,如巴克特里亚(Bactria)、印度西北部,一般认为的曾经希腊化或半希腊化的地区,如博斯普鲁(Bosporus)、本都(Pontus)、俾提尼亚(Bithynia)、卡帕多西亚(Cappadocia)、亚美尼亚(Armenia)、帕提亚(Parthia)等,和纯粹的受影响地区,如罗马(Rome)之分。因此,撇开对希腊化文化圈的整体研究,撇开对希腊化文化前后世界文化发展史的比较分析,就难以对现存问题作出较为合理的回答。但希腊化文化涉及各个专门的文化领域,要对每一方面进行深入的专题研究,在目前的主客观条件下又是不可能的。所以,笔者采取宏观考察的方法,从全局着眼,从重要文化现象和地区入手,尽量利用各方专家的研究成果,力求勾勒出希腊化文化发生、发展、影响之全貌,揭示其精神实质与特点,确定其在世界文化发展长河中的位置。此外,在正面论述时,我将就当前希腊化文化研究中的分歧意见表明自己的观点。

正文共分五部分:

第一,希腊化文化的产生的必然性。

第二,希腊化文化的发展轨迹及其阶段性。

第三,希腊化文化的多元性。

第四,希腊化文化的统一性。

第五,希腊化文化的历史地位。

最后是结语。

第一章　希腊化文化产生的必然性

　　既然希腊化文化是一种不同于希腊古典文化的世界性文化现象,那它是如何产生的呢? 这一文化背后的推动、促成因素到底是什么呢?

　　一定的文化是一定的社会政治经济在意识形态领域里的反映,是一定时代、一定地域人类心灵的表象化。文化的表现形式、手段、媒介可能与此前或此后的时代没有多大的变化,但它的精神实质却一定是这一时代的回声,已经打上了这一时代的印记。因此,在形式上类似古典文化但精神上、内容上又明显不同的希腊化文化只能是希腊化时代、希腊化世界的产物。

　　如前所述,希腊化时代是以亚历山大东征为起点的。地处希腊大陆北陲的无名小国马其顿(Macedonia)能在数年之内平定希腊各邦,成为科林斯同盟(the League of Corinth)的盟主,亚历山大以区区数万兵力,能一举横扫庞大的波斯帝国,取而代之,这种局面的出现本身,就反映了时代的要求。一般认为,伯罗奔尼撒战争(the Peloponnesian War)之后,希腊各邦打破了原来的平衡。战俘奴隶的增多带来奴隶制的急剧发展。城邦公民内部两极分化严重,阶级斗争激烈。城邦制度赖以存在的经济基础——公民土地所有制遭到了严重破坏。希腊中南部的城邦内外交困,无力挽救危机。马其顿,这个社会发展相对落后的山地国家,在希腊城邦文化的影响下,厉行改革,扩张领土,这时赫然崛起。于是,希腊各邦的亲马其顿派就瞩目于马其顿国王腓力二世(Philip II,公元前 359—前 336 年),希望他匡时救世。纵然各邦的反马其顿派曾大张旗鼓,群起反抗,但公元前 338 年喀罗尼亚(Chaeronea)一役,决定了希腊各邦的命运,它们从此成了马其顿王国的附庸。"把灾难带给亚洲,把财富带回欧洲",①这是以演说家伊索克拉底(Isocrates,公元前 436—前 338 年)为首的亲马其顿派的夙愿。这里的亚洲,就是波斯帝国。而此时的波斯岂可与居鲁士大帝、大流士一世之时同日而语,老大腐朽,不堪一击,亚历山大帝国就应运而生。

王国或帝国的出现既然是城邦制度崩溃的必然结果,那城邦文化让位于世界性的帝国文化也就成为历史的必然。这就是希腊古典文化与希腊化文化的关键区别之所在。

一、亚历山大帝国的建立奠定了希腊化文化产生的基础

亚历山大东征开辟了希腊化文化产生的沃野,尽管他本人未能亲睹在这块大地上结出的文化硕果。亚历山大征战十年建立的帝国虽然在他死后(公元前 323 年)就分崩离析,但他的继承者们建立的希腊化王国却构成了希腊人统治和影响之世界的主体。这个世界从地域上看,可以说是从地中海到印度河,从黑海、里海、咸海一线到印度洋。著名古史学家罗斯托夫采夫曾这样详细描述希腊化世界的政治格局:"希腊化家族的成员包括三个大国:埃及、马其顿、叙利亚(Syria),和大约 12 个希腊人或半希腊人的小君主国。它们是巴尔干半岛的伊庇鲁斯(Epirus)、小亚的帕加马(Pegamon)、俾提尼亚、本都、亚美尼亚、卡帕多西亚、加拉太(Galatia)、黑海沿岸的博斯普鲁王国(the Bosporan Kingdom)、中亚的帕提亚、巴克特里亚、

① 塞尔格叶夫:《古希腊史》,缪灵珠译,第 404 页。

非洲的昔列尼(Cyrene)和努比亚王国(the Nubian Kingdom),还有若干个独立的希腊城邦和两个希腊人同盟①。同时,新的国家也在希腊化世界的周边出现。它们开始注意希腊化事务和力量的均衡。在巴尔干半岛北部,有若干个色雷斯人(Thracian)和凯尔特人(Celtic)的国家。在南俄大草原,斯基泰人王国(Scythian Kingdom)之后,出现了几个萨尔马提亚人(Sarmatians)国家。在西方,最强大的国家包括迦太基(Carthage)、西西里(Sicily)……意大利人的各种氏族联盟,其中的拉丁同盟正在罗马的领导下显示其重要性,最后在今日法国和北意大利,有一个高卢或凯尔特部落联盟(the Alliance of Gallic or Celtic tribes)。"②

对于罗斯托夫采夫的描述,笔者并不尽然苟同,但他毕竟勾勒出了希腊化王国及其周围世界的轮廓。尤其是他没有提到印度,实在太不应该。③ 印度西北部本来是亚历山大帝国的一部分,塞琉古王朝是公元前303年才正式将此地出让给孔雀王朝,公元前2世纪和前1世纪,此地又归于巴克特里亚和印度—希腊人的统治之下(尽管地盘在逐渐缩小),因此,应该把印度西北部划入希腊化世界的范围。

---

① 指埃托利亚同盟(the Aetolian League)和阿凯亚同盟(the Achaean League)。

② M. Rostovtzeff, *A History of the Ancient World*, Vol. I, *The Orient and Greece*, pp. 362 - 367.

③ 把印度排除于希腊化世界之外,似是其一贯观点。他在《希腊化世界社会经济史》一书中就明确说明,他在本书中所关注的不是希腊化时期的古代世界,而是排除了其中的许多重要部分,其中就不包括那些高度文明、良好组织的国家,如中国、印度、帕提亚等。他认为,这些地方都或多或少与希腊化世界有联系,它们中的大多数在不同程度上也受到希腊化文明的影响,但仍完全保持了他们的民族和政治特性(identity)。他们从来不是这个世界的组成部分,实际上只是自己过去的延续,外来即希腊化影响微乎其微。当然,他还谈了另外两个原因,一是若写进去,部头太大;二是对东方语言不熟悉,无法胜任。但他在正文中又把印度与帕提亚、巴克特里亚相提并论,认为它们是希腊主义的前哨,虽然失去了希腊化王朝的支持,但仍完整地保留了希腊主义的某些重要特征。M. Rostovtzeff, *The Social and Economic History of the Hellenistic World*, Oxford: Clarendon Press, 1941, preface, pp. v-vii, 1098. 他对巴克特里亚—印度地区的忽略,对帕提亚希腊化程度的认识不足,显然是受当时的材料所限。因这一带的考古发掘是近几十年才有了大的突破。位于今日阿富汗东北角的希腊人城市遗址——阿伊·哈努姆遗址就是1964年才发现的。帕提亚尼撒遗址大规模的发掘始于二战后。

在这样一个世界里,我们看到的是一幅地域广阔、民族众多、文化传统不同、发展程度迥异的图景。埃及、西亚、印度等地的文明已经有了两三千年的悠久历史,它们在文学、艺术、数学、天文、医学等方面都取得了惊人的成就。埃及人创造了象形文字、太阳历,建造了金字塔,绘制了星图。巴比伦人创造了楔形文字,发明了星期制、十进位、六十进位制,建造了古代七大奇观之一的空中花园。印度人创造了被后世误称为阿拉伯数字的十个符号(1—9,0)和定位计数进位法,产生了可与荷马史诗媲美的两大史诗[《摩诃婆罗多》(Mahabharata)和《罗摩衍那》(Ramayana)],印度的佛教方兴未艾。波斯的琐罗亚斯德教(Zoroastrianism),埃及的阿蒙神(Amon)崇拜、巴勒斯坦的犹太教,以及东方的各种秘教都久有传统。其他地区,如中亚、中非、阿拉伯、南俄等地的文化明显发展缓慢。罗马文明起步较晚,它在文化上还没有什么建树。而希腊人刚刚经历了辉煌灿烂的古典时代。探求宇宙奥秘的天文学,研究万物本原、认知大千世界的哲学、震撼人心的悲剧,针砭时弊的喜剧,宏伟高大的帕特农神庙(Parthenon),取之不尽、用之不竭的神话宝库,催人建功立业的英雄史诗,探究人类纷争之因、人性永恒如斯的历史篇章,这一切构成了古典文化的宝贵财富。直至今日,它们"仍然继续供给我们以艺术享受,而且就某些方面说还是一种规范和高不可及的范本"。[①]

希腊—马其顿人是这个世界的统治民族,希腊文化伴随着希腊人扩张的步伐而传播,借助于他们的政治统治而凌驾于当地文化之上。甚至在希腊人留足不前时,希腊文化还会通过其他途径影响到更加深远的地区。因此,希腊文化所到之处,就不可避免要与当地的文化碰撞、交流,从而产生文化上的汇合,这就是希腊化文化的前

[①] 马克思:《政治经济学批判导言》,载中共中央马克思恩格斯列宁斯大林著作编译局:《马克思恩格斯选集》第二卷,人民出版社,1972年,第114页。

奏。当然,这种交流汇合的方式、程度因时因地而异。一般来说,在希腊人直接控制的区域,希腊文化占主导地位。原来文化先进、传统悠久的地区,如两河流域、埃及(它们也是希腊人统治的腹地)对希腊文化的影响就多一些,反之就少些。而在边远地区,由于希腊文化影响的减弱,当地文化的主体就不会改变,它们吸收的只是希腊文化的一些表层形式。

我们说希腊人控制之世界的建立,推进了希腊化文化的产生,并不意味着希腊与周围地区,特别与东方的文化交流只始于亚历山大。[1] 其实,这种交流早在新石器时代就开始了。克里特文化的创造者就很可能来自西亚,[2]克里特图画文字借用了埃及的术语。[3]迈锡尼人(Mycenaeans)曾与小亚的赫梯(Hittites)争夺过对特洛伊的控制。[4] 古风时代,大量的希腊人殖民小亚,更与东方文化紧密接触。公元前6世纪前后出现于米利都(Miletus)等地的希腊文化繁荣很难说没有得益于与东方的接触。据希罗多德,希腊人从埃及人那里学到了量地法、神祇名称、秘教,从巴比伦人那里学来了日钟、日晷以及一日之分成十二部分,从腓尼基人那里学来了字母。[5] 希

---

[1] 博德曼就认为希腊人"向东方和南方学习,在西方和北方教育别人,……两个方面同时并进"。John Boardman, *The Greeks Overseas*, London: Thames and Hudson, 1980, preface.

[2] 周一良、吴于廑主编:《世界通史》上古部分,第107页。

[3] J. B. Bury and Russel Meggs, *A History of Greece to the Death of Alexander the Great*, London: Macmillan Education, 1975, p. 9.

[4] 关于赫梯人和迈锡尼人的关系,争论颇多。Hans G. Güterbock,发表于《美国考古杂志》上的"The Hittites and the Aegean World: Part 1. The Ahhiyawa Problem Reconsidered"(*American Journal of Archaeology*, Vol. 87, No. 2, 1983, pp. 133 - 138)一文,对半个多世纪的研究作了总结,认为曾与赫梯在小亚发生争端的 Ahhiyawa 就在当时的希腊大陆。这方面材料较多,详见王敦书:《荷马史诗和特洛伊战争》,载朱庭光主编:《外国历史大事集》(古代部分)第一分册,重庆出版社,1986年,第215—231页。

[5] 希罗多德所述详见 Herodotus, *The Histories*, 2. 4, 48 - 52, 81, 82, 109, 123, 5. 58, with an English translation by A. D. Godley, Cambridge, Mass.: Harvard University Press, 1975;希罗多德:《历史》,王以铸译,第110—111、132—134、144—145、155、165、369—370页。

腊的一些政治家、哲学家到过小亚、埃及。① 然而,这种文化上的交流、接触是局部的,表面的,甚至是单向的,真正的大规模的希腊文化与其他文化的文化交流、汇合始于亚历山大时代。

但亚历山大开创的世界只是提供了希腊文化与各地文化融汇的舞台。在这个舞台上最后能否演出一部别具韵味的剧目,还仰赖于其他因素的配合。

二、希腊化君主的热心支持

希腊—马其顿人是希腊化世界的主导民族。希腊化世界的政治格局和统治阶级上层集团对文化事业的态度在很大程度上决定了这个世界中文化的发展趋向与特性。纵观希腊化时代,可以发现一个特别的现象,即希腊化王国的君主们(特别是前几代国王)大多热衷于文化事业。无论是地处希腊化世界中心的托勒密埃及和帕加马、塞琉古王国,还是比较偏远的马其顿,或是处于希腊化世界外围地区或边远的亚美尼亚、帕提亚、巴克特里亚、博斯普鲁,它们的国王都对文化事业强烈爱好和支持。他们广招四方,不拘一格、延揽人才,为他们提供一流的生活、研究条件。他们把供养学者作为自己的光荣,就是长期处于内忧外患的马其顿和塞琉古王国,国王们也附庸风雅。许多文人(虽然不是最著名的)被吸引到培拉(Pella)和安条克(Antioch on the Orontes)。但是,在对文化赞助的规模上,无一希腊化王朝可望托勒密王朝之项背。君王们对文化事业的支持主要表现在:

(1)修建王家图书馆。托勒密一世首创先例。究竟他是受亚里

---

① 梭伦到过小亚、埃及(Plutarch, *Solon*, 26 - 27, with an English translation by Bernadotte Perrin, Cambridge, Mass.: Harvard University Press, 1967.);毕达哥拉斯到埃及"学了关于神灵的秘密"(北京大学哲学系外国哲学史教研室编译:《古希腊罗马哲学》,生活·读书·新知三联书店,1957年,第32页)。柏拉图(Plato)也到过埃及(苏联科学院主编:《世界通史》第二卷上册,北京翻译社译,第275页)。

士多德学院的启发,还是承袭巴比伦等地王家档案馆的传统,可暂且不论。① 托勒密的亚历山大里亚图书馆建于公元前 294 年,藏书最多时在 50—70 万卷之间。② 希腊化时期的许多大学者,都曾到此工作,有的还担任了图书馆馆长之职。③ 托勒密昂首在先,其他王国和城市也不甘落后。帕加马的前两王阿塔卢斯一世(Attalus I,约公元前 241—前 197 年在位)、攸麦尼斯二世(Eumenes Ⅱ,公元前 197—前 159/158 年在位)时,就修建了规模仅次于亚历山大里亚的图书馆,藏书达 20 万卷。安条克三世在安条克城也建了图书馆。除王室收藏外,雅典和另外一些城市也设馆藏书。

(2)建立博物馆。这方面也是托勒密埃及为最。上面提到的亚历山大里亚图书馆实际上就是其博物馆的一部分。博物馆(Museum),希腊语 Mouseion,本意是"缪斯女神们居住的地方"(Mouseios of the Muses),可译为"缪斯神宫",④也有根据其学术研

---

① 有学者认为,亚历山大里亚的图书馆和博物馆是以柏拉图学院(Academy),特别是亚里士多德的吕克昂(Lyceum)学院为模式,并受其影响而建立起来的。(F. W. Walbank, and A. E. Astin, *The Cambridge Ancient History*, second edition, *Vol. V Ⅱ Part I*: *The Hellenistic World*, p. 322.)但弗雷泽的观点与此稍有不同。他认为图书馆在亚历山大之前早已有之,吕克昂就有图书馆。它对埃及亚历山大里亚图书馆的建立可能有直接影响,二者都注重文献资料的收集与比较(comparison 校勘),而不像柏拉图学院那样研究抽象的哲学。(P. M. Fraser, *Ptolemaic Alexandria. Volume 1*, *Text*, New York: Oxford University Press. 1972, p. 320.)与此相反意见的是塔恩,他说:"图书馆的构想可能来自亚述和巴比伦"。W. W. Tarn, *Hellenistic Civilisation*, p. 269. 但他似乎也承认亚里士多德建立了第一个私人图书馆。吴于廑先生也认为是受亚述等国家图书馆的影响而建立的。(吴于廑:《希腊化时期的文化》,《历史教学》1958 第 2 期。)

② 托勒密诸王爱书成癖,想方设法搜集图书。托勒密三世曾下令,凡带到亚历山大里亚的每一本书,都应存入图书馆。图书馆制备抄本,发还原书主人,图书馆则留有原本。见威尔·杜兰:《世界文明史》第 7 卷《希腊的衰落》,幼狮翻译中心编译,台北幼狮文化事业公司,1978 年,第 209 页。

③ 著名的图书馆长有以弗所的泽诺多托斯(Zenodotus of Ephesus),罗德斯人阿波罗尼乌斯(Apollonius "the Rhodian"),埃拉托斯托尼(Eratosthenes),拜占庭的阿里斯托芬(Aristophanes of Byzantium),另外一位阿波罗尼乌斯(Apollonius,可能来自 Perga),萨摩色雷斯的阿里斯塔库斯(Aristarchus of Samothrace),可能还有一位卡里马库斯(Calimachus)。W. W. Tarn, *Hellenistic Civilisation*, p. 270.

④ 见朱龙华:《亚历山大里亚的文化繁荣》,载朱庭光主编:《外国历史大事集》(古代部分第一分册),重庆出版社,1986 年,第 374 页。

究性质译为"缪司学院"①、"博学院"②、"科学研究院"③。除图书馆外,内设动植物园,收集了各地的名花异草、珍禽奇兽,其中有来自印度和非洲的水牛、摩押(Moab,今约旦境内)的野驴、北极熊和非洲鸟。帕加马国王阿塔卢斯(Attalus)也有一花园,供种植、研究药物之用。④ 亚历山大里亚的博物馆还设天文台、讲堂、解剖实验室。据说,托勒密诸王还把死囚交给医学家们做活体解剖。⑤

(3)提供优越的生活条件。凡来博物馆或图书馆从事研究的学者,一律由国王供给食宿,⑥发给令人羡慕的薪俸,⑦并豁免赋税。⑧学者们在此地既有良好的研究条件,又无衣食之虞,所以,犹如江河归海,从希腊化世界各地蜂拥而来。他们最向往的地方就是亚历山大里亚。

(4)希腊化君王们不仅奖掖文化,而且有的国王本人就是文化活动的积极参与者。马其顿国王卡桑德(Cassander,约公元前355—前297年,前305年称王)因背诵荷马诗篇而著名,安提柯·贡那特(Antigonus Gonates,约公元前283—前239年在位)是斯多亚学派的忠实信徒。⑨亚美尼亚虽非希腊化王国,但它的国王深受希腊文化熏陶,曾用希腊语写过一些悲剧、演讲词和历史书。⑩ 构成希腊

---

① 斯蒂芬·F. 梅森:《自然科学史》,上海外国自然科学哲学著作编译组译,上海人民出版社,1977年,第38页。
② 周一良、吴于廑主编:《世界通史》上古部分,1973年版,第258页。
③ 这是著名历史学家雷海宗先生的译名,见雷海宗编:《世界上古史》,第343页。【补注】也见雷海宗著、王敦书整理:《世界上古史讲义》,第311页。
④ W. W. Tarn, *Hellenistic Civilisation*, pp. 307–308.
⑤ C. B. Welles, *Alexander and the Hellenistic World*, Toronto: A. M. Hakkert, 1970, p. 189;【补注】威尔·杜兰:《世界文明史》第二卷《希腊的生活》,幼狮文化公司译,东方出版社,1998年,第470页。
⑥ M. Cary, *A History of the Greek World from 323–146 B. C.*, London: Methuen & Co. Ltd., 1959, p. 319.
⑦ L. S. Stavrianos, *A Global History to 1500*, p. 126.
⑧ 苏联科学院主编:《世界通史》第二卷,北京翻译社译,第370页。
⑨ M. Cary, *A History of the Greek World from 323–146 B. C.*, p. 318.
⑩ Plutarch, *Crassus*, 33, with an English translation by Bernadotte Perrin, Cambridge, Mass.: Harvard University Press, 1967. R. L. Fox, *Alexander the Great*, London: Futura Publications Limited, 1975, p. 487.

文化主要成分之一的宗教就大大得益于君主们的倡导。对国王的各种崇拜,萨拉皮斯(Sarapis)神的创立与流行,就是托勒密朝国王的得意杰作。他们把希腊的英雄崇拜、马其顿的荷马式王权与东方的王权神化相结合,形成了新的国王崇拜。崇拜的对象不仅包括死去的君王,甚至包括尚在世的国王(三大王国中,仅马其顿例外①)。有些神灵崇拜是国王们在希腊神和东方神的基础上创立的。萨拉皮斯崇拜即为一例。关于其来源,说法不一。一种认为它可能源于埃及孟斐斯,②一种认为源于西诺普(Sinope)或塞琉西亚。③ 对于它的利用,一说始于亚历山大,④一说始于托勒密一世。⑤不管结论如何,此神在亚历山大里亚备受重视,有一金碧辉煌的大庙。到公元前166年,据说埃及有萨拉皮斯庙42座,提洛岛有3座。⑥ 到公元前1世纪时,萨拉皮斯崇拜已成为世界性宗教。⑦ 而它的出现、流行都得益于托勒密一世或亚历山大的弘扬。

　　希腊化时代是一个充满竞争的时代。不论在政治、经济上,还是在文化上都是如此,国王们热心文化,慷慨解囊,除了附庸风雅、自我享受的一面外,更大的一面是利用文化达到他们的政治目的。文化的繁荣,对内可以给王朝统治增加光辉,对外则可借文人之力,争霸四方。正如塔恩(Tarn)所说:"知识变成了力量,在一定时期内,它的地位超过了财富。诗人或历史家可能是国王的朋友,哲学家或建筑家可能是国王的使者,一段恰当的引语曾经改变了一个和

---

① M. Rostovtzeff, trans. by J. D. Duff, *A History of Ancient World*, Vol. I, Oxford: The Clarendon Press, 1926, p. 368; F. W. Walbank, *The Hellenistic World*, p. 85.

② F. W. Walbank, *The Hellenistic World*, p. 121.

③ Moses Hadas, *Hellenistic Culture: Fusion and Diffusion*, preface, p. 189.

④ C. B. Welles, "Alexander's Historical Achievement", *Greece and Rome*, Vol. 12, No. 2, Oct., 1965, pp. 216 - 228.

⑤ Tacitus, *The Histories*, 4. 83 - 84, with an English translation by Clifford H. Moore, Cambridge, Mass.: Harvard University Press, 1962.

⑥ W. W. Tarn, *Hellenistic Civilisation*, p. 357.

⑦ W. W. Tarn, *Hellenistic Civilisation*, p. 355.

约的命运。"①希腊化世界的政治分立局面,使得文人们能择木而栖,施展抱负,国王们的支持利用使他们能荟萃一堂,著书立说,竞相发挥聪明才智。自由探讨的学术空气又增加了文化本身的活力。希腊化世界出现的这种情况使我们想到了我国春秋战国时期的百家争鸣和14、15世纪意大利的文艺复兴。希腊化文化产生的政治环境因素可以说是具备了。

三、世界性社会经济的推动

一般而言,一定的文化是以一定的经济为基础,并且随着经济的发展而发展。希腊化文化也不例外。但我们这里要分析的经济基础,不是通常所说的希腊化世界下层劳动人民和奴隶创造的物质财富,而是指这个世界的一体化经济网络给希腊化文化的形成和发展所带来的促进和推动。②

亚历山大的东征给希腊化经济的发展提供了广阔的天地,大量从波斯劫掠的金银(约20万塔兰特)③作为钱币进入市场,商品经济规模空前扩大。重要标志就是商业大城市的出现。罗德斯(Rhodes)是希腊化世界重要的国际贸易中心,它在公元前170年的

---

① W. W. Tarn, *Hellenistic Civilisation*, p. 269.
② 马克思主义经典作家关于经济基础和上层建筑之间关系的理论,前人论述较多,故不赘言。这里只是想从另外一个角度来分析希腊化文化产生的经济动力。另外,对于希腊化时期的社会性质,国内外有不同看法。由于希腊化世界地域广阔、各地的社会生产关系非常复杂,希腊大陆及海岛各城市可能仍以奴隶劳动为主,而在埃及和叙利亚,情况就比较难定。这些地区的 Laoi 是王田农夫,是奴隶,还是农奴,仍有争论。在希腊人的城市内,奴隶是存在的,但奴隶是否成为社会的主要生产力,值得商榷。
③【补注】根据霍尔特教授的归纳估算,亚历山大在波斯的四大都城抢劫金银数目分别是:苏萨(Susa),40 000—50 000塔兰特(talent);波斯波利斯(Persepolis),120 000塔兰特;埃克巴坦纳(Ecbatana),21 000—26 000塔兰特;加上在曾是居鲁士(Cyrus,公元前559—前530年在位)都城的帕萨尔加德(Pasargadae)抢劫的6 000塔兰特,总数高达18万到20万塔兰特。Frank L. Holt, *The Treasures of Alexander the Great*, New York: Oxford University Press, 2016, p. 182 & n. 29, 31, 32, 35 (p. 250).

关税收入就等于雅典公元前 401 年关税收入的 5 倍（税率皆为 2%）。① 希腊化时期经济发展规模之大由此可见一斑。严格来讲，在古典时代，希腊的商业范围没有超出地中海、爱琴海、黑海沿岸地区。现在它的商业网络撒向了西至地中海、东至印度的几块大陆。诚如博茨福德所说："只有商业才把希腊化世界联系到一起。"②

城市是希腊化世界商业的中心，是希腊人聚居之地。亚历山大所到之处，都要建立以他为名或与他有关的城市。③ 后来的塞琉古、托勒密步其后尘，也建立了不少殖民地与城市。据卡里统计，希腊人的殖民地（settlements）现保留名称的有 275 个，其实至少要超过 300 个。这些殖民地大多在地中海周围，约 80 个在小亚，同样数目的在叙利亚和巴勒斯坦、两河一线。巴克特里亚有 19 个，印度 27 个，10 个在非洲海岸，最远达索马里（Somallia）。④ 这些城市多为政治、军事和商业目的而建。由于是希腊人居住之地（也有当地人杂居），有的还保持了昔日城邦制度的外壳，有议事会、民选官吏等，特别是仍保持了城邦文化活动的传统形式，如剧场、体育馆（gymnasium）、神庙等。过去的体育馆是城邦对 18—20 岁之间的男性公民进行军事训练的场所，现在却成了学习、传授希腊文化的学校。这些殖民地如同沙漠中的绿洲，唤起周围当地人对希腊文化的向往，同时，也将自身置于当地文化的环绕之中。这样的局面，显然有利于文化的相互交流与影响。

在新的世界里，有些过去的商业城市被新的中心所代替。罗德斯岛、提洛岛、亚历山大里亚获得了雅典在古典时期的商业地位。

---

① M. Cary, *A History of the Greek World from 323 - 146 B. C.*, p. 299; G. W. Botsford and C. A. Robinson, *Hellenic History*, revised edition, New York: Macmillan, 1947, p. 314.

② G. B. Botsford and C. A. Robinson, *Hellenic History*, 4th ed., New York: the Macmillan Company, 1956, p. 401.

③ 塔恩称他是"所有时代最伟大的建城者之一"。W. W. Tarn, *Alexander the Great*, I. *Narratives*, Cambridge University Press, 1948, pp. 132 - 133.

④ M. Cary, *A History of the Greek World from 323 - 146 B. C.*, pp. 244 - 245.

小亚的米利都、以弗所（Ephesus）、腓尼基的推罗（Tyre）、西顿（Sidon）此时又获复苏。底格里斯河畔的塞琉西亚（Seleucia on the Tigris）取代巴比伦成为两河流域最大的东西方贸易中心。奥龙特斯河畔的安条克（Antioch on the Orontes）也是一个新兴的重要商业城市。这些国际大都市不仅是各地商人、货物汇集、分散之地，也是各地文化的交流汇合之地。诚然，在这些城市中，希腊文化占着主导地位，但不难设想其他文化的存在和渗入。遥远的印度的佛教徒就来到了埃及的亚历山大里亚，①其他较近地区就更可想而知了。

经济的发展，商业的繁荣，离不开交换媒介的统一。希腊化世界主要流行两种货币，它们具有国际通货的性质。一种是阿提卡币制（Attic standard），为亚历山大首先采用，其后流通于塞琉古王国（Seleucid Kingdom）、马其顿（Macedonia）、小亚、黑海（Black Sea）、希腊中部的彼奥提亚（Beoetia）、西部的伊庇鲁斯（Epirus），甚至罗马[罗马的银币第纳里（denarim）等于阿提卡的德拉克马（drachma）]。一种是腓尼基币制（Phoenician standard）流通于埃及、罗德斯、叙拉古（Syracuse）、马赛（Marseilles）、迦太基（Carthage）等地。② 币制的统一促进了商业的交往，实际上也就促进了文化的交流与统一。

贯通亚洲内陆，连接印度河与地中海的北、中、南三条商道，也加强了希腊化世界的横向联系。据斯特拉波（Strabo）和普林尼（Pliny），③北路从巴克特里亚（Bactria）首府巴克特拉（Bactra）沿阿

---

① 此地发现的一墓石上刻有法轮和湿婆的标志之物 trisula（三叉戟或三尖状之物）。W. W. Tarn, *Hellenistic Civilisation*, p. 248.
② W. W. Tarn, *Hellenistic Civilisation*, pp. 250 – 251；F. W. W. Walbank, *The Hellenistic World*, pp. 160 – 161.
③ Strabo, *Geography*, 2. 1. 11, 15；11. 7. 3, with an English translation by Horace Leonard Jones, Cambridge, Mass.：Harvard University Press, 1988；Pliny, *Natural History*, 6. 52, with an English translation by H. Rackham, Cambridge, Mass.：Harvard University Press, 1991. 详见 W. W. Tarn, *Hellenistic Civilisation*, p. 241. 【补注】但塔恩认为北路从未存在过，显然是个误判。

姆河(the Amu Darya)而下,跨里海(Caspian Sea)到黑海。中路是从印度经海到波斯湾(Persian Gulf),溯底格里斯河而上,抵塞琉西亚,中路还有一陆路,即从印度经兴都库什山(Hindu Kush)、伊朗而达塞琉西亚,至此,水陆两路会合,西至安条克,再至以弗所。南路是从印度沿海到南阿拉伯,经陆路到佩特拉(Petra),由此再通大马士革(Damascus)、安条克、地中海岸边的塞琉西亚(Seleucia by the Sea)和加沙(Gaza)、埃及的亚历山大里等地。托勒密朝还曾开通了尼罗河到红海的水陆两路,使印度和亚历山大里亚可直接贸易。匆匆奔走于这些大道上的不仅有雄心勃勃的商人,靠战争发财的雇佣军,[①]游历名山大川、访问异国他乡的游客,还有来往各地的专职文化艺术团体[②]和传经授道的哲学人士。阿姆河畔的哈伊·哈努姆(Ai khanoum)遗址中发现的箴言,就是名为克利尔库斯(Clearchus)的希腊人不远三千英里从德尔斐(Delphi)神庙带来的。[③] 连通各主要城市、地区的水陆大道,可以说是文化交流传播的大动脉。

　　四方辐辏的国际城市,散布各地的移民城镇,连通欧亚非的水陆大道,通行使用的两大货币,奠定了希腊化世界经济一体化的基础。虽然商品经济并未深入到这个世界除城市之外的广袤原野,并未能从根本上改变或代替各地区原有的经济成分,但总的经济纽带已使这个具有不同文化传统的多民族世界连成了一个整体。那么新的世界文化(虽然肯定是以城市文化为主体)的出现还不会与此相伴随吗?

---

① 据沃尔班克,这些雇佣军来自希腊城邦,及马其顿、巴尔干半岛(Balkan)、小亚、叙利亚、巴勒斯坦(Palestine)、阿拉伯、中亚和印度、北非(North Africa)、意大利(Italy)和西方。F. W. Walbank, *The Hellenistic World*, p. 67.
② 如所谓的酒神艺术家(the technitai of Dionysus)团体,因崇拜此神而得名。详见本编第四章:"希腊化文化的统一性"。
③ R. L. Fox, *Alexander the Great*, p. 484.

四、通用希腊语的出现

希腊人在进行政治统治和商业活动时,普遍感到统一语言的必要。于是,一种以阿提卡(Attica)方言为基础的通用希腊语(ἡ κοινή διάλεκτος,"the common dialect"),也可以说是最早的世界语就在希腊人之间以及他们与当地人的交往中逐渐出现了。通用希腊语是希腊文化传播的基本媒介,也是希腊化文化形成的最重要因素之一。如前所述,希腊化("Ἑλληνίζω")本来的意思就是指非希腊人说希腊语(to speak Greek)。语言本身既是思想交流的工具,又是文化的组成部分。当人们学习、使用一种语言时,自然会受到这一语言所承载的文化的感染。通用希腊语是希腊化世界的官方语言,甚至在某些非希腊人统治的王国如帕提亚也是官方语言之一。对它的掌握,是各地希腊人和希望希腊化的当地人在希腊化世界从事政治、经济、文化活动的重要前提。各地的文人(包括希腊化的当地人)一般都用通用希腊语写作。他们的作品不是为某一城市、某一国家、某一民族而写,而是面对整个希腊化世界。通用希腊语的流行,从某种意义上说,不仅大大推动了这一世界文化的发展,而且也决定了这一文化的希腊化特征。

五、时代的呼声

亚历山大帝国的建立,希腊化世界政治经济体系的形成,都有力地推动了希腊化文化的诞生。然而,这些因素都是客观的、外在的,只是提供了种种可能性和必要的条件。我们还没有考察文化的主体——文化的创造者,亦即生活在这个世界、这个时代的人们自身,对周围的一切在文化心理上的反应。就一般希腊人而言,他们曾是出入于市场、卫城、剧场、公民大会的城邦自由公民,现在则成为希腊化君主国的臣民。即使他们仍保留了原来城市的独立或自治,这个城市的命运也已受到君主们的控制。奔走各地的希腊人或当雇佣兵,或经商,或当幕僚廷臣,或去追求知识,传播"真理",或去出卖技艺。不管干什么、到何处去,他都会发现,在他的面前,不是巍然屹立的城邦卫城,而是开阔无垠的新奇世界。当他们惊讶地看到昔日被讥笑为蛮夷之族的异邦那里,竟会有如此悠久灿烂的古老文化,在他们的已知世界之外,竟还有那么遥远的未知世界。[①] 当他们从地不过百里的城邦投身于似无涯际的人类居住之世界(οἰκουμένη, oikoumene, ecumene),他们会想到什么呢? 昔日不可一世的波斯帝国一触即溃,雄心未已的亚历山大在帝国甫建之日就倏然逝去,它的继承者们厮杀几十年才三足鼎立。一个帝国、一个伟人、一个民族的命运就是如此飘摇不定。对于这样一个政治风云变化莫测、个人命运系于世界的时代,人们有何感受呢? 城邦的独立名存实亡(罗德斯是个例外),对城邦的依赖变成了失望。城邦是公民个性的化身。城邦政治生命的终结就意味着个人政治生命的终结。旧的城邦生活一去不复返了,现在剩下的就是个人与世界的直接相对。人们面前摆着两条路,一条是拥抱、理解这个世界,一条是独善其身,逃避生活,寻求心灵的快乐与宁静。何去何从,这个时代的希腊人不得不做出自己的选择。希腊人统治或影响下的其他民族,特别是他们社会中原来的上层,对突然降临的异族统治和新的邻邦,对随之而来的、奇异的希腊文化的挑战,他们作何反应呢?

---

① 当然,在希腊化时代之前,希腊人对亚洲和其他希腊以外地区并非一无所知,他们对小亚、叙利亚、埃及、巴比伦(Babylonia)都已熟悉,甚至对巴克特里亚、索格底亚那(Sogdiana)、印度时有所闻。米利都人赫卡泰欧斯(Hecataeus,生活于公元前 5—前 4 世纪)的《大地环游记》(Περίοδος γῆς, Periodos ges, Journey round the Earth 或者 World Survey),希罗多德的《历史》都提供了这方面的资料,但这些多为风俗人情、奇闻传说,有的地方也只是偶尔提到。亚历山大之前的希腊人对这些地区的认识还模糊不清,而且到过此地的人又毕竟很少。参见保罗·佩迪什:《古代希腊人的地理学》,蔡宗夏译,商务印书馆,1983 年,"第一章:爱奥尼亚地理学的诞生和命运(公元前六世纪—四世纪)",第 15—64 页。

在他们的面前也同样有两条路。一条是固守自己的传统，就像犹太人那样。① 一条是与统治民族合作，接受他们的文化，但在接受的同时，也以自己的文化对其施加反作用。当他们跻身于希腊人社会时，他们也可能会遇到与希腊人相似的问题，即个人与世界的关系。②

总之，在这个扩大的、新奇的，但又使人困扰的世界里，时代有自己的回声，人们有自身的感受。这种回声，这种感受只能，也一定会通过某种文化形式表达出来，这就是新文化形成的激素之一。实际上，我们已经隐约听到了这个世界文化精神的呼喊："我们不叫任何一个君子外邦人，我们都有共同的本性。"③"人们不应当划分为希腊人或野蛮人，而应分为好人与坏人。"④

正是在这样的社会历史背景之下，独具特色的希腊化文化产生了。在这个世界上，我们会碰到怀疑真实、崇尚自然、追求快乐的哲学家，会看到反映市井生活的喜剧、滑稽剧的流行与反映城邦命运、鼓舞公民尚武爱国的悲剧的沉寂，田园抒情诗、讽刺诗、赞美诗一拥而起，风靡诗坛，缪斯神宫的学者在从事艰难烦琐的校订注释，哲学与科学分道扬镳又并行不悖，史学家的笔锋从一场战争的描写转向了世界性的"通史"，雕刻家的注意力开始从神话向现实转移，希腊的多神教悄然隐退，东方的一神教异军崛起。从埃及的亚历山大里亚到今日阿富汗的阿伊·哈努姆，我们可以看到同样的城市、货币、

---

① 犹太人在公元前2世纪中期成功抵制了塞琉古王朝对他们强行推行的希腊化，保持了独立的宗教信仰。但犹太人、特别是散居在希腊化城市中的犹太人，尤其是亚历山大里亚的犹太人，都不可避免地受到希腊化文化的影响。参见本编第五章。
② 宣扬"世界国家"理想的斯多亚学派的早期代表人物多来自东方，他们或许就是希腊化的当地人。
③ 米南德：《断片》602，转引自 S. A. Cook, F. E. Adcock, and M. P. Charlesworth, eds., *The Cambridge Ancient History Vol. Ⅶ：The Hellenistic Monarchies and the Rise of Rome*, Cambridge：The University Press, 1928, p. 225。译文据吴于廑：《希腊化时期的文化》，《历史教学》1958年第2期，第29—30页。
④ 据 Strabo, *Geography*, 1. 66，埃拉托斯特尼（Eratosthenes，约公元前276—前194年）如是说。

语言,同样构成的城市居民。甚至在西端的罗马、东端的印度,我们也会感触到不同程度的希腊化文化信息。因此,希腊化文化在某种意义上是一种超越了民族、国家、城市界限的文化,是希腊古典文化在新时代、新地域的延续、扩大、扬弃与创新。尽管它的表现形式与古典时代没有多大变化(仅侧重点不同),但旧瓶装新酒,新时代的精神已注入其中。城邦文化让位于世界性文化,不能不说是历史的必然。

第二章 希腊化文化的发展轨迹

希腊化文化是个复杂的统一体。就一般意义上的文化概念而言，它包括文学、艺术、哲学、科学、宗教、史学等分支。每一个分支下，又可分为若干学科或类型。就文化层次上看，有中心与边远地区之分；从文化汇合程度上看，有快慢高低之别；从文化分支或学科来说，又不可能都是以同一步伐并肩而进。文化本身的特点、政治气候的变化、往日的传统、地域的差异会使某一文化现象在此时此地枝繁叶茂，在彼时彼地却枯萎凋谢。甚至在整体的繁荣之后，还会在某些地区余波再起。这种情况决定了综合考察、划分阶段的困难，但希腊化文化的演化历程还是体现出了明显的阶段性特征。

如前所述，希腊化文化是希腊化世界的文化，它与希腊—马其顿人的统治相始终，依他们与周围世界的相互作用而兴衰。沿着希腊化时代政治史的轨迹，就有可能探索出希腊化文化发生、发展，以致最后汇入其他文化河流的全过程。然而，文化史毕竟不同于政治史，文化的渗透远比政治力量要强得多。一个帝国的消亡，并不意味着这一帝国孕育起来的文化生命立刻结束。所以，我们看到，亚历山大能够在短短四年之内取阿黑门尼王朝而代之，但他无法用希腊文化取代被征服地区的文化。自公元前 2 世纪起，罗马人的扩张之剑伸向东地中海，对希腊化世界逐而食之，但最后的结果却是"被俘的希腊人把野蛮的征服者变成了自己的俘虏，把文化带入了粗野的拉丁平原"。① 也正由于此,我们在追踪希腊化文化的发展轨迹时,把政治格局的变动,作为考察的起点,重点是文化本体的构成和演变。

按照通行的观点,一般把希腊化文化分为两个阶段,即把公元前4—前3世纪作为第一阶段,这是东地中海文化的繁荣期,把公元前2—前1世纪作为第二阶段。这是文化的衰落期,但不排除某些分支和某些周边地区文化的高涨。② 对于这种分期法,我不否认它的正确性,但不全部采用它。因为本章考察的重点是希腊化文化发展的全过程,必须探索这一文化的源流、主流和流向。诚然,希腊文化的传播及其与当地文化的汇合是希腊化文化同一演化过程的两个方面,但它因时因地而有度的差别。这种差别决定了这一文化发展的阶段性。

基于上述原因,本章把希腊化文化的发展过程分为三个阶段。

一、希腊文化与当地文化的接触
(公元前 334—前 323 年)

这一时期实际上即亚历山大帝国时期,其特点是:文化上的撞击,以武力征服为先导,真正意义上的文化汇合还未开始,但亚历山大在疆域上奠定了希腊化文化产生的基础,而且就他个人所作所为来看,也造就了某些文化分支的雏形。

(一)传播希腊文化

亚历山大东征的过程,也是传播希腊文化的过程。 他一路上建

---

① 也可意译为:罗马人军事上征服了希腊,但却被希腊的文化所征服。英译文见 Horace, *Satires*, *Epistles and Ars Poetica*, "To Augustus", in Epistles. II. 1. 156, with an English translation by C. E. Bennett, Cambridge, Mass. : Harvard University Press, 1999.

② W. W. Tarn, *Hellenistic Civilisation*, p. 2;科尔宾斯基等:《希腊罗马美术》,严摩罕译,第 163 页。

立了 20 座左右以他命名的城市,绝大多数在底格里斯河以东,最远的位于锡尔河、阿姆河和印度河流域。[1] 这些城市主要用于军事殖民,目的是保证和加强对新征服地的控制。其中有的在他之后湮没无闻,有的则发展成了希腊化世界的政治、经济和文化中心,埃及的亚历山大里亚就是最著名的一个。这些城市既是希腊人的集中居住地,自然成为希腊文化的传播中心和希腊化文化的发祥地。

亚历山大在远征中不时举办体育比赛、祭祀、文化竞赛等形式的文化活动。参加者不仅有随军的希腊艺术家,而且有时还有中途来自希腊大陆的著名演员和艺人。亚历山大在孟斐斯(Memphis)举行的文艺比赛,就吸引了"希腊方面最著名的艺术家"。在埃克巴坦那(Ecbatana)举行各种表演,是因为刚刚从希腊来了三千名演员和艺人。[2] 亚历山大的军队中招募了不少当地人,这些文化活动不会不对他们产生影响。

亚历山大主张与东方女子通婚并身体力行。他先后带头与巴克特里亚贵族之女罗克珊娜(Roxana)、大流士之女巴西妮或斯姐忒拉(Barsine 或 Stateira,一人二名)和阿塔薛西斯三世(Artaxerxes Ⅲ)之女普莉萨提丝(Parysatis)结婚。他的幕僚中有八十人娶了波斯新娘,娶亚洲女子为妻的希腊人达上万人之多。[3] 关于亚历山大

---

① 关于亚历山大的建城数目说法不一。普鲁塔克认为他建了 70 多个(Plutarch, "On the Fortune or the Virtue of Alexander," *Moralia* 328E, with an English translation by Frank Cole Babbitt et al, Cambridge, Mass.：Harvard University Press, 1959.),现代学者有人认为实际数目可能是其半数(John Boardman, Jasper Griffin, Oswyn Murray, ed., *The Oxford History of the Classical World*, Oxford University Press, 1986, p. 321)。沃尔班克估计可能是 20 个(F. W. Walbank, *The Hellenistic World*, p. 43)。塔恩认为 70 个以上是夸张,16 个或 17 个是肯定的,还有一个或两个以上也许是可能的,另外还有一些数字不确的殖民地(W. W. Tarn, *Alexander the Great*, I. *Narratives*, p. 133)。【补注】关于亚历山大建城,参见杨巨平:《远东希腊化文明的文化遗产及其历史定位》,《历史研究》2016 年第 5 期,第 129—133 页,以及本书第四编第二章。

② 见 Arrian, *Anabasis of Alexander*, 3. 1, 5, 16, 25; 5. 20, 29; 7. 14; 8. 36, 42; with an English translation by P. A. Brunt, Cambridge, Mass.：Harvard University Press, 1996.

③ Arrian, *Anabasis of Alexander*, 4. 19 – 20; 7. 4.

通婚政策的目的,说法各异。一般认为,这是为了使马其顿人(其实,马其顿人也是广义上的希腊人)、希腊人与东方民族混而为一,但有的学者认为根本不存在一个民族融合政策。亚历山大只是受形势所迫,不得不在一定程度上倚重波斯人。① 不管其最初目的何在,他这样做的结果是使两个不同文化传统的民族,得到了接近和交流。文化上潜移默化是互相的。通婚之举不失为希腊文化传播的一个媒介。

虽然亚历山大在大流士三世死后,开始采用东方的宫廷礼仪,穿波斯服装,招募当地人加入军队,激起马其顿人的不满,但他本人是"献身希腊文化的"。② 他曾选了波斯当地的三万名男孩,派人对其进行马其顿式军事训练,并教他们希腊语。他还要求那些被遣返的老兵把和亚洲妻子所生的孩子留下来,他承诺要以马其顿式的方式将他们带大,特别要让他们接受马其顿式的军事训练。③ 此前,他还甚至派人教被俘的大流士的家眷们学希腊语。④

亚历山大东征中对希腊文化的传播,很难说是他的主观愿望,但客观上却起了这样的作用。他开拓了沃土,撒下了种子,但离收获还为时尚远。

① 参见 A. B. Bosworth, "Alexander and the Iranians", *The Journal of Hellenic Studies*, Vol. 100, Centenary Issue (1980), pp. 1-21. 吴于廑先生也指出:"如果说亚历山大相信在汪洋大海的亚洲人中,有上万的马其顿人和东方的妇女结婚就可以产生混合的种族,那似乎是太天真了",他认为亚历山大这样做的目的,是为了让东方的风教习俗由于娶东方妇女为妻而渗进马其顿将士的日常生活,有可能缩小他和部下的矛盾。见吴于廑:《略论亚历山大》,《历史教学》1956年第10期,第16—20页。
② P. A. Brunt, "The Aims of Alexander," *Greece and Rome*, Vol. 12, No. 2, Oct., 1965, p. 213.
③ Arrian, *Anabasis of Alexander*, 7. 6, 12, with an English translation by P. A. Brunt, Cambridge, Mass.: Harvard University Press, 1996; Plutarch, *Alexander*, 47.3, 71.1, with an English translation by Bernadotte Perrin, Cambridge, Mass.: Harvard University Press, 1967.
④ Diodorus Siculus, *Library of History*, 17. 67. 1, with an English translation by C. H. Oldfather et al, Cambridge, Mass.: Harvard University Press, 1983.

（二）对东方文化的接受

如果说亚历山大传播希腊文化的后果不太明显，那他对东方文化的吸收却富有影响。

他首先接受利用了东方的宗教崇拜和王权神化思想。他祭奠过孟斐斯主神，访问过阿蒙（Ammon）神庙，在未来的亚历山大里亚城为希腊神和埃及丰饶女神伊西斯（Isis）安排了神庙。① 此后，他就以法老—阿蒙之子自居。希腊—马其顿人以前无王权崇拜，但保持着英雄崇拜和祖先崇拜（一般追溯于某一神或英雄）的传统，亚历山大的神化就是这二者与东方王权神化的结合。公元前324年，他在巴比伦向希腊各邦宣布，希望以后尊他为阿蒙之子。② 前往巴比伦谒见他的希腊各邦代表大部分都像敬神一样向他敬献花环，表示对他的胜利，尤其是征服印度的祝贺。③

亚历山大这样崇拜亚洲神，其本意大概是给自己的统治罩上"上奉天命"的光环，但结果却导致了希腊宗教与东方宗教的合流。后来希腊化世界风行的国王崇拜，希腊与东方宗教的结合，以致最后东方宗教取代希腊宗教的趋向，都可溯源到亚历山大。

亚历山大不仅为东方宗教所吸引，而且想领悟东方哲学的奥

---

① Arrian, *Anabasis of Alexander*, 3. 1, 3 - 4, with an English translation by P. A. Brunt, Cambridge, Mass. : Harvard University Press, 1996.

② 【补注】这是塔恩的推理。亚历山大在公元前324年派人到奥林匹克运动会上宣布希腊各个城邦要接受流亡者。(Diodorus Siculus, *Library of History*, 18. 8. 2 - 5,with an English translation by C. H. Oldfather et al, Cambridge, Mass. : Harvard University Press,1984)但这个命令有违他誓言遵守的科林斯同盟盟约，即盟主不得干涉各城邦内部事务。于是，他可能先是要求各邦承认他的神化，然后就可以名正言顺地以神的名义发布有违盟约的命令。(W. W. Tarn, *Alexander the Great*, II. *Sources and Studies*, Cambridge University Press, 1948, p. 370.)雅典演说家德谟斯梯尼在公民大会上说，如果亚历山大愿意，就可以承认他是宙斯和狄奥尼苏斯之子，就可以给他立像。(Hypereides, *Against Demosthenes*, VII, col. 31, with an English translation by J. O. Burtt, Cambridge, Mass. : Harvard University Press, 1962.)塔恩将此作为亚历山大要求希腊城邦承认他神化的证据,但他也对此话是否必然出自德谟斯提尼之口表示怀疑。(W. W. Tarn, *Alexander the Great*, I. *Narratives*, p. 114 n. 1.)

③ G. B. Botsford, *Hellenic History*, 4th ed. , p. 339. 参见 Arrian, *Anabasis of Alexander*, 7. 19.

义。他本来就是亚里士多德的学生。他在埃及聆听过哲学家萨孟（Psammon）论道,他的"神是全人类之父"的思想就是对这位哲学家"所有的人都由神所主宰"论点的发挥。① 他的这种思想和建立帝国的实践很可能影响了后来的斯多亚哲学。

在印度,亚历山大派遣随军的犬儒派哲学家奥内西克里特（Onesicritus,约公元前 360—前 290 年）访问那些最负盛名但过着隐逸生活的哲人（裸体智者,Gymnosophists）,请他们前来和他相会。据说,一位叫卡兰纳斯（Calanus）的态度傲慢,但另一哲学家丹达米斯（Dandamis）比较谦恭有礼,听他谈论苏格拉底（Socrates）、毕达哥拉斯（Pythagoras）和第欧根尼（Diogenes）的学说。后来,卡兰纳斯听从劝说,不仅与亚历山大见面,给他出谋划策,暗喻他立足于帝国的中心进行统治,而且随他到了波斯。卡兰纳斯因病自焚前,把坐骑和亚历山大派人扔到柴堆上的那些金银贵物一一分赠给他的门徒（associates）。② 当时,那些裸体智者只有他一人随亚历山大而去,因此,这些门徒有可能就是随军的希腊人或马其顿人。我们不能肯定亚历山大是否受到其哲学思想影响,但远征军中肯定有一人与这些印度的"裸体智者和波斯的琐罗亚斯德教僧侣（the Magi）"相遇,也许从他们那里学到了一些怀疑论或不可知论（agnosticism）。他就是后来怀疑主义学派的创始人皮浪（Pyrrho,约公元前 360—前 270 年）。③

亚历山大远征使东方,特别是使巴比伦的科学成就很快为希腊人所接受。亚历山大曾用大队骆驼把巴比伦天文学的许多泥版文

① Plutarch, *Alexander*, 27. 6.
② Plutarch, *Alexander*, 65. 1 - 4,69. 3 - 4. ;Arrian, *Anabasis of Alexander*, 7. 2 - 3.
③ 他跟随哲学家阿那克萨库斯（Anaxarchus,约公元前 380—约前 320 年）参加了亚历山大的远征,所以才能在印度与裸体智者见面。Diogenes Laertius, *Lives of Eminent Philosophers*, 9. 61（"Pyrrho"）, with an English translation by R. D. Hicks, Cambridge, Mass. : Harvard University Press, 1958. 参见威尔·杜兰:《世界文明史》第 7 卷《希腊的衰落》,幼狮翻译中心编译,第 270 页。

书送到亚洲海岸的希腊城市,这些书立即被译成希腊文而为希腊人所利用。① 亚历山大还给他的老师亚里士多德(Aristotle,公元前384—前322年)送去大量的资料和报告,从而使其能把逍遥学派变成一个巨大的研究机构。② 巴比伦的代数学、占星术(那时的占星术与天文学几无区别)也于亚历山大之后而西传。③

　　远征本身对希腊化文化的形成也有直接影响。第一,扩大了地理学的范围。在他的远征军中枢机构中,不仅有学识渊博、以备顾问的哲学家、历史学家,还有工程师、建筑师、测量师(bematists)、植物学家。这些人勘察地形,测量距离,探索资源,搜集了大量的自然地理和人种志、民族学等方面的资料。考察过从印度河到波斯湾海岸的尼阿库斯(Nearchus,约公元前360—前300年),写过一部《航行记》(含《印度志》,*Indica*);考察巴林岛的安德罗斯提尼(Androsthene,亚历山大同时代人)著《印度海航行记》(*The Navigation of the Indian sea*,Ὁ τῆς Ἰνδικῆς παραπλοῦς),随军到过印度的另外两人,即亚里斯托布鲁(Aristobulus,公元前375—前301年)和奥内西克里特(Onesicritus,约公元前360—前290年)也都写过有关亚地理学、人种志的书或考察报告,④后者首次提到了Taprobana,即现在的斯里兰卡(Srilanka)。这些资料大大丰富了学者们对世界的了解,推动了地理学的研究。亚里士多德的学生第凯尔库斯(Dicaearchus,鼎盛于约公元前320—前300年)就利用这些知识绘制了一幅已知世界的地图。⑤ 阿里安的《印度志》(*Indica*)主要是依据尼阿库斯提供的材料写成的。⑥ 第二,远征也带来了历史

---

① 威尔·杜兰:《世界文明史》第7卷《希腊的衰落》,幼狮翻译中心编译,第249页。
② C. B. Welles, *Alexander and the Hellenistic World*, p. 180.
③ 斯蒂芬—F—梅森:《自然科学史》,第38页。
④ 保罗·佩迪什:《古代希腊人的地理学》,蔡宗夏译,第83、76、74—75页。阿里安的《印度志》(*Indica*)就主要依据尼阿库斯、亚里斯托布鲁和奥内西克里特提供的材料写成的。
⑤ 保罗·佩迪什:《古代希腊人的地理学》,蔡宗夏译,第90页。
⑥ 参见 Arrian, *Indica*.

学的进步。亚历山大的随行者中几位以历史见证人的身份写了亚历山大的征服史。战争回忆录、人物传记由此而成为希腊化史学的一个重要体裁。亚里士多德的侄子卡利斯提尼（Callisthenes，公元前 360？—前 327 年）就是亚历山大的御用历史家。亚历山大的亲密伙伴、后来统治埃及的托勒密一世（Ptolem I，公元前 323—前 283 年在位）利用亚历山大的行军志（the Journal）写了一部历史。亚里斯托布鲁斯（Aristobulus）的著作虽然主要涉及地理学的和人种志，但也包括亚历山大远征的历史。这二人的记述都被阿里安认为是相当准确而加以利用。① 奥内西克里特模仿色诺芬,写过一部《亚历山大的教育》（How Alexander was Educated，Πῶς Ἀλέξανδρος Ἤχθη），其中也包括亚历山大的征服史。亚历山大里亚人克莱塔库斯（Cleitarchus）可能不是远征军成员,他的生活年代也有争议,但一般认为他大约在公元前 315—前 310 年间写过一部至少为 12 卷的亚历山大史。他的著作最为流行,尤其是在罗马帝国初期。他的著作为现已译成 30 种以上文字的《亚历山大罗曼史》（Romance of Alexander）②间接提供了一定的资料。

最后,亚历山大在远征期间是否萌生了"人类皆兄弟"（the brotherhood of man）或"人类统一"（the unity of Mankind）的梦想,也是个很有争议的问题,值得特别关注。英国希腊化史大家塔恩是该观点的始作俑者。③ 但事实上,塔恩也非突发奇想,他的这一论断还是有根据的,其根源可追溯到古典作家那里。据普鲁塔克,亚历山大曾宣布,所有的人都同样是一个父亲——神（God）的儿子。④

① Arrian, *Anabasis of Alexander*, 1. 1 - 2.
② 此书从公元 2 世纪到中世纪出现了一系列版本。F. W. Walbank, *The Hellenistic World*, pp. 16 - 17.
③ 塔恩自称他的观点是一个思想,三个方面：人类兄弟关系、人类统一、民族平等。三者各有重点但有内在的紧密联系。其核心思想就是"Homononia",和谐,即人类同心,和谐共处。W. W. Tarn, *Alexander the Great*, Ⅱ, *Sources and Studies*, pp. 399 - 400.
④ Plutarch, *Alexander*, 27. 6. 塔恩就是据此引申出了人类的兄弟关系。见 W. W. Tarn, *Alexander the Great*, vol. Ⅱ, *Sources and Studies*, p. 435.

以此而论,所有人也都具有兄弟关系。据阿里安,他在巴比伦尼亚的欧皮斯(Opis)为"马其顿人和波斯人之间的和谐和友谊祈祷"①。根据他在远征途中采取的使希腊人东方化、东方人希腊化的做法,根据当时他靠军队维持其统治的背景,可以说,形势需要他采取民族怀柔政策(或称作"民族融合政策")。他是这么说,也这么做了。笔者认为,当他成为拥有诸多民族之世界帝国的主宰时,他很可能会抛弃他的老师亚里士多德的"蛮夷即奴"论②,把帝国的辖民一律看成他的子民。塔恩的观点得到一些学者的赞同。罗素如是说。③福克斯(R. L. Fox)也认可这种看法。④ 但以巴迪安(E. Badian)和布伦特(P. A. Brunt)为代表的一批学者则对此持反对意见,巴迪安认为,亚历山大根本不存在"人类皆兄弟或人类统一"的"梦想"和实践,这只不过是塔恩自己曲解史料制造的一个"幽灵"(phantom),⑤布伦特则认为,"塔恩的这种观点站不住脚。这个观念不是新的,也不是亚历山大,他在欧皮斯所祈祷的是波斯帝国的旧统治阶级和马其顿人的和谐"。⑥ 对于这种分歧,由于资料的缺乏,我们难以做出明确的判断,但至少可以这么认为,不管亚历山大有无这样的想法,他所开创的帝国确实打破了希腊城邦的藩篱,为斯多亚学派创始人芝诺(Zeno of Citium,约公元前334—前262年)的世界理想国代替柏拉图(Plato,约公元前428/427 或 424/423—前348/347年)、

① Arrian, *Anabasis of Alexander*, 7.11;阿里安:《亚历山大远征记》,李活译,商务印书馆,1985年,第237页。
② Aristotle, *Politics*, 1252b,5 - 10, 1255a25 - 30, 1285a20, with an English translation by H. Rackham, Cambridge, Mass. : Harvard University Press, 1959;亚里士多德:《政治学》,吴寿彭译,商务印书馆,1965 年,第5、15—16、159 页。也见 Strabo, *Geography*, 1. 4.9.
③ 罗素显然接受了塔恩的观点,见罗素:《西方哲学史》,何兆武、李约瑟译,商务印书馆,1963年,第280页。
④ R. L. Fox, *Alexander the Great*, p. 429.
⑤ E. Badian, "Alexander the Great and the Unity of Mankind," *Historia: Zeitschrift für Alte Geschichte*, Vol. 7, No. 4 (Oct. , 1958), pp. 425 - 444.
⑥ P. A. Brunt, "The Aims of Alexander", *Greece and Rome*, Vol. 12, No. 2, Oct. , 1965, pp. 205 - 215.

亚里士多德的理想城邦进行了实践上的准备。① 斯多亚学派哲学本身就是一个大帝国的产物,而且芝诺之前的两个哲学家就明显受到亚历山大的影响。他们是亚里士多德的学生提奥弗拉斯图(Theophrastos,约公元前 372/369—前 288/285 年)和马其顿国王卡桑德之弟亚历撒库斯(Alexarchus,公元前 350—前 290 年)。前者提出了οἰκείωσις(oikeiosis)②的伦理学核心,意即人类或通过亲属关系,或通过爱(φιλια),或通过二者达到统一。他的老师(也是亚历山大的老师)曾在希腊人和野蛮人之间划出了一道鸿沟("野蛮民族天然都是奴隶"),但提奥弗拉斯图突然提出,人人相亲,因爱而成一体。③ 后者据说建立了一座乌托邦城市,名为"Ouranopolis",意为"上天之城"(the city of Heaven)。令人奇怪的是,在他的钱币上,城市的人民不叫 Ouranopolis(天国之民),而叫 Ouranidai(太阳之子)。这个词表明亚历撒库斯已经建立了一个微型的"世界国家"。④ 这二人介于亚历山大与芝诺之间,似可显示出亚历山大的思想与实践对后来者的影响。

亚历山大帝国虽然昙花一现,但其开创的世界却存在了 300 年之久。文化的交流、汇合刚刚开始,破土而出的希腊化文化的萌芽,终究会随着时代的延续而长成参天大树。

---

① 当然二人对理想城邦的设计并不完全一致,但总的来看,都对现实的城邦现状不满,都在为理想的城邦勾勒蓝图,他们的思考并没有超出希腊城邦的范畴。详见亚里士多德:《政治学》,吴寿彭译,商务印书馆,1965 年;柏拉图:《理想国》,郭斌和、张竹明译,商务印书馆,1986 年。

② 此词生僻,曾在修昔底德的著作中出现过(οἰκείοτης,Thucydides,*History of the Peloponnesian War*,4. 128,with an English translation by Charles Forster Smith,Cambridge,Mass.;Harvard University Press,1956),此处的意思是把违约同盟者的辎重(baggage)顺手牵羊,据为己有。但在提奥弗拉斯图这里,却是指通过亲属关系(kinship)或者友谊,或者二者将人类凝聚在一起(promoting οἰκείοτης)。参见 W. W. Tarn,*Alexander the Great*,Ⅱ,*Sources and Studies*,p. 427,

③ W. W. Tarn,*Alexander the Great*,Ⅱ,*Sources and Studies*,p. 427.

④ W. W. Tarn,*Alexander the Great*,Ⅱ,*Sources and Studies*,pp. 429 - 430.

二、希腊化文化的形成与繁荣
（公元前 4 世纪末—前 3 世纪）

从总体上看，希腊化文化的形成，乃是希腊化时代政治、经济诸因素相互作用的必然结果。但是具体到文化发展的各个阶段，我们必须考虑共性之下的个性因素。希腊化文化之所以在公元前第 3 世纪进入形成与繁荣期，与此时希腊化世界的政治格局极为有关。亚历山大死后，帝国分裂。继承者们经过多年混战，大致形成鼎足之势。自此后虽然局部间的争夺时有发生，[①]但总的看来，三大王国处于均衡状态，而周围的国家，东方的孔雀帝国，西方的罗马此时都未能成为希腊化王国的威胁。这就决定了公元前 3 世纪希腊化王国政治经济的相对稳定，从而使它们有可能去建立更多的城市，兴办文化事业，扩大和促进文化上的交流与汇合。

这一阶段的基本特征是：各种文化因素真正汇合。文化的分支、种类和学科的基础奠定，重要人物和成果都基本出现，文化重心向东移动。以亚历山大里亚为中心的东地中海地区是这一时期文化活动的重要舞台。

（一）文化交汇扩大、文化中心奠定

出于政治统治的需要，这些希腊化王国建国之初的国王们急于从希腊各地吸引移民。移民浪潮直到公元前 250 年后才逐渐结束。[②] 这些移民大都被安置在新建的城市或充实亚历山大建立的城市，塞琉古朝建了 60 多处移民地，仅塞琉古一世就建了 16 个以他父亲命名的城市——安条克（Antioch），5 个以他母亲命名的劳狄西亚

---

① 关于希腊化时期的战争，有一学者认为，战争是有的，但那是王朝间的战争，而且战争并未触及希腊化文化的中心，因此文化活动并没有受到遏制，甚至商业也很少受到影响。参见 Henry C. Boren, *The Ancient World: A Historical Perspective*, New Jersey: Prentice Hall, 1986, p. 212.
② M. Cary, *A History of the Greek World from 323 - 146 B. C.*, p. 244.

(Laodicea),9 个以他自己命名的塞琉西亚(Seleucia),4 个以他的王后命名的城市,其中 3 个阿帕米亚(Apamea),1 个斯特拉东尼斯(Stratonice)。此外,在叙利亚和远到斯基泰地区和印度的上亚细亚"蛮族人"地区(the barbarous regions of upper Asia),还有大约 25 个新建的城市分别以希腊、马其顿地名命名,或为纪念他自己和亚历山大的功绩命名。[1] 托勒密朝在上埃及建了托勒迈斯城(Ptolemais),马其顿也充实和建立了一些城市,如卡桑德(Cassander,公元前 355—前 297 年)建立的帖撒罗尼卡(Thessalonica)和卡桑德雷亚(Cassandreia)。这一建城运动无疑从整体上扩大和加深了希腊文化与当地文化的交流。希腊化文化形成繁荣于此时,就是这种文化大交流的硕果。

著名的文化中心也都在这一时期形成。它们主要集中在东地中海沿岸,竞芳斗艳,各具特色。雅典是戏剧、哲学的中心,亚历山大里亚是诗歌、科学和古籍整理的中心,帕加马、罗德斯是纪念性雕塑的中心。在这些城市中,亚历山大里亚堪称中心的中心,这里有藏书 50 万—70 万卷的图书馆,有附设动植物园和提供各种研究设施的科学院。这里有免费食宿、高薪厚俸,特别有国王的恩宠。学者们趋之若鹜,希腊化文化的巨人与成就主要出于此时此地,故希腊化时代有"亚历山大里亚时代"之称。[2]

(二)各种文化分支、流派、学科基本形成

希腊化时期的文化类型虽然基本上是对古典时代的承袭,但在每一分支之下的各个表现形式,却与古典时代有所不同。有的旧形式得到了改造,有的受到了时代的冷落,有的原来难登大雅之堂,这

---

[1] Appian, *Roman History*, 11. 57, with an English translated by Horace White, Cambridge, Mass. : Harvard University Press, 1962。当然,阿庇安这里不可能列举所有的塞琉古王朝新建的城市,总数应该在此之上。参见 John Boardman, Jasper Griffin, Oswyn Murray, ed. , *The Oxford History of the Classical World*, p. 321;威尔·杜兰:《世界文明史》第 7 卷《希腊的衰落》,幼狮翻译中心编译,第 173 页。
[2] 塞尔格叶夫:《古希腊史》,缪灵珠译,第 511 页。

时却风行起来。有的分支流派与过去相比,获得了显著的进步,有的则驻步不前,或明显落伍。当然,这时还出现了一些新的文化形式和现象。所有这些都在这一阶段形成了自己的独特风格。

1. 文学

希腊化时代的文学主要包括诗歌、戏剧和散文三大类。此时,各种诗体已有了明确的形式和内容,诗的目的多半着重于教育作用。因此除了一般的诗体:田园诗、讽刺诗、赞美诗、史诗之外,还出现了一种科普诗(instructive poetry),即用诗的语言来介绍科学研究的成果。

田园诗(bucolic)的创始人是西西里的提奥克里图斯(Theocritus,鼎盛于公元前 280 年—前 270 年)。他的诗熔抒情、写景、叙事于一炉。诗中的人物有的取自神话传说。一般来说,主人公是牧羊人或牧牛人,他们在西西里的乡村景色中,相互对唱或赛歌。① 他的田园诗优美动人,富有魅力,为他的同代及后代人所钦佩,经过他的后继者莫斯库斯(Moschus,鼎盛于公元前 150 年)、彼翁(Bion of Smyrna,约公元前 2—前 1 世纪的田园诗人)的努力,成为一种专门的诗体。

讽刺短诗(epigram)早已有之,但只是在这时的亚历山大里亚人之手,才使它成为特别适于对周围生活发表评论的形式。美尼普斯(Menippus)是希腊化讽刺诗的首创者,他生活于公元前 3 世纪的前半期,罗马皇帝马尔库斯·奥勒留(Marcus Aurelius,公元 121—185 年)说他是"人类短暂易逝之生命的嘲笑者"。② 对人类的愚蠢行为进行辛辣而幽默的讽刺,是他的讽刺诗的基本特征。这种形式的讽刺诗长期以来以他命名,称为美尼普斯讽刺体("Menippean")。

史诗在这一时期得到改造。阿波罗尼乌斯(Apollonius,约生于

---

① C. B. Welles, *Alexander and the Hellenistic World*, p. 205.
② Marcus Aurelius, *The Communings with Himself*, 6. 47, A Revised Text and A Translation into English by C. R. Haines, London: William Heinemann, 1916.

公元前 295 年)的四卷长篇叙事诗《金羊毛记》(*Argonautica*,一译《阿耳戈号航海记》),形式上是仿古之作,但内容却是传奇与史诗的混合。他的老师卡里马库斯(Callimachus,约公元前 310—前 245 年)反对长诗,提倡短诗。他写过不少的短史诗,其中一首是关于提秀斯(Theseus)的女主人赫卡勒(Hecale)的故事,① 还有一首是《贝蕾妮斯的一缕头发》(*The Lock of Berenice*)②,被公认为是短史诗体裁的创立者。③ 这些作品与荷马史诗具备同样的特点,即或有一个真实的历史内核,但经过诗人的演绎,成了神话传说。

赞美诗多是颂扬之作,有的献给诸神,有的献给国王。卡里马库斯就写过对宙斯、阿波罗、阿尔特米斯(Artemis)、雅典娜、德米特尔(Demeter)的赞诗。田园诗的泰斗提奥克里图斯也为"爱姐姐者"托勒密二世写过颂诗。④

科普诗(instructive poetry)的创始人是索利(Soli)的阿拉图斯(Aratus,约公元前 315/310—前 240 年)。他用六步格诗(hexameter poem)改写了天文学家欧多克索斯(Eudoxus,约公元前 390?—约前 337 年)关于星座的散文著作,名为《现象》(*Phaenomena*)。他的诗受到同代人的欢迎与赞扬。科洛丰(Colophon)的尼坎德(Nicander,鼎盛于公元前 2 世纪)就模仿这种形式,用诗歌写了一篇关于解药和解毒剂的论文。⑤

还有一种诗体名为 Parady,是为嘲弄某作者而对其作品加以模仿改造的诙谐滑稽性诗文。犬儒派克拉底(Crates,约公元前 365—

---

① 【补注】提秀斯在捕获马拉松公牛的路上,到一位老妇的棚屋避雨。老妇发誓,如果提秀斯能够成功,她一定向宙斯献祭。当提秀斯返回后,老妇已经死去。他后来设立一个以老妇命名的 Hecale 德莫(Deme)以作纪念。
② 【补注】贝蕾妮斯是托勒密三世的新婚王后,她把自己的一缕头发献给神庙,求神保佑她出征叙利亚的丈夫平安归来。但托勒密三世得胜回朝的第二天,头发就不见了。宫廷天文学家科农(Conon)解释说,它已经上升到天空,变成了一个新的星座。现在这个星座称为"后发星座"(Coma Berenices)。
③ C. B. Welles, *Alexander and the Hellenistic World*, p. 206.
④ C. B. Welles, *Alexander and the Hellenistic World*, p. 205.
⑤ W. W. Tarn, *Hellenistic Civilisation*, p. 274.

前 285 年)就写过一个 Parady,诗名为《乞丐的皮袋子》(*Pera, Begger's Wallet*),模仿了荷马史诗中关于克里特岛的描述。①

希腊人每到一地殖民都要建立城市,这些城市一般都有剧场。远在今日阿富汗的希腊人城市遗址——阿伊·哈努姆就有可容纳 5000 人的希腊式剧场。这些剧场的存在证明了希腊化时期戏剧的流行。

悲剧继续问世,这是新旧节庆的需要。公元前 3 世纪早期,有七位悲剧家的作品在亚历山大里亚获得了成功,获"七仙女星"(Pleiad)的称号。② 这时的悲剧虽然失去了古典时的活力,但仍竭力反映现实的历史事件。有一个名为莱考弗隆(Lycophron of Rhegium)的剧作家写了题为"卡桑德里亚的男人"(the Men of Cassandreia)的话剧,反映了那个城市在僭主暴政统治下的痛苦。③ "Pleiad"仅名噪一时,悲剧的时代毕竟已经过去。

喜剧这时进入中、新喜剧的交错阶段。④ 新喜剧获得了成功。公元前 326 年,雅典的菲力门(Philemon,约公元前 361—前 262 年)推出他的第一部喜剧,宣告了新喜剧时代的开始。他一生写过 104 部喜剧,其中 8 部获奖,与他同时代的米南德(Menander,约公元前 342/341—前 291/290 年)也被认为是新喜剧大师。中、新喜剧的情

---

① W. W. Tarn, *Hellenistic Civilisation*, p. 279.【补注】关于该诗文的原文翻译和寓意,参见杨巨平:《古希腊罗马犬儒现象研究》,人民出版社,2002 年,第 151—165 页。此书内容已收入本书第三编。

② W. W. Tarn, *Hellenistic Civilisation*, p. 272.

③ M. Cary, *A History of the Greek World from 323 – 146 B. C.*, p. 329.【补注】关于这位悲剧家到底是南意大利利基翁(Rhegium)还是优比亚岛(Euboea)卡尔西斯(Chalcis)的 Lycophron,学术界有争议。参见 Simon Hornblower and Antony Spawforth, edited, *The Oxford Classical Dictionary*, Fourth Edition, Oxford University Press, 2012, "Lycophron"(pp. 870 – 871)。但遗憾的是,该词条并未涉及这部悲剧。只有一部 *Cassandreis* 似乎有关,但不知其主题。

④ 关于分期,据威尔斯,公元前 362 年旧喜剧结束,中喜剧最迟到公元前 3 世纪的前几十年结束,而以米南德、菲力门为代表的新喜剧则从公元前 326 年开始。中、新喜剧在时间上有一段是重合的。C. B. Welles, *Alexander and the Hellenistic World*, p. 202.

节通常涉及雅典的中上层公民。① 幽默的角色通常是奴隶、谄媚者、大妓女,尤其是厨子。它们的情节一般是男女私情:男主角出身高贵,掉进了妓女的情网。妓女出淤泥而不染,最后证明是富有的邻居久失的女儿。二人可能结婚,皆大欢喜。② 菲力门去世后,新喜剧的创造力消失。喜剧仍在上演,但不过是以前大师作品的重复而已。

拟剧(Mime)可以说是希腊喜剧的派生。此词的现代意义是"哑剧"。在希腊罗马时期,是指讽刺或滑稽喜剧,现通译为"拟剧",因为它比哑剧更接近于这种表演形式。拟剧之父是索福戏(Sophron),他的全盛期是在约公元前 452 年。他曾在叙拉古写作,那时的拟剧只重现生活中的典型场面,只是对生活的模仿,无取乐因素。拟剧源于西西里和小亚,希腊化时期成为一种新的艺术形式。拟剧表演分为"说"、"唱"两种。说的演员称为 mimologoi,唱的演员称为 mimoidoi。唱的拟剧(mimody)又分为 hilarody 和 magody 两种,分别是对悲剧和喜剧的拙劣模仿。公元前 3 世纪时,拟剧逐渐成为运动会、节庆的正式节目。公元前 270 年,一位拟剧演员在提洛岛获奖。③ 提奥克里图斯、赫罗达斯(Herodas,写作于公元前 3 世纪)都是此时拟剧创作的大师。他们用自己的眼光观察社会,反映同时代的社会生活。④ 提奥克里图斯留下 3 部作品:《巫师》(*The Sorceresses*)、《西尼斯卡之爱》(*The Love of Cynisca*)、《叙拉古妇女》(*The Syracusan Women*),被视为振奋人心的现实主义杰作。⑤

散文。这一时期,严肃的作品几乎全用散文写成。哲学家、历

---

① C. B. Welles, *Alexander and the Hellenistic World*, p. 202.
② C. B. Welles, *Alexander and the Hellenistic World*, pp. 202—203.
③ J. B. Bury, et al., *The Hellenistic Age*, Cambridge University Press, 1925, pp. 58 - 62.
④ 关于拟剧的人物形象,参见 M. Rostovtzeff, *The Social and Economic History of the Hellenistic World*, Vol. I. pL. 31.3;33.1, 3 - 4.
⑤ J. B. Bury, et al., *The Hellenistic Age*, p. 64.

史学家、科学家一般都用散文写作。这些专业性散文的写作目的不在于形式，而在于内容，所以有的缺少文采，有的堆砌材料，难以卒读。但用于演讲、辩论的散文不仅富于辞藻，而且逻辑性强，有说服力。它们有三种形式：

Diatribe，有译为"激论"，也有译为"酷评""恶骂"。这种文学形式被当时的道学家、讽刺文作者使用。对于它的含义，学者们意见不一。一般认为，这个词的意思是指关于某些题目的布道。一个巡游的哲学家站在街头或某块空地，或在公众节日，向人们宣讲。这种长篇演讲有几种技巧，如对语、拟人化和隐喻、双关语等。这使他们的作品引人注意。

Oratory，演讲术。这一时期流行的演讲术是所谓亚细亚式风格（"Asianic school"）。马格尼西亚（Magnesia-on-Sipylus）的赫格西亚（Hegesias）于公元前275年开创了这种写作流派。这是对以伊索克拉底（Isocrates）为典型的阿提卡式演讲术（Attic oratory）的反应。他用精练的语言代替了雅典式的华丽长句，与他的前贤讲究措辞的严肃、准确不同，他提倡的是一种"牵强附会的（Strained）、夸张的"风格。[①]

Dialectic，辩证术。它的兴起与怀疑主义学派有关。他们利用辩证术的正反命题来否认知识的可能性。他们只说好像是，而不说肯定是，不愿作出积极的阐述，随时准备就任何问题的每一方面进行同样的争辩。这种辩论术（eristic）易于使人讨厌，产生不信任感。转向怀疑主义的哲学家卡尼阿德斯（Carneades，公元前214—前129/128年）在出使罗马期间，因用辩证术发表演讲而被轰出该城。[②]

2. 艺术

希腊化时期的艺术包括三大类：建筑、雕塑和绘画。总体上看，

---

① M. Cary, *A History of the Greek World from 323-146 B.C.*, p. 333.
② C. B. Welles, *Alexander and the Hellenistic World*, p. 178.

这三方面与古典时代的承继关系尤为明显,但在形式的细节,特别是内容上都有了一定的变化。这种变化主要是在公元前 3 世纪完成的。

首先,从雕塑上看,形式的变化表现在:个人肖像的剧增,群体雕塑、风俗雕塑和纪念性雕塑的出现,以及在雕塑上刻画风景。对象的变化体现在取材范围的扩大,即由神话转向人世,抽象神拟人化。雕刻家们不再将工作对象限于完美的事物,不限于运动员、英雄与神,而是转向国王与社会的一般成员,转向当代的历史事件,甚至连"命运""胜利""诽谤""正当其时"这些抽象的概念也以具体的人形赫然展现于人们的眼前。[①] 古典时代的雕刻侧重于人物的理想化,即通过某一个人着力体现这一类型人物的共性。希腊化时代的雕刻则强调人物、主题的现实性。通过对各式各样人物的刻画,表现他们栩栩如生的个性。

其次,从建筑上看,这一时期建筑的重心移向东方。城市建设没有总体规划,城市有行政中心与贸易中心——市场(Agora),神庙失去显赫地位,只是整个中心建筑群的一部分。主要建筑群还包括大会堂(议事堂)、剧场、图书馆、体育馆等。城市呈棋盘状,街道纵横交错,建筑群中广设雕像。在建筑风格上,科林斯式柱子风靡一时,大有取代爱奥尼亚式、多利亚式之势。东方的平屋顶、拱形建筑技术等也得到了采用。像小亚的普里恩城(Priene)这样的小城市,就是希腊化城市建筑的范例,"具有普遍性"。[②]

最后是绘画。有人认为"在希腊化时代,绘画起了十分重要的作用",[③]但绘画所存不多。从目前尚能看到的镶嵌画以及罗马帝国初期庞贝城(Pompeii)的摹本,可以看出,由于风景画和风俗画的出现,希腊化绘画的体裁和内容都丰富起来,这时也掌握了透视法和

---

① 威尔·杜兰:《世界文明史》第 7 卷《希腊的衰落》,幼狮翻译中心编译,第 238 页。
② M. I. Finley, ed. , *The Legacy of Greece*, Oxford: Clarendon Press, 1981, p. 397.
③ 科尔宾斯基等:《希腊罗马美术》,严摩罕译,第 173 页。

运用明暗色彩的对比。

3. 哲学

希腊化时期的哲学在研究对象、目的上与古典时代有很大的不同。第一,哲学成了生活的艺术,哲学与科学相分离。哲学是个人生活的指导,哲学家的职责就是研究活生生的现实世界,去发现"最好的生活",并指导人们实践这种生活。因此,哲学在很大程度上成了伦理学或处世哲学的代名词。第二,这些既然以现实世界为研究对象,那就缩短了哲学家与一般人的距离。哲学也就受到社会的尊重。哲学家出入希腊化王国的宫廷,奔走于各城市之间,受到广泛的欢迎。① 第三,哲学上自由探讨之风颇为盛行,虽然有的派别之间相互责难攻击,但各派都不排外,一个人可以到几派门下学习。② 哲学也没有神秘化,这样有利于哲学思想的发展。

这一时期的哲学派别有柏拉图学派(Platonic School)、亚里士多德学派(Aristotelians,即逍遥学派,The Peripatetic school)、怀疑主义学派(Skeptical school)、犬儒派(Cynics)、斯多亚学派(Stoics)和伊壁鸠鲁学派(Epicureans)。柏拉图学园与亚里士多德学园此时门庭冷落。柏拉图学派在阿塞西劳斯(Arcesilaus)于公元前270年成为学园主持人之后,转向了怀疑主义。亚里士多德学园在斯特拉托(Strato)死后(约公元前269年)就再无新的发展。所以,公元前3世纪真正有影响的哲学派别有犬儒派、怀疑主义学派、斯多亚学派、伊壁鸠鲁学派。

犬儒派在希腊化时期之前就已出现,主要创始人或代表人物是安提斯泰尼(Antisthenes,公元前5—前4世纪)、第欧根尼(Diogenes,主要活动于公元前4世纪)和克拉底(Crates,鼎盛于公

---

① 当哲学家斯提尔波(Stilpo,约公元前380—前300年)访问雅典时,人们放下工作,争相一睹其风采。提奥克里图斯吸引了200多个学生听他的讲演。John Boardman, Jasper Griffin, Oswyn Murray, ed. , *The Oxford History of the Classical World*, p. 366.

② John Boardman, Jasper Griffin, Oswyn Murray, ed. , *The Oxford History of the Classical World*, p. 366.

元前 328—前 324 年），属于小苏格拉底学派之一。但在公元前 3 世纪继续存在，有若干派别，出现了几个新的重要人物。如美尼普斯（Menippus，活跃于公元前 3 世纪上半期）、彼翁（Bion of Borysthenes，约公元前 325—前 250 年）、塞尔西达斯（Cercidas，约公元前 290—前 220 年）。[①] 犬儒主义（Cynicism）是一种生活方式，而非理论哲学。早期犬儒派坚持个人自由，自我满足，鼓吹根据"自然"生活，愤世嫉俗、对社会持批判态度，对财富、地位、名声无所追求，不屑一顾，实际上奉行遁世主义。这时的犬儒派基本保持了这种传统，但已经与现实环境有所妥协，行为上呈现出二重性或多重性特征。一方面鄙视权力、财富，抨击社会不平，另一面投身政治，追名逐利，满足个人私欲。他们也多非终身犬儒，只是在人生的某一个阶段奉行犬儒主义。这大概是当时社会动荡不定，各种思潮纷起，哲人无所适从的一种反映。

怀疑主义的创始人是皮浪。"除了对于以往的各种怀疑加以一定的系统化与形式化而外，他的学说里并没有多少新东西。"[②]怀疑主义的核心思想是："肯定"是得不到的，一切不可知，"你不妨享受目前，因为未来还无从把握。"因此，怀疑主义在一般人中获得了相当的成功。

斯多亚学派和伊壁鸠鲁学派是两个新的哲学派别，是人们在亚历山大开创之世界再也不是城邦一分子之感情的产物。站在世界帝国中的个人，需要新的哲学指导，这两派哲学就满足了这种需要。

斯多亚学派的创始人是来自塞浦路斯岛的芝诺。该派因芝诺在雅典"画廊"（Stoa）讲学而得名。芝诺学派伦理学的核心是"道德"。道德就是神意的体现，道德即幸福。一种道德生活，就是自然

---

① 【补注】犬儒派后来成为笔者博士论文的主题，详见杨巨平：《希腊罗马犬儒现象研究》，人民出版社，2002 年。关于这三位犬儒派人士，详见该书第 15—16、74—78 页。（此书内容收入本书第三编）
② 罗素：《西方哲学史》，何兆武、李约瑟译，第 297 页。

的生活。人不应逃避社会责任,而应参与政治。① 避世得不到宁静(Ataraxia),但人也不能"纵欲"。要压抑激情,否则难以达到道德的境界。斯多亚学派在此伦理学的基础上,还提出了人人皆兄弟和世界大同的政治主张,其政治理想是建立一个由理性所统治的世界国家。这或许是对亚历山大的帝国实践在理论上的总结与发挥。

伊壁鸠鲁学派因其创始人而得名。伊壁鸠鲁(Epicurus,公元前341—前270年)约公元前307年或前306年在雅典建立了自己的学院,门徒不拘一格,包括奴隶与妇女。他是个唯物主义者,坚持德谟克里特的"原子论"。在伦理学上,他提倡快乐主义(hedenism)。但他的快乐绝非肉欲、物质之乐,而是排除情感困扰之后的快乐。最大的快乐是友谊。伊壁鸠鲁派生活简朴节制,目的是抵制奢侈生活对身心的侵袭。② 伊壁鸠鲁发誓放弃政治生活,但他把幸福置于友谊和社会之间,而且,一个伊壁鸠鲁派"如果有机会,将会培养一个国王"③。

斯多亚学派和伊壁鸠鲁学派都是行为哲学。不论是过道德的生活,还是追求快乐,都必须抑制个人的欲望、激情。在这点上,二者可谓是异曲同工。

4. 史学

希腊化时期的史学以数量多④、分类细、强调个人的历史作用、描述当代世界为特征。这些特征基本上在公元前3世纪的史学中

---

① 用斯多亚学派主要人士克吕西普(Chrysippus,约公元前279—前206年)的话来说就是,一个聪明人"愿意登上王位,由此而发财——如果他本人不能成为国王,他应与国王一起生活,与国王共赴战场"。John Boardman, Jasper Griffin, Oswyn Murray, ed., *The Oxford History of the Classical World*, p. 372.

② 他本人身体力行,临死前虽遭疾病折磨,仍很快乐。他在一封信中写道:"我的快乐就在于对我们过去谈话的回忆之中"。Diogenes Laertius, *Lives of Eminent Philosophers*, 10. 22 ("Epicurus"), with an English translation by R. D. Hicks, Cambridge, Mass.: Harvard University Press, 1958.

③ John Boardman, Jasper Griffin, Oswyn Murray, ed., *The Oxford History of the Classical World*, p. 372.

④ 卡里认为"希腊化时期的历史学著作数量远远超过了古典时代"。M. Cary, *A History of the Greek World from 323 - 146 B.C.*, p. 333.

已表现出来。

俾提尼亚的历史家阿斯克勒皮亚德（Asclepiades，公元前 1 世纪）把希腊化时期的叙事散文分为三种类型：真史（alethes historia）、伪史（pseudes historia）和或然史（plasma 或 hos genomena）。根据哈达斯的解释，真史就是未经文饰的年代记、编年史；伪史就是像琉善（Lucian，约公元 125—180 年之后）《真史》(A True Story)那样的空想之作。作者本人会说，这部历史全系虚构。或然史是依据真实的材料写成，但经过修饰、加工、整理。[1] 这样的分法未尝不可，但它只是对史学作品真伪性质的区分，不足反映希腊化时期史学的全貌。我们主要考察史学类型的形成，所以，根据著作内容把这一时期的史学体例分为编年史、回忆录、人物传记、国别史、通史、断代史，以及区别于政治史的文化史。

编年史或年代记早已有之，亚历山大远征时就有专人记有行军志。"希腊化君主国和单独的希腊城市也有他们自己的历史编纂学者。"[2]城市编年史重用第一手资料。

回忆录、人物传记一般都是战争回忆录，亚历山大随军所带的历史学家卡利斯提尼和部将托勒密一世都写了关于亚历山大及远征的历史。阿卡亚同盟首领阿拉图（Aratus，公元前 271—前 213 年）写了 30 多卷的战争回忆录，记述了下限到约公元前 220 年他所经历的事件。[3] 这些回忆录奠定的传统在凯撒（Caesar，公元前 100—前 44 年）时达到高峰。

国别史。公元前 4 世纪时，爱孚卢斯（Ephorus，约公元前 400—前 330 年）曾写过一部综合各邦历史的《希腊通史》(Historiai)，从赫拉克勒斯家族（Heraclids）到公元前 340 年马其顿占领希腊城邦

---

[1] Moses Hadas, *Hellenistic Culture*：*Fusion and Diffusion*, pp. 121, 87.
[2] M. Rostovtzeff, *A History of the Ancient World*, Vol. I, *The Orient and Greece*, p. 389.
[3] 威尔·杜兰:《世界文明史》第 7 卷《希腊的衰落》,幼狮翻译中心编译,第 226 页。

佩林托斯(Perinthus),这是民族史的开端。公元前 3 世纪,真正的
国别史出现了。埃及祭司曼涅托(Maneto)于公元前 270 年左右用
希腊语写过一部埃及史。① 阿布德拉(Abdera)的赫卡泰欧斯
(Hecataeus)也写过一部《埃及史》(托勒密一世时期)。② 巴比伦祭
司贝罗苏斯(Berossus)在塞琉古一世(Seleucus I,公元前 305—前
281 年在位)时也用希腊语写就一部《巴比伦史》。犹太人德米特里
(Demetrius,公元前 3 世纪后期)也写了自己国家的历史。③

区域史。西西里人蒂迈欧斯(Timaeus,约公元前 356/345—前
260/250 年)写了一部 38 卷的《历史》或《西西里史》(*Histories*,
Sikelikai Historiai,*Sicilian History*),叙述的是西地中海、特别是
西西里、意大利的历史,他是第一个把罗马史包括到希腊史之中的
史家,他的著作在公元前三世纪广为人知,尤其对罗马人很有影响。

文明史或文化史也是此时的创造。第一部文明史《希腊生活》
(Βίος Ἑλλάδος,*Life of Greece*)就是由亚里士多德及提奥弗拉斯图
的学生第凯尔库斯写成。

还有一种历史著作类似于断代史或当代史。记叙的是一段时
期的历史。卡底亚的希罗尼穆斯(Hieronymus of Cardia,约公元前
362/354—前 260/250 年)写了一部历史著作,叙述从亚历山大之死
到庇洛士(Pyrrhus)之死(公元前 272 年))的历史。他的历史是亚历
山大之后半个世纪中的巨作,也可能是"希腊史上最伟大的历史(著
作)之一"。④

公元前 3 世纪的史学虽然较为繁荣,但它的惊世之作要到下世
纪才会出现。

---

① M. I. Finley, ed. , *The Legacy of Greece*, p. 334.
② M. Cary, *A History of the Greek World from 323 – 146 B.C.* , p. 325.
③ M. I. Finley, ed. , *The Legacy of Greece*, p. 176; W. W. Tarn, *Hellenistic Civilisation*, pp. 233, 287.
④ W. W. Tarn, *Hellenistic Civilisation*, p. 283.

5. 宗教

政治往往披上宗教的外衣。亚历山大的后继者建国称王后,积极推行王权神化、国王崇拜。公元前 285/284 年,托勒密一世在亚历山大里亚建立了对亚历山大的崇拜。约公元前 280 年,托勒密二世将他死去的父母奉为神明,称为"救世神"或"救世主"（ΘϵοιΣωτηρϵs）,并因此而建托勒密大节(Ptolemaie)。塞琉古王朝紧步后尘,把其建立者塞琉古一世称为"征服者、宙斯"（Σϵλϵυκοs Ζϵυs Νικατωρ）,把安条克一世称为"救世主、阿波罗"（ΑπολλωνΣωτηρ）。帕加马的阿塔里王朝(Attalids)也给从阿塔卢斯一世(Attalus I)开始起的国王以相似的称号。① 对尚在世的君主加以神化,埃及也走出了第一步。托勒密一世仿效亚历山大,把自己视为阿蒙神的化身。公元前 273—前 271 年,国王干脆自封为神。托勒密二世把他和王后阿尔西诺(Arsinoe)神化,称为姐弟神(the Θϵοι Αδϵλφοι),并建一祭拜之所。② 从托勒密第四或第五代王起,每位国王即位后,都要求当地祭司在孟斐斯为其举行神化大礼。祭司们给其戴上标志上下埃及的双王冠,把对当地的神的崇拜转移到国王身上。塞琉古诸王仿而效之,但帕加马、马其顿都无此举。③

公元前 3 世纪时,希腊本地及小亚、叙利亚、犹太、巴比伦、埃及的其他传统宗教活动,仍然存在。有的仍保持着以前的活力,如奥尔弗斯教(Orphism)、埃琉西斯秘仪(Eleusinian Mystery),④犹太人的宗教信仰。但希腊奥林帕斯诸神与东方神的混合和一神教的趋向愈来愈明显,萨拉皮斯神是最典型的一例。

---

① M. Cary, *A History of the Greek World from 323 – 146 B.C.*, p. 367.
② M. Cary, *A History of the Greek World from 323 – 146 B.C.*, p. 368.
③ M. Cary, *A History of the Greek World from 323 – 146 B.C.*, p. 369.【补注】关于希腊化时期的王权神化、国王崇拜,参见杨巨平:《试析"希腊化"时期君主制的形成及特点》,《山西大学学报》1991 年第 1 期,第 71—77 页;《希腊化时期的君主制统治》,载施治生、郭方主编:《古代王权与专制主义》,中国社会科学出版社,1993 年,第 233—252 页。
④ Moses Hadas, *Hellenistic Culture: Fusion and Diffusion*, p. 183.

除此之外,此时还流行对埃及女神伊西斯(Isis)、叙利亚丰饶之神阿塔耳伽提斯神(Atargatis)的崇拜。① 有些抽象神,如命运之神,也成了希腊化世界崇拜的对象。命运女神(Tyche)对所有人都一样公允。命运是一种不以人的意志为转移的秩序,人们可以理解它,但不能不受它的摆布。②

占星术即对星辰的崇拜,也是希腊化宗教的一个重要方面。约公元前 288 年,贝罗苏斯把星崇拜的有关知识带给了希腊人,但占星术的真正流行时代是在公元前 2 世纪。

6. 科学

自然科学是希腊化文化的重要分支。它"代表了希腊人在科学领域的最高成就"。③ 而这些成就主要发生在公元前 3 世纪。这一时期科学的主要特征是:(1)希腊与非希腊科学思想有较大程度的渗透。④ (2)科学日益专门化,科学与哲学分离。但有的学者仍一身兼两任,既是哲学家,又是科学家(二者可能会有所侧重)。像植物学家提奥弗拉斯图就同时是亚里士多德学派衣钵的继承人。(3)各学科分类明显、科学化。数学、物理、化学、地理、生物、植物、医学、天文学都成为既互相渗透又相对独立的学科。这些学科之下又分为一些子学科,如物理学可分为力学、机械学;地理学又分为描述地理学、城市地理学、海洋学、数学地理学、历史地理学;数学上有代数学、几何学;医学中发展出了解剖学、病理学(Pathology),特别值得指出的是还有毒素学(Toxology,Toxicology)。⑤ (4)在国王赞助下,出现了专门的研究中心和研究机构。亚历山大里亚是科学的中

---

① W. W. Tarn, *Hellenistic Civilisation*, p. 432.
② 这种命运观明显影响了公元前 2 世纪的历史家波里比乌斯。M. I. Finley, ed., *The Legacy of Greece*, p. 163.
③ C. B. Welles, *Alexander and the Hellenistic World*, p. 185.
④ 这一点将在本编第三章谈到。
⑤ C. B. Welles, *Alexander and the Hellenistic World*, p. 188. 当然,这多是后人的分类。但当时的科学发展状况提供了划分的基础。

心。恩格斯说："精确的自然科学只是在亚历山大里亚时的希腊人那里才开始的。"①这里的图书馆"缪斯之宫"就是古代的科研基地，集中了希腊化世界的科学精英。（5）应用科学起步。这一时期，出现了从纯理论研究向应用科学的转变，但没有引起生产力的变革。阿基米德（Archimedes，约公元前237—前212年）曾发明螺旋提水器，利用杠杆原理、流体静力学、数学解决实际问题。他发明的守城器械使罗马人闻风丧胆。科学上的某些进步既得益于军事需要的刺激，又促进了军事工程学的发展。然而，由于把这些科学理论用于实际的社会基础与相应的物质条件都不具备，对它们的充分借鉴与利用要到近代工业革命之时。

（三）重要成就与巨擘基本出现

希腊化文化的重大创新和成就，总的看来，都在文化形成之初取得。这一阶段是希腊化文化伟人、成果灿若群星的时期，各文化分支各有千秋，但成就最大影响最为深远的是科学、艺术和古籍整理。

科学的巨人主要集中在地理学、天文学、物理学、医学、数学、生物学方面。

新世界的建立首先推动了地理学的发展。随同亚历山大出征的学者们留下的地理学方面的著述为后人所利用。约公元前300年，第凯尔库斯绘出的世界地图，以一中纬线为基线，从赫拉克勒斯石柱（今直布罗陀海峡），沿小亚的陶鲁斯山一线（Taurus Mountains），经伊毛斯山系（Imaus range），延伸到远东，并以赫勒斯滂（Hellespont）的吕西马科亚（Lysimacheia）为基点画一子午线。②这是第一幅用经纬线绘制的地图。埃拉托斯特尼（Eratosthenes，约公元前276—前194年）是希腊化时期最伟大的地理学家，代表了希

---

① 中共中央马克思恩格斯列宁斯大林著作编译局：《马克思恩格斯选集》第3卷，北京：人民出版社，1972年，第418页。
② F. W. Walbank, *The Hellenistic World*, p. 207.

腊地理学的高峰。他对这幅地图做了修改,试图提出新的地理学体系。他出版了两部著作,一是《论地球之大小》(*On the Measurement of the Earth*),一是《地理学》(*On Geography*)。他也绘一地图,但用多条子午线和纬线,构成网格状地图。① 他通过实地测量子午线,计算出的地球周长可换算为现在的 24000(一说 24662)英里,比实际仅差 195 英里。② 他指出,一个人可以从西班牙出发,绕过非洲到达印度。他第一个提出,从西班牙往西一直航行可达印度。③ 城市地理学方面,公元前 3 世纪的希拉克里德(Heraclides)写过一本《希腊城市指南》(*On the Cities of Greece*)。海洋学方面,曾航行到北极地带的马赛人毕提亚斯(Pytheas,约公元前 325—285 年)解释了潮汐现象;奥内西克里特(Onesicritus,约公元前 360—前 290 年)阐述了海岸沼泽的形成;斯特拉通(Straton,约公元前 335—前 269 年)提出了测深学原理。④

　　天文学的成就丝毫不逊于地理学,这时就有日心说和地心说之争。萨摩斯的阿里斯塔克(Aristarchus,约公元前 310—前 230 年)吸收前人的研究成果,提出了"太阳中心说"。⑤ 巴比伦的天文学家基迪努(Kidinuu,又名基德纳斯,Kidenas,活动于公元前 4 世纪后期或前 3 世纪)发现了分点岁差,计算出每年是 365 天 5 小时 41 分 4.16秒,仅比现在计算的数据少 7 分 16 秒。⑥

　　数学上,欧几里得(Euclid,公元前 4 世纪中期—前 3 世纪中期)的《几何原本》在亚历山大里亚出版,很快流行起来,直到近代,仍然作为教科书使用,其重要性由此可知。欧多克索斯(Eudoxusc,约公

① 参见 F. W. Walbank, *The Hellenistic World*, p. 208;赫·乔·韦尔斯:《世界史纲》,吴文藻等译,人民出版社,1982 年,第 408 页。
② 塔恩说他计算出的地球周长是 252000 斯塔德(stades),可换算为 24662 英里,但真正的周长是 24857 英里。W. W. Tarn, *Hellenistic Civilisation*, p. 302.
③ W. W. Tarn, *Hellenistic Civilisation*, p. 303.
④ 保罗·佩迪什:《古代希腊人的地理学》,蔡宗夏译,第 88 页。
⑤ W. W. Tarn, *Hellenistic Civilisation*, p. 297.
⑥ W. W. Tarn, *Hellenistic Civilisation*, p. 296.

元前 408—约前 355 年)创造了"穷竭法"(method of exhaustion),阿基米德发展了这一方法,计算了 π 值,发现了圆柱体与内切球体积上的关系。佩尔格(Perga)的阿波罗尼乌斯(Apollonius,鼎盛于约公元前 200 年)提出了圆锥曲线的完整理论。

医学上,赫罗菲鲁斯(Herophilus,鼎盛于公元前 3 世纪前半期)"是古代最伟大的解剖学家"。① 他大大扩展了对人的大脑、眼睛、十二指肠、肝和再生器官的知识。埃拉西斯特拉图(Erasistratus,约公元前 304—前 250 年)"是最伟大的生理学家"。他分辨出了大脑和小脑,以自然原理去解释一切生理现象,抛弃了希波克拉底(Heppocrates,约公元前 460—前 370 年)的"体液说",主张通过合理的生活来预防疾病,注重生理治疗。这二人共同发现了神经系统,区别了感觉神经和运动神经。② 两位大师之后,他们的学派分裂,解剖不再继续。③ 科斯人菲利努斯(Philinus of Cos,公元前 3 世纪)建立了经验主义医学学派。此派排除理论,依赖经验和对症状的观察而治病。这二人都在亚历山大里亚行医,足见此地医学发达。威尔·杜兰不胜钦佩地称此城为"古代医学世界的维也纳"。④

物理学以阿基米德(Archimedes)为代表。他发现了杠杆原理、比重原理、浮力定律,制造了天象仪、滑轮组、螺旋吸水器、防守器械,将科学应用于实际。工程学派的创始人是克泰西比乌斯(Ctesibius),他发明了气炮、水风琴、水钟、压水泵、自动剧场、会唱歌的机器鸟等。⑤

生物学的进步虽然不大,实质上仍停留在亚里士多德的水平上,但提奥弗拉斯图的巨著《植物史》(*The History of Plants*)和《植

---

① 威尔·杜兰:《世界文明史》第 7 卷《希腊的衰落》,幼狮翻译中心编译,第 264 页。
② W. W. Tarn, *Hellenistic Civilisation*, p. 348.
③ F. W. Walbank, *The Hellenistic World*, p. 190.
④ 威尔·杜兰:《世界文明史》第 7 卷《希腊的衰落》,幼狮翻译中心编译,第 265 页。
⑤ 参见 C. B. Welles, *Alexander and the Hellenistic World*, Toronto: A. M. Hakkert, 1970, p. 186.

物的本原》(*The Causes of Plants*)总结利用了亚历山大东征的结果,推动了这门学科的发展。①

造型艺术上的杰作首推被列为世界七大奇观中的罗德斯岛太阳神巨像(The Colossus of Rhodes,公元前 290 年),以弗所的阿尔特米斯神殿(the Temple of Artemis,约公元前 290 年)和亚历山大里亚的灯塔(the Lighthouse of Alexandria,约公元前 280 年)。"萨摩色雷斯的胜利女神像"(the Nike of Samothrace),是这一时期的雕塑杰作。②"杀妻后自杀的高卢人"(Ludovisi Gaul Killing Himself and His Wife,约公元前 230—220 年)、"演说家德谟斯提尼"(the orator Demosthenes,约公元前 280 年)、"继业者"(the Diadochus,约公元前 2 世纪)等也都久负盛名。

古籍整理是对古典作品的收集、校订、阐释和编目,主要在公元前 3 世纪的亚历山大里亚和帕加马的图书馆完成。亚历山大里亚学者勘定了希腊古典诗人的准确文本,特别是完成了对荷马史诗的校订。第一个校定本出自泽诺多德斯(Zenodotus)之手(约公元前 275 年)。③ 学者们另一创造性工作是给古典作品作注。这些注释的一部分保存在罗马、拜占庭时代的注释中。编排书目也是他们的一大贡献。卡利马库斯编写了 120 卷本的《希腊图书总目》(*The Catalogue of All Greek Literature*),这二位都曾或可能担任过亚历

---

① C. B. Welles, *Alexander and the Hellenistic World*, p. 188. 威尔·杜兰:《世界文明史》第 7 卷《希腊的衰落》,幼狮翻译中心编译,第 263 页。
② 【补注】关于这件雕塑的时间学界说法不一,但也有一些共识,即这是纪念海战胜利之作,是希腊化时期的作品,此像可能制作于公元前 305 年。据说是"围城者"德米特里(Demetrius,"Poliorcetes",公元前 337—前 283 年)为纪念他在海战中击败勒密一世而作。也可能制作于公元前 2 世纪初,罗德斯人以此纪念他们打败安条克三世舰队的胜利。目前后一种说法比较流行(也是雕塑陈列地卢浮宫的权威说法),但也有质疑。我们期待有新的结论。
③ M. Cary, *A History of the Greek World from 323 - 146 B. C.*, p. 379.

山大里亚图书馆馆长之职。①

东地中海文化中心的出现，各文化分支的大势告成，继往开来的文化巨人与成就，表明了亚历山大之后到公元前 3 世纪希腊化文化的形成和繁荣。但希腊化文化前进的步伐不会就此而止，它强大的生命力已为其后期的再兴开拓了新天地。

三、希腊化文化的余波与渗透
（公元前 2 世纪—前 1 世纪）

公元前 3 世纪末叶起，帕提亚（Parthia）在东方兴起，将塞琉古王国从中斩断。巴克特里亚希腊人孑然独立，而罗马则从西方席卷而来。希腊化王国陷入东西夹攻之中。这一时期的特征是：从东地中海地区看，文化创造的势头似已过去；但从整体上看，希腊化文化还在向四周扩散渗透，特别是向东西两端。罗马人军事上征服了希腊化王国，但却成了希腊化文化的俘虏；巴克特里亚失去了与东地中海的联系，但却把希腊化文化再次带入了印度。而且就是那些过去的文化中心，也不是死水一潭，某些分支，如宗教、史学也正是在地中海及其周边世界的政治格局发生变化之后才得到进一步发展。

（一）文化中心的余波

帕加马可为公元前 2 世纪希腊化文化的象征。它的图书馆于公元前 169 年建立。② 这里成了希腊散文修辞学的中心。此时产生的加大拉（Gadara）大诗人梅利格（Meleager）标志着塞琉古王朝文艺运动的高峰。这一时期，也是描述地理学的黄金时代。罗马在西地中海的征服带来了新地区的发现，有的学者认为利用天文学和数学

---

① 卡利马库斯是否担任过图书馆馆长难以肯定，但塔恩认为，这是有可能的，并将他的任期安排在泽诺多德斯和阿波罗尼乌斯之间。W. W. Tarn, *Hellenistic Civilisation*, p. 270.
② 威尔·杜兰：《世界文明史》第 7 卷《希腊的衰落》，幼狮翻译中心编译，第 210 页。

不足以解决地图问题,就把研究转向于对人类居住之世界的描述。① 这就引起描述地理学或称地志学(Chorography)的新发展。② 这时的地理学大师是波昔东尼斯(Poseidonius,公元前 135—前 51 年),他著有《论海洋》,提出五带的划分,把潮汐之因归于月之盈亏。他也认为一个人向西航行 70000 斯塔德(stade)就会到印度。③ 天文学仍有发展,希帕克(Hipparchus,鼎盛于约公元前 135 年)绘制了有 850 个恒星(还有 1080 个恒星之说)的图表。他推算出的太阳年长度只误差 6 分 14 秒,阴历一月仅差 1 秒。④ 自他之后,希腊化时代再没出现过如此伟大的科学家。历史学重大进步的标志就是波里比乌斯及其《通史》。他生活的时代,正是罗马统一地中海的时代。罗马金戈铁马,横扫迦太基、希腊本土的历史画卷促使他写一部当代的历史,也即罗马自第二次布匿战争以来的扩张史。他的重要贡献在于他的通史思想,即用世界史的眼光来观察、衡量具体的历史事件。希腊化时期的最后一位著名历史家就是前边提到的波昔东尼斯,他写了一部《续波里比乌斯》,下限到苏拉时期。⑤ 雕塑艺术继承了上个世纪的传统,也出现了一些撼人心扉的作品,如帕加马大祭坛(Pergamon Altar)、"拉奥孔"("Laocoon")、"法尔奈斯的公牛"("the Farnese Bull")和"米洛斯的阿芙洛狄特"(即"the Venus of Milo","断臂的维纳斯")等。但雕塑已表露出装饰性、商品化的迹象。大概此时最生机勃勃的是宗教了。萨拉皮斯、伊西斯等传到了希腊本土,萨拉皮斯甚至进入了两河流域的乌鲁克(Uruk)神庙,传

---

① 威尔·杜兰:《世界文明史》第 7 卷《希腊的衰落》,幼狮翻译中心编译,第 169 页。
② 保罗·佩迪什:《古代希腊人的地理学》,蔡宗夏,第 101 页。
③ Strabo, *Geography*, 2. 3. 6. 在他之前,埃拉托斯托尼已提出,从伊比利亚(Iberia,今西班牙)出发,向西可直达印度(Strabo, *Geography*, 1. 4. 6)。参见 W. W. Tarn, *Hellenistic Civilisation*, pp. 303, 305。
④ M. Cary, *A History of the Greek World from 323 - 146 B. C.*, p. 348.
⑤ M. Cary, *A History of the Greek World from 323 - 146 B. C.*, p. 337.

到印度。① 塔恩说："占星术的真正时代是在公元前 2 世纪。"②科学
的衰落、罗马的东进，人们更感到命运的不可捉摸，更关心人和天体
的关系，企图由此寻求解释，占星术提供了这种可能。它的观点是：
一个人的命运在出生时就由星和星座的位置所决定，将来的事件可
以通过对天体的研究而预见。③ 占星术的发源地是巴比伦，但这时
的亚历山大里亚却成了第二个中心。公元前 2 世纪中期，埃及出现
了第一本占星术手册，很快传遍了地中海世界。④ 同时，犹太教弥赛
亚主义的思想也在叙利亚、埃及、小亚产生。⑤ 总之，一神教的趋向
越来越强烈了。

（二）文化外圈的勃兴与渗透

我们之所以对"希腊化即希腊文化东传论"持异议，就是因为，
希腊化，如果只从传播希腊文化的片面意义上来说，它的方向也不
只是东方，而是面向所有希腊人控制和影响之地区。所以，我们的
目光将从希腊化文化的核心地区（或内圈）转向它的边缘（远）地区
（或外圈）。具体而言，这些地区包括西地中海的罗马，黑海地区的
博斯普鲁，小亚的本都、俾提尼亚、卡帕多西亚、亚美尼亚，以伊朗高
原为中心的帕提亚，中亚的巴克特里亚，南亚次大陆的印度，⑥以及

----

① W. W. Tarn, *Hellenistic Civilisation*, p. 121.
② W. W. Tarn, *Hellenistic Civilisation*, p. 346.
③ C. B. Welles, *Alexander and the Hellenistic World*, p. 199.
④ C. B. Welles, *Alexander and the Hellenistic World*, p. 199.
⑤ 苏联科学院主编：《世界通史》第二卷上册，北京翻译社译，第 476 页。
⑥ 这些地区也有区别。严格说，巴克特里亚、印度西北部，甚至远到恒河一带，都曾在希
腊人控制之下。由于帕提亚在伊朗高原的崛起，巴克特里亚希腊人王国和后来的印
度—希腊人王国与东地中海地区分隔，此地的希腊人未能参与希腊化主体文化的创
造，所以，尽管远东以巴克特里亚和印度西北部为中心构成了一个"次希腊化文化圈"，
这里还是把它列入希腊化文化的外圈。【补注】但事实上塞琉古王国一直在设法挽回
对远东地区的控制，特别值得注意的是印度的希腊人王国一直存在到公元前后。印
度—希腊人一方面坚持自己的希腊性，另一方面，主动与当地的文化结合。他们在印
度发行的希印双语币就是很好的证明。而且正是由于巴克特里亚—印度希腊人王国
的存在，远东希腊化文明圈才得以形成。详见杨巨平：《希腊化还是印度化——
"Yavanas"考》，《历史研究》2011 年第 6 期，第 134—155 页；《远东希腊化文明的文化遗
产及其历史定位》，《历史研究》2016 年第 5 期，第 127—143 页。也见本书第四编第
二章。

西亚中非一线的阿拉伯地区、努比亚、麦罗埃等,它们大部分是亚历山大东征后才与希腊文化相接触。希腊文化对当地文化的影响应该说在公元前 3 世纪就开始了。但从影响的深度与广度,以及影响的结果看,公元前 2 至 1 世纪当是水到渠成之时,由于材料所限,笔者只能对大多数地区做面上的概述,而将重点放到罗马和巴克特里亚(大夏)印度。

1. 希腊化文化对罗马的征服

罗马人早就受到希腊文化的影响,但他们对希腊化文化的大规模接触始于他们对南意大利、西西里、东地中海地区的征服。每次战争都是罗马人掠夺财富,特别是希腊艺术品的机会。大批富有才艺的希腊人沦为战俘,被带到罗马。在光彩照人的希腊艺术品、学识渊博的希腊人面前,罗马人自愧弗如,希腊文化对罗马心灵的征服也就势成必然,在这些被俘或作为人质的希腊人中,有后来写四十卷《通史》(*Histories*)的波里比乌斯,有率先把《奥德赛》(*Odyssey*)译为拉丁文的安德罗尼库(Andronicus,约公元前 284—前 204 年),[①]有因著作不可计数("beyond number"——*Suda*)而荣获"博学者"称号的历史家亚历山大(Alexander Polyhistor,公元前 100—前 36 年)。正是这些被俘的希腊人,搭就了希腊化文化向罗马传播的桥梁。公元前 2 世纪,罗马人对希腊化文化兴趣愈高,结果导致了公元前 146 年之后雅典等地因制作雕塑品而迅速复苏。雕塑从宗教开始,以贸易结束,这在很大程度上应归于罗马的需要。

希腊化文化对罗马的影响是多方面的。首先是希腊语,希腊语虽然没有取代拉丁语,但非常流行,成为上流社会的时髦语言。尽管老加图(Cato the Elder,公元前 234—前 149 年)坚持用拉丁文写作,有些罗马人仍用希腊语编写历史著作。如编年史家弗边·毕克多(Fabius Pictor,鼎盛于约公元前 200 年),就用希腊语写了一部

---

① 二十四所高等院校编:《外国文学史》(第一册),吉林人民出版社,1980 年,第 166 页。

《罗马史》，始于特洛伊战争之后埃涅阿斯（Aeneas）逃亡到拉丁姆（Latium），终于第二次布匿战争。① 到公元前 2 世纪末期，罗马的知识阶层人士一般都掌握了希腊语。② 其次是文学。罗马的情诗可能源于亚历山大里亚，③贺拉西（Herace，公元前 65—前 8 年）的文艺理论就来自希腊化新诗学。④ 维吉尔的《埃涅阿斯纪》（Aeneid）模仿荷马史诗。正是亚历山大里亚的学者确定出特洛伊战争发生的时间，他的这部书主人公的起点才能定在公元前 12 世纪。⑤ 维吉尔的"牧歌"模仿提奥克里图斯，贺拉西的讽刺诗和颂歌也是以希腊化作品为模式。⑥ 悲剧、喜剧经过改编在罗马传开。恩尼斯（Ennius，公元前 239—前 169 年）写的悲剧就源于索福克里斯（Sophocles，约公元前 496—前 406 年）。⑦ 希腊化的造型艺术对罗马的影响较深。罗马人对希腊的雕塑、绘画产生了极大的兴趣。罗马的雕塑家擅长历史浮雕和肖像，前者本质上是本地特产，但后者明显表示出"向希腊化希腊的借鉴。"⑧出土于意大利古城庞贝（Pompeii）的"伊索斯之战"（Alexander Mosaic：The Battle of Issus）镶嵌画（约公元前 100 年）即是对希腊画家菲罗克塞诺斯（Philoxenos，一说是科斯人阿佩利斯，Apelles of Kos）画作（约公元前 315 年）的摹本。罗马人广泛利用了希腊的建筑成就，剧场的增多是一个明显的例子。史学上，罗马人也得益匪浅。在第凯尔库斯的激励下，瓦罗（Varro，公元前 116—前 27 年）遵循其全面、准确的风格，写了一部《罗马人的生活》（*Life of the Roman people*），但他的另一巨著《罗马古史》（*Roman*

---

① 他在书中首次推算出罗马建城于"第八次奥林匹克运动会的第一年"，即公元前 747 年，也可见希腊纪年传统对罗马的影响。
② E. S. Gruen, *The Hellenistic World and the Coming of Rome*, *Vol. I*, Berkeley：University of California Press, 1984, p. 258.
③ J. B. Bury, et al., *The Hellenistic Age*, p. 56.
④ 缪朗山：《西方文艺理论大纲》，中国人民大学出版社，1985 年，第 112 页。
⑤ Moses Hadas, *Hellenistic Culture：Fusion and Diffusion*, p. 254.
⑥ 缪朗山：《西方文艺理论大纲》，第 109 页。
⑦ F. W. Walbank, *The Hellenistic World*, p. 248.
⑧ M. Cary, *A History of the Greek World from 323-146 B. C.*, p. 317.

Antiquities)却超越前者的模式,后来居上。① 老加图是罗马史学的真正奠基者,他的《罗马历史源流》(*Origines*)虽用拉丁语写出,但也受到希腊史学模式的影响。② 罗马哲学实际是希腊化哲学的一部分,斯多亚派哲学最适合他们的需要。中期斯多亚派的代表人物巴内修(Panaetius,公元前 185—前 110/109 年)通过罗马名将小西庇阿(Scipio,公元前 185—前 129 年)的社交圈子(Scipionic Circle),使斯多亚哲学进入罗马。伊壁鸠鲁的"原子论"为卢克莱修(Lucretius,约公元前 99—前 55 年)所继承。他是古希腊原子论的集大成者。他的著作《物性论》(*On the Nature of Things*)全部保存到现在。希腊化的个人崇拜、王权神化也给罗马以影响。罗马将军的个人崇拜从公元前 2 世纪早期也开始形成,弗拉米尼努斯(Flamininus,公元前 198 年任执政官)就是如此。③ 这是罗马皇帝神化的前兆。④ 罗马城像东地中海的许多港口一样,欢迎来自叙利亚、小亚、埃及的神祇。小亚弗里吉亚(Phrygia)的主宰自然界之神阿提斯(Attis)于公元前 204 年传入罗马,逐渐成为罗马宗教崇拜的一部分。⑤ 另一安纳托利亚(Anatolia)母神玛(Ma)在苏拉(Sula)独裁时(公元前 82—前 79 年)传入罗马。⑥ 萨拉皮斯崇拜最后也传到了罗马。⑦ 罗马以创制法律而著名,但它的法学也受到希腊化的影响,提奥弗拉斯图(Theophrastus)撰写过一篇法学论文,开辟一新的研究领域。卡里认为:在此领域里,追随他的罗马人要比希腊人多。⑧

————————

① M. I. Finley, ed. , *The Legacy of Greece*, p. 172.
② F. W. Walbank, *The Hellenistic World*, p. 248.
③ F. W. Walbank, *The Hellenistic World*, pp. 248 – 249.
④ 其实,对亚历山大的个人崇拜早已有之,后来罗马皇帝的官方崇拜即来源于此。W. W. Tarn, *Alexander the Great*, I. *Narratives*, p. 146.
⑤ M. H. 鲍特文尼克等编著:《神话词典》,黄鸿森、温乃铮译,北京:商务印书馆,1985 年,第 35 页。
⑥ M. H. 鲍特文尼克等编著:《神话词典》,黄鸿森、温乃铮译,第 191 页。
⑦ Moses Hadas, *Hellenistic Culture*:*Fusion and Diffusion*, p. 189
⑧ M. Cary, *A History of the Greek World from 323 – 146 B. C.*, p. 355.

希腊化文化对罗马的影响是巨大的,诚如塔恩所言:"教育罗马的不是旧日的希腊,而是同代的希腊主义",①以致我们有理由把它置于希腊化文化圈之内。但是罗马在接受希腊化文化时,不是机械地效仿,而是尽量使其形式适于自己的传统和需要。罗马剧作家普劳图斯(Plautus,约公元前254—前184年)的情节来自希腊化的新喜剧,但却体现了罗马社会的特征。② 罗马采用了希腊建筑中的柱式系统,但却把柱式基本当作一种装饰。假柱式是罗马神殿建筑中最显著的特征。这是把希腊和埃特鲁里亚(Etruria)的建筑特点合二为一。③ 罗马人也建了不少剧场,但不像希腊人那样依山而建,而是一独立的建筑物。总之,罗马人是有选择的接受。罗马是希腊化文化达到今日的重要通道,但它传给我们的是"不完整的希腊"。④

2. 希腊化文化对巴克特里亚、印度的渗透

巴克特里亚在希腊化时期具有重要地位,⑤希腊化文化对中亚、印度(甚至中国)的渗透基本是由它实现的。

这里所说的巴克特里亚实际上包括阿姆河对岸的索格底亚那。

① 见 W. W. Tarn, *Hellenistic Civilisation*, p. 1。塔恩还说过:"那个教育了罗马的希腊就是亚历山大所创造的希腊化世界。"(W. W. Tarn, *Alexander the Great*, I. *Narratives*, p 146.)卡里也持同样的观点,他说:"一般认为,罗马是希腊的学生,但人们经常忘了是希腊化的希腊而非古典的希腊,才是罗马的真正老师。"(M. Cary, *A History of the Greek World from 323 - 146 B. C.*, p. 375)
② M. I. Finley, ed. , *The Legacy of Greece*, p. 432.
③ 科尔宾斯基等:《希腊罗马美术》,严摩罕译,第 221 页。
④ M. I. Finley, ed. , *The Legacy of Greece*, p. 433.
⑤ 关于巴克特里亚的历史地位,有两种针锋相对的观点。塔恩把巴克特里亚—印度的欧泰德姆斯王朝(Euthydemids)视为与塞琉古(Seleucids)、托勒密(Ptolemies)、安提柯(Antigonids)、阿塔利(Attalids)并列的王朝。他认为:不论在任何方面,或是在统治的范围上或是在他们试图所作的一切上,它都要比先后处于埃及和罗马庇护之下的阿塔利王朝重要得多。(W. W. Tarn, *The Greeks in Bactria and India*, Cambridge University Press, 1951, "Introduction", p. xx)。但纳拉因认为希腊—巴克特里亚和印度—希腊人王国孤悬远东,与中东的希腊化国家早已分道扬镳,不可同日而语,而且希腊人在巴克特里亚和印度的统治并未像他们在叙利亚和埃及那样,能够从亚历山大起一直延续下来,而是中间插了一个孔雀王朝。因此,"印度希腊人(Indo-Greeks)的历史是印度史的一部分,而不是希腊化国家历史的一部分。"(A. K. Narain, *Indo-Greeks*, Oxford: The Clarendon Press, 1957, "Introduction", p. 11)Arrian, *Anabasis of Alexander*, 4. 22.

亚历山大曾在此地转战 3 年(公元前 330—前 327 年),通过军事镇压、建立城市和联姻笼络手段征服了此地的部族。他在此留下了约 13500 名驻军。① 他死后,此地的希腊人曾试图返回希腊,但遭到镇压。此后的总督几度易人,但大约在公元前 3 世纪中期,此地的总督狄奥多托斯(Diodotus,约公元前 250—前 230 与其子在位)宣布独立,脱离塞琉古王朝。此后,该王国先后被三个家族统治。公元前 2 世纪初,国王欧泰德姆斯(Euthydemus,约公元前 230—前 200 年)之子德米特里(Demetrius,约公元前 200—前 190 年)进入印度,开启了印度—希腊人的统治时期。控制范围包括兴都库什山以南、印度河流域,甚至一度进军恒河流域。公元前 2 世纪中期,由于北方游牧民族(塞人、斯基泰人),尤其是从中国西北方向迁徙而来的大月氏人的南下,希腊人王国在巴克特里亚地区的统治结束了。其残余先是退到东部山区,后全部撤入印度。他们在印度建立诸多小王国,有的存在到了公元前后。② 这就是巴克特里亚和印度—希腊人的简史。可以看出,这里的希腊人事实上与东地中海的希腊化王国相始终。他们的存在主要是通过考古发掘和钱币材料得以证明。其中,位于今阿富汗东北角的阿伊·哈努姆遗址最有代表性。

从该遗址中可以看出,尽管它离希腊化中心那么遥远(约 3000 英里),但仍保持了希腊化文化的特点。此城建于亚历山大时期,还是塞琉古王国时期,尚有争论。但是希腊人所建无疑。城中居民有希腊人、色雷斯人,可能也有不少当地人。城内有体育馆、图书馆、神庙、剧场(可容纳 5000 人)。有的柱式是科林斯式的,一个石座上刻写着来自德尔斐的道德箴言,铭文是真正的标准希腊语。在宫殿中发现的陶罐残片上,有希腊文符号。最为惊人的是,在明显是图

---

① Arrian, *Anabasis of Alexander*, 4. 22.
② 【补注】关于这些巴克特里亚和印度—希腊人国王的在位年代和统治范围,参见 O. Bopearachchi, *Monnaies gréco-bactriennes et indo-grecques*, *Catalogue Raisonné*, Paris:Bibliothèque Nationale, 1991, p. 453(Tableau 5).

书馆的遗址内,发现了清晰可辨的一页哲学文稿的墨迹,这似乎是由亚里士多德派的一个成员所作。① 这些发现,证明了在与希腊化中心世界隔绝的情况下希腊化文化顽强的生存能力。然而,巴克特里亚希腊人并非自我封闭。他们与西伯利亚和南俄进行贸易,他们的珠宝类和雕金术的艺术品已在这些地区发现,这些艺术品肯定是由希腊—伊朗的艺术家制造,②可以设想艺术上的汇合。这样的艺术品与他们的钱币(本身也是艺术品),一道把希腊化文化带到更为遥远的地方。公元前 2 世纪初的巴克特里亚与当时的西汉王朝有无接触,难以考证,但据斯特拉波,它在欧泰德姆斯时,"向赛里斯(Seres)和弗里尼(Phryni)扩展"。③ Seres 一般认为即中国。④ 但此时的中国还处于西汉初年,距离遥远,Phryni 一说是指匈奴,但匈奴此时也还没有扩张到塔里木盆地。因此,这时的赛里斯和弗里尼大概只能是巴克特里亚以东帕米尔高原西侧一带。发现于塔里木地区的一个汉文陶土印章上,呈现出希腊式的图案:马其顿的雅典娜(Athena Alcis,马其顿都城 Pella 的城市女神)和一个似乎是巴克特

---

① 关于阿伊·卡努姆的材料来自 F. W. Walbank, *The Hellenistic World*, p. 60；R. L. Fox, *Alexander the Great*, p. 482；John Boardman, Jasper Griffin, Oswyn Murray, ed., *The Oxford History of the Classical World*, pp. 340, 343.【补注】这是当时所能见到的关于这一遗址的最新资料。距离 1978 年苏联入侵阿富汗,发掘被迫中止近 10 年。应该说,西方学者的反应还是很快的。笔者对这一遗址的进一步了解及其历史价值的认识是在读了法国考古队负责人 P. 伯纳德的两篇专题文章之后。详见杨巨平:《阿伊·哈努姆遗址与希腊化时期东西方诸文明的互动》,《西域研究》2007 年第 1 期,第 96—105 页。2013—2014 年间,笔者在哈佛大学希腊研究中心看到了已经公开发表的考古报告,扫描了部分内容。与笔者有多年良好合作关系的法国国家科学研究中心的波比拉赫奇(Osmund Bopearachchi)教授和勒里什(Pierre Leriche)教授,都曾参与了对该遗址的发掘,后者还是发掘报告第五卷的撰稿人。通过他们的著作和介绍,笔者对该遗址的了解又加深了一步。2018 年,阿富汗出土文物宝藏在故宫博物院展出,笔者终于亲眼看到了出自该遗址的实物,对该遗址的希腊化性质有了立体、直观的感觉。笔者的结论是,尽管其中有不少明显的东方或地方因素,但希腊化因素终究还是占主流地位,该遗址应是巴克特里亚希腊人王国的东都,是一个典型的希腊化城市。
② M. Rostovtzeff, *The Social and Economic History of the Hellenistic World*, p. 546.
③ Strabo, *Geography*, 11. 11. 1.
④ 纳拉因认为 Seres 可能初指疏勒,后来指整个中国。A. K. Narain, *Indo-Greeks*, p. 171.【补注】笔者后来对此二地所指做过一点考证,详见:《亚历山大东征与丝绸之路开通》,《历史研究》2007 年第 4 期,第 150-161 页。收入本书第四编。

里亚希腊人国王狄奥多托斯(Diodotus)的头像,有的学者据此认为:希腊的影响在希腊化时期就达到中国境内。①

　　希腊文化与印度文化的接触,在亚历山大东征时即已发生,他曾在阿拉科西亚(Arachosia)的坎大哈(Kandahar,今阿富汗境内)建一殖民地(Alexandria-in-Arachosia)。他留下一些老兵,六千个希腊人。此地后来由塞琉古王朝让与孔雀帝国。但这里的居民基本保持了希腊的文化传统。据福克斯,坎大哈是一个拥有希腊哲学家、翻译、工匠、教师的城市,在那里,人们可以阅读古典作品或上演希腊悲剧。不过从阿育王发布的希腊语敕令来看,似乎这里的希腊人皈依了佛教。这个敕令是用清晰的希腊字母和完美的希腊哲学语言表述的,②他这样做的目的显然是为了便利当地人的阅读。然而对印度影响最深入的是公元前 2 至前 1 世纪的巴克特里亚和印度—希腊人。他们采取文化融合政策。印度的神出现在他们的钱币

---

① M. Cary, *A History of the Greek World from 323 - 146 B. C.*, p. 316.【补注】关于印度—希腊人与中国的关系,《汉书·西域传》有关罽宾的记载与此有关。但如何把中文资料提到的罽宾国王乌头劳和容屈王子阴末赴与当地的印度—希腊人国王 Hermaeus 和印度—斯基泰人国王 Spalyris 或 Spaliris 的关系搞清楚,至今是个学术难题。塔恩和纳拉因对此也有论述,但二人在具体的人物认同上意见分歧。见班固:《汉书》,中华书局,1962 年,第 3884—3887 页;W. W. Tarn, *The Greeks in Bactria and India*, Cambridge University Press, 1951, pp. 339-342, 418, 469-473;A. K. Narain, *Indo-Greeks*, Oxford: The Clarendon Press, 1957, pp. 154 - 155. 笔者在前人研究的基础上,逐步提出了自己观点,详见杨巨平:《希腊化还是印度化——"Yavanas"考》,《历史研究》2011 年第 6 期,第 134—155 页;《两汉中印关系考——兼论丝路南道的开通》,《西域研究》2013 年第 4 期,第 1—12 页;《传闻还是史实——汉史记载中有关西域希腊化国家与城市的信息》,《西域研究》2019 年第 3 期,第 23—35 页。
② R. L. Fox, *Alexander the Great*, pp. 482, 483, 494 - 495. 福克斯认为这些希腊人"对佛教的皈依是十分可能的","希腊人佛教徒并非不普遍"。

上；①有的印度人在希腊人城市做了民事官吏。② 印度佛教本身就是唯心主义哲学的又一表现形式。希腊人对佛教的了解，也就意味着两个民族哲学上的相会。统治印度的一位希腊人国王米南德（Menander，约公元前 155 年—前 130 年）曾和印度佛教高僧那先（Nagasena）有两篇对话，至今还以巴利文的形式保存着，并且一部分有中文译本。③ 他可能就皈依了佛教，成了在家的居士。

希腊化文化与佛教文化融合之最大、最有深远意义的成果是犍陀罗艺术。

犍陀罗（Gandhara）在阿育王（Ashoka，约公元前 268—前 232 年在位）时成为佛教地区，他死之后和公元前 2 世纪，处于巴克特里亚和印度希腊人统治之下。所谓犍陀罗艺术，就是希腊艺术形式与佛教精神的结合。④ 以前，佛教没有专门的偶像崇拜。希腊人至此后，才出现了佛陀的形象。佛陀塑像的原型既是身穿外套的亚历山大里亚式的智者，又是"希腊固有的救世神阿波罗"。⑤ 把抽象的

---

① R. L. Fox, *Alexander the Great*, p. 494.【补注】现知共有三位印度的神出现在印度—希腊人国王阿伽托克勒斯（Agathocles，约公元前 190—前 180 年）和潘塔勒翁（Pantaleon，约公元前 190—前 185 年）的钱币上，其一是男性神大力罗摩（Samkarsana），其二是黑天（Vasudera-Krishna，克利须那），其三是肥沃和丰饶女神拉克希米（Lakshmi，也译"吉祥天女"）。详见 O. Bopearachchi, *Monnaies gréco-bactriennes et indo-grecques*, *Catalogue Raisonné*, Pl. 7（Agathocle, serie 9 - 10），9（Pantaleon, serie 6）.
② J. M. Cook, *The Greeks in Ionia and the East*, London：Thames and Hudson, 1962, p. 166.
③ 这段话载于佛经《那先丘比经》和巴利文《弥兰陀王问经》，见任继愈主编：《中国佛教史》，中国社会科学出版社，1981 年，第 75 页。【补注】关于汉译本，详见《大正新修大藏经·论集部》全第 32 卷 No.1670（A，B）。关于米南德皈依佛教问题，笔者已有专文论及，详见《弥兰王还是米南德？——〈那先比丘经〉中的希腊化历史信息考》，《世界历史》2016 年第 5 期，第 111—122 页。
④ 关于犍陀罗艺术出现的时间，学界争议很多，有两种基本观点。一种认为是在贵霜帝国时形成；一种认为是在巴克特里亚希腊人统治印度西北部之时，格鲁塞、卡里持此观点。见 R. 格鲁塞：《从希腊到中国》，常书鸿译，浙江人民美术出版社，1985 年，第 27 页；M. Cary, *A History of the Greek World from 323 -146 B.C.*, p. 316. 我倾向于后一种观点，但不否认第一种观点。前者是形成，后者是起源，二者不可偏废。
⑤ R. 格鲁塞：《从希腊到中国》，常书鸿译，第 28、30 页；Moses Hadas, *Hellenistic Culture：Fusion and Diffusion*, p. 231；又见雷海宗编：《世界上古史》，第 59 页；【补注】雷海宗著、王敦书整理：《世界上古史讲义》，中华书局，2012 年，第 54 页。

"佛"体现为形象的"人",正是犍陀罗艺术重要意义之所在。现存最早的佛陀像(藏于柏林民俗博物馆)可以明显看出希腊化的特征,座像上半身的衣物形状完全是希腊式的,但大腿上衣物的皱褶却垂直伸下,好像与坐像无关似的。学者们的解释是:习惯于制作站立雕像的希腊雕刻家被新的问题所为难,只好如此而已。① 此外,希腊化艺术的影响还可通过这一时期佛教雕刻中科林斯式柱子,穿希腊服装的妇女以及人物的姿态、表情等表现出来。犍陀罗艺术对佛教的传播起了不可估量的作用。希腊化的艺术形式承载佛教精神远出印度之外,传至今日,不能不说是世界文化交流史上的奇迹。

3. 希腊化文化对其他周边地区的影响

帕提亚介于巴克特里亚与塞琉古两个王国之间,它本身又是脱离塞琉古而独立的,希腊化文化对它的影响是肯定的。② 它采用了塞琉古朝的历法,③在尼萨(Nisa)宫廷,饮器莱通(rhyton)上雕刻着酒神的传奇故事,树立着阿芙洛狄特、赫拉克勒斯(Heracles)、赫拉(Hera)的大理石雕像,上演希腊的戏剧。宫廷柱子是科林斯式的阿堪突斯叶形。④ 另外,在阿姆河之外游牧人的遗骸中发现了一些青铜奥波尔(Obol),这些小币塞在死者的口里。这可能是接受了希腊人向冥界摆渡人卡戎(Charon)献礼的风俗。⑤

小亚的卡帕多西亚、本都、亚美尼亚和俾提尼亚仍保持以前的政治文化传统,但也在不同程度上受到了希腊化文化的影响。它们都接受了希腊化的崇拜名称(cult-names),宫廷中使用希腊语言和

---

① Moses Hadas, *Hellenistic Culture: Fusion and Diffusion*, pp. 230 – 231.
② 汤因比把它称为"亲希腊帝国"(Philhellene Empire),认为它是希腊文化的"保护者、赞助者"。Arnold J. Toynbee, *Hellenism: The History of A Civilization*, New York: Oxford University Press, 1959, p. 183.【补注】关于帕提亚人与希腊化文化的关系,详见杨巨平:《帕提亚王朝的"爱希腊"情结》,《中国社会科学》2013 年第 11 期,第 180—201 页。
③ W. W. Tarn, *Hellenistic Civilisation*, p. 161.
④ R. L. Fox, *Alexander the Great*, pp. 492 – 493.
⑤ R. L. Fox, *Alexander the Great*, p. 490.

名号(titles),供养酒神艺术家。它们尽力招徕希腊学者。国王用自己的名字命名新建的城市。① 这些国家中,俾提尼亚受希腊化的程度可能要深一些。尼科米德斯在位时(Nicomedes,约公元前279—前250年),建一希腊式城市作为都城,以他命名(Nicomedia),吸引了不少希腊人。他努力显示他的泛希腊主义,发行希腊式钱币,修建大型希腊式神庙,为他在奥林匹亚(Olympia)树立雕像,力图与希腊化国王并列。本都也受到希腊化的影响。黑海沿岸重要希腊商业城市阿米苏斯(Amisus)、西诺普(Sinope)就在其统辖之下。西诺普在公元前183年之后成为它的都城。阿米苏斯有一种陶器,纹饰和式样包含着安纳特里亚(Anatoria)、伊朗和少量希腊化的因素。② 虽然托勒密一世从西诺普请到萨拉皮斯神像的传说属于公元前3世纪,但也可反映出此地与亚历山大里亚的关系。在亚美尼亚,希腊悲剧家幼里披底斯(Euripides,约公元前485—前406年)的诗句被抄写,也许作为学校的课本使用。③ 它的一位国王阿塔瓦斯德(Artavasdes,约公元前55—34年在位)还写了希腊语的剧本。④

　　博斯普鲁是南俄受希腊化文化影响较深的地区。它的统治区域包括若干个希腊城市,因此希腊文化与当地文化相互交织。这些城市中的艺术家和手艺人继续为当地居民和草原上的统治者服务,他们肯定适应了当地游牧民族的爱好和时尚。他们获得了成功,从此地墓中出土物即可得到证明。⑤ 南俄的希腊化文化成分,有一部分是塞种人(Sakas)和萨尔马提亚人(Sarmatians)从巴克特里亚转手而来。在希腊化文化影响下,当地的艺术品涉及当时的宗教主

---

① W. W. Tarn, *Hellenistic Civilisation*, p. 170.
② M. I. Rostovtzeff, *The Social and Economic History of the Hellenistic World*, pp. 592 - 593.
③ R. L. Fox, *Alexander the Great*, p. 492.
④ Plutarch, *Crassus*, 33.
⑤ M. I. Rostovtzeff, *The Social and Economic History of the Hellenistic World*, p. 641.

题。在库班(Kuban)地区发现的金属饰物上就有一希腊化的命运女神的形象。①

努比亚(Nubia)是托勒密埃及的贸易伙伴之一,来往较多。公元前2世纪的西蒙尼德(Simonides)在努比亚都城麦罗埃(Meroe)居住了五年,写了一本介绍埃塞俄比亚的书。② 后期希腊化的青铜雕像中,就有一名为"努比亚小孩",③由此可见文化上的联系。阿拉伯地处希腊化世界南路通商要道,与埃及、塞琉古王国相邻,商业上的来往是肯定的,但文化上的影响是模糊不清的,我们只知道南阿拉伯的统治者曾模仿塞琉古朝和托勒密朝的货币。④

至此,希腊化文化的整体发展过程和大致轮廓可以说粗线条地勾勒出来了,但这只是考察的第一步。我们的任务不只是描绘图景,而是要对这一文化图景进行综合分析,寻求其总体结构上的基本特点。

---

① M. I. Rostovtzeff, *The Social and Economic History of the Hellenistic World*, pp. 546, 600; plate LXVⅢ.
② M. Cary, *A History of the Greek World from 323 - 146 B. C.*, p. 326
③ 科尔宾斯基等:《希腊罗马美术》,严摩罕译,图片136乙。
④ 苏联科学院主编:《世界通史》第二卷上册,第459页。

第三章　希腊化文化的多元性

　　多元性是希腊化文化的显著特点之一。这是由希腊化世界地域广大、各地文化传统和发展层次不同决定的。如前所述,希腊本土(包括小亚爱琴海沿岸)是希腊文化的策源地,埃及、巴比伦、印度已有数千年的文化传统,就是在小亚、叙利亚、腓尼基等东地中海沿岸地区,当地的文化也源远流长。但在其他地区,如亚洲的内陆、中亚草原、阿拉伯、中非,甚至意大利半岛的罗马,那里的文化还处于刚刚起步的阶段。在这个世界里,既有希腊文化与埃及、巴比伦文化旗鼓相当的对峙,也有希腊化文化对游牧文化与姗姗来迟的罗马文化的居高临下之势。既有中心地区的文化交流,也有对周围地区的辐射。在这样的区域里,希腊文化与当地文化的交流肯定会出现程度上的不同。从上一章的分析已经看到,文化内圈——东地中海地区是希腊化文化的中心,其主要分支、各种文化成就都在那里发生。但这里呈现出一个很明显的特征,即虽然希腊文化的形式占着主导地位,其他文化的因素也明显存在,有的分支还占着相当大的比例。在文化外圈,我们既能看到希腊文化的渗透,也能看到当地的文化传统仍保持其基本面貌和精神。当然,这里也有差别。希腊化文化对印度的影响就远不如对罗马的深入、强烈。不过,即使在罗马,传到那里的希腊文化也逐渐拉丁化。作为整体的希腊化文化最后终于随着罗马帝国的建立不复存在。

　　因此,在这样不同层次、传统的文化之不同程度的交汇中生长起来的希腊化文化,在合成因素上具有多元性也就不足为奇了。

这种多元性主要表现在三个方面。

一、文化的本体构成

文化本体即文化本身的形式和内容,再具体说,就是前边分析过的六大文化分支。它们是各地区文化因素的汇集与凝聚,是多元性的直接体现。因此,分析每一分支的因素构成,特别是分析希腊文化之外的其他文化因素的注入,就能较清晰地看出各文化因素的分布与比重,就能从整体上更好地把握希腊化文化多元性的特点。诚然,在希腊化文化的某些方面,确实难以看出两种或多种文化结合的痕迹,但这一事实并不能否认其整体多元性的存在。就各个分支而言,宗教、科学、艺术、哲学可能较之于文学和史学更能体现出其内在的多元因素。

(一)宗教

宗教上的多元因素最为突出。希腊的奥林帕斯神崇拜、奥尔弗斯秘教(Orphism),埃及的阿蒙神(Ammon)、伊西斯、奥西里斯(Osiris)、阿皮斯(Apis)崇拜,巴勒斯坦的犹太教,原波斯的琐罗亚斯德教(Zoroastrianism),巴比伦的占星术、马都克(Marduk)崇拜,叙利亚、安纳托利亚的各种地方神,都一起涌入了希腊化宗教的混合之流。

威尔·杜兰曾经这么感叹道:"希腊人把哲学献给东方,东方人把宗教献给希腊。"东方人到底接受了希腊的哲学与否,容当后论,但东方把宗教献给希腊,在很大程度上则是事实。希腊人首先接受了许多东方神祇,或把它们与希腊神等同起来,或赋予其新的功能与特征,作为共同崇拜的对象。流行于希腊化世界的萨拉皮斯崇拜并非降自希腊的奥林帕斯山,而是植根于埃及的尼罗河畔。萨拉皮斯崇拜虽然是从埃及的奥西里斯—阿皮斯(Osiris-Apis)崇拜发展而

来,但实则一位新神,是埃及和希腊宗教合流的结果。这一点不仅
体现在他受到希腊人国王的顶礼膜拜,而且体现在他的外在特征
上。亚历山大里亚城萨拉皮斯大庙中的塑像就是这些合成因素的
反映。首先,这个神的面部看上去像慈祥的宙斯,头上戴的麦斗冠
(wheat-container)是多产、丰饶(fertility)的标志。他的左手执一权
杖,表明他像希腊医神阿斯科勒庇俄斯(Ascleopius)一样,是救死扶
伤、恢复健康之神。在他的右膝旁,有一只三头狗,表明他像埃及的
奥西里斯(Osisris)一样,是冥界之神,或像希腊的哈得斯(Hades)或
普路托(Pluto),也是冥界之神。他大致还可以和其他希腊神(如酒
神、赫拉克勒斯)和埃及神相等同。[1]　有的学者甚至认为巴比伦主神
马尔都克(Marduk)也属此列。[2]　他也是个可以发布神谕的神。那
些已经旅行或将要出发的人们,那些为不能前来的亲友们祈祷的人
们,成群结队而来,拜访他的神庙。[3]

　　埃及神并非唯一被希腊人接受的神,许多亚洲的神也被希腊人
接受或认同。叙利亚的女神阿塔耳伽提斯(Atargatis)和风暴之神
哈达德(Hadad)被认同为希腊的阿芙洛狄特(Aphrodite)和宙斯,腓
尼基推罗城的守护神墨尔夸特(Melquart)被认同为赫拉克勒斯,腓
尼基和迦南人的女神阿斯塔特(Astarte)也被认同为阿芙洛狄特。
这些东方神和安纳托利亚的大母神库柏勒(Cybele)、弗里吉亚
(Phrygia)的大男神(Attis)、弗里吉亚的天父神(Sabazius)等都在希
腊城市,特别是在罗德斯岛、提洛岛(Delos)、帖萨利(Thessaly)的德
米特里亚斯(Demetrias)城流行。[4]

　　更重要的是宗教仪式和观念的结合。东方与希腊此前都有秘教,
但这时奥尔弗斯教的入会式移植到东方的秘教上。[5]　按照希腊秘教的

---

① Moses Hadas, *Hellenistic Culture：Fusion and Diffusion*, p. 189.
② W. W. Tarn, *Hellenistic Civilisation*, p. 356.
③ C. B. Welles, *Alexander and the Hellenistic World*, p. 198.
④ F. W. Walbank, *The Hellenistic World*, p. 221.
⑤ F. W. Walbank, *The Hellenistic World*, p. 221.

理论,只要履行入教仪式,就好像领到了通往极乐世界的"通行证",就永
远与神同在,就意味着已经得救。这对于那些受命运摆布、求告无门的
人来说,无疑具有强大的吸引力。秘教流传不衰的原因就在于此。

占星术是巴比伦对希腊化宗教的最大贡献。① 它在希腊化世界
的流行是巴比伦"天人对应"(Correspondence)论与希腊人的命运观
在动荡不安的时代中结合的产物,也是巴比伦的天文学知识、埃及
的神圣智慧(集于埃及的智慧神和月神 Thoth 一身)和希腊的理性
主义奇妙结合的结果。② 巫术随着占星术的泛滥于公元前 2 世纪倾
入希腊化世界,所有的源流——亚述的、巴比伦的、安纳托利亚的、
波斯的、犹太的都汇集到埃及的水库里,然后从埃及浇灌整个大地。
它的基本思想是:使用适当的手段,神就可遂人愿。③ 也许这是东方
的巫术与希腊占卜术的结合,只不过前者主动,是向神要求,后者被
动,听命于神意。国王崇拜是希腊的英雄崇拜与东方王权神化的合
一。托勒密、塞琉古、帕加马王朝都行此崇拜,但马其顿例外。④ 这
正好说明东方影响因地而异。

还有一些其他宗教因素传入,但混合结果不太明显。如佛教、
犹太教。佛僧公元前 1 世纪肯定到过亚历山大里亚,此地的一块墓
碑上刻有法轮和湿婆的标志 trisula,三叉戟或三尖状之物。⑤ 而且
早在阿育王时,他就派人到希腊化世界的五个地区(塞琉古王国、托
勒密埃及、马其顿、昔列尼、伊庇鲁斯)传教,⑥福克斯也认为此时佛

① 当然,在巴比伦人那里,占星术和天文学并无明显的区别,实际上,他们研究天文学的
　出发点往往还是占星术。
② C. B. Welles, *Alexander and the Hellenistic World*, p. 199.
③ W. W. Tarn, *Hellenistic Civilisation*, p. 352.
④ M. Cary, *A History of the Greek World from 323－146 B. C.*, pp. 367－369.
⑤ W. W. Tarn, *Hellenistic Civilisation*, p. 248.
⑥ N. A. Nickam and Richard Mckeon: *The Edicts of Asoka*, University of Chicago
　Press, 1958, p. 29. 转引 Moses Hadas, *Hellenistic Culture: Fusion and Diffusion*,
　p. 188.【补注】Ven. S. Dhammika, *The Edicts of King Ashoka*, Kandy Sri Lanka:
　Budhist Publication Society (The Wheel Publication No. 386/387), 1993, "the
　Fourteen Rock Edicts": No. 13.

教西传到叙利亚,可能促进了地中海历史上第一次寺院运动。① 米南德的出家与希腊视觉艺术注入佛教②(即犍陀罗艺术的诞生)应是希腊与东方宗教结合中的一段趣史。犹太人坚持自己的宗教独立性,但也受到希腊宗教的影响(详见第五部分),希腊语《圣经》的译出,也可能对希腊人产生了一些影响。

虽然东方宗教的影响是巨大的,大有取代奥林帕斯神系之势,但并不意味着希腊神崇拜的衰微。托勒密等希腊化国王都自称是奥林帕斯神的后裔,都把希腊的主要神灵作为他们的保护神,就证明了这一点。而且佛陀的形象阿波罗化,也说明了希腊人宗教观念的根深蒂固,说明他们总是试图把东方的神和自己民族的神相认同。

(二)科学

希腊化时期的科学之所以取得最为辉煌的成就,其主要原因就是希腊人吸收了东方的科学成果,两大科学源流在这一时期相会。③

科学上的多元性主要表现在天文学、植物学、数学和医学上。

巴比伦人对希腊化天文学的贡献在于它提供了大量的天文观测资料和研究成果,输送了一些学识卓越的天文学家。巴比伦等地的天文观测记录自亚历山大之后,就源源不断地流向亚历山大里亚和其他文化中心。一批巴比伦人的著作被译为希腊文。鼎盛于约公元前240年的著名天文学家和占星家苏迪尼斯(Sudines)就名列其中。到公元前2世纪,许多巴比伦的资料可供希腊人使用,其中包括著名天文学家基德那斯的著作。④ 希帕克肯定利用了巴比伦的日、月食记载和其他资料。他从基德那斯那里吸收了251个太阳月

① R. L. Fox, *Alexander the Great*, p. 484.
② 参见 Arnold J. Toynbee, *Hellenism: The History of A Civilization*, p. 211.
③ 塔恩说过:"我们认为科学本质上是欧洲的,但希腊化时代的天文学却部分地归之于巴比伦人。"(W. W. Tarn, *Hellenistic Civilisation*, p. 295)他的前半句似有进一步商榷的必要,但它的后半句却是道出了历史的真实。
④ W. W. Tarn, *Hellenistic Civilisation*, p. 297.

等于 269 个近点月的说法。① 希帕克使用的更为精确的、供天文研究之用的水平仪,也是依据巴比伦式样做成的。② 他的星图就是在把自己的研究成果与巴比伦、早期希腊天文资料进行比较的基础上绘制而成。③ 底格里斯河畔的塞琉西亚是希腊、巴比伦天文学交汇的又一中心,两地的天文学家在此合作研究,当地人塞琉古(Seleucus,约公元前 190—前 150 年)就是阿里斯塔克"太阳中心说"的支持者。有些巴比伦天文学家到东地中海沿岸传播知识,贝罗苏斯、苏迪尼斯就是其中的代表。后者曾到帕加马阿塔罗斯一世的宫廷担任顾问,据说利用图表计算出了月亮的运动,被认为是把巴比伦天文学知识传授给希腊人的重要学者。④ 最后,简单实用的埃及太阳历代替了复杂的希腊历法。⑤

植物学上,提奥弗拉斯图的《植物史》和《植物本原》中,包括许多亚洲的植物标本,这是由于亚历山大东征才第一次为希腊人所认识的。⑥ 他在描写无花果树及枣椰树的传粉与授精时,采用了巴比伦人的说法。⑦

医学上,也许是从巴比伦人那里,希腊化时代的希腊人采用了委任公共医官的做法。⑧

数学上,亚历山大里亚的科学家们肯定利用了埃及的几何数学知

---

① W. W. Tarn, *Hellenistic Civilisation*, p. 298.
② W. W. Tarn, *Hellenistic Civilisation*, p. 301.
③ M. Cary, *A History of the Greek World from 323 - 146 B. C.*, pp. 348.
④【补注】https://en. wikipedia. org/wiki/Sudines
⑤ F. W. Walbank, A. E. Astin, M. W. Frederiksen & R. M. Ogilvie, eds., *The Cambridge Ancient History*, second edition, Vol. Ⅶ Part Ⅰ, *The Hellenistic World*, Second Edition, Cambridge University Press, 1984, pp. 173 - 174. 卡里认为此举较迟,要到约公元前 150 年。M. Cary, *A History of the Greek World from 323 - 146 B. C.*, p. 246.
⑥ M. Cary, *A History of the Greek World from 323 - 146 B. C.*, p. 350.
⑦ 威尔·杜兰:《世界文明史》第 7 卷《希腊的衰落》,幼狮翻译中心编译,第 263 页。
⑧ M. Cary, *A History of the Greek World from 323 - 146 B. C.*, p. 351.

识。① 巴比伦的六十进位制、解二次方程的方法,也为希腊人采用。②

（三）艺术

艺术上的多元因素较难辨别,但在希腊化艺术中的东方因素与希腊因素问题上,学界也有一些令人感兴趣的看法。有一学者(Walter Otto)在谈到一系列希腊化时期及以后的艺术时指出,在这些希腊艺术的遗存中,看到了两种因素:希腊和东方。另一学者(Josef Strzygowski)认为,正是后期古代艺术中的东方因素,才决定了欧洲艺术的性质。他的著作之一就是《东方怀抱中的希腊》(*Hellas in the Embrace of the East*)。后来的学者不同意他这种极端的观点,但都承认东方影响的存在。哈达斯则明确指出,对无限的追求,巨大的规模,本身的辉煌壮丽,一般超过特殊的最终胜利,这些古代后期的艺术特征都已被归于东方的影响。③ 艺术中的多元确实存在,但希腊的因素更多一些。

建筑上基本采取希腊的形式,但也掺入了东方的影响,最为明显的是拱形建筑、④平面屋顶、⑤波斯式、埃及式的柱头。⑥ 拱形建筑包括拱形门道(gateway)、圆形屋顶(cupola),偶尔出现的整个街道的拱廊(arcades),⑦它们是巴比伦式的。据说亚历山大里亚水池(cistern)上的拱顶是阿拉伯式的⑧。这些形式都或多或少地与希腊的建筑风格结合在一起。

有些建筑风格来自埃及,最后经希腊人之手又回到了埃及。米利都人公元前300年重修狄底玛(Didyma)大庙时,采用了埃及人将

① 吴于廑:《希腊化时期的文化》,《历史教学》1958年第2期,第24—31、34页。
② 斯蒂芬·F.梅森:《自然科学史》,上海外国自然科学哲学著作编译组译,第138页。
③ Moses Hadas, *Hellenistic Culture：Fusion and Diffusion*, pp. 224-225.
④ John Boardman, Jasper Griffin, Oswyn Murray, ed., *The Oxford History of the Classical World*, p. 500.
⑤ C. B. Welles, *Alexander and the Hellenistic World*, p. 218.
⑥ 威尔·杜兰:《世界文明史》第7卷《希腊的衰落》,幼狮翻译中心编译,第232页。
⑦ M. Cary, *A History of the Greek World from 323-146 B. C.*, p. 310；W. W. Tarn, *Hellenistic Civilisation*, p. 312.
⑧ W. W. Tarn, *Hellenistic Civilisation*, p. 312

雕像置于神庙大道两侧的方式,后来孟斐斯萨拉皮斯大庙的入口上,也树立着著名希腊人的雕像。①

　　雕塑上,埃及的艺术表现手法也与希腊雕塑艺术相结合。② 卡纳克(Karnak)的亚历山大四世塑像(现藏埃及开罗博物馆)上,国王的脸部是用希腊艺术形式塑造的,但国王形体的制作,则完全运用了埃及的传统。③ 托勒密王后阿尔西诺二世(Arsinoe Ⅱ,约公元前316—前270/260年)的一座雕像,就完全是法老式的。④ 某些亚历山大里亚的墓碑上也展示了埃及与希腊艺术的相互影响。1920年发现的一埃及官员之墓(如果确实属于希腊化时期),虽然建筑术是埃及的,浮雕的主题纯粹是埃及的,但希腊的技巧影响是很强烈的,特别是在对英雄献祭和哭泣着的妇女的场面上。这些人物都穿着希腊式服装。艺术家们已知透视法,他们试图把希腊的现实主义引入人物的姿态(attitudes)中。⑤

　　肖像画的发源地也许是小亚,因此从一开始就表现出东方的影响。⑥ 镶嵌画原系埃及与两河流域的古老艺术,希腊人学了过来,并把它提高到历史的最高境界。⑦ 阿伊·哈努姆遗址就有具有海洋生物特征的地面马赛克。⑧

　　希腊化艺术与印度、帕提亚、南俄、罗马等地艺术方面的结合前已谈过,不再赘述,其实,文化的多元汇合在这些边缘地区更为明显,犍陀罗艺术、希印双语币上的印度神像就是最典型的例证。

① W. W. Tarn, *Hellenistic Civilisation*, pp. 314 - 315.
② 但《牛津古典世界史》一书认为:希腊人委托制作的雕塑没有显示出任何与埃及艺术接触的迹象。John Boardman, Jasper Griffin, Oswyn Murray, ed., *The Oxford History of the Classical World*, p. 323.
③ 科尔宾斯基等:《希腊罗马美术》,严摩罕译,第190页。
④ J. J. Pollitt, *Art in the Hellenistic Age*, Cambridge University Press, 1986, p. 251.
⑤ W. W. Tarn, *Hellenistic Civilisation*, pp. 323 - 324.
⑥ C. B. Welles, *Alexander and the Hellenistic World*, p. 211.
⑦ 威尔·杜兰:《世界文明史》第7卷《希腊的衰落》,幼狮翻译中心编译,第237页。
⑧ 图见 P. Bernard, "An Ancient Greek City in Central Asia", *Scientific American*, Vol. 246, (Jan., 1982) p. 150.

（四）哲学

希腊化时期的哲学思想派别基本上都与古典时期有渊源关系，但唯有斯多亚派（Stoics）"更少希腊性"①。也正由于此，斯多亚派成为最有影响的哲学流派，而且一直延续到罗马帝国时期。斯多亚派之所以能适应希腊化时代的需要，是因为它"感情上是狭隘的，而且在某种程度上是狂热的；但是它包含了为当时世界所感到需要的，而又为希腊人所似乎不能提供的那些宗教成分"②。那么它为什么会提供希腊人所没有的东西呢？我们不得不回到斯多亚派的理论大师那里。结果发现，这时的斯多亚大师多来自东方。他们有没有把东方的哲学思想带到雅典？史学界有不同看法。C. B. 威尔斯（Welles）指出："虽然大多数斯多亚派的伟人来自安纳托利亚和东方，但他们变化不定的教义没有任何可以证实的东方痕迹。"③塔恩的观点与此相反，他断言："斯多亚派的许多主要人物来自亚洲，他们应该接受了占星术，……据说，芝诺一开始就受到占星术的影响，克吕西波斯（Chrysippus）肯定把迦勒底人（Chaldeans）视为同盟，两个体系的相似是显然的。"他认为斯多亚派哲学与巴比伦占星术有两个观点相似，一是都把宇宙看作一个有机的整体，它受一位全能的"神"（power）掌握，并由某种东西，即斯多亚派的"感应"（sympathy）或巴比伦的"天人对应"（correspondence）结合在一起；二是都认为人是小宇宙，他的灵魂是天火的一个火星，世界在每一周期之末灭而复生。但有一关键的不同，巴比伦的"命运"（Fate）是一种非道德的"力量"（Force），斯多亚的"命运"（Destiny）是一种道德的"天意"（Providence）。④ 按照这种分析，再考虑到芝诺到雅典后曾师从于犬儒学派、学园派以及麦加拉哲学家斯提尔波（Stilpo，约

① 罗素：《西方哲学史》，何兆武、李约瑟译，第319页。
② 罗素：《西方哲学史》，何兆武、李约瑟译，第320页。
③ C. B. Welles, "Alexander's Historical Achievement", *Greece and Rome*, Vol. 12, No. 2, Oct., 1965, pp. 216 - 228.
④ W. W. Tarn, *Hellenistic Civilisation*, pp. 347 - 348.

公元前 360—前 280 年),似可把芝诺思想视为希腊哲学与巴比伦占星学观念的结合。

印度的哲学对希腊人也有影响,怀疑主义者皮浪(Pyrrho,约公元前 360—前 270 年)也许受过印度禁欲主义者的影响。[1] 他在印度碰到过那些裸体智者。他可能还与波斯僧侣交往过。[2] 他反过来又影响了学园派的怀疑主义。塞琉古王国驻孔雀王朝的使者麦伽斯提尼(Megasthenes,约公元前 350—前 290 年)的《印度志》(Indika)也宣扬了印度的哲学思想,其中有一段写道:"婆罗门中有一派哲学家,……认为上帝就是道(the word),他们说道不是清楚的语言,而是理性的显现。"[3]

"润物细无声",哲学上的东方影响大概是随着宗教思想一道浸入希腊人的心灵的。

(五)文学与史学

文学与史学的多元性虽然不太明显,文学上的形式几乎没有希腊以外的成分[4],但这时出了一批非希腊作家,叙利亚的当地人组成诗人学派,称他们的家乡为"亚述的雅典"("Assyria's Athens")。[5] 他们都用希腊的文学形式和希腊语写作,有一个犹太人还把《圣经》中的"出埃及记"改编成了希腊语戏剧,[6]希腊化时期留下来的作家名字大约有 1100 人,这些人中肯定有一定比例的亚洲人或其他地区人。[7] 史学上稍有不同,埃及人曼涅托,巴比伦人贝罗苏斯,犹太

---

[1] John Boardman, Jasper Griffin, Oswyn Murray, ed., *The Oxford History of the Classical World*, p. 370.

[2] 北京大学哲学系外国哲学史教研室编译:《古希腊罗马哲学》,生活·读书·新知三联书店,1957 年,第 340 页。

[3] 威尔·杜兰:《世界文明史》第 7 卷《希腊的衰落》,幼狮翻译中心编译,第 227 页。

[4] 但有些文学形式却出自离雅典和亚历山大里亚稍远的希腊人城市或当地人城市。拟剧的两种形式,"说"源于大希腊,"唱"来自东爱奥尼亚(J. B. Bury, et al., *The Hellenistic Age*, p. 58),还有西西里的田园诗,小亚索利(Soli)的科普诗,加德拉(Gadera)的讽刺诗。

[5] R. L. Fox, *Alexander the Great*, pp. 486 - 487.

[6] J. P. Mahaffy, *Greek Life and thought*, New York: Arno Press, 1976, p. 134.

[7] M. Cary, *A History of the Greek World from 323 - 146 B. C.*, p. 326.

人德米特里(Demetrius,公元前 3 世纪后期),罗马人费边·毕克托都用希腊语写了本国的历史。这些国别史丰富和发展了希腊化史学。特别是很可能给希腊史学思想增添了新的血液——历史感。[①]犹太教《圣经》集文学、历史、法律、神话、宗教于一身,它的译出无疑也充实了希腊化文库。

二、文化的主体构成

　　一定的文化总是由一定的人来创造,这个创造者即文化的主体。文化主体有广义、狭义之分:广义的是指以民族、地区面貌出现的整体,前边说的希腊人、埃及人、巴比伦人就属于这个意义的文化主体。狭义的是指文化活动的具体参加者或创造者,即以哲学家、科学家、艺术家身份出现的个人。这里主要通过分析后者来体现前者。因为这些文化创造者都是背负着各自文化的传统来参与共同活动的,他们不可避免地把各自地方的文化特色以及所受的其他文化的影响带进希腊化文化之中,所以,分析希腊化文化创造者的地域构成,将会有助于进一步理解它的多元性特点。

　　但是希腊化时期人才辈出,学者如流,要对他们进行全面的分门别类,在现实条件下是难以办到的,所以只能对见诸一般希腊化史册的"文人学士"作一追本溯源式的考察。(详见附表)

　　附表共收录了哲学、文学、科学、史学方面的著名人物 80 位。他们中的大部分前已提过。希腊化艺术品的作者多有不详。故付阙如。这里只根据学者们的意见,把这一时期的艺术分为四个流派:亚历山大里亚、罗德斯、帕加马(Pergamon)、希腊大陆。从这四个流派我们也

[①] 因为古典时代的希腊人似乎缺乏历史感,荷马史诗不能被视为对过去的权威记录。**修昔底德在"引言"中鄙视希腊远古的野蛮,"希罗多德的著作与其说是一部历史著作,不如说是一本有用的社会学和人类学资料指南。"**见 Moses Hadas, *Hellenistic Culture*: *Fusion and Diffusion*, p. 55。哈达斯的观点未免太偏激了。

可大体看出希腊化艺术家的地区分布。据塔恩,"希腊大陆几乎没有出现什么富有想象力的作品"①。这不是由于希腊大陆艺术的枯竭,而是说明希腊本土不大适于艺术家们发挥才能,希腊化世界的新都市、宫廷都在召唤他们。② 虽然东方,特别是埃及的雕刻因素曾与希腊因素相结合,但我们不知道任何一个希腊雕刻家的名字。

从附表中可以看出,希腊化文化的创造者基本属于四个类型。

附表　希腊化文化主体构成一览

类别	名称	出生地	区域位置	文化归属
哲学	Zeno	Citium	塞浦路斯	斯多亚学派
	Cleanthes	Assos	小亚	斯多亚学派
	Chrisippus	Soli	小亚	斯多亚学派
	Panaetius	Rodes	爱琴海	斯多亚学派
	Poseidonius	Apamea	叙利亚	斯多亚学派
	Diogones	Seleucia	巴比伦	斯多亚学派
	Epicurus	Samos	爱琴海	伊壁鸠鲁学派
	Pyrrho	Elis	伯罗奔尼撒	怀疑主义
	Diogone	Sinope	小亚	犬儒派
	Crates	Thebes	希腊大陆	犬儒派
	Menippos	Gadera	巴勒斯坦	犬儒派
	Meleager	Gadera	巴勒斯坦	犬儒派
	Xenocrate	Chalcidon	小亚	柏拉图学派
	Polemo	Athens	希腊大陆	柏拉图学派

---

① W. W. Tarn, *Hellenistic Civilisation*, p. 321.
② "希腊的匠师们,主要是阿提卡的匠师们,不仅在自己的祖国工作,他们还接受了希腊化世界各国,后来是罗马世界各国的聘请。"科尔宾斯基等:《希腊罗马美术》,严摩罕译,第147页。

类别	名称	出生地	区域位置	文化归属
哲学	Arcesilaus	Pitane	小亚	柏拉图学派
	Theophrastus	Lesbos	爱琴海	亚里士多德学派
	Strato	Lampsacus	小亚	亚里士多德学派
	Dion	Cibia	黑海北岸	犬儒派
文学	Theocritus	Syrauos	西西里	诗人田园诗
	Crates	Thebes	希腊大陆	诗人
	Cercidas	Magara	希腊大陆	诗人
	Phoenix	Colophn	小亚	诗人
	Timon	Philius	希腊大陆	诗人
	Asclepiades	Samos	爱琴海	诗人
	Callimachus	Cyrene	埃及	诗人,著《爱提亚》(*Aitia*,"Causes")
	Aplollonius	Alexandria（Rhodes）	埃及	诗人,著《阿耳戈号航海记》
	Aratus	Soli	小亚	诗人
	Nicander	Colophon	小亚	诗人
	Euphorion	Chalcis	优卑亚	诗人
	Parthenius	Nicaea	小亚	诗人
	Ahtipater	Sidon	腓尼基	诗人
	Philodemus	Gadera	巴勒斯坦	诗人
	Lycophron	Chalcis	优卑亚	悲剧
	Lycophron	Rhegium	南意大利	悲剧(与上一同名,有争议)
	Menander	Athens	希腊大陆	喜剧
	Philemon	Syria or Soli	叙利亚或小亚	喜剧
	Heradas	不详	不详	拟剧

类别	名称	出生地	区域位置	文化归属
文学	Zenodotus	Epheuors	小亚	校定荷马史诗
	Didymus	Alexandria	埃及	高产作家，著述 3500 卷
	Artavasdes	Armenia	小亚	国王,写剧本
科学	Euclid	Alexandria	埃及	几何
	Diophantus	Alexandria	埃及	代数
	Eratosthenes	Cyrene	埃及	天文
	Archimedes	Syracus	西西里	物理
	Apollonius	Perge	小亚	数学、二次曲线
	Ctesibius	Alexandria	埃及	工程学派创始人
	Heron	Alexandria	埃及	利用蒸汽
	Philon	Byzantium	普洛滂提海（Propontís）	著《机械学手册》
	Posidonius	Apamea	叙利亚	地理
	Agatharchides	Cnidus	小亚	地理
	Dicaearchus	Messene	希腊大陆	地理
	Hecataeus	Abdera	色雷斯	地理
	Artemidorus	Ephesus	小亚	地理
	Erasistratus	Cos	爱琴海	医学
	Herophilus	Chalcedon	小亚	医学
	Sclepiades	Pruse	小亚	医学
	Philinus	Cos	爱琴海	医学
	Kidenas	Babylon	两河	天文
	Seleucus	Seleucia	两河	天文
	Aristarchus	Samos	爱琴海	天文
	Hipparchus	Nicaea	小亚	天文

续表

类别	名称	出生地	区域位置	文化归属
历史	Apollodorus	Artemita	两河	著《帕提亚史》（*Parthika*）
	Demetrius	Phalerum (Athens)	希腊大陆	回忆录
	Demochares	Athens	希腊大陆	历史
	Demetrius	Alexandria?	埃及	犹太史
	Pyrrhus	Epirus	希腊大陆	回忆录
	Phylarchus	Athens	希腊大陆	历史
	Hieronymus	Cardia	刻索尼斯半岛	从亚历山大到庇洛士史
	Polybius	Magalopolis	希腊大陆	通史
	Duris	Samos	爱琴海	历史
	Diodorus	Sicily	西西里	著《历史文库》（*Historical Library*）
	Berossus	Babylon	两河	巴比伦史
	Manetho	Egypt	埃及	埃及史
	Hecataeus	Abdera	色雷斯	埃及史
	Menander	Ephesus	小亚	腓尼基史
	Timaeus	Sicily	西西里	西地中海史
	Alexander	Miletus	小亚	罗马、犹太等史
	Fabius Pictor	Rome	意大利	罗马史
	Cleitarchus	Alexandria	埃及	亚历山大史
	Dicaearchus	Messana	西西里	文化史，著《希腊的生活》

注：凡具有多个身份者，只将其列入一类。

第一类是希腊大陆、爱琴海、黑海沿岸的原希腊城市(希腊化时代之前就存在)的希腊人。哲学家伊壁鸠鲁(Samos,萨摩斯岛)、皮浪(Elis,埃利斯)、克拉底(Thebes,底比斯),提奥弗拉斯图(Lesbos,列斯堡)、喜剧家米南德(Athens,雅典)、医学家埃拉西斯特拉图(Cos,科斯)、历史学家波里比乌斯(Megalopolis,麦加洛波里斯)等都出自这一地区。

第二类是西西里和南意诸城市的希腊人。虽然这一带不在希腊化王国政治势力范围之内,但它们仍和古典时期一样,与东地中海有密切的联系,而且较之于过去,它们此时在文化上的地位大为显著。因此,我采纳某些学者的意见,在文化上把它们划入希腊化世界的范围。田园诗人提奥克里图斯,科学巨人阿基米德,撰写西西里、意大利为中心的西地中海通史的第一人蒂迈欧斯,都来自西西里。他们把鲜明的地方特色带进了希腊化文化之中。因此,把这些人专列一类。

第三类是希腊化时期新建或新兴城市的希腊人。他们主要分布在埃及、小亚、叙利亚、巴比伦一带,文学、科学的巨匠多出于此。其中有诗人阿波罗尼乌斯(Alexandria,亚历山大里亚)、卡利马库斯(Cyrene,昔列尼)、美尼普斯(Gadera,加德拉)、天文学家埃拉托斯特尼(Cyrene,昔列尼)、希帕克(Nicaea,尼凯亚)。历史学家阿波罗多鲁斯(Apollodorus,活动于公元前 130—前 87 年之间)来自底格里斯河以东的阿特米塔城(Artemita)。

第四类是纯粹的东方人。他们来自各地的当地人城市或希腊人建的城市。主要人物除前边提到的曼涅托、贝罗苏斯、德米特里、基德那斯、塞琉古外,还有以芝诺为代表的几个斯多亚派大师。有许多当地人采用了希腊人的名字,因此,有时单从名字上是不能看出他们的民族属性的。

这四个类型的文化创造者所起的作用是不同的。

前三个类型是不同地区的希腊人,他们构成了文化参与者和创造者的主要部分,但在与东方的关系上,第三类和第一、二类有所不同。新建城市的希腊人长期处于当地文化的环抱之中,他们所受的影响要比前两种同胞大得多,如同他们深入影响当地人一样。希腊文化与当地文化的合流现象在这些地方最为明显。他们在进行文化创造时,难免或多或少地染上当地文化的痕迹。

第四类的东方人直接参加了希腊化文化的创造。他们人数虽然不多,但加速了文化上的汇合,是沟通当地文化与希腊文化的桥梁。诚然,这些当地人可能受过希腊式教育,至少受到希腊化文化的熏陶,他们都用希腊语写作,是"希腊化"的当地人。但他们是带着当地的文化传统进入希腊化文化圈子的。他们本身就是多元文化的体现。出生于叙利亚境内阿帕米亚城的波昔东尼斯,①就是具有这种双重思想的当地人。他是一位历史学家、哲学家、科学家。他的宗教哲学观最难确定,通常认为他站在东方与西方之间,从双方汲取知识。同时"他又是一位占星学家和东方秘教分子。他是一个巨大体系的创立者。这个体系把那个时代的所有思潮,科学与迷信,星崇拜(star worship)与民间崇拜,天空与大地、人类、神、魔鬼都综合到一起。他是这么一个人,在他身上,所有的思潮相会,继而经他去影响未来"②。

从以上分析还可以看出,希腊化文化的重要人物都出现于西至

---

① 波昔东尼斯(Poseidonius)是不是东方人,较难确定。一般史书包括塔恩的《希腊化文明》(W. W. Tarn, *Hellenistic Civilisation*, p. 86)《牛津古典辞书》(M. Cary et al, ed., *The Oxford Classical Dictionary*, "Poseidonius", Oxford: the Clarendon Press, 1949.)等只说其是奥龙特斯河畔阿帕米亚(Apamea on the Orontes)地方人。至于他是不是希腊人后裔没有明确表示。罗素的《西方哲学史》称他是"叙利亚的希腊人"。(罗素:《西方哲学史》,第 327 页)但哈达斯却把他列入非希腊人(non-Greek origin)之列。(Moses Hadas, *Hellenistic Culture: Fusion and Diffusion*, pp. 105 - 106.)我取此说。

② W. W. Tarn, Hellenistic Civilisation, p. 349. 关于他的思想来源及影响,见 Moses Hadas, *Hellenistic Culture: Fusion and Diffusion*, p. 108 - 109; John Boardman, Jasper Griffin, Oswyn Murray, ed., *The Oxford History of the Classical World*, pp. 384 - 385. 哈达斯认为他的思想"是一个重要地区思想融合的证据"。《剑桥古典世界史》的作者也认为他"站在西方与东方之间,起了桥梁作用"。

西西里、东到两河流域以东地中海为中心的地区,这正好说明这一地区希腊文化与埃及、巴比伦为主的东方文化汇合的深化。至于其他地区的文化参加者,虽不见或少见经传,但从整体上看,他们也为希腊化文化的形成与传播作出了贡献。

三、文化中心的分布

关于希腊化文化的中心,前已多处提及。从这些中心的地区分布上,也可以看出希腊化文化的多元。

亚历山大东征之始,希腊文化东移,雅典仍不失为一重要的文化城市,但昔日的"希腊的学校"在似应称为"希腊化世界之学校"的亚历山大里亚面前确实"稍逊风骚"。①从亚历山大到塞琉古、托勒密、马其顿诸王的建城运动,在希腊化文化发展史上留下了不朽的丰碑。通过这些城市,希腊文化得以与当地文化相会,也是通过这些城市,希腊化文化得以形成,并辐射到周围的地区。因此,这些城市,特别是文化中心城市的所在地就在某种程度上决定了这些城市文化的合成因素。亚历山大里亚是个国际都市,城中居民分为五区,除希腊人之外,还有一区住犹太人。② 埃及人也为数不少。外地的学者、艺人、诗人都蜂拥而来,最远的有来自印度的佛僧。地中海东岸奥龙特斯河(Orontes)畔,屹立着塞琉古王国的都城安条克。这里的国王也热倡文化,奖掖学者,建立了图书馆。罗德斯处于爱琴海的门户,东西方商路的要冲,强大的经济实力不仅使其保持了政

---

① "雅典是希腊的学校",出自雅典著名政治家伯里克利之口。(Thucydides, *History of the Peloponnesian War*, 2.41.1.)亚历山大里亚也是文人汇聚之地,托勒密王朝早期的亚历山大里亚历史学家安德农(Andoron)有可能提出,给他们这些文人以所有希腊人和野蛮人教师的荣誉。(C. B. Welles, *Alexander and the Hellenistic World*, p. 204.)

② F. W. Walbank, A. E. Astin, M. W. Frederiksen & R. M. Ogilvie, eds., *The Cambridge Ancient History*, Volume Ⅶ: Part Ⅰ: The Hellenistic World, pp. 144 – 145; W. W. Tarn, *Hellenistic Civilisation*, p. 218.

治的独立,而且也成了文化的中心。小亚的帕加马虽为后起之辈,但它的图书馆、大祭坛、雕塑、Asia 式语法,使它堪与亚历山大里亚齐名。亚洲内陆底格里斯河畔的塞琉西亚城建立不到五十年,人口就增至六十万。城中多数是亚洲人。[①] 希腊与巴比伦的天文学家在此合作研究,相互切磋。亚历山大里亚的阿里斯塔克(Aristarchus)的"太阳中心说"就在此地遇到了知音(天文学家塞琉古)。这些文化中心都立足于亚非大地,当地的文化因素必将逐渐与希腊文化合流。如果说这种汇合在文学、艺术、哲学方面不太明显,那在科学与宗教上则给人深刻的感觉。

　　除这些文化中心外,希腊人统治之世界还先后存在过数以千计的希腊人小城市或殖民地(colony,settlement)。它们分布在从索马里到印度的广大区域。在这个世界的外围,还有许多深受希腊化文化影响的地区和城市,例如,中亚的尼萨(帕提亚的都城之一),小亚的尼科米底亚(Nicomedia,俾提尼亚的首府),南俄的潘提卡派翁(Panticapaeum),意大利的罗马,中非的麦罗埃。这两类城市都曾是希腊文化与当地文化接触或交汇之地,都直接或间接加深了希腊化文化的多元因素。希腊人城市与受希腊化文化影响的城市在文化发展的程度上固然有重大区别,但它们的并存就表明了希腊文化的强大渗透力和吸附力,这二者就是多元性文化之形成的内在动力。

　　从以上对希腊化文化本体构成、主体构成和文化中心分布的分析,可以得出如下结论:

　　(1)希腊化文化的多元性是肯定的。文化本体上的各个分支都或多或少地呈现出文化汇合的迹象,除希腊文化之外,埃及、巴比伦、印度、阿拉伯、叙利亚、小亚、巴勒斯坦等地的文化因素都不同程度地注入希腊化文化之中。文化主体上,埃及人、巴比伦人、犹太

---

① Pliny, *Natural History*,6.122. 威尔·杜兰:《世界文明史》第 7 卷《希腊的衰落》,幼
　狮翻译中心编译,第 168 页。

人、塞浦路斯人等直接参与了文化的创造,而相当一部分希腊人且来自亚非大地上的城市。

（2）多元不是各元均等,这里有主次之分。从文化本体看,除宗教、科学外的其他文化分支中,希腊文化的因素从形式上明显占着主导地位。从文化主体看,文化的创造者绝大多数是希腊人。虽然来自新建城市的那些希腊人受到了当地文化的影响,但他们毕竟是在体育馆、剧场中成长起来的。因此,希腊文化因素是希腊化文化的主流。

（3）希腊之外的其他地区的文化所起的作用也不一致。埃及、巴比伦文化与希腊文化的结合程度最深,文化主体中的东方人也主要出自这两个地区,他们堪称与希腊文化汇合的两大巨流。除此二者之外的其他当地文化,虽没有较多地参与文化的创造,但也促进了文化上的传播与汇合。它们都为希腊化文化的存在发展做出了贡献,都是希腊化文化大家族的成员。

第四章　希腊化文化的统一性

我们说希腊化文化是个多元性的文化，并不否认它具有统一性。多元性、统一性正是希腊化文化的两个最根本的特征，二者相辅相成。多元性是就文化本体构成而言，统一性是就文化的普遍存在状态而言，也就是说，多元性更多地体现在文化的形成过程之中，统一性更多地体现在文化的存在发展之中。因此，二者非但不矛盾，反而是同一整体的两个不同方面。其实，我们在前面分析希腊化文化的多元性时，已经暗示了希腊文化因素、希腊人的主导地位。

正如我们在第一章"希腊化文化产生的必然性"中所指出的，希腊化世界的建立决定了希腊化文化的诞生，也就决定了它的世界性。这里的世界性表现在两个层面，一个是这一文化构成因素的多元，一个是这一文化的形式与精神的基本统一。它形成于这个世界，统一于这个世界。统一性寓于多元性之中。因此，我们在对希腊化文化进行总体考察时，就不得不为在如此广袤的区域里竟然存在着如此相似或共同之文化而惊叹。诚然，希腊化文化由于政治、军事的原因，以及当地文化的顽强应战，最终还是以不同的方式和途径回流到了欧洲大陆或融入了包括中国文化在内的东方文化之中（详见第五章）。但是它在这几百年中，在几千英里之遥的土地上基本保持了同一模式，却是历史的事实。

然而，这里必须指出的是，希腊化文化的统一，并不意味着希腊化世界所有类型文化之间的统一。在希腊化世界，实际存在着两种文化,一种是吸收了当地因素的希腊化文化,一种是纯粹的地方文化,两者既有相互影响的一面,还有相互对立的一面。巴比伦神庙不允许外来神进入(萨拉皮斯神是唯一的例外),希腊人城市的文化中心——体育馆,非讲希腊语者不得入内。当地人要跻身于希腊人上流社会和文化之列,必先学会希腊语,接受希腊的生活方式。希腊人(包括马其顿人)是统治民族,但相对于当地人,他们只是极为可怜的少数,相对于他们统辖的区域,他们的城市、移民地只不过是茫茫大海中的几座岛屿,这种情况决定了希腊化文化是一种城市文化、上层文化,是点上的文化。相对于它就是集乡村文化、下层文化和面上的文化为一身的地方文化。从这个意义上,我们所说的希腊化文化就是希腊人和少数希腊化的当地人所创造的文化,希腊化文化的统一,就是这些希腊人城市和本地希腊化城市的文化的统一,但同时不排除它对周围的渗透和地方文化的存在。

统一的文化产生于统一的政治经济体系,统一的希腊化世界必然孕育出统一的希腊化文化。如果说,古典时代遗留下来的文化传统决定了希腊化文化外在形式上的统一,那新的地域、新的时代则决定了这一文化内在精神上的统一。因此,希腊化文化的统一,也是传统与现代相结合的统一。

一、文化外在特征上的统一

文化的外在特征,即文化的表层结构,主要包括文化的表现形式和传播媒介。

如前所述,希腊化时期的各文化形式由于时代的需要和各地因素的加入,较前有了变化,有的分支增加了新的类型或体裁,如文学、史学,或新的学派,如哲学,或新的神和崇拜形式,如宗教,或新的创作对象,如艺术,但基本上是对古典时代的承袭,或在此基础上的改造与调和。然而,问题的关键不在于这些形式的变化,而在于这些形式是否具有普遍的意义。

这些文化形式,在希腊化世界广为流传,随处可见。雅典的工匠们,在为罗马市场制作雕塑品,亚历山大里亚的诗作,在整个希腊化世界都能找到读者,索福克里斯(Sophocles)的剧本,在苏萨(Susa)有人阅读,幼里披底斯(Euripides)的情节场面激发了巴克特里亚艺术家的灵感。拟剧在高加索的亚历山大里亚(Alexandria-in-the-Caucasus,今阿富汗境内)上演,巴比伦建了希腊式的剧场,特洛伊木马的故事在索格底亚那的亚历山大里亚(Alexandria-in-Sogdiana)流传。① 南俄草原发现的饰板上有命运女神的形象。德尔斐的格言、亚里士多德的读本,在阿姆河畔发现。可以设想,一个来自雅典的演出团体绝不会在印度西北部的坎大哈(Kandahar,Alexandria-in-Arachosia,在今阿富汗境内)找不到剧场和观众。总之,无论是在文化中心的东地中海,还是在遥远的巴克特里亚、印度西北部,只要有希腊人居住或希腊化的地方,我们都会感受到同一文化形式的存在。

语言本身就是文化的一个组成部分,但它更主要的功能是对文化的负荷和传播。文化借其而为文化,借其而与别的文化交流汇合,借其而流向周围世界。希腊化文化的主要载体与传播媒介就是通用希腊语。这时的文学作品几乎都用这种希腊语写成,②作家们面向的是整个希腊语世界。曼涅托、贝罗苏斯、德米特里,甚至罗马人费边·毕克托的历史,亚美尼亚国王的剧本使用的就是这种希腊语,因为只有这样,他们的创作才能在希腊化世界得到认可。犹太人的《圣经》被译成了希腊语,阿育王在坎大哈附近发布的石刻诏令同时使用当地通用的阿拉米亚文(Aramic)和希腊语,其目的就是为

① R. L. Fox, *Alexander the Great*, p. 483. 福克斯将 Alexandria-in-Sogdiana 视为 Ai Khanoum 遗址(p. 482)。
② 据说只有阿基米德坚持用多利亚方言写作。M. I. Finley, ed., *The Legacy of Greece*, p. 4.

了希腊化的犹太人或当地希腊人的阅读。通用希腊语是希腊文化
之具统一性的重要标志。

另外，还有三个表层现象间接显示了希腊化文化的统一性。其
一是文化的主要创立者与参加者，都是希腊人或希腊化的当地人。
他们在同一时代、地域，同一政治经济体系之下所创造的文化具有
统一性是完全可能的。这与上一章强调的多元性并不矛盾。参与
希腊化文化创造的当地人，具有两重性，一方面他带着本地文化的
传统，另一方面他又要"希腊化"。所以，多元是从他来自当地而言，
统一是对他具有希腊化特征而言。其二是各地希腊人城市的一致
性。它们都既是商业中心，也是文化中心，都有同样的居民（希腊人
与非希腊人比例不等）、大体相同的政治经济体制、同样的文化教育
设施和活动中心，如剧场、体育馆①、神庙等，因此这些城市的文化应
该具有统一性。其三是出现于这一时期的酒神艺术家团体。酒神
艺术家(οἱ περὶ τὸν Διόνυσον τεχνῖται，Artists of Dionysus)是职业演
员。雅典、科林斯地峡、小亚的泰俄斯(Teos)是他们的行会中心。
这个行会的作用就是为各大节日提供专职主持人和演员。这些团
体的影响较大，几乎像城中之国。他们奔走于希腊化世界，从这个
城市到那个城市参加节日演出。德尔斐的皮提亚大节(The Pythian
Games)和救世主节[Soteria，纪念公元前 279 年击败凯尔特人(the
Celts)入侵的胜利]，帖斯皮埃(Thespiae)的缪斯节(Museia)，底比
斯的赫拉克利亚节(Heraclaia)，都是他们参加的对象。② 这种出入
于希腊化各王国及其城市的艺术家无疑既是希腊化世界同一文化

---

① 体育馆实为城市中希腊人的文化活动中心。详见 W. Walbank，*The Hellenistic World*，pp. 183 - 184. 他说："在这种氛围中成长起来的上层希腊人的孩子，不论其住在雅典、帕加马，还是在阿姆河畔，他们都继承了希腊文化，同时继承了优越于其他民族的传统感情。"希腊化的许多天才就是在这种环境中培养出来的。参见 W. W. Tarn，*Hellenistic Civilisation*，pp. 79 - 80；Moses Hadas，*Hellenistic Culture：Fusion and Diffusion*，p. 251。
② 参见 W. Walbank，*The Hellenistic World*，pp，69 - 70.

背景的产物,同时也促进了文化的交往与统一。虽然我们不知这样的团体在伊朗、中亚等希腊化文化中心之外的地区出现与否,但亚美尼亚王宫希腊悲剧的演出者、阿富汗阿伊·哈努姆遗址剧场的演出者可能不是当地人。在此遗址出土的喜剧演员(厨子)面具出水口就是希腊喜剧在此地演出的证明。①

这些外在特征、表层现象固然反映了文化上的统一,但这只是形式上的统一。如果仅注意这一点,就会给希腊化文化和古典文化差异不大的感觉。然而,文化的最根本特征是由潜在于文化内部的精神所决定的,这种精神上的统一才是真正的统一。

二、文化内在精神的统一

任何文化不论其形式多么繁杂多样,也不论其内容多么丰富多彩,都是某一特定时代、特定地域的产物。在它们背后深处,都闪烁着这一特定时代的精神。时代精神在文化上是通过具体的形式、内容表现出来的。因此,我们必须回到这个文化的实体上来。

(一)宗教

希腊化时期的宗教尽管五花八门,多教并立,但它们有主有从,呈现出一种共同的趋向,即向一神教的移动。这种移动是以宗教的混合为起点的。这一点也是始于亚历山大。他既是宙斯、赫拉克勒斯的后裔,又是阿蒙的儿子。在埃及新建的亚历山大里亚也没忘了给伊西斯女神安排一座大庙。他的后继者本来都是荷马式的“英雄”,他们不仅上承希腊狄奥尼苏斯、阿波罗、宙斯、赫拉克勒斯、雅典娜的保护,对下也成了威严赫赫的东方式神王(安提柯王朝除外)。一个民族成了世界的主宰,这个民族的神也就有可能上升为

---

① P. Bernard, "An Ancient Greek City in Central Asia", *Scientific America*n, Vol. 246,(Jan.,1982) p. 158 ("Theater Mask").

世界的主神，①如果他们的神不能取代被征服地的神，那也要与其等同起来。于是，就出现了含希腊、埃及、巴比伦神祇于一体的萨拉皮斯神，亚历山大推崇的"宙斯—阿蒙神"。伊西斯能在公元前2世纪流传，也是因为它具有吸附包括奥林帕斯（Olympus）神族在内的其他神祇的能力。在她身上，除埃及人外，希腊人、叙利亚人、吕西亚人、色雷斯人都看到了自己民族的神性之所在。安条克一世的王后既资助提洛岛的阿波罗神庙，还在希拉波利斯城（Hierapolis）为叙利亚神阿塔耳伽提斯建庙，也参加了士麦那（Smyrna）地方崇拜埃及神阿努比斯（Anubis）的团体。毫无疑问，她在他们身上看到的仅是一个神的不同形式而已。② 东方地方显贵"也时常使东方熟习的诸神同希腊人的神混为一谈，将伊什塔尔—娜娜同雅典娜、荷鲁斯或荷尔（Horus 或 Her）同阿波罗、阿娜希塔（Anahita）同阿尔特米斯（Artemis）等同起来"③。这是具有地区，甚至世界意义上的宗教的混合。就是在民间私人崇拜之所内，实用的神，像"繁荣""财富""健康""美""胜利"等都被赋予人格，成为共同崇拜的对象。这种不同神被置于同一处来崇拜的现象，是宗教混合倾向的证明。④

宗教上的一神教趋向还受到秘教的推动。通过入教仪式，参加者经历了从人到神的体验，自以为神性附体，生死与神同在。一个护佑众生的"神"或"上帝"的观念就会形成。一种秘教的流行就会把这个秘教所崇拜的神带到各地，使其具有普遍的意义。犹太教弥赛亚思想的出现与传播实际上就预示了一神教的到来。

混合主义，一神教的趋向即希腊化宗教的基本特征。宗教的勃兴反映了时代的需要。在一个刀兵纷扰、命运多变的社会里（特别

---

① 希腊人扶植利用的东方神也不例外。
② W. W. Tarn, *Hellenistic Civilisation*, p. 340.
③ 苏联科学院主编：《世界通史》第二卷上册，北京翻译社译，第382页。【补注】关于当地神与希腊神的认同和混合，参见杨巨平：《娜娜女神的传播与演变》，《世界历史》2010年第5期，第103—115页。
④ Moses Hadas, *Hellenistic Culture：Fusion and Diffusion*, p. 189.

是在公元前 2 世纪），人们为了求得精神的寄托、心灵的宁静、未来的保证，自然乐意到宗教中寻求出路。民族的多元决定了宗教上的混合，城邦的神祇必然让位于王国、帝国乃至世界的神祇，从个人主义①出发的宗教之最后的归宿就是宗教的世界主义。

（二）哲学

较之古典时期，希腊化时期哲学家的目光从遥远的宇宙转向了复杂的人世，从深邃精密的物质精神探讨转向了人在现实中的伦理行为。面对一个新的世界，人们需要哲学上的指导，这就导致了以行为伦理学为特征的希腊化哲学的兴起。虽然大多数人把希望寄托在宗教上，但对于富有知识的人们来说，哲学似乎给了他们更多的理性上的安慰。②

怀疑主义派对现实世界不信任，认为"肯定是得不到的"，主张"享受目前，因为将来还无从把握"。犬儒派干脆高呼"回到自然"的口号，坚持个人自由，自我满足，对社会功利不屑一顾。伊壁鸠鲁派以心灵的宁静、严格的节欲求得快乐的满足。这三派都有一共同的特点，就是脱离现实，弃世、避世或愤世。这是在严酷的现实面前无力抗争的一种表现。固然各个派别会因时因地因人而有变异，但总的特征仍很明显。古典时期个人主义与城邦的集体主义和爱国主义融为一体，现在，城邦的屏蔽消失了，个人赤裸裸地暴露于这个陌生的世界之中。城邦时代虽然还能唤起温馨的梦境，但毕竟一去不再复返。新的世界又一时无法适应。内心的苦闷、忧虑，不知所措，无可奈何迫使一部分人退居到生活的帷幕之后，寻求心灵的平静。避世主义即他们的必然之路。

斯多亚派把"自然"与"神""道德""善"等同起来，主张人们放弃

---

① 这里的个人主义不属严格的道德范畴，而是指个人的解脱（宗教上）或个性的发挥，参见本部分结论。
② 希腊化时期的哲学并不否认宗教，斯多亚派的芝诺甚至就是"传统宗教的捍卫者"。C. B. Welles, *Alexander and the Hellenistic World*, Toronto: A. M. Hakkert, 1970, p. 182.

现实的物质之欲,去追求所谓的理性之美。然而,如此广袤之疆土、如此众多之民族的希腊化世界,又使他们看到新的未来。他们渴望投身政治,去实现真正的"人人皆兄弟"的世界大同主义。这是斯多亚派哲学的积极之处。芝诺的第一部作品就是宣扬"世界国家"的《共和国》。按照他们的说法,理性是人的共同本质属性,人们都属同一宇宙理性的支配,都有同样的起源和命运,所以,人人生而平等,都是兄弟关系。正因为如此,人人都必须自爱而兼爱,从而组成一个"无国家之界,无阶级之分,无主奴之别"的"世界国家"(Cosmopolis,或译"国际城邦")。① 这种观点很可能受到亚历山大帝国思想和实践的影响。当然,这种理想事实上是办不到的,此派的一位代表人物克吕西普就风趣地说:"这犹如在剧场内,总有一些座位比别的好。"②

这样,我们就在希腊化哲学中发现了明显的两极,一个是对现实消极冷淡的避世主义,一个是积极进取的世界主义,前者着眼于个人,后者着眼于人类。斯多亚派力倡后者,但也与前者有不解之缘,这是它折中主义特性的一种表现。

(三)文学和艺术

现实主义是希腊化时期文学与艺术的共同特点。

昔日城邦文学关心的是社会与人生的重大问题,关心的是城邦的命运、公民的责任,而今这些精神都因城邦时代的逝去而逝去,随之而来的是对个人遭遇和日常生活的关心,因此这时的现实主义作品远不如城邦时代的作品震撼人心。然而,它毕竟是对社会另一侧面的反映。③ 从文学中出现的那些形形色色的人物,可以窥探当时的社会

---

① 威尔·杜兰:《世界文明史》第7卷《希腊的衰落》,幼狮翻译中心编译,第286页。关于芝诺派的世界国家思想,可参见罗素:《西方哲学史》,第341—342页。叶秀山等编:《著名哲学家评传》第2卷,山东人民出版社,1984年,第110—112页。
② W. W. Tarn, *Hellenistic Civilisation*, p. 322.
③ 马哈菲认为,从普通生活中选取现实主义的题材,是亚历山大里亚诗歌的又一特征。见 J. P. Mahaffy, *Greek Life and thought*, p. 241.

风貌,特别是下层人民的生活。提奥克里图斯歌颂西西里的田园美景与牧人的恋情,莱考弗隆的悲剧作品《卡桑德里亚的男人》(*The Men of Cassandreia*)展示了人民在僭主统治下的苦痛。① 米南德、菲力门的笔端触向雅典的中上层市民,②拟剧是"对生活好坏方面的模仿",③社会下层生活是它的主题。梅尼普斯式(Menippean)的讽刺诗更是对人生、人类愚蠢行为的嘲弄。那时虽有不少矫揉虚饰、阿谀奉承之作,但文学的主流是再现社会生活,希腊化文学的现实意义就在于此。

"希腊化时期的艺术肯定不是完全统一的。然而,正如在文化的其他领域里,它们有共同的风格和韵味,虽复杂但可辨别。"④除了现实主义外,个人主义和浪漫主义也是其特点。艺术家们的注意力扩大到活生生的现实生活,与鹅搏斗的小男孩、醉酒老妇、侏儒、俾格米矮人(pygmy)、黑人、演员、奴隶、渔人、工匠、时髦男女青年、士兵、杂技演员、教师和每一种可想象到的人的类型,男的女的、老的少的,都成为他们的工作对象。⑤ 他们用浪漫主义的手法塑造人物、场面,如帕加马大祭坛的浮雕,罗德斯岛的"拉奥孔"雕塑群。个人主义通过个人头像雕塑的风行而迸发。国王的头像不仅在雕塑上,而且在钱币上大量出现。德米特里(Demetrius of Phalerum,约公元前350—前280年)统治雅典十年,就给他立像360个。⑥ 在古代钱币肖像上,无一能超过吕西马库斯(Lysimachus,约公元前360—前281年)钱币上理想化的亚历山大头像或希腊—巴克特里亚国王们

① M. Cary, *A History of the Greek World from 323 - 146 B. C.*, p. 329.
② 但卡里认为:米南德的喜剧是传统的保留形式,不是对现实生活的代表性反映,而且,雅典不等于希腊和整个希腊化世界。参见 M. Cary, *A History of the Greek World from 323 - 146 B. C.*, p. 330, 354 - 355。
③ J. B. Bury, et al., *The Hellenistic Age*, p. 58.
④ C. B. Welles, *Alexander and the Hellenistic World*, p. 217.
⑤ C. B. Welles, *Alexander and the Hellenistic World*, p. 213.
⑥ M. Cary, *A History of the Greek World from 323 - 146 B. C.*, p. 311.

的现实主义肖像。① "市场老妇"(Old Market Woman,一译"老妪",Old Woman)、"老渔夫"(Old Fisherman)、"老牧羊妇"(Old Shepherdess)②和佝偻着身子的"老教师"雕像③体现了艺术家对社会下层的同情。"垂死的高卢人"(Galata Morente,The Dying Gaul)、"杀妻并自杀的高卢人"④表现出希腊人对外部世界的熟悉和对外族的敬佩之心。总之,希腊化艺术家们似乎对周围世界充满了兴趣,竭力要把它真实地表现出来。

(四)史学

希腊化史学出现了两个趋向,一是注重个人在历史上的作用,一是提出了世界史的观念。这两种观点虽然早在公元前 4 世纪就得到伊索克拉底的提倡,⑤但它们真正见诸史册却是在希腊化时期。

对个人注重是由于以亚历山大为首的伟人在历史上显示了非凡的作用而引起的。个人传记、回忆录的频频出现如同个人塑像的增多、钱币上的国王头像一样,强调了个人的重要。甚至伊庇鲁斯国王庇洛士(Pyrrus,约公元前 318—前 272 年)、法勒隆的德米特里(Demetrius of Phalerum,约公元前 350—前 280 年)都写了自己的战争史与统治史。亚历山大的几个部下(包括托勒密一世在内)都写了有关亚历山大的回忆录。亚历山大里亚的克利塔库斯(Cleitarchus,生卒年不详,活跃于公元前 4 世纪中后期或前 3 世纪中后期)利用这些素材,写了一部富有文学色彩的《亚历山大史》,获得了广泛的流传和影响。

对个人作用的重视还可以从另外一点看到。希腊化时期沿袭

---

① M. Cary, *A History of the Greek World from 323 – 146 B. C.*, p. 315.
② J. J. Pollitt, *Art in the Hellenistic Age*, pp. 142 (illus. 152, 153), 144 (illus. 155, 156).
③ 科尔宾斯基等:《希腊罗马美术》,严摩罕译,图 136 甲。
④ 科尔宾斯基等:《希腊罗马美术》,严摩罕译,图 142 – 143。J. J. Pollitt, *Art in the Hellenistic Age*, pp. 86 (illus. 85), 87 (illus. 86).
⑤ Moses Hadas, *Hellenistic Culture: Fusion and Diffusion*, p. 117.

了色诺芬(Xenophon)等的传统,续写前人的历史,但有趣的是这时有的历史家划定写作范围时是以伟人的兴亡为时限。卡狄亚的希罗尼穆斯写的历史起自亚历山大之死,终于庇洛士之死(公元前272年),菲拉库斯(Phylarchus,鼎盛于公元前3世纪)续另一历史家杜里斯(Duris of Samos,约公元前350—前281年之后)的历史。前者的历史是从公元前371年的留克特拉战役(the battle of Leuctra)到前281年吕西马库斯之死期间希腊与马其顿的历史,后者从庇洛士之死到斯巴达国王克利奥米尼三世(Cleomenes Ⅲ)之死(公元前219年)。①

通史观念的逐步形成与希腊化世界的扩大紧密相关。通史的写作和观念在波里比乌斯的《通史》中得到了最大程度的发挥。他认为,在他叙述的那个时代里,各国的历史开始成为一个有机的整体。无论是在意大利、利比亚,还是在希腊和亚洲,各地发生的历史事实都相互关联,都会趋于同一个结果。因此,对单一的历史进行研究是没有什么意义的,只有弄清事件与整体的联系,弄清各个事件的相似与不同,才能对历史画面有真实的了解,才能从历史研究中得到教益和乐趣。② 也正由于此,他的历史就不仅是罗马的扩张史,而且是他所知道的那个"世界"的历史。波里比乌斯的通史观念是对希腊化后期罗马扩张、东西地中海逐渐成为一个政治实体的现实反映。

(五)科学

对希腊化世界与希腊化科学的关系可以作这样的概括:(1)世界的科学。这一时期的科学成就,不是某一民族的专利,而是希腊化世界各民族文化、科学思想融合的硕果,没有这一世界,也就没有这一科学。(2)科学的世界。这个世界成为科学家,特别是地理学

① W. W. Tarn, *Hellenistic Civilisation*, p. 284.
② Polybius, *The Histories*, 1. 3, with an English translation by W. R. Paton, Cambridge, Mass. : Harvard University Press, 1979.

家、天文学家研究的对象。第一张有经纬线的地图，就包括了从直布罗陀到远东的地区。① 他们有的提出了环航地球的设想②，有的计算了地球的周长，有的探讨天体运行的规律。尽管当时的地理学家对真实的中国还是一无所知，但他们已经知道巴克特里亚以东的赛里斯和弗里尼。这实际上已经包含了对中国方向的朦胧认识。总之，科学家的研究领域随着希腊化世界的扩大而扩大。

　　从以上对六个文化分支的分析，可以看到一种共同精神的存在。宗教上以个人解脱为出发点的混合主义、一神教趋向，哲学上强调个人心灵宁静的避世主义与追求国际城邦的世界主义，文学艺术中的现实主义与个人主义，史学中注重个人历史作用的英雄史观与把人类居住之世界作为整体来考虑的通史观念，科学上以扩大了的世界为起飞的基础和研究的对象，都归根结底都集中体现到两点上：个人主义（Individualism）与世界主义（Universalism）。这里的个人主义与世界主义都是相对于古典时代的公民集体意识和狭隘的城邦主义而言。个人主义即个性的显露与伸张，自我意识的发展与增强，不管其表现方式是出世的，还是入世的，是消极的，还是积极的。世界主义即普遍性，人们不再是城邦的公民，而是"人类居住之世界"的一分子，世界已成为一个有联系的整体。"世界"观念随着真实世界的扩大而扩大。这种强调自我意识的个人主义，强调人类意识的世界主义，正是希腊化文化的内在精神统一性之所在。虽然在各个方面，二者所占的比例不大相同，有的部分，二者表现得不太明显，对二者的理解也会见仁见智，但它们确实存在于希腊化文化之中，是时代的精神在文化领域里的反映。

① F. W. Walbank, *The Hellenistic World*, p. 207.
② 埃拉托斯特尼和波昔东尼斯都提过西航可达印度的想法，见 Strabo, *Geography*, 1. 4. 6; W. W. Tarn, *Hellenistic Civilisation*, pp. 303 - 305。

196

第五章　希腊化文化的历史地位

到现在为止,对希腊化文化的本体考察就可以告一段落了。我们已经分析了它的成因、发展概况和特点。然而,一个新的问题摆在了面前。希腊化文化的历史地位如何? 它在人类文化交流史上到底起了什么作用? 它对后世到底产生了什么影响? 要回答这些问题,我们必须回到希腊化时代前后的世界文化发展史去进行纵向的定性考察。

一、希腊化文化是人类历史上
第一次文化大交流、大汇合

人类的文化交流大概自各地的族群发生接触之时就已经产生。进入有文字的历史时期,特别是进入从王国到帝国的发展阶段,这种交往必然会逐渐扩大。然而,在亚历山大之前,这种交流只是局部的,有些地方甚至是相互隔绝的。埃及和两河流域的文明出现得最早,且为近邻,但它们之间的真正接触要到新王国之时。波斯帝国的建立,大大便利了帝国境内各地文化的交流,但由于它是靠武力维持的军事联合体,没有统一的、牢固的政治经济基础,波斯人自身又没有带来较高的文化,所以各地的文化恪守传统。除琐罗亚斯教外,帝国之内的文化并未出现统一的迹象。虽然波斯帝国与文化传统截然不同的希腊为邻,而且曾兵临希腊,但西侵的惨败决定了它不可能在文化上给希腊留下什么痕迹,具有讽刺意味的是烧掉了几座神庙。不少的希腊人访问过巴比伦、埃及,也向它们学了不少宝贵的东西。有的希腊人谋食于大王的宫廷,[①]可能也带去了希腊人的思想,但这些局部的接触难以沟通东西方两大文化的巨流。远东的中国,希罗多德对之一无所知。在亚历山大跨越赫勒斯滂(Hellespont)海峡之际,这里的群雄各国还在争霸中原。它们既无力,也无意,更无暇西向。以后的秦、西汉王朝开边拓土,疆域庞大,但只是在汉武帝时才西达葱岭,他的使者也只是在此时才越过帕米尔高原。汉王朝文化在发展,在蔓延,不过要与其他几个古代文化相会,还得等待一段时间。印度文化自成一统,百家之中,佛教流行。但佛教大兴和弘扬于印度西北部要到孔雀帝国阿育王之时,向东亚、东南亚的传播要到贵霜帝国之时。单就文化的接触而言,东方的四大文明古国中只有埃及和巴比伦与希腊有过局部的交流,印度与其也有过个别的、间接的接触,真正意义上的、大规模的希腊文化与东方文化的交流并未进行。罗马是后起之辈,在文化上远逊于它的希腊邻居。当它为统一意大利而征战时,希腊人已创造出了他们将要钦羡之至的文化,但他们的羽毛还未丰满,无力东向。其他地区如中亚、阿拉伯、中非在希罗多德时代,甚至在亚历山大东征之时,大都还笼罩在传说的迷雾之中。

这一切都说明亚历山大之前欧亚非大陆各古老文化地区的相对闭塞。造成这种格局的根本原因固然只应归于生产力的落后,但以政治经济为动力的军事征服却能在一定程度上打破各地的阻隔,使其成为相互联系、相互影响的整体。帝国的建立,有利于帝国之内各地的文化交流。如果统治民族具有较高或相等程度的文化,在

---

① 如受雇于大流士一世考察印度河的斯库拉克斯(Scylax,约公元前 510 年? Herodotus, *Histories*,4,44),担任宫廷御医的克泰西亚斯(Ctesias,公元前 5 世纪—前 4 世纪之交)。(Xenophon, *Anabasis*, 1. 8. 26 - 27, with an English translation by Carleton L. Brownson, Cambridge, Mass.：Harvard University Press,1980.)

文化传统上又与各被统治地区有很大的不同,最后还能坚持自己文化传统的主导地位,那这个帝国之内的文化交流就更为丰富多彩,就会存在两种渠道的文化交流,一种是帝国境内被统治民族之间的交流,一种是统治民族与当地民族之间的交流。这二者不是孤立的,而是交织在一起的。也只有在这种情况下,文化的大交流、大汇合才能出现。希腊化文化就是这样。所谓"第一次大交流、大汇合"是从文化交流汇合的双方、交流的方式、交流的程度、交流的结果而言。交流的双方即希腊文化与以埃及、西亚、印度为主的当地文化。交流的方式是在希腊人政治统治之下,以希腊文化为主导。交流的广度(从地中海到印度河)和深度(几乎各个文化分支都能看出汇合的迹象)都是前所未有的。交流的结果即不仅继承和保存了希腊古典文化,而且在与其他文化汇合的基础上创造了独具特色的希腊化文化。

　　希腊化文化开辟了欧亚非文化交流的新时代。连接东西地中海的罗马帝国,由南而向东西的阿拉伯帝国,由东而西的蒙古帝国,由小亚崛起的奥斯曼帝国,还有由西而东的十字军远征,都或多或少地推动了欧亚大陆的文化交流。毋庸讳言,它们中有的还毁灭过一些地区的文化,但总的说来,它们都属于这个时代。这个时代直到哥伦布(Columbus,1451—1506)时代才结束,但是启迪了这位葡萄牙水手宏大心灵的不就是希腊化时代的科学天才吗?①

二、希腊化文化影响了西欧文化的方向

　　一般认为,古希腊文化奠定了西欧文化的基础,古希腊文化主要通过罗马而传之后世,而希腊化文化是希腊文化的新发展,也是希腊文化通向罗马文化的桥梁。布瑞(J. B. Bury)在评价希腊化时

---

① W. W. Tarn, *Hellenistic Civilisation*, p. 305.

代时就这么谈道:"人们已经对希腊化时代做出了这样的评论,认为它在许多方面比古典时代的希腊人离今日之世界更为接近。这不仅正确反映了生活的物质背景,而且也同样适合于这个时代对文学和文字性作品的态度。每一类作家都大量出现。文人作为一个独特的类型,是这个时代的产物。从地中海的此端到彼端,人们都在忙忙碌碌地用文字表达自己的思想。"①这段话很清楚地说明了希腊化文化的再创造及其与近代西方世界的近距离关系。

希腊化文化不仅是对古典文化在形式上的利用、内容上的创新、范围上的扩大,而且是对其辉煌成果的继承和整理。没有希腊化时代人们的这一工作,后世将无法接受像现在这样的希腊文化遗产,从这个意义上说,希腊化文化代表了希腊文化的最高成就,希腊化文化影响了西欧文化的方向。

希腊化文化对西欧的影响主要是通过两条途径进行的,一条是罗马的拉丁—希腊文化,一条是基督教文化。前一条途径由于蛮族入侵而中断,但又由于拜占庭、阿拉伯帝国继起而延续,后一条途径基本上是一脉相承,不过已在很大程度上把希腊化文化宗教化了。

罗马帝国建立后,原来希腊化文化的中心地区——东地中海沿岸成为帝国的属地,亚历山大里亚、雅典、帕加马、安条克等城市还保持了文化中心的地位。然而,罗马帝国时代的贡献在于总结利用,而非创造发明。

亚历山大里亚的最后一位著名科学家托勒密(Claudius Ptolemy,约公元 90—168 年,另说约公元 100—170 年)总结了希腊化先辈的研究成果,著成了《天文学大成》。这本书后来被阿拉伯学者译为阿拉伯文,作为标准课本使用(名为《至大论》),1496 年,此书被译为拉丁文,成为近代科学研究的起点。② 不过,遗憾的是,他的

---

① J. B. Bury, et al. , *The Hellenistic Age* , p. 32.
② M. Cary, *A History of the Greek World from 323 – 146 B.C.* , p. 349.

地心说却谬传了直到哥白尼（Copernicus，1473—1543）时代的一千多年。帕加马人盖仑（Galen，公元 129—199 年）是古代希腊罗马最后一名从事医学著述的人。他的著作据说有 131 部之多，现存 83 部。他的三灵气体系就是希腊化时期埃拉西斯特拉图体系的发展。它在欧洲长期居于统治地位，直到 17 世纪血液循环理论确立之后才为人们所抛弃。① 老普林尼（Pliny，公元 23—79 年）的《自然史》是一部 30 卷的巨著，涉及天文、地理、生物、医药、艺术以至实用工艺等学科，可以说是一部百科全书。但这部书主要是从古希腊著作中抄录下来的，据说老普林尼为此曾阅读了 2000 种著作，②可以推定，其中大部分是希腊化时代所作。

在造型艺术上，罗马人从希腊建筑师那里学到了城市建设规划。在罗马，最受欢迎的建筑师都是来自小亚的希腊人。希腊化的建筑术与罗马的建筑术融合为一。奥古斯都自豪地宣称，他把罗马由一座砖城变成了一座大理石城市。③ 通过罗马，希腊化的建筑术传到了近代建筑学上，所以在某种意义上，链条并未中断。④ 罗马人对希腊雕塑的兴趣尤为浓厚。公元 2 世纪的罗马雕塑中留下了大批的希腊化原作仿制品。这些仿制品在文艺复兴时重现光明，⑤激发了文艺复兴以来艺术家的灵感和创造力，从而出现了米开朗基罗（Michelangelo，1475—1564）、多那太罗（Donatello，1386—1466）这样一些以希腊作品为原型的雕刻家。⑥ 加德纳（Gardner）在《希腊的遗产》一书中对希腊艺术的影响作了高度评价。他说："希腊的艺术之灯将给任何时代都带来光明，希腊的理想主义，希腊的平衡与适

① 潘永祥：《自然科学发展简史》，北京大学出版社，1984 年，第 126—127 页。
② 潘永祥：《自然科学发展简史》，第 125 页。
③ Suetonius. *The Lives of the Caesars*, 2. 28. 3, with an English translation by J. C. Rolfe, Cambridge, Mass. : Harvard University Press, 1959.
④ R. Livingstone, ed. , *The Legacy of Greece*, Oxford: Clarendon, 1921, p. 421.
⑤ 这时还有一些希腊化时期的雕塑杰作先后被发现。如"拉奥孔""垂死的高卢人""断臂的维纳斯"等。
⑥ R. Livingstone, ed. , *The Legacy of Greece*, p. 391.

度,希腊人对自然健康之事物的爱好,希腊的朴素与节制,是一切时代美好艺术的精髓。"①今天遍布世界的希腊罗马式雕塑和柱式不就经常唤起人们对希腊化艺术的回忆吗?

罗马帝国的哲学事实上是希腊化哲学的延续。伊壁鸠鲁哲学在帝国初期仍很流行,该学派成员在安条克、亚历山大里亚、罗德斯和赫库兰尼姆(Herculaneum)都建有社区。后期斯多亚派的代表人物塞尼卡(Seneca,公元前 4—公元 65 年),爱比克泰德(Epictetus,约公元 50—138 年),马尔库斯·奥勒留都是罗马人。马尔库斯还是罗马帝国的皇帝。新柏拉图主义也在亚历山大里亚的普罗提诺斯(Protinus,约公元 203—262 年)那里得到了重大发展。

斯多亚派哲学对罗马帝国的影响极大。此派所设想的"世界国家"给奥古斯都的统治提供了理论基础。在斯多亚派人士波昔东尼斯的影响下,奥古斯都周围的人们凝成这么一种信念:所有的历史都是神意(plan)的实施。这个计划的目标,这个历史的顶点,就是罗马的建立和成长。罗马的命运将继续受到天道的集中关注。罗马的使命,就是注定给世界带来和平的文明,因此,罗马人是神的选民,指导罗马人完成使命的工具就是他们的合法君主。②

斯多亚派的"自然法则"和"天赋人权"论对后世影响深远。17、18 世纪出现的"天赋人权"学说在一定程度上就是斯多亚学说的复活。近代国际法的根源就可溯至罗马的"国际法",再到斯多亚的自然法。所谓"自然法",是指源于自然本性的,因而对一切人都有效的律法。它不是具体的条文,而是实际法律的根据和理性。马尔库斯·奥勒留拥护"一种能使一切人都有统一法律的政体,一种能依据平等的权利与平等的言论自由而治国的政体,一种最能尊敬被统治者的自由的君主政府"③。这虽然是在罗马帝国不可能实现的理

① R. Livingstone, ed., *The Legacy of Greece*, pp. 395 - 396.
② Moses Hadas, *Hellenistic Culture: Fusion and Diffusion*, p. 252.
③ 罗素:《西方哲学史》,何兆武、李约瑟译,第 341—342 页。

想,但却影响了立法,并成了基督教思想的一部分,最后在近代成为资产阶级向封建政权斗争的口号与武器。

希腊化的文学形式和风格不仅影响到帝国时的罗马人,而且影响到近代。提奥克里图斯的田园诗启发了维吉尔,他的《牧歌》就是模仿之作,只不过将场景从西西里移到了阿卡底亚。① 提奥克里图斯的诗已译成多种文字,亨德尔(Handel,1685—1759)的《阿西斯与该拉忒亚》(*Acis and Galatea*)、斯宾塞(Edmund Spenser,1552—1599)的《牧羊人月历》(*The Shepheardes Calender*)、莎士比亚(Shakespeare,1564—1616)的《冬天的故事》(*The winter's tale*)都遵循了他的传统。甚至19世纪的俄罗斯诗歌也留下了他的直接影响。② 希腊化讽刺诗的传统一直延续到罗马帝国和拜占庭时代。亚历山大里亚的诗歌在罗马帝国时期仍保持了它的地位和人们对它的兴趣。"如果不是亚历山大里亚,奥维德就不会写出他的《变形记》。"③米南德的喜剧语言诙谐、机智、文雅,有的今已成为格言,如"神所爱者不寿"(Whom the gods love die young),"滥交败坏善行"(Evil communications corrupt good manners),"良心使勇敢者胆怯"(Conscience makes cowards of the bravest)。他在文学史上竖立了一块里程碑,自他以后,一直延续到莎士比亚和莫里哀。④ 欧洲的戏剧几乎完全源于希腊的悲剧和喜剧。

希腊化时期出现的传记性历史著作在普鲁塔克(Plutarch,公元46—119年之后)所著的《名人传》(*Parallel Lives*)那里达到了高峰。李维的《罗马史》实际是希腊化时期国别史的发展。

希腊化文化经罗马而影响西方文化,可以说是一场接力赛,它

① C. B. Welles, *Alexander and the Hellenistic World*, p. 205.
② John Boardman, Jasper Griffin, Oswyn Murray, ed., *The Oxford History of the Classical World*, p. 356.
③ J. B. Bury, et al., *The Hellenistic Age*, p. 78.
④ W. W. Tarn, Hellenistic Civilisation, p. 273 n. 2;译文据威尔·杜兰:《世界文明史》第7卷《希腊的衰落》,幼狮翻译中心编译,第217页。

还经历了拜占庭文化、阿拉伯文化、意大利文艺复兴几个传递阶段，当然，这种传递过程实则是扬弃、变异、混溶的过程，我们能探寻出的只是希腊化文化的遗存与气息。

拜占庭帝国保留、吸收、传播了他们所继承的希腊化文化，有的学者认为：亚历山大里亚、叙利亚和巴勒斯坦在拜占庭艺术的形成上起了极其重大的作用。希腊化艺术是拜占庭艺术的基础。[①] 拜占庭的历史学家普罗科比（Procopius，公元 500—565 年）等以修昔底德、波里比乌斯的著作为范本，来记述他们时代的政治、军事事件，力图准确分析事件原因和人物行为动机，并不时虚构一段演讲对此进行概括总结。"这就是基督教史学的开始，其水平与古典传统确定的标准并非相去甚远。"[②]拜占庭保存的希腊文化后来传入意大利，促进了文艺复兴的诞生和发展。

罗马帝国东部地区的官方语言是阿拉米亚语（Aramaic，或曰叙利亚语）。在阿拉伯人到来之前，有些希腊哲学家和科学家的著作就已被译成叙利亚语。[③] 阿拉伯人征服叙利亚等地后，一方面把叙利亚语的希腊著作译成阿拉伯文，最早译成的是亚里士多德和盖仑的著作，[④]还有地理学家托勒密的著作。[⑤] 另一方面，他们把希腊文原书译成阿拉伯语或叙利亚语，833 年，阿拉伯帝国成立了专门的翻译机构"智慧之宫"（the House of Wisdom）。阿拉伯人翻译的对象主要限于科学和哲学。希腊哲学上的许多范畴和概念，如物质（Substance）、偶然性（Accident）、永恒（eternity）、终极存在（creation

① D. V. Ainalov, *The Hellenistic Origins of Byzantine Art*, translated from the Russian by Elizabeth Sobolevitch and Serge Sobolevitch, New Brunswick, N. J.: Rutgers University Press, 1961, p. 7.
② M. I. Finley, ed., *The Legacy of Greece*, p. 442.
③ 参见阿赫默德·爱敏：《阿拉伯文化的黎明时期》，纳忠译，商务印书馆，1958 年，第130—131 页。
④ M. I. Finley, ed., *The Legacy of Greece*, p. 448.
⑤ 潘永祥：《自然科学发展简史》，第 134 页。

in time)等都被用来解释《古兰经》，①阿拉伯人阅读希腊文并加以注疏，亚里士多德的名气主要归功于他们。② 在自然科学上，阿拉伯人把亚历山大里亚的代数学向前推进了一步。他们对欧几里德（Euclid，公元前 4 世纪中期—前 3 世纪中期）更为欣赏。大约在 760 年，拜占庭皇帝就送给哈里发一部欧几里德的著作，在约 800 年被译为阿拉伯文。现在最早的拉丁译本是巴斯的阿戴拉德（Adelhard of Barth）于 1120 年从阿拉伯译过来的。③ 阿拉伯人的炼金术也是从希腊前人那里学来的。④ 除哲学和科学外，阿拉伯文学也受到希腊文学的一些影响，主要表现在若干阿拉伯词汇采自希腊文，如秤、镜子、硬纸片、尘埃、"京脱"（量名，重一百磅）、大主教、解毒药（底利亚）、关节等，许多格言源自苏格拉底、柏拉图、亚里士多德等，从叙利亚文中摘出而转述。⑤ 建筑上，阿拉伯人在寺庙上设置小尖塔的构思，也许来自亚历山大里亚灯塔。⑥

正是由于阿拉伯人对希腊化时代留下来的希腊文化的接受、保存，才使欧洲人能重新沐浴祖先的光辉。通过西西里和西班牙，阿拉伯人保存的希腊文化进入西欧，从而推动了文艺复兴运动的诞生。最早的拉丁文翻译家是非洲的君士坦丁（Constantine the African，生活于 11 世纪）。他率先把希波克拉底（Hippocrates，约公元前 460—前 375 年）和盖仑的著作译成阿拉丁文。波里比乌斯、斯特拉波（Strabo，约公元前 64—公元 21 年）、荷马的作品也都于此时译成了拉丁文。著名的希腊学者、枢机主教贝萨利昂（Bessarion，1403—1472 年）就搜集了异教和基督教作家的手稿达 600 部。⑦ 希

---

① M. I. Finley, ed., *The Legacy of Greece*, p. 447.
② 罗素：《西方哲学史》，何兆武、李约瑟译，第 356 页。
③ 罗素：《西方哲学史》，何兆武、李约瑟译，第 272 页。
④ 罗素：《西方哲学史》，何兆武、李约瑟译，第 357 页。
⑤ 参见阿赫默德·爱敏：《阿拉伯文化的黎明时期》，纳忠译，第 137—138 页。
⑥ W. W. Tarn, Hellenistic Civilisation, p. 313.
⑦ 雅各布—布克哈特：《意大利文艺复兴时期的历史》，何新译，商务印书馆，1979 年，第 183、185 页。

腊化的科学设想与理论启发了近代欧洲的科学家,他们当中就包括哥白尼、哥伦布。虽然近代学者补充了希腊科学之不足,但"他们探索的起点通常都与某些希腊化先驱们驻足的地方不远,根据科学成就,唯有希腊化时代有资格在历史上占有相当的地位"①。

文艺复兴运动的最终目的当然不是复兴希腊罗马文化,但这种古代文化为它提供了知识的源泉和斗争的武库。西欧能结束"黑暗时代",进入"理性时代",科学能战胜荒谬,以人文主义为中心的近代文化能战胜以神学为中心的基督教文化,其原因之一就是它在一定程度上利用了希腊罗马文化,而希腊化文化既是前者的重要组成部分,又是后者的基础与先驱,所以我们说希腊化文化影响了西欧文化的方向。

希腊化文化对西欧文化影响的另一途径是基督教。基督教,以及它的前身犹太教,都受到希腊化宗教和哲学的影响,它们反过来又把自身所受的影响带给了后世的基督教世界。

希腊化时期,犹太地区先后落入亚历山大帝国、托勒密王朝和塞琉古王朝的统治之下。托勒密王朝采取宗教宽容政策,尊重犹太人的信仰。同时,犹太人也可开始学习希腊语,接受希腊化文化。有的犹太人长期居于希腊化地区,甚至忘却了自己民族的语言,希腊语《圣经》(即所谓《七十士子本》)就是为了居住在亚历山大里亚的希腊人阅读之便才译出的。② 由此可见外地犹太人希腊化之程度。塞琉古王朝公元前 198 年开始统治犹太,强制推行希腊化,遭到犹太人的起义反抗(马卡比起义)。虽然塞琉古的军事镇压失败了,犹太人争得了自己宗教的独立存在,但因犹太地处希腊中心地区,犹太教还是不可避免地受到了一些影响。这些影响我们了解不

① M. Cary, *A History of the Greek World from* 323 - 146 *B.C.* , p.353.
② 据托勒密二世给犹太大祭司 Eleazar 的信。见 M. M. Austin, *The Hellenistic World from Alexander to the Roman conquest*: *A Selection of Ancient Sources in Translation*, Cambridge/New York: Cambridge University Press, 1981, no. 262 (pp. 440 - 442).

多,但可以知道的是:希腊宗教的实体转化论(incarnation)注入犹太教内部,①《圣经》中的《传道书》(Ecclesiastes)完全是在希腊思想影响下写成的。② 希腊化的犹太人对犹太教义作了新的解释,最有名的是被恩格斯称为"基督教之父"的斐洛(Philo,约公元前 20—公元40 年)③,他用希腊哲学,尤其是柏拉图哲学解释犹太教圣经,从而影响了后来基督教神学体系的形成。④ 亚历山大里亚的犹太人把摩西(Moses)说成是希腊传说人物奥尔弗斯的老师穆赛欧斯(Musaeus)的谐音,试图把希腊与犹太的历史、宗教调和起来。⑤

基督教是从犹太教的一个小教派——拿撒勒派发展而来。基督教从犹太教中接受了一定的希腊化成分是可以肯定的,但它对希腊化文化的吸收主要是在以后的自我完善过程中进行的。

从基督教的外在形式上看,基督教同佛教一样,在希腊化视觉艺术中发现了显示它的思想和理想、启迪圣徒心灵的中介物,即耶稣的人物像。最早的耶稣形象与奥尔弗斯(Orpheus)相似。⑥ 耶稣的死而复生,以及他是人类牧者的特征,都说明了基督教与希腊化宗教的关系。现存的柏林印章,是三四世纪之物,上面刻有一个人受十字架之刑,十字架上方有一新月和七颗星星,十字架下受难者两侧刻有 ορφεος βακκικος(奥尔弗斯—巴克)的字样。通常认为这是

---

① Arnold J. Toynbee, *Hellenism: The History of A Civilization*, pp. 13-15.
② F. W. Walbank, *The Hellenistic World*, p. 224. 塔恩的观点与此不同,认为犹太人和希腊人在同一个世界平行发展。即使在某一个犹太作家那里发现一定的受到希腊化熏陶的痕迹,那也没有证据证明他们受到希腊思想的渗入。
③ 恩格斯:《布鲁诺·鲍威尔和早期基督教》,载中共中央马克思恩格斯列宁斯大林著作编译局:《马克思恩格斯全集》第二十一卷,人民出版社,1956 年,第 12 页。
④ 严格说,斐洛不属于希腊化时代,但他是用希腊哲学思想解释犹太教,并使之融入基督教的最主要的希腊化犹太人。
⑤ Moses Hadas, *Hellenistic Culture: Fusion and Diffusion*, p. 74. 但格思里认为穆赛欧斯(Musaeus)是奥尔弗斯(Orpheus)的学生或儿子(W. K. C. Guthrie, *Orpheus and Greek Religion*, London: Methuen, 1952, p. 13)。
⑥ 有一组发现于基督教徒地下墓穴中的图画显示了奥尔弗斯向人类牧者耶稣的转化。中间的人物还是奥尔弗斯(有的认为是大卫),但他的听众只剩下了羊。而耶稣有好牧羊人(Good Shepherd)之称。见 W. K. C. Guthrie, *Orpheus and Greek Religion*, Fig. 18.

某一诺斯替教派(Gnostic sect)的作品,它显示了奥尔弗斯教与基督教观念的混合①。基督教的圣餐礼似乎也是从奥尔弗斯教而来。②耶稣受难像可以说是希腊化艺术与宗教影响的产物。基督教堂肯定采用了希腊的音乐形式,今天研究古代希腊音乐的最好钥匙就是俄国东正教堂的圣歌。③ 亚历山大里亚科学家克泰西比阿(Ctesibius,鼎盛于约公元前 270 年)制作的水风琴也被基督教利用,成为现代的风琴。④ 基督教胜利时,其他异教神都被一扫而去,唯有伊西斯崇拜坚持到最后。它为"另一母性之神"的崇拜铺平了道路,而且伊西斯的雕像后来成为圣母玛利亚(Virgin Mary)的偶像。⑤希腊人、犹太人的祷告和东方秘教的忏悔形式也经由斐洛和克莱门特(Clement,约公元 150—214 年)进入了基督教,不过祷告的目的趋向于与神相通,而不是求神的赐予,契约关系让位于"父子"关系。⑥ 希腊化哲学家们的演讲"劝道"(the hortatory discourse)为基督教的教父们(the fathers of the Christian church)所接受。⑦ 希腊化的世界国家思想,特别是罗马帝国的国家形式,给基督教提供了建立组织系统的依据。教会的严密组织体系是罗马帝国灭亡之后基督教能存在下来并建立神权统治的基础。最后一个重要形式是希腊语。正是希腊化时期希腊语的普遍流行,才使得基督教能很快传播。没有希腊化时代遗留下来的希腊语和希腊语世界,很难设想基督教的存在和发展,至今东正教仍用希腊语进行活动,就是明证。

　　基督教从希腊化文化遗产中吸收的这些形式,虽然在长期的历

---

① W. K. C. Guthrie, *Orpheus and Greek Religion*, p. 265.
② W. K. C. Guthrie, *Orpheus and Greek Religion*, p. 268;罗素:《西方哲学史》,何兆武、李约瑟译,第 383 页。
③ Moses Hadas, *Hellenistic Culture: Fusion and Diffusion*, p. 41.
④ 威尔·杜兰:《世界文明史》第 7 卷《希腊的衰落》,幼狮翻译中心编译,第 232 页。
⑤ W. W. Tarn, *Hellenistic Civilisation*, p. 360.
⑥ Moses Hadas, *Hellenistic Culture: Fusion and Diffusion*, p. 207;《新旧约全书》"加拉太书"4.4—7,中国基督教协会、中国基督教三自爱国运动委员会,1986 年。
⑦ R. Livingstone, ed., *The Legacy of Greece*, p. 79.

史过程里有所变化,但大体上都延续下来。

从基督教思想上看,它受到来自三方面的影响。

基督教诞生于斯多亚哲学的中期之末和晚期,①所以受它的影响较大。尽管希腊哲学主要是通过新柏拉图主义进入基督教,但这并不能否认斯多亚派对早期教会伦理思想的影响,而且从公元 1 世纪以后流行的柏拉图伦理理论中已经掺入了大量的斯多亚因素,所以芬利在断言基督教中存在着许多斯多亚主义时,明确地指出,"来自斯多亚化的柏拉图主义和来自斯多亚主义本身的成分同样得多"②。斯多亚哲学对基督教的影响主要有:(1)斯多亚派的"世界性大火说"相继被犹太教和基督教利用。基督教的"世界末日""最后审判"的观念就来源于此。(2)斯多亚派关于忍耐、节制、克己、仁慈、宽恕、爱人、敬神、服从命运等思想,都直接促进了基督教教义的形成。(3)斯多亚派认为上帝是世界的灵魂,也是理性、逻各斯(Logos),上帝既是宇宙万物的主宰,也是它们的本原。这种观点得到"基督教教义之父"斐洛的发挥,③最后演变为基督教的"三位一体"说。(4)斯多亚的人类精神自由和普遍平等观念在早期基督教作家的著作里得到了新的解释。④

希腊化时期的宗教也为基督教教义的形成准备了条件。各地宗教的混合,一神教的趋向,预示了一个统一宗教的来临。由奥尔弗斯教等形形色色的秘教流传下来的灵魂不死、天堂地狱、生而有罪等观念都或多或少地渗透到基督教的教义中去。"正如哈纳克所

① 一般把斯多亚哲学的发展分为早中晚(后)三个时期,早期是从公元前 4 世纪末—前 2 世纪,从芝诺到安提帕特(Antipater,卒于公元前 130/129 年),中期从公元前 2 世纪末到前 1 世纪,转向折中主义,代表人物是帕奈提奥斯(Panaetius,约公元前 185—前 110/109 年)和波昔东尼斯,后期或晚期从公元 1 世纪到 2 世纪,提倡生活与宇宙的和谐,著名代表人物有上文提到的塞尼卡、爱比克泰德和马尔库斯·奥勒留。早中期属于希腊化时期,晚期或后期属于罗马帝国时期。

② M. I. Finley, ed., *The Legacy of Greece*, p. 357.

③ 详见于可:《初论原始基督教的演变及其必然性》,《世界宗教研究》1986 年第 2 期。

④ V. S. Nersesyants, *Political Thought of Ancient Greece*, Moscow: Progress Publishers, 1986, pp. 192 – 193.

指出,在基督教以前的各种宗教的混融过程中,形成了一种沉淀物。在这种沉淀物中,灵魂、神灵认识、赎罪、禁欲、拯救、永生,以及替代民族主义的个人主义和人性,这些概念交织在一起。这些混料也就构成了基督教发展和传播的各种内部条件的总汇。"①

新柏拉图主义虽然产生于希腊化时代之后,但也受到希腊化时期传下之秘教的影响。普罗提诺(Plotinus,约公元203—262年)继承斯多亚派波昔东尼斯的传统,力图把希腊哲学史上所有流派的教义融为一体,特别是把柏拉图的"理念论"与神学相结合。他认为,哲学家的主要追求就是通过沉思默想来达到人神合一的神秘体验,②就是证明上帝的存在。新柏拉图主义的神学性质,使它成为古希腊罗马哲学向基督教神学转变的中间环节。③

总之,基督教虽然诞生于罗马帝国时期,却孕育于希腊化时代。正如美国哲学家梯利(Frank Thilly)所说:"时代条件成熟了,于是产生了新的世界宗教。促使它产生的有这些因素:世界帝国的存在,斯多亚学派所极力宣扬而逐渐增长的世界大同和四海之内皆兄弟的精神,哲学家所教诲的精神神性的概念,存在于通俗的希腊神秘思想和东方宗教中不死的学说,以及犹太有人格的上帝的理想。这种理想在形而上学的抽象观念无能为力的条件下,能够唤起宗教精神。基督教在某种程度上是时代的产儿,是犹太教和希腊——罗马文明的产物。"④沃尔班克也明确指出:"在形式上,基督教最终成为罗马帝国的官方宗教,但实质上是犹太的、希腊化的环境混合的

---

① 约·阿·克雷维列夫:《宗教史》,王先睿等译,中国社会科学出版社,1984年,第168页。
② Arnold J. Toynbee, *Hellenism: The History of A Civilization*, New York: Oxford University Press, 1959, p. 124.
③ 冒从虎等:《欧洲哲学通史》上卷,南开大学出版社,1986年,第199页。
④ 梯利:《西方哲学史》,葛力译,商务印书馆,1975年,第157页。原文 Frank Thilly, *A History of Philosophy*, New York: Henry Holy And Copany, 1924, p. 134. 译文稍有变动。

产物。"①

基督教神学在一定程度上取代或扼杀了希腊主义,但它没有,也不会排除它以前接受的希腊化文化因素。反之,随着它的传播,自身的希腊化文化因素也附带而去。它的《圣经》、礼拜仪式和神学文学使用希腊语或拉丁语,它的信条是用希腊哲学术语构成。它也利用和保存了希腊化时期传下来的希腊作品(主要保留在基督教著作中或保存在修道院中)。这"确是基督教的光荣,但也给它带来了烦恼,因为就像埃及肥沃之神(fertility-god)奥西里斯被肢解的身体一样,这些希腊主义的残片在其本身中已保留着一种潜在的生命火星。它们隐藏几百年后,就会再次燃成熊熊大火。因此,基督教会无意识地成了非基督教和甚至反基督教的希腊观念和理想的负载者"。② 这种情况在文艺复兴和宗教改革终于发生了。教会修道院中残存的希腊罗马时代的典籍成了人文主义者向基督教神学开战的武器,教堂的壁画成了宣扬世俗精神的阵地,圣经故事成为反映人类力量与个性的题材。有学者甚至断言:"加尔文主义简直就是洗礼化的斯多亚主义。"③

西欧文化中有世俗文化与基督教文化之分野,如果就这两种文化溯源而上,我们就会在同一发源地重逢,这就是以东地中海为中心的希腊化文化。也就是站在这里,我们才能深刻体会到希腊化文化对西欧、对世界文化的意义。

三、希腊化文化对远东的影响

希腊化时代对人类文化的重大贡献之一就是给希腊文明、印度

---

① F. W. Walbank, *The Hellenistic World*, p. 276.
② Arnold J. Toynbee, *Hellenism: The History of A Civilization*, New York: Oxford University Press, 1959, p. 232.
③ R. Livingstone, ed., *The Legacy of Greece*, p. 37.

文明和中国文明相接触提供了一个契机。这种接触是通过佛教艺术即犍陀罗艺术实现的。如前所述,犍陀罗艺术是以希腊化艺术之"形"(不排除印度雕刻艺术的因素)传印度佛教之"精神",所以,佛教的东传,准确说佛教艺术的东传,在一定程度上就是希腊化艺术遗风的东传。传播的过程,也就是三大文化源流相互汇合的过程,因此,我们有必要沿着佛教传入的路线进行一番追踪考察。①

佛教艺术是东汉初年经丝绸之路进入中原内地的。但实际上,公元前1世纪,佛教便由克什米尔传入我国的于阗。公元前80年,入于阗传经的佛僧,曾在城中立寺画像供奉。② 这当是佛教艺术的最早传入。到汉明帝永平八年(公元65年)楚王英崇奉浮屠(佛像),明帝派人到大月氏求得佛典和佛像("得佛经《四十二章》及释迦立像")。公元68年,中天竺沙门到洛阳翻译佛经,于是起立佛寺(白马寺)。桓帝延熹年间(公元158—166年)在宫中崇祀浮屠,和黄老并重。③ 佛教既受提倡,各国僧人相继东来。自东汉以来,佛教在中华大地延绵不断,香火不绝。

佛教的传入,使中国文化与希腊文化、印度文化有可能接触融合。这种融合主要是通过佛教艺术体现和实现的。而且越往内地,佛教艺术就越中国化。

人们曾在今新疆和田附近的拉瓦克(Rawk,又译"热瓦克")佛寺遗址发现了许多烧陶佛陀和菩萨的造像,从其宽大的袈裟和造型

---

① 【补注】关于犍陀罗艺术中的希腊因素和希腊神原型,见 Yang Juping,"Hellenistic Information in China," *CHS Research Bulletin* 2(2014). http://www.chs-fellows. org/2014/10/03/hellenistic-information-in-china/;"The Sinicization and Secularization of Some Graeco-Buddhist Gods in China," in Peter Stewart,Ed.,*The Global Connections of Gandharan Art*,Oxford:Archaeopress,2020;杨巨平:《犍陀罗艺术中的"希腊神"在中国——一项基于图像的初步考察》,《西域研究》,2022年第1期,第120—137页。

② 苏福伟:《中西文化交流史》,上海人民出版社,1985年,第78页。

③ 关于汉明帝时佛教传入,记载较多。详见范晔:《后汉书·光武十王列传》"楚王英",第1428页;《后汉书·西域传》,中华书局,1965年,第2922页;魏收:《魏书·释老志》,中华书局,1974年,第3025—3026页。也参见苏福伟:《中西文化交流史》,第79页。

艺术的协调性来看,完全是亚历山大里亚式的。[1] 在尼雅,1959 年发现了一幅半身裸体菩萨的画像。[2] 再继续沿南路往东,在米兰古城遗址,一处希腊—罗马式的壁画被发现,同时壁画上还有一个佛陀像,身边聚集着许多和尚。[3] 在丝绸之路北道库车、喀什之间的图木舒克,库车附近的克孜尔,甚至更东边的焉耆,都发现了许多烧陶雕像。它们和阿富汗境内同时期丰都基斯坦(Fondukistan)、哈达(Hadda)的佛教人物塑像很相似。[4] 这是由于这种艺术风格离开出发地不远的缘故。古龟兹克孜尔的壁画显示了希腊化艺术与伊朗、印度艺术的结合:佛陀穿着非常希腊化的衣衫,而一些男性俗人完全是伊朗人,一些女性裸体作品则是明显的印度或希腊艺术。[5] 在焉耆,还发现了一个漂亮的青年佛陀像,其样子是亚历山大里亚式的,或者是亚洲式的。[6] 再往东到吐鲁番,中国的影响就集中一些。这一带是希腊化风格与中国风格的交汇之地。在此地发掘出的属于盛唐时代的女性裸胸菩萨塑像,与在亚历山大里亚等地出土的,属于八百年前的塑像完全一样,这些女性塑像“与中国的美女塑像在戈壁沙漠的深处汇合了”。[7]

出吐鲁番盆地东向,一个个佛教艺术宝库竞放光彩。甘肃的敦煌、山西大同的云冈、太原的天龙山、河南的龙门,都集中了印度—希腊佛教艺术与中国艺术合炉而冶的瑰宝。这些中国化的佛教艺术隋唐之际又传到朝鲜、日本。

犍陀罗艺术不仅随大乘佛教传至远东,而且也传到东南亚。在

---

① R. 格鲁塞:《从希腊到中国》,常书鸿译,第 39 页。【补注】当时受资料和学识所限,关于犍陀罗艺术在中国的传播,主要依据此书。
② 苏福伟:《中西文化交流史》,第 81 页。
③ R. 格鲁塞:《从希腊到中国》,常书鸿译,第 39 页。
④ R. 格鲁塞:《从希腊到中国》,常书鸿译,第 39 页。
⑤ R. 格鲁塞:《从希腊到中国》,常书鸿译,第 40 页。参见白建钢:《龟兹古壁画》,《光明日报》1988 年 5 月 18 日。此文称龟兹是“东方的雅典”,认为其裸体艺术来自印度和希腊。
⑥ R. 格鲁塞:《从希腊到中国》,常书鸿译,第 40 页。
⑦ R. 格鲁塞:《从希腊到中国》,常书鸿译,第 41 页。

泰国、柬埔寨、马来亚、爪哇、锡兰都发现了佛教艺术珍品①。对于这一路，我们为找不到更多的资料加以说明深以为憾，但问题的关键不只在于希腊化的犍陀罗艺术与佛教所经之地艺术的汇合，而且更重要的在于阿波罗式的佛陀像能使崇拜者更好地领悟这一宗教的真谛。在那些善男信女的心目中，那高高在上，但又安详端坐、笑容微启的释迦牟尼就是仁慈和怜悯的象征。当他们合掌祈祷时，他们感到普济众生的佛祖正在倾听他们心灵的呼唤，正在赐给他们来日的幸福。在这一点上，站立在耶稣受难像前的基督徒与拜倒在佛陀脚下的僧众大概会产生同样的感受、同样的心理升华。希腊化的视觉艺术就这样通过佛教，通过丝绸之路传递了人类文化的信息。

两千年过去了，我们仍感到希腊化文化影响的存在，而且由它回想起那个最终沟通人类古代五大文明（希腊、埃及、巴比伦、印度、中国）的伟大时代。

---

① 威尔·杜兰：《世界文明史》第 3 卷《印度与南亚》，幼狮翻译中心编译，第 290 页。

结　语

希腊文化确实在这一时期随着希腊—马其顿人的征服传播到希腊本土之外,但绝不是只向东方的传播,而是向以东地中海为中心的周围地区辐射。东至印度,西至罗马,北至南俄,南至努比亚,都曾是希腊文化的传播与影响之地。当然,希腊化初期与此后在传播方式上有所不同,而且后来传播的希腊文化实则是加入了一定当地文化因素的希腊化文化。希腊化时期的希腊文化只向东方传播的观点是站不住脚的,最典型的一例是罗马。罗马受希腊化文化影响最深,希腊文化也是借罗马而传世,我们能说罗马是东方国家吗?

在传播过程中,希腊文化与当地文化的汇合也确实发生了,希腊化文化就是这种汇合的产物,它的多元性就在于此。但多元并存不等于各元均等。由于希腊人政治经济体系的建立和希腊古典文化的强大惯性与基础,在多元的希腊化文化中,希腊的文化因素占主导地位,这从当时的文化表现形式、主体、传播媒介、成就都可以看出。因此,东方文化因素决定论与只强调希腊文化传播的观点同样是难以令人信服的。也正由于这一原因,我把这一文化仍称为希腊化文化。

传播、汇合、再传播、再汇合,这一过程贯穿于希腊化文化的始终,但它因时因地有度的差别,这种差别就决定了希腊化文化的阶段性。亚历山大帝国不仅从宏观上奠定了希腊化文化诞生的基础,而且他本人也造就了某些文化内容的雏形,所以不应把这一时期排除于希腊化文化之外。

希腊化文化既是希腊化世界的产物,它就不可避免地打上了时代的印记,或者说只能是对那个时代、那个世界的反映,所以,它无论在形式上还是在精神上都呈现出统一的特征。统一性与多元性并不矛盾,统一性寓于多元性之中。

希腊化文化虽不像古典文化那样极富创造力,但也不是格罗特眼中的那种毫无生气、失去活力的文化。[①] 它对东西方文化,特别对西方文化的发展产生了深远的影响。它与大致同时代的我国秦汉文化一样,不仅在各自文化系统中承前启后,继往开来,而且在世界文化总体系中,也是重要的一个环节。

希腊化文化在某种意义上代表了人类文化发展的方向,预示了真正的世界文化大同时代的到来。今天,人类已进入了太空时代、信息时代,全球性的文化交流正在扩大加深,昔日相互阻隔的各地人类正在变成地球村鸡犬相闻的邻居。所以,这一时代虽然不是指日可待,但也不是遥遥无期,我们寄望于未来。

1988 年 2 月第 1 稿(手稿)

1988 年 5 月第 2 稿(油印缩略版)

2020 年 5—6 月第 3 稿(合并修订版)

2021 年 5—6 月第 4 稿(改定)

---

① 关于格罗特的观点,见 G. Grote, *History of Greece*, Vol. 12, New York: Happer & Brothers, 1857, p. 489。他主要是针对希腊城邦的自由独立和希腊古典时期的文化而言,在他看来,亚历山大那一代的结束标志着希腊历史的结束和一个新时代的开始,但在这个时代,"不仅政治自由和独立行动不复存在,而且富有创造力的天才开始凋谢,由柏拉图和德谟斯提尼(Demosthenes)所体现的公元前 4 世纪无与伦比的文学与修辞学也尽显堕落颓废之像"。很显然,格罗特是用希腊城邦文化的标准来衡量希腊化时代,所以得出了这种悲观的结论。

征引文献

（一）古典文献①

[1] Aristotle, *Politics*, with an English translation by H. Rackham, Cambridge, Mass.: Harvard University Press, 1959.

[2] Arrian, *Anabasis of Alexander*, *Indica*, with an English translation by P. A. Brunt, Cambridge, Mass.: Harvard University Press, 1996.

[3] Austin, M. M., *The Hellenistic world from Alexander to the Roman conquest: a selection of ancient sources in translation*, Cambridge/New York: Cambridge University Press, 1981.

[4] Dhammika, Ven. S., *The Edicts of King Ashoka*, Kandy Sri Lanka: Budhist Publication Society (The Wheel Publication No. 386/387), 1993.

[5] Diodorus Siculus, *Library of History*, with an English translation by C. H. Oldfather et al, Cambridge, Mass.: Harvard University Press, 1984.

[6] Diogenes Laertius, *Lives of Eminent Philosophers*, with an English translation by R. D. Hicks, Cambridge, Mass.: Harvard University Press, 1958.

[7] Herodotus, *Histories*, with an English translation by A. D. Godley, Cambridge, Mass.: Harvard University Press, 1975.

[8] Horace, *Satires*, *Epistles and Ars poetica*, with an English translation by C. E. Bennett, Cambridge, Mass.: Harvard University Press, 1999.

[9] Hypereides, *Against Demosthenes*, with an English translation by J. O. Burtt, Cambridge, Mass.: Harvard University Press, 1962.

[10] Marcus Aurelius, *The Communings with Himself*, A Revised Text and A Translation into English by C. R. Haines, London: William

_____

① 罗叶布古典丛书以现在核对本出版年为准。

217

Heinemann，1916.

[11] Nickam N. A. and Richard Mckeon，*The Edicts of Asoka* , University of Chicago Press，1958.

[12] Pliny，*Natural History* , with an English translation by H. Rackham，Cambridge，Mass. : Harvard University Press，1991.

[13] Plutarch，*Solon, Crassus, Alexander* , with an English translation by Bernadotte Perrin，Cambridge，Mass. : Harvard University Press，1967.

[14] Plutarch，*Moralia* , "On the Fortune or the Virtue of Alexander," with an English translation by Frank Cole Babbitt et al，Cambridge，Mass. : Harvard University Press，1959.

[15] Polybius，*The Histories* , with an English translation by W. R. Paton，Cambridge，Mass. : Harvard University Press，1979.

[16] Strabo，*Geography* , with an English translation by Horace Leonard Jones，Cambridge，Mass. : Harvard University Press，1988.

[17] Suetonius，*The Lives of the Caesars* , with an English translation by J. C. Rolfe，Cambridge，Mass. : Harvard University Press，1959.

[18] Tacitus，*The Histories* , with an English translation by Clifford H. Moore，Cambridge，Mass. : Harvard University Press，1962.

[19] Thucydides，*History of the Peloponnesian War* , with an English translation by Charles Forster Smith，Cambridge，Mass. : Harvard University Press，1956.

[20] Xenophon，*Anabasis* , with an English translation by Carleton L. Brownson，Cambridge，Mass. : Harvard University Press，1980.

[21]《大正新修大藏经》第 32 卷《论集部全》,《那先比丘经》。

[22] 班固:《汉书》,北京:中华书局,1962 年。

[23] 北京大学哲学系编译:《古希腊罗马哲学》,北京:生活・读书・新知三联书店,1957 年。

[24] 范晔:《后汉书》,北京:中华书局,1965 年。

[25] 司马迁:《史记》,北京:中华书局,1982 年。

[26] 魏收:《魏书》,北京:中华书局,1974 年。

[27] 阿庇安:《罗马史》,谢德风译,北京:商务印书馆,1979 年版(上卷)、1976 年版(下卷)。

[28] 阿里安:《亚历山大远征记》,李活译,北京:商务印书馆,1985 年。

[29] 柏拉图:《理想国》,郭斌和、张竹明译,北京:商务印书馆,1996 年。

[30] 普鲁塔克:《希腊罗马名人传》(上册),黄宏煦主编,北京:商务印书馆,1999 年。

［31］希罗多德:《历史》,王以铸译,北京:商务印书馆,1985 年。

［32］修昔底德:《伯罗奔尼撒战争史》,谢德风译,北京:商务印书馆, 1985 年。

［33］亚里士多德:《政治学》,吴寿彭译,北京:商务印书馆,1965 年。

（二）外文论著

［1］Ainalov, D. V., *The Hellenistic Origins of Byzantine Art*, translated from the Russian by Elizabeth Sobolevitch and Serge Sobolevitch, New Brunswick, N. J. : Rutgers University Press,1961.

［2］Badian, E. , "Alexander the Great and the Unity of Mankind", *Historia: Zeitschrift für Alte Geschichte*, Vol. 7, No. 4 (Oct. , 1958), pp. 425 - 444.

［3］Bernard, P. , "An Ancient Greek City in Central Asia", *Scientific American*, Vol. 246 (Jan. , 1982), pp. 148 - 159.

［4］Boardman, J. , Griffin,J. , Murray, O. , ed. , *The Oxford History of the Classical World*, Oxford University Press, 1986.

［5］Boardman, J. , *The Greeks Overseas*, London: Thames and Hudson, 1980.

［6］Bopearachchi, O. , *Monnaies gréco-bactriennes et indo-grecques*, *Catalogue Raisonné*, Paris: Bibliothèque Nationale, 1991.

［7］Boren, Henry C. , *The Ancient World :A Historical Perspective*, New Jersey: Prentice Hall, 1986.

［8］Bosworth, B. , "Alexander and the Iranians", *The Journal of Hellenic Studies*, Vol. 100, Centenary Issue (1980), pp. 1 - 21.

［9］Botsford, G. B. and Robinson, C. A. , *Hellenic History*, 4th ed. , New York: the Macmillan Company, 1956.

［10］Botsford, G. W. and Robinson, C. A. , *Hellenic History*, revised edition, New York: Macmillan, 1947.

［11］Brunt, P. A. , "The Aims of Alexander", *Greece and Rome*, Vol. 12, No. 2, Oct. , 1965, pp. 205 - 215.

［12］Bury, J. B. and Meggs, R. , *A History of Greece to the Death of Alexander the Great*, London: Macmillan Education, 1975.

［13］Bury, J. B. et al. , *The Hellenistic Age*, Cambridge University Press, 1925.

［14］Cary, M. , *A History of the Greek World from 323 - 146 B. C. ,*

London: Methuen & Co. Ltd. , 1959.

［15］ Cary, M. , et al, ed. , *The Oxford Classical Dictionary*, "Poseidonius", Oxford: the Clarendon Press, 1949.

［16］Cook, J. M. , *The Greeks in Ionia and the East*, London: Thames and Hudson, 1962.

［17］Cook, S. A. , Adcock, F. E. and Charlesworth, M. P. eds. , *The Cambridge Ancient History. Vol. Ⅶ: The Hellenistic Monarchies and the Rise of Rome*, Cambridge: The University Press, 1928.

［18］Daves, J. K. , "Chapter 8: Cultural, Social and Economic Features of the Hellenistic World", in F. W. Walbank & A. E. Astin ed. , *The Cambridge Ancient History*, second edition, *Vol. Ⅶ Part I: The Hellenistic World*, Cambridge University Press, 1984,

［19］Droysen, J. G. , *Geschichte des Hellenismus, erster Teil, Geschichte Alexanders des Grossen*, Gotha: Perthes, 1877.

［20］Droysen, J. G. , *History of Alexander the Great*, translated from the German by Flora Kimmich, Philadelphia: American Philosophical Society, 2012.

［21］Fraser, P. M. , *Ptolemaic Alexandria. Volume 1, Text*, New York: Oxford University Press. 1972.

［22］Finley, M. I. ed. , *The Legacy of Greece*, Oxford: Clarendon Press, 1981.

［23］Fox, R. L. , *Alexander the Great*, London: Futura Publications Limited, 1975.

［24］Grote, G. , *History of Greece*, Vol. 12, New York: Happer & Brothers, 1857.

［25］Gruen, E. S. , *The Hellenistic World and the Coming of Rome*, Vol. I, Berkeley: University of California Press, 1984.

［26］Güterbock, Hans G. , "The Ahhiyawa Problem Reconsidered," *American Journal of Archaeology*, Vol. 87, No. 2, 1983, pp. 133–138.

［27］Guthrie, W. K. C. , *Orpheus and Greek Religion*, London: Methuen, 1952.

［28］Hadas, Moses, *Hellenistic Culture: Fusion and Diffusion*, New York: Columbia University Press, 1959.

［29］Holt, Frank L. , *The Treasures of Alexander the Great*, New York: Oxford University Press, 2016.

［30］Livingstone, R. ed. , *The Legacy of Greece*, Oxford: Clarendon, 1921.

［31］Mahaffy, J. P. , *Greek Life and Thought*, New York: Arno Press, 1976.

［32］Narain, A. K. , *Indo-Greeks*, Oxford: The Clarendon Press, 1957

［33］Nersesyants, V. S. , *Political Thought of Ancient Greece*, Moscow: Progress Publishers, 1986.

［34］Pollitt, J. J. , *Art in the Hellenistic Age*, Cambridge: Cambridge University Press, 1986

［35］Rostovtzeff, M. I. , *The Social and Economic History of the Hellenistic World*, Oxford: Clarendon Press, 1941.

［36］Rostovtzeff, M. trans. by J. D. Duff, *A History of Ancient World*, Vol. I, Oxford: The Clarendon Press, 1926.

［37］Hornblower, S. , Spawforth, A. , edited, *The Oxford Classical Dictionary*, Fourth Edition, Oxford University Press, 2012.

［38］Stavrianos, L. S. , *A Global History to 1500*, New Jersey: Prentice-Hall, 1970.

［39］Tarn, W. W. , *Alexander the Great*, 2 vols. Cambridge University Press, 1948.

［40］Tarn, W. W. , *Hellenistic Civilisation*, London: Edward Arnold, 1952. (Third Edition, revised by the Author and G. T. Griffith), London: Edward Arnold, 1959.

［41］Tarn, W. W. , *The Greeks in Bactria and India*, Cambridge University Press, 1951; The Third Edition, Edited by Frank Lee Holt, Chicago: Ares Publishers Inc. , 1984.

［42］Toynbee, Arnold J. , *Hellenism: The History of A Civilization*, New York: Oxford University Press, 1959.

［43］Walbank, F. W. , Astin, A. E. , Frederiksen M. W. & Ogilvie, R. M. eds. , *The Cambridge Ancient History*, Volume Ⅶ: Part I: The Hellenistic World*, second edition, Cambridge: Cambridge University Press, 1984

［44］Walbank, F. W. , *The Hellenistic World*, Glasgow: William Collins Sons & Co. Ltd. , 1981.

［45］Welles, C. B. "Alexander's Historical Achievement", *Greece and Rome*, Vol. 12, No. 2, Oct. , 1965, pp. 216-228.

［46］Welles, C. B. , *Alexander and the Hellenistic World*, Toronto: A. M. Hakkert, 1970.

（三）中文译著

[1] M. H. 鲍特文尼克等编著：《神话词典》，黄鸿森、温乃铮译，北京：商务印书馆，1985 年。

[2] R. 格鲁塞：《从希腊到中国》，常书鸿译，杭州：浙江人民美术出版社，1985 年。

[3] 阿赫默德·爱敏：《阿拉伯文化的黎明时期》，纳忠译，北京：商务印书馆，1958 年。

[4] 保罗·佩迪什：《古代希腊人的地理学》，蔡宗夏译，北京：商务印书馆，1983 年。

[5] 恩格斯：《布鲁诺·鲍威尔和早期基督教》，载中共中央马克思恩格斯列宁斯大林著作编译局：《马克思恩格斯全集》第二十一卷，北京：人民出版社，1956 年，第 12 页。

[6] 恩格斯：《自然辩证法》，载中共中央马克思恩格斯列宁斯大林著作编译局：《马克思恩格斯选集》第三卷，北京：人民出版社，1972 年。

[7] 赫·乔·韦尔斯：《世界史纲》，吴文藻等译，北京：人民出版社，1982 年。

[8] 科尔宾斯基等：《希腊罗马美术》，严摩罕译，北京：人民美术出版社，1983 年。

[9] 罗素：《西方哲学史》，何兆武、李约瑟译，北京：商务印书馆，1963 年。

[10] 马克思：《第 19 号"科伦日报"社论》，载中共中央马克思恩格斯列宁斯大林著作编译局：《马克思恩格斯全集》第一卷，北京：人民出版社，1956 年版。

[11] 马克思：《政治经济学批判导言》，载中共中央马克思恩格斯列宁斯大林著作编译局：《马克思恩格斯选集》第二卷，北京：人民出版社，1972 年。

[12] 塞尔格叶夫：《古希腊史》，缪灵珠译，北京：高等教育出版社，1955 年。

[13] 斯蒂芬·F. 梅森：《自然科学史》，上海外国自然科学哲学著作编译组译，上海人民出版社，1977 年。

[14] 苏联科学院主编：《世界通史》第二卷，北京翻译社译，北京：生活·读书·新知三联书店，1960 年。

[15] 梯利：《西方哲学史》，葛力译，北京：商务印书馆，1975 年。

[16] 威尔·杜兰：《世界文明史》第七卷《希腊的衰落》，1978 年；第三卷《印度与南亚》，1974 年，幼狮翻译中心编，台北：幼狮文化事业公司。

[17] 威尔·杜兰：《世界文明史》第二卷《希腊的生活》，幼狮文化公司译，北京：东方出版社，1998 年。

［18］雅各布·布克哈特:《意大利文艺复兴时期的历史》,何新译,北京:商务印书馆,1979年。

［19］约·阿·克雷维列夫:《宗教史》,王先睿等译,北京:中国社会科学出版社,1984年。

［20］中国基督教协会、中国基督教三自爱国运动委员会:《新旧约全书》,南京爱德印刷厂,1987年。

(四) 中文论著

［1］白建钢:《龟兹古壁画》,《光明日报》1988年5月18日。

［2］崔连仲主编:《世界史·古代史》,北京:人民出版社,1983年。

［3］二十四所高等院校编:《外国文学史》,长春:吉林人民出版社,1980年。

［4］雷海宗编:《世界上古史》,中央人民政府教育部代印,1954年?(南开大学历史系1955年油印本)。

［5］雷海宗著、王敦书整理:《世界上古史讲义》,北京:中华书局,2012年。

［6］李纯武、寿纪瑜:《简明世界通史》,北京:人民教育出版社,1982年。

［7］刘家和主编:《世界上古史》,长春:吉林人民出版社,1979年。

［8］冒从虎等:《欧洲哲学通史》上卷,天津:南开大学出版社,1986年。

［9］缪朗山:《西方文艺理论大纲》,北京:中国人民大学出版社,1985年。

［10］潘永祥:《自然科学发展简史》,北京:北京大学出版社,1984年。

［11］任继愈主编:《中国佛教史》,北京:中国社会科学出版社,1981年。

［12］苏福伟:《中西文化交流史》,上海:上海人民出版社,1985年。

［13］王敦书:《荷马史诗和特洛伊战争》,载朱庭光主编:《外国历史大事集》(古代部分)第一分册,重庆:重庆出版社,1986年。

［14］吴于廑:《古代的希腊和罗马》,北京:中国青年出版社,1962年。

［15］吴于廑:《略论亚历山大》,《历史教学》1956年第10期,第16—20页。

［16］吴于廑:《吴于廑学术论著自选集》,北京:首都师范大学出版社,1995年。

［17］吴于廑:《希腊化时期的文化》,《历史教学》1958年第2期,第24—31、34页。

［18］叶秀山等编:《著名哲学家评传》第2卷,济南:山东人民出版社,1984年。

［19］于可:《初论原始基督教的演变及其必然性》,《世界宗教研究》1986年第2期。

［20］周一良、吴于廑主编:《世界通史》上古部分(分册主编:齐思和),北京:人民出版社,1973年。

［21］朱龙华:《亚历山大里亚的文化繁荣》,载朱庭光主编:《外国历史大事集》(古代部分第一分册),重庆:重庆出版社,1986 年。

［22］朱庭光主编:《外国历史大事集》(古代部分第一分册),重庆:重庆出版社,1986 年。

第 三 编

古希腊罗马犬儒
现象研究

绪　论

　　"犬儒"(the Cynics)，作为一种愤世嫉俗、行为乖张的人来理解，可以说古今皆有，只是因时因地因人表现方式不同而已。然而，"犬儒"作为一个固定的、明确的称谓，特指那些奉行一定信仰、坚持一定主张、持有一定理想、实践一种独特的苦行生活方式的部分哲人，却是在公元前 4 世纪的希腊社会出现的。按照传统的说法，犬儒是指苏格拉底(Socrates)弟子之一安提斯泰尼(Antisthenes)创立的那一学派的成员。从此，犬儒或作为个人，或作为一种群体类别，或作为一种社会现象，在古希腊、罗马世界存在了约 8 个世纪。这样一个特立独行的哲人群体从出现之日起，就引起了古代及后世的广泛关注和好奇。由于观察者或研究者总是站在各自的时代立场，带着各种有色眼镜(有时并非有意识)去看待它们，因此，毁之誉之，褒之贬之，即使对同一人物、事件也是见仁见智，莫衷一是。可以说，在有关犬儒现象的重大问题上，几乎均未形成定论。而且，由于年代的久远、资料的缺乏，更增加了研究的难度。然而，犬儒现象又是研究古希腊哲学史、西方哲学史、政治史、文化史所不可回避的问题。因此，下文试图在前人研究的基础上，努力利用现有的稀缺资料，对这一历史文化现象进行再研究。研究的重点将集中在犬儒派产生的历史根源、社会背景，犬儒派的发展演变，他们的社会批判思想和孜孜以求的社会、人生理想等几个方面，并将其置于东西方文化的大视野之下，与中国大约同时出现的庄子学派进行比较。为此,我们应首先对犬儒现象及古代对它的记述和近人对它的研究进行一番鸟瞰式的回顾,以确定再研究的起点与取向。

一、难以确定的犬儒现象

如前所述,关于犬儒现象的研究充满着不确定性。然而,作为一种有诸多著名代表人物,存在时间又如此长久的社会现象,我们还是可以对其有一个大致的概括。

关于"犬儒"(the Cynics)一词的来历,一般有两种解释:一是直接源自希腊语 κυνικος,意即像一只狗(like a dog),the Cynic 即像狗的人(dog-like people),中文据此意译为"犬儒"。这是因为当时有这么一些哲学家或者有哲学思想和修养的人,其言谈举止、行为方式、生活态度与狗的某些特征有所相似,如旁若无人、放浪形骸、不知羞耻,但却忠诚可靠、感觉灵敏、敌我分明、敢咬敢斗。于是人们就把这些人称之为"像狗的人"。据说,这一派的创始人安提斯泰尼就有一绰号"纯粹的狗"。① 另一代表人物或创立者第欧根尼(Diogenes)则对此欣然接受,并以狗的方式回敬他人。一次,他从几个正在宴饮的人前面走过,他们把吃剩的骨头扔给他,叫道:"狗,过去!"这位哲学家一声未吭,拾起骨头,然后走近他们,就像狗一样,面朝他们小便。② 这样,犬儒派就为自己长久地获得了这一"雅号",并以此为荣,因为他们认为这一名称恰恰涵盖了他们基本的哲学取向及生活态度。他们的哲学派别也就以"犬儒派"(Cynics)而成名。到罗马帝国时,有人干脆将他们称为"犬军"(the army of the dog)。③

---

① Diogenes Laertius, *Lives of Eminent Philosophy*, 6. 13, with an English translation by R. D. Hicks, Cambridge, Mass. : Harvard University Press, 1958.
② Diogenes Laertius, *Lives of Eminent Philosophy*, 6. 46.
③ Lucian, *The Runaways*, 16, with an English translation by A. M. Harmon, Cambridge, Mass. : Harvard University Press, 1962.

二是来自雅典的 Cynosarges 体育场。据说,安提斯泰尼常常在这个体育场与人谈话。因 Cynosarges 意为"白犬"①、"快犬"②,所以雅典人称他和他的追随者为"犬儒"。不过,这一说法在古代及现代都受到了怀疑。第欧根尼·拉尔修(Diogenes Laertius)就明确说这是一些人的看法,③言外之意还有别的说法。而现代对犬儒派进行系统研究的第一人达德利(D. R. Dudley)也对此表示了怀疑,认为 Cynic 来自 Cynosarges 的词源学解释是古代关于学派传承的作家们(the writers of διαδοχαι)的创作,很可能从斯多亚学派(Stoic school,亦译"斯多亚学派")的画廊(stoa)和柏拉图学派的阿卡德米(Academy)学院类推而来。④ 实际上古代犬儒派并不存在这样一个聚徒讲学之地。但种种迹象表明这一体育场与犬儒派还是有一定联系的。第一,它是神话英雄赫拉克勒斯(Heracles)的一个崇拜中心,此人以勇敢、敢于吃苦、力大无比、除暴安良而著名,是一个以力为德的典范,是犬儒派信奉的英雄和楷模。第二,这个运动场及所属的神庙是专门为那些父母一方非雅典人的人(the bastards)设立的。虽然他们可以到大多数的公共场所去,但按法律,他们是不能到专门为公民设立的运动场去的。因此,"快犬运动场"(Cynosarges)就为这些人提供了一个聚集之地,供他们锻炼身体,崇拜神灵。安提斯泰尼本人就是这样一位地地道道的 bastard,因他的母亲是色雷斯人。他经常光临此地,且在此授徒讲学,还是可能的。犬儒一词来自 Cynosarges 作为一说是可以成立的。

其实,不论这两说各自有多大的合理性与说服力,也不论它们在多大程度上反映了历史的真实,但有一点是肯定的:即在公元前 4 世纪的希腊社会,出现了一些标榜过狗一样生活的哲人——犬儒。

---

① Diogenes Laertius, *Lives of Eminent Philosophy*, 6. 13.
② Luis. E. Navia, *Classical Cynicism*, Westport, CT: Greenwood Press. 1996, p. 15.
③ Diogenes Laertius, *Lives of Eminent Philosophy*,6. 13.
④ D. R. Dudley, *A History of Cynicism*, Chicago: Ares Publishers, 1937, p. 6.

他们生活原始简朴,言行惊世骇俗,思想犀利深刻,精神自由满足,人格富有魅力,理想浪漫执着,给当时的希腊人以振聋发聩、耳目一新的感觉。同时由于他们过于虚荣自负、锋芒毕露、咄咄逼人,以极端反社会的姿态出现,因而也招致了来自各个方面的攻击非难。"犬儒"的称谓,最初大概很难说是一种赞誉。

然而,犬儒派并没有像与它同时出现的那些小苏格拉底学派,如麦加拉学派、昔列尼学派那样,很快或由于后继无人,或由于融入别的学派而销声匿迹。它不仅在公元前 3 世纪的希腊大陆,特别在雅典、科林斯这样的政治、商业、文化中心城市存在,而且延续于整个希腊化时期,并在公元后的罗马帝国得以复兴。虽然它的成员愈来愈复杂多样,它的实质内容、表达方式也因人因时而异,但它一直存在到西罗马帝国的灭亡才走到自己的尽头。从公元前 4 世纪到公元 5 世纪,犬儒派作为一种社会现象持续时间之久,在古典世界的历史上是罕见的。它对后世的影响也是深远的,中世纪的托钵僧、修道院制度,近代的无政府主义、当代的后现代主义,无不唤起人们对它的回顾。

但是需要十分注意的是:虽然我们可以使用犬儒、犬儒派和表示他们独特生活方式与思想观念的犬儒主义(Cynicism)一词,但很难对它们的内涵作出全面、准确的诠释。

首先,犬儒派的存在经历了三个大的历史阶段:希腊古典末期、希腊化时期、罗马帝国时期。不同的历史环境会滋生出不同的"犬儒",表现方式、行为目的也肯定会因时而异。从犬儒派本身的发展变迁来看,它大致经历了创立期(公元前 4 世纪到前 3 世纪初)、转型期(公元前 3 世纪中期到前 1 世纪)、复兴期(公元 1 至 2 世纪)、衰亡期(公元 3 至 5 世纪)四个阶段。创立期是它的辉煌期,堪称犬儒典范并确立了犬儒价值取向与行为生活方式的重要人物安提斯泰尼、第欧根尼、克拉底(Crates)均出现于这一时期。此后,犬儒派趋于缓和,有的犬儒甚至与世俗合流,最后还有一部分蜕变为追名逐利的

骗子、众所不齿的无赖。公元 2 世纪琉善（Lucian）对它的贬评，公元
4 世纪朱利安（Julian）皇帝的惊呼"河水正在倒流"①都折射了这一
现实。因此，对于如此变迁不定的犬儒现象作一恰当的、全面的评
价绝非易事。

　　其次，犬儒派的成分在发生变化。后来的犬儒派不再是清一色
的希腊人，还包括希腊化世界操希腊语的外地人，甚至包括罗马人。
而且，后来那些自称或被称为犬儒派的人，经历都比较复杂，他可能
在接受犬儒学说及生活方式的同时，也受到斯多亚学派（Stoics）、伊
壁鸠鲁学派（Epicureans）的影响，或者受到柏拉图（Plato）、亚里士多德
（Aristotle）思想的感染，有的甚至与东方的犹太教、基督教有所接触，
所以有的时而是犬儒，时而是个基督徒，有的有过流浪乞讨的犬儒生
活经历却不是纯粹的犬儒。加入"犬军"行列的也动机不一，有的是为
环境所迫，借"犬儒"来掩饰，有的为不劳而乞致富，一旦目的达到，就
扔掉犬儒的外衣。与安提斯泰尼、第欧根尼、克拉底相比，这些人既无
思想上的创新，也无执着的追求和神圣的使命感。对于这么一个良莠
难辨、斑驳陆离的群体，一个简单的概念确实难以"一言以蔽之"。

　　然而，既然古代作家们将他们归于犬儒派这个群体，现代的研
究者将他们的行为思想概括为犬儒主义，透过现象看本质，通过具
体看一般，异中求同，我们还是可以看出犬儒派的一些基本特征，还
是能给犬儒主义以较为适当的概括。

　　从外部特征上看，犬儒派是希腊、罗马城市中的一道醒目的风
景线。犬儒派奉行苦行主义，长发、赤足、身穿破烂不堪的短外套，
肩背一个破皮袋子，手里拿根象征权杖的木棍或拐杖。他们以乞食
为生，随遇而安，渴了喝点清水即可。白天在大街上、市场里、体育
场，一切有人群的地方游荡，与人交谈或辩论，不时把严厉的斥责、

---

① Julian, *Oration* 6. 180, with an English translation by Wilmer Cave Wright,
　Cambridge, Mass.：Harvard University Press，1913.

不失幽默的嘲笑、尖刻的讽刺无情地抛向路人。晚上则睡在神庙、大街上,以天为被,以地为床。像第欧根尼就以木桶为家,有时大白天也钻在里面不愿出来。

从行为方式上看,无拘无束、我行我素、无所顾忌、不知羞耻、无动于衷、粗俗无礼、虚荣自负、傲视一切是其主要特征。他们不要家庭,不要儿女,即使结婚,则夫妻同为犬儒,而且竟然在大庭广众之下行交合之事。他们藐视一切权威,不论是城邦官员,甚至伟大如亚历山大式的人物,还是城邦制度,如公民大会,都敢嘲讽对抗。他们敢于当面斥责他人的"无知""愚蠢""虚荣",却不知自己也在享用"虚荣"。他们不要财富,视金钱为粪土,为过犬儒生活,宁愿抛弃所有。他们不要国家(城邦),在亚里士多德大谈"人是政治的动物"离开了城邦即无法生存时,他们却自称"世界公民",表明他们不属于任何国家。他们酷爱生活,关注人生,关怀社会,但不苟且偷生,把每一天当作生命的第一天和最后一天,当到年老力衰或情势需要时,他们会自动地、愉快地结束自己的生命。

从对外部世界的态度上来看,他们对社会不满,对其持严厉的批判态度,但不背对社会,不避世,不出世,而是用另外一种极端的方式入世。这从他们苦苦寻求真正的人,充满激情地渴望"无惑之地"——乌托邦的实现,以神圣的使命感试图"改变货币",改变现行社会的一切价值观念来看,犬儒派,特别像第欧根尼这样的人物绝非悲观厌世者,而是超越时空的理想主义者。

由此可见,由古希腊、罗马犬儒现象所体现的犬儒主义,从整体上看,是一种积极的但以极端方式来表示对社会的抗议,并试图改造社会的思想运动。它的出发点无可非议,但方式不一定可取。然而,存在就是合理的,①它长期存在且影响深远,说明任何社会都难

① 黑格尔原话是:"凡是现实的都是合理的,凡是合理的都是现实的。"转引自《马克思恩格斯选集》第四卷,人民出版社,1972年,第211页。

免完美无缺,任何社会成员都不可能以同一种方式关注社会。温和的、激进的、极端的或许都有其存在的价值,但前提是要真正地关注人生,关注社会,关注世界,是社会的完善者、建设者,而非破坏者。

二、古今关于犬儒派的论述与研究

犬儒既然是一哲学派别,就意味着这一派的绝大多数成员都属于知识阶层,即受过良好或一定的教育。他们尽管更多的是用行为体现思想,但为宣传自己的伦理思想或道德理想,他们中也不乏人著书立说,他们的长篇演说与简短格言会有人铭记在心,而且予以记载转述。要研究犬儒派,首先应对犬儒派的著述进行深入的、全面的了解与分析。

犬儒既然以反社会的姿态出现,他们必然也会引起同代及其后的古希腊、罗马的思想家、历史家、政治家的注意。这些人或以古喻今,或借题发挥,或触景生情,或偶尔提及,或专题辩论,总之,从不同的角度以不同的方式、不同的程度留下了一些关于犬儒的论述与评论。这些虽不是第一手资料,但也有重要的参考价值。

文艺复兴以来,随着人们对古希腊、罗马时代的深入探索,一大批的古代典籍被发现、整理出来。我们今天对包括犬儒派在内的古希腊、罗马文化巨人著述及其思想的了解,很大程度上应归于文艺复兴运动。正是随着古代典籍的发现与整理,犬儒派才重新引起了人们的注意。19 世纪以来,以黑格尔(G. W. F. Hegel, 1770—1831)、策勒尔(E. Zeller, 1814—1908)为首,西方学者对犬儒派及犬儒主义产生了浓厚的兴趣,对其开始进行研究。20 世纪,特别是二战以后,西方社会出现的反社会思潮,更使人们回忆起了希腊古典时代末期出现的犬儒主义。对古希腊、罗马犬儒派的研究开始注入了对当代社会的关切。因此,近代以来西方学者对犬儒派及犬儒主义的研究成果更是我们应了解的内容,也是本文研究的起点与基础。

（一）知名犬儒的著述

古希腊、罗马时期，到底有多少人被称为犬儒，又有多少是所谓的犬儒派，这大概是个谁也说不清的数字。据第欧根尼·拉尔修（Diogenes Laertius）的《主要哲学家的生平和思想》（*The Lives and Opinions of Eminent Philosophers*）[1]第 6 卷，他认为值得立传的犬儒派哲学家有 9 位，但实际上远不止这些。因为此前出现的一些著名犬儒派如博利斯提尼斯（Borysthenes）的彼翁（Bion）、[2]麦加洛波里斯（Megalopolis）的塞尔西达斯（Cercidas）、加德拉（Gadera）的梅利格（Meleager）和奥诺莫斯（Oenomaus），特别是公元 1 世纪活跃于罗马的德米特里（Demetrius）、狄奥（Dio），公元 2 世纪轰动希腊、罗马世界的柏里格利诺斯（Peregrinus）等均未列入。其原因可能是有些犬儒难以确定其师徒承继关系，有的只是在人生的一段时间过犬儒生活而不予以承认。据当代研究犬儒主义的权威学者纳维亚（Navia）估计，可以称作犬儒典型代表人物的至少有 10 多位，仅后期犬儒派中知名的就有近 100 位。[3] 但在这些犬儒中，有过著述且留存下来的并不多。我们所知的绝大多数著述都或仅留其名，或仅存个别片段，完整的第一手资料可以说是凤毛麟角，十分罕见。

1. 安提斯泰尼（约公元前 455—约前 360 年）

安提斯泰尼大概是犬儒中著述最丰，涉及面最广的一位。据第欧根尼·拉尔修，他著有作品 10 卷，其中包括了 62 部著作。内容涉及神话传说、逻辑学、伦理学、政治学、历史、音乐、生物、解剖学及其他主题。希腊神话传说中的主要人物，如埃阿斯（Ajax，一作 Aias）、俄瑞斯忒斯（Orestes）、俄底修斯（Odyseus）、赫拉克勒斯、雅典娜

---

[1] 公元 3 世纪初编成，或译为"著名哲学家"。参见北京大学哲学系外国哲学史教研室编译：《古希腊罗马哲学》，生活·读书·新知三联书店，1957 年。
[2] 彼翁被第欧根尼·拉尔修列入柏拉图学派。详见 Diogenes Laertius, *Lives of Eminent Philosophy*, 4. 46 - 58："Bion"。
[3] Luis. E. Navia, *Classical Cynicism*, pp. 4, 146.

(Athena)、海伦(Helen)等；有关当代政治、法律、伦理道德这些严肃的论题，如主权、共和国、政治、信仰、勇敢、正义、真理、快乐、善与恶、生与死、自由与奴役等；以及当时希腊人所熟知的各类名人，如盲诗人荷马、波斯开国君主居鲁士大帝(Cyrus)、伯利克利的情妇、女哲学家阿斯帕西娅(Aspasia)、雄辩家伊索克拉底(Isocrates)、苏格拉底的门生阿西比德(Alcibiades)等；还有一些似乎属于纯逻辑思辨与纯自然学科的题目，如关于矛盾、名称、自然、动物的本性，等等，都是他的笔锋所触及的对象，几乎囊括了当时哲人关注的所有范畴。但除了《埃阿斯》和《俄底修斯》两篇和其他著作的一些片段外，其余皆未流传下来。从这 62 部篇目看，其中显然缺乏对世界本质的探讨，反映了苏格拉底之后的哲学走向——向伦理哲学的过渡。① 由于绝大部分亡佚，我们无法确定其中到底有无犬儒倾向流露。有的学者对其是否为犬儒派创立者产生疑问是有一定原因的。

2. 第欧根尼(约公元前 413/404—前 423 年)

第欧根尼也是一位多产的犬儒。第欧根尼·拉尔修在"第欧根尼传"中，列举了他的 13 个对话集、1 部书信集、7 个悲剧。但第欧根尼·拉尔修在以下的叙述中马上指出了当时人的怀疑，他说，索斯克拉底(Sosicrates)和萨提鲁斯(Satyrus)声称第欧根尼未留下任何作品。言外之意就是归于他名下的作品都是伪造的。萨提鲁斯甚至明确地说，那些悲剧是由第欧根尼的朋友，厄基那(Aegina)人腓力斯库(Philiscus，犬儒)写的。第欧根尼·拉尔修. 还提到索森(Sotion)的观点：只有几部真正是第欧根尼的作品，如《论德》(On Virtue)、《论善》(On Good)、《论爱情》(On Love)、《一个行乞者》(A Mendicant)及 8 个以人物为题的作品和轶事集、书信集。② 但不论这些作品的归属如何，它们无一尚存，只有个别片段传至今日。加

---

① 参见 Diogenes Laertius, *Lives of Eminent Philosophy*, 6. 15 - 18。
② Diogenes Laertius, *Lives of Eminent Philosophy*, 6. 80.

德拉(Gadera)的菲罗德莫斯(Philodemos)是公元前 1 世纪的哲学家,在他所写的《论斯多亚哲学家》中,有对第欧根尼《共和国》的论述,由此可以得到他关于乌托邦国家的思想。① 可惜国内无从查找。

从以上归于第欧根尼名下的作品来看,他的写作范围与安提斯泰尼大致相似。主要涉及希腊神话中的悲剧性人物,如海伦、赫拉克勒斯、美狄亚(Medea)、阿喀琉斯(Achilles)、俄狄浦斯(Oedipus)等,以及有关政治、伦理、道德方面的主题,如希腊的民主制度、共和国、伦理学、财富、贫困、德、善、爱情、死亡等。还有一些作品的名称不知其意,可能是对某些人物的介绍。从这些几乎仅存篇名的作品,我们同样无法把握第欧根尼的犬儒特征。

3. 克拉底(约公元前 365—前 285 年)

克拉底也是一位多产犬儒。他以诗作为主,还写过几个悲剧和一部书信集,一本类似日记账的作品。这些作品也同样无一完整流传下来。但令人庆幸的是,他的作品有不到 100 个片段至今仍能见到。从这些片段中可以看出,他把诗文作为他思想的重要宣传工具。他写过一部诗,名为《Pera 岛》。pera(the wallet),即犬儒派常背的那种皮袋子,克拉底借此描述了他的乌托邦理想。② 他还写过一个名为《小扁豆颂》(In Praise of the Lentil)的作品,赞美犬儒派的食物。③ 在另一篇赞美诗中,他对简朴的生活大加颂扬。④ 残存的一个悲剧片段反映了他的世界国家思想。那本称为"日记账"(day-work)的作品,讽刺了哲学家在富人眼中的无用、贬值。另外两首作品是关于财富的虚荣和抑制情爱。⑤ 尽管人们对归于他的30 封书信集仍持有怀疑,但总的看来,由克拉底的著作片段所显示出的犬儒主义倾向要比从安提斯泰尼和第欧根尼的著述那里

① Luis. E. Navia, *Classical Cynicism*, p. 84.
② Diogenes Laertius, *Lives of Eminent Philosophy*, 6. 85.
③ Luis. E. Navia, *Classical Cynicism*, p. 121.
④ Julian, *Oration*, 6. 199A.
⑤ Diogenes Laertius, *Lives of Eminent Philosophy*, 6. 86.

得来的印象清晰得多。对于他的研究,我们可较多地依据第一
手资料。

4. 希帕其娅(Hipparchia,活动于约公元前 300 年)

希帕其娅是唯一知名的女性犬儒。她与克拉底的结合是犬儒
史上的一段趣闻。苏达辞书(Suida)说她写过 3 本书:《哲学假设》
(*Philosophical Hypotheses*)、《逻辑推论》(*Epichiremas*)和《向提奥
多鲁斯(Theodorus)提问》(*Questions to Theodorus*),然而无一片段
留存。[1]

5. 梅特罗克勒斯(Metrocles,活动于约公元前 300 年)

他是克拉底的学生,希帕其娅的兄弟,写过一些作品,但在拜克
拉底为师后,将以前的作品付之一炬。[2] 既然是成为犬儒前的作品,
不论存在与否,可能都无直接参考价值。

6. 莫尼姆斯(Monimus,活动于公元前 4 世纪)

莫尼姆斯既是第欧根尼的,也是克拉底的追随者。他写过两本
书,其一是《论冲动》(*On Impulse*),表明真理应从"冲动"中寻求。
这与第欧根尼的"根据自然生活"的观点十分相似。其二是《对哲学
的劝告》(*Exhortation to Philosophy*)。此外,他还有一些幽默但不
乏严肃之作。但这些都无一传世,仅从其他资料可模糊得知他的一
些观点。

7. 美尼普斯(Menippus,活动于公元前 3 世纪上半期)

美尼普斯是犬儒史上一个很有影响的人物,其重要性在于他把
犬儒派对人类社会的嘲笑用文学的形式尽情发挥了出来,形成了以
他命名的"美尼普斯式讽刺文体"(Menippuean Satire)。第欧根
尼·拉尔修说他共著书 13 卷,并列出其中 6 部:《向亡灵问事的巫
术》(*Necromancy*)、《愿望》(*Wills*)、《书信集》(*Epistles*)、《对物理学

---

[1] Luis. E. Navia, *Classical Cynicism*, p. 132.
[2] Diogenes Laertius, *Lives of Eminent Philosophy*, 6. 95.

家、数学家和语法家的答复》(*Replies to the Physicist and Mathematicians and Grammarians*),一本关于伊壁鸠鲁出生的书,和《(伊壁鸠鲁)学派对第 20 天的尊敬》(*The School's Reverence for the Twentieth Day*)。① 这些作品除极少数残篇外,其余均未传世。

8. 彼翁(约公元前 335—约前 245 年)

彼翁是公元前 3 世纪犬儒的典范,也是一位多产作家。作品包括诗作与散文,其中有许多回忆录以及启示性的警句②。虽无一著作完整传世,但有不少残篇尚存,主要保存于另一犬儒、麦加拉的忒勒斯(Teles)(公元前 3 世纪下半期)的作品中。

9. 塞尔西达斯(约公元前 290—约前 220 年)③

塞尔西达斯既是犬儒,也是政治家、诗人。虽然主要活动于公元前 3 世纪后期,但受第欧根尼和克拉底影响较深。他创作了名为 Meliambi 的诗作,确立了这种以抒情诗的形式表达讽刺内容的诗体。1906 年在埃及发现的名为"Oxyrthynchus 纸草文献"中,有 7 个残篇被归于他名下。他在纸草文献中被明确地称为"那个'狗'"。这些残篇有的抨击了社会的贫富不均,人类的贪婪自私和沉于淫乐,表现了对现实的失望和个人的不幸以及对诸神的质疑;有的则是对第欧根尼的赞颂和对斯多亚派堕落现象的攻击。它们不仅是研究塞尔西达斯本人思想的珍贵资料,也有助于我们对当时犬儒派得以存在的希腊社会背景的了解。

10. 梅利格(约公元前 135—约前 50 年或约前 140—约前 70 年)

梅利格是犬儒派在经历了公元前 2 世纪的沉寂,到公元前 1 世纪初悄然复苏时期的代表人物。属于他的作品已知有两部:一部是《美惠女神》(*Charites*),创作于早期,是美尼普斯式讽刺文体的模仿

① Diogenes Laertius, *Lives of Eminent Philosophy*, 6. 101.
② Diogenes Laertius, *Lives of Eminent Philosophy*, 6. 47.
③ 此处的生卒年代来自 M. Cary, et al, ed., *The Oxford Classical Dictionary*, Oxford Clarendon Pres, 1964, 但 Navia 认为他死于公元前 2 世纪初(Luis. E. Navia, *Classical Cynicism*, p. 166)。

之作,明确表现了它的犬儒主义倾向,使他有可能被其他资料称为
"狗"(dog)。但仅剩 1 个残篇,余皆亡佚,只知其中有一个名为"宴
饮篇"(Symposium)和一篇介绍犬儒食谱的作品。另一部是《花冠》
(Garland,或 Wreath,或译为《花环》),这是一部大型诗集,有大量
篇目存在,保留于公元 10 世纪编纂的《希腊诗选》(The Greek
Anthology)中。《花冠》编成于公元前 1 世纪初,除了梅利格本人的
诗外,不收当代人的作品,所收诗作的时间范围从公元前 7 世纪到
前 3 世纪。其中以情诗为主,说明他晚年犬儒倾向的衰退,但其中
有些自抒个人身世情怀的诗还是给我们提供了研究他的生平与思
想的极好材料。

11. 德米特里(活动于公元 1 世纪)

德米特里是第一位活跃于罗马城的著名犬儒,与他同时代的著
名作家几乎都谈到了他。他有可能写作,但无一流传。散见于斯托
拜欧斯(Stobaeus)和马尔库斯·奥勒留(Marcus Aureliues)的某些
论述可以看作他的残篇,对他的了解主要依靠第二手资料。

12. 狄奥(约公元 40—约 120 年)

狄奥是活跃于 1 至 2 世纪之交的犬儒,绰号"金嘴"
(Chrysostom,the golden-mouthed),所以通称"金嘴狄奥"(Dio
Chrysostom)。他著作甚丰,主要涉及历史、哲学、政治、道德诸方面。
如《盖塔人史》(History of the Getae)、《论亚历山大的美德》(On
Alexander's Virtues)、《宇宙是否会消亡》(Whether the Universe is
Perishable)、《对赫拉克勒斯和柏拉图的颂扬》(A Eulogy of
Heracles and Plato)、《献给柏拉图:为荷马辩护》(To Plato in
Defense of Homer)。也许下列两部也是他的作品:《反哲学家》
(Against the Philosophers)和《献给姆梭尼乌斯》(To Musonius),这
些写于转入哲学之前。以上所列皆未流传下来。现存狄奥的一部
作品是他的《演说集》(Discourses),共 80 篇,其中第 37、64 篇现被归
于他的学生。这些演说词可分为论辩、政治、道德三大类。其中道

德性的演说,发表于狄奥人生的最后阶段,被认为是最佳之作,显示了他的思想独创性,其中第 6、8、9、10、13 篇体现了他的极端犬儒主义观点。

13. 奥诺莫斯(生卒年代不详,可能活动于公元 2 世纪)

奥诺莫斯应是此时的重要犬儒之一。他著述很多,已知的有若干悲剧,一篇关于荷马的专题论文,一部《共和国》,一本论神谕价值的书《被暴露的骗子》(*the Charlatants Exposed*,或译为《反神谕》,*Against the Oracles*),一部《一条狗的个人启示》(*A Dog's Private Revelation*)。这些作品仅存目于《苏达辞书》和朱利安的著作(7.209)中,只有《被暴露的骗子》的一些片段被欧塞比乌斯(Eusebius)引用以支持他对神像的攻击。①

14. 柏里格利诺斯(约 80/100—165 年)

因自焚于奥林匹亚而名声大噪,是犬儒史上最后一位代表人物。他曾一度皈依基督教,对基督教的一些书作过详细的解释。他也写了不少书,作为一名护教士,他的著作被列举在孟斐斯的属于公元 3 世纪的一个书目里,②但详情不知。作为犬儒,他发表过不少演讲,也无一完整传世,只有一些转述保留,是否如实记录难以确定。

还有一些犬儒虽然也比较有名,但本人并无任何著述,或者是述而不作,或者没有太大影响连目录也未留下,像希腊化时期的提奥多鲁斯(Theodorus)、梅涅德姆斯(Menedemus),罗马帝国时期的索斯特拉图、德莫那克斯(Demonax)、特阿真尼(Theagenes)、萨鲁斯提乌斯(Sallustius,最后一位犬儒)等就是如此。

有的名为犬儒,但其著述与犬儒无关,典型的例子是跟随亚历山大远征的所谓"犬儒"奥内西克里特(Onesicritus)。他写过一部关

---

① D. R. Dudley, *A History of Cynicism*, p. 163.
② D. R. Dudley, *A History of Cynicism*, p. 172.

于亚历山大的书,据说是模仿色诺芬(Xenophon)的《居鲁士的教育》而作,其中不乏浪漫故事,但也涉及印度的裸体智者——类似于犬儒派的哲人。个别残篇存留于斯特拉波(Strabo)的著作中或他处。[①]

　　有的犬儒思想不具代表性和独创性,虽有著述,但难以引起重视,麦加拉的忒勒斯就是这么一位。他被贬为"四流作家"[②],他留下了7个激论残篇,其中4个论述了犬儒派熟悉的主题:流浪、自足、贫穷和财富。一个是对不满命运安排者的警告,另外两个矛头指向快乐主义学说。他的价值在于提到了早期的犬儒派如第欧根尼、克拉底、彼翁等。残篇保留于斯托拜欧斯的著作中。[③]

　　从犬儒本人的著述中可以看出,它们绝大部分都未传世,只有一些篇目名称和不完整的片段、残篇、转述保留。其中残篇保留最多的是克拉底,近100个。保留最完整的是狄奥的《演说集》,但其中有多少与犬儒有关仍值得怀疑,因狄奥作为犬儒,也只是人生的一段时间。价值最高的是归于塞尔西达斯的埃及纸草文献。看来,要对希腊、罗马的犬儒派进行全面的、系统的、深入的研究分析,使他们的整体与个体的历史画面清晰起来,我们必须借助于第二手资料——同代人的记述。

　　(二)古代作家关于犬儒的记述

　　这里的古代作家指的是与犬儒同时代的古希腊、罗马作家,他们或用古希腊语,或用拉丁语,直接或间接,有意或无意,或实录,或追溯,或分析,或总结,或评论,给我们留下了较为丰富的、弥足珍贵的第二手资料。当然,由于他们动机不一,大多非当代人写当代犬儒,即使当代人写当代人,也难免囿于自身或时代的偏见。因此,我们在使用这些资料时,一定要小心谨慎,认真分析,特别要将其置身

---

① Luis. E. Navia, *Classical Cynicism*, p. 147.
② D. R. Dudley, *A History of Cynicism*, p. 84.
③ M. Cary, et al, ed., *The Oxford Classical Dictionary*, p. 882.

于作者本人当时所处的社会环境之中去考虑,这样才能逐步褪去罩在犬儒头上的云雾,使其以较为清晰的面目出现在世人面前。

纵观涉及犬儒派的古代作家,早到与安提斯泰尼同为苏格拉底学生的色诺芬(约公元前 430—约前 354 年),晚到公元 361—363 年在位的罗马皇帝朱利安,前后大约不下 20 位,其中有的是历史家,有的政治家,有的是修辞学家、演说家或诗人。从现在所能掌握的资料来看,对早期犬儒派记述最详细、来源也最可靠的是大约公元 3 世纪初的希腊语传记作家第欧根尼·拉尔修,对晚期犬儒派或当代犬儒派提供资料最多的是公元 2 世纪的修辞学家琉善,他们的著述中都有专章论述犬儒派。没有这些资料,古希腊、罗马犬儒派的研究就难以做起。

1. 第欧根尼·拉尔修

第欧根尼·拉尔修与犬儒有关的著述是前已提到的《主要哲学家的生平与思想》。这是一部关于古代哲学家的传记,其中第 6 卷是专门为犬儒立传的。此前,类似的传记也有,但唯有第欧根尼·拉尔修的这一部幸运地流传下来。而且,他的著作中引用了约 200 处资料来源,其中最主要的来源有 3 处,一是卡律司托斯(Carystus)的安提柯(Antigonus,约公元前 290—前 239 年),他为其所处时代的一些哲学家立传(*The Lives*)。二是索斯克拉底(约公元前 181—前 146 年),他写了一部"学派传承"(Διαδοχη),第欧根尼·拉尔修引用了 12 次。三是雅典的阿波罗德鲁斯(Apollodrus),约公元前 140 年撰写了一部"年代学简编"(Χρονικα),第欧根尼·拉尔修引用了他所确定的哲学家生卒年代。另外像亚历山大里亚的索森(公元前 200—前 170 年),一位名为萨提鲁斯的批评家,曾与犬儒梅利格为友的狄奥克勒斯(Diocles)[①],甚至新喜剧大师米南德(Menander,公

[①] 约出生于公元前 75 年,著《哲学史简编》(*Compendium of History of Philosophy*)。第欧根尼·拉尔修引用狄奥克勒斯 15 次,就有 8 次出现在第 6 卷中,说明狄奥克勒斯对犬儒派有特殊的兴趣。

元前 342/310—前 291/290 年），普鲁塔克（Plutarch，约公元 46—120 年）的《名人传》(The Parallel Lives)都是他的资料来源。[1] 因此，虽然第欧根尼·拉尔修的这部传记写于公元 3 世纪初，但他引用有关犬儒的材料来源还是相当早的，有的可达到公元前 4 世纪与前 3 世纪之交，这就增加了它的可信度。

第欧根尼·拉尔修的第 6 卷中为 9 位犬儒立传，他们是安提斯泰尼、第欧根尼、莫尼姆斯、奥内西克里特、克拉底、梅特罗克勒斯、希帕其娅、美尼普斯、梅涅德姆斯，还有一位后人认为属于犬儒的彼翁的传，放在了第 4 卷的学园派之列。这些传记篇幅长短不一，可能是根据材料多少而定。传记内容一般是先简介个人出身，包括城邦、父母、师承或如何成为犬儒；次为个人轶事，这是展示犬儒个人特征、思想、行动、影响的精华部分；最后是临终与著述目录。第 6 卷结束时还对犬儒派思想原则的共同点作了概述。

2. 琉善

琉善自称是叙利亚人，确切生卒年代不知，可能出生不会早于公元 125 年，死于 180 年之后。他正好处于犬儒派的最后活跃时期，他对同时代的犬儒现象应该是耳闻目睹，非常了解。他早年受过良好的教育，先做辩护律师，后到处讲学，传授修辞学，40 岁后来到雅典转向哲学，但他并无真正的哲学立场。他为后人留下了 82 篇作品，许多篇是否归于他仍有争议。[2] 本编采纳了西方绝大多数研究者，包括罗叶布古典丛书的主编者在内的普遍性意见，仍把它们视为琉善的作品而作为研究犬儒派的重要资料。

琉善的作品中有 7 篇主要涉及犬儒派。他们是《柏里格利诺斯之死》(The Passing of Peregrinus)、《德莫那克斯传》(Demonax)、《逃亡者》(The Runaways)、《待售的哲学》(Philosophies for Sale)、

---

① 关于第欧根尼·拉尔修著作的介绍，详见 Diogenes Laertius, *Lives of Eminent Philosophy*, "Introduction".
② Lucian, Vol. I, "Introduction", p. xi.

《死人对话集》(*Dialogues of the Dead*)、《美尼普斯》或《下冥府》(*Menippus* 或 *the Descent into Hades*)、《二次控告》或《陪审团的审判》(*The Double Indictment* 或 *Trails by Jury*)。① 其中前两篇是对同代著名犬儒的记载,是实有其人的。后几篇则是借题发挥,虚构一个场景让早期著名犬儒第欧根尼、克拉底等人,特别是美尼普斯出面来展示他们的犬儒个性和主张。从整体上看,琉善对不同时期的犬儒派持有不同的观点。他对早期的犬儒代表人物安提斯泰尼、第欧根尼、克拉底、美尼普斯持肯定赞誉态度,但对于同时代的犬儒,尤其是柏里格利诺斯,他则大为反感讨厌,认为他们只不过是一群借犬儒之名,攫取名望、钱财、虚荣的骗子、无赖。对于他的后一种观点,近代以来的研究者对此多持异议。② 综合各方面资料,并对琉善笔下的不同犬儒进行分析,我们可以得出这样的结论,即琉善本人还是比较真实地反映了他那个时代、他那个阶层的人对犬儒的一般看法,那就是对早期犬儒赞誉、怀念,对当代犬儒贬低、责难。或许他对于前者过于美化,对后者过于丑化,但他的作品还是包含了一定的、可信的事实,而且有的是唯一的历史记载。如他对第欧根尼、克拉底、美尼普斯等的直接或间接的描述与其他相关的资料基本上一致,他对当代犬儒派成分复杂,追随者甚多,犬儒本人多重身份的变迁等方面反映也与其他资料相吻合,也只有从他这里,我们才能对柏里格利诺斯和德莫那克斯有所了解。

除了上述并非史家而为犬儒留下专门史料的二人之外,与犬儒同时的其他作家也在各自不同主题的表述中留下了一些关于犬儒及其活动的蛛丝马迹。

(1) 色诺芬(约公元前 430—约前 354 年),苏格拉底的学生,安

---

① 另有一篇"*The Cynic*",也被罗叶布古典丛书归于琉善的名下,但注明只有个别编纂者(editors)认为它是琉善的作品。一般认为,它的对话形式与琉善的风格几乎无相似之处,它可能是朱利安时代的一个犬儒写的,为遭到琉善批评的派别(sect)辩护。详见 Lucian, *The Cynics* , p. 379.

② 见 Lucian, Vol. "The Works of Lucian", p. 1.

提斯泰尼的同代人。他在《回忆苏格拉底》(*Memorabilia*)、《宴饮篇》(*Symposium*)中记载了安提斯泰尼与其师苏格拉底的深厚情谊及他们关于友谊、爱情、德、财富、幸福等方面的讨论,由此可知安提斯泰尼受苏格拉底的影响之深以及犬儒派与苏格拉底学说的潜在关系。

(2) 柏拉图(约公元前 429—前 347 年),也是苏格拉底的学生,安提斯泰尼的同代人。柏拉图在《斐多篇》(*Phaedo*,596)明确提到了安提斯泰尼在苏格拉底临终时在场,说明两人关系非同一般。还有一些著作可能暗含了对安提斯泰尼的评论和攻击。如有的学者认为柏拉图《理想国》(372d—373a)中提到的"一个猪的城邦"是对安提斯泰尼的"理想国"的攻击。柏拉图在书中把卫国者视为"狗",说他们对熟悉的、认识的人和善,对陌生人乱咬(375c-e),似乎也有暗指安提斯泰尼之嫌,但也有学者对这些说法持不同意见。此外,还有学者在柏拉图的《普罗泰戈拉篇》(*Protagoras*)、《斐德罗篇》(*Phaedrus*)、《拉凯斯篇》(*Laches*)、《大希庇亚篇》(*Hippias Major*)中发现了对安提斯泰尼的直接评论。[1] 因此不论学者们对柏拉图的有关内容如何解释,我们在研究犬儒派的起源及其思想演变时,不能不回到曾与安提斯泰尼与第欧根尼有过多次交往或交锋的柏拉图那里。

(3) 亚里士多德(公元前 384—前 322 年),比安提斯泰尼稍晚,与第欧根尼同代。他与二人是否有过交往,史无记载,不得而知,但显然对他们是熟悉的。亚里士多德的著作中有 5 处明确涉及安提斯泰尼,这对研究犬儒派的起源、形成是非常重要的。

(4) 波里比乌斯(Polybius,约公元前 203—约前 120 年),堪与希罗多德(Herodotus)、修昔底德(Thucydides)齐名的希腊历史学家。著有《历史》40 卷,记述了罗马从公元前 3 世纪后期到公元前 2

---

① Luis. E. Navia, *Classical Cynicism*, p. 41.

世纪中期的征服扩张史。其中涉及犬儒塞尔西达斯的活动。他是犬儒派在新环境下演化转变、个体独立存在的典型范例。

(5)塔西陀(Tacitus,约公元55—115年),罗马著名的历史家。著有《历史》和《编年史》,记述了公元14年至96年间罗马帝国的历史。其中对当时有名的犬儒德米特里有所提及。此外,这两部历史也可作为我们考察公元1世纪犬儒在罗马帝国再度兴起的社会背景资料。

(6)苏维托尼乌斯(Suetonius,约公元60—约140年),罗马帝国早期著名的传记作家,著有《罗马十二帝王传》(De Vita Caesarum)。其中的《尼禄传》(Nero)与《神圣的韦伯芗传》(The Deified Vespasian)中有关于犬儒个人活动,特别是德米特里的记载。

(7)普鲁塔克(约公元46—120年),希腊语传记作家。著有《希腊罗马名人传》,其中的《亚历山大传》(Alexander)和《德米特里传》(Demetrius)对早期的犬儒第欧根尼、克拉底均有所记载。据说他还为犬儒克拉底作传,但未流传下来。①

(8)塞内卡(Seneca,约公元前5或4—公元65年),罗马斯多亚学派哲学家。他与犬儒德米特里是同代人,在著作中对其人品、操守、勇气、智慧极为钦佩。因是同代人记同代人,德米特里又未留下任何作品,所以这些材料对于研究德米特里极为重要。这些材料主要包含在《论利益》(On Benefits)、《论心平气和》(On Tranquillity of Mind)和《书信集》(Epistles)中。

(9)爱比克泰德(Epictetus,约公元55—约135年),罗马著名斯多亚派人士,先为奴隶,后获自由成为哲学家。此后收徒讲学,影响颇大。死后一位学生将他的演讲稿收集整理了8卷,现存4卷。其中"论一个犬儒的天职"(On the Calling of a Cynic)集中反映了他

① Julian, Oration, 6.200A.

的犬儒观,即作为一名真正的犬儒所应担任的社会角色及应具备的基本条件和神圣理想。这种犬儒在他所处的时代肯定是难以寻觅的,所以只好寄希望于"理想化"的人物出现。这篇材料不仅表现了犬儒的一般特征(尽管是理想化的特征),而且反映了作者对当代犬儒派的"不理想化"的失望,也折射出此时斯多亚派与犬儒派在哲学价值取向上的接近与回归。

(10)菲罗斯特拉图斯(Philostratus,约公元170—244/249年),生于希腊列姆诺斯(Lemnos)岛,哲学家。年轻时曾在雅典学修辞学,后到罗马加入了由皇后朱利娅·多姆娜(Julia Domna)组织的文学和哲学沙龙。皇后把有关卡帕多西亚(Cappadocia)地方泰安那(Tyana)城的圣者阿波罗尼乌斯(Apollonius)的一些回忆录交给他,希望他为这个有争议的先哲写一部传记。阿波罗尼乌斯是公元1世纪人,出现于基督教诞生之初,活到了涅尔瓦(Nerva)统治之时(公元96—98年)。他奉行禁欲主义,到处漫游,远到印度。在尼禄(Nero)和图密善(Domitian)在位时都险遭迫害。菲罗斯特拉图斯受命而作《泰安那人阿波罗尼乌斯传》(*The Life of Apollonius of Tyana*)。此书渗透着神秘的、东方化的倾向,他对我们的价值在于提供了与阿波罗尼乌斯同时代,且为挚友的犬儒德米特里的有关情况,如德米特里的犬儒特征,皇帝提图斯(Titus)对他的欣赏,及他对尼禄的猛烈抨击等。

此外,像罗马共和国末期著名的哲学家、演讲家西塞罗(Cicero,公元前106—前43年),帝国时期的著名哲学家皇帝马尔库斯·奥勒留(公元121—180年)和朱里安(公元332—363年)在其著述中都留下了关于犬儒的记载,也可作参考。

《希腊诗选》(*The Greek Anthology*)也保存了一些有关犬儒的资料。它又称《帕拉丁诗选》(*Palatine Anthology*),因其是德国海德堡的帕拉丁(Palatine)图书馆唯一保存的手稿而名,由康斯坦丁·塞法拉斯(Constantine Cephalas)在公元10世纪编纂而成。其来源主要有三处:一是梅利格的《花冠》,二是菲力浦(Philippus)的《花冠》,他可能是奥古斯都(Augustus)时代人,三是查士丁尼(Justinus)时代阿加替亚斯(Agathias)的《组诗》(Cycle);此外还包括来自若干名人的讽刺短诗(epigrams)和墓志铭。像早期犬儒派的著名人物第欧根尼、克拉底及梅利格等人在一些诗中都有所反映。虽是诗体,也透露出了历史的真实,尤其是那些墓志铭性质的诗文。

还有一位希腊新喜剧诗人米南德(公元前 342/341—前 291/290 年)也值得注意。他在《双生姐妹》(the Twin Sisters)中,首次把犬儒(Cynic)和克拉底连称。他与克拉底同时,说明此时犬儒现象已相当普遍,犬儒人物已为人所熟悉,所以,米南德在戏剧中把他和希帕其娅作为取笑的对象扯了进去。①

古代作家中涉及犬儒派的还不止这些,但由于资料有限,这里只能择要述之,其余将在以后的引文中予以说明。

(三)近代以来关于犬儒的研究

作为一名中国研究者,要对近代以来西方学者关于犬儒派的研究做一番了解、分析,在国外资料严重匮乏的现实条件下,显然是一件难以做到或做好的事情。然而,这确实是研究犬儒派现象最起码的一步,不了解犬儒研究的学术史,对犬儒现象的再研究就无从谈起。正当笔者为国内多方查询而几乎一无所获时,1998 年初有幸在国家图书馆发现了 1995 年刚刚出版的关于近代犬儒研究的综合性介绍著作:《犬儒主义哲学》(The Philosophy of Cynicism),副标题是:《一个注释性的书目》(An Annotated Bibliography),作者是美国纽约技术学院(New York Institute of Technology)的研究所所长、哲学教授纳维亚(Luis E. Navia)。此书尽其所能地收录了自文艺复兴以来在西方(包括东欧)出现的所有有关犬儒的著述与作品。据作者说,为了准备这个注释性目录,他查阅了 600 部著作和论文,

---

① Diogenes Laertius, *Lives of Eminent Philosophy*, 6.93.

但他认为这还不完全,只是时间与空间有限制只好如此罢了。① 此书以"综合性研究""安提斯泰尼""西诺普(Sinope)的第欧根尼""克拉底和其他犬儒派"四个方面为分类,以 704 个书目(其中有的因涉及多人而重复列出)为线索,较为全面地展示了近代犬儒研究的基本概况,并有重点地对一些共同关心的问题及重要著述作了介绍。作者称,他只介绍而不加评论,而且也不是对原著原作作概述,甚至也不是摘要,而是突出它们的最有特色之处和它们的主要观点和争论及对犬儒哲学的评价。② 依据此书,并结合国内所能找的有关专著、论文、节译,我们对近代国外、主要是西方学者关于古代犬儒主义的研究概况和基本趋向还是可以有一个大致的了解。

近代对犬儒派的兴趣始于文艺复兴时期。现存最早的涉及犬儒派人物的壁画是拉斐尔的"雅典学园"("School of Athens"),作于1508—1511 年间,现存罗马梵蒂冈博物馆。壁画描绘了许多古希腊的哲学家在一起散步、交谈。一般认为,其中稍稍偏右,位于亚里士多德之下,斜倚在台阶上那个人即是犬儒第欧根尼。③ 此外,波斯奇尔(V. Poeschl)在其《克拉底,贺拉西和平图里乔》一文中,提到了意大利画家平图里乔(Pinturicchio)1505 年在西恩那(Siena)大教堂所做的一幅油画,画面描绘了苏格拉底和克拉底正往海内扔钱,这说明当时的人对犬儒派的生活态度还是熟悉的。④ 现存最早的关于犬儒派言论的资料汇编是伊拉斯莫斯(D. Erasmus)的《箴言集》(*The Apophthegmes of Erasmus*),1542 年出版于伦敦,其中包含了与犬儒派,特别是与第欧根尼有关的轶事与言论,共 231 条。⑤ 这也是已知的近代第一本与犬儒派有关的文献资料。

到 17—18 世纪时,已有关于犬儒个人的专著出现,如斯塔福德

① Luis E. Navia, *The Philosophy of Cynicism*, " Preface", p. ix.
② Luis E. Navia, *The Philosophy of Cynicism*, p. ix.
③ Luis E. Navia, *The Philosophy of Cynicism*, p. 128 (No. 446).
④ Luis E. Navia, *The Philosophy of Cynicism*, p. 182 (No. 642).
⑤ Luis E. Navia, *The Philosophy of Cynicism*, p. 108 (No. 368).

(K. Stafford)1615 年在伦敦出版的《伟大犬儒第欧根尼的生与死》（*The Life and Death of That Great Cynicke Diogenes*）。这是近代最早的关于第欧根尼的传记之一，叙述了许多有关第欧根尼的奇闻轶事，也介绍了第欧根尼的哲学思想，流露出了对传主的敬慕之情。古代犬儒派在 18 世纪也受到法国启蒙思想家狄德罗（Diderot）的注意，在其主编的长达 35 卷的《百科全书或科学、艺术、技艺详解辞典》（1754 年出版）中专门为犬儒派列了一个条目（Cynique），对从安提斯泰尼到柏里格利诺斯和萨拉斯提乌斯的犬儒主义的发展及思想进行了全面的回顾，对主要的犬儒派代表人物都予以评论，在近代首次提出安提斯泰尼是犬儒运动的创始人，特别提出了犬儒是生来如此而非后天选择的观点，颇具新意。①

19 世纪以后，随着各类哲学史著作、辞典、讲座、杂志、百科全书的出现，古代犬儒派和犬儒主义引起了学术界的广泛关注，成了哲学史、思想史、社会史、政治史研究者不可回避或忽视的主题之一。不论是黑格尔的《哲学史讲演录》，还是策勒尔的《古希腊哲学史纲》，都为其列出了专门的篇目。围绕着犬儒派的研究也愈来愈深入，大到整个犬儒史，小到犬儒人物，横到犬儒派与远到印度、西亚的当时各种学派、宗教的关系，纵到有关犬儒派的具体史源的真伪辨别、稽玄钩沉以及古今犬儒现象的对比，都是这两个世纪的研究范围。

近代犬儒研究，实际上主要集中于 19—20 世纪，而且尤以 20 世纪成果最丰。其中有两部系统研究古代犬儒的专著值得一提。一部是美国学者达德利 1937 年出版的《犬儒主义史》（*A History of Cynicism*）。这是第一部为古代犬儒主义撰史的著作，时间范围从公元前 4 世纪到西罗马帝国灭亡的最后岁月，基本上以犬儒主义的兴衰、发展为主线，对各个时期的犬儒派代表人物作了详细介绍。

① 参见 Luis E. Navia, *The Philosophy of Cynicism*, pp. 8 - 9 (No. 023).

另一部著作也是美国学者写的,即前已提过的纳维亚,他在对近代犬儒研究成果分析研究的基础上写出了《古典犬儒主义》(*Classical Cynicism*)一书,1996 年出版。此书特别吸收了自达德利之后,尤其是近 20 年的研究成果,因而不论从资料来源上,还是内容层面上都比达德利更为翔实、丰富、广阔。特别是他在第一章中将古代犬儒(the Cynics)与现代犬儒(the cynics)作了比较,揭示出了古代犬儒研究所具有的现实意义。这两部著作可以说是犬儒史研究的划时代之作,虽然都以人物为主,但前者是以分期叙人物,后者却是以人物划分期。前者否定安提斯泰尼的创始人地位,而后者恰恰坚持这一点。两书虽各有侧重,但各自作为对以前研究成果的集大成之作,还是极具参考价值。也正是从它们这里,笔者找到了本文的切入点,即从古代犬儒现象入手,把它作为一个思想运动来研究,并试图与中国先秦类似学派进行比较,从而对我们认识现代犬儒主义提供借鉴。

三、对犬儒现象进行再研究的
可能性和必要性

从上述可知,犬儒派个人留给我们的第一手资料极其有限,古代作家的第二手资料主观失实成分普遍存在,今人对古代犬儒现象已进行了比较深入的研究,几乎涉及有关犬儒的方方面面。那么,这是否意味着对此问题的研究面临困境,难以再有新的进展或新的突破呢?笔者的回答是否定的,尽管研究条件是如此不足,个人能力是如此有限,但人类的认识是无止境的,任何人都不能穷尽真理。因此,再研究的可能性还是存在的。

首先,第一手资料的缺乏对于东西方学者均如此,而且由于图书资料的限制,我们无法借助于一些"残篇集"的材料,这的确增加了研究的难度。但从今日西方学者的著作中,我们还是可以找到这样的第一手资料,如有名的"埃及 Oxyrthynchus 纸草",其内容在达德利和纳维亚的著作中都有原文(英译)转录,这可作为研究的依据。

其次,第二手资料中的绝大部分都被《罗叶布古典丛书》收入,前述古代作家的有关著述绝大多数在此丛书中都能找到,而这套丛书国内大型图书馆早有收藏,可以利用,这就使我们与西方学者在史料的利用上缩小了差距。当然,由于笔者对希腊语、拉丁语知之甚少,只能全依赖于英文译本,这难免会出现理解上的偏差。

最后,近人的研究成果国内虽极少,但就目前搜求所获,也能大致了解、掌握欧美学者对犬儒主义研究的基本趋向和不同的学术观点,特别是纳维亚的注释性书目汇编,使我们对近代欧美学者的研究概况尽收眼底。前人的成果正是我们继续研究的基础和指南。综合欧美学者的研究成果,可知他们基本上围绕以下几个主要问题进行:

(1)犬儒主义的起源:即谁是犬儒派的创立者,是安提斯泰尼,还是第欧根尼,还是二者均是? 甚至二者都不是,而是克拉底? 这里的前提是谁是第一个被称为"像狗的人"? 古代作家对此没有怀疑,从琉善(The Runaways,11)到第欧根尼·拉尔修都认为是安提斯泰尼。近代有的研究者对此提出怀疑,认为后来的犬儒主义未保持安提斯泰尼哲学中苏格拉底精神的活力;二人也非师徒关系,并无直接接触,思想上也相异大于相同。"苏格拉底——安提斯泰尼——第欧根尼"序列是后来的哲学家论述集(doxography)编纂者和传记作家们创造出来的神话。[1]

(2)犬儒派或犬儒主义的定性:它是具有一套普遍接受的学说和实践的哲学流派,像柏拉图的学园派、亚里士多德的逍遥派或斯

---

[1] 详见 Luis. E. Navia, *Classical Cynicism*, p. 17 – 18; D. R. Dudley, *A History of Cynicism*, "Introduction", "Chapter I".

多亚学派、伊壁鸠鲁学派那样,还是一种"不定型的、对大多数信仰和实践持反对态度的知识与社会反抗运动"?① 作为一种社会现象,犬儒在古代希腊、罗马世界是长期存在的,还是仅出现于公元前 4 至前 3 世纪一段时期? 这些犬儒都是些沽名钓誉,狂妄自大的"表现主义者",还是确有一部分犬儒用一种使世人震惊的自虐或他虐的方式在努力实践其心目中的"理想"和"使命"? 他们的行为对当时的社会到底产生了怎样的影响? 犬儒主义到底是哲学或思想体系,还是只不过是一种生活方式? 怎样才能给予存在时间如此之久的犬儒现象一个科学的定义和客观的评价? 这些问题无不困扰着犬儒派的研究者。学者们的不同甚至相反的意见反映了定性的艰难。

（3）犬儒派的基本原则与信仰:犬儒派是彻底的无神论者、反宗教者,还是在反世俗宗教的同时,树立自己的宗教,将自己看作自命不凡的"神人"? 他们的世界城邦主义是要建立一个真正的世界国家,还是对任何人为国家组织的反对? 他们鼓吹并实践的"自然""不动心""幸福""德行""自制""勇敢""无惑"的含义到底是什么?

（4）犬儒主义与其他学派、宗教及现代犬儒主义的关系:犬儒派,特别是与巴勒斯坦地区加德拉社团有关系的那些犬儒派哲学家是否影响了早期的基督教运动? 犬儒派是否与印度的裸体智者和东方的其他"圣人"有过接触,并模仿了他们的生活方式? 古代的犬儒主义与今日意义上的犬儒主义之间有无某些历史的、意识形态上的相似与联系?

由此可见,关于古代犬儒主义还有许多问题值得研究,许多领域需要开拓,如犬儒派产生的社会背景,犬儒派的流迁与变异,特别是犬儒主义的社会、政治思想与人生态度,它与中国大约同时出现的庄子学派的异同,都是我们应当探讨,也能够探讨的。而且这是从一个中国的历史工作者的角度来对属于西方古代哲学史领域的派别之一所进行的研究,应当会有新的收获。

---

① Luis. E. Navia, *Classical Cynicism*, preface, p. vii.

　　对犬儒派的再研究,也是学术发展与社会发展的需要。这样一个在西方古代历史上长期存在的思想运动,在我们国内的西方哲学史或世界古代史研究中应有一席之地,然而遗憾的是在国内所能见到的有关著述中,犬儒派仅仅作为小苏格拉底学派之一而简单加以介绍,深入、系统的专题研究至今尚未问世。因此,我们有必要把国内西方思想史研究中不可或缺的这一环连接起来,这对于完整地了解、理性地鉴别、继承西方优秀的文明成果,准确地把握西方思想史的走向是有一定学术意义的。此外,随着二战以后工业文明诸多弊端的暴露及越战的影响,现代犬儒主义在以美国为首的西方社会流行开来,最典型的例子是 60 年代在美国出现的"垮掉的一代"(Beat Generation)和嬉皮士(Hippies)现象。他们对社会现实不满,蔑视传统观念,追求言行服饰的怪异,鼓吹个性自由(包括性解放),形成了独特的社会文化景观。表面上看,他们与古代的犬儒十分相似:长发,公共场合暴露身体而不为耻,乞讨,拒斥物质主义(Materialism)、消费主义(Consumerism)、种族主义(racism)、国家主义(nationalism),尤其是对所有政治权力形式持反叛精神。但实际上他们缺乏古代早期犬儒的哲学伦理基础和改造社会的理想与使命感,缺乏他们的积极进取精神。他们所奉行的是极端的怀疑主义、虚无主义、利己主义和以自我为中心,他们的所作所为只是对社会的嘲弄而已。因此,二者不可同日而语。但现代犬儒主义的出现,也非偶然。它是道德危机的反应,是对过分物质化、过于权力化、过于虚饰化的后现代社会的抗议。它像古代犬儒主义一样是社会转型期的产物。[1] 为此,研究古代犬儒主义对于正处于由农业文明向工业文明过渡的我们来说或许也会有一定的现实启示意义。

---

[1] 关于现代犬儒主义的特征、表现、评价及与古代犬儒主义的区别,参见:Luis. E. Navia, *Classical Cynicism*, pp. 1 – 7; Luis E. Navia, *The Philosophy of Cynicism*, p. 55 (No. 166)(J. Xenakis "Hippies and Cynics"); Jeffrey C. Goldfard, *The Cynical Society*, Chicago: University of Chicago Press, 1991; Timothy Bowes, *Cynicism and Postmodernity*, London: Verso, 1997.

第一章　犬儒派的起源与流变

《绪论》中已指出,犬儒派作为一个学派或一种思想运动,首先在公元前 4 世纪的希腊雅典出现,而且并非昙花一现,一直延续到了希腊、罗马古典世界结束之时。这里,我们首先碰到的问题是:它为什么会出现在此时此地? 其次是它为什么会长期延续,且又是如何演变的? 本章试图从古希腊独特的政治、文化背景、犬儒个人的遭遇、外来文化的影响四个方面来探讨犬儒派的起源,然后以重要代表人物为坐标,来探求犬儒派在历史长河中的沉浮变化,为下一步分析其思想主张与理想追求奠定基础。

一、犬儒派的起源

关于犬儒派的产生背景,西方学者一般笼统归之于城邦制度的衰落、亚历山大的征服,但并未就此作深入的探讨。他们似乎更关心的是犬儒派创立者安提斯泰尼、第欧根尼,甚至克拉底本人的生平经历,热衷于从个人身上寻求这一历史现象的原因。有的甚至提出了"犬儒生来如此"的论调,如狄德罗(Diderot)主张与生俱来论:"一个人可以选择成为一个柏拉图学园派哲学家,或一个折中主义者,或一个昔列尼派(Cyrenaic),或一个皮浪派(Pyrrhoist),或一个怀疑主义者,但一个人必须生来就是一个犬儒派"。叔本华(Schopenhauer)主张性格决定论:"一个人不能选择他的哲学,是他的哲学选择了他。"一句话,个人潜在的犬儒性格、气质起主要作用,环境只是起催化、促动作用。[①] 对此观点,笔者不敢苟同。社会存在决定社会意识,任何一种社会现象、历史事件的发生,或者奇特人物的出现,都离不开当时的社会环境,像犬儒派这样一类人也绝非生来就具备了成为犬儒的基本素质。从以下的讨论中可以看出,促使犬儒派出现、形成的原因是多方面的,个人的因素只是诸多因素之一,而且还是后天因素。

(一)犬儒派是希腊城邦制度的特殊产物

城邦制度的繁荣孕育着个性极端化的胚胎,城邦制度的衰落则使这一胚胎畸形发展,呱呱坠地。

希腊城邦制度是古希腊文明赖以产生的环境和土壤,也是古希腊文明的辉煌灿烂之处。城邦(polis)制度的核心是公民集体政治,城邦事务掌握在全体公民(民主制 Democracy),或少数人(贵族制 Aristocracy、寡头制 Oligarchy)手中,但绝非掌握在某个君王手中。即使在僭主统治(Tyranny)时期,城邦制度的根基也仍然保留,他们一般统治短暂而终被推翻就说明城邦制度的根深蒂固,公民集体的权利不可侵犯。城邦制度在古希腊普遍存在,即使有的城邦如斯巴达(Sparta)仍保留了国王的职位,但也仅是形式而已,并无多少实权,国家大事仍由公民大会与公民选出的监察官、长老会来决定。在这样的城邦中,就公民集体而言,其中只有被选举的管理者,而无世袭的专制君主与寄生的官僚,只有拥有不同程度的政治自主权的公民,而无俯首听命的臣民。公民是城邦的主体与主人,城邦实则公民的集合体。

希腊城邦制度从公元前 8 世纪开始萌芽。尽管各邦由于种种原因发展不一,但到公元前 6 世纪时已基本形成,所以才有希腊古典时代的开始。其中城邦制度发展最完善、最繁荣的城邦当数实行

---

① 详见 Luis. E. Navia, *Classical Cynicism*, pp. 47 - 48.

民主政治的雅典（Athens）了。经过梭伦（Solon）、克里斯提尼（Cleisthenes）和伯里克利（Pericles）三代民主派领袖的改革，雅典城邦的民主政治在公元前 5 世纪中期达到了发展的巅峰。希波战争的胜利大大增强了希腊人，特别是雅典人对城邦民主制度的信心；提洛（Delos）同盟的建立，雅典帝国的形成，使雅典成了当时希腊的政治、经济、文化中心。雅典城邦在伯里克利的领导下，成了"全希腊的学校"，人人向往的地方。各地的文人学者无不以能生活在雅典并在此展示才华而自豪。雅典人为自己的城邦英勇献身，在所不辞，因为这个城邦是他们的。虽然他们的城邦并非尽如人意，和其它城邦一样，其中存在着无休无止的贫富矛盾、党派斗争，但他们可以自由地在公民大会、市场上、宴饮上、剧场内表达自己的政治立场与生活情怀。因为他们是这个城邦的主人，城邦的政权掌握在作为公民的他们的手中。他们是政治的动物，是潜在的政治家。只要有闲暇，有兴趣，他们可以直接参与城邦事务的管理和决定，城邦也会为他们的参与给予一定的公职津贴，作为生活的必需。法律面前人人平等，这个在希罗多德的《历史》中就已提出的口号（Herodotus，3.80）在雅典得到了较大程度的实现。在不违背法律与宗教习俗的前提下，公民不会因在公民大会发表不同的意见而受到打击报复，阿里斯托芬不会因在喜剧中讽刺了某一位重要人物而受到当事者追究迫害。我们知道，雅典最伟大的政治家伯里克利、哲学家苏格拉底，以及公元前五世纪雅典形形色色的政坛活跃人物无不受到喜剧诗人的嘲讽，而被嘲讽者大都一笑了之。① 反之，如果某位公民不关心政治则是不正常的了，或者说，他只顾自己的事务，或者说，他是一个没有事务的人。这就是我们从修昔底德笔下的伯里克利之

---

① 参见 Plutarch, *Pericles*, with an English translation by Bernadotte Perrin, Cambridge, Mass. ; Harvard University Press, 1916；中译可参见本书第一编附录：《伯里克利传》，杨巨平译；凯瑟琳·勒维：《古希腊喜剧艺术》，傅正明译，北京大学出版社，1988 年，第134—137 页。

口所听到的对雅典城邦制度的颂扬,所知道的雅典公民享受到的政治平等与自由。① 从这里,我们也看到了城邦公民的二重性,既把城邦看得高于一切,具有集体主义精神,同时又注重个性的自由发展。个性寓于共性,共性培育了个性。因此,这种城邦制度在保证公民个性发展的同时,也预示着这种发展在某些情况下走向极端化。充斥于各个城邦的党派斗争,以及公民大会的易于感情用事,城邦事务的动荡不安,政客之间的相互攻讦,都从另外一个侧面反映了城邦制度为个性发展提供的巨大空间所带来的弊端,而且这种弊端在伯罗奔尼撒(Peloponnesus)战争后期及之后更加明显地暴露出来。我们从雅典在伯罗奔尼撒战争中的一再惨败和苏格拉底的受害及柏拉图的出走西西里,②都感受到了这种弊端对社会带来的危害,对人们心灵的冲击。当城邦集体主义精神失去它的内在号召力,城邦制度无法为个人活动提供更大的空间时,一部分人就会因此冲出城邦制度的藩篱,或走向它的反面,成为社会的对立面,对一切现有的秩序、制度、观念、习俗挑战,或远离而去,躲进个人的心灵中去寻求宁静与快乐。犬儒派作为这股向社会发起抗议的力量的代表,也就自然产生了。所以说,为公民发展提供了巨大空间的城邦制度是犬儒派出现并走向极端化的温床。

公元前 5 世纪末到前 4 世纪末的一百年间,古希腊城邦制度经历了两个前所未有的,可以说是致命的冲击,这就是公元前 431 年至前 404 年的伯罗奔尼撒战争和公元前 4 世纪后期马其顿腓力(Philip Ⅱ)、亚历山大(Alexander Ⅲ)父子对希腊城邦的征服与控

---

① 伯里克利在为雅典阵亡将士举行的国葬典礼上发表的著名的演说可以说是希腊城邦制度的宣言书,也是雅典民主政治的颂歌,当然其中难免夸大溢美之词。详见 Thucydides, *History of the Peloponnesian War*, 2. 35 – 46, with an English translation by Charles Forster Smith, Cambridge, Mass.:Harvard University Press, 1956;修昔底德:《伯罗奔尼撒战争》,谢德风译,商务印书馆,1985 年,第 129—137 页。(以下引文据此中译本)
② 柏拉图的失望情绪从他的第七封信(Plato, *Epistle* Ⅶ, 325d – 326b, with an English Translation by R. G. Bury, Cambridge, Mass.:Harvard University Press,1952.)中可以看出。他说,现在存在的所有国家,无一例外,其政治制度都是糟糕透顶,难以得到改善。他寄希望于哲学王的出现。他到西西里叙拉古狄奥尼修斯(Dionysius)的宫廷,就是为了实现自己的政治理想,结果当然是大失所望。

制。前者从内部耗尽了城邦制度的元气,是其由盛而衰的转折点,后者从根本上改变了城邦制度的本质,是其由衰而亡的转折点。

伯罗奔尼撒战争是希腊民族的一场大浩劫,战争的双方均无正义可言。不论对战胜者的伯罗奔尼撒同盟,还是对终归失败的雅典同盟,战争所带来的都是灾难性的后果。战争使城邦制度的正常运行遭到破坏,因为"在和平与繁荣的时候,城邦和个人一样地遵守比较高尚的标准,因为他们没有为形势所迫而不得不去做那些他们不愿去做的事情。但是战争是一个严厉的教师,战争使他们不易得到他们的日常需要,因此使大多数人的心志降低到他们实际环境的水平之下。这样,一个城市接着一个城市就爆发了革命"。而"这种革命常常引起许多灾殃"①。过去城邦中的党派之争是内部之争,现在则与外敌联合,因此演变成你死我活的暴力革命,阴谋、陷害、打击、报复、诬告、建立党派寡头政权,杀害异己,这些现象在战争中经常出现,而且在战后也司空见惯。普通公民的政治热忱一落千丈。因为他们清楚地知道,他们只不过是充满贪欲和野心的党派领袖们争权夺利的工具。这些人"虽然自己冒充为公众利益服务,但是事实上是为着他们自己谋得利益。他们在争取优势的斗争中,没有什么事可以阻拦他们;他们自己的行动已经是可怕的了;但是在报复的时候,更为可怕。他们既不受正义的限制,也不受国家利益的限制;他们唯一的标准是他们自己党派一时的任性,所以他们随时准备利用不合法的表决来处罚他们的敌人,或者利用暴力来夺取政权,以满足他们一时的仇恨"②。对于这样极端残酷的党派斗争,普通公民怎能表现出热忱呢?怎能不对现行的政治制度产生怀疑呢?战争消耗了大量的人力、物力。小农破产,工商业凋敝,财富急剧聚集到少数因战争得益的奴隶主手中,公民兵制的经济基础受到严重侵

---

① Thucydides, *History of the Peloponnesian War*, 3.82.2-3; 修昔底德:《伯罗奔尼撒战争》,谢德风译,第237页。
② 修昔底德:《伯罗奔尼撒战争》,谢德风译,第238—239页。

蚀,雇佣兵应运而生。过去公民出征是保家卫国,现在雇佣兵是为了挣钱发财,波斯总督小居鲁士居然能从希腊招募一万名雇佣兵为其夺取王位,连苏格拉底的学生色诺芬也卷入其中。[①] 城邦制度的衰落由此可见一斑。此外,战争还带来了希腊城邦普遍的道德沦落,侵略被视为勇敢,考虑被视为怯懦,"猛烈的热忱是真正大丈夫的标志,阴谋对待敌人是完全合法的自卫。凡是主张激烈的人总是被信任,凡是反对他们的人总是受到猜疑。阴谋成功是智慧的表示,……先发制人……受到鼓励"[②]。淳朴高尚,受到讥笑,信守诺言,视为傻瓜,放纵情欲,成为人性本色,人类的普遍法则被弃之不顾。修昔底德对战争引起的道德沦丧、社会混乱、人性裂变,揭露得可谓淋漓尽致、入木三分。在这样的社会环境下,一些思想敏锐的哲人以一种极端的方式对现实产生怀疑,表示绝望,试图以一种新的社会价值体系、社会道德伦理观念取而代之,是可以理解的。以牛虻自比的苏格拉底,像狗一样吠叫的犬儒只能出现于这个大起大落的社会剧变时期。

马其顿对希腊城邦的征服控制剥夺了希腊城邦制度的最后一份虚荣。喀罗尼亚(Chaeronea)战役(公元前338年)标志着希腊城邦从此失去了政治的独立,次年的科林斯会议则从形式上确认了马其顿的霸主地位。虽然该会议也承认各邦的实体存在,但马其顿国王君临其上已是不争的事实。亚历山大继承父业,平定希腊城邦的反抗,转而东去,建立了横跨欧亚非三大洲的大帝国。帝国旋即一分为三,但希腊诸邦的命运却不曾改变,绝大多数成为亚历山大后继者统治下的只有自治权的城市。尽管它们自己仍以城邦(polis)自居,仍在召开公民大会,不过,公民大会听到的只是来自国王的信件,讨论的是如何落实国王的"建议"。独立自主的城邦已成为明日黄花,自由、平等的公民变成了实际上的臣民。城邦已无法向公民

① 色诺芬因此而作《长征记》(*Anabasis*),详细记述了这支雇佣军的艰难行程。
② Thucydides, *History of the Peloponnesian War*, 3. 82. 3 - 6;修昔底德:《伯罗奔尼撒战争》,谢德风译,第237—238页。

提供政治生活与经济生活的安全保证,人们彻底地感到了无依无靠。如果说公元前4世纪初包括犬儒在内的苏格拉底派的出现是少数哲人对现实丧失了信心的反应,那么这个世纪末及以后出现的怀疑主义学派、伊壁鸠鲁学派、由犬儒派衍生的斯多亚学派,以及人数逐渐扩大并发展变化的犬儒派,则是整个社会失落心态的反应。犬儒派不像其他小苏格拉底学派那样短命,其主要原因是引发它产生的特殊的社会环境依然存在,而且自身根据环境的变化作了一些调整,成了主要以行为表现自我的哲学派别。

(二)犬儒派也是希腊传统文化的产物

犬儒派几乎从希腊文化的各个发展时期、各个方面都吸取了营养,特别是与它一脉相承的哲学思想以及渗透于希腊文化之中的神话传说因素。

1. 来自希腊神话的影响

从前边所列安提斯泰尼和第欧根尼等犬儒派开创者的著述看,他们对希腊神话传说中的人物颇感兴趣。虽然我们对其内容知之甚少,但从题目上可以看出这些神话传说人物对他们的影响之深,以致有必要给予直接论述或借题发挥。然而,从犬儒派的整体来看,他们最崇拜的神话人物是赫拉克勒斯,他们将他视为以力为德的楷模,能忍受艰难困苦、敢于接受命运磨炼的英雄。关于赫拉克勒斯的传说很多,根据荷马(Homer)史诗、赫西俄德(Hesiod)的《神谱》(Theogony),以及古代的其他论述、近人的研究综合,我们可以对其有一个大致的了解。[①] 赫拉克勒斯是宙斯(Zeus)之子,生于底比斯(Thebes)城邦,母亲是阿尔克墨涅(Alcmene)。他从小就力大无比,婴儿时扼死了被天后派来害他的两条毒蛇,少年放牧时,打死

---

① 关于赫拉克勒斯的传说,参见赫西阿德:《神谱》,张竹明、蒋平译,商务印书馆1996年;荷马:《伊里亚特奥德赛》,陈中梅译,上海译文出版社,1998年。M. H. 鲍特立尼克等编:《神话辞典》,黄鸿森、温乃铮译,商务印书馆,1985年及 M. Cary, et al, ed., The Oxford Classical Dictionary 相关词条。也可见斯威布:《希腊的神话和传说》,楚图南译,人民文学出版社,1978年。

了山上的猛狮,后来运用力量和智慧,为人类立下了 12 件赫赫功绩,如扼杀狮子、斩杀水蛇、活捉野猪、捕获赤鹿、杀尽怪鸟、制服克里特(Crete)公牛等。他还参加了阿尔戈号船(Argo)英雄们的远航,释放了被缚的普罗米修斯(Prometheus)。在希腊人的心目中,他既是一位半人半神的英雄(凡母所生),也是奥林帕斯山(Olympus)诸神之一。他久负盛名,在希腊和罗马境内的许多地方都受到崇拜。他是体育学校、运动场的庇护神,安提斯泰尼所在的快犬运动场就设有崇拜赫拉克勒斯的祭坛。因他一生四处漂泊,历经磨难,但坚强不屈,英勇无畏,与自然抗争,为民除害,敢于藐视权威,所以受到犬儒派的尊重,将他视为理想英雄的化身。甚至犬儒派外在标志之一,手中的拐杖(βακτρου)也是从赫拉克勒斯常用的木棒(club)模仿而来。据说,赫拉克勒斯用此木棒杀死了许多怪物,保护了孤儿寡母。① 这个拐杖在犬儒派看来,类同国王的权杖,他们期望以此来建立超越一切城邦、民族、社会政治权威、价值观念之上的"理想世界"。

从犬儒派的行为表现看,犬儒派至少从希腊神话传说,特别从荷马史诗和赫拉克勒斯的个人传说上获取了对力的崇拜,对困难的忍耐,对"arete"②(卓越、美德)理想的追求,对荣誉胜过苟且偷生之生命意义的诠释,对权威的藐视,对国家和社会的超越,对世人的关切,对未来的憧憬(克拉底笔下的 Pera 岛与《奥德赛》中关于克里特岛的描述何其相似!③)。一句话,找到了理想的源泉和生活的榜样。

---

① Luis. E. Navia, *Classical Cynicism*, p. 26
② 此词一般英译为"goodness","excellence","virtue"。它主要有两层含义,一是指任何种类(包括土地和技艺等)的美好、卓越或杰出,在荷马史诗中指刚毅、英勇、勇敢,也指男子汉的美及尊严;二是指道德意义上的善和美德。(*A Lexicon*, Abridged from Liddell and Scott'Greek-English Lexicon, Oxford: the Clarendon Press, 1920, p. 100)犬儒派融合两层含义,将赫拉克勒斯视为以力为德的典范。
③ 参见第三章第二节。

2. 来自赫拉克利特、德谟克里特、阿那克萨戈拉的思想营养

这三位哲学家从时间上或主要关注对象上都可看作是前苏格拉底哲学家,从哲学的根本问题上都可看作是朴素唯物主义哲学家。但他们同样对现实的社会人生表达了自己的独特立场和态度。其中有些与后来犬儒派的思想主张较为相似,或许为犬儒派提供了一定的思想养分和行为先例。

赫拉克利特(Heraclitus,鼎盛于公元前504—前501年)是小亚以弗所(Ephesus)人。据第欧根尼·拉尔修,赫拉克利特是个比任何人都傲慢的人,他目空一切,认为博学并不能使人智慧,智慧在于认识那善于驾驭一切的思想。他不关心政治,有人请他为城邦立法,他认为城邦已病入膏肓,不可救药。他羞于与城邦同胞为伍,隐居于狩猎女神的庙宇附近,和小孩们玩骰子,认为参与这种活动远比和那些无赖在一起搞政治要好。最后竟然隐居深山,靠吃药草过活。① 赫拉克利特对那些形形色色的秘教、净化仪式嗤之以鼻,认为"人们用来祭神而宰杀的牺牲的血涂在身上使自己纯洁是徒然的,这就像一个人掉进污泥坑却想用污泥来洗净自己一样。……他们向神祷告,这正和向房子说话一样的。他们并不知道什么是神灵和英雄。"②这是对当时希腊民间流行的各种公众涤罪仪式以及只对参加者公开的埃琉西斯秘仪(Eleusis Mysteries)和奥尔弗斯教(Orphism)入会式净化礼的讽刺。他特别警告那些"夜游者、波斯教士、酒神祭司、酒神女侍、传秘密教的人",威吓他们死后要受火焚之罚,"因为他们以一种不虔诚的方式来传授那些流行于人间的秘法"③。他甚至否认神灵有知,认为向神哭诉,向神祷告,统统不会得

① Diogenes Laertius, *Lives of Eminent Philosophy*,9. 1-3;北京大学哲学系外国哲学史教研室编译:《古希腊罗马哲学》,生活·读书·新知三联书店,1957年,第14—15页。
② 北京大学哲学系外国哲学史教研室编译:《古希腊罗马哲学》,"赫拉克利特著作残篇"D5,第19页。
③ 北京大学哲学系外国哲学史教研室编译:《古希腊罗马哲学》,"赫拉克利特著作残篇"D14,第20页。

到回报,神似乎对人事无动于衷。① 这是最早的疑神论思想。赫拉克利特对于人们孜孜以求的幸福、金钱、眼前利益都有截然不同的看法。他认为,幸福不仅仅在于肉体的快感,如果如此,那"牛找到草料吃的时候是幸福的"②。金钱固然重要,但"驴子宁愿要草料也不要黄金"③,言外之意是要人们满足于身体所需,不要追求身外之物。他认为优秀的人应追求永恒的光荣,不要像多数人那样"像牲口一样狼吞虎咽",追求那些转瞬即逝的东西。④ 人们惧怕战争,他却歌颂战争,称其为"万物之父,万物之王",因为"它使一些人成为神,使一些人成为人,使一些人成为奴隶,使一些人成为自由人"⑤。而且,战争普遍存在,正义就是战争,"一切都是通过斗争和必然性而产生的"⑥,不是人的意志可以转移的。

对世俗的反叛,对宗教信仰的怀疑,对城邦政治的厌恶,对抗争精神的赞誉,使人难以否认犬儒派从中所受到的启发和鼓舞。

德谟克里特(Democritus,约公元前 460—前 370 年)是阿布德拉(Abdera)或米利都(Miletus)人。与苏格拉底及其弟子安提斯泰尼属于同时代的人。他似乎去过雅典,也见过苏格拉底,但苏格拉底并不认识他,也有人否认他去过雅典。⑦ 不管是否去过,他的影响一定传到了雅典,传给了犬儒派。据第欧根尼·拉尔修,柏拉图原想把收集到的德谟克里特的全部作品烧掉,但有人告诉他这是徒劳

---

① 北京大学哲学系外国哲学史教研室编译:《古希腊罗马哲学》,"赫拉克利特著作残篇"D127—128,第 30—31 页。
② 北京大学哲学系外国哲学史教研室编译:《古希腊罗马哲学》,"赫拉克利特著作残篇"D4,第 18 页。
③ 北京大学哲学系外国哲学史教研室编译:《古希腊罗马哲学》,"赫拉克利特著作残篇"D9,第 19 页。
④ 北京大学哲学系外国哲学史教研室编译:《古希腊罗马哲学》,"赫拉克利特著作残篇"D29,第 21 页。
⑤ 北京大学哲学系外国哲学史教研室编译:《古希腊罗马哲学》,"赫拉克利特著作残篇"D53,第 23 页。
⑥ 北京大学哲学系外国哲学史教研室编译:《古希腊罗马哲学》,"赫拉克利特著作残篇"D80,第 26 页。
⑦ Diogenes Laertius, *Lives of Eminent Philosophy*,9.36 - 37.

的,因为这些作品已在很多人手中了。① 这说明德谟克里特的著述在公元前 4 世纪时流传甚广,当时和其后的犬儒派当会受其影响。

德谟克里特主张节欲自足,自然人生,与犬儒派有颇多相似之处。(1)要根据自然生活。凡事不要违背人的自然本性,"凡是合乎我们本性的是应当寻求的,凡是违反我们本性的是应当避免的"②。而且,凡是符合人类本性的身体需要都容易得到,反之不仅得到艰难,且使生活不快。③ 对于一切沉溺于口腹之乐并在情爱方面过度的人,快乐的时间是短暂的。④ 快乐之后还想快乐,就会使欲望膨胀,带来无尽苦恼。因此要节制欲望,摒弃一切不合时宜的、无益的享受,⑤追求崇高的适度快乐。⑥ (2)人不应该受财富的支配,因为他不能给人带来任何身体上的好处和心灵上的安宁。⑦ "幸福也不在于是否占有畜群,也不在于占有黄金,它的居处是在我们的灵魂之中"⑧。简而言之,幸福与财富无关,而在于我们的感受。所以他说"一个尽管只有有限的财产然而很勇敢的人,是幸福的,一个尽管很富有,但很怯懦的人,则很不幸"。即使一贫如洗,也应"保持尊严地忍受贫穷",因为这是"智慧之士所固有的特性"⑨。(3)人生苦短,

① Diogenes Laertius, *Lives of Eminent Philosophy*, 9.40.
② Sextus Empiricus, Against the Logicians, I.140, 参见北京大学哲学系外国哲学史教研室编译:《古希腊罗马哲学》,第 103 页。
③ 北京大学哲学系外国哲学史教研室编译:《古希腊罗马哲学》"德谟克里特著作残篇"158,第 117 页。
④ 北京大学哲学系外国哲学史教研室编译:《古希腊罗马哲学》"德谟克里特著作残篇"170,第 118 页。
⑤ 北京大学哲学系外国哲学史教研室编译:《古希腊罗马哲学》"德谟克里特著作残篇"126,48,49,219,第 115、109、123 页。
⑥ 北京大学哲学系外国哲学史教研室编译:《古希腊罗马哲学》"德谟克里特著作残篇"142,145,146,168,169,第 116、118 页。
⑦ 北京大学哲学系外国哲学史教研室编译:《古希腊罗马哲学》"德谟克里特著作残篇"18,27,第 108 页。
⑧ 北京大学哲学系外国哲学史教研室编译:《古希腊罗马哲学》"德谟克里特著作残篇"106,第 113 页。
⑨ 北京大学哲学系外国哲学史教研室编译:《古希腊罗马哲学》"德谟克里特著作残篇"226,第 124 页。

命运无常,生活中充满不幸与痛苦,只有顺其自然,才能自满自足。①
(4)要扬善抑恶,敢于说真话,"坦白是精神独立不倚的特征"②。
(5)智者应关注人类,关爱世界,"整个大地对贤智的人都是敞开的,
因为一个高尚的灵魂的祖国,就是这个宇宙"③。从这里我们看到了
犬儒派自称"世界公民"的影子。(6)德谟克里特一方面呼吁人们热
爱民主制,顺从法律,将国家利益置于一切之上,但另一方面又对现
实中的政治状况不满,因为"在现行的宪章制度中,没有任何办法能
使官吏避免不义,即使他们是完全廉直的人"④。(7)德谟克里特似
乎对女人也没有什么好感。"女人不应该动口舌,因为这是很危险
的";"接受一个女人的命令,对于一个男人来说是最大的侮辱";"女
人比男人容易怀恨得多"⑤。这似乎是某些犬儒派鄙视女人的先声。

阿那克萨戈拉(Anaxagoras,约公元前 500—前 428 年)是德谟
克里特的老师。他出身名门,高贵富有,但随后摆脱世俗缠扰,专心
研究自然,对政治敬而远之。当有人问他:"你难道毫不关心你的祖
国吗?"他指着天说:"不要胡说,我对我的祖国最关心不过了。"⑥把
天当作祖国,表现了对城邦政治的淡漠和对整个人类的关心,这似
乎是第欧根尼"世界国家"思想的先声。但他对犬儒派产生明显影
响的是他的"种子论",即"在一切复合的事物中,包含着多数的、多
方面的质料和万物的'种子',这些'种子'具有各种形式、颜色和气
味,人就是这样的组合起来的,一切具有一个灵魂的生物也是这样

① 北京大学哲学系外国哲学史教研室编译:《古希腊罗马哲学》"德谟克里特著作残篇"
111,第 113 页。
② 北京大学哲学系外国哲学史教研室编译:《古希腊罗马哲学》"德谟克里特著作残篇"
107,108,160,第 113、117 页。
③ 北京大学哲学系外国哲学史教研室编译:《古希腊罗马哲学》"德谟克里特著作残篇"
182,第 119 页。
④ 北京大学哲学系外国哲学史教研室编译:《古希腊罗马哲学》"德谟克里特著作残篇"
201,第 121—122 页。
⑤ 北京大学哲学系外国哲学史教研室编译:《古希腊罗马哲学》"德谟克里特著作残篇"
89,90,208,209,第 112,122 页。
⑥ Diogenes Laertius, *Lives of Eminent Philosophy*, 2. 7.

组合起来的".^①"我们吃的事物表面看来好像是单纯齐一的,譬如水和空气,可是从这食物却长出头发、筋腱、血管、肌肉、神经、骨骼和其他一切肢体来。因此应当承认,在我们所吃的食物中并存着一切事物。"^②由此第欧根尼可能获取了他提倡的乱伦(incest)、同类相食、可吃人肉(cannibalism)的理论根据。^③ 因为人肉与别的东西如面包、蔬菜无异,它们同样包含着一切事物的所有因素。^④

3. 智者学派对犬儒派的启示

英国学者兰金(H. D. Rankin)在其 1983 年出版的《智者派、苏格拉底派和犬儒派》(*Sophists*,*Socratics and Cynics*)中首次把公元前 5 至前 4 世纪在古希腊出现的这三个哲学流派加以综合研究,分析了它们之间的异同及主要联系,强调指出它们三者的共同特征:一是都使用自然的口头语言作为探究的手段。二是都更多地注重从人类的各种实际表现中发现本质,而且特别强调了犬儒派对这种探究模式的继承。^⑤ 但是,智者派对犬儒派的影响到底有哪些呢?

(1)智者派提出"人是万物的尺度"这一命题,大大提高了人的尊严与价值。人是万物的判断者,人是万物的主宰,相对而言,神对于人的作用被贬低了,而且对神的存在也产生了怀疑。像普罗泰戈拉(Protagoras)就说:"至于神,我既不知道他们是否存在。也不知道他们像什么东西。有许多东西是我们认识不了的;问题是晦涩的,人生是短促的。"^⑥人是万物的尺度,虽有感觉主义、相对主义之嫌,但这种命题对犬儒派应该是深受鼓舞的。他们可依此来重新评

---

① 北京大学哲学系外国哲学史教研室编译:《古希腊罗马哲学》"阿那克萨戈拉著作残篇" D4,第 69 页。
② 北京大学哲学系外国哲学史教研室编译:《古希腊罗马哲学》,第 67 页。
③ D. R. Dudley, *A History of Cynicism*, pp. 26. 30;参见 M. Gigante, "Su un insegnamento di Diogenes diSinope,"*Studi Italiani di Filologie Classica* 34 (1962), pp. 130 - 136,转引自 Luis E. Navia, *The Philosophy of Cynisicm*, p. 112 (No. 382).
④ Diogenes Laertius, *Lives of Eminent Philosophy*,6. 73.
⑤ H. D. Rankin, *Sophists*,*Socratics and Cynics*, Totowa,New Jersey:Barnes & Noble Books, 1983, prefece, p. 13.
⑥ Diogenes Laertius, *Lives of Eminent Philosophy*, 9. 51.

估一切现行社会价值，而且唯我独是，以我为尺度，使个人成为真理的化身、生活的范例。由这种相对主义产生的极端主义例子在犬儒派那里比比皆是。希腊人对诸神的态度从荷马史诗、赫西俄德那里就可看出，恭敬而不盲信，更不将其奉若至上，认为其完美无缺。神人同形同性，决定了神也存在人的缺点和情欲。因此，疑神论者[①]古而有之，但疑神只是对神干预人事力量的怀疑，并不等于否认神的存在。现在，智者派明确对神的存在产生了怀疑，这对于生活在泛神论氛围的希腊人来说，无疑是当头一棒。据说，普罗泰戈拉因此激怒了希腊人，他的书被焚毁，人被赶出了雅典。[②] 这种对诸神的怀疑主义可能影响了犬儒派，导致了他们对宗教信仰、仪式的抨击。

（2）从感觉主义、相对主义、怀疑主义出发，智者派提出了反nomos 思想，即将自然（physis）和人为的社会规范（nomos）相对立，试图推倒传统的法律、伦理道德和一切生活准则，重新制定符合physis 的 nomos。他们根据自己所理解的自然法，既提出了人人生而平等、自然未使一人为奴、种族无优劣之分的人类平等思想，[③]也暗示了弱肉强食的强权政治思想。[④] 这些思想对犬儒派的影响非常明显，犬儒派以反 nomos 而著名，可以说与智者派一脉相承，而第欧根尼、克拉底的世界主义、乌托邦思想显然是对安提丰（Anthiphon），阿尔基达玛（Alcidamas）这些智者的人类平等思想的回应。而安提斯泰尼的"狮兔寓言"则表达了智者塞拉西马柯（Thrasymachus）的"强权即公理""正义即统治者自我利益的取得"的观点，[⑤]似乎这是自然界的运行规律，人类对之无可奈何。

---

① 疑神论者，古希腊语为 atheos，与今日无神论者 atheist 含义稍有不同，前者一般是指对某位神的怀疑或引入新神，因此译为疑神论者，即 a sceptic。
② Diogenes Laertius, *Lives of Eminent Philosophy*, 9. 52.
③ 详见 H. D. Rankin, *Sophists, Socratics and Cynics*, pp. 65, 75；斯东：《苏格拉底的审判》，董乐山译，生活·读书·新知三联书店，1998 年版，第 50—51 页。
④ H. D. Rankin, *Sophists, Socratics and Cynics*, p. 63.
⑤ 详见 Plato, *Republic*, 338 - 339, with an English translation by Paul Shorey, Cambridge, MA: Harvard University Press, 1942.

（3）智者派的修辞学、论辩术，尤其是他们的诡辩之风无疑在一定程度上影响了犬儒派，成了他们唇枪舌剑嘲弄别人的工具。在"存在"（Be）问题上，智者派继承了爱利亚学派的传统，否认矛盾的可能性，即一个命题只能被认为是"是"或"不是"，不允许有别的限定。这种非此即彼的二元对立假设是爱利亚学派创立者巴门尼德（Parmenides，鼎盛于约公元前 504—前 501 年）提出的。他坚持认为，对于"存在"所能够说的就是"它是"，任何对"是"的修饰都渗入了否定因素，因为"是"（Be）就是存在（being 或 existence），部分的或修饰的存在不是真正的存在，这种在"是"与"不是"问题上的两极决然对立的思想影响了普罗泰戈拉为首的智者学派，①也经由他们影响了犬儒派。安提斯泰尼的"定义不可能"（It is impossible to define what a thing is）、"矛盾不可能"（Contradiction is impossible）的逻辑学观点，犬儒派奉行的否定一切、肯定一切的极端主义都反映了这种影响的存在。②

4. 苏格拉底的榜样

犬儒派是小苏格拉底学派之一，其创始人安提斯泰尼是苏格拉底亲密的朋友兼学生。因此，苏格拉底对犬儒派的创立以及他们的思想主张、行为方式、人生理想都产生了直接的、深刻的、巨大的、持久的影响。

（1）苏格拉底承智者派之风，把古希腊哲学的关注对象从天上转向了人间，即把对自然世界的研究转向了对人生伦理的研究，为犬儒派的产生奠定了哲学上的基础。纵观古希腊哲学史，前苏格拉底哲学家不论是米利都学派，还是毕达哥拉斯学派、赫拉克里特、德谟克里特，甚至爱利亚学派，他们都更多的是探究世界的本质，物质

---

① H. D. Rankin, *Sophists, Socratics and Cynics*, p. 19.
② 普罗泰戈拉及其追随者就持有"矛盾不可能"的观点。见 Plato, *Euthydemus*, 286b-c 及页下注；参见 H. D. Rankin, *Sophists, Socratics and Cynics*, p. 35；A. E. 泰勒：《苏格拉底传》，赵继铨、李真译，商务印书馆，1999 年，第 109 页。

的构成,宇宙的起源及物质的存在与运动,即人类与自然及自然界内部之间的关系。现在的哲学家们则"放弃了自然研究,把注意力转向了关于'善'(goodness,或译'德',virtue)的实际问题和政治科学"[1],更多地关注人与社会、人与人、人与自身的关系,一句话,人在这个社会中如何安身立命、更好生存的问题。如果说,以前的哲学家由于参与对自然科学的研究而被称为自然哲学家,那苏格拉底则开了伦理哲学的先河。第欧根尼·拉尔修就认为伦理哲学是从苏格拉底开始的。伦理学是关注生活及与我们有关的一切。[2] 正是由于苏格拉底"将哲学从天上召回人间,使它进入城邦和人们的家庭之中"[3],才使以关注人生、社会为使命的犬儒派的产生成为可能。这种哲学大转向是我们分析犬儒派产生根源所不应忽视的重要文化因素。

(2)苏格拉底的人格力量与高尚情操使其成为犬儒派敬仰的对象。苏格拉底是论述生活行为的第一人,也是西方历史上"第一位被判处死刑的哲学家"[4],他死后,两位弟子色诺芬与柏拉图分别为他著书立说,都写了关于老师的回忆篇章。虽然他们出于对先师的敬仰怀念之情,难免笔下有溢美之词,但总体上给人的印象还是平实的、公允的。从他们的描述可知,苏格拉底生活俭朴,节制有度,富有激情而能严格自控,敢于藐视权威但又善于服从,忠于职守,最后笑对死亡,从容就义。他的个人生活对犬儒派的生活方式、处世态度的影响是显而易见的。第一,鄙视金钱。据色诺芬讲,苏格拉底"是一个非常简朴的人,尽管他的所有很微薄,但他却很容易地使

---

① Aristotle, *Parts of Animals*, 642 a 25, with an English translation by A. L. Peck, Cambridge, Mass. : Harvard University Press, 1961.
② Diogenes Laertius, *Lives of Eminent Philosophy*, 1. 18.
③ Cicero, *Tusculan Disputations*, 5. 4. 10, with an English translation by J. E. King, Cambridge, Mass. : Harvard University Press, 1971.
④ Diogenes Laertius, *Lives of Eminent Philosophy*, 2. 20.

他应付裕如"①。而且他对生财之道深恶痛绝,认为"从任何人那里
收取金钱就是给自己树立一个主人而使自己处于极其卑鄙的奴隶
地位"②。所以他常年在大街上向年轻人传授哲学,但从不像智者们
那样向学生要求报酬。③ 他甘愿过一种清贫的思想者生活。第二,
他能严格自制,忍受艰难困苦。"苏格拉底不仅是一个最能严格控
制他的激情和嗜欲的人,而且是一个最能经得起冷、热和各种艰苦
劳动的人"④,尤其是能控制色欲。在同性恋风气盛行的雅典社会,
"他对于这一类事情是非常有操守的,即使对于最青春美貌的人,他
也能泰然自若,不为所动"⑤。第三,他敢于藐视权威,拒绝接受马其
顿君王等的礼物和邀请⑥,拒绝执行三十僭主的命令⑦。他在受审
时,慷慨激昂地自称是一只牛虻,要来叮一叮雅典这匹"懒惰的
马"⑧。这哪里是为自己辩护,这是对雅典城邦政权的公然挑战。第
四,他视死如归,大义凛然,受审时可以乞求宽大处理,但他以幽默
的方式拒绝了。⑨ 临刑前可以逃跑,朋友们为他准备好了一切,他也
拒绝了,而且与朋友们谈笑自若,然后饮鸩而死。安提斯泰尼就在
现场目睹了老师的最后悲壮一幕。⑩ 苏格拉底的人格、操守,特别是

① Xenophon, *Memorabilia*, 1.2.1, translated by E. C. Marchant, Cambridge, Mass.：
Harvard University Press, 1997;色诺芬:《回忆苏格拉底》,吴永泉译,商务印书馆,
1997 年,第 7 页,所引译文据中译本,个别地方稍有变动。
② Xenophon, *Memorabilia*, 1.5.6;色诺芬:《回忆苏格拉底》,吴永泉译,第 34 页。
③ Xenophon, *Memorabilia*, 1.2.6;色诺芬:《回忆苏格拉底》,吴永泉译,第 7 页。
④ Xenophon, *Memorabilia*, 1.2.1;色诺芬:《回忆苏格拉底》,吴永泉译,第 7 页。
⑤ Xenophon, *Memorabilia*, 1.3.14;色诺芬:《回忆苏格拉底》,吴永泉译,第 26 页。
⑥ Diogenes Laertius, *Lives of Eminent Philosophy*, 2.25.
⑦ Diogenes Laertius, *Lives of Eminent Philosophy*, 2.24;Xenophon, *Memorabilia*, 4.
4.3;色诺芬:《回忆苏格拉底》,吴永泉译,第 161 页。
⑧ Plato, *Apology*, 30E, with an English translation by Harold North Fowler,
Cambridge, Mass.：Harvard University Press, 1960.
⑨ 他提出交付 25 德拉克马罚金,这个数字太少了,引起了审判员的非常不满。他接着提
出的处罚是由城市给他在公共免费食堂安排一个席位。(Diogenes Laertius, *Lives of
Eminent Philosophy*, 2.41－42)这哪里是处罚,简直是褒奖,苏格拉底的玩笑开得太大
了。
⑩ Plato, *Phaedo*,59B with an English translation by Harold North Fowler, Cambridge,
Mass.：Harvard University Press, 1960.

他的死,对弟子们影响和震动太大了。弟子们四散而去,出走他邦,所以才有了包括犬儒派在内的小苏格拉底学派的产生。虽然他们将苏格拉底生活与思想的某一方面片面夸大、发展,甚至走向极端,但他们仍在苏格拉底遗教的指引下进行着艰难的思想跋涉,则是千载不争的事实。

(3)苏格拉底的某些政治思想也与犬儒派有相似之处。他生活于民主制的雅典,也愿服从城邦的法律,但他对抽签选举政府官员的民主制基本程序则大为不满,他认为这种选举方法太愚蠢了,既然没有人愿意用这种方法来选用一位舵手、建筑师,或吹笛者,或其他任何行业的人,那为什么要用这种方法来选举国家官员呢?[1] 这是他"专家治国论"的表现。对于城邦政治事务,苏格拉底表示了思想者的冷漠,他除了参加过几次战役和主持过一次会议外,未见在城邦政治生活中发挥多大的作用。在伯罗奔尼撒战争及战后如火如荼的年代,雅典历经政治动荡之苦,而他好像并未投身于其中,以至于当代美国的苏格拉底研究者斯东这样说道:"雅典最喜欢说话的人在最需要的时候却保持了沉默。"尼采(Nietzsche)则把苏格拉底的逻辑形容为"冰凉的"。有一位学者则以耶稣为例,谴责了苏格拉底的冷漠:"耶稣曾为耶路撒冷哭泣,而苏格拉底却从未为雅典掉过一滴眼泪。"[2]这样的责备未免太过分了,但苏格拉底对城邦政治,尤其是雅典的民主政治并无多少好感,且不愿意过多地介入则是实情。[3] 他教导人们要关注自己的灵魂[4],分清什么是正义、幸福、适当、坚忍、勇敢、节制以及政府的职能、统治者的品格,[5]这是典型的"智者至上、专家治国"。犬儒派把他对城邦生活的淡漠变成了对城邦生活的彻底反对,退出政治变成了退出生活本身。然而他们也像

---

① 参见 Xenophon, *Memorabilia*, 1.2.9;色诺芬:《回忆苏格拉底》,吴永泉译,第 8 页。
② 斯东:《苏格拉底的审判》,董乐山译,第 170 页。
③ Plato, *Apology*, 32B.
④ 斯东:《苏格拉底的审判》,董乐山译,第 134 页。
⑤ Xenophon, *Memorabilia*, 1.1.16;色诺芬:《回忆苏格拉底》,吴永泉译,第 5 页。

苏格拉底一样并非遁世主义者,而是用另一种极端的方式关心人类政治,所以才有对现实社会的全然否定,对乌托邦的憧憬,对世界国家、世界公民的坚信和追求,才有拯救人类、改造社会、普天之下舍我其谁的神圣使命感。

(4)苏格拉底对安提斯泰尼的直接影响。作为犬儒派的创始人,苏格拉底的学生和朋友,安提斯泰尼受到的教诲最为直接,他先是智者派的学生,后来与苏格拉底邂逅相识,感到受益良多,以致让自己的学生也一道拜苏格拉底为师。他可能伴随了苏格拉底的余生,在苏格拉底出现的场所,我们几乎都可以寻找到他的身影。苏格拉底就承认安提斯泰尼一直不离开他。① 而安提斯泰尼认为没有比每天伴随苏格拉底更快乐的事情了。② 他们一起参加宴饮、朋友聚会,讨论关于情爱、女人、友谊、男女平等、财富等话题。苏格拉底临刑前,在场陪同的就有安提斯泰尼。苏格拉底死后,有的弟子(包括柏拉图在内)因怕受迫害离开了雅典,③而他不仅未出走,还设法导致了苏格拉底的控告者安尼托(Anytus)的被逐和美勒托(Meletus)的处死。④ 此事虽无旁证,但反映了安提斯泰尼与恩师的生死之交以及古代人对这种关系与情感的认同。

在从苏格拉底生前身后,安提斯泰尼完成了两个思想转变:一是从智者派转向苏格拉底派,一是从苏格拉底派转向犬儒派。从苏格拉底那里,安提斯泰尼学到的不仅是简朴、忍受艰苦、节制自足的生活方式,而且学到了对精神财富——德的追求,对人类的热爱、对朋友的忠诚、对金钱的鄙视、对真理的探究、对理想的向往、对使命的执着、对生命的放达。更重要的是,公元前4世纪的城邦内部危机,特别是苏格拉底之死,使安提斯泰尼的思想经历了一场革命,他

---

① Xenophon, *Memorabilia*, 3.11.17;色诺芬:《回忆苏格拉底》,吴永泉译,第129页。
② Xenophon, *Symposium*, 4.44, translated by E. C. Marchant, Cambridge, Mass.: Harvard University Press, 1997.
③ Diogenes Laertius, *Lives of Eminent Philosophy*, 2.106.
④ Diogenes Laertius, *Lives of Eminent Philosophy*, 6.10.此事仅此一证。

变成了"一只绝对的狗"①。他和其后的犬儒派一起把从苏格拉底那里学来的东西变成了对现实的否定,把对同胞的循循善诱、忠言告诫变成了嘲弄讽刺的言论自由,把对虚伪生活外表的揭露变成了行为举止上的无羞无耻(像狗一样),把苏格拉底的反讽(irony)变成了锋芒毕露的激论(distribe)和反唇相讥的警语,把简朴节制变成了不要家庭、不要财产、乞食为生、随处而宿的禁欲主义苦行僧生活,把苏格拉底的使命感变成了世人皆浊我独清,以拯救世人出迷惑之海(τυφοs)为己任的世界主义精神,把苏格拉底倡导的男女平等变成了人人平等。在犬儒派的乌托邦里绝无柏拉图理想国的等级之分。歌妓伴舞、通宵达旦高谈阔论的宴饮哲学家已成为往日云烟,代之而起的是以一件破外套、一根拐杖和一个皮袋子为特征的犬儒哲学家。他们就是"发疯了的苏格拉底"②。

(三)犬儒个人不幸遭遇和受抑环境的促动

虽然我们不承认犬儒生来如此论,但承认犬儒的个人不利环境有可能成为他转向犬儒的直接动因。

安提斯泰尼的父亲是雅典人,母亲是色雷斯女奴隶。③ 按照伯里克利公元前451年恢复的古代法律,只有父母双方都是雅典人的男子才有可能成为雅典公民,因此,安提斯泰尼只能是个非全权的雅典人(bastard)。这种尴尬的出身、地位虽然并不会影响他在雅典社会自由活动,尤其不会影响他个人的智力活动,但某些对非公民的限制可能阻碍了他对政治的参与和公职的担任,也可能限制了他进出专门为公民设立的体育场和公共浴所。雅典的"快犬体育场"是专门为那些bastards设立的,可见他们与其他公民男子是有区别的。无怪乎有人嘲笑他属于非纯粹的阿提卡(Attica)血统。他对此

---

① Diogenes Laertius, *Lives of Eminent Philosophy*, 6. 13.
② Diogenes Laertius, *Lives of Eminent Philosophy*, 6. 54.
③ Diogenes Laertius, *Lives of Eminent Philosophy*, 6. 1.

敬以轻蔑的一笑："诸神的父母也是弗里吉亚（Phrygia）人。"①由此还引发出了他的母亲是弗里吉亚人的说法。② 在雅典，bastard 有义务出征参战。安提斯泰尼因在公元前 426 年的塔纳格拉（Tanagra）战役中表现勇敢出众而受到苏格拉底的赞扬："如果他的父母都是雅典人，他就不会这么勇敢了。"③言外之意，全权的雅典公民没有他作战勇敢。但琉善在其《寄生虫》（Parasite）一文中，却坚持说安提斯泰尼从未参加过战斗，是个社会寄生虫。不过琉善对犬儒派抱有成见，此话难以置信。但不管怎样，安提斯泰尼的 bastard 身份肯定阻碍了他参加政治成为风云人物的可能，因此只好与苏格拉底为伴，专心学习哲学。在色诺芬的《宴饮篇》中，他说自己拥有足够的闲暇，愿与他人分享自己的精神财富，④也说明他不愿或不能全部参加城邦事务。在一个公民充分行使权力、实行公民集体政治的城邦，尽管赋予了 bastard 这类人极大的自由与一定的权利，但毕竟在社会上低人一等，参政受到限制。安提斯泰尼之所以对雅典人以出生于斯而自傲表示反感，⑤对民主选举制采取批评态度，最终走上了犬儒之路，bastard 的不幸出身与遭遇应该起了一定的推动作用。

第欧根尼是西诺普人，其父希塞西亚斯（Hicesias）可能曾担任该城造币管理人或造币场主要官员。据第欧根尼·拉尔修，父子俩都涉嫌参与了西诺普钱币的破坏与改变事件。关于此事，古人说法较多，至少有四种：其一，其父毁币，他被迫出走；其二，毁币是第欧根尼所为，他与其父被迫出走；其三，他奉命管理造币场，受工人劝诱，或错解神谕而毁币，事发后或被捕，或畏罪潜逃；其四，父亲委任

① Diogenes Laertius, *Lives of Eminent Philosophy*, 6. 1. Seneca, De Constantia sapientis(On Firmness)18. 5.
② Plutarch, *On Exile*, 17B, with an English translation by Phillip H. De Lacy and Benedict Einarson, Cambridge, Mass. : Harvard University Press, 1959.
③ Diogenes Laertius, *Lives of Eminent Philosophy*, 6. 1.
④ Xenophon, *Symposium*, 4. 43 – 44.
⑤ 他讽刺雅典人的自傲，说出生于此地的人并不比同样出生于此地的蜗牛或无翼蝉好多少。Diogenes Laertius, *Lives of Eminent Philosophy*, 6. 1.

儿子管理这笔金钱,但儿子毁之,结果父亲身陷囹圄,他却逃跑了。①

这些说法尽管细节不一,但包含着一个明确的事实:即第欧根尼与其父不论一人还是二人应为这件事负责。父子因此均受牵连,第欧根尼被迫出走。② 第欧根尼后来流浪各地,以致途中还被海盗抓获,作为奴隶出卖。③ 这次毁币事件对第欧根尼的打击太大了。他在西诺普本属于显贵人物,借其父的影响,有可能成为城邦的政要,但毁币事件却毁了他的前程,使他成了一名无城邦归属的流浪者。如此大起大落的历程无疑加深了他对现实城邦制度的反感。当他最后来到雅典的时候,他的犬儒特征已十分明显。不论他与安提斯泰尼在雅典会面有无可能,他已成了晚年安提斯泰尼的同道之人,且将其主张发挥到极限,以致有许多学者把他视为犬儒派的真正创立者,或至少与安提斯泰尼并列的创立者。

克拉底是底比斯人,家庭富有。但本人身体上有严重缺陷,是个驼背,到体育场锻炼,常常受到人们的讥笑。他不向命运屈服,而是选择了犬儒道路,把财产变卖,将所得的 200 塔兰特(talent)分发给他的同胞。④ 后来那个年轻漂亮的富家小姐希帕其娅以死相威胁,非他不嫁。他只好当着她的面脱下衣服,袒露出丑陋的身体,对她说:"这就是你的新郎,这就是他的所有,做出你的选择吧。除非你与我有同样的追求,否则你将不是我的伴侣。"⑤克拉底外表丑陋,但心灵美好,结果赢得了姑娘的芳心,二人成为唯一的犬儒夫妻。尽管如此,驼背毕竟是一种缺陷,临死前他还发出了这样的自嘲:"你要走了,亲爱的驼背人,你就要去地府了——年老了,驼背了。"⑥

莫尼姆斯是叙拉古人,原给一位科林斯钱庄经营人当仆人或奴

① Diogenes *Laertius*, *Lives of Eminent Philosophy*, 6. 20.
② 关于此事也可参见 Luis. E. Navia, *Classical Cynicism*, p. 88.
③ Diogenes Laertius, *Lives of Eminent Philosophy*, 6. 74,29 - 30.
④ Diogenes Laertius, *Lives of Eminent Philosophy*, 6. 87.
⑤ Diogenes Laertius, *Lives of Eminent Philosophy*, 6. 96.
⑥ Diogenes Laertius, *Lives of Eminent Philosophy*, 6. 92.

隶。那位从海盗手中买了第欧根尼做奴隶的色尼亚德(Xeniades)经常造访莫尼姆斯的主人,常常说起第欧根尼的完美言行,这样就在莫尼姆斯的心里激起了对第欧根尼的强烈敬慕。他马上装疯卖傻,把主人的钱都扔到地上,闹到最后,主人只好把他打发了事,他也就此投身于第欧根尼、克拉底的门下。①

彼翁是黑海北岸的奥尔比亚(Olbia)人,出身低贱。他的父亲是个鱼贩子,母亲是妓女,用他的话,是只有他父亲才会选做妻子的女人,后来因其父纳税作弊而致使全家被卖为奴隶。他因生得貌美讨人喜欢被一位修辞学家买去。此人死后,将所有家产传给了他。他烧掉了主人的书,抛弃了主人的一切,只身跑到雅典去研究哲学。②不久,成了一名犬儒。对于这样的家世和经历自然没有什么值得炫耀的地方。在他看来,转向哲学似乎是新生活的开始。因为作为命运的弃儿、社会的底层,要想改变自己的地位,除了致力于自身生存社会环境的改造之外,别无他途。

柏里格利诺斯是帕里昂(Parium)人,最后一位著名的犬儒。在琉善的笔下,他是个十足的无赖、恶棍。年轻时与人私通被捉,受到鞭笞。后来又诱奸了一位男童,为避免被告发,不惜重金向孩子的父母求情。接着,讨厌快到 60 岁的父亲老而不死,就活活勒死了他。为此,他只好逃往各地,最后来到巴勒斯坦,加入基督教会,且成为首领。不久被罗马当局投入监狱,后因基督教徒声援而获释。他返回家乡,见人们仍念念不忘他的弑父罪,于是自愿把家产充公,换上了犬儒的装束,留上了长发。家乡父老因此受骗,将他改称为"可与第欧根尼和克拉底相比美的哲学家"③。由于琉善对同代的犬儒没有好感,这里的叙述不免有极力贬低的成分,但柏里格利诺斯也是在外界压力下(当然如果琉善所述属实,这是他咎由自取)才转

---

① Diogenes Laertius, *Lives of Eminent Philosophy*, 6. 62.
② Diogenes Laertius, *Lives of Eminent Philosophy*, 4. 46－47.
③ 关于他的生平,详见 Lucian, *The Passing of Peregrinus*。

入犬儒派的。

狄奥虽然一生中只有一段时间过犬儒生活,但这段生活也是由政治失意而引起的。他是小亚普鲁萨(Prusa)人,家庭富有,且有地位,后来到罗马进入宫廷生活圈子。也正是在这里,他招致了皇帝图密善的不满,被逐出罗马,并不准回本城居住,从此成了一位无家可归、四处行乞的犬儒。直到涅尔瓦(Nerva)当政,他才返回罗马,结束了流浪生活。

从以上可以看出,确有一部分人是由于家庭、个人原因受到社会压抑转而走向犬儒之路的。

(四)可能来自印度的影响

犬儒派因和印度的裸体智者(Gymnosophist)有明显的相似之处而引起了近代研究者的注意,但对二者之间有无直接关系则观点分歧。格拉第士(A. Gladish)在1841年出版的《世界历史知识入门》(*Einleitung in das Verstandniss der Weltgeschichte*)中指出,由安提斯泰尼开始的犬儒派不是从苏格拉底,而是从爱利亚学派和印度,如与"吠多"传统有关的那些资料中获取了他们的主要见解。他还确立了犬儒派与印度裸体智者的平行关系,认为从后者那里,犬儒派获得了他们的生活方式。① 这种观点在当时遭到了强烈反对,被斥为绝对的胡思乱想。格罗特(G. Grote)在1865年出版的《柏拉图和其他的苏格拉底追随者》(*Plato and the other Campanions of Socrates*)中,承认犬儒派与某些东方哲学家相似,特别与印度的裸体智者相似,但反对犬儒派受到后者直接影响的假定。② 那么,事实到底如何呢? 从近年来的研究看,人们倾向于承认二者之间的相似性,并由这种相似性推断其通过前犬儒派哲学家的中介而间接受到

---

① Luis E. Navia, *The Philosophy of Cynicism*, p. 17. (No. 051). 这种观点在一百年后得到了 F. Sayre 的响应。详见《希腊犬儒主义和犬儒主义的来源》(*Greek Cynicism and Sources of Cynicism*, Baltimore, 1948),转引自 Luis E. Navia, *The Philosophy of Cynicism*, p. 44 (No. 131).
② Luis E. Navia, *The Philosophy of Cynicism*. p. 22(No. 60).

印度方面类似的教派、教义的影响。亚历山大东侵印度前,希腊人通过波斯的中介与印度早已有接触,小亚的爱奥尼亚(Ionia)人曾与印度人同是波斯帝国的辖民。二者在早期的哲学上的某些相似使人考虑到他们之间联系、沟通的可能性。① 但是希腊人对印度的全面深入地接触是在亚历山大东征之后,从阿里安(Arrian)、斯特拉波、普鲁塔克的著作中,可以看到亚历山大与印度裸体智者的直接会面,希腊犬儒与这些智者的交往,以及印度一名裸体智者愿随亚历山大西归的记述。② 此后,希腊人对印度裸体智者的了解就不再是遥远的传说,而是目睹与接触的现实了。印度这些类似的教派对犬儒派的起源与发展不论通过直接还是间接的渠道都可能产生一定的影响。根据纳维亚的推测,犬儒派可能从印度古老的某些教义和实践中,获得了他们的思想。他指出,印度的 Pasupatas 这个古代的湿婆教派(Shivaite sect)显示了这一点。这派成员实行严格苦行与禁欲,有明显的反社会倾向,有意识地要引起人们的藐视和斥责,表现出攻击人的行为,最引起人兴趣的是他们模仿狗的声音、行为的习惯。③ 这使人不能不想到犬儒派与他们的相似。虽然我们对裸体智者与 Pasapatas、湿婆教徒(Shivaite)的关系不甚明确,但从已知的材料看,犬儒派与印度裸体智者之间有着明显的相似之处:第一,藐视世俗,不以裸体为耻;第二,与现实社会政治相分离,自足自在,我行我素;第三,奉行简朴、禁欲的生活原则,嘲笑对生命的依恋,必要时愿意结束自己的生命。

　　以上从四个方面简要分析了犬儒派产生的社会、政治与文化根

---

① 关于希印早期文化关系,可见杨巨平:《公元前希印文化关系初探》,《南亚研究》1993 年第 3 期。据说德谟克里特就曾在印度与裸体智者交往。见北京大学哲学系外国哲学史教研室编译:《古希腊罗马哲学》,第 94 页。
② Arrian, *History of Alexander and Indica*, 7. 1 - 3, with an English translation by by E. I. Robson, Cambridge, Mass. : Harvard University Press, 1958. 参见阿里安:《亚历山大远征记》,李活译,商务印书馆,1985 年,第 225—228 页。
③ Luis. E. Navia, *Classical Cynicism*, p. 20.

源,但这些因素并不能决定犬儒派的确切产生时间、具体的创立人以及它的发展与转折。因此,下节将主要分析犬儒派的创立与流变。

二、犬儒派的创立与演变

关于犬儒派的创立时间、创始人,在《绪论》中对传统的观点有所说明。关于其发展演变过程,笔者也提出了自己的分期意见:即犬儒派产生于公元前 4 世纪的雅典,始于安提斯泰尼,前后经历了创立、转型、复兴、衰落四个阶段,但由于在这些问题上,尤其是创立者究竟是谁,是一人还是二人,甚至是三人这一问题上,学者们看法不一,本节有必要对此展开论述。

(一)犬儒派的创立(公元前 4 世纪—前 3 世纪初)

犬儒派作为一种社会文化现象出现于公元前 4 世纪的希腊,尤其是雅典,已毋庸置疑,所有的古代历史文献都证明了这一点。然而,它的创立者到底是谁,至今仍众说纷纭。依据已掌握的资料,西方学者在此问题上持有两种截然不同的观点和一些调和折中性的意见。即安提斯泰尼说,第欧根尼说,二人同创说,甚至还有克拉底说。

安提斯泰尼说由来已久。古代作家不论是第欧根尼·拉尔修还是琉善,从不怀疑。第欧根尼·拉尔修将其列入犬儒派之首。他虽然生年比琉善晚,但其引用资料可追溯到公元前 4 世纪与前 3 世纪之交,因此他的观点可以代表古代作家的普遍性意见。可以推测,这在古代似乎是个公认的常识。19 世纪的近代学者以黑格尔为首,接受了这一说法,[①]支持此说的还有:Zeller, Ueberweg, Grote,

---

[①] 黑格尔:《哲学史演讲录》第 2 卷,贺麟、王太庆译,商务印书馆,1996 年,第 144 页。其实近代最早把犬儒运动与安提斯泰尼联系起来的是 1754 年狄德罗主编的《百科全书或科学、艺术、技艺详解辞典》"Cynique"条。详见 Luis E. Navia, *The Philosophy of Cynicism*, pp. 8–9 (No. 023).

Gomperz,Windelband 等[①]老前辈学者。与第欧根尼·拉尔修一样，近代以来持安提斯泰尼说的学者都倾向于把安提斯泰尼与其师苏格拉底联系在一起，认为他是苏格拉底人格与思想的直接产物。犬儒派人格的独立，生活的自足，回归自然的理想，对公众意见的藐视，对民族与社会阶级区分的反对，对流行信仰和仪式的摒弃以及对幸福是主观感受的理解，都可在安提斯泰尼的社会观、政治观、人生观，以及逻辑学上的唯名论（否认共性）那里找到，而这些大多可归溯于他与苏格拉底的交往与所受的影响。只是他把苏格拉底的行为与思想的某些方面加以放大，推向了极端。[②] 显然安提斯泰尼说首先注意到了苏格拉底与犬儒派的关系，从而突出了安提斯泰尼作为中介人的地位，支持了苏格拉底——安提斯泰尼——犬儒派的发展顺序。

　　第欧根尼说是近代 19 世纪提出的。1854 年，查普斯（C. Chappuis)在其学位论文《安提斯泰尼》中拒绝把他列入犬儒派，认为他是斯多亚派而非犬儒派的先驱，指出犬儒派哲学家并未有力地保持渗透于安提斯泰尼哲学中的苏格拉底精神，从而否认了安提斯泰尼的犬儒派创始人地位。[③] 根据纳维亚转述的查普斯的意见，是第欧根尼夸大和歪曲了安提斯泰尼的哲学，排斥了它的主要成分，特别与逻辑、物理学有关的部分。几十年后，乔尔(Joel)对查普斯的观点作了回应，坚持认为犬儒主义回溯于安提斯泰尼缺乏坚实的基础。20 世纪，将安提斯泰尼与犬儒主义相分离的倾向在达德利、塞

---

① Luis. E. Navia, *Classical Cynicism*. p. 17.

② 关于安提斯泰尼说的支持意见可参见 Luis E. Navia, *The Philosophy of Cynicism*. p. 1 (No. 001, Coird), p. 6 (015, Escuela), pp. 6 - 7 (017, Martinez), pp. 7 - 8 (019, Copleston), p. 8 (020, Peck), p. 8 (021, Encyclopaedia Britannica, 1910), p. 14 (038, Orsini), p. 15 (043, Fuller), pp. 15 - 16 (045, Gual), p. 18 (052, Glotz), p. 27 (073, Lamprecht), p. 29 (081, Livingstone), p. 38 (110, Parker), p. 41 (121, Rogers), p. 43 (126, Sahakian), p. 49 (145, Stace), pp. 52 - 53 (156, Veberweg), pp. 54 - 55 (164,165, Windelband)。

③ Luis E. Navia, *The Philosophy of Cynicism*, p. 65 (No. 196, Chappuis, C, *Antisthenes*, Paris, 1854).

尔(Sayre)、贾南顿(Giannanton)、兰金(Rankin)等那里再次表现出来。① 其中以达德利的观点最具代表性。他在其《犬儒主义史》中，对安提斯泰尼与第欧根尼的同异进行了简单的比较：认为二人的分歧大于相似。二人都是禁欲主义者，都强调痛苦(πονos)和快乐(ηδονη)的对立，都把赫拉克勒斯视为忍受苦难的范例。但二人在其他方面却大相径庭：(1)对逻辑学，尤其对新爱利亚逻辑学(neo-Eleatic logic)，安提斯泰尼及其门徒感兴趣，而第欧根尼则对逻辑学的继承者麦加拉学派加以讽刺，说他们是"易怒的"。(2)对荷马史诗，安提斯泰尼喜欢对其进行阐释，而第欧根尼则对语法家们对自己的病全然不顾，却对俄底修斯(Odysseus)的病大加研究感到惊讶不解。(3)对修辞学，安提斯泰尼著文论述有关主题，而第欧根尼却对修辞学家(一译 orator,演说家)表示蔑视。(4)生活上，安提斯泰尼虽然贫困艰苦，但他有一座房子、少量的财产，常常伴随苏格拉底到富人家参加宴饮，而第欧根尼却风餐露宿，天作被来桶作家，吃点无花果喝点水。(6)在对待智者与收费问题上，安提斯泰尼经常去听智者的课，自己也收费授徒，而第欧根尼则对当代人大加讽刺嘲弄，愿乞讨为生。(7)对待乱伦上，安提斯泰尼证明苏格拉底的学生亚西比德犯了乱伦罪，而第欧根尼的无羞耻观(αναιδεια)则排除了一切这样的责难。除此之外，他还旁征博引，证明二人不可能是同代人。因为根据钱币学家塞尔特曼(Seltman)的研究，在公元前4世纪中期，特别是在公元前360—前320年之间，一些被毁坏的和完好的西诺普币上，都有第欧根尼父亲的名字。此外，塞尔特曼还发现了大量的波斯坏币直到这一世纪中期仍在西诺普流行，其中有些被改变了面目，其行为者也可能是第欧根尼的父亲。他估计，是由于后来亲波斯党的上台，才导致了他们父子二人被逐。因此，第欧根尼

---

① Luis. E. Navia, *Classical Cynicism*. p. 17；H. D. Rankin, *Sophists, Socratics and Cynics*, pp. 227 - 228. 兰金虽然否认安提斯泰尼的创立者地位，但承认他是犬儒运动的主要推动者。详见该书第 218 页。

完全可能在公元前 350 年或前 340 年之后来到雅典,而安提斯泰尼早在公元前 366 年后不久死去,因此二人之间不可能直接见面并存在师徒关系,当然也无缘前后相继创立犬儒派了。①

二人同创论的提出者是纳维亚,他在《古典犬儒主义》一书中对近代以来关于犬儒创立者的不同观点进行了一番梳理。最后得出的结论是"犬儒主义从来不是一个正式意义上的学派。因此,它不可能或被一位哲学家,或在一定的地方而建立。它是一种运动,或者更是一种伴以一套信仰却无固定轮廓与特征的态度。所以,给它确定一个开始的时间或一个单独的创立者都是无用的"②。他总的看法是这个运动源远流长,不可追忆。但他最终还是承认,从相对意义上说,安提斯泰尼和第欧根尼使犬儒(Cynic)之名出现,古典犬儒主义始于他们二人。③ 他的观点显然是对比他早半个世纪的达德利的否定。

克拉底说的提出者是塞尔。他否认安提斯泰尼和第欧根尼与犬儒派有关,认为克拉底是真正的创始人。克拉底而非第欧根尼的教诲是犬儒派思想意识的来源,安提斯泰尼是一位苏格拉底哲学家。④

那么,对这四说如何看待呢? 笔者在《绪论》中已经表明倾向于传统的看法,把安提斯泰尼作为犬儒派的创立者。当然,犬儒派不是有一个相对固定的活动地点,有比较明确的师承关系,有一套自成严密逻辑体系的哲学流派。它是以言行表现思想取向的哲学家派别。这些哲学家的言行构成了有别于其他学派的一种社会现象

---

① 关于达德利的观点及塞尔特曼等提供的钱币学研究结论,详见 D. R. Dudley, *A History of Cynicism*, pp. 1 - 3 ;Luis. E. Navia, *Classical Cynicism*. pp. 88 - 89.

② Luis. E. Navia, *Classical Cynicism*, p. 20.

③ Luis. E. Navia, *Classical Cynicism*, pp. 22. 67.

④ Luis. E. Navia, *Classical Cynicism*, p. 18; Luis E. Navia, *The Philosophy of Cynicism*, p. 89 (No. 288,Sayre. F. "Antisthenes the Socratic", *The Classic Journal* 43, 1948).

即犬儒现象或犬儒运动。而且,这种现象或运动的表现形式与当时犬儒派的代表人物,特别是与当时的社会文化环境是紧密相连的,因此,确立某一人创立了这一运动,并引导了这一运动的全过程显然是不符合历史现实的。然而,犬儒派作为一类哲学家的称谓毕竟在希腊、罗马古代世界长期存在,作为一种社会现象延续了约 8 个世纪之久。因此,我们还是有必要,也有可能确定某个人,或某些人在这个派别的形成、这一现象的存在延续方面起了开创性的、决定性的作用。

我的基本观点是:安提斯泰尼、第欧根尼、克拉底三人都对犬儒派的形成发挥了相互不可替代的作用。[①] 安提斯泰尼上承苏格拉底,下启犬儒思想与行为,是第一位可以确认的"犬儒"。第欧根尼将安提斯泰尼传达的犬儒思想与行为推至极端,使犬儒的特征更为鲜明地表现出来,至少在确立犬儒行为方式上起了关键的作用,克拉底则有意识地将某些过激的犬儒行为予以软化,并将对人类的爱由刺激变为安抚,为后来犬儒派的存在与转型打下了基础。这三人在犬儒派的形成与思想行为方式的确立等方面各有千秋,但安提斯泰尼作为第一位犬儒的地位是不易动摇的。

首先,如果我们承认犬儒派受到苏格拉底的强烈影响,那安提斯泰尼作为苏格拉底的弟子兼朋友之一,其中介作用当不宜低估。当然,苏格拉底弟子众多,他们在老师死后分别创立了几个学派,它们各将苏格拉底的遗产的一部分加以继承、发扬光大。因此,除柏拉图学派之外还有麦加拉学派、昔列尼学派、犬儒学派等小苏格拉底学派的出现。前两者以所在地命名,唯有犬儒派以行为方式特征命名。因此,作为这个学派的创始人,安提斯泰尼更多的是继承和发挥了苏格拉底思想与行为中与犬儒派有关的部分,如对生命意义

[①] 古典作家朱利安早就认为,最终创立这个犬儒哲学的应是安提斯泰尼、第欧根尼和克拉底。见 Julian, *Oration*, 6. 188B.

的探索,对财富的漠视,对非法权力的藐视,对现实政治的讽刺,对真理的追求,对死亡的坦然以及对社会的责任与使命,这一点在前面论述苏格拉底与犬儒派起源之关系时已经讨论,此不赘述。

其次,我们应对安提斯泰尼进行历史的分析。他与苏格拉底都是跨越公元前 5 世纪—前 4 世纪的人物,比后者小 25 岁左右。当他求学的时候,正是智者学派影响如日中天时。他先做了高尔吉亚的学生,但后来听了苏格拉底的课,转而拜其为师,此后长期陪伴苏格拉底,乐此不疲,直到老师死去(公元前 399 年)。此后,他又生活了约 30 多年。他在历史文献中的最后一次出现是在普鲁塔克的《来库古传》中他对发生于公元前 371 年的琉克特拉(Leuctra)战役的评论。① 这说明他至少死于此年之后。由此可知,安提斯泰尼一生大致经历了三个大的阶段,一是智者学生阶段,二是苏格拉底学生阶段,三是苏格拉底死后阶段。最后一段显然是他的思想独创阶段。第欧根尼·拉尔修所记他在快犬运动场的讲学,被人称为"绝对的狗",第一个采用"一件外套,一根拐杖,一个皮袋子"的犬儒行头,② 用激烈的言辞讥讽世人与社会,应该是发生于这一时期。因此,我们说安提斯泰尼是犬儒第一人指的是晚年的他,而非作为智者与苏格拉底学生时的他。

再次,以第欧根尼与安提斯泰尼的异大于同以及二人的师徒关系不确定来否定安提斯泰尼的创立者地位也是值得商榷的。第一,我们无法确知安提斯泰尼的著述分别写于何时,对它们的内容也不甚了解。但从第欧根尼·拉尔修所收二人的著作来看,二人都是高产作家,且都对希腊神话传说人物以及有关政治、伦理、道德等方面的主题感兴趣。至于对待逻辑学、修辞学的态度不同,那显然是与安提斯泰尼受过智者学派与苏格拉底逻辑思维方面的教诲有关,不

---

① Plutarch, *Lycurgus*, 30,
② Diogenes Laertius, *Lives of Eminent Philosophy*, 6. 13.

应以此作为二人异大于同的依据。二人对待生活、对待智者与收费、对待乱伦态度上的不同,则应归之于比较的错位,即把已成极端犬儒的第欧根尼与还处于智者派和苏格拉底阶段的安提斯泰尼进行比较,自然异大于同。若用第欧根尼·拉尔修笔下已成犬儒的安提斯泰尼与第欧根尼相比,则必然同大于异了。因此,达德利的观点是站不住脚的。至于二人是否有真正的师徒关系,①对犬儒派的创立也无关紧要,因为即使二人不可能在雅典相会,第欧根尼还是可以通过安提斯泰尼的著述及别人对他的传说而受其启悟。或许他来雅典前就有犬儒倾向,②到此后受有关安提斯泰尼的传闻感染而成了地地道道的犬儒。

最后,从犬儒这一名称的出现也可以看出安提斯泰尼的先导作用。从现在所知的资料来看,明确指出犬儒及人名的是米南德的喜剧作品《双生姐妹》。第欧根尼·拉尔修引用了其中的这段诗句:"穿上一件外套,你将与我同行,就像犬儒克拉底与其妻子曾经做过的那样。"③这是古代文献中的第一例。那么,此前的第欧根尼是否也有犬儒的称呼呢?关于他最早的材料来自亚里士多德的《修辞学》④,原文可译为:"那个犬儒常把那些小酒馆说成是阿提卡的'食堂'。"希腊原文无第欧根尼,但在《罗叶布古典丛书》英译中用括号在"the Cynic"前加上了"Diogenes"。英译为:[Diogenes] the Cynic used to say that the taverns were "the Messes" of Attica。据纳维亚,标准的拉丁语译本也加上了第欧根尼的名字。⑤ 据此可知,在亚里士多德时,作为"像狗的"(the Cynic)第欧根尼已非常著名,以致无必要再加上他的名字了,而且这种观点已被今人所认同。至于安

---

① Diogenes Laertius, *Lives of Eminent Philosophy*, 6. 21 明确说二人有师徒关系。
② D. R. Dudley, *A History of Cynicism*, p. 3.
③ Diogenes Laertius, *Lives of Eminent Philosophy*, 6.93.
④ Aristotle, *The "Art" of Rhetoric*, 3. 10. 7, with an English translation by John Henky Freese, Cambridge, Mass.: Harvard University Press, 1926.
⑤ Luis. E. Navia, *Classical Cynicism*, p. 94.

提斯泰尼,除了第欧根尼·拉尔修明确称他是"绝对的狗"以外,与他同代的柏拉图、亚里士多德确实没有明确地指出他是犬儒。但他们对安提斯泰尼是熟悉的。柏拉图在《斐多篇》(Phaedo)中提到苏格拉底死时安提斯泰尼在场。[①] 在其他的一些著作中 暗含了对安提斯泰尼的攻击和评论。有人认为《理想国》(Republic)提到"猪的城邦"是对安提斯泰尼理想国的攻击(372d—373a);柏拉图把卫国者视为狗,"对熟悉的、认识的人和善,对不知的人乱咬"(375c-e),使人想起了是指安提斯泰尼。[②] 但这只是推测,难成定论。亚里士多德著述中多次提到安提斯泰尼,特别是在《形而上学》(Metaphysics)1043b24－28 中提到安提斯泰尼派或追随者(Αντισθενειοι, the followers of Antisthenes),这说明他可能有一些门徒,但未把他们与犬儒派联系起来。色诺芬在《回忆苏格拉底》中多次提到安提斯泰尼,但与晚年安提斯泰尼无关。以上所述似乎证明了安提斯泰尼与犬儒无缘。但这只是称谓上的阙如,并不能证明晚年的安提斯泰尼不是事实上的犬儒,而且第欧根尼·拉尔修的记述也非空穴来风,他在快犬运动场的讲学也无证据证明是杜撰的故事。古代作家除第欧根尼·拉尔修外,如爱比克泰德、狄奥、埃利安(Aelian)、斯托拜欧斯、琉善等也都把安提斯泰尼视为犬儒的创立者之一。[③] 因此,即使晚年的安提斯泰尼未被当时的人称为犬儒,他作为犬儒思想与行为的开创者或第一人还是应该肯定的。第欧根尼继承、发挥了他的犬儒主义,克拉底适当作了些调整才使犬儒主义的特征得以最终形成和保持。他们三人的活动构成了犬儒派的创立期。

　　安提斯泰尼晚年转向犬儒主义,如前所述,既与当时伯罗奔尼撒战争之后的社会大背景有关,也与苏格拉底教诲的启悟与苏格拉底之死的刺激有关,也与他非全权公民身份的 bastard 地位有关。

---

① Plato, *Phaedo*, 59B.
② Luis. E. Navia, *Classical Cynicism*, p. 41.
③ 参见 D. R. Dudley, *A History of Cynicism*, p. 3。

而且在当时战后雅典失败的特殊环境下,他的经济状况不可能改善,只能恶化,他的政治地位更不可能有所改善。作为苏格拉底的忠实门生,他对现实社会完全失去了希望,于是只好走向它的对面,以赫拉克勒斯为榜样,以德、自然生活为目的,以嘲讽为手段,向现实社会发起了挑战。

安提斯泰尼对犬儒派的创立贡献是多方面的。他首先开创了犬儒派的生活方式和外在形式,漠视财富,弃绝家庭,没有城邦归属,四处流浪,生活维持最低生存水准,一件外套,一根拐杖,一个装少量食物或零物的破袋子,足矣。他继承苏格拉底藐视权威的传统,向自负的雅典人、追求虚荣的哲学家,向雅典人引以为荣的民主选举制度,向世俗的泛神论、秘教提出责难与质疑。他不怕误解,不怕受辱,认为"做好事与挨骂是王者的特权"①,意即像他这样是有王者气派的人遭到非议也属正常。他洁身自好,孤傲自立,宁愿承受痛苦,而不愿追求快乐。② 他对美德意义上的"arete"极为推崇,认为arete 可教可学,可带来幸福与高尚,arete 是行动而非言辞,智者因拥有 arete 而自足,智者在公共事物中不受法律支配而以 arete 的法则来指导。③ 由上可知,晚年的安提斯泰尼已经提出了犬儒派的基本主张,确立了犬儒派的生活方式与行为特征。但安提斯泰尼在有些方面与后来的犬儒派有一定的区别。他主张节欲,但不禁欲,对男欢女爱之事表示默许,希望男人们与心存感激的女人相爱,与丑陋的女人结婚。④ 如果该男人是个智者(the wise man,非智者学派或诡辩派意义上的智者,Sophist),则可与最漂亮的女人结婚,以便生子;智者不会拒绝爱情,因为唯有智者知道谁值得去爱。⑤ 他反对民主制,却对君主制心有所钟,因他把波斯开国君主居鲁士视为外

① Diogenes Laertius, *Lives of Eminent Philosophy*, 6.3.
② Diogenes Laertius, *Lives of Eminent Philosophy*, 6.3.
③ Diogenes Laertius, *Lives of Eminent Philosophy*, 6.10.
④ Diogenes Laertius, *Lives of Eminent Philosophy*, 6.3.
⑤ Diogenes Laertius, *Lives of Eminent Philosophy*, 6.11.

邦人中值得骄傲的能忍受痛苦的伟大人物。① 他把快乐的死去当作人生的最大福分，但到自己深受疾病折磨生命垂危的时候，却不愿结束自己的生命，只想缓解痛苦。② 安提斯泰尼的这种不彻底性是他复杂的个人背景及人性固有的缺陷的反映。正如我们不能设想大江大河在源头时也像中下游那样汹涌奔腾，一泻千里，我们对安提斯泰尼这位犬儒派的创始者也不能期望值过高。然而，高峰很快到来，在第欧根尼身上，一个彻底的、极端的、纯粹的犬儒形象凸现出来了。

　　第欧根尼是安提斯泰尼的后继者。他的生卒年代难以定论，现在倾向性的意见是在公元前 5 世纪末到前 4 世纪后期之间。据第欧根尼·拉尔修，他死时接近 90 岁，③据苏达辞书，他死于公元前 323 年，与亚历山大同日。④ 这些说法正确与否，不得而知。可以肯定的是他死时已是一位老人，生前曾与亚历山大相会。据说他与安提斯泰尼见过面，并在后者垂死的时候带来一把匕首以助其结束病痛，但被婉言拒绝了。⑤ 此说遭到达德利的断然否定。然而，不管二人是否存在耳提面命意义上的师徒关系，第欧根尼是在安提斯泰尼指引的道路上疾驰而进。如果说后者曾是一只潜伏爪牙的"狗"，他则是一只张牙舞爪、吠叫不止的"狗"。

　　第欧根尼转向犬儒，传统的说法是由于那次毁币事件，他在本邦待不下去，只好流浪四方。他到过德尔斐（Delphi）神庙，得到了"改变货币"的神谕。还到过提洛岛、厄基那、斯巴达、奥林匹亚、克里特。雅典和科林斯则是他经常出现的地方。正是在雅典，他开始了犬儒生活。⑥

---

① Diogenes Laertius, *Lives of Eminent Philosophy*, 6.2.
② Diogenes Laertius, *Lives of Eminent Philosophy*, 6.19.
③ Diogenes Laertius, *Lives of Eminent Philosophy*, 6.76.
④ Luis. E. Navia, *Classical Cynicism*, p.85.
⑤ Diogenes Laertius, *Lives of Eminent Philosophy*, 6.18-19.
⑥ Diogenes Laertius, *Lives of Eminent Philosophy*, 6.21.

第欧根尼与世俗彻底决裂,是一个不屈不挠的反叛者。他对现实的政治制度、社会秩序、价值观念、风俗习惯统统说"不",与现实世界没有回旋、妥协的余地。政治上,他不论对那些傲慢骄横、不可一世的君王、僭主,还是对于城邦的一切法律制度都漠然视之,不屑一顾,因为它们代表的是一种与自然相对立的错误"货币",必须彻底改变,并设想建立一个智者型的世界国家。然而,他的理想又怎能实现呢?仅靠他这样的几个自以为是、指手画脚、横加指责、否定一切的犬儒派能改变现实吗?极端严格的禁欲主义,无所顾忌的言论自由,如同禽兽的无羞无耻,无处不及的嘲弄斥责,又怎能使自己赢得公众的支持和同情呢?真理再进一步就是谬误,自负、傲慢,第欧根尼所反对的正是自己所实践的,这是犬儒派的悲剧。由否定社会弊端到否定社会的一切,由脱离生活到排斥生活,第欧根尼走得也确实太远了。

幸运的是,第欧根尼的极端化在他的学生克拉底之时得到了纠正、缓和。克拉底因之成为犬儒主义转向温和的标志。

克拉底的鼎盛时期在第 113 个奥林匹克运动会之间(公元前328—前 324 年),此时第欧根尼已是一位老人,而他还是一个中年人。他是底比斯人,家庭富有,后来师从第欧根尼①转向犬儒,并成为著名代表人物。据第欧根尼·拉尔修,第欧根尼曾劝告他把土地变成牧场,把金钱扔入大海。② 正是主要在第欧根尼的影响下,③他放弃了财富,选择了贫穷,采取了犬儒式的生活方式。虽然他仍保持了犬儒主义的基本方向,继承了先师未竟的事业,但犬儒主义在他这里出现了明显的转向,即由极端激进、与世人对立的犬儒主义转向了比较温和、让公众极易接受的犬儒主义。

---

① Diogenes Laertius, *Lives of Eminent Philosophy*, 6. 85 提供了另一种材料,说克拉底不是第欧根尼的学生,但此非倾向性意见,仅作说明。
② Diogenes Laertius, *Lives of Eminent Philosophy*, 6. 87.
③ 据 Diogenes Laertius, *Lives of Eminent Philosophy*, 87. 克拉底此举还受到悲剧人物泰勒福斯(Telephus)的影响。

克拉底对现实社会的政治制度、掌权者持藐视态度,但他在必要时仍愿与统治者周旋。公元前 287 年,雅典遭到了马其顿国王德米特里的围攻,雅典破城在即,危在旦夕。此时已垂垂老矣的克拉底欣然受雅典人的委托去劝说德米特里放弃攻城,结果居然成功,[①]这样的事情对于第欧根尼来说是不可想象的,如同第欧根尼一样,克拉底承认人类的缺点和迷惑,但他不是用粗暴的方式刺激世人,而是用友爱的方式劝诱世人。他用理性和服从,也用笑声与欢乐来治疗人们(包括自己在内)的精神疾病。因此,所到之处深受欢迎。在犬儒个人生活方面,克拉底崇尚贫穷,奉行节俭、自足,但他在将金钱分给同胞的时候,还为自己的儿子存了一笔,因为如果儿子长大后不是犬儒,还要靠钱过常人的生活。[②] 他广受欢迎,但并非沿门乞讨,他不要家庭,但却与希帕其娅组成了犬儒伴侣婚姻(companionate marriage),且在公众场合交合。[③] 他自己放弃财富,却不劝别人同样放弃,只是希望他们满足拥有,随遇而安,不要奢求。[④]

总之,从克拉底这里,我们看到了犬儒方式的温和转向。这种改变与当时的社会文化背景同样有关。在克拉底之时,马其顿人对中南部希腊城邦的控制已经稳定,独立城邦变为自治城市的命运已不可改变,失去独立自主的希腊人更加感到复兴的无望,更需要生活的指导、心理的关切。而柏拉图的学园派、亚里士多德的逍遥派仍醉心于学究式的研究,躲进了象牙之塔,与世人拉开了距离。这时的斯多亚学派与怀疑主义学派、伊壁鸠鲁学派则刚刚兴起,前者

---

① Plutarch, *Demetrius*, 46.

② Diogenes Laertius, *Lives of Eminent Philosophy*, 6. 88.

③ Diogenes Laertius, *Lives of Eminent Philosophy*, 6. 97. 关于两人在公开场合性交的故事在公元前 2 世纪的阿普利斯(Apuleius)的著作中首次出现。详见 Luis. E. Navia, *Classical Cynicism*, p. 124; D. R. Dudley, *A History of Cynicism*, p. 50. 这两位作者都认为此故事不可信。

④ 这是来自忒勒斯的材料。详见 D. R. Dudley, *A History of Cynicism*, p. 49。

是犬儒派的余绪，虽分道而未扬镳，后二者则或对现实毫不信任，或去追求心灵的宁静与幸福而与世隔离。因此，以愤世嫉俗而不脱离社会、以刺激世人而不放弃世人为特征的犬儒主义就承担起了治世救人的重任，犬儒派处世方式的改变适应了这种要求，从而获得了广泛的认同和传播。

综上所述，经过三代犬儒代表人物的实践，犬儒派的基本外在形式、基本生活方式、基本人生、政治、社会的理想，到公元前 3 世纪大致确立。以后的发展演变虽因时因地而异，但犬儒派的基本特征还是在一定程度上保留着，它们仍在安提斯泰尼、第欧根尼、克拉底确定的方向上运动。

（二）犬儒派的转型（公元前 3 世纪中期到公元前 1 世纪）

克拉底之后的整个希腊化时期，犬儒派作为一种举目可及的社会现象一直存在，犬儒派的传统也基本上保持。破外套、拐杖、破袋子，行乞流浪的生活方式仍是人们辨认是否犬儒派的外在特征。对社会现实诸方面的种种不满、抨击、嘲讽，并试图改变之，仍是他们的主要价值取向和处世态度。以讽刺嘲弄为特征，以激论（distribe）、警句（aphorisim）、诗作（verse）、对话（dialogue）、书信（epistle）、宴饮篇（συμποσιον）、轶事（χρεια）、师门回忆录（απομνημουευματα）等为表现体裁的犬儒文学形式与风格也基本形成，但是这一时期的犬儒现象给人的印象是二重性的，甚至多面性的。名实不符、变化不定、妥协转型成了这些犬儒的鲜明特色。

首先，这一时期的犬儒似乎缺乏早期犬儒代表人物那样强烈的反叛精神和执着的理想追求。他们随时准备适应环境，向现实妥协，只要情况需要。他们把第欧根尼改变人类"货币"的理想变成了改变个人及本城市的生存环境，把世界国家的理想缩小到了自己城邦的范围之内。于是出现了投身政治、委身宫廷、接受金钱的犬儒。

其次，这时的犬儒大多并非一生都是犬儒，而是在人生的某一阶段或某一方面成为犬儒，具有犬儒的特征，而在其他的阶段或其他方面则与汲汲于名利的世人无异。

最后,这时的犬儒在人格上、行为上、影响上都无法与早期犬儒相比。思想上的无创新,言行上的不一致,名实脱离使他们难以产生早期犬儒代表人物那样的感召力、凝聚力,那样振聋发聩的作用。因而自公元前 2 世纪后,犬儒派趋于沉寂,它的复兴要到罗马帝国之时才出现。

关于这一时期的犬儒派特征,可以三位较为著名的犬儒为例说明。

1. 美尼普斯

关于美尼普斯的生活年代,第欧根尼·拉尔修的说法就有矛盾。他在“梅特罗克勒斯传”中说,美尼普斯属梅特罗克勒斯的学生之列。① 而在“美尼普斯传”中则说他与梅利格是同代人。② 梅利格是公元前 1 世纪前后人,梅特罗克勒斯是约公元前 300 年人,二者相差近两个世纪。但不管哪个意见为准,美尼普斯属于这一时期无疑,而且学者们倾向于承认他与梅特罗克勒斯的师生关系,倾向于他活动于公元前 3 世纪上半期。因此,他属于克拉底之后的一代。

在他的身上,对金钱的贪婪,行为的卑鄙与对权力、财富、荣华富贵的讽刺愤恨交织在一起。据第欧根尼·拉尔修,他生性贪婪,酷爱金钱,靠以日计息的方式放贷致富。然而机关算尽,最后倒闭破产,上吊自杀。③ 但在琉善的笔下,我们却强烈地感受到美尼普斯对富人的愤恨,对穷人的同情。在琉善的《美尼普斯或下冥界》(*Menippus or Descent into Hades*)这部对话集中,美尼普斯向人介绍了他在冥界的经历,说到冥界大会所通过的一项关于富人掌权者的决议:

　　“鉴于富人们生前做了许多无法无天的坏事,他们掠夺、压迫以及处处羞辱穷人,元老院与人民决议如下:他们死后就像

---

① Diogenes Laertius, *Lives of Eminent Philosophy*, 6.95.
② Diogenes Laertius, *Lives of Eminent Philosophy*, 6.99.
③ Diogenes Laertius, *Lives of Eminent Philosophy*, 6.99.

其他坏人那样，肉体将受到惩罚，而且他们的灵魂被送回人间，转生为驴，直到他们在这种状态下经过 25000 年，一代代转生为驴，负驮重物，被穷人驱赶。此后，他们才被允许最后死去。"①

这种轮回报应思想显然是受了恩培多克勒（Empedocles）、奥尔弗斯教（Orphism）及苏格拉底"灵魂不死论"的影响。他对富人是如此充满仇意，而自己生前却力图放贷致富，这不正是对自己的讽刺吗？当然，这是琉善的作品，它反映的是他所了解的美尼普斯思想的另一面。看来，美尼普斯这个负有盛名的人类"嘲笑者"②"笑着咬人的神秘狗"③"克里特的猎狗"④在吠咬他人的时候确实笑里藏刀，毫不留情，而对自己的行为则比较宽容了。

2. 彼翁

彼翁也主要活动于公元前 3 世纪上半期。在他身上，这一时期犬儒派的多重性表现得尤其明显。从其言论看，确实保留着浓厚的犬儒色彩，不论他在雅典，还是在罗德斯或其他地方，他都毫不犹豫地向社会习俗与规范（nomos）包括婚姻、宗教、君主等发起攻击，甚至他所求助的马其顿国王安提柯二世（Antigonus Gonatas）也未能幸免。⑤ 犬儒文学的重要体裁"激论"似乎就是由他创立的，⑥然而，在第欧根尼·拉尔修的眼里，他根本就不是一个犬儒派，而是柏拉图学派的追随者。⑦ 而且对他评价极低，说他是个性格多变的人。⑧

---

① Lucian, *Menippus or the Descent into Hades*, 20.
② Marcus Aurelius, 6. 47. Marcus Aurelius, *The Communings with Himself*, 6. 47, A Revised Text and A Translation into English by C. R. Haines, London: William Heinemann, 1916.
③ Lucian, *The Double Indictment*, 33. I.
④ Diogenes Laertius, *Lives of Eminent Philosophy*, 6. 100.
⑤ Luis. E. Navia, *Classical Cynicism*, p. 155.
⑥ D. R. Dudley, *A History of Cynicism*, pp. 111, 115.
⑦ 第欧根尼·拉尔修将他的传归于专记柏拉图学派成员的第 4 卷，见 Diogenes Laertius, *Lives of Eminent Philosophy*, 4. 46 – 58 (Chapter 7).
⑧ Diogenes Laertius, *Lives of Eminent Philosophy*, 4. 47.

虽然历史上的彼翁不一定如此,但他的多面性还是显而易见的。第一,他学派无定,先后在学园派、犬儒派克拉底、昔列尼学派、逍遥学派门下学过。他只是在一段时期是犬儒派。第二,他到处讲学,接受报酬,这与犬儒派鄙视金钱格格不入。第三,他多年来攻击宗教,否认神的存在,甚至不愿向神庙看一眼,经常嘲讽那些向神献祭的人,但在其患病临死前却转向宗教,给诸神建了祭坛,请求他们的原谅,甚至让一老妇给他脖子上挂上了护身符。他自以为神的垂爱会用一定的金钱买到,好像诸神在他承认时才存在。① 第四,他生活奢侈,放荡下流,喜欢搞同性恋,且极端自私,信奉"朋友平分一切"的原则,结果没有一个学生相信他。② 第五,他是犬儒派成为宫廷哲学家的第一人,经常到马其顿国王那里乞求恩宠。③ 第六,他提倡适应环境,随遇而安,顺从天命。他认为,环境不可改变,幸福的关键在于我们能否适应它。正如在航行中,我们可以根据风向来调整风帆。④ 人生犹如演戏,个人如同演员,人们应关注的是如何演好自己的角色,而非关注此剧应不应该上演。⑤ 不要惧怕死亡,"年老的人应该高高兴兴地放弃生命,犹如一位房客放弃摇摇欲坠的房子一样";"当自然,我们的主人,夺走了我们使用眼睛、耳朵、手和脚……的能力时,……我不会赖在后面不走:犹如一个从宴会上酒足饭饱归来的客人,我离开生命,当'旅客登船'的时刻到来的时候"。⑥ 平静地面对死亡,确是犬儒的风格,但一味地适应顺从环境,显然不是犬儒应采取的态度。从以上几点可以看出,彼翁的犬儒性已大大打了折扣。他实际上是一个折中主义者,昔列尼学派、斯多亚学派,甚

① 详见 Diogenes Laertius, *Lives of Eminent Philosophy*, 4.55 - 57.
② Diogenes Laertius, *Lives of Eminent Philosophy*, 4.53.
③ D. R. Dudley, *A History of Cynicism*, pp. 64 - 65, 69; Diogenes Laertius, *Lives of Eminent Philosophy*, 4.46 - 47, 54.
④ 详见 D. R. Dudley, *A History of Cynicism*, pp. 66 - 67.
⑤ 详见 D. R. Dudley, *A History of Cynicism*, p. 66.
⑥ 详见 D. R. Dudley, *A History of Cynicism*, p. 67.

至智者学派的影响在他身上都留下了深深的印记。

3. 塞尔西达斯

塞尔西达斯是这一时期更为复杂的犬儒人物。在他身上,既体现了犬儒派对社会贫富不均、正义不能得到伸张、公平不复存在、人类贪欲膨胀、世道人心不古的抨击揭露和对受压迫者、穷人的深切同情,也体现了积极投身城邦事务,主动担任外交使节、将军、立法者角色的政治热情。他是麦加洛波里斯人,作为一位犬儒,似乎不应介入城邦的政治事件当中,他却这样做了,而且出色地扮演了这些角色,获得了同胞的拥护。公元前 227 年,他代表城邦出使马其顿(Macedonia),赢得了国王安提柯三世(Antigonus Doson)对麦加洛波里斯的支持。公元前 223 年,在与斯巴达人的战争中,他的城邦失败。国破家亡之际,他担任了美塞尼(Messene)军队的指挥官,参加了塞拉西亚(Sellasia)战役,为恢复祖国立了大功。麦加洛波里斯重建后,公元前 217 年,他受命为城邦立法。不到 10 年,塞尔西达斯三任要职,说明他不是偶尔参政,而是有自己的独特见解。或许他面对社会矛盾尖锐、贫富严重对立、平分土地、取消债务呼声日高的现状,感到仅靠空洞的口号、辛辣的讥讽已不足以改造社会,于是将口头的犬儒主义变成了实践的犬儒主义。他关心的不是第欧根尼的无边无际之世界国家,也非克拉底的乌托邦,而是实实在在的城邦的安危、同胞的命运。因此,他可以说是一名实践的犬儒。

犬儒对现实世界态度的变化,犬儒个人表现的二重性或多面性,标志着这一时期犬儒派的转型,即转向实际,转向缓和,转向多元,转向复杂。单纯的犬儒时代在克拉底时已经结束。这是一个新的时代,是个文化多元,各种新的学派、教派、宗教观念从希腊化世界蜂拥而至的时代,犬儒派难免其染。这是一个社会动荡、各种强权力量争斗与重组的时代。纷争不已的各希腊化王国遇到了来自西地中海强敌罗马的挑战,希腊城邦内部与城邦之间、联盟之间的重重矛盾由于马其顿人、罗马人的介入而更为复杂。公元前146年，希腊大陆沦入罗马人之手，犬儒派无所顾忌、自由活动的空间越来越小，而这时方兴未艾、国运正盛的罗马并不需要这种厌世、弃世的哲学。因此，公元前2至前1世纪犬儒派在东西地中海的沉寂在所难免。但公元前1世纪前后另一犬儒梅利格的出现说明犬儒派并未销声匿迹，只是未在历史上留下较深的痕迹而已。

（三）犬儒派的复兴（公元1至2世纪）

公元之后，希腊、罗马古典世界与前已面目全非。罗马帝国成了地中海的主人，野蛮的拉丁人征服了文明的希腊人。但希腊的文化又使罗马人甘拜下风，自愧弗如。从公元前3世纪起，罗马开始向东地中海扩张。希腊文化随着大批的希腊俘虏、人质以及大量的希腊文学艺术作品流入罗马。一些反映犬儒思想与观点的作品当在其列。应该说，公元前的罗马社会对犬儒现象是有所了解的。尽管希腊文化使罗马文化黯然失色，但罗马人对希腊文化是有选择地接受的。犬儒主义这个悲观失望时代的产物自然不会被正蒸蒸日上、雄心勃勃要做地中海霸主的罗马人所倾心。然而，随着公元前30年最后一个希腊化王国托勒密埃及纳入罗马帝国的版图。随着帝国、元首政治彻底取代了共和国与公民政治之后，罗马的社会出现了严重的分化。上流社会日趋腐化，奢侈浮华之风势不可挡，社会下层由公民变成了实际上的臣民，帝国并未给他们带来多少好处。相反，奴隶制的盛行导致了小农的破产，行省的廉价粮食加剧了这一进程，并使意大利奴隶主的大地产、大庄园的发展受到严重阻碍。因此，盛世潜伏着危机，和平的背后隐藏着不平。被征服的地区和民族并不甘心处于奴役地位，他们在罗马军团的强大压力下暂时屈服，一有机会就要反抗。即使反抗无用，终归失败，不满的情绪仍在帝国境内涌动。公元1世纪初产生的基督教就是明显的利用宗教进行民族反抗的群众运动。早期基督教与犬儒派有点相似，都是社会受抑环境的产物。或许前者受到后者的影响。总之，到公元 1 世纪,犬儒派复兴的外部条件成熟。犬儒主义在罗马社会得到了宽容、理解,开始蔓延。不少犬儒纷纷前往罗马城,那里成了他们的另一个活动中心。

从现有资料看,这一时期的犬儒现象有如下几个特点:

(1)犬儒人数比以前大为增多,主要来自东部希腊语地区。据琉善,柏里格利诺斯自焚那天晚上,许多犬儒派领袖和成员与他相伴。柏里格利诺斯及其著名门徒特阿真尼高举火把走在队伍的前面,其他的犬儒派也都举着火把,并点燃柴堆,默默地注视着他们的圣人在烈火中化为灰烬。[1] 看来,这时的犬儒派不仅人数多,且有一定的组织。这是前所未有的。但这一时期的犬儒派主要集中于帝国东部,著名的犬儒人士也大多是希腊血统。小亚、叙利亚、色雷斯(Thrace)、伊庇鲁斯(Epirus),甚至遥远的本都(Pontus)和莫伊西亚(Moesia,位于多瑙河下游),都是犬儒派的产生或活动之地。雅典和科林斯似乎仍是犬儒派活动的中心。

(2)成分不一,鱼龙混杂。主要表现在,这时的犬儒派追随者大多不是受过良好教育、具有一定思想修养的哲学家,而是奴隶和佣工。这些人职业低贱,处境艰难,他们采取犬儒生活方式更多的不是追求真理,而是通过犬儒手段来改变自己的生活厄运,有的人甚至行乞致富。就是那些所谓有哲学头脑的犬儒,也难免动机不纯,言行不一。被环境压抑不容时,就成了犬儒,一旦环境改善,就又投入世俗怀抱。狄奥就是典型的一例。琉善惊呼,大量的骗子犬儒充斥于城市,组成了"犬军",[2]并非无根之谈,与他同代的朱维诺(Juvenal)、马蒂尔(Martial)、埃利乌斯(Aelius)、阿里斯泰德(Aristides)也谈到了这一点。[3] 但这时仍不乏真正的犬儒,他们是早期犬儒派传统的忠实继承者和捍卫者。公元 1 世纪的德米特里

---

[1] Lucian, *The Passing of Peregrinus*, 32 - 57.

[2] Lucian, *The Runaways*, 16.

[3] D. R. Dudley, *A History of Cynicism*, p. 144.

就是这样的一位。他也是第一位居住于罗马的主要犬儒派人物。他之所以著名,"不是因为他的全面的或创造性的思想,而是他个人的节制与直言不讳"①。他强烈反对君主制,敢于公然对皇帝表示不满,甚至当面嘲笑辱骂之。卡里古拉(Caligula)皇帝想给他 20 万金钱以诱使他放弃犬儒生活方式,被他严词拒绝。他的条件是"除非把整个帝国都给我"②。视金钱如粪土,正是犬儒派应有的品格。他路遇韦伯芗(Vespasian)皇帝,非但不向他致意,反而用下流的语言辱骂他。韦伯芗表现了大度,只把他称作"恶狗"而已。③ 据爱比克泰德,当尼禄以处死威胁他时,得到的却是这样的回答:"你用死威胁我,但自然(nature)威胁你!"④从这些例子可以看出,德米特里确实显示了第欧根尼藐视权威、向现实政治挑战的反抗精神。但在另外一些方面,他也表现出了思想的倒退。如他承认神意,主张无条件服从它。⑤ 他还为一位有争议的斯多亚派人士在法庭上辩护,⑥使人感到迷惑不解,或许这反映了他与社会公认的道德规范不妥协的态度。

（3）与其他的思想倾向相混合,与基督教发生了明显的关系。基督教与犬儒派有一些相似之处,如主张禁欲,财产共有,反对多神,提倡人类兄弟姐妹关系。但也有本质的区别,即犬儒派总体上不相信来世,从根本上反对宗教仪式及观念。二者产生背景的相似以及某些行为方式、思想主张上的相似使人不得不注意它们之间的关系。有的学者注意到了位于加利利不远的加德拉是犬儒派长期存在的地区,推测犹太教的艾赛尼派(Essenes)和以耶稣为首的早期

① Luis. E. Navia, *Classical Cynicism*, p. 174.
② Seneca, *On Benefits*, 7. 11. 1 - 2, with an English translation by Richard M. Gummere, Cambridge, Mass. : Harvard University Press, 1962.
③ Suetonias, *Vespasian*, 13, with an English translation by J. C. Rolfe, Cambridge, Mass. : Harvard University Press, 1959.
④ Epictetus, *Discourses*, 1. 25. 22 - 23, with an English translation by W. A. Oldfather, Cambridge, Mass. : Harvard University Press, 1956.
⑤ D. R. Dudley, *A History of Cynicism*, p. 127.
⑥ Tacitus, *Histories*, 4. 40, with an English translation by Clifford H. Moore, Cambridge, Mass. : Harvard University Press, 1962.

基督教受到了当地犬儒派的影响。① 但尤为值得注意的是当时的某些犬儒派属于早期教会,像前面提到的柏里格利诺斯就是从基督社团的领袖转而成为一位著名犬儒的。而且,他的自焚以及自焚前向父母亡灵的呼唤都使人感到他的神秘主义特征及来自印度裸体智者的影响。

公元165年柏里格利诺斯的死宣告了犬儒主义复兴之火的熄灭,古典犬儒主义进入了它的最后阶段。

(四)犬儒派的衰落(公元3至5世纪)

这一阶段是古典犬儒派的尾声,以日益衰退与逐渐消亡为特征。因为这一时期实际上没有几人能被辨认具有明显的犬儒特征。关于这一时期的犬儒派,最重要的史料来自朱利安皇帝的两个反犬儒派的演说词(Oration 6, Ⅶ)。看来这时的犬儒只是保留了一些表面特征,而在实质上已走向了本身的对立面。他们既无知识价值也非道德样板,也不再是"犬军"成员。他对此极为不满,发出了"看哪,河水正在倒流"②的惊呼。意思是说当代的犬儒已与安提斯泰尼、第欧根尼和克拉底示范的那样相去甚远。乾坤倒转,遥不可及,因此有必要撰写激论抨击当代犬儒派,赞美老一代创始者,希望能够复活可与基督教影响相抗衡的生活方式。但时过境迁,落花流水春去也,朱利安的努力只能成为徒劳。

这一时期只有两个所谓的犬儒值得一提。一位是4世纪的推罗人马克西姆斯(Maximus),一位是5世纪的叙利亚人萨鲁斯提乌斯。前者与基督教关系密切,曾被委任为君士坦丁堡的主教。另一位则游历四方,曾一度坚持禁欲主义,勇敢面对暴君,反对基督徒和基督教化的犬儒派,颇具早期犬儒派的遗风。但他在后半生却采取了新柏拉图主义,可见他的前半生也只是古典犬儒主义的回光返照而已。

---

① Luis. E. Navia, *Classical Cynicism*, p. 167.
② Julian, *Oration*, 6. 180.

公元 476 年,西罗马帝国灭亡,希腊、罗马古典时代结束。古希腊、罗马的犬儒派、犬儒主义作为一种社会现象随着这一时代的逝去而成了历史的追忆。然而,它的影响却历经中世纪、近代一直延续到了现代。对于这样一个历时如此之久、影响如此之远的思想运动、社会现象,我们不仅要弄清它的来龙去脉、演变轨迹,更要探明它所体现的精神和理想,看看它到底给后来的人类昭示了什么。

第二章 犬儒派的社会批判思想

犬儒派既是希腊罗马现实社会的产物,也是它的叛逆者。从它出现之日起,就以咄咄逼人的反社会姿态展现于世人面前。在他们看来,这个社会是邪恶的渊薮、追名逐利的战场,充满着虚伪、谎言、贪欲、争斗,人们浑浑噩噩,终日碌碌,不知所向,犹如置身于茫茫雾海之中。至于构成这个社会大厦的各个部分,不论是政治、法律制度,还是宗教观念、仪式及一般的社会生活价值取向,都统统没有存在的必要,都应该受到批判嘲弄,得到改造,或用新的社会"货币"取而代之。因此,犬儒派首先是现实社会的对立者、批判者、抗议者和怀疑者,其次才是现实社会的改造者、新社会的设计者和建立者。也正由于此,犬儒派绝非赫拉克利特式的厌世者,也非伊壁鸠鲁学派式的避世者。他们是用貌似弃世、实则救世的方式来对待现实社会。他们对现实的过激抨击是为了惊醒世人,使之幡然悔悟,他们后来对现实社会的某些方面的妥协、让步、参与也是为了改造现实。因此,犬儒派不是像印度的裸体智者那样隐居野外,也不是像早期基督教的隐修者那样远居沙漠,而是以改造社会、拯救世人为使命,投身于现实社会之中。他们奔走于各个城市之间,出入于市场、体育场、剧场、运动会等人群密集的地方,目的就是要以惊世骇俗的言行,引起世人的自省,从而实现改造社会的理想。总之,犬儒派是在用另一种特殊的方式入世,它与现实社会的关系是既对立又联系,愤世而不弃世。

302

犬儒派以反社会为其主要思想特征,这种思想特征主要表现在哪些方面呢? 以下从政治法律制度、宗教观念仪式、一般社会生活价值取向诸方面试加分析。

一、犬儒派的政治观

犬儒派对现实政治法律制度的态度可以归纳为两点:一是对其持否定批判态度,认为必须对其进行改造或代之以新的政治形式。这种观点以第欧根尼为代表,反映了犬儒派对现实政治的基本态度,是其主流政治思想。二是在对现行政治不满的同时,在适当的时候,以适当的方式亲身参与政治,这以克拉底为肇始、塞尔西达斯为典型,是后期部分犬儒派在特定环境下采取的政治变通形式,但其反社会的主旨并未改变。

(一)蔑视政治权威,反对人为统治

这方面第欧根尼表现得最为突出,最为猛烈。

首先,他对现实生活中那些有权有势、不可一世的统治者表现了极大的轻蔑。他对亚历山大的漠视就是典型的一例。第欧根尼时代正是马其顿国王腓力、亚历山大先后大事征伐,臣服中南部希腊城邦,并向东方扩张,建立横跨欧亚非三大洲的大帝国之时。父子二人盛气凌人,以神人自居,自称是宙斯、赫拉克勒斯的后裔。[1]亚历山大甚至还自称是埃及阿蒙神之子。[2] 希腊城邦最后也无可奈何地承认了这一点,派代表戴着花环像拜见神一样,去拜谒亚历山大,给他献上金冠。[3] 然而,就是对这样一位跺脚也会让大地发抖的

---

[1] N. G. L. Hammond, *A History of Greece to 322. BC*, Oxford: Oxford University Press, 1984, p. 576.

[2] Arrian, *History of Alexander and Indica*, 4. 9, with an English translation by by E. I. Robson, 1958. 参见阿里安:《亚历山大远征记》,李活译,第 131 页。

[3] Arrian, *History of Alexander and Indica*, 7. 23, with an English translation by E. I. Robson, 1958. 参见阿里安:《亚历山大远征记》,李活译,第 252—253 页。

伟大征服者,第欧根尼也是不屑一顾,冷眼视之。

关于第欧根尼与亚历山大的见面,材料主要来自普鲁塔克和第欧根尼·拉尔修。关于两人见面的地点说法颇多,有的说在科林斯,有的说在雅典或其他地方,①关于谈话的内容则大致相近。或许这是后人的演绎。故事的核心是二人见过面,谈过话,反映了各自对人生价值的不同看法。

据普鲁塔克,科林斯大会之后,许多政治家和哲学家都前来向亚历山大表示祝贺,他希望第欧根尼也能前来,因这时第欧根尼正好在科林斯逗留。但这位老哲学家对此反应冷淡,继续在科林斯城外享受他的闲暇。亚历山大只好屈尊前去看他,发现第欧根尼正躺着晒太阳。当亚历山大向他致意,并问他想要什么时,第欧根尼回答说:"离我的阳光远一点!"亚历山大颇为吃惊,对这位如此傲慢、如此伟大的哲学家非常羡慕。当他的部下有人对第欧根尼表示不解时,亚历山大却说:"如果我不是亚历山大,我也会是第欧根尼。"②据第欧根尼·拉尔修,亚历山大在第欧根尼面前高傲地说:"我是亚历山大大帝。"得到的回答是:"我是那只狗——第欧根尼!"③又一次,亚历山大问第欧根尼:"你不怕我吗?"第欧根尼反问道:"你是谁? 好人还是坏人?"亚历山大回答道:"好人。""那我为什么要怕一个好人呢?"④第欧根尼不失时机地反唇相讥。其实,亚历山大的父亲腓力早就领略过第欧根尼的厉害了。据说,喀罗尼亚战役后,不知何故第欧根尼被带到了腓力面前。腓力问他是何人,他说:"一个

① Luis. E. Navia, *Classical Cynicism*, p. 99.
② Pluarch, *Alexander*, 14; Arrian, *History of Alexander and Indica*, 7. 2, with an English translation by by E. I. Robson, 1958.
③ Diogenes Laertius, *Lives of Eminent Philosophy*, 6. 60.
④ Diogenes Laertius, *Lives of Eminent Philosophy*, 6. 68.

密探,专门监督你的贪得无厌。"他因此受到腓力的敬慕,获得
自由。①

　　对于亚历山大及其父亲尚且如此,对那些驻扎在雅典城邦的马
其顿将领们,第欧根尼就更是不客气了。一次,亚历山大给驻守雅
典的部将安提帕特(Antipater)送去一封信,第欧根尼正好在场,他
当即斥责道:"粗鄙的父亲的粗鄙儿子,通过粗鄙的人送信给了粗鄙
的人。"腓力、亚历山大及其部将、随从无一能逃脱他的辱骂。他对
当权者的傲慢引起了另一位马其顿大将帕狄卡斯(Perdiccas)的不
满,他以处死相威胁,要第欧根尼前来见他。他坦然处之,说:"这样
做一点也不好,因为甲虫或蜘蛛总会干这样的事。"②

　　其次,对于那些已经死去的国王、总督,第欧根尼也不放过。据
琉善,在阴曹地府里,那些国王都不愿与他为伴。因为当他与亚述
(Assyria)王萨尔达那帕鲁斯(Sardanapalus,公元前 7 世纪)、弗里吉
亚国王米达斯(Midas,希腊神话中的传说人物)和其他一些富人相
邻时,那些人为自己失去的往日悲痛不已,他却为此高兴万分,哈哈
大笑。他经常躺在那里,尖声怪调地唱着歌,他的歌声吞没了那些
人的悲痛之声。这样,惹的那些人非常恼火,感到难以忍受,思谋着
搬到别处去住。③ 在另一篇作品里,琉善也是以"死人对话"的形式,
表达了第欧根尼对试图以精美的陵墓使自己不朽的当权者的讽刺。
在阴间,波斯总督、卡里亚(Caria)的统治者摩索鲁斯(Mausolus,公
元前 337—前 353 年)仍因为生前的国王气派、广大的征服地、高大
美好的外貌、战斗中的勇敢有力、巨大的举世无双的白色大理石陵

① Diogenes Laertius, *Lives of Eminent Philosophy*, 6.43. 但根据 Philostratus,第欧根
尼是自己主动前往喀罗尼亚,怒斥腓力对雅典人的做法,理由是虽然腓力将自己称为
赫拉克勒斯的后裔,但却用武力摧毁那些拿起武器保卫赫拉克勒斯后代的人们。
Philostratus, *The Life of Apollonius*, 7.2, with an English translation by Arthur
Fairbanks, Cambridge, Mass. : Harvard University Press, 1961.
② Diogenes Laertius, *Lives of Eminent Philosophy*, 6.44.
③ Lucian, *Menippus or The Descent into Hades*, 18.

墓自我炫耀,遭到第欧根尼的尖刻讽刺。第欧根尼说,英俊的摩索鲁斯,你提到的力量和美貌现在已不复存在,如果你想就美貌进行评判,我不知道为什么你的骷髅应该被认为比我的好。它们现在都是光秃无皮的干骨架,都同样外露着牙齿,都没了眼睛,鼻子都塌陷了下去。也许你的陵墓以及昂贵的大理石会让哈利卡那苏斯(Halicarnassus)①人向世人炫耀,但我看不出它对你还有什么好处,除了你可以说,由于这些压在你身上的大理石,你比我们中的任何人都承受着更重的负担。摩索鲁斯若有所悟地说,那它对我没有任何好处吗?这样咱俩不就处境一致了吗?对此问题,第欧根尼断然否认。他说,咱俩的不同之处在于你为回忆往昔的幸福时光而悲伤不已,而我却对你抛去嘲笑;你可以高谈你的妻子为你建造这一陵墓,而第欧根尼却从未想到死后是否有一座坟茔,因它从未引起我的注意。但我给后人留下了这样的说法:这个人曾过着一个人的生活,而你却是卡里亚人的最大奴隶。我的名声之高超过了你的陵墓,而且建立在一个更加坚实的基础之上。②

类似的讽刺还见于《希腊诗选》,其中一则这样写道:犬儒第欧根尼度过智慧的晚年之后,来到地府,见到克洛伊索斯(Croesus)就哈哈大笑,并把外套铺在靠近这位国王的地方。克洛伊索斯生前曾从一条河(Pactolus)获得了大量黄金。第欧根尼说:"现在我占的地方比你大,因为我把我的全部所有都带来了,而你,克洛伊索斯,却一无所有。"③这就是那个自以为富甲天下而向希腊人梭伦自鸣得意的吕底亚(Lydia)国王④的死后结局。在第欧根尼看来,这些曾经骄

---

① 陵墓(Mausoleum)所在地,古代世界七大奇观之一。
② Lucian, *The Dialogues of the Dead*, 430-431.
③ *The Greek Anthology*, 9. 145, with an English translation by W. R. Paton, Cambridge, Mass.: Harvard University Press, 1916.
④ 二人见面事据说在梭伦改革(公元前 594 年)之后(详见,Herodotus, *The Histories*, I. 29-33, with an English translation by A. D. Godley, Cambridge, Mass.: Harvard University Press, 1975.),但从二人的活动年代看,此事不可能。

横一时的统治者,不论生前死后都同样卑鄙无耻,都同样不值得尊敬同情,只能以藐视与讽刺对待之。琉善等人的"死者对话"虽然是虚构的,但它们的创作应是以有关第欧根尼的传闻和基本立场为基础。作为对第欧根尼政治态度的反映,这些材料仍有一定的参考价值。

再次,对于那些奔走于统治者宫廷的哲学家,第欧根尼也同样冷言相对。柏拉图为了实现哲学家治国的理想,三次渡海到西西里叙拉古城邦,向城邦的统治者建言献策。第欧根尼对此大为不满,曾两次为此讽刺柏拉图。一次是说他为了吃橄榄而去见叙拉古国王狄奥尼修斯(Dionysius),一次是说他为自己谋生而向叙古拉国王献媚。后一次的传闻是这样的。柏拉图看见第欧根尼在洗莴苣,就走上前轻轻地对他说:"如果你向狄奥尼修斯献殷勤,你就不会洗莴苣了。"他平静地说:"如果你在这儿洗莴苣,你就不会到狄奥尼修斯那里献殷勤了。"①这个故事看似好像两位哲学家在斗嘴,实际上反映了两种不同的政治态度:柏拉图试图在现实政治中实现政治理想,宁愿与统治者合作;第欧根尼则与现实政治,特别与君主制势不两立,绝无妥协的余地。

最后,第欧根尼继承了安提斯泰尼的遗产,对为犬儒派提供了最大容忍、最大活动空间的城邦民主政治也毫无敬意可言。民主选举城邦管理者,不论是抽签,还是投票,都是城邦实行民主政治的基本原则,它是公民参政机会均等与参政权力平等的体现。雅典政治家伯里克利曾不无自豪地宣布:"我们的制度之所以称为民主政治,因为政权是在全体公民手中,而不是在少数人手中,解决私人争执的时候,每个人在法律上是平等的,让一个人担负的公职优先于他人的时候,所考虑的不是某一个特殊阶级的成员,而是他们有的真正才能,任何人,只要他能够对国家有所贡献,绝对不会因为贫穷而

---

① Diogenes Laertius, *Lives of Eminent Philosophy*, 6. 25, 58.

在政治上湮没无闻。"①伯里克利为了使贫民能平等参政,专门设立了公职津贴。应该说在伯里克利时代的雅典,民主政治制度达到了发展的巅峰。轮换制、抽签制、投票制、津贴制使每一位公民在有生之年都有可能担任一定的公职。然而就是这样的民主制度,受到了安提斯泰尼、第欧根尼的非议。可能这与公元前 4 世纪民主制度蜕变、走向极端化有关,他们看到的是病态的民主制度。有两则讽刺民主制度的传闻归于安提斯泰尼。一则是他煞有介事地建议雅典人,去投票赞成驴子是马,有人说这太荒谬了,他却回答说:"那些未受过任何军事训练的人不是被你们选举来做将军了吗?"②另一则即有名的"狮兔寓言"。群兽召开会议,兔子在会议上发言要求大家享有平等权利,狮子答道:"你可有爪牙吗?"③这是对一般公民要求平等民主权利的无情回答。可见,在安提斯泰尼看来,选举制太荒谬了,平等不可能,民主政体并非理想政体。第欧根尼对雅典的法律、立法者、司法程序往往持排斥态度,认为这些都是人为的错误"货币",必须加以破坏,直到彻底放弃。他把那些蛊惑人心的群众领袖(the demagogues)称做人民的奴仆,将赐予他们的花冠称作盛开的名声之花,④认为他们只不过是一些名利之徒。甚至对于盗窃他人财物这类行为,他也认为没有什么过错,既然一切属于神,神是智者的朋友,朋友一切公有。⑤ 特别是从神庙偷盗,更是天经地义。一次,他看见神庙的管理者带走了一位盗窃神庙器皿的小偷,他评论道:"大盗正在带走小盗。"⑥管理者是大盗,这不就是我国古代庄子

① Thucydides, *History of the Peloponnesian War*, 2.37;修昔底德:《伯罗奔尼撒战争史》,谢德风译,第 130 页。
② Diogenes Laertius, Lives of Eminent Philosophy, 6.8.
③ Aristotle, *Politics*, 1284a. 15& n. c, with an English Transaltion by H. Rackham, Cambridge, Mass.:Harvard University Press, 1959.
④ Diogenes Laertius, Lives of Eminent Philosophy, 6.41.
⑤ Diogenes Laertius, Lives of Eminent Philosophy, 6.72.
⑥ Diogenes Laertius, Lives of Eminent Philosophy, 6.45.

所说的"小盗者拘，大盗者为诸侯"①吗？城邦的政治家、管理者既然如此，城邦的其它法律也无存在的必要，城邦的公民也无可敬之处，因为极目四望，他竟然找不到一位真正的人。至于那些以非法手段暂时掌握城邦大权的僭主，更是可诛可杀。据说，一位僭主问他，铸一座铜像用什么样的青铜最好？他的回答是：制作哈摩狄阿斯（Harmodius）和阿利斯托斋吞（Aristogiton）雕像那样的铜。② 这二人是雅典著名的刺杀僭主者，他的含义是，可用来制作雕像的最好材料就是用来为僭主刺杀者塑像的材料，因为只有这样的人才是真正的人，才能配得上用最好的青铜。第欧根尼语言的幽默并不掩饰他对僭主之类统治者的愤恨。

受第欧根尼的影响，自克拉底之后的犬儒派虽然成分有了变化，处世态度有所转变，但藐视政治权威、反对人为统治的传统一直延续了下来，有些言行的极端严厉程度甚至比第欧根尼有过之而无不及。

克拉底是个温和的犬儒，但对于那些狂妄自大的征服者，对于那些被荣誉驱使冲上战场的将军们，他却同样毫不留情。据说，亚历山大用武力摧毁了他的家乡底比斯（Thebes）后曾问他，是否希望重建家园。他的回答是否定的，因为它还可能被另外一位亚历山大或其他人用武力摧毁。③ 他的斥责表达了对攻城掠地、屠杀生灵的征服者的不满，而不计这样的回答给他带来什么后果。另一位马其顿将领德米特里赠给他面包和酒，也遭到他的拒绝，他说："泉水里既有面包也有水。"④这一方面表明他无视统治者的施舍，另一方面也反映了他生活的简朴。对于城邦推举的将军，他戏称之为"赶驴

---

① 《庄子·盗跖》。

② Diogenes Laertius, Lives of Eminent Philosophy, 6.50.

③ Diogenes Laertius, Lives of Eminent Philosophy, 6.88, 93; Philostratus, *The life of Apollonius*, 2.2.

④ Diogenes Laertius, Lives of Eminent Philosophy, 6.90.

者"(donkey-driver)①,这是对城邦选举制度的讽刺,与安提斯泰尼指责城邦选出的将军未受过军事方面的训练如出一辙。

美尼普斯这只"笑着咬人的狗",在琉善的笔下,在阴间也未停息它的吠叫。克洛伊索斯的阴魂向冥界之王普路同(Pluto)抱怨,希望将这个讨厌的家伙移到别处。否则,他们将自行迁走。普路同问道,作为一个阴间伙伴,他到底对你们做了什么坏事?克洛伊索斯说:"不论我们什么时候回忆起生前的生活而伤心悲叹的时候,即米达斯想起他的黄金,萨尔达那帕鲁斯想起了他的奢华,我,克洛伊索斯,想起了我的财宝之时,他就嘲弄辱骂我们,把我们称作奴隶和下贱鬼,有时甚至用歌声打断我们的悲痛。"当普路同向美尼普斯核实时,他承认不讳。他说,这些下等无赖恶棍,生前要过好生活,死后仍对过去念念不忘,这就是我要折磨他们的原因。普路同劝美尼普斯对这些失去生前拥有的人表示同情,被美尼普斯断然拒绝,并说不论这些来自吕底亚、弗里吉亚、亚述的最低贱家伙走到哪里,他都要紧追不舍,永不停止地用歌声和嘲弄来折磨他们。② 这则阴间对话与有关第欧根尼的那则极为相似,说明美尼普斯生前与第欧根尼一样,极力反对君王们的狂妄自大与贪婪卑鄙。就是在阴间,二人还是互通声气,对那些当权者大加讽刺,嘲笑不止。根据琉善的虚构,先到阴间的第欧根尼写信给还在世的美尼普斯说:"如果人间的事你已经讽刺过了,那么就到这里来吧!这里有更多的事情你可以对之大笑,因为在这里可以看到那些富人、王公、总督都默默无名,仅从其悲伤的程度才能有所区分。"③

公元 1 世纪以降,犬儒派复兴,他们中的一些人恢复了第欧根尼的传统,面对罗马帝国的皇帝无所畏惧,常常发出轻蔑的嘲笑或指责辱骂之声,其中以德米特里最为猛烈。在盖乌斯·卡里古拉

---

① Diogenes Laertius, *Lives of Eminent Philosophy*, 6. 90.
② Lucian, *The Dialogues of the Dead*, 336 – 337.
③ Lucian, *The Dialogues of the Dead*, 329 – 330.

(Gaius Caligula)(公元 37—41 年)、尼禄(公元 54—68 年)和韦伯芗
(公元 69—79 年)统治时期,他住在罗马,属于犬儒派中强烈反对君
主制的支派。他曾因拒绝卡里古拉皇帝巨额金钱的赠予而名声大
噪,被同代的哲学家塞内卡称为"真理的证明"。[1] 尼禄皇帝以惨无
人性、荒淫无耻而著名,但德米特里参与了反对尼禄的小圈子。当
尼禄的主要对手特拉塞亚(Thrasea)被迫自杀时,他在场与他谈话,
坦然帮助他迎接死亡的到来。[2] 同时,他直接向尼禄发出挑战。尼
禄在罗马修建了豪华的健身、洗浴设施,并举行了盛大的庆典。尼
禄、元老院成员、罗马的所有骑士都参加了。这时,德米特里突然闯
入现场,发表演说,猛烈抨击那些洗浴的人,宣布他们使自己变得柔
弱,受到玷污,并表示这样的设施是个无用的开支。这样的举动自
然引起了尼禄的反感,只是那天尼禄正高兴地大声吟唱,他才免于
一死。但最后他还是因此被逐出了罗马。[3] 韦伯芗当政时,他返回
罗马,仍直言不讳,锋芒不减,一次竟然对这位皇帝破口大骂。后
来,有人向提图斯皇帝(Titus,公元 79—81 年)建议,让德米特里为
他作伴,因为他是一条勇敢的狗,具有狗的忠诚与力量,能够明确
地、理性地吠叫,不仅为主人吠咬他人,也吠咬主人的过错。提图斯
最后竟然愿意接受。[4] 这个故事虽然不足为凭,但它反映了德米特
里的犬儒特征。他像第欧根尼一样,以自己的傲慢行为向世人显
示,犬儒派是自己的主人,除此之外,再无别的权威。

在第欧根尼和德米特里大无畏精神的鼓舞下,罗马帝国同时期
的其他犬儒也向皇帝频频出击。一次,犬儒伊西多鲁斯(Isidorus)当

[1] Seneca, *The Epistles*, 20, with an English translation by Richard M. Gummere, Cambridge, Mass.: Harvard University Press, 1979.
[2] Tacitus, *The Annals*, 16. 34 - 35, with an English translation by John Jackson, Cambridge, Mass.: Harvard University Press, 1962;塔西佗:《编年史》,王以铸、崔妙因译,商务印书馆,1983 年,第 590—592 页。
[3] Philostratus, *Life of Apllonius of Tyana*, 9. 13.
[4] Philostratus, *Life of Apllonius of Tyana*, 6. 31.

众对尼禄大声嚷嚷,说他知道如何歌颂瑙普里乌斯(Nauplius)①的不幸,却把自己的好东西安排得不好。② 尼禄酷爱演剧,这显然是对他沉湎于淫乐、荒于政事的讽刺。公元 75 年,某些犬儒派利用民众对提图斯婚姻的反对制造恶作剧。一位也叫第欧根尼的犬儒在座无虚席的剧院发表了长篇辱骂性的演讲,斥责皇帝。他被赶下了台,但另一位犬儒赫拉斯(Heras)又跳出来大骂了一通,结果被砍了头。③ 看来当权者的忍耐是有限度的。这些犬儒派为自己的行为付出了昂贵的代价,但他们无所畏惧,在所不辞,因为这正是他们的犬儒派政治本色之所在。

(二)反对奴隶制,抨击人间不平

奴隶制在希腊罗马时代普遍存在,可以说,没有奴隶制,就没有希腊罗马古典文明的昌盛与繁荣。④ 奴隶是主要的物质生产者,正是他们的劳作给奴隶主和自由民提供了从事政治、文化活动的经济基础和闲暇。在这个意义上说,没有奴隶制,即使是靠乞食为生的犬儒也会失去生活的依附。这里我们要看看犬儒派如何对待奴隶制的。

从前述材料可知,有些犬儒派成员在成为犬儒之前本人可能就是奴隶主,或者家庭雇有仆人,如第欧根尼、克拉底、美尼普斯、柏里格利诺斯等。有的犬儒本人就曾作过奴隶,如莫尼姆斯、彼翁等。即使成为犬儒后,有的可能还曾在短时间内有过奴隶随从,如第欧根尼。到罗马帝国时,按依琉善的说法,更有许多奴隶不堪终日劳

---

① Nauplius 是与特洛伊战争有关的传说人物,为报仇毁希腊船队。
② Suetonius, *Nero*, 39;参见苏埃托尼乌斯:《罗马十二帝王传》,张竹明等译,商务印书馆,1996 年,第 252 页。
③ Dio Cassius, *Roman History*, 65.15, with an English translation by Earnest Cary, Cambridge, Mass.: Harvard University Press, 1925.
④ 关于奴隶制与希腊罗马古典文明的关系,恩格斯在《反杜林论》中有过精辟的、科学的分析。详见《马克思恩格斯选集》第三卷,人民出版社,1972 年,第 220 页。

作之苦,转而加入犬儒行列。这样既可不劳而食,也可以哲学家自居。① 不管这些奴隶加入犬儒行列的动机到底如何,大量的奴隶转入犬儒派则是事实。这和当时许多奴隶加入基督教社团的社会背景相同,都是罗马帝国高压统治和加强阶级剥削、民族压迫,社会下层,尤其是奴隶不堪忍受的结果。

关于犬儒派对奴隶制度的评述,我们缺乏直接的材料。但从他们能吸引奴隶参加,抨击社会不平,特别是从他们对现实社会的根本否定态度,可以推定,他们对奴隶制度绝无好感,在第欧根尼和克拉底的理想国内就没有主奴之分,没有奴隶的存在。犬儒派对奴隶制度从整体上持反对态度,这是可以肯定的。

第欧根尼反奴为主的轶事表达了犬儒派对奴隶主的蔑视,说明犬儒才是真正的主人。

此事应该发生在他因毁币事件而出走西诺普之后。一次,他在去厄基那的航行中被海盗抓获,然后被作为奴隶送到克利特岛出卖。当拍卖者问他有什么特长时,他回答说:“统治人。”当时科林斯奴隶主色尼亚德在场,第欧根尼自我推荐说:“把我卖给这个人,他需要一位主人。”色尼亚德于是买了他,把他带回科林斯,让他全权负责教育自己的孩子和管理家务。第欧根尼把交付的各项工作都完成得很好。色尼亚德非常高兴,逢人就讲:“一位天才进入了我的家。”据说,第欧根尼在拍卖现场还对色尼亚德说:“你必须服从我,虽然我是一个奴隶。因为如果一个医生或舵手是奴隶,也应该服从他。”他甚至当场叫那位奴隶主过来听他吩咐,色尼亚德感到主奴颠倒,脱口说出了这样的一句诗:“泉水正向源头倒流!”第欧根尼反问道:“如果你病了花钱请一位医生,你会对他的治疗说什么‘泉水正向源头倒流’吗?”②在第欧根尼的眼里,这些奴隶主,实际上所有自

① Lucian, *The Runaways*, 12 - 16. 这里的奴隶可能是泛指,或指逃亡的奴隶与被释奴隶,或指有过奴隶经历的人,不能认为奴隶会因此而获得自由。
② Diogenes Laertius, *Lives of Eminent Philosophy*, 6.74, 29 - 30, 36.

以为是"主人"的统治者,都不过是身患绝症而不知自救的"病夫奴隶"。犬儒派的使命就是要拯救包括这些奴隶主在内的世人脱离名利的迷惑,依据自然生活,成为自己的主人。

有关第欧根尼的另一则轶事反映了他"失去奴隶则获得自由"的观点。他的唯一的奴隶马涅斯(Manes)逃跑了,有人劝他去追,他坦然相告:"如果马涅斯没有第欧根尼可以活下去,而第欧根尼没有马涅斯就活不下去,这真是太荒唐了!"①塞内卡笔下的第欧根尼就此事对命运之神说:"考虑你自己的事吧,第欧根尼这里不用你担心。我的奴隶已经逃跑,正是这样,我才获得了自由。"②失去奴隶,获得自由,在第欧根尼看来,奴隶制从某种意义上对奴隶主的心灵也是一种奴役,因为他要为管理这些奴隶,防止他们反抗、逃跑而劳心,还不如失去奴隶来获得身心的解脱。指望奴隶主这样放弃奴隶制,当然是痴人梦语,但从犬儒派对它的反对态度与实践上看,也还有其值得肯定的一面。

奴隶制的存在反映了社会不平等的存在,奴隶制的阶级压迫本身就是最大的社会不平等。但对于大多数自食其力的自由民来说,社会,特别是自由民内部不平等也同样使他们不能忍受,归于公元前3世纪的犬儒派政治家塞尔西达斯名下的一些残篇,充分揭露了严重的贫富分化,淋漓尽致地表达了对社会的不满。

有一个残篇的矛头首先指向希腊人认为能够主持正义、扬善抑恶的诸神,质问他们为什么不能履行自己的职责,而去偏袒富人。原文如下:

> (为什么主神[God]不)让塞农(Xenon)这个只希望钱袋鼓鼓囊囊的贪婪家伙成为贫穷之子,而把现在哗哗挥霍掉的银子给予值得接受的我们? 有什么能够阻止那个一掷千金、倾其所

---

① Diogenes Laertius, *Lives of Eminent Philosophy*, 6. 55.
② Seneca, *De Tranquillitatae Anim*i (*On Tranquillity of Mind*), 8.7.

有的人，或那个遍身污点的高利贷者不要挥霍掉他们的猪一样肮脏的财富，而把这些浪费掉的金钱给予那些现在每日只能以面包糊口，在公共餐锅里捞几口残汤的人呢？（这是向主神提出的疑问，既然对于他来说，实现他的决定实为易事。）正义之神（Jutice）还有田鼠的视力吗？太阳神（Phaethon，太阳神Helios 之子，也是太阳神——作者注）用一个瞳孔斜视吗？光明者法律女神（Themis the bright）的视线暗淡模糊了吗？人们该如何看待这些无眼去看、无耳去听的神呢？然而，人们说，那个令人敬畏的国王，光明之主（lord of the lighting）坐在奥林帕斯山中间，手持正义的天平从未打盹。荷马在《伊里亚特》（Iliad）中这样说道："他确实把天平倾斜于伟大的勇士，当死亡的日子在即之时。"那么，为什么公正的天平从未向我倾斜呢？"但人类的渣滓布利基亚人（Brygian）（然而我怕说到他），却知道如何使宙斯的天平向他们倾斜，那么人们还会发现什么主神、什么乌拉诺斯（Ouranos）之子会有正义吗？因为宙斯这位我们大家的父亲，只是一些人的父亲，对于其他人，他只是个继父。最好把问题留给占星学家吧，我认为对于他们这是个容易解决的任务。但我们怎么办？让我们去敬奉防灾之神派安（Paen）、平分之神（Sharing）——她实际是位女神——和行走于大地上的惩罚女神（Retribution）吧！主神（the godhead）从后面吹过一股垂爱之风，向人类表示敬意。虽然凡人生活美满，但突然来临的一股狂飙会把自夸的财富和骄傲的好运一扫而光。到那时，谁又能将这些从地下深处吐回给你呢？"①

关于这首诗，学界有两种解释。塔恩（W. W. Tarn）认为这首诗出现于斯巴达国王克利奥蒙尼（Cleomenes）的改革在伯罗奔尼撒引起连锁反应之时，塞尔西达斯正在劝告他的同胞（统治阶级）向穷人

---

① 转引自 D. R. Dudley, *A History of Cynicism*, p. 79.

施舍,否则社会革命将会降临到他们头上,他们的财富也会被夺去。① 但达德利不同意他的观点,认为塞尔西达斯不是作为统治阶级的一员,而是作为财富不均等的受害者一员来说话。因为其中两次提到要把那些浪费的财富给我们,要求公平的天平向我倾斜。这里的"我们"和"我",指的是包括塞尔西达斯在内的受压迫一方。因此,这首诗反映了社会下层阶级的呼声,说明犬儒派是他们的代言人。这首诗不仅诅咒了为富不仁的富人、高利贷者,抨击了不主持正义的、令人失望的奥林帕斯山诸神,还特别提到了"人类的渣滓布利基亚人",这或许是指当时正插手伯罗奔尼撒政治事务的马其顿人。② 如果如此,则塞尔西达斯的政治指向更为明确。他寄希望于三位新神,特别是平等女神与惩罚之神,显然表达了犬儒派对社会公平的追求和对社会不平的怨恨。最后一句则是对那些自以为受到命运之神偏爱的人们的警告:荣华富贵,瞬间即逝;高官厚禄,转眼易手;"幸运"之子们,不要高兴得太早!

(三)特殊情况下可以对现实政治适度妥协与参与

犬儒派抨击现实政治,但并不排除在适当的时候以适当的方式参与城邦政治事务。这似乎是一个悖论。其实,如前所述,犬儒派主要反对现行的政治法律制度、现存的社会不平。他们并不是不要社会,不要城邦,他们追求的是更高层次上的社会、国家、政治、法律。第欧根尼这位现行政治的彻底反对者就曾谈到社会、城邦、法律三者之间的关系:没有法律,社会不可能存在。没有城邦,人们就不会从文明社会中得到好处。但城邦是文明的产物,没有城邦,法律就无任何益处可言。因此,法律也是某种文明化的社会存在。③ 这段话虽然在译时语义有碍,但意思还是清楚的,即三者缺一不可,

---

① S. A. Cook, F. E. Adcock, and M. P. Charlesworth, eds., *The Cambridge Ancient History Vol.* Ⅶ: *The Hellenistic Monarchies and the Rise of Rome*, Cambridge: The University Press, 1928, p. 755.

② D. R. Dudley, *A History of Cynicism*, p. 80.

③ Diogenes Laertius, *Lives of Eminent Philosophy*, 6. 72.

相互联系,相互依存,都有存在的必要。从第欧根尼所设计的共和国理想来看,它也不是无政府、无制度、无秩序的自为混沌世界(详见第三章)。而且,犬儒派可以标榜无祖国,不参与城邦政治,但实际上他们对现实政治的批判本身就是一种政治行为,只不过以破坏代替建设、以评论代替实践、以理想代替现实罢了。

正是由于犬儒派反对现行政治又不脱离现实社会,所以在特殊的环境下,有的犬儒派改变了对待现实政治的方式,即从根本上否定它,但从现实上改造它、参与它,以实际行动为城邦服务,与统治者周旋,他们是实践的犬儒。这一方面的转化是从克拉底开始的。克拉底晚年接受雅典人邀请去会见马其顿国王以解除雅典之围,是与他的犬儒派方式向温和方向转化趋势一致的。自他之后,犬儒参与政治事务已不罕见。彼翁与马其顿国王私交甚笃,关系密切,多次到马其顿的都城培拉(Pella)拜访国王。国王对他也礼遇有加。临死前,彼翁需要人伺候,国王送了两个仆人供他使用。① 死后,国王还亲自参加了这位老顾问的葬礼。② 二人的朋友关系使人不得不把彼翁划入宫廷哲学家之列。相对于前面的几位,塞尔西达斯倒是个真正为城邦服务的犬儒。一方面他对现实社会不平极为不满,大加抨击,另一方面又积极投身城邦政治,集使者、将军、立法者于一身。由于塞尔西达斯的从政,引起了关于他是否犬儒的怀疑。从思想特征上看,塞尔西达斯是犬儒,但从行为方式上看,又似乎与犬儒无缘,与其说他是一位第欧根尼式的犬儒,倒不如说他是一位伯里克利式的爱国者。公元前3世纪的希腊与公元前4世纪的希腊不可同日而语,犬儒也不可能都是第欧根尼的模式,时过境迁,物是人非,表现自然不同。当一个有责任心的犬儒的祖国陷入危机之时,是袖手旁观、横加指责,还是从道义上去拯救它,恐怕还是后一种选

① Diogenes Laertius, *Lives of Eminent Philosophy*, 4.54.
② D. R. Dudley, *A History of Cynicism*, p.63.

择更理智吧！罗马帝国时期,城邦不复存在,但某些犬儒的热情不减,他们介入宫廷政治,有的得意于一时,有的则成了牺牲品。活动于公元1世纪后期到2世纪初的狄奥因参与宫廷斗争受迫害成为犬儒派,但在流放的十四年间并未放弃对政治的关心。当他的宿敌图密善皇帝被谋杀、新皇帝涅尔瓦继位的消息传出后,他正逗留在一座远在边地的罗马军营中。士兵们闻讯哗变,因前者在军队中颇得人心。在这关键时刻,狄奥扔掉他的犬儒伪装,站在士兵面前,不是以一位乞讨者,而是以一位哲学家的身份,发表了一通演说,斥责了被谋杀的皇帝,以个人的经历赞扬了继位者,最后成功地平息了这场骚乱。从此他结束了犬儒生涯,成为涅尔瓦和图拉真(Trajanus)两位皇帝的座上客。

如此看来,犬儒面对现实政治必然作出自己的反应,只不过方式不同而已。第欧根尼式的坚决反对体现了犬儒本色,令人敬仰,但难以长久保持,塞尔西达斯式的适时参与有悖于犬儒原则,可以理解,但长此以往,势必使犬儒运动蜕化变质,最后有名无实,甚至名实俱亡。古希腊罗马的犬儒史就证明了这一点。

二、犬儒派的宗教观

从犬儒派否定现实社会的根本立场出发,宗教活动作为古希腊罗马社会的一个重要文化现象,自然遭到这一派的一致反对。他们对社会上流行的宗教信仰、宗教仪式、宗教活动,从整体上看,均持批判态度,甚至他们对诸神的存在也产生了怀疑。然而,他们在反对现实宗教的同时,却在建构着一种新的宗教,他们在否认希腊罗马多神教的同时,却在树立着自己的"一神教"形象,他们在否定神谕、预言的同时,却以一种神意所推动的使命感,去设计未来的"天国"理想。他们生活方式上的禁欲苦行,行为方式上的惊世骇俗,对社会的全然否定,对世态人情的无情讽刺,对乌托邦理想的痴迷追求,以及狂傲自大、目空一切、一意孤行、唯我独清的变态心理,实际上都是某种非理性的宗教情感的流露。"犬儒派结果变成了他们世界内的唯一的真正的宗教人,因为他将自己献身于使其他人成为具有真正的宗教意识的人的事业。"①纳维亚的评价应该说是比较恰当的。

（一）疑神而非无神

犬儒派提倡一神,引入新神,核心是对社会中人们赋予诸神的信仰价值表示怀疑,而非否定它们的存在。安提斯泰尼是犬儒派一神论(monotheistic)或泛神论(pantheistic)思想的首倡者。流传下来的他的原话是:"根据习惯,世上有许多神,但在自然上,只有一位神。"②这里提出了习惯(custom 或 convention)与自然(nature)的区别。习惯是相对的、人为的,每个民族和国家都有自己的习惯,也就有自己的神,甚至每个人、每个家庭、家族、村社都会有自己信仰的神。因此,各种各样神的存在是必然的。但从自然的角度看,万物都是大自然的恩赐,诸神之上必定有一个普遍的、具有最高权威的神。一神论的思想的萌芽也是必然的。其实就是在希腊神话中,也有一位人格化的主神——宙斯,只不过他的权威常常受到挑战罢了。在智者时代,相对主义、怀疑主义、感觉主义盛行,对看不见、摸不着的诸神存在与否产生了疑问,但智者派未提出一个更高的实在存在于我们之上的思想。这一思想由苏格拉底提出了。他相信冥冥宇宙之中,有上帝(God)或某种形式的神祇的存在。③ 他说,从幼年起就有一种声音降临于他的心中,这个神不时向他发出警告,甚至极小的事如不应做,也阻止他。④ 这个神不是通常认为的希腊诸神之一,而是直接达于他心灵的新神。正是受智者派、苏格拉底的

---

① Luis. E. Navia, *Classical Cynicism*, p. 28.
② Luis. E. Navia, *Classical Cynicism*, p. 61.
③ 参见 A. E. 泰勒:《苏格拉底》,赵继铨、李真译,第 156 页。
④ Plato, *Apology*, 31D, 40A.

影响,安提斯泰尼才提出比较清晰的一神论观点。一神论的影响是深远的,在前引的塞尔西达斯的残篇里,他多次用到 God 这个单数词,使人感到他心目中有一位最高权威的神,它应该而且能够主宰世间的一切。

但是,这位最高神太令塞尔西达斯失望了,其他的正义之神、太阳神、法律女神,甚至主神宙斯也都不能主持正义、公平,"我们怎么办?"只有引入新的神灵,祈求他们的保护。于是创造出了防灾之神、平分女神、惩罚女神。抱怨旧神,引入新神说明塞尔西达斯承认诸神的存在。

第欧根尼也非无神论者。他说"万物属于诸神,智者是诸神之友"①时,实际上也承认了诸神的存在。一位药剂师问他是否相信诸神的存在,他说:"当我看到一个像你这样被神遗弃的家伙,我怎能不相信他们呢?"②虽是反唇相讥,也反映了他对神扬善弃恶作用的承认。

据第欧根尼·拉尔修,公元前 3 世纪的犬儒梅涅德姆斯曾假扮复仇女神(Fury),说他从冥界而来,了解人们所犯罪过,然后回去向她们禀报。(6.102)

彼翁曾经告诫人们,不要向上帝(God)和诸神求助,因为他们不存在,但在生命垂危之时却转向了宗教,希望以丰盛的祭品来满足诸神的鼻孔,求得他们的保佑③。

德米特里奉行严格的犬儒主义,但承认神意(the will of God),主张无条件顺从它。④

柏里格利诺斯自焚前梦见宙斯,自焚时向父母的亡灵祈祷。⑤

值得注意的是犬儒派的理想人物和崇拜偶像赫拉克勒斯本人

① Diogenes Laertius, *Lives of Eminent Philosophy*, 6.37.
② Diogenes Laertius, *Lives of Eminent Philosophy*,6. 42.
③ Diogenes Laertius, *Lives of Eminent Philosophy*, 6. 55–57.
④ D. R. Dudley, *A History of Cynicism*, p.127.
⑤ Lucian, *The Passing of Peregrinus*, 26, 36.

就是一个半人半神的英雄。

凡此种种，都说明犬儒派不是彻底的无神论者，而是对习惯上认可的某些神表示怀疑，且试图以新神取代之，并对他们认可的神深信不疑。

（二）对现实宗教活动持否定批判态度

这是犬儒派反宗教观的具体体现。凡是有关宗教的种种活动如秘仪、献祭、还愿、请示神谕及对这些活动神秘作用的盲信，都在犬儒派斥责之列。

古希腊的宗教活动从开放角度上看，可以分为两种：一种是属于全希腊人的或各城邦的公共宗教活动，一般在一些重大的宗教节日由城邦或神庙所在地组织举行，它是公开的，向所有公民开放的，奴隶、外邦人也未见被排斥的记载，至少作为一般参与者或旁观者还是可以的。另外一种是由民间某些教派团体秘密组织进行的，只允许入会者加入，而且其仪式活动细节及意义不许外传，因此被称为"秘仪"。这些秘仪的精神实质是满足人们对死后的关心，其中最著名的是雅典的埃琉西斯（Eleusis）秘仪，影响最久远的是奥尔弗斯教。凡秘仪参加者都要举行一定的入会仪式，然后才能成为该组织的正式成员，参加其他活动。能否入会是死后灵魂能否解脱、再生的关键。埃琉西斯秘仪重视入会，认为入会就可确保来生。奥尔弗斯教则认为入会仅是成神得救的第一步，重要的是以后要过一种纯洁的生活，经终生努力，才可减少或避免轮回之苦。[1] 对于这种排外性的、重表现形式的秘仪，自然难逃犬儒派的讥讽。据说，一位奥尔弗斯教的祭司告诉安提斯泰尼，那些被允许参加秘仪的人死后会在地府得到许多好处。他当即反问道："那么你现在为什么不去死呢？"[2]这是对骗子的致命回击。以其人之道，还治其人之身，与我国

---

[1] 关于二者在入会式意义上的区别，参见杨巨平：《奥尔弗斯教及其主要影响》，《历史研究》1993 年第 3 期。

[2] Diogenes Laertius, *Lives of Eminent Philosophy*, 6. 4.

古时西门豹将巫婆扔入河中去见河神之举极为相似,只不过安提斯泰尼只能冷嘲而已。对于秘教入会式,第欧根尼也予以痛斥。有些雅典人劝他入会,告诉他在另一个世界内入会者享有特权。他回答说:"这是荒谬的,如果阿格西劳斯(Agesilaus)和伊帕密南达(Epaminondas)死后居住于泥沼之中,而那些无名之辈仅仅因为入会却生活于福岛(the Isles of the Blest)之上。"①阿格西劳斯是公元前4世纪上半期的斯巴达国王,曾在小亚大败波斯军。伊帕密南达是和阿格西劳斯同时代的底比斯名将,曾于公元前371年琉克特拉战役中大败斯巴达军队。这二人都是希腊人公认的名人、伟人,难道就仅仅因为未入会而死后受罪吗? 那些无所作为、默默无闻的人就因为入会而永享清福吗? 第欧根尼一语中的,揭露了宗教的虚伪与荒唐。

神人之间具有极其密切的关系,不仅同形同性,而且诸神时刻关注着人间的一切。从荷马史诗中,我们可以看到诸神如何介入人事而引起了一场长达十年之久的特洛伊(Troy)战争。那么,神人如何相通呢? 怎样才能求得神的庇护与帮助呢? 向自己所求的神献祭、祈祷、还愿感谢是希腊人从荷马时代就普遍流行的方式。其实,这种通过献祭、祈祷向神求助的方式在各古代文明及宗教中都普遍存在。这种与神相通的途径一般有两种,一种是个人直接向冥冥诸神求助,得到的是自我安慰和满足。另一种是通过祭司求神指示,神人之间有一中介人,得到的似乎是神的直接答复。在古希腊,这两种方式兼而有之,而且由于希腊信奉多神,所以个人通过贡献祭品向神祈求,就成了与神相通的主要形式。然而,超凡脱俗的犬儒派对此不以为然,表示怀疑。有的父母向神献祭、祈求让他们生一个儿子,第欧根尼说:"那你们怎么不通过献祭祈求神,保证你们的

---

① Diogenes Laertius, *Lives of Eminent Philosophy*, 6. 39.

儿子将来会成为一种什么样的人呢?"①因在他看来,即使神让你生个儿子,也不能保证他将来长大后如你所愿。这里还隐藏着对这些父母的讽刺,只考虑生儿子,而不考虑将其培养成什么人。按照一般人的看法,祭品越多神会越高兴,似乎神的保佑可由祭品等价换来,彼翁临死前不就转回到这个怪圈之中了吗? 但在对宗教始终如一大加反对的第欧根尼看来,祭品的多与少都无济于事,都是愚蠢之举。他对那些试图以少许祭品换取神的宽恕的人说:"不幸的人啊,你难道不知道,如同你不能去掉你的语法错误一样,凭一点点祭品怎能消除掉你的行为错误呢?"他总是谴责那些祈祷者,说他们祈求的那些事似乎对他们是好事,但未祈求那些对他们是真正的好事。② 当有人对萨摩色雷斯(Samothrace)神庙的还愿祭品之多表示惊讶时,他冷语相对道:"如果那些没有得到拯救的人也上供还愿,那它将会更多。"③求神时本来就目的不纯,偶尔如愿又愚蠢地向神感谢,却不知所有的祈求都不可能真正灵验,因为诸神的存在本来就令人怀疑。公元 1 至 2 世纪之交的犬儒德莫那克斯因拒绝向雅典娜献祭而被控渎神。④ 当有人劝德莫那克斯到神庙为他的儿子祈祷时,他拒绝了,理由是那位神是个聋子,不论我们在哪儿,他都听不见我们的祈祷。⑤ 彼翁一生中绝大部分时间都是个坚决的无神论者。他把上帝和诸神看作不正当的虚构,把神庙、祭仪看作无意义的创造。他甚至连神庙也不愿看一眼,经常嘲讽那些向神献祭的人。一般人希望神能惩罚坏人,善恶有报,但这样的报复往往会殃及坏人的家属。希腊神话和悲剧中包括了不少这样的例子。如受命运之神捉弄的俄狄浦斯王,他本人的悲惨命运实属他父亲所请求的神谕所导致。可是,这个可怜的孩子却成了弑父娶母之命运的牺

---

① Diogenes Laertius, *Lives of Eminent Philosophy*, 6.63.

② Diogenes Laertius, *Lives of Eminent Philosophy*, 6.42.

③ Diogenes Laertius, *Lives of Eminent Philosophy*, 6.59.

④ Lucian, *Demonax*.

⑤ Lucian, *Demonax*.

牲品。对于诸神这类荒唐行为,彼翁严加抨击,他说:"神在惩罚一个坏人的孩子时,比一个医师在给祖父或父亲治病时却向孙子或儿子下药更为荒谬可笑。"①对于如此残忍、如此平庸的神,人们有什么理由要尊敬他们呢?他在一次论辩中证明,人人渎神,但又无一人渎神。万物属于神。人们把属于神的东西据为己有是渎神,但人们盗窃财物,又非渎神,因为这只不过把属于神的东西从一个地方转移到了另外一个同样属于神的地方而已。②

通过祭司中介请求神谕(oracle)是希腊人与神相通的另外一种方式。神谕即神对人事的指示或预言。神谕由神谕所(Oracle)的祭司根据请求者陈述的情况与愿望发出,一般语义含糊、模棱两可、似是而非,可作多种解释。每个神谕所敬奉一位神,祭司是神的代言人。所谓神谕,实际是祭司之谕。神谕所的知名度取决于所发神谕的灵验度。古希腊最著名的神谕所是德尔斐的阿波罗神谕所和多多那(Dodona)的宙斯神谕所。从希罗多德和修希底德与古典作家的记载看,向神请求神谕始于荷马时代,流行于古风、古典时代和希腊化时期,甚至在罗马帝国时期也仍在延续。对于这样把大至邦国内政外交,小至个人生活的指导寄希望于几尊雕塑的神像和几个故作聪明先知的祭司的宗教观念与活动,受到犬儒派的攻击是可以理解的。第欧根尼、彼翁、德莫那克斯等对献祭祈祷的嘲讽,实际上也包含了对神谕的否定。在琉善的《死人对话集》中,美尼普斯向主持神谕所的两个祭司发出责难和辱骂,说他们伪称自己知道未来,能向任何请示的人发出预言,从而骗取了人们对他们的敬之如神。他表示将要到他们的神谕所去告诉人们,这两个祭司正如我们一样已经死去,他们唯一超过我们的就是他们能胡言乱语(false pretences)。③

---

① Plutarch, *The Dining Vengeance*, 561C.
② Seneca, *On Benefits*, 7. 7. 1‑2.
③ Lucian, *The Dialogues of the Dead*, 338‑340.

批判神谕最彻底的是公元 2 世纪的犬儒奥诺莫斯。他写过一部专门攻击神谕的作品《被暴露的骗子》。仅存的片段包括三部分内容：其一，对著名神谕的分析，说明它们毫无价值；其二，记述他本人在克拉罗斯（Clarius/Claros）阿波罗神谕所的经历；其三，对预言可能性的驳斥。德尔斐神谕所是他讥讽的对象，它的神谕被认为是荒谬的，无价值的。他把神谕分作两类，一类是对未来的预言，如对吕底亚国王克洛伊索斯的回答，①或对雅典人和斯巴达人在希波战争中的暗示；②另一类是建议性的，如给斯巴达改革家来库古的那种。③ 第一类是表明神对未来不可知，只说些机智的话，可以用于任何一种可能性；第二类神的建议"或是老生常谈，或是无所伤害"。对于有些并不平庸的神谕，他却说是有害的，因为他们答应像特阿真尼（Theagenes）④这样愚蠢的运动员的不朽，或者亲近像库普赛洛斯（Cypselus）⑤这样的僭主。这里也可看出他反僭主、反运动员的

---

① 这是指德尔斐神关于吕底亚国家前途命运的神谕。公元前 6 世纪后期，波斯人日益强大，吕底亚国王克洛伊索斯深感不安。他多次派人向德尔斐神庙请求神谕。第三次得到的神谕是："一旦在一匹骡子变成了美地亚（Media）国王的时候，那时你这两腿瘦弱的吕底亚人就要沿着沿岸多石的海尔谟斯河（Hermes）逃跑了，快快逃跑吧，也不要不好意思做一个卑怯的人物呢。"由于错解神谕内容，以为得到了神的支持，于是克洛伊索斯首先向波斯人发起进攻。结果惨败，城破国亡，自己做了俘虏，险被放在柴堆上烧死。当波斯国王居鲁士问他，是谁指使攻打他的国家，不做他的朋友而做他的敌人时，克洛伊索斯将此归咎于希腊的神。详见 Herodotus, *The Histories*, I. 46－55，71－87；希罗多德：《历史》，王以铸译，第 21—25，35—45 页。
② 希波战争中，希腊人多次请求神谕指点，特别是在公元前 480 年波斯人第二次大规模入侵希腊时，雅典人围绕来自德尔斐神谕所的神谕，理解分歧。最后地米斯托克利（Themistocles）的解释占了上风，且最后证明是灵验的。即谕言中的"木墙"应指船只，雅典人将在海上作战获胜。萨拉米斯（Salamis）海战的胜利决定了希腊人在希波战争中的最终胜利。详见 Herodotus, *The Histories*, 7. 140－143；8. 96；希罗多德：《历史》，王以铸译，第 518—520，598 页。
③ 来库古（Lycurgus）是斯巴达早期著名改革家。据希罗多德引用的一种说法，他曾到德尔斐神谕所请求神谕。神"向他宣托了一整套斯巴达人到今天还遵从的法制"，从而使斯巴达人"成了一个享有良好法制的民族"。详见 Herodotus, *The Histories*, I. 65－66；希罗多德：《历史》，王以铸译，第 30—31 页。Plutarch, Lycurgus, V.
④ 特阿真尼其人不详，似不是追随柏里格利诺斯的那位犬儒。
⑤ 库普赛洛斯，科林斯僭主，约公元前 655—前 625 年连续 30 年执政。他是在德尔斐神谕的支持下，推翻后来统治科林斯的巴奇亚德（Bacchiads）家族而成为僭主的。关于他的神谕详见 Herodotus, *The Histories*, 5. 92；希罗多德：《历史》，王以铸译，第 388 页。

犬儒倾向。

奥诺莫斯从反神谕的立场出发,进而对前定论进行了否定,他认为,不论是神还是人都不能预知未来,如果这样,人们就失去了选择的余地。如果神知未来,那将来已被确定,且不可改变,因为神不会犯错。若是这样,那请求神谕还有什么用呢? 人类的行为只能由我们自己的愿望和外部环境决定。无论是上帝、诸神,还是占卜者、神谕都不能知道未来,因为未来最难确定。

但在此之前他对神谕抱有希望。据说,当需要学习哲学苦于求师无门时,他就去克拉罗斯阿波罗神庙请求神的指示,结果大失所望,因为神对他和一位商人说了同样的话:苦尽甘来。他认为,这个神谕对抢劫者、士兵、情人、拍马屁者、修辞学家等都同样适用,因为他们人人希望苦尽甘来,大难之后有快乐。[①] 正是这次失望经历坚定了他反神谕的决心。

在另一部著作《一条狗的个人启示》里,奥诺莫斯进一步否定了祭司、神谕的中介作用。他宣称,他已经从上帝那里直接领受到了指导人类的原则,即由他这个被称为“狗”的人向世界宣布最终真理。占卜者、神谕所女祭司、神庙祭司、圣书在神人沟通上都不需要。不需任何中介,上帝可直接与人相通,正如神与他本人直接相通所证明的那样。[②] 神人直通,我们似乎听到了路德宗教改革的先声。这是对传统宗教的彻底否定,因为如果按照他的观点,未来不可知,人类愿望可自由选择,个人可与神直接交流,那就会出现诸神统治的结束,整个希腊罗马的宗教大厦就会倾塌。无怪乎朱利安把这个他所认为的“无教养的犬儒”称为“一切人事与神事的嘲笑者”。[③]

---

① 参见 D. R. Dudley, *A History of Cynicism*, pp. 163 – 168;Luis. E. Navia, *Classical Cynicism*, pp. 172 - 174. (片段散见于 Eusebius, *Praeparatio Evangelica*)。
② 参见 Luis. E. Navia, *Classical Cynicism*, p. 172.
③ Julian, *Oration*, 6. 199A.

奥诺莫斯是犬儒派中试图从理论思辨的角度对现实宗教活动与观念进行分析批判的第一人,比起其他那些仅以一两句粗暴的讽刺挖苦的语言表示不满的犬儒来,他的批判显得有理有力、有根有据、切中要害。尽管每个犬儒都是同一特质的犬儒,"犬儒主义绝非安提斯泰尼主义(Antisthenism),也非第欧根尼主义(Diogenism)"[1],不同时期不同犬儒的宗教观会有所不同,表现方式、程度也会有异,但他们对现实宗教的总体批判倾向是一致的,这是他们对现实社会的批判怀疑立场所决定的。

三、犬儒派的社会价值观

这里的价值观是指犬儒派对某些具有普遍性的社会、人生问题所持的看法和态度,如金钱、财富、知识、教育、世态人情、苦乐生死等。之所以使用"价值观"一词,是因为犬儒派在这些问题上用与众不同的价值判断标准进行褒贬评说,从另外一些侧面反映了他们愤世嫉俗、与社会对立的情绪。

(一) 犬儒派的金钱财富观

鄙视金钱财富,诅咒贪婪无道,甘于清贫简朴,满足精神富有,是犬儒派在这一问题上的基调。

相对于原始社会生产力极其低下、人们共同劳动所获除集体平均消费之外几乎无所剩余的公有制,私有制和阶级的出现曾是社会进步的标志和动力。但私有制的发展以及客观上带来的社会进步却是以剥夺广大下层劳动者(包括奴隶、农奴、农民、工人)的利益为代价的。而且,由于私有制的刺激出现的物欲、贪欲的膨胀以及由此引发的社会问题,如贫富两极分化、暴力掠夺和战争,更使人们对私有制的负面作用深恶痛绝,以至将其称为"万恶之源"。然而,私

---

[1] 奥诺莫斯语,引自 Julian, *Oration*, 6.187B-C.

有制在剥削阶级占统治地位的社会又是客观存在的。因此，金钱，这个私有制社会财富、地位的价值衡量手段，就成为世人孜孜以求的目标。谁拥有了金钱，也就拥有了一切，这在古希腊罗马社会，如同在其他社会一样，是个违背理性但又为普遍认可的常识。金钱至上的直接结果是道德的沦丧、人性的泯灭、社会的动乱。公元前6世纪后半期的提奥斯（Teos）诗人阿拿克瑞翁（Anacreon）就认为金钱破坏了人们生活的和谐："为了它，便没有了兄弟；为了它，亲人不和睦；为了它，杀伐，战争；而且，最可怕的是——我们，彼此相爱的人，也往往为了它而相杀。"①公元前4世纪以后，随着城邦制的衰落，财富急剧积聚在少数人的手里。贫富悬殊，社会矛盾扩大，统治阶级唯恐发生革命。科林斯会议上竟然宣布私有财产不可侵犯，严禁重分土地，取消债务，解放奴隶。公元前3世纪斯巴达王阿基斯四世（Agis IV）和克利奥蒙尼三世的改革以及由此引起的阿卡亚同盟内部的混乱，都是以重分土地、废除债务为中心。② 可见，在早期犬儒派时代，财富不均已成为严重的现实问题。他们弃绝物欲，鄙视财富，甘愿清贫，实则是对这一现实问题作出的回应。

安提斯泰尼早在跟随苏格拉底之时，就形成了自己对金钱、财富的独特看法。他认为，金钱是万恶之源，对财富的贪欲导致了战争和不幸，使人们行为变态，成为追财逐利的"病夫"。他本来可以过较为富裕的生活，但却选择了贫穷，满足于眼前所有。他把"思想财富"看得比其他任何东西都更有价值，不仅引以为豪，而且乐意与他人分享他的"财富"。③

第欧根尼也认为对金钱的热爱是万恶的母邦（mother-city of all evils）。④ 坏人服从他的贪欲，就像仆人服从他的主人。⑤ 有人问，

① 转引自塞尔格叶夫：《古希腊史》，缪灵珠译，第205页。
② 参见 Plutarch，*Agis*，*Cleomenes*。
③ Xenophon，*Symposium*，4. 43.
④ Diogenes Laertius, *Lives of Eminent Philosophy*, 6. 50.
⑤ Diogenes Laertius, *Lives of Eminent Philosophy*, 6. 66.

金子为什么暗淡无光,他的回答是:"因为有如此多的贼对它想入非非。"①对于那些执迷不悟、为金钱奋斗到生命的最后时刻的人,他的劝告是:"为什么要守住你的金子,你这浑浑噩噩的傻瓜,为什么在即将赤条条踏入黄泉之路时,还要折磨自己,去计算利益,积攒金钱呢?"②因为不论生前贪欲如何,死后都只是白骨一堆、幽灵一个,甚至穷人在阴间比富人活得更快活,因为富人悲叹他们失去了辉煌昔日,而像第欧根尼这样的穷人不仅无此悲伤,还可对他们嘲弄不止。为此他劝告那些为自己生活贫困而遗憾的穷人不要哭泣、不要悲伤,因为死后人人平等。③ 琉善为第欧根尼等犬儒派代表人物设计的这些对话内容,绝不是说犬儒派同其他大多数宗教一样,把生前的希望归于死后的实现,而是借此警告那些作威作福、唯利是图、视钱如命的富人、守财奴、吝啬鬼,生前的一切死后都将不复存在,留下的只是悲哀与遗憾。为此,人生不应以追求财富、聚敛金钱为目的,而应像犬儒一样,过一种简单的、追求美德的生活。

放弃财富,甘愿贫穷,克拉底是典型一例。他本来拥有高大宽敞的住房、华贵的衣着、出产丰富的土地,但都统统被他放弃。他四处流浪,居无定所,食无保证,仅剩的衣服也常常难以按节令更换,以至喜剧诗人菲力门(Philemon)说他:"夏天穿着厚厚的外套,冬天穿着破烂的衣服。"④他展示给那位富家小姐的全部所有除了佝偻的身子,就是那几件脱下的破衣衫了。从一巨富到一名乞丐或犬儒,克拉底以实际行动填平了贫与富的鸿沟,用精神的富有代替了物质的富有。他之所以这样做,是因为他看透了财富的本质,认为那只不过是虚荣心的猎物。⑤ 真正的财富是智慧(wisdom)、独立

---

① Diogenes Laertius, *Lives of Eminent Philosophy*, 6.51.
② Lucian,*The Dialogues of the Dead*, 333.
③ Lucian,*The Dialogues of the Dead*, 334 – 335.
④ Diogenes Laertius, *Lives of Eminent Philosophy*, 6.87.
⑤ Diogenes Laertius, *Lives of Eminent Philosophy*, 6.86. 参见 *The Greek Anthology*, 7.326.

（independence）、真理（truth）、直言（plain speaking）、自由（freedom），而且他认为他从安提斯泰尼和第欧根尼那里继承来的这样的"财富"要比波斯帝国重要得多。①

但是，不可能人人皆成为犬儒。因此，对于那些贪婪敛财的行为，对于物欲横流的现实社会，犬儒派不惜以咒骂代替了讽刺，归于塞尔西达斯的一首诗表现了他晚年的愤世心态。

> 现在没有一个人哪怕是向人类本性瞥上一眼而不诅咒人类的。……羞耻正远离人类而去，无处把它看作还是一种美德，人们像旋风女神哈皮斯（Harppies）那样用锋利的手指从每一块石头中寻求可耻的收获。每个人都这样跑去掠夺，跳入水中，游向他的猎物，毁灭同伙、兄弟或妻子，却保持自己非常肮脏的生活。对于他们，没有什么是神圣的，大海在这些人的脚下践踏，大地被他们扬帆而过。② 他们说："我的朋友，去掠夺吧！夏天、冬天都一样，从一切地方尽量获取吧，不要对任何人感到敬畏和羞怯，因为他只会因此而嘲笑你。……如果你是穷人，甚至你的母亲也会恨你；如果你是富人，甚至神也会爱你；但是如果你贫穷，甚至你的亲戚也不会爱你。"我的同伙啊，我咒骂人们现在过的生活，痛恨所有这样生活的人，我总是恨他们，因为这些人已经颠倒了生活，直到今日仍神圣的正义已远去而不可召唤。……如此贪婪的诱惑仍存在在他们的灵魂之中：他们到处攫取搜刮，这里没有亲属，没有朋友，只有追求利益的冒险。……我好奇怪，一个人在这些野兽中如何生活。因为在他们当中，生活是难以为继的。③

野兽遍地，人何堪生，塞尔西达斯的感慨既反映了犬儒派对现

---

① lucian, *The Dialogues of the Dead*, 378.
② 原文如此，估计塞尔西达斯意在讥讽这些人的贪婪无道。
③ 转引自 Luis. E. Navia, *Classical Cynicism*, p. 165.

实的无奈,也表现了对世道人心的担忧,更表达了犬儒派对金钱财富贪婪之心的憎恨。

有的人为追求财富不择手段,拥有财富又极为吝啬。在犬儒派看来,这种守财奴实际上并没有得到财富,而是财富拥有了他。[①] 有了金钱如何使用,是用之于高尚,还是用之于卑鄙,广泛流传的归于克拉底的"日记账"(day-book)诗作显然是对富人的反语讽刺。"记下:10 个明那(mina)雇个厨子,1 个德拉克马(drachma)请医生,5 个塔兰特(talent)给谄媚者,辩护人一文不给,1 个塔兰特给妓女,3 个奥波尔(obol)给哲学家。"[②]根据古希腊币制,1 塔兰特=60 明那,1 明那=100 德拉克马,1 德拉克马=6 奥波尔。在这个富人眼里,孰轻孰重,截然分明。谄媚者、妓女被置于头等地位,可怜的哲学家却最不值钱,几乎一文不名。但在犬儒派看来,他们奉行的思想原则才是最高尚的,是最高价值的"货币"。

(二) 犬儒派的知识、教育观

犬儒派以哲人自居,成为犬儒前大都受过良好的教育,成为犬儒后也常常有门徒、追随者求教,许多犬儒都有著述问世,因此,按照常理,犬儒派应该尊重知识,重视知识取得的手段——教育的作用。然而,从不完整的材料来看,犬儒派恰恰是反知识和反教育的。当然他们反对的是世俗的知识"奢侈化"和教育的不完善。

反知识的倾向以第欧根尼的表现最为强烈,莫尼姆斯的否定最为彻底。

第欧根尼的反知识态度与他的反物质态度相一致,都是对现实社会的否定。在他看来,知识、学问、研究,如果没有大的实用价值,就不仅无用,而且有害。修辞学是一种无意义的文字游戏,人们从中学会错误地使用语言,他把修辞学家称为"非常可怜"的人。[③] 他

---

① Diogenes Laertius, *Lives of Eminent Philosophy*, 4. 50.
② Diogenes Laertius, *Lives of Eminent Philosophy*, 6. 86.
③ Diogenes Laertius, *Lives of Eminent Philosophy*, 6. 47.

总是责备那些荷马史诗的研究者对自己的病茫然无知,却去探究俄底修斯的病情,那些音乐家们丢下自己混乱的灵魂不管,却去调整琴弦,数学家们对身边的事视而不见,却盯着太阳和月亮不放,那些演说家们(orators)大谈特谈正义的高尚,却从来不去身体力行。① 甚至对知识的产物——计时器也要贬低它的作用,说它的唯一目的就是让人们不要误了时间用餐。②

第欧根尼的反知识倾向还表现在他与柏拉图的冲突中。他对这位谋求虚荣的哲学家本来就没有什么好感,曾把听柏拉图的课斥为浪费时间。③ 他和柏拉图在哲学上的冲突主要表现在对待思辨哲学如一般和特殊、抽象和具体的关系上。柏拉图坚持理想化的形而上学,试图用抽象的概念、术语概括事物的本质,而第欧根尼则从安提斯泰尼"定义不可能"的观点出发,坚持具体化的哲学态度,反对一般性的抽象概括。二人曾围绕柏拉图的"理念"(Ideas)④产生过争论。一是关于人的定义。柏拉图把人定义为:一个双足、无毛的动物。此说得到众人的喝彩赞同。第欧根尼不以为然,他把一只家禽拔掉毛,然后带到众人面前说:"这就是柏拉图的人!"⑤一是关于桌子和杯子的理念。当柏拉图向人们大谈"理念"论,并使用具有共性意义的"桌"(tablehood)和"杯"(cuphood)这类抽象名词时,第欧根尼说:"桌子、杯子,我见过。但柏拉图,你的'桌''杯'我从来没见过。""这就对了,"柏拉图接着说,"因为你只有能看见可见的桌子和杯子的眼睛,但绝没有那种可以感知'桌'和'杯'的理解力。"⑥二人

① Diogenes Laertius, *Lives of Eminent Philosophy*, 6. 27 - 28.
② Diogenes Laertius, *Lives of Eminent Philosophy*, 6. 104.
③ Diogenes Laertius, *Lives of Eminent Philosophy*, 6. 24.
④ Idea,通常译为"理念",今有学者提出此译不妥,改译"相"。详见汪子嵩等:《希腊哲学史》第2卷,人民出版社,1993年,第653—661页。
⑤ Diogenes Laertius, *Lives of Eminent Philosophy*, 6. 40. 无独有偶,我国战国晚期的荀子也对人的概念作了解释。他特别指出:"人之所以为人者,非特以二足而无毛也,以其有辨也"。这里的"辨"指的是礼义等差,即强调人的社会性。见《荀子·非相》。
⑥ Diogenes Laertius, *Lives of Eminent Philosophy*, 6. 53.

冲突的要害在于现实生活需要不需要思辨哲学,需要不需要抽象概括。一般从具体中抽象,共性寓于个性之中,但一般不能代替具体,共性不等于个性。柏拉图对人的定义不完善,只注意了人的外部特征,而未注意到人与其他动物的本质区别,因而被第欧根尼抓住了尾巴。但定义的不完善并非定义不需要、不可能,这是普通的哲学常识。桌子、杯子的定义也是如此。任何关于二者的定义都不可能完全与具体的某张桌子、某只杯子相符,但人们在辨别事物时,总有某种共性的概念存在于头脑之中。当然,这种一般概念是从具体、特殊中抽象而来,并非先天存在,更不存在柏拉图所说的超越客观世界之上的"理念世界"。但第欧根尼的反思辨倾向也似乎太强烈了,依他之见,只能出现知识的虚无、哲学的倒退。

如果说,第欧根尼和某些犬儒派一样在放弃对逻辑学和物理学研究的同时,把全部注意力转入了伦理学,那他的反知识仍是不彻底的。然而,在他的学生莫尼姆斯那里,这种倾向走到了极点。莫尼姆斯竟然宣布,人类的一切假定、设想全都是虚幻。[①] 他写过两本书(《论冲动》和《对哲学的劝告》),但无一流传。根据兰金、纳维亚等学者从旁证材料中得出的结论,可知他这两本书的基本观点:人类的一切知识都是虚幻的,即 τυφος(迷惑于人事外物)意义上的虚幻,理性与思考都不能使我们理解世界或我们本身,因为知识和真理只有通过冲动或本能才能得到。因此,我们什么也不知道,世界的知识是非存在的,我们所有的经验都是虚幻的做梦而已。[②] 马尔库斯·奥勒留也暗示,莫尼姆斯说过,"一切皆为吾心所构。"

---

① Diogenes Laertius, *Lives of Eminent Philosophy*, 6.83.
② 参见 Luis. E. Navia, *Classical Cynicism*, pp. 150 – 151; H. D. Rankin, *Sophists, Socratics and Cynics*, p. 238.

(everything is but what we think it.)①这样,不仅知识,实际上其他任何一切都是虚幻的、不真实的。这是对现实世界的彻底否定,也表现了犬儒派对现实世界的绝望。

对世俗知识的反对带来对这种知识获取手段——普通教育的鄙视。从安提斯泰尼开始,犬儒派对普通教育的内容和作用不予认同。安提斯泰尼说过,一个可以自由选择的人最好不要学习文学,唯恐他受到外来影响而堕落。犬儒派主张放弃对几何、音乐、天文学以及所有这些方面的学习研究,因其无用和无必要。② 第欧根尼对一位举行演奏会的音乐家诵出了这样的诗句:"国与家的治理良好,不是靠竖琴上拨动的琴弦,或长笛的颤音,而是靠人们的头脑。"意即这些都是无用的技艺,没有学习、卖弄的必要。③ 莫尼姆斯也对现实教育误人子弟痛心疾首,深恶痛绝。他说,缺乏视力比受教育好。因为在前者的不幸之下,你倒在了地上,而在后者的不幸之下,你掉进了地狱。④

但犬儒派并不放弃自己的教育职责,他们言传身教,率先垂范,以真正的人自居,以所奉行的生活方式、遵循的处世原则、倡导的思想主张,一直在教育着他们的追随者和世人。在他们眼里,所有的人都是有"惑"之人,都应由他们来传道解惑。如果雅典是"全希腊的学校"⑤,那他们就自以为是希腊人的教师,或者是所有世人的教师。教育的目的不是为了培养几个犬儒派,而是为了全人类的新生。他们高傲自大、盛气凌人地训斥世人和天降大任于斯人的救世

---

① Marcus Aurelius, 2.15. 也有译为"He declared all human supposition to be illusion."(见 D. R. Dudley, *A History of Cynicism*, p. 41)。类似的名言可在米南德的喜剧《新郎官》(*The Groom*)中发现,前已引,详见 Diogenes Laertius, *Lives of Eminent Philosophy*, 6.83.

② Diogenes Laertius, *Lives of Eminent Philosophy*, 6.103-104, 73.

③ Diogenes Laertius, *Lives of Eminent Philosophy*, 6.104.

④ D. R. Dudley, *A History of Cynicism*, p. 41.

⑤ Thucydides, *History of the Peloponnesian War*, 2.41;修昔底德:《伯罗奔尼撒战争史》,谢德风译,第133页。

心态就充分证明了这一点。

（三）犬儒派的世态人情观

人是社会的主体,社会实则各色人等的集合体。对于这些芸芸众生及其所反映的世态人情,犬儒派也给予了无情的讽刺和谴责。

首先,在犬儒派看来,这个世界没有几个真正的人,至少在第欧根尼的感觉中,雅典的确如此。有几则轶闻反映了这一点,其一是我们所熟知的第欧根尼曾在大白天打着灯笼在熙熙攘攘的雅典大街上寻找他心目中的"人"。① 其二,当他离开公众浴池的时候,有人问他是否有许多人在洗澡,他说,没有。但另一人问他里边是否有一群洗澡者,他说,是的。② 其三,一次,他大声叫嚷召唤人们。当人们聚拢时,他却用棍子乱打,并说:"我找的是人,不是无赖。"③甚至在人们争强好胜的奥林匹克运动会上,他也找不到一个真正的人和好人。④ 既然无"人"可找,那这个社会还有存在的必要吗? 答案是不言而喻的。

正是基于对世人这一否定性结论,以第欧根尼为首的犬儒派对世人百态展开了猛烈的抨击。

有的人赞美奢华,第欧根尼反问道:"是否你的敌人的儿子生活奢华!"⑤言外之意是,敌人奢华我们当然高兴,劳民伤财,玩物丧志,但若我们奢华,则不应该,后果不堪设想。

有的人喜欢被人吹捧奉承,有的人喜欢吹捧奉承人,对于这两种人,克拉底同样予以指责:"那些生活在献媚者中间的人是没有防卫能力的,就像狼群中的小牛一样。因为不会有人去保护他们,有的只是反对他们的阴谋。"⑥可悲的是,拍马屁者有心,被拍者无备,

① Diogenes Laertius, *Lives of Eminent Philosophy*, 6.41.
② Diogenes Laertius, *Lives of Eminent Philosophy*, 6.40.
③ Diogenes Laertius, *Lives of Eminent Philosophy*, 6.32.
④ Diogenes Laertius, *Lives of Eminent Philosophy*, 6.27.
⑤ Diogenes Laertius, *Lives of Eminent Philosophy*, 6.8.
⑥ Diogenes Laertius, *Lives of Eminent Philosophy*, 6.92.

结果成了捧杀阴谋的牺牲品。古今中外，民间官场，概莫能外。克拉底之见犀利深刻，可谓警世之语。

愿意受人赞扬，不愿遭人讥笑，这大概是人之常情，但在安提斯泰尼、第欧根尼这里，却恰恰相反。一次，安提斯泰尼受到一群流氓恶棍的欢呼喝彩，他大为惊恐，担心自己做了什么错事。① 又一次，有人告诉他："许多人在赞扬你。"他忙说："什么？我哪儿做错了吗？"②而当有人告诉第欧根尼许多人在嘲笑他，他付之一笑说："这就像驴子笑他们一样。因为他们不介意驴子，所以我也对他们的嘲笑无动于衷。"③惊愕于坏人的赞扬，轻视世人的嘲笑，表明犬儒派与坏人势如冰炭，与世人羞于为伍，不为世俗所动，不随波逐流，有其独立人格。

美酒佳肴，高屋大宅，世人梦寐以求。但犬儒派对之嗤之以鼻。有人将第欧根尼领进一家豪华宅院，警告他不要吐痰，于是他将痰吐到了那个人脸上，理由是他再也找不到比这更肮脏的痰盂了。④豪华宅院是肮脏的，维护这一肮脏之物的人更肮脏，所以这口痰就只好吐向他了。这显然是对社会奢华靡费之风的回击。当被问及为什么有人赐食于乞讨者而不给他这样的哲学家时，他说："因为他们认为，或许某一天他们会跛足或失明，却从来没想到会转向哲学。"⑤这是对世人关心身体而不关注心灵的讽刺。类似的讽刺也指向了运动员。有人问第欧根尼为什么运动员都是些笨蛋时，他说是因为他们吃了太多的猪肉和牛肉。⑥

对于人类的另一半——女人，犬儒派基本观点是男女平等，女人只要采取犬儒式生活，同样可以成为犬儒，克拉底的犬儒伴侣希

---

① Diogenes Laertius, *Lives of Eminent Philosophy*, 6.5.
② Diogenes Laertius, *Lives of Eminent Philosophy*, 6.8.
③ Diogenes Laertius, *Lives of Eminent Philosophy*, 6.54, 58.
④ Diogenes Laertius, *Lives of Eminent Philosophy*, 6.32.
⑤ Diogenes Laertius, *Lives of Eminent Philosophy*, 6.64.
⑥ Diogenes Laertius, *Lives of Eminent Philosophy*, 6.49.

帕其娅就是女犬儒的范例。《希腊诗选》中有一首归于西顿(Sidon)的安提帕特名下的诗作,以第一人称的形式表明了希帕其娅的选择。

>"我,玛洛尼亚(Maroneia)的希帕其娅,从不恪守妇道,而是以男人心态,遵循了犬儒派的生活方式。我从来不在衣服上别饰针,也不乐意脚上穿鞋、头带上抹着香水。一根拐杖,赤脚,不管多皱的外套蔽体,睡在坚硬的地上而不需要床,这就是我的选择。比之于玛那利安(Manalian)的狩猎女神(maiden,Artemis?),我宁愿选择我的生活,因为狩猎不如智慧美好。"①

但是,对于那些世俗的酷爱虚荣的女人,第欧根尼就很少客气了。看到一位妇女坐轿而行,他评论说,这个鸟笼子与猎物不般配。② 意思是说这样的女人不配乘坐这样的轿子,而这样的轿子没有什么可值得炫耀的,不过是个"囚笼"。看到一些女人在一棵橄榄树上被悬吊而死,他说:"要是每棵树上都结出同样的果实就好了!"③对这些女人的贬低和毫无同情显而易见。还有一则轶闻描述了这样一个场面:一个女人掉到河里快要淹死了,他置之不理,认为不必大惊小怪,因为"对于最坏的事物而言,不会再有什么糟糕的事发生了"④。这个场面在出土于赫库兰尼姆(Herculaneum)的一件雕刻品上也有反映。其上的希腊语铭文写道:女人是恶中之恶(Women are "the evil of evils"),由此引起了第欧根尼及犬儒派是否厌恶女人者(misogynists)的争论。⑤ 实际上,犬儒派并非厌恶女人,而是认为她们同男人一样,不是真正的人,应同等对待。第欧根

---

① *The Greek Anthology*, 7. 413.
② Diogenes *Laertius*, *Lives of Eminent Philosophy*, 6.51.
③ Diogenes Laertius, *Lives of Eminent Philosophy*, 6.52.
④ Luis. E. Navia, *Classical Cynicism*, p. 130.
⑤ 参见 Luis. E. Navia, *Classical Cynicism*, pp. 130-131。

尼有一次竟对一位坏脾气的男人建议去上吊自杀。① 可见,他们反感的是"非人",而非女人。

然而,不论女人、男人,都是犬儒派要拯救的对象。一次,安提斯泰尼因与坏人同行遭到谴责,他回答说:"医生常天与病人待在一起,自己并未染上热病。"②他们就是以医生自居,来医治这个令人失望的社会,因此常常做出违背社会常理的行为。剧终别人退场,他却硬往里挤,有人大惑不解,他却说:"这就是我一生的所作所为。"③这可以说是犬儒派反社会、反世俗、傲然于世、独立而行的典型体现。当然,像第欧根尼这样严厉的犬儒"医生",是没有多少人欢迎的。他自己承认,他是那种人人赞扬但无人带着去狩猎的"狗"。④大概只有克拉底那样温和的"狗"才会招世人喜欢。

(四)犬儒派的苦乐生死观

犬儒派既是苦行主义者,又是乐生主义者。他们反对的是世俗的快乐、肉欲的满足、感官的刺激,追求的是精神的快乐、心灵的满足、生活的充实。他们斥责世人对生命的依恋、死亡的恐惧及死后的遗憾,主张生死依其自然,坦然接受每一天的到来与结束。苦与乐、生与死,是人生不可回避的现实。犬儒派对此持有与世人相悖的观点是可以理解的,因为他们本来就是一个个特殊的、自以为超凡脱俗的人。

摒弃世俗快乐,鄙视感官享受,这是犬儒派的一条生活原则。安提斯泰尼视快乐为人间最厌恶的事,他经常说:"我宁愿发疯也不愿快乐。"⑤这里的"快乐"是指世俗的快乐,绝非他陪伴苏格拉底的快乐。他的观点具有代表性,犬儒派的苦行僧生活方式本身就表明了他们与世俗快乐的对立。值得注意的是,他们以苦为乐,尽管四

---

① Diogenes Laertius, *Lives of Eminent Philosophy*, 6.59.
② Diogenes Laertius, *Lives of Eminent Philosophy*, 6.6.
③ Diogenes Laertius, *Lives of Eminent Philosophy*, 6.64.
④ Diogenes Laertius, *Lives of Eminent Philosophy*, 6.33,35.
⑤ Diogenes Laertius, *Lives of Eminent Philosophy*, 6.3.

处流浪乞讨,食不饱腹,居无定所,衣衫褴褛,一无所有,但甘愿如此,乐在其中。安提斯泰尼就说过,痛苦(pain)是一件好事,并以希腊的赫拉克勒斯和波斯的居鲁士为例加以说明。① 克拉底写过一首赞美诗,赞颂简朴的生活。据朱利安,这篇作品开头写道:"嗨!女神与女王,智者的亲爱者,简朴的生活,光荣的节制之子。"②他弃家投向犬儒,就是因为犬儒生活中包含着比富有家庭更大的快乐。

男欢女爱,人之本性,但犬儒派对性爱之乐采取了极端的或有所保留的方式,这是因人而异的缘故。一方面,绝大部分犬儒主张禁欲、独身。第欧根尼被问及人何时结婚为好,他回答说:"对于一个年轻人,时间还不到;对于一个老人,再也不需要了。"③意思是终身不婚为最佳选择,因为没有必要。他把爱情(love)看作无所事事者的事。④ 一生奔走,忙于"治病"的犬儒当然也就无暇顾及了。他由反对性爱走向反对美神,当有人在德尔斐树起一座阿芙洛狄特(Aphrodite)的金像时,第欧根尼在上边写下了这样的话:"来自希腊的淫荡。"⑤在犬儒派中,第欧根尼对性爱之乐的反对相对来说是最彻底的。另一方面,有的犬儒主张有条件的享受。安提斯泰尼以极端的方式坚持了古希腊流行的性爱(eros)是一种疾病的观念,表示如果能抓住性爱女神,他要用箭射她。⑥ 憎恨之情溢于言表。但他不反对人们结婚生子,并表示他不放弃智者式的爱情。克拉底阻止爱欲的态度十分坚决:"饥饿阻止爱欲,如果无效,那时间会使它绝灭。但假若这二者都无法扑灭爱欲之火,那唯一的治疗对你来说就是上吊自杀。"⑦以死灭欲,这就是克拉底的建议。但克拉底最终仍

---

① Diogenes Laertius, *Lives of Eminent Philosophy*, 6.2.
② Julian, *Oration*, 6.199a.
③ Diogenes Laertius, *Lives of Eminent Philosophy*, 6.54.
④ Diogenes Laertius, *Lives of Eminent Philosophy*, 6.51.
⑤ Diogenes Laertius, *Lives of Eminent Philosophy*, 6.60.
⑥ H. D. Rankin, *Sophists, Socratics and Cynics*, p.220.
⑦ *The Greek Anthology*, 9.497.

与希帕其娅结为伴侣,并公然在大庭广众之下交合。这或许是对世俗的反叛,也或许是性爱之乐难抑的表现。彼翁对结婚也持反对态度,有人问他是否应该结婚,他说:"如果你需要的妻子是丑陋的,她将是你的祸害;如果她是美丽的,你将不能把她保持在身边。"①在不应娶妻的建议的背后隐藏着男性的利己心理,联想到他的同性恋癖好,可见他与犬儒派的禁欲主义已游离甚远。

犬儒派以苦为乐,并不是对人生之苦无动于衷。其实正是他们对人生之苦的切肤之痛,才促使他们关心世人,且以最艰苦的生活方式向世人宣示,人生之苦是可以忍耐的。这种态度是消极的,但也是无奈的。据忒勒斯,克拉底以一生的几个阶段说明人生以苦为主,无人真正幸福。婴儿时完全受人摆布,保姆的关照常常与他的意愿相反,却又无可奈何。上学后被学习任务和老师所困扰,从早到晚没有一点轻松时刻。年轻时受严格的军事训练,常常挨打受骂。成年后要履行公民职责,出征,出使,担任各种公职。然后老年来临,无依无靠。② 这样的一生贯穿着困扰、刺激、苦恼,又有多少快乐可言呢? 这里虽然是对快乐主义学派的攻击,但也反映了犬儒派对人生苦难的认识。

那么,什么是人生真正的快乐呢? 犬儒德米特里的一段话可以大致反映犬儒派的基本观点:对人类或英雄有价值的快乐,不是来自肉体的填满与塞饱,也不是来自激起的贪欲,而是来自心灵的完全无纷扰。这种纷扰是由人们之间相互斗争的野心引起的。而且,当我们相信那些诸神的故事,用我们自己邪恶的标准估价他们时,这种纷扰也会不可避免地从天而降。③ 保持心灵宁静,不为内欲外物所动,就是最大的快乐。但实际上,犬儒派可以排斥身外之物,压抑内心的欲望,却绝非心如死水,无所作为。因为世人昏昏我独醒,

① Diogenes Laertius, *Lives of Eminent Philosophy*, 6.48.
② 见 D. R. Dudley, *A History of Cynicism*, pp. 45-46.
③ Seneca, *On Benefits*, 7.2.2.3.

他们的救世使命感激励着他们每天闯入人群中履行"狗"的职责。

人生不论快乐与否,总有结束之时。面对必然到来的死亡,有的人惊恐万分,想方设法延长生命,求神吃药,无所不用其极。荷马笔下的英雄阿喀琉斯宁愿活着当穷人的奴仆,也不愿死后当阴间的国王。① 可见古希腊人对死亡的恐惧,对生命的留恋。但死亡又不可避免,于是出现了许诺死后灵魂得救的奥尔弗斯教、埃琉西斯秘教,出现了从恩培多克勒到苏格拉底的灵魂转世论。那么,犬儒派又如何面对这一人生必然呢? 一般来说,犬儒派不惧怕死亡,而且有的犬儒还会在"适当的时候"结束生命。自杀成了犬儒派和由它衍生的斯多亚派的共同传统。

第欧根尼是犬儒派自杀的第一人。他活了近 90 岁。关于他的死传说颇多。有的说他是吃了一条生章鱼后,胃绞痛而死。有的说他是与群狗争吃章鱼,脚腱被严重咬伤,导致死亡。但他的朋友猜测他是停止呼吸而死,因为他们发现他时,他已裹在外套里死去了。他们估计这是他的精心安排,以便获得生命的解脱。② 美尼普斯则是在投机生意破产后上吊自杀的。梅特罗克勒斯活到高龄,自我窒息而死。③ 德莫那克斯快接近百岁时,绝食而死。更有甚者,像柏里格利诺斯,自焚而死。

为什么犬儒派如此坦然面对死亡呢? 原因应该是多方面的。首先,犬儒派倡导根据自然生活,生死乃自然规律,如果生而快乐,也应该死而快乐。安提斯泰尼尽管自己在受疾病折磨时不愿急于结束自己的生命,但他还是把"快乐地死去"看作人生最大的福分。④ 其次,犬儒派对整个现实的意识形态几乎全盘否定,其中就包括了对人们长生不死以及死后再生的妄想的否定。他们视死如归的行

---

① Homer, *Odyssey*, 11.490, with an English translation by A. T. Murray, Revised by George E. Dimock, Cambridge, Mass. : Harvard University Press, 1998.

② Diogenes Laertius, *Lives of Eminent Philosophy*, 6.76 - 77.

③ Diogenes Laertius, *Lives of Eminent Philosophy*, 6.95.

④ Lucian, *Demonax*.

动就是对世人贪生怕死的讽刺。最后我们也难以排除苏格拉底榜样的影响。这个为信仰而自愿献身的哲人英雄，一定对作为小苏格拉底学派之一的犬儒派以长久的心灵震撼，因为他们就是"发疯的苏格拉底"。

正是在这几个因素的作用下，犬儒派形成了独特的生死观。(1)死是人生悲剧，但绝非坏事，因为它来临时，我们已感受不到它了。对于我们，何坏之有？何苦之有？(2)死是人生的必然终结。因为你已衰老的身体已不再适合生存。彼翁以"破房子"喻年老的身体，以"宴饮"喻人生，以"宴会客人"喻人生已充分经历，以"登船"喻死亡之时，劝告人们愉快地迎接死亡之神。① 但是，这位早已看透生命真谛的犬儒临死前却转向宗教求生，实在是犬儒派的耻辱。斯多亚学派的自杀传统来自犬儒派，爱比克泰德就表达了任死自然的观点："如果房间有烟，且不太浓，我就活下去；如果浓烟笼罩，我就走。记住，千万记住，门永远开着。"②(3)死时坦然，死后复归自然。据说，第欧根尼垂死时曾留下遗言：他死后应将他置于野外，不要掩埋，以便使所有的野兽都可能前来以他为食，或者把他扔入一条沟里，给身上撒上点土就足够了。还有一说，是将他扔入伊利苏斯河(the Ilissus)，③以便他能对同胞有用。④ 德莫那克斯死前，有人问他如何处理他的后事，他说："不要麻烦诸位，尸臭气味自会葬我。"那人说："为什么这样？这不太残酷了吗？怎么能让一个人的尸体暴露于野外而让鸟与狗去吞食呢？"但他坚持己见："我看这没什么不好，如果我死后还能对生灵有用。"⑤由此可见，犬儒派不仅重生轻死，而且也想着死后有利于人类自然。这与那些建造巨大的陵墓以

---

① 参见 D. R. Dudley, *A History of Cynicism*, p. 67.
② 参见 Epictetus, *Discourses*, 1. 9. 16 - 20, 转引自 Luis. E. Navia, *Classical Cynicism*, pp. 86 - 87.（英译不尽一致，现取 Navia 译文）
③ 这是雅典的一条河。
④ Diogenes Laertius, *Lives of Eminent Philosophy*, 6. 79.
⑤ Lucian, Demonax.

求永垂不朽的摩索鲁斯之流相比,形成了巨大反差。然而,想不朽的未必不朽,想复归自然的未必如愿。第欧根尼被科林斯人隆重葬于通向地峡的大门附近,墓地上立了一根大理石柱子和一只狗的雕像,柱子上铭文称他正"生活在群星之中",①成了天上的神灵。他的西诺普同胞原谅了他的过去,为他立了一座青铜雕像,上面刻着这样的诗句:"随着时间的流逝,青铜甚至也会衰老,但你的盛名,第欧根尼,将永垂不朽。因为唯有你向世人提出了自我满足的教诲,指出了最美好最容易的生活之路。"②雅典人则给德莫那克斯举行了盛大的公葬,并把他生前坐过的石凳当作圣物,摆上花环表示敬意。③

　　以上从政治、宗教、社会价值观念三个大的方面梳理了犬儒派的基本观点和行为,揭示了犬儒派独特的社会批判思想,但这种梳理肯定是不全面的,这种揭示也难以清楚地展示犬儒派的庐山真面目,因为有关他们的材料太贫乏,即使有一些材料,就每个犬儒来说又多少不一,而且其可信度、可靠性从来就是学者们争论的焦点,从古到今皆然。尽管如此,我们还是可以透过这些支离破碎的材料,感触到犬儒派的思想脉搏,那就是反社会、反世俗、反现实。他们对现实社会的全然否定,意味着他们的心中有另外一幅全新的社会图景。破意味着能为立开道,但破不等于立,我们已经看到了他们对现实世界的否定与批判,还应看看他们所憧憬的理想社会,所要建立的新世界到底是个什么样子。

---

① Diogenes Laertius, *Lives of Eminent Philosophy*, 6. 78; *The Greek Anthology*, I. 285.
② 引文据 Diogenes Laertius, *Lives of Eminent Philosophy*, 6. 78 和 *The Greek Anthology*, 16. 334 译出,个别词句有所调整。
③ Lucian, *Demonax*.

第三章　犬儒派的"乌托邦"社会理想
——兼与同代其他乌托邦思想比较

　　乌托邦(Utopia)是近代才出现的词。其意是指一种理想的共同体,其居民似乎生活在完美的境界之中。此词首先出现于托马斯·莫尔(Thomas More)1516年出版的《乌托邦》(The Utopia)一书,[①]它由两个希腊词组成:"无"(ou),"地方"(topos),意为:"无地方"(no place or nowhere),即"无何有之乡"之意。

　　在古希腊,虽无"乌托邦"一词,但类似于乌托邦的希望或理想早在荷马时代、古风时代就出现了。荷马在《奥德赛》中设想的"福地"(Elysium),赫西阿德《工作与时日》中追忆的"福岛"(the Island of the Blessed),实际上就是这种乌托邦理想的流露。它们或是对未来的设想,或是对往昔的回忆,但无论如何都只是一种朦胧的简单想象或者愿望而已。到了古典时期,城邦理想得以基本实现,因而这种乌托邦思想一度沉寂。但随着伯罗奔尼撒战争的爆发和城邦危机的出现,人们对城邦制度的美丽神话产生了怀疑,对它固有的、并不断恶化的弊端、缺陷逐渐有了深切的认识。希望变成了失望,

---

[①] 此书初版用拉丁文写成,书名为"关于最高的共和国和新岛乌托邦"(De optime Reipublicae statu ,deque nova insula Utopia),完整的中文书名戴镏龄译为《关于最完美的国家制度和乌托邦新岛的既有益又有趣的金书》。见托马斯·莫尔:《乌托邦》,戴镏龄译,商务印书馆,1996年,第1页。

失望激起了空想，于是出现了阿里斯托芬的"云中鸟国"，①出现了柏拉图的《理想国》（*The Republic*）。此后，犬儒派的乌托邦理想也随着犬儒派的出现演变逐渐浮出水面。第欧根尼的《共和国》（*Politeia*）、克拉底的"Pera"诗作以及它们所宣扬的"世界主义"（cosmopolitanism）、博爱观（philanthropy），就是这种乌托邦理想的集中表现。

　　犬儒派在否定现实社会的同时，肯定想象着用一种全新的社会取而代之。但比之于对现实社会的批判否定，他们对理想社会的设计构建显得力不从心、杂乱无序，过于简单甚至出现先后抵牾之处，简言之，缺乏明确的思想体系。这或许由于我们掌握资料的不足，如第欧根尼《共和国》仅知其几条基本内容，克拉底的"Pera"诗作也只有几行。但是透过这些材料，特别是依据他们的实际言行，我们还是可以感觉到他们对理想社会的执着追求，对美好未来的强烈向往。以下将以这些犬儒派的乌托邦思想为主线，以他们的理想追求为基础，并结合同代其他乌托邦理想进行比较研究，以确定犬儒派理想社会的基本特征以及犬儒派乌托邦理想在人类空想思想史上的地位和作用。

一、第欧根尼的《共和国》及其社会理想
——兼与柏拉图、芝诺的 *Politeia* 比较

　　第欧根尼是犬儒派批判现实社会最猛烈的一位，犬儒主义的极端性主要是通过他的行动而展现的。否定的背后意味着肯定，第欧根尼所要肯定的社会是个什么样呢？我们首先从他的《共和国》及其思想入手。

---

① 参见阿里斯托芬：《鸟》。剧中主人公厌倦了雅典城邦生活气氛，升到天空建立一个乌托邦"云中鸟国"（Nephelococcygia），那里没有贫富之分，没有党派斗争，也没有诉讼纠纷，一派和平幸福安宁景象。

（一）第欧根尼的《共和国》内容及其思想

《共和国》是个已佚的对话集，写于何时不详。其大致内容可在加德拉的菲洛德莫斯（约公元前110—约前40/35年）留下的"摘要"中发现。这个摘要的真实性得到许多学者的认同，[①]但遗憾的是，国内无法找到菲洛德莫斯的原作，我们所有的关于第欧根尼的《共和国》的资料，都来自现代学者的转述，因此对其内容知之甚少。

据兰金，第欧根尼《共和国》中提倡：(1)货币用骨币，[②]不用贵金属；(2)妇女属公社所有，而非某一男子的私产；(3)这样出生的孩子应该视为所有人的后代；(4)男女同服，女子也应像男子一样裸体参加公开的训练。[③]

据达德利，第欧根尼在其中还讨论了武器的无用，特别讨论了妇女问题，要点与兰金的转述相近。如她们应像男人一样穿同样的衣服，像在斯巴达一样，在公众面前裸体锻炼，她们居住在一起。并指出第欧根尼"承认的唯一的婚姻是求爱的男人与接受求爱的女人之间的结合。为此，他认为，孩子们应共同抚养"。

据纳维亚，《共和国》中似乎还包括了一些令人吃惊的观点：如赞同乱伦、同类相残或吃人肉(cannibalism)。[④]

除了菲洛德莫斯外，第欧根尼·拉尔修的《第欧根尼传》也是一重要的资料来源。他虽然未表明某些归于传主的观点来自其《共和国》，但从内容看，可以作为他的"共和国"思想来理解。

据第欧根尼·拉尔修，第欧根尼认为"唯一的真正的共和国(commonwealth)是像世界(the universe)一样宽广"，这个世界的一

---

① 参见 J. M. Rist, *Stoic Philosophy*, Cambridge University Press, 1980, p. 59 n. 5,其中有关于其真实性的较详细的讨论。
② 提倡用骨币的说法也见于 Athenaeus, *The Deipnosophists*, 4. 159c, with an English translation by Charles Burton Gulick, Cambridge, Mass. : Harvard University Press, 1987 - 1999.
③ H. D. Rankin, *Sophists, Socratics and Cynics*, p. 237.
④ D. R. Dudley, *A History of Cynicism*, pp. 26, 30.

切都是智者（the wise）的财产，因为万物属于神，神是智者的朋友，朋友之间一切共有。在这个世界中，实行公妻制，女人们组成妻子公社。男女相悦才可结合。除此之外，不承认别的婚姻。为此，孩子们应共同抚养。社会成员可以在神庙偷东西，吃动物的生肉没有什么不妥，吃人肉也并非不虔敬。社会成员之间没有高贵的出身、名声和一切这样的区别。但这个社会应该有法律，有城市，否则就不可能存在。①

从以上材料可以看出，现代西方学者的转述中包括了来自第欧根尼·拉尔修《第欧根尼传》的相关论述。即使如此，这些间接的、零碎的，甚至重复的资料仍不足以使我们完整重建第欧根尼的"共和国"构想。不过，结合他的其他犬儒言行，还是可以粗略勾勒出它的轮廓。

首先，从其范围上看，它不是指某个城邦或社会，而是指包括全人类、至少全希腊人在内的希腊人当时已知之世界。他的共和国是个广义的概念。在他这样设想的时候，他或许受到了阿那克萨哥拉视宇宙为祖国的思想的影响。第欧根尼也曾自称是"一个世界公民"（a citizen of the world）。② 对于这种说法，可以有两种理解：其一，这是表明犬儒派不属于任何城邦，相对于所有的城邦，他都是一个外邦人。这是对忠诚于一个特殊的政体或国家的反对。其二，犬儒派想建立一个世界那样大的人类国家，他是其中的一员。③ 从《共和国》的内容看，后一种理解也还是有一定道理的。因为第欧根尼本来就认为真正的人类共同体就应像世界一样大，而且武器无用，战争消失，共产公妻，人为之区别取消。如果这样的共和国存在于诸多城邦之中，它怎么可能存在下去呢？除非这样的共和国远离人

---

① Diogenes Laertius, *Lives of Eminent Philosophy*, 6. 72 – 73.
② Diogenes Laertius, *Lives of Eminent Philosophy*, 6. 63.
③ 参见 H. C. Baldry, *The Unity of Mankind in Greek Thought*, Combridge, 1965, 转引自 Luis E. Navia, *The Philosophy of Cynicism*, p. 2（No. 003），Baldry 倾向前一种理解。

寰,与世隔绝,或者实现人类大同,组成无阶级、无种族、无民族、无国家之别的世界国家。但这样的世界国家又如何能实现呢?就是希腊民族也分属于诸多城邦,而且城邦间争斗从未停息,何谈与全人类的和谐相处呢?如果第欧根尼真是这样设想或理论推断的,那实在是太幼稚、太浪漫了。我认为,第欧根尼在提出世界国家、世界公民这些理想的时候,他也知道根本无法实现,但可借此表明对彼疆我界、相争不已的现存人类社会的反对。第欧根尼的极端化理想实则是从另一个侧面对现实社会的极端否定。

其次,这个共和国中仍有生产活动与产品交换。不用金属货币而用骨币,固然表明了其等价交换物本身的贬值,但并不等于其所含价值的减少。正如我们今天所用的纸币并不由于其本身成本低、价值小而否认它所代表的实际价值。而且,既有产品交换,就有专业的分工、生产的剩余。生产者、管理者,又由哪些人担任呢?在这里,是否会产生新的主奴之分、贫富之差、贵贱之别呢?或者说这些差别本来就没有彻底取消,只是降低了程度而已呢?若如此,这样的社会不是与现实无异了吗?第欧根尼绝不会转了一圈最后又回到原点。他提倡用骨币很可能意在对现实社会金钱至上、嗜财如命之风表示抵制和讽刺。用骨这个极普通的东西作为货币,正如在莫尔的乌托邦里人们用金银做便器一样,金钱成为可耻的标志,[1]那人们还会为它去拼死拼活吗?若此,社会不就少了几分尔虞我诈、明争暗斗,多了几分彼此相爱、安宁相处吗?

再次,《共和国》对妇女问题极为重视,表明犬儒派对人类的另一半的关注。在古希腊,妇女的社会地位可以分为两个类型。一是雅典型,一是斯巴达型。雅典的民主政治堪称一流,但它的最大遗憾是不给妇女与男子同样的参政权。女子无权参加公民大会,担任公职。社会对她们唯一的期望就是待在家里,好好料理家务,抚养

---

① 托马斯·莫尔:《乌托邦》,戴镏龄译,第68页。

小孩。伯里克利在为阵亡将士举行的国葬上发表讲演时，把雅典的民主政治大大宣扬了一番，称其如何民主、开放、平等。但在演讲的结尾处谈到那些以后成为寡妇的妇女时，有一段话却耐人寻味："如果我要说到女人的品德，我将给你们提出一个简单的忠告：如果你们不失女性应有的风范，你们的光荣是伟大的，同样的光荣也属于那些不论是褒还是贬都极少让男人评论自己的女人们。"①女人有女性的道德行为规范，女人的光荣是让男人们少谈论自己，要达到这样的目的，当然最好是恪守妇道、相夫教子，不在公众场合抛头露面。这就是雅典妇女的地位，实在是雅典民主制度的一大污点。斯巴达的妇女则正好相反，她们是开放的、自由的，可以公开参加各种社会活动。他们必须像男子一样参加军事训练，仅穿着内衣，甚至裸体在男子的围观下跳舞唱歌或参加游行。她们在社会上享有很大的特权。"她们感觉到了在勇敢和志趣的活动范围内，自己也有一席之地。"一位外国妇女向国王李奥尼达（Leonidas）的妻子说："你们斯巴达妇女是唯一统治男人的女人。"她回答说："是的，我们是唯一生育男人的女人。"②在斯巴达，男女平等无疑得到了较大程度的实现。当然她们的社会分工主要是生育未来的勇敢健壮的战士，而非自己亲临战场冲锋陷阵。第欧根尼提倡组成妇女公社，男女同服，妇女同男子一样裸体参加训练。其目的就是要实现男女性别上的平等、形式上的统一。性结合已不是一男一女之间的专利，而是集体共有。妇女组成公社，可以与多个男子结合，男子反之亦然。男女裸体锻炼，证明性，尤其是女性已不神秘。在这种情况下，男女之间实现了真正的以相悦为基础的自然结合。乱伦也就不可避免，但也不再成其为问题。这样生出的孩子只能共同抚养，因为孩子的

---

① Thucydides, *History of the Peloponnesian War*, 2.45.2. 引文据该英译本译出，与谢德风译本稍有不同，参见修昔底德：《伯罗奔尼撒战争史》，谢德风译，第136页。
② 参见 Plutarch, *Lycurgus*, 14-15, 引文据刘家和译《来库古传》，《世界古代史史料选辑》，北京师范大学出版社，1959年，第299—300页。

父亲难以辨认,也无必要辨认。孩子只知其母,不知其父,人类似乎倒退到了处于群婚状态的母系氏族时代。

从第欧根尼《共和国》关于妇女的设想,可以深切感受到斯巴达型妇女的影子。此外,斯巴达人崇尚节俭,吃苦耐劳,勇敢善战,组成了平等者公社,实行公餐制,这些都给犬儒派以深刻的启示。安提斯泰尼就曾嘲笑因在琉克特拉战役中打败斯巴达人而得意洋洋的底比斯人就像打败了老师的小学生一样。① 第欧根尼对斯巴达人颇有好感,他从斯巴达人的居住地拉栖第梦(Lacedaemon)返归雅典,路人问他:"从何方来,到何方去?"他回答说:"从男人的地方来,到女人的地方去。"②有人问他,在希腊的何地他可以看到好人,他回答说:"好人,哪儿也没有看到,但好男儿在拉栖第梦。"③可见,他到过斯巴达,对它的情况比较了解,包括男子的勇敢、女性的自由。这些无疑影响了他在《共和国》中对妇女问题的特殊设想。

最后,关于这个共和国的成员构成和生活来源。第欧根尼谈得不多,也不明确。从前面的材料看,这个社会似乎只有两种人:男人和女人。女人组成妇女公社生儿育女,男人的职责是什么呢?既然武器无用,一片安宁,男子过去作为城邦战士的职责已不复存在。但这个社会要生存,谁来从事生产劳动呢?是男子吗?还是男女共同参与呢?还是除了这些男女之外,另有一个像斯巴达希洛人(Helots)那样的国有奴隶集体在支撑着这个社会呢?若如此,与无出身、名声等人为之区别这样的设想岂不是自相矛盾吗?这显然也不符合犬儒派一贯的以全体"人"而非个别人为拯救对象的思维模式,很可能第欧根尼设计的共和国生产者就是这些男人和女人。她们可能有社会分工,也可能通过骨币互通有无,但无阶级、主奴之分,也无民族、城邦的界限,财产上的严重不均肯定不会存在。在一

---

① Lycurgus,30.
② Diogenes Laertius, *Lives of Eminent Philosophy*,6. 59.
③ Diogenes Laertius, *Lives of Eminent Philosophy*,6. 27.

定的范围里,人们共同劳动、集体生活。至于这个社会有无法律,回答应该是肯定的,因为依据第欧根尼的说法,没有法律,社会就不可能存在。社会成员中应包括一些管理者。但他们由何种人担任呢?根据第欧根尼世界万物归于智者、朋友之间平分一切的主张,他的共和国应该是个智者共和国。① 不论男女,均是智者,这样的社会当然不会有奴隶制存在了。在这样的智者社会里,它的男女成员应该既是生产者,又是管理者,也是消费者。

至于共和国的智者们以什么作为生活资料来源,也无从查考。但这些智者不可能不食人间烟火。我们所唯一明确知道的是,第欧根尼认为可吃任何动物的生肉,包括吃人肉。吃其他动物的肉可以理解,但吃人肉让人听之毛骨悚然。但依其理论,倒也似乎有据。他说:"根据正确的理由,一切因素都包含于一切事物之中,渗入于其中。既然不仅肉是面包的一个构成部分,而且面包也是蔬菜的一个构成部分。所有其他的物件也通过某些看不见的通道和颗粒(particles,也可译"分子"——笔者注)以气体的形式在所有的物体中找到它们的通道,并与这些物体结合为一体。"②既然如此,那人肉的组成部分也同样包含在面包和蔬菜之中。如果吃面包与蔬菜无妨,那吃人肉也是可以的,因为它包含了其他物体的因素。吃人肉与吃其他东西无异,这似乎是对阿那克萨哥拉"种子论"的回应,或许受到它的启示。

从以上对第欧根尼《共和国》内容及思想的分析,可以看出他的设想本身并不完美,缺乏起码的社会经济基础,是个根本不可能实现也无必要实现的空想。

---

① Diogenes Laertius, *Lives of Eminent Philosophy*, 6. 72. 这里的智者(the wise)不是指早期智者学派的智者(sophists),也不是指后期诡辩派意义上的智者,而是指摆脱世俗烦恼、看透人间虚伪、无欲无惑、大彻大悟、大智大勇的哲人,实际上指的就是犬儒派他们自己。与此智者相对的是被欲惑所纠缠的芸芸众生,他们是愚者(the fool)。在第欧根尼的共和国中,没有愚者的存在。"智者"同词而异义,值得注意。
② Diogenes Laertius, *Lives of Eminent Philosophy*, 6. 73.

（二）第欧根尼"共和国"思想的来源及其与柏拉图、芝诺（Zeno）类似思想的比较

第欧根尼的"共和国"思想除了受前已提到的斯巴达城邦制度和阿那克萨哥拉哲学思想影响之外，最主要的来源是他的"改变现行货币"的思想与实践。

第欧根尼"改变货币"的思想据说来自阿波罗神的指示。他请求神谕的时间说法不一，有的说在他涉嫌参与本城邦货币的被毁事件之前，[①]有的说在此之后。他请求神谕的地点也有两种可能，一是去德尔斐，一是去提洛岛[②]。但不管怎样，第欧根尼与其父参与了本城邦的货币被毁事件，此前或此后曾到神谕所请求神谕，得到的回答是：Paracharattein to nomisma，即"改变货币"，[③]或改变货币上的印记，但一般意义是指改坏，而非改好。那么第欧根尼又是如何对待这个神谕呢？如果此事发生在毁币事件之前，他有可能错误理解了神谕的含义，将其意指当作实指。第欧根尼·拉尔修提供的一说就持如此看法。[④] 如果发生在出走西诺普之后，那又该如何理解呢？他的犬儒生活肯定始于毁币事件之后，因此，这次神谕对他一生影响太大了，可以说决定了他的犬儒方向。"nomisma"这个通常指货币的词与指法律或一般社会行为规范、习俗的词"nomos"意义相近。因此，他很可能将神谕的隐意理解为：去改变或破坏现行社会的一切秩序、规范、习俗、观念，并以新的一套"货币"取而代之。这套新的"货币"必然与现行社会相对立，于是他在对现实社会否定的同时，自然要提出一种新的社会构想。他的《共和国》应该是这种构想的产物，从前面二章提到的他的种种极端反社会行为可以看作是他

---

① Diogenes Laertius, *Lives of Eminent Philosophy*, 6. 20.

② Diogenes Laertius, *Lives of Eminent Philosophy*, 6. 20.

③ 关于这句话英译可有多种选择，如：falsify, counterfeit, alter, deface, or re-stamp, re-value the currency. 参见 Henry George Liddell and Robert Scott, *A Greek-English Lexicon*, with a revised supplement, Oxford University Press, 1996, p. 1330.

④ Diogenes Laertius, *Lives of Eminent Philosophy*, 6. 20.

为实现这一构想所做的积极而又无效的努力。

在论及第欧根尼的《共和国》及其思想时,我们不能不正视这样一个现实,即在公元前4世纪,对希腊城邦制度的弊端表示关注、担忧,并试图对其进行救治的哲学家还大有人在。苏格拉底的著名弟子柏拉图就是其中一位。他的《理想国》(Politeia,也可译为《共和国》)是一部可与第欧根尼的《共和国》相类比的同名著作。第欧根尼一贯对柏拉图没有好感,曾对他的"理念论"、投靠国王、谋求虚荣大加讽刺抨击。那么,他的《共和国》是否也有意与柏拉图针锋相对呢?

从表面上看,二者似乎有不少相似之处,如都提倡取消或淡化私有财产,一切共有;男女平等,女人应参加裸体锻炼;共妻共子,取消家庭。但深入研究,就会发现二者的思路构想大相径庭。

首先,柏拉图的理想国成员非清一色的智者,而是由三种人组成:统治者(治国者),即最完全涵义上的"护卫者";军人或武士(辅助者或助手),即"护卫者"中的年轻人;[1]工农业生产者。[2] 这些人又可分为两大阶级:统治阶级和被统治阶级。前两种人专司统治管理与守护国家职责。他们不参加生产劳动,没有家庭,实行共产公餐,共妻共子,男女平等,可以担任同样的职责。第三等级包括农夫、商人、佣工等,他们是物质生活资料的生产者,为前两个等级提供生活保证。《理想国》中未要求他们像前两个等级那样过集体生活,可能仍以家庭为单位生产生活。这样的社会成员划分实则是现实社会的翻版,并无多少新意。

其次,柏拉图所提倡的"共产主义式"生活,只限于第一、二等级,即统治阶级之间而非全体社会成员,或许在他看来,第三等级都是由"废铜烂铁"材料铸成的,无资格享受身上加入黄金、白银材料

---

[1] Plato, *Republic*,414B;柏拉图:《理想国》,郭斌和、张竹明译,商务印书馆,1996年,第127页。

[2] Plato, *Republic*,415C;柏拉图:《理想国》,郭斌和、张竹明译,第128页。

的第一、二等级①的共产共妻生活。但在第欧根尼的"共和国"中,却无这样泾渭分明的等级之分,只有男女两大性别的人。同样都是倡导共产主义式生活,但被允许加入这一生活方式的人员范围不同,柏拉图允许的是社会的"一部分",第欧根尼允许的是社会的全体(虽则他的社会只是由智者组成)。

即使这样的生活,二者也有不同。根据柏拉图,这些优秀的护卫者"除了绝对的必需品之外,他们任何人不得有任何财产",一切共有。他们的食粮由其他公民供应,作为担任护卫者的报酬,但定量分配,"既不让多余,亦不使短缺。他们必须同吃同住"。他们"不需要人世间的金银",因为"金银是罪恶之源",他们高尚的灵魂不应受到污染。② 可是在第欧根尼的智者国度里,却可使用骨币,说明仍有交换的必要。柏拉图的护卫者则绝对排除了这种可能性,因他无任何可以自己处置的东西。而且第欧根尼的《共和国》中,没有公餐制的明确设想。或许妇女公社、儿童公社实行同吃同住,但其余的男子们如何,不得而知。

关于妇女问题,二人的观点比较接近。二人在承认男女平等的大原则之下,都认为妇女应该像男子一样参加裸体训练,③女人归男人公有,男女应共夫共妻,生育的后代由集体抚养。④ 但柏拉图明确提出,女性可与男性一样,参与国家的管理,只要有可能,都可作护卫者,"同男人一起参加战争,以及履行其他护卫者的义务",因为"这是她们唯一的职责"。当然,"在这些工作中她们承担比较轻松些的,因为女性的体质比较文弱"⑤。同时他还提倡优生优育,"最好

---

① 关于各个等级的划分基于上天赋予其金属成分的不同,详见 Plato, *Republic*, 415A-C;柏拉图:《理想国》,郭斌和、张竹明译,第128—129页。

② 以上所引见 Plato, *Republic*, 415D-E, 417A-B;柏拉图:《理想国》,郭斌和、张竹明译,第130—131页。

③ Plato, *Republic*, 457A;柏拉图:《理想国》,郭斌和、张竹明译,第189页。

④ Plato, *Republic*, 458C-D, 457C-D;柏拉图:《理想国》,郭斌和、张竹明译,第191—192页。

⑤ Plato, *Republic*, 457A;柏拉图:《理想国》,郭斌和、张竹明译,第189页。

的男人必须与最好的女人尽可能结合在一起，反之，最坏与最坏的要尽少结合在一起。最好者的下一代必须培养成长，最坏的下一代则不予养育"。目的是保护护卫者的"最高质量"。[①] 甚至还为男女的育龄提出了较为明确的规定：女子从二十岁到四十岁，男子从过了跑步最快的年龄以后到五十五岁。总之，"儿女应该出生在父母年轻力壮的时候"[②]，这些或许都是第欧根尼未曾涉及的方面。

此外，由于男女结合问题，引发了另一个问题——乱伦，第欧根尼对此不以为然，采取允诺态度。柏拉图似乎对育龄男女无此严格限制，但对过了生育之年的女人和男人，则是严加禁止的。男人不能与女儿、母亲、祖母结合，女人不能与儿子、父亲、祖父、孙子结合。这样的结合产生的胎儿或婴儿要处理掉，因为这样的后代是不应该抚养的。[③]

再次，在实现理想国的途径上，二者也截然不同。第欧根尼是从对现实的全然否定立场出发，试图提出一个全新的理想蓝图，它与现实社会没有什么太大的相似之处。而柏拉图是以现实社会为基础，试图对其加以改造。因此，在如何实现理想的途径上，自然出现分歧。第欧根尼寄希望于像他这样的赫拉克勒斯式的人物，即犬儒派的努力，柏拉图则寄希望于"哲学王"的出现："除非哲学家成为我们这些国家的国王，或者我们目前称之为国王和统治者的那些人物，能严肃认真的追求智慧，使政治权利与聪明才智合而为一；……否则的话，……对国家甚至我想对全人类都将贻害无穷，永无宁日。我们前面描述的那种法律体制，都只能是海客谈瀛，永远只能是空中楼阁而已。"[④]柏拉图把哲学家视为实现理想国的唯一关键，所以才会有三赴西西里培养和寻求"哲学王"的努力。然而，历史证明，

---

① Plato, *Republic*, 459D-E；柏拉图：《理想国》，郭斌和、张竹明译，第193—194页。
② Plato, *Republic*, 460C-E - 461A；柏拉图：《理想国》，郭斌和、张竹明译，第195页。
③ Plato, *Republic*, 461B-C；柏拉图：《理想国》，郭斌和、张竹明译，第195—196页。
④ Plato, *Republic*, 473D-E；柏拉图：《理想国》，郭斌和、张竹明译，第214—215页.

不论是务虚的第欧根尼,还是务实的柏拉图,都同样徒劳无功。

最后,二者还有一个最根本的区别,即关于共和国或理想国的范围和规模。第欧根尼的共和国是全人类的世界国家,无地域、民族、国家的限制,而柏拉图的理想国是一个既不能太大又不能太小的城邦,最佳的规模是"大到还能保持统一"①。说到底,柏拉图的理想国是一个希腊式的城邦。它内部有阶级之分、等级差别,外部有虎视眈眈之邻,否则要护卫者何用? 第欧根尼的《共和国》中不就认为武器无用了吗?

总之,一个是世界主义的理想,一个是城邦主义的理想,二者的差异是明显的。

那么,这个一贯与柏拉图作对的第欧根尼在构想《共和国》时,是不是有感而发、有意而为之呢? 这就牵连到二人著作出现时间前后的问题。一般认为,柏拉图的《理想国》成于壮年,约公元前375年前后。② 柏拉图生于约公元前429年,卒于公元前347年。写作时应是一位五十多岁的中老年人了。但第欧根尼的《共和国》写于何时,却难以确知。我们能够推断的是在他出走西诺普成为一名犬儒之后。关于这一时间也说法不一,这取决于西诺普毁币事件发生的时间。根据塞尔特曼等钱币学家的研究与推测,此事可能发生于公元前350年或公元前370年。③ 但无论哪一年,都晚于或同时于柏拉图写作《理想国》的时间。因此,第欧根尼的《共和国》应创作于柏拉图的《理想国》之后。结合两者内容的差异,可以推论,第欧根尼或许是针对柏拉图而构思自己的《共和国》,当然,更重要的是他是站在反社会、反城邦、"改变货币"的基础上来设计的。一个是城邦制度的否定者,一个是它的改造者,二者的共和国理想出现差异,

---

① Plato, *Republic*, 423A-C;柏拉图:《理想国》,郭斌和、张竹明译,第131页。
② 柏拉图:《理想国》,郭斌和、张竹明译,"译者引言",第3页;王宏文、宋洁人:《柏拉图研究》,山东人民出版社,1991年,第17页。
③ Luis. E. Navia, *Classical Cynicism*, p. 89.

甚至对立是可以理解的。

与第欧根尼《共和国》思想相类似，而且有亲缘关系的是斯多亚学派创始人芝诺的《共和国》(Politeia)。芝诺原是著名犬儒克拉底的学生，后来转向别的哲学流派。他虽然创立了新的学派，但他的思想中已深深打上了犬儒派的印记。他的《共和国》中就有明显的犬儒派痕迹，与第欧根尼的《共和国》有颇多相似之处。据说，他是在追随克拉底期间写出了《共和国》一书，以致有人开玩笑说他的书是在狗尾巴(cynosura)上写出来的。① 如果事实的确如此，那芝诺的《共和国》也可看作是第欧根尼《共和国》的续篇了。近代有些学者对此提出了不同看法。达德利估计此书写于他离开克拉底后不久，不过他并不否认第欧根尼的直接影响。② 厄斯金(Erskine)认为可能写作于芝诺拜柏拉图学园首领波勒摩(Polemo)为师之后，并指出芝诺的《共和国》显示了与柏拉图的紧密关系，该书的犬儒派因素要比通常认为的要少。③ 但不管怎样，该书中含有与第欧根尼《共和国》相类似的思想则是不可否认的事实。

首先，我们考察芝诺《共和国》的基本内容。关于此书，第欧根尼·拉尔修的《芝诺传》是我们现在所能依据的唯一资料来源。归纳起来，有以下几点：

1. 普通教育无用(7.32)。

2. 无德的人是对手、敌人、奴隶和外邦人，不论是父子、弟兄还是朋友之间皆如此(7.32)。唯有好人(the good)才是真正的公民，或朋友，或亲属或自由人(7.33)。

3. 智者社会中，妇女组成妻子公社(community of wives)(7.33)，智者男女可自由选择性伙伴(7.131)。在这样的环境下，男人对所有的孩子都应怀有父亲般感情。因此，这里不会

---

① Diogenes Laertius, *Lives of Eminent Philosophy*, 7. 4&n. a.

② D. R. Dudley, *A History of Cynicism*, p. 98.

③ A. Erskine, *The Hellenistic Stoa*, Ithaca, NY: Cornell University Press, 1990, p. 15.

有因通奸而引起的嫉妒(7.131)。除此之外,男性智者还可对外表显示出自然德行的青年人产生恋情(7.129)。

4.男女同服,身体的任何部位都不必遮掩(7.33)。

5.禁止在城市中建立神庙、法庭和体育馆(7.33)。

6.不需要,也不应因交换或国外旅行的目的而引入货币(7.33)。

从以上的内容可以看出,芝诺《共和国》的基本思想与设计和第欧根尼相类似,所不同的只是细节或程度。①

第一,二人设想的社会都由智者组成。他们是这个共和国的真正主人,大家不分男女,彼此平等,无阶级、地位、贫富之分,像朋友、亲属一样自由相处。这里没有武器、军队、战争,只有男女智者的和谐生活。

第二,智者男女平等,妇女组成妻子公社,男女自由择偶,共夫共妻,可以设想男子公社的存在。孩子共养,共父共子。由于实现了自由为基础的性爱,"通奸"已属正常,自然不会有任何性嫉妒的产生。

第三,男女同服,裸露身体,既体现了男女平等的原则,又打消了性别间的神秘,这实际上是对一切人为区别、限制之心理防线的最后突破。

第四,鄙视普通教育是犬儒派的一贯态度。虽然我们不知第欧根尼的《共和国》原作是否包括这方面的论述,但从此可以看出,芝诺对待普通教育的态度与犬儒派基本一致。②

二者的不同主要在于:

第一,关于共和国的范围,第欧根尼的比较明确,即像世界一样大,是世界上唯一的理想国家。芝诺的共和国似乎是诸多国家中的

---

① 参见 J. M. Rist, *Stoic Philosophy*, p. 68.
② 参见前章第三节的"犬儒派的知识、教育观"。

一个,因为他提到不能因到国外旅行或交换引入货币,可见,他在设计他的共和国时,把它看作诸多国家中的一个。

第二,芝诺的城市中不要神庙、体育馆、法庭,而这些在第欧根尼的"共和国"中似乎都存在。首先,第欧根尼的共和国中有神,有智者。万物属于神,人可以从神庙"偷"东西。当然,按照犬儒派的说法,这只不过是把属于神的东西转移了一个地方而已。不论我们对此如何理解,第欧根尼的设想中是有神庙存在的。其次,第欧根尼鼓励女子裸体参加训练,应该设想体育馆的存在。最后,第欧根尼主张社会应有法律,法庭的存在也是有可能的。从这个角度上看,第欧根尼的共和国理想似乎比芝诺的较为贴近实际。

第三,第欧根尼提倡用骨币,芝诺完全取消货币。或许在这一方面芝诺受到柏拉图的影响较深。但柏拉图只是禁止护卫者拥有货币,并不否认货币存在的必要。[1]

第四,第欧根尼的"同类相残"、可吃人肉在芝诺的《共和国》中未提及,估计是与犬儒派的公开性交、行乞等无羞耻生活方式一道被芝诺放弃。[2]

总体上看,芝诺的《共和国》受第欧根尼的影响较深,带有强烈的犬儒色彩,甚至在某些方面比第欧根尼显得更为理想化。但同时也不可否认他受到柏拉图《理想国》的影响。他的"共和国非唯一存在的国家""智者不需要货币"等思想观点应该与柏拉图的某些设想极为相似。然而,芝诺的理想社会毕竟不是柏拉图的等级社会。如果说柏拉图的等级社会实际上是对现实社会的规范、改造,那芝诺的智者社会则是完全超然于现实社会的空中楼阁,与第欧根尼的"共和国"同样遥不可及。因此,它的犬儒派思想因素应该大大超过

---

① Plato, *Republic*, 371B; 柏拉图:《理想国》,郭斌和、张竹明译,第61—62页。

② 据 Apuleius,克拉底与希帕其娅在公众面前交合,芝诺出于羞耻感,用外套遮住了他们。Apuleius, *Florida*, 14. 6, edited and translated by Christopher P. Jones, Cambridge, Mass. : Harvard University Press, 2017. 类似故事也可见 Julian, *Oration*, 6. 185c-d。

它的柏拉图因素。甚至有的学者认为,芝诺的乌托邦实则是对柏拉图"理想国"的直接攻击。①

关于第欧根尼、柏拉图与芝诺三人的"共和国"理想为什么会有一定程度上相似,普鲁塔克早就对此作出了说明,即三人都从斯巴达人那里接受了"和谐"的观念,都把来库古的内政计划作为自己理想蓝图的模式。据普鲁塔克,来库古改革的"主要目的并非要使自己的城市统治很多其他城市。他认为整个国家的幸福也和一个私人的幸福一样,它依赖于道德修养和内部和谐。因此,他的一切措施和调度的方针都是要使人民胸襟不拘、自足、中道,并使他们尽可能地长期保持着这些习性。柏拉图、第欧根尼、芝诺以及其他一切在政治方面的著述获得称许的人都采用了来库古的内政计划,虽然他们遗留下来的只是一些作品和文字"②。犬儒派从安提斯泰尼到第欧根尼一向对斯巴达人有好感,曾经追随犬儒派的芝诺也不例外,普鲁塔克的评述指出了三人的思想来源,但并未从深层次上看到第欧根尼、芝诺的"共和国"与柏拉图的明显不同:前者是对现实的否定,后者是对现实的改造。当然就其本质而言,三者都是根本不可能实现的空想。

二、克拉底的"Pera岛"及其社会理想
——兼与优赫莫鲁斯(Euhemerus)、亚姆布鲁斯(Iambulus)的"乌托邦"比较

继第欧根尼之后,犬儒派的第三号代表人物克拉底也提出了自

① F. L. Vatai, *Intellectuals in Politics in the Greek World*, London: Croom Helm, 1984, p. 124.
② Plutarch, *Lycurgus*, 31, 译文引自刘家和译《来库古传》,《世界古代史史料选辑》,第318页。

己的乌托邦设想,相对于第欧根尼的《共和国》,他的乌托邦空想色彩更为浓厚,这个名为"Pera"的乌托邦从表面看是茫茫雾海中的一个小岛,但实际上是犬儒个人的放大,是犬儒派世界主义思想及博爱思想的具体化。因为"Pera",本意是指犬儒身上背的放零碎食物或杂物的破袋子。这个破袋子就是犬儒派的全部物质所有、全部精神追求。因此,克拉底以此为题,抒发了犬儒派的社会理想及对美好未来的向往。为了更准确地理解克拉底的乌托邦社会理想,我们将在对"Pera"诗作考察分析时,将其与同时期其他类似的乌托邦文学作品进行比较研究。

（一）"Pera 岛"的内容及思想

有关"Pera 岛"的材料主要见于三处:第欧根尼·拉尔修的《克拉底传》、达德利转引的有关残篇和亚历山大里亚的克列门特(Clement)的作品"Stromateis"。

第欧根尼·拉尔修所引的诗作试译如下:

> 酒墨色的雾海中有一座城叫 Pera,
>
> 它风光秀丽,出产丰富,没有贫穷,但也没有任何有价值的
> 财物。
>
> 没有一个愚人、寄生虫、贪吃者和性欲的奴隶
>
> 驾船驶入这个城市之中。
>
> 这里出产香草、大蒜、无花果和面包,
>
> 人们不会为此相互拼杀,
>
> 也不会为金钱或荣誉而大动干戈。①

达德利除提供了上述诗作的英译之外,还提供了与 Pera 有关的

---

① 所据英译见 Diogenes Laertius, *Lives of Eminent Philosophy*, 6. 85. Luis. E. Navia, *Classical Cynicism*, pp. 120–121 也引用了这首诗,其英译与此有所不同。Dudley, *A History of Cynicism*, p. 44 也引用此诗,英译基本一致,仅个别词句稍有不同。本文取 Diogenes Laertius, *Lives of Eminent Philosophy* 英译。

残篇 5 和 6。①

残篇 5：

他们（即 Pera 的居民——原译注）不会受到人类的奴役者——贪欲之神（Lust）的诱惑，他们不会向他屈服，他们在自由之神（Freedom）那里获得了欢欣，不朽的女王（Basileia）……

残篇 6：

她（即 Basileia——笔者注）控制了他们的心灵，满足于她自己的所有。她不是金子的奴隶，不是毁坏性的爱（Love）之欲望的奴隶，也不是与任性放纵之神（Wantonness）有关的一切事物的奴隶。

克列门特曾谈到克拉底对 Pera 城人民的描写，说他们"不被只适合于奴隶的快乐所屈服、所俘虏，他们热爱不朽的王国和自由"②。

那么，我们如何理解这些材料呢？克拉底关于"Pera"诗作或论述肯定还有不少，但都失佚了。我们这里面临的材料如同第欧根尼的《共和国》一样，十分稀少，所以，只能从这些材料中及克拉底本人的所作所为中，来探讨他的乌托邦思想。

首先分析 Pera 的空间所指，对此可从两个方面来理解。

第一，pera 即犬儒的破袋子，Pera 岛或 Pera 城就是犬儒个人的放大和化身。犬儒与众不同，独立于世，视他人为欲望的奴隶，唯有自己是愿望的主人。犬儒生活俭朴，粗食清水即可，诗作中列举的几种食物都是犬儒平时充饥之物。既然无欲无惑，自然不会有明争暗斗，生活也就安宁幸福、和谐、自由，犹如置身仙境一般。破袋子就是犬儒的个人世界。克拉底就生活在这样的个人世界里。他抛弃家产，甘愿背着破袋子乞讨。他走门串户，为人们排忧解惑，受到

---

① Diels, fr. 5. 6. 转引自 D. R. Dudley, *A History of Cynicism*, p. 44。
② Clement, *Stromateis*, 2. 492, 转引自 H. D. Rankin, *Sophists, Socratics and Cynics*, p. 236.

热情欢迎。他简直就是我们今天所说的"爱心大使",所到之处给人们带来了欢乐。他虽然与希帕其娅结合,但那是犬儒伴侣,甚至他们的交合也是像动物一样的自然行为,无视时间、空间的限制。他甚至带着儿子去妓院参观,让他知道他的父母是如何交合的,[①]他还让女儿先去试婚。[②] 可见,真正的犬儒生活即是他的理想世界,成为"Pera"城的一员,即他的个人理想。

第二,Pera 是指犬儒派的理想社会。这个社会看来不是像第欧根尼"共和国"那样大的世界国家,只是整个世界的一部分,是像犬儒这样的人生活的地方。它是大海中一个孤岛,岛外的海面上充满了浑浑噩噩、不知飘向何方的世人,他们患有严重的迷惑病("τυφος"[③]),需要像犬儒这样的智者去拯救他们。但在岛上,却是风景如画,气候宜人,果实挂满枝头。人们依据自然生活,既不贫穷悲惨,也不拥有金银财宝,满足于自然的恩赐。这里的居民应是清一色的智者,坏人在这里无容身之地,因此,彼此和平相处,无欲无争。

然而,不论从犬儒派的个人生活理想,还是从犬儒的社会理想来理解,我们都能感受到犬儒派对现实生活的否定,对新生活的向往,感受到他们的世界主义思想以及对人类的博爱精神。克拉底所写的悲剧中有一段就反映了他的这一思想:

> 我的国家没有一座塔楼,也无一座屋顶,
>   为我们栖身准备的卫城和住所则像整个大地一样宽广。[④]

没有塔楼、房屋,以大地为自己的城市和家园,这只能是一个世界国家,可以说是 Pera 城市的进一步扩大。这种理想已接近于第欧根尼的世界国家思想。第欧根尼自称世界公民,克拉底也一定如此

① Diogenes Laertius, *Lives of Eminent Philosophy*, 6. 88.
② Diogenes Laertius, *Lives of Eminent Philosophy*, 6. 93.
③ 关于此词的词源学解释,参见第四章第一节。
④ Diogenes Laertius, *Lives of Eminent Philosophy*, 6. 98.

363

认为,否则他怎会以大地为国家,以第欧根尼为同胞呢?① 因此,Pera 岛实则是克拉底世界国家理想的缩微景观,但它的实质却得到了充分展现。

其次分析克拉底乌托邦社会的内部构想。

由于 Pera 远离现实世界,它的社会生活可以彻底切断与现实社会的一切联系而重新构建。

(1) Pera 的居民完全可以依赖自然环境生活,它的出产足以满足居民的简单生活。这里不需要,也没有金银财宝。

(2) Pera 的居民是心灵纯洁无惑之人,在他们中间不会出现与智者相对立的愚者,不会出现不劳而食的寄生虫,不会出现沉湎于口腹之乐的贪吃者,也不会出现屈从于肉欲的色鬼。克拉底列举的这几种人,实际上就是"τυφos"病的患者。在犬儒派眼里,愚者就是芸芸众生,就是茫茫雾海中的漂泊者,或为名,或为利,行色匆匆,风尘仆仆,争先恐后奔向生命的最后一天。这些人也就是第欧根尼眼中的"非人"。克拉底虽然用劝谕的方式救治世人,但他在对世人的贬评上与第欧根尼并无二致。正是这些人患了病,成为愚人,才需要他去救治。他的博爱是以世人的需要爱为前提的。至于寄生虫,可作两种理解,一是指一般的游手好闲者,另一则是指那些以剥夺他人劳动产品而自肥的奴隶主、统治者。那些依靠参加公民大会、靠选票混日子的人也可看作社会的寄生虫。公元前 4 世纪以后,由于城邦制度的衰落、战争的频繁及后来马其顿人的统治,"社会寄生虫"越来越多,下层人民不堪重负,要求重分土地、废除债务的呼声此起彼伏。克拉底身临其境,应该对这些寄生虫深恶痛绝。贪吃者、纵欲者,都是非自然之人。本来食、色,人之性也,犬儒派并非不食人间烟火,没有七情六欲,而是反对在食、欲方面的过度追求。可

---

① 克拉底曾自称是第欧根尼的同胞(fellow-citizen),语见 Diogenes Laertius, *Lives of Eminent Philosophy*, 6. 93.

以设想,食不厌精、脍不厌细者怎能不成为食欲的奴隶,追求肉欲感官享受者怎能不成为性欲的奴隶? 性乃自然之事,不能纵欲过度,第欧根尼、克拉底都有当众施放性欲的“无耻”行为,但那是动物式的自然行为,而非露阴成癖,或施暴于他人的奸淫行为。这是我们区别犬儒派禁欲主义与自然主义之行为的关键。这些坏人无赖以及执迷不悟的芸芸众生当然不允许进入纯洁无瑕、犹如真空的 Pera 岛了。

(3) Pera 的居民已消除了贪欲之心。不论名誉、金钱、食、色以及一切由欲望引起的东西统统不是 Pera 人追求的对象。他们更不会因此而发生战争,因为在他们看来这些毫无价值。没有贪欲,便没有战争。Pera 人应生活在一片自由、安宁、和谐、亲如一家的和平气氛当中。对于历经战争之苦的希腊人,这样的设想是可以理解的。在第欧根尼的“共和国”内,居民仍有货币,但这里却根本不需要货币,因为人所需要的一切自然都已满足。人人依自然生活,自然赋予人们一切,哪里还会有贪欲之心的存在,以及因贪欲而引起的战争呢? 可以说,只有在克拉底的 Pera,人类才能真正实现犬儒派依据美德生活的理想(life according to virtue)。[①]

(4) Pera 有无法律及负管理者之责的官员,不得而知,但对于这样一个依靠自然生存的社会,似乎这些都是多余的。处于自然状态的人是不需要法律的,也不知法律是何物。从这个意义上说,第欧根尼设想的仍有法律、神庙存在的“共和国”实际上仍是个自觉的人为共和国,而克拉底的 Pera 则是个自为的自然乌托邦。

(二) 克拉底自然乌托邦思想的起源及其与同时代类似思想的比较

克拉底的自然乌托邦思想的出现既有古希腊文化传统的原因,也有社会政治环境变化的原因。

---

① Diogenes Laertius, *Lives of Eminent Philosophy*, 6. 104.

从文化传统上看,古希腊的海外乌托邦传说由来已久,最早可溯至米诺斯(Minos)时代。① 荷马史诗《奥德赛》(Odyssey)中首次出现了关于"福地"(Elysium)的描述。希腊英雄墨涅拉俄斯(Menelaus)返国途中被困埃及,焦急万分,海神普罗透斯(Proteus)安慰他说:"你注定不会死,……那些不朽的神将会把你送到福地和大地的尽头,那里居住着美发的剌达曼提斯(Rhadamanthus,宙斯的儿子——译者注),那里的生活对人类是最舒适不过了。没有雪,没有暴风雨,只有从大洋吹来的阵阵强劲西风,给人们带来凉爽。你有海伦为妻,在别人的眼里,你是宙斯女儿的丈夫。"②如此看来,荷马的"福地"是个远在天边的极乐世界,是专为被挑选的英雄们准备的。那里风和日丽,气候宜人,舒适无比,英雄们在此可尽享天伦之乐。

赫西阿德(Hesiod)的"福岛"(the island of the blessed)与"福地"相类似。这是宙斯为活着的英雄准备的一处住所,位置也是在大地的边缘。这些人无忧无虑地生活在大洋环绕的岛上,土地的出产一年三次收获,为英雄们产出新鲜香甜的果实。他们远离不朽的神,但宙斯的父亲克洛诺斯(Kronos)是他们的国王。③ 这里是凡人英雄的住所,却由神来统治,这是与荷马的福地稍有不同的一点。

抒情诗人品达(Pindar,公元前518—前438年)也提到了"福岛"。他的福岛是为经过三次转生并被证明在阳间、阴间都清白无罪的人准备的,福岛上吹拂着凉爽的海风,树木花草金光闪闪,有福的人带着花环,挽臂而行。到达这样的福岛已非生来注定,而是要

① F. E. Manuel and F. p. Manual, *Utopian Thought in the Western World*, Cambridge: Belknap Press of Harvard University Press, 1980, p. 75.
② Homer, *Odyssey*, 4. 561 - 569, 中译可参见荷马:《伊里亚特 奥德赛》,陈中梅译,上海译文出版社,1998年,第770—771页。
③ Hesiod, *Works and Days*, 165 - 169a, with an English translation by Hugh G. Evelyn-White, Cambridge, Mass.: Harvard University Press, 1998. 参见赫西俄德:《工作与时日 神谱》,张竹明、蒋平中译,商务印书馆,1996年,第6页。

经过一番积极的努力,①这种设想受到了奥尔弗斯教的灵魂转世轮回思想的影响。

从以上三位诗人的乌托邦设想,可以发现他们的共同点:(1)这些乌托邦都位于大地的边缘,遥远的海岛上。(2)这些海岛都风景如画,气候凉爽,出产丰富。(3)人们无忧无虑,享受闲暇、自由和幸福,没有任何外来纷扰。(4)这地方是为特定的人准备的,或是被挑选的英雄,或通过考验的一般人,不是人人可去的地方。

从这些共同点可以明显地感到与克拉底"Pera"岛的相似。同样遥远的海岛,同样的丰富多产,同样的美丽环境,同样和平安宁的生活,同样特定的居民,很难想象克拉底的 Pera 与它们竟然如此巧合。传说的影响是显而易见的。甚至克拉底对 Pera 岛的位置描述,也与荷马《奥德赛》中关于克利特岛的诗句相似。其诗云:

> 有个地方叫克里特,在酒绿色的海中央,
> 那里土地肥沃,景色秀丽,海浪环绕;那里人口众多,
> 难以计数,有九十座城市。……②

或许克拉底模仿了荷马的诗句。

从当时的社会政治环境来看,克拉底之时已与第欧根尼时代发生了巨大的变化。第欧根尼壮年之时,希腊城邦虽已衰落,但仍独立存在。直到他八十高龄的暮年之时,亚历山大才向东扩张,建立他的帝国。所以第欧根尼设想的世界国家只是理想城邦的放大,并希望在人类居住的世界实现。但到克拉底之时,马其顿人对希腊城邦的控制已经确立。它们不论属于哪一个希腊化王国,都实际上沦为失去其独立身份的自治城市。城邦理想已不可能实现,不论是柏拉图的一个城邦,还是第欧根尼的世界国家。然而,残酷的现实阻

---

① Pindar, *Olympian Odes*, 2. 70 – 75,参见 F. E. Manuel and F. p. Manual, *Utopian Thought in the Western World*, p. 76 – 77.
② Homer, *Odysseys*, 19. 172 – 174.

挡不住理想的翅膀,荷马时代流传下来的海外乌托邦传说自然引起了犬儒派的回眸。此外,更为重要的一点,是亚历山大东征、庞大帝国的建立,使希腊人的眼界大开,原来只听说过,或仅几个人到过的中亚、印度、阿拉伯半岛以及浩瀚的印度洋、阿拉伯海、波斯湾、红海,都成了希腊—马其顿人的统治之地或亲临之地。亚历山大从印度返回时,海上一路从印度河口西行转回波斯湾,有"犬儒"之称、曾为第欧根尼学生的奥内西克里特就担任这次航行的一名船长。[1] 他后来写了一本关于亚历山大东征的书,书中记载了他在印度碰到的大象及其他动植物,还记载了他为亚历山大搜集的印度以南诸岛的地理资料。[2] 这些有关海外的记载是否被克拉底接触不详,但亚历山大征服为希腊人开拓了广阔的视野则是事实,同时也有助于他们消除民族偏见。亚历山大在欧皮斯(Opis)就曾为希腊人与波斯人的和谐祈祷,[3]这说明他已有帝国之内皆一家的思想萌芽。公元前3世纪的一位希腊地理学家厄拉托斯梯尼(Eratosthenes)就说过,人不应被划分为希腊人或野蛮人,而应分为好人或坏人。[4] 总之,亚历山大之后希腊人地理视野的扩大、人类同处关系的认同以及来自海外远方的种种传说,均有助于犬儒派,尤其是生逢其时的克拉底的海外乌托邦及世界主义思想的产生与发展。这一点从同时期优赫莫鲁斯和亚姆布鲁斯的类似乌托邦故事中也可得到证明。

优赫莫鲁斯(Euhemerus,主要活动于公元前3世纪初),与克拉底属同时代,但年龄稍小,一般把他列入昔列尼学派。他大约于公元前300年写过一本《圣史》(Sacred Inscription,或译为 Sacred History),把他的诸神源于史前伟人论与一个政治乌托邦图景交织在一起。这里主要探讨他的乌托邦思想。

---

[1] Plutarch, *Alexander*, 66；Arrian, *History of Alexander and Indica*, 6,1, 7.18.
[2] Luis. E. Navia, *Classical Cynicism*, p. 147.
[3] Arrian, *History of Alexander and Indica*, 7.11.
[4] Strabo, *Geography*, 1.66.

优赫莫鲁斯是个热心政治的哲学家，是马其顿统治者卡桑德(Cassander)的朋友，多次被委以重任。但他并非君主制的拥护者，从他的描述中，可以看出他的乌托邦具有柏拉图理想城邦与克拉底海外乌托邦的某些特征。

优赫莫鲁斯描述的"圣岛"(Scared Isle)位于阿拉伯福地的最边缘，面临大洋，岛上的土著居民是潘开亚人(Panchaea)，但也有一些外邦人。岛上草木繁盛，鸟语花香，泉水甘甜，果实累累。潘开亚人分为三个等级：第一等级是祭司阶层，工匠们也划归这一阶层；第二阶层是农夫；第三阶层是战士，也包括牧民。他们均生活于自己制定的法律之下，无国王凌驾他们之上。他们每年选举三位主要官员，处理一般事务，像重大的犯罪案及其他重要事务则由祭司们处理。祭司除主持神庙管理、祭祀仪式外，还是此地的实际领导者。他们是国家事务的最后决定者。不论是农夫、牧民，还是工匠，所有的产品与收入都要交给祭司，由其进行公正合理的分配，祭司们可以多得一份。他们的衣着服饰是最好的，虽备受尊敬，却不能迈出圣地一步，否则他人有权将其处死。①

优赫莫鲁斯的乌托邦大致如此。不难看出，它与克拉底的 Pera 形似而非神似，外似而非内似。它虽远在阿拉伯半岛之外，岛上气候、生产等自然环境确实具有 Pera 岛的特征，但其人民有等级之分，战士要御外来之敌，祭司决定一切。可见，这个乌托邦并未与世隔绝，人民也非自然生活。此外，希腊人从未经历的神权政治也出现了。这显然与希腊化时期东方宗教因素传入有关。

亚姆布鲁斯(Iambulus)也是公元前 3 世纪人，是斯多亚学派创始人芝诺的信徒，著有《大洋洲》(Oceanica)一书。其中描写了他与一名同伴海上历险，到达一座福岛(happy island)的故事。其中对我

---

① 关于优赫莫鲁斯的"圣岛"描述，详见 Diodorus Siculus, *Library of History*，5. 41 - 46, with an English translation by C. H. Oldfather et al, Cambridge, Mass.：Harvard University Press，1984.

们最有价值的是他对福岛的记载。该岛离大陆相当遥远,因为他们在海上向南漂泊四个月后才抵达。福岛居民热情好客,身体特征与行为方式与希腊人极为不同。他们外形相似,身材高大(超过 4 腕尺)①有力,但骨骼相当柔软,身体光滑,比例匀称,堪称俊男美女。他们生有双舌,可模仿鸟类鸣叫,可同时与两人说话。该岛位于赤道,阳光直射,气候温和无变,水果常年可熟。岛上居民以血缘关系和政治组织构成群体生活。每个群体不超过 400 个亲属。岛上出产应有尽有,泉水也有温凉两种。岛民重视知识学问,尤其重视占星学。他们创造了 7 个字符发 28 种音的文字系统。岛民长寿,能活到 150 岁,但伤残有病者要自行结束生命。即使长寿之人,也只能活到规定的年龄 150 岁,然后自愿死去。岛民无家庭婚姻,但共夫共妻,共同拥有孩子,共同养育他们,平等爱戴他们。婴儿时,那些哺育他们的奶妈要经常更换,即使母亲也不知其子。岛民之间和平相处,不知争斗,把内部的和谐看得高于一切。他们用一种类似乌龟的鸟负驮儿童高飞来试孩子们的胆量,如果有的孩子呕吐不已或惊恐万分,就被抛弃,因为他们缺乏应有的素质,不可能长寿。

每一个群体中,都是年龄最长者负领导之责,他们好像是一位国王,受到全体成员的拥戴服从,当这位最长者年满 150 岁时,第二位年长者就接替了他的位置。

海岛周围的海水汹涌澎湃,这是由巨大的潮汐所致,这样的岛共有 7 个,大小相近,相距一致,遵守同样的习俗和法律。

虽然岛上出产丰富,用之不尽,但居民们生活有节,崇尚简朴,所需食物仅以维持身体需要为限。

他们共同劳动,分工合作,有的打鱼,有的做工,有的从事其他工作,除老年人外,大家定期轮换工种。

他们崇拜日月星辰,将它们尊为神。在节日和宴饮时,都要向

---

① 1 腕尺(cubit)约 18—22 英寸,约等于 0.4—0.49 米,4 腕尺则约 1.6—1.92 米。

神诵诗献歌，以表赞美之情。他们特别崇拜太阳神，并因此自称为"太阳岛"和"太阳之子"。

在这样的岛上居住 7 年后，亚姆布鲁斯和伙伴被视为恶习太深的"不良分子"(malefactors)逐出海岛，结果漂泊到印度。后经波斯返回希腊，才有可能向世人讲了上述经历。[①]

亚姆布鲁斯的乌托邦看来比优赫莫鲁斯的比较接近于克拉底的 pera。它们都远在海外，岛上出产丰富，而且人们生活俭朴，和谐相处，无欲无争，没有阶级、阶层的差别，没有职业的固定分工，管理者也只是尊敬的老者而已，只有习惯，而无强制性的政府。因此，他的乌托邦也是一幅自然乌托邦图景，但福岛的居民崇拜神灵，共产共夫共妻共子，人的寿命有一定限制，这些又是"pera"中所没有明确提到的。或许克拉底未想到，或许他认为这些都是自然行为，任其自由存在而不必设计。但测试儿童决定去留，共夫共妻共子，子不知其父也不知其母，使人隐约感到了斯巴达制度与柏拉图"理想国"的影子。[②]

从克拉底的"Pera"与优赫莫鲁斯的"圣岛"、亚姆布鲁斯的"福岛"看，他们的共同点都是想谋求社会内部的和谐，消除阶级和阶级斗争，消除贪欲，提倡人类之爱。从这个意义上说，犬儒派的乌托邦思想与其他的类似设想具有一定的超前意识，对社会发展有一定的推动作用，虽是空想，无法实现，或者设计者也未曾想到去真正实现，但它是个美丽的梦幻，能给人一时的安慰与快意。这大概是犬儒派对未来理想孜孜以求的动力之一。

通过对第欧根尼和克拉底两位犬儒的乌托邦社会理想的考察、比较、分析，再结合前述犬儒派在现实生活中的所作所为，可以大致

---

① 关于福岛的描述，详见 Diodorus Siculus, *Library of History*, 2. 53 - 60.
② 参见 Plato, *Republic*, 5. 457C-D, 459D-E；柏拉图：《理想国》，郭斌和、张竹明译，第189—190 页，第 193—194 页；关于斯巴达的婴儿体质审查制度，见 Plutarch, *Lycurgus*, 16.

归纳出犬儒派理想社会的基本特征：

其一，这个理想社会无阶级、主奴之分，是个人人平等、互助友爱的社会，这里或有分工的不同，但绝无身份、地位的区别，更无奴隶的存在。或有担负一定责任的管理者，但绝无凌驾于他人之上的统治者，什么君主、僭主、富豪、奴隶主，在这个社会统统不存在。

其二，社会规模无定，大到整个世界，小到一个小岛。但就其本质而言，它是犬儒生活的放大。除了那些愚者或 τυφος"患者"——惑者之外，其他的人类都应纳入这个社会之内。此社会的成员都可不无自豪地宣称自己是"世界公民"或"太阳之子"。

其三，社会成员生活简朴，满足于大自然的恩赐。贪欲、嫉妒、争战在这个社会中不会发生，也无缘发生。因为自然赐予了人们需要的一切，人们可以和谐、幸福、无忧无虑地生活。

其四，社会成员集体生活，亲如一家，在两性相悦的基础上共夫共妻共子。克拉底的"Pera"中虽无此明确表述，但那里没有性欲的奴隶，只有自然的结合。因此，男女自然结合，共同抚养后代，是理想社会婚姻关系的基本原则，克拉底与希帕其娅的结合可看作这种理想婚姻的尝试。

其五，这种世外桃源或空中楼阁型的理想社会在现实世界中根本不可能实现。犬儒派可以朝此方向努力，但这种努力是徒劳的，不论是第欧根尼式的斥责现实，还是克拉底的医治现实，现实仍然"逝者如斯夫"，本质上绝无改变的可能。世界国家，游移无根，Pera小岛，虚无缥缈，世人只能在苦难的现实中默默等待。即使到了近代，莫尔的乌托邦也只是一纸美丽的空文。但犬儒派对理想社会的追求精神是可敬的。没有他们，生活于古希腊罗马社会的人们，尤其是苦难大众就少了几分希望。

此外，从以上的比较分析可知，犬儒派的社会理想只是古希腊诸多社会理想中的一种，它与它们既有相似之处，也有不同之处。相同之处在于他们都是社会变革思想的反映，都是在构建一个新的美好的社会蓝图,这些理想都是在现实社会中不可能实现的空想。不同之处在于犬儒派的空想色彩更为浓厚,他的理想社会是对现实社会的全然否定,即使是克拉底的乌托邦也要比优赫莫鲁斯和亚姆布鲁斯的更加封闭,更为自然,生活更加简单和谐,这是由于这些乌托邦设计者在现实生活中不同的社会地位与不同的政治观、社会观、价值观所决定的。但无论二者有何差异,他们都在人类空想思想史上占有一席之地,都是后来各种空想思想的先驱。

第四章　犬儒派的人生理想

　　人是社会的主体。犬儒派对其理想社会中成员的构成、分工、生活做了一定的设计。但这些成员或是区别于愚者的智者，或是区别于公民的自然人，他们或生活于"世界国家"之中，与世界成为一体，或生活于孤岛之上，与世隔绝。事实证明，不论是大的共和国，还是小的 Pera，都只是一种理想和空想而已。因此，这些社会的"智者""自然人"也只能是一种设计或设想而已。在犬儒派看来，他们生活在令人诅咒、令人痛惜、但又不可救药的现世之中。他们面临的是实实在在的严酷世界：政治制度扼杀人的本性，社会习俗法律制约人们的行为，权力、地位、荣誉、财富使世人利令智昏、趋之若鹜，贪欲、嫉妒、明争、暗斗、战争、征服使世人身心不宁，惶惶不可终日。尽快救治这些虚幻之海的漂泊者，还他们一个清醒的头脑，成了犬儒派的历史使命之所在。但如何救治呢？犬儒派在描绘理想世界蓝图的同时，更多的是以自身的努力在现实与理想之间架设一座桥梁，使更多的世人看到跨过迷惑（τυφos）之海、抵达无惑（ατυφια）之境的希望。于是，他们就以自己超越世俗、超越自我的犬儒人生，为世人树立了现实中的理想榜样。本章专论犬儒派的人生理想，其意就是试图对他们的典型人物所执着追求的人生理想目标进行一番梳理归纳，看看他们到底为世人指出或展示了什么样的人生真谛。

一、自然人生

"回归自然""根据自然生活"是犬儒派的一贯主张,这从他们设计的理想社会也能看出。但如何实践却是犬儒派首先面对的问题。因此,自然人生成了他们追求的目标之一。

(一)自然生存

作为社会的一员,犬儒派同其他人一样要设法生存,但如何生存,犬儒派与世人的态度显然不同。如果世人的生存主要依赖于人为的努力,那犬儒派的生存则主要依据对自然的适应。这里的自然包括两层意思:一是外部自然生存环境,一是个人自然生存本能,这些都非个人可以改变,但可由个人去适应、调节、控制。犬儒派对自然生存环境的要求极低,根据自然生活就是他们奉行的原则。对个人的自然生存本能他们并不有意识地压抑,而是顺其自然,或发乎情,止于理性,因为理性也是自然之道。

首先我们分析犬儒派对自然生存环境的适应。

衣食住行是个人生活的基本需求,犬儒派将此降到了维持生命存在的最低限度。第欧根尼说过:什么也不需要是诸神的特权,只需要一点是像神的人的特权。[1] 他们实际上把自己等同于自然界中的动物,在很大程度上,依据自然和本能生活。犬儒派的衣服极为简单,一件破外套(τριβων, cloak)即可,能遮身蔽体、挡风避雨就行。这个外套不论多么破旧肮脏,却是犬儒一物多用的宝贵家当,白天当衣,晚上裹体。第欧根尼死时就用破外套裹着身子而长眠不醒。[2]

犬儒派的食物靠乞讨而得。不论优劣,能饱腹即可。第欧根尼甚至啃别人扔掉的骨头。可见,他赞成吃任何动物的肉并非虚传。

---

① Diogenes Laertius, *Lives of Eminent Philosophy*, 6. 104.
② Diogenes Laertius, *Lives of Eminent Philosophy*, 6. 77.

犬儒派不是素食主义者,克拉底的作品多次谈到犬儒派喜爱的食物——小扁豆(lentil)。"残篇7"留下了这样的诗句:"收集小扁豆和豆子,我的朋友;如果你这样做,你将会因征服了欲望(Want)和贫穷(Poverty)之神而树起一座胜利纪念碑(trophy)。"①来自忒勒斯的一段引文转述了克拉底的学生梅特罗克勒斯对他在柏拉图学园、逍遥学派和在克拉底处生活的比较。在前二者那里,家里给了他许多资助,顿顿饭食有小麦面包和甜葡萄酒,但他仍怕饿肚子,常感缺这少那。然而当他转到克拉底的门下时,生活极为简朴,穿着粗衣,吃大麦面包和普通的香草(herbs),他却非常满足。② 克拉底的破袋子里经常装的食物有香草、大蒜、面包、无花果,渴了喝点泉水,以致有"喝水者"之称。由此可见,犬儒派的食物主要是靠乞讨而得,方式是随机而食,一切听凭自然和机缘提供,决不刻意追求美味佳肴、口腹之乐。克拉底的"Pera"岛特别禁止饕餮者入境,说明克拉底一贯坚持食物的简单和自然获取。

犬儒派四处流浪,市场、神庙、体育场、公共澡堂或一切他认为适合的地方都是他的临时栖息之地,无论何处,外套往地下一铺,一张"地床"自然而成。③ 第欧根尼就钻在木桶里伸出脑袋向亚历山大显示了不屑一顾的神态。或许这个木桶就是他在科林斯的长期住所。④ 科林斯人在他的墓碑旁还立了一座狗的雕像,墓碑上镌刻着路人与狗的虚拟对话:

> 告诉我,这只狗,你站立守卫的坟墓的主人是谁呢?
>
> 那只狗。
>
> 那只狗是谁呢?
>
> 第欧根尼。

---

① 转引自 D. R. Dudley, *A History of Cynicism*, p. 47.
② D. R. Dudley, *A History of Cynicism*, p. 47–48.
③ Diogenes Laertius, *Lives of Eminent Philosophy*, 6. 22.
④ Diogenes Laertius, *Lives of Eminent Philosophy*, 6. 23.

　　他属于哪个国家?

　　西诺普。

　　他住在一个木桶里吗?

　　是的,但现在他死了,正居住于群星之中。①

　　第欧根尼长期居住于科林斯并以木桶为家,由此得到了佐证。后来的犬儒同样漂泊不定,哪里有人群,哪里就有他们的身影,甚至在公元 1 至 2 世纪的罗马世界也同样如此。

　　除了破外套、皮袋子和拐杖外,犬儒派几乎一无所有,甚至一个喝水用的陶杯也被第欧根尼扔掉。原因是他看到一个小孩用双手捧水喝,由此想到还有比用杯子更简单的喝水的方式。他大为感慨地说:"一个小孩竟然在生活的简朴方面打败了我。"②据说,第欧根尼采取自然生活方式,源于在市场上对一只来回乱跑的老鼠的观察:它不寻找地方躺下来,不害怕黑暗,不寻求任何美味的食物。他由此悟出了自己如何适应环境的方式,③即根据自然生活。正是从天真幼稚的小孩和靠本能生活的动物那里,他找到了自然生存之路,并将此作为理想人生的追求之一。

　　其次,分析犬儒派对自然生存本能的节制与顺应。

　　上述犬儒派对外部生存环境的最低需求实际上就包含了对自身生存本能的节制。七情六欲,在犬儒派这里并非率性而发,而应受到一定程度和范围的控制。克拉底就曾对"简朴的生活,光荣的节制之子"④大唱赞歌。但是从有限的资料中,仍能看到犬儒派的任性行为,特别是在两性关系上的两难境地。一方面,犬儒奉行独身主义,贬低妇女,抨击爱神,压抑情欲,视其为万恶之源。但另一方

---

① *The Greek Anthology*，7. 64.
② Diogenes Laertius, *Lives of Eminent Philosophy*，6. 37；*The Greek Anthology*，16. 333.
③ Diogenes Laertius, *Lives of Eminent Philosophy*，6. 22.
④ Julian, *Oration*，6. 199A.

面,在他们中又出现了当众行下流之事,①甚至公开交合的场面。这种行为古希腊人称为"αναιδεια"(shamelessness),即无羞无耻,敢于在公众面前做任何事(doing everything in public)。"无耻"成为犬儒人生的一个特色。当然,犬儒们的"无耻"行为不仅表现在性关系上,也表现在随处就食就宿、与狗争食、流浪乞食、赞成乱伦、同类相残、吃人肉等方面。对此类"无耻—"行为应如何理解?可否因此而称犬儒为真正的"无耻之徒"呢?回答显然不能如此简单。如果将其置于犬儒派反社会、反世俗习惯的大背景之下来考虑,就可看出犬儒派的"无耻"行为恰恰是对现实社会虚伪的道德伦理规范的过激反应。性行为本质上是自然行为,但在现实社会中却用道德的幕布给遮掩起来了。第欧根尼和克拉底带头在公开场合"为所欲为",本身就是对传统道德伦理和婚姻制度的挑战。犬儒不要家庭,唯恐因为家庭而妨碍了使命的履行,但当男女双方都是犬儒时,这样的结合就是自然而然的了。由此推及食欲、耳目之欲和一切身心之欲,都应顺其自然,不应放纵,也不宜过分压抑。结合第欧根尼和克拉底的理想社会中妇女地位及没有性奴隶存在的设想,可以看出,犬儒在人类生存本能上有回归自然、回归动物界的倾向。此外,在论及自然生存时,必须考虑理想犬儒对自然生存的结束——死亡应取的态度。对此,第二章的"犬儒派的苦乐生死观"小节已作过较详细的阐述,这里要强调的是,生存既然是自然的,那生存的结束也是自然的。在适当的时候自愿结束生命是犬儒派迎接死亡的理想方式。犬儒派中不少人自杀而死,当与此理想追求有关。

总之,像自然界万物一样自然生存、自然死亡是犬儒派人生理想的基调。

(二)自由、自足、无惑

犬儒派在个人生活方面谋求回归自然,与自然环境融为一体,

---

① Diogenes Laertius, *Lives of Eminent Philosophy*, 6.69.

这一点可以说大部分犬儒都一直朝着这个方向努力。但要自然度过一生，犬儒派不仅要处理自身生存与自然环境的关系，还要处理自身行为与社会环境的关系。要做到自然处世，恐怕要比自然生存更为困难，因为这不是对付静态的自然世界，而是要应对动态的人为世界。通观整个古典犬儒史，可以感到犬儒与现实世界打交道时，采取了自然而为的态度，他们追求的目标是精神上的自由、自足和无惑。

精神自由是犬儒派的首要追求。犬儒派抛弃家庭，背对社会，甘愿清苦一生，目的就是摆脱物欲的干扰、社会规范的束缚，求得精神上的独立自由，归于克拉底的一个片段显示了犬儒派对自由的渴望：

> 不因欲望的压力而弯腰，不被奴役的锁链所压倒，
>
> 我们只赞美一件事，那就是不朽的"自由"，我们的女神。①

正是精神上的自由，才有言行上的放任无拘。第欧根尼把"言论自由"（παρρησια，freedom of speech）视为世界上最美的事物。②他所到之处，无不自由地发表尖刻的评论，所遇之人，无人能逃脱他无情地嘲弄和讽刺。不论是威严高贵的君主，还是一般的平民；不论是有钱的富人，还是自以为博学的哲学家；不论是爱虚荣的妇女，还是爱荣誉的运动员，统统都在他的抨击之列。他全然否定社会的一切权威和价值，把犬儒崇尚的自由发挥到了极致。在他的影响下，罗马帝国时期的某些犬儒仍奉行这种独立自由精神，敢于当众蔑视皇帝的权威，甚至杀头也在所不惜。可以说，没有自由抗争之精神，就没有犬儒派的存在。第欧根尼、克拉底把自由置于至高无上的地位是有道理的。

"自足"（ανταρκεια，self-suffieient 或译 independent）是犬儒派的

---

① 原出处不详，转引自 Luis. E. Navia, *Classical Cynicism*, p. 128.
② Diogenes Laertius, *Lives of Eminent Philosophy*, 6. 69.

又一精神追求。自足,即理性指导下的自我满足,独立无待。作为一名犬儒,他的人身是独立自主的,他不欠任何人什么,也无需任何人什么,也不在任何人的控制之下。一句话,他或她就是自己的绝对君主。作为一名社会成员,一般都因家庭、村社、部落、城邦、国家、民族等原因而被置于一巨大的社会关系网络之中,个人行为不免受到这些网络的束缚、制约,当然也包括关爱。个人不可能脱离社会而生存,古今皆然,在城邦至上的古希腊更是如此。一个没有城邦归属的人在亚里士多德看来,如果不是一只野兽,那就是一位神。这种人就像一颗棋子,如果孤单地设在那里,是没有任何作用的,它只有在与其他棋子发生关系时才有意义。个人的作用也只有在作为城邦公民中的一员时才能实现。所以,他说人是政治的动物。远离政治,没有城邦归属,怎么能算一个"人",①但从安提斯泰尼到克拉底,都言传身教地要退出城邦,以世界公民自居,表明自己不属任何城邦,都割断了与原来的家庭、部族、城邦的关系,成为无城邦归属的流浪者。他们满足于物质的匮乏、精神的富有,我行我素,独来独往,自己决定自己的行动而不受外界的干扰。面对尘世的诱惑,面对生活的困苦,个人的心灵永远保持宁静(απαθεις,apathy,insensibility to suffering)。什么名誉、权力、地位、财富、美色一切世人孜孜以求的东西在他们看来都是过眼云烟,什么法律、制度、习俗、价值观念对他们都没有任何约束作用。在这样的精神状态下,真正的犬儒的确是一个自足、自治的独立人。第欧根尼就因为自足而受到后人的赞扬。他的西诺普同胞认为这是他之所以永垂不朽的原因之一。另一位名叫安提帕特的人在给第欧根尼撰写的墓志铭中提到第欧根尼是一只智慧的狗,他随身带的皮袋子、拐杖,披的外套,都是自足节制的武器②,可见,第欧根尼在世时即以

---

① 参见 Aristotle, *Politics*,1253a.
② *The Greek Anthology*,7.65.

自足著名。

自足是一种精神状态,是否自足或者说是否幸福、快乐取决于个人的主观感受。因此能否自足或自足的程度如何取决于个人对外部环境的反应。第欧根尼从对外部环境对立中得到了自足,克拉底则从与环境的适应中得到了自足,彼翁则把能否适应环境当作能否自足(幸福)的关键。仁者见仁,智者见智,但殊途同归,犬儒式的自足境界都达到了。

克拉底曾对"成为一个哲学家能得到什么好处"的问题,回答如下:

> 你将会泰然自若地打开你的钱包,把你的手伸进去,不像现在,你的手在伸入时,摸索着,犹豫着,哆嗦着,就像一个麻风病人那样。如果它是满的,你平静地看着它,如果它是空的,你也无遗憾。当你有很多钱时,你会有准备的去花钱,如果你一文不名,你不会因渴望它而焦虑不安。你的生活将会是一种能适应环境的生活,不会向往你所不拥有的东西,不会被机遇的变迁所干扰。①

满足于当前物质所有,保持心灵宁静,这就是克拉底的自足理想。

彼翁也把没有自足感归于个人不能适应环境,尤其是艰难环境:

> 如果环境能像我们一样会说话,有权力来表述他们的情况。……贫穷之神(Poverty)难道就不会对辱骂他的人说:"你和我吵什么?我夺取过你什么好东西吗?夺取过你的节制、正义或勇气吗?或者说,你缺什么生活必需品吗?大路上难道不是到处都有香草和泉水吗?难道我没有在任何有土的地方为

---

① 转引自 D. R. Dudley, A History of Cynicism, p. 49.

你准备一张床,在任何有树叶的地方为你铺好床吗? 难道你不会因有我与你做伴而感到快乐吗? 什么,难道你从未听说一位老妇一边咀嚼着大麦饼一边自吟自唱吗? ……"如果贫穷之神用这种语调说话,你将如何回答呢? 我想,我无言以对。但我们怨天尤人,抱怨年老、贫穷、我们的对手、日子、时辰和地方,却唯独没有抱怨我们自己的不良训练与素质。①

这样的人当然不能达到自足的理想境界。根据彼翁的意见,只有那些蔑视贪欲、不怕艰苦、荣辱不惊、视死如归的人才有可能适应环境,明白并扮演好自己的社会角色,掌握好生命的航船,从而终生无憾,自足快乐。②

然而,不论哪一种自足,都是以心灵的"无惑"为前提的。可以设想,一个欲壑难填的名利之徒,怎能得到心灵的自足与安宁呢?

"无惑"(ατυφια)是相对于"惑"(τυφos)而言。在犬儒派看来世人皆是有惑之人,他们的目的就是把人从惑海中拯救出来,使他们达到无惑的境界。因此,无惑也是犬儒的自然人生理想之一。"惑"的概念出自克拉底的"Pera"诗作,其中提到他的乌托邦 Pera 位于"τυφos"海中央。对于"τυφos"一词的本意及其引申意义,西方学者作了较为详细的讨论。③ 一般认为 τυφos 最初的意思是像英语中的"smoke"(烟)、"mist"(薄雾)和"cloud"(云),是使人视线或神志模糊不清的气态。后来希波克拉底(Hippocrates)把此词引用为医学术语,指高烧引起的头脑不清、说胡话。最终此词被用来指特殊的病 Typhoid(伤寒热)。得此病的人神志昏迷,思维混乱。病人的脑中被认为充满了某种由病产生的气体而失去了思维能力。

---

① 转引自 D. R. Dudley, *A History of Cynicism*, p. 67.
② 参见 D. R. Dudley, *A History of Cynicism*, pp. 66 - 67.
③ 参见 Luis. E. Navia, *Classical Cynicism*, pp. 140 - 141;Declera Caizzi, F. "τσφos, Contrbuto alla storia di concetto" Sandalion 3 (1980), 摘要见 Luis E. Navia, *The Philosophy of Cynicism*, pp. 9 - 10 (No. 025).

那么,克拉底以此词喻世人,其意何在呢?在犬儒派看来,世人自负、愚蠢、贪婪、名利熏心犹如伤寒病患者,头脑中充满了使自己发昏发热的"烟雾",自以为昭昭,实则昏昏,陷污泥不能自拔,而且执迷不悟,越陷越深。这种人实际比一个完全失去自控能力的醉鬼好不了多少。而犬儒派的使命就是要想方设法帮助世人摆脱这种昏迷状态。

根据上述本意与喻意,笔者把指思想模糊混乱的 τυφos 译为"惑",把与此相反指思想清楚明了的 ατυφια 译为"无惑"。

"无惑"是犬儒派人生的最高思想境界。若达此境界,心灵的天空清澈无比,个人的行为完全由理性指挥,犬儒派所追求的其他人生理想,如独立自由之人格、自足宁静之心志、直言不讳、无羞无耻之行为、艰苦忍耐之美德、爱人如己之精神都会随之实现。但是,要达此境界,谈何容易,所以才有 Pera 岛的设想。这是唯一没有惑者生存的地方,因为这些人都在岛外的海面上挣扎。

然而,犬儒派还是为达此境界提出了两条途径:一是采取各种方式,不论是第欧根尼式的严厉,还是克拉底式的温和,帮助世人清醒,排除成见(δοξα,opinion)和虚荣(τιμη,honour),脱离惑海。二是个人的自觉训练。关于第一条途径,我们将在下节"使命人生"中涉及,这里只就第二条途径进行讨论。

第欧根尼显然主张根据自然生活,但他也非常重视个人身心的训练。他把训练的实践看得尤为重要,认为生活中没有一件事是不经过严格的训练(practice)而成功的,因为唯有训练能够克服一切。[①] 因此他经常在夏日的热沙中滚爬,在冬雪中拥抱冰冷的雕像,使用一切手段使自己坚强。[②] 他认为训练包括心灵与肉体,二者相辅相成,缺一不可。他总是援引不可争辩的证据,表明体育场的训

---

① Diogenes Laertius, *Lives of Eminent Philosophy*, 6.71.
② Diogenes Laertius, *Lives of Eminent Philosophy*, 6.23.

练如何容易使我们达到德的境界;并说,如果我们把在体力、技艺方面的艰苦训练运用到思想的训练上,那这种辛苦绝不会劳而无功,而是大有收获。① 看来,要达到德的境界,实现无惑的理想,个人的主观努力也是非常必要的,犬儒派的自然人生并非消极无为,而是有理性地、主动地、积极地去面对自然,面对自我,面对社会。

二、使命人生

犬儒派生活上的自然简朴,肉体上的砥砺磨炼,行为上的惊世骇俗,精神上的自我满足,心灵上的无惑清静,其目的绝非仅仅为了博取一时的虚名,引起轰动效应。他们也不是表现主义者或喜欢出风头者,以展示自我的狂傲和玩世不恭为荣。他们来到这个世界上,成为一名犬儒,自认为肩负着神圣的历史使命:拯救世人,拯救社会,拯救这个世界。他们的思想前提是这个世界没有几个真正的人,绝大多数都陷入惑海不能得救。唯有他们才是真正的智者,真正的自然人,才有资格和能力去伸出救援之手。不论是第欧根尼的猛击一杖,还是克拉底的送"医"上门,他们都在用不同的方式试图达到同样的目的,因此,真正的犬儒派首先是个充满同情和怜悯之心的博爱主义者。如前所述,在这一方面,他们从希腊神话英雄赫拉克勒斯那里获取了榜样的力量。

(一) 第欧根尼式的使命感

第欧根尼自成为犬儒之后,以改变社会"货币"为己任,他的使命感主要来自赫拉克勒斯的影响及德尔斐神谕。虽然我们没有第欧根尼直接谈及赫拉克勒斯的有关言论,但从他的极端犬儒行为来看,他是以赫拉克勒斯为楷模的。首先,第欧根尼像赫拉克勒斯一样,能够忍受巨大的痛苦(ponos),忍耐极其简朴的生活。犬儒生活

---

① Diogenes Laertius, *Lives of Eminent Philosophy*, 6.70.

方式某种意义上就是他创立的,而且第欧根尼是第一个折起外套作睡觉之用的。① 他四处流浪,风餐露宿,乞食为生,这些都是安提斯泰尼未能做到的,因为后者是在晚年才成为犬儒的。其次,第欧根尼以极端的方式蔑视一切权威、一切社会制度习俗,无城邦归属,以世界公民自居。这些也与在尘世四处奔走、不屈不挠与险恶的环境抗争的赫拉克勒斯相似。最后,赫拉克勒斯是以力为德(arete)的典范。第欧根尼也把美德作为生活的目标之一,向一切邪恶与贪欲宣战,以拯救人类、抚慰悲苦为己任,尽管他的方式严厉,令人难以接受。在这方面,他可以说继承了安提斯泰尼的教诲。安提斯泰尼在其《赫拉克勒斯》一书中,把依德生活作为犬儒派追求的目的。②

如果说赫拉克勒斯给了第欧根尼人格的力量,德尔斐神谕则给他指明了今后的使命方向。正是在"改变货币"的使命的推动下,他向现实社会发起了雷鸣电闪般的攻击。他对亚历山大的蔑视,与柏拉图的交锋,对奴隶主的反奴为主,对妇女、对运动员、对艺人、对修辞学家、对市井民众的嘲讽,对政治制度、宗教观念、仪式,对教育、知识,对一切世俗人情,总之,对一切世人及一切人为世界的否定批判,都显示出他把自己视为"天将降大任于斯人"的超人,把拯救世人的使命看得高于一切。正因为如此,我们不应把第欧根尼看作避世、厌世主义者,而应看作救世者。他是在用一种特殊的方式关怀世人,关怀这个世界,在用苏格拉底的牛虻精神来刺激世人,以使他们猛然惊醒。他常说:其他的狗咬他们的敌人,而我却为了朋友的得救而咬他们。③ 他的手段不仅有冷嘲热讽,还有迎面挥来的拐杖、随口吐出的痰。第欧根尼为救世人,可谓费尽心机,但收效甚微,实在是他和犬儒派的悲哀。

公元 2 世纪,犬儒派队伍中出现了另外一位类似赫拉克勒斯的

---

① Diogenes Laertius, *Lives of Eminent Philosophy*, 6. 22.
② Diogenes Laertius, *Lives of Eminent Philosophy*, 6. 104.
③ D. R. Dudley, *A History of Cynicism*, p. 43.

人物——索斯特拉图斯（Sostratus）。他是彼奥提亚人（Boeotian），身体健壮，力量过人。他一生在乡村度过，有时住在山上。他杀掉劫路的强盗，在不便行走通过的地方铺路搭桥，当地人把他看作赫拉克勒斯的化身，以此名作为他的美称。① 这位犬儒看来确实是有赫拉克勒斯的行为特征，在某种意义上也是有第欧根尼的使命精神。但却与犬儒派斥世而不入世的特质游离甚远，这反映了此时犬儒派的蜕变.

（二）克拉底式的使命感

比之于第欧根尼，我们对克拉底的使命感体会尤切。他的使命感的核心是"博爱"（φιλανθρωπια，philanthropy）。此词可能是他首创，因前未发现该词。② 它的字面意思是"对人之爱"（the love of people），即爱人，包括个人和人类。不管此词源于何处，犬儒派的"博爱"观的首次提出和实践则非克拉底莫属。其实，第欧根尼也并非无此博爱观，只是他爱之深，所以才恨之切，或者感到茫茫人海，爱之无人而已。

克拉底以"博爱"为使命，在一定程度上改变了第欧根尼的严厉。他满腔热忱地为世人送去爱心，送去笑声和欢乐。他以上帝的侦探（scout）、使者（emissary）及医生的身份活动于人群中间，发现并治疗他们的"疾病"。不论是家庭纠纷，还是朋友间不和，他都主动前往调解抚慰，结果总是皆大欢喜，和好如初，所以他在雅典被奉为神灵，以"开门者"（the door-opener）、好精灵（the good spirit）和"可爱的驼背人"③著称。古代作家则把他称为一切关系争端的分析者和仲裁者，并将他与赫拉克勒斯相联系，说他就像后者一样，向愤怒、嫉妒、贪婪、肉欲以及其他人类灵魂的瘟疫和邪恶开战，把人们

---

① Lucian，*Demonax*.
② Luis. E. Navia，*Classical Cynicism*，p. 129.
③ Luis. E. Navia，*Classical Cynicism*，p. 125.

的思想从这些害虫中解放出来。①　联想到他把家产变卖，所得金钱分给同胞之举，我们可以得出结论：克拉底的博爱思想是一贯的，他晚年应雅典人之邀去与马其顿国王谈判，解雅典之围，也可看作他富有爱心的证明。

不论第欧根尼式的咬人，还是克拉底式的爱人，他们的目的都是一致的，他们所要完成的都是犬儒派的神圣使命，这种使命精神感染了一代又一代犬儒。公元 2 世纪的德莫那克斯就是一位克拉底式的犬儒，他放弃了流浪与行乞，不再与社会对立，但他保持了克拉底关爱世人的传统。有人走运时，他提醒他们注意生命的短促、幸福的稍纵即逝。对那些抱怨命运者，他笑言相劝：烦恼很快就会过去，好运厄运都将被遗忘。他经常调停兄弟争吵，夫妻不和，经常向愤怒的乌合之众发表演说，劝导他们以适当的方式报效国家。他的名言是："我们痛恨罪恶，但爱作了恶的人。"②这是犬儒派博爱思想的典型体现。

关于犬儒派的使命感，近代德国学者策勒尔有一段话分析得极为透彻。他认为，犬儒派的确"把拯救道德败坏看作自己特有的天职。作为志愿的道德的拯救者和灵魂的医生，他们无疑做了许多有益的工作。他们无情地谴责人类的愚昧。他们以一种粗鲁的、平民百姓的普通常识去对抗矫揉造作，相对于他们时代脂粉气的柔丽之风，他们表现出一种坚强到近乎粗暴的意志力，并以一种正当的轻蔑精神对待他们的同胞。然而，所有这种粗暴只不过是外在的，而其根子还是扎在对他们的同胞所受苦难的同情之中，植根于心灵的自由。第欧根尼和克拉底成功地获得了这种心灵的自由，而没有牺牲自己快活或愉悦的心情"③。从对同胞苦难的同情出发，进而把拯

① Apuleius, *Florida*, 14. 参见 Luis. E. Navia, *Classical Cynicism*, p. 126; D. R. Dudley, *A History of Cynicism*, p. 43.
② Lucian, *Demonax*.
③ E. 策勒尔：《古希腊哲学史纲》，翁绍军译，山东人民出版社，1996 年，第119 页。

救道德败坏作为自己的天职,并做了许多有益的工作,这确实是第欧根尼、克拉底等犬儒派使命人生的发展轨道。但所说粗鲁的方式大概只能归之于第欧根尼而与克拉底无缘,如此不加区别的概说似乎失之偏颇。

然而,不论以何种方式,正是在他们的带动下,以神圣的近乎宗教般的使命感去同情世人、关爱世人、拯救世人并为之付出终生的努力,成了犬儒派人生理想的主要目标之一。

三、超人理想

犬儒派既然如此超凡脱俗,自以为赫拉克勒斯的精神后裔,是神的侦探、使者,那他们是否把超然于社会、世人、一切人为之制度习俗之上作为自己的人生理想呢?综上所述,回答应该是肯定的。他们在生活上、精神上、行为上、思想上的与世人极端对立,反映了他们至少从个人心理感受上自认为非同一般人,具有"超人"的理想和信念。

关于"超人"的概念,亚里士多德有过明确的解释。他说:"凡人由于本性或由于偶然而不归属任何城邦,他如果不是一个鄙夫,那就是一位超人。这种'出族,法外,失去坛火(无家无邦)的人',荷马曾鄙视为自然的弃物。这种在本性上孤独的人往往成为好战的人,他那离群的情况恰恰像棋局中的一个闲子。"①按照亚里士多德的说法,只有没有城邦归属、无家、无族的法外之人,才具备超人的资格。这种人性情好斗,置身于社会之外。亚里士多德生逢犬儒派创立时期,对安提斯泰尼和第欧根尼这二人都非常了解,因此,他这里所说的这种"超人"就应该是指自称没有城邦归属、不承担任何城邦义

---

① Aristotle, *Politics*, 1253a - 5. 译文引自亚里士多德:《政治学》,吴寿彭译,商务印书馆,1996 年,第 7—8 页。

务、以世界公民自居的早期犬儒派。看来,"超人"思想早已有之,至少在早期犬儒派的代表人物那里已开始身体力行。而且这种理想一直鼓舞着真诚的犬儒去追求,去实现。

(一)早期犬儒派的超人理想

既是超人,就要出乎其类,拔乎其萃,超越世人,这是早期犬儒派最想做的,而且在某种意义上是做到了的。然而,如何超越,从哪些方面超越,为什么要超越,都值得进一步研究。

要超越世人,可有两条途径:一是立足于现实基础上的超越,即自己仍承认是这个社会中的一员,但要在这个社会中发挥比他人更大或极大的作用。他的思想言行之境界大大超越一般人,他的丰功伟绩足可使自己成为万人瞩目的英雄或名垂千古、流芳百世的伟人。这些人犹如江河行地、日月经天,在历史上留下了永难磨灭的痕迹。这样的巨人古今中外皆有,他们是时代的巨人,是世人中的伟人,也可以说是"超人"。二是否定现实社会基础上的超越。这种人对现实世界深恶痛绝,统统说不,以彻底否定为己任,认为唯有自己才能扭转乾坤,使河水倒流。这种人负有宗教般的使命,以近乎病态的热情,去追求人类(包括他自己)的新生。由于他们对现实的严厉否定,所以难以得到世人的理解和社会的同情。这种"超人"实际上只是一种自我感受,在世人眼里不是疯子、野兽,就是无耻之徒,或自虐狂。前一种超人是历史确认的,后一种超人在很大程度上是自我认可的(并不排除有的人被他人视为真正的超人)。犬儒派显然属于后一种超人。正是他们对现实社会的否定、批判,才确定了他们的"超人"地位,正是他们的超前意识,才使他们把"超人"作为理想追求的对象。

从哪些方面超越,是全方位还是部分?从早期犬儒派的所作所为来看,他们是朝全方位努力,但结果却只能是部分超越。

人生在世,人人都想生存得更好、更长久,但犬儒派却视生死为自然,物质的要求仅限于维持生命存在的最低限度,情欲的释放服从于本能的冲动和理性的控制,生命的延续、停止取决于生命的价值有无。

尘世茫茫,熙熙攘攘,世人莫不追名逐利,以获取财富、地位、名望、死后不朽为荣。犬儒派却弃之如敝屣,视之如粪土,讽之如仇敌,满足于精神的高尚,心灵的清澈宁静。

城邦、法律、制度、宗教、习俗,既是社会存在的组成部分,也是维系社会存在的纽带,但这些在犬儒派眼里都是人为的"货币",必须彻底批判、否定,必须以新的"货币"取而代之。

家庭、亲属、祖先、后代是人类生命之火传递延续的必然条件和结果,但犬儒却完全抛弃了这些血缘上的羁绊,成为独立的男女。他们之间有两性相悦的结合,但无世俗的家庭关系。世人眼中的"无耻",在他们看来,则不过是自然行为。

知识、教育、音乐、文学、修辞、思辨、定义、概念、发明创造,一切精神文化与物质文化的产品、人类文明的结晶在他们看来都没有什么实际价值,也没有存在的必要。

现实世界既然如此混浊,无人可找,无人可爱,即使大献爱心,也收效甚微,出路只有一条,就是建立只有智者存在的世界国家或寻求"世外桃源"。犬儒派最终彻底超脱了他们赖以生存的世界,成了无源之水、无根之木。"超人之梦"也就因无人可超最终成为泡影,从克拉底开始的犬儒派温和转向及后来美尼普斯、彼翁、塞尔西达斯等诸多犬儒派的二重性及罗马帝国时期犬儒的蜕变都证明犬儒派的超人理想行不通。他们最终还要回到现实中来,与其适应或妥协,就是第欧根尼也不能离开这个世界而存在。他在饥饿难忍时,也要与狗争食,他是在得不到小屋子的情况下,才钻进了木桶。[1]可见,就是这些反社会、反文化、反人伦的所谓超人,有时也难免为了生存而委屈了理想。

---

[1] Diogenes Laertius, *Lives of Eminent Philosophy*, 6.23.

（二）后期犬儒派对超人理想的追求

超人理想的难以实现并不意味着对超人理想追求的停滞，从犬儒历史上看，几乎每个阶段，都有一些可敬的犬儒在努力朝着这一方向前进，除了我们熟知的安提斯泰尼、第欧根尼和克拉底外，罗马帝国时期的两位犬儒可作为生与死的"超人"典型加以说明。

1. 德莫那克斯

关于他的唯一权威材料来自琉善名下的《德莫那克斯传》。关于此传是否为琉善所作，史学界长期争论不休，[①]但无论作者是谁，它是我们了解德莫那克斯的重要来源。

据此传记，德莫那克斯并非纯粹的犬儒派人士。他出生于塞浦路斯的一个富有之家，从小酷爱哲学，曾从师于阿加托布鲁斯（Agathobulus）、德米特里，或爱比克泰德以及提莫克拉底（Timocrates）。除后一个人的身份不详外，前三个人中有两个属于犬儒派，一个是属斯多亚派。他从来没有表明自己属于任何学派，而是融合诸家。一次，有人问他喜欢哪一派哲学家时，他说："他们都令人可敬，但就我而言，我尊敬苏格拉底，对第欧根尼感到惊奇，热爱阿里斯提波（Aristippus）。"看来他对快乐主义的创始人也独有所爱。但他在着衣外表上和随遇而安的方式上（in easy-going ways）追随第欧根尼，而且他的大多言行也与犬儒派相同或相似，虽则他并未脱离现实政治，且"过着与他人同样的生活"。

他藐视世人所好，崇尚独立自由，言行无拘，发誓要过一种正直的、明智的、无可非议的生活。他坚持锻炼身体以使之能忍受艰难困苦。他终身未娶，把无求于人作为生活的目的，一旦发现自己再也不能满足自我，就自愿结束生命。

他像克拉底一样，愿意作世人的精神医生，为人排忧解难。凡来访者都动之以情，晓之以理，使来者满意而去。他从来不对人大

---

① 参见 D. R. Dudley，*A History of Cynicism*，p. 158 页下注。

动肝火,即使在斥责别人时也是如此。他认为:一个人应像医生一样,治病但不向病人发怒,他以理性的方式帮助自认为幸运或倒霉的朋友。他认为友谊是人类最大的幸福,因此,人皆为友,但远离不可救药者,这有点像 Pera 岛上的居民。

他对现实社会同样表示极度不满,冷嘲热讽,随口而出。他讽刺金钱通神,怀疑诸神的存在、灵魂的不朽,讽刺雅典人的排外、占卜者的骗钱、贵族的虚荣奢华,以及向罗马帝国卖身求荣的同胞。他对被压迫者富有同情之心,制止他人鞭挞奴隶。他认为法律无用,因为好人不需要法律,坏人不会因法律而重新做人。他对那些披着犬儒派哲学家的外衣而谋求虚荣的人大加斥责。一次,一个身披全套犬儒行头的人向人们大声吹嘘他是安提斯泰尼、第欧根尼和克拉底的同伙,被德莫那克斯迎头斥为撒谎,讽刺他只不过是某个不知名人物的学生。柏里格利诺斯指责德莫那克斯嘲笑人太多,并以此为由,说他一点也不像狗的样子,德莫那克斯则针锋相对地说:"你一点也不像个人样"。

事实上,从琉善提供的材料,我们还是可以说他基本上像个狗——犬儒,只是未脱离现实的后期犬儒而已。

由于他的这些犬儒式言行,尤其是克拉底式的关爱世人,因此,不仅雅典人,就是所有的希腊人也都对他怀有深深的敬爱之情。年事甚高时,他外出常常到路过的人家食宿,接待者将此视为神的访问,认为好运进入了他的家里。他在大街上经过,卖面包的妇女总要把他拉向自己的铺子,都想让他带上自己的面包,并以此深感幸运。孩子们常常围拢过来,给他带来水果,称他父亲。他在近百岁时绝食而死,死前吩咐死后将部分尸体让鸟啄食。但雅典人出于尊敬违背了他的意愿,为他举行了隆重的公共葬礼。因为他在雅典人眼里,是一位公认的受人爱戴的"超人"(a superior being)。①

---

① 以上关于 Demonax 的材料,均引自 Lucian, *Demonax*.

这是犬儒中明确地称为"超人"的第一例。按照早期犬儒的"超人"理想，德莫那克斯难以说是理想超人，但雅典人却如此认为。可见，犬儒的"超人"现实终难免与"超人"理想脱节，然而一部分犬儒一直向"超人"的方向行进则是肯定的事实。

2. 柏里格利诺斯

此人是个颇有争议的犬儒。他和德莫那克斯一样，都是琉善的同代人。关于柏里格利诺斯的材料也主要来自琉善的《柏里格利诺斯之死》。但同是犬儒，琉善却褒贬分明，他对德莫那克斯推崇备至，称他是自己所知的一切哲学家中最好的一位，值得当今世界去模仿、去学习。而他本人，则自称"长期以来，我是他的学生"①。但对柏里格利诺斯，他却极为反感，称其是个不择手段猎取虚荣的骗子。对于这样一个前半生名声不好、后半生又轰轰烈烈的半路犬儒，我们该如何评价呢？特别是他的自焚，是犬儒中的第一例，其意义到底何在呢？是什么促使他作出如此决定，并付之以行动呢？

首先应从公元 2 世纪犬儒派活动的背景来分析。

这时的犬儒派首先与第欧根尼和克拉底时代不可同日而语。经过四五百年的历史变迁，犬儒派的活动场景已大为改观，由希腊的城邦或城市转入了罗马帝国的各个角落，罗马、亚历山大里亚这样的大都市都成了犬儒派的活动之地。犬儒派的成分也变化较大。其中不乏具有哲学头脑、追求真理、寻求真正的生活之路的知识分子。但也加入了许多为谋生或谋名的动机不纯者，犬儒的队伍扩大了，但成分复杂了。犬儒派的社会声誉越来越糟，有识之士对此痛心疾首，束手无策，只能怀念早期的犬儒，来表示对当代犬儒的不满。这一点我们从琉善、爱比克泰德、狄奥等人的作品中完全可以看到。琉善的《死者对话集》《逃亡者》中代表真正犬儒的人物是第

---

① Lucian, *Demonax*.

欧根尼、克拉底、美尼普斯①。爱比克泰德这位斯多亚派人士则写了
《论一个犬儒的天职》，表达了他所认为的一个理想犬儒所应具备的
基本素质和条件，如服从上帝诸神，不参与政治，弃绝欲望，改变自
我，适应现行道德；肉体无价值，死亡不可怕，精神绝对自由；能负起
上帝的信使、侦探之责；个人一无所有，也无城都归属，不结婚组成
家庭，追求心灵的宁静、幸福，当然也要有坚强的体魄和坚韧不拔的
忍耐力。② 这些素质与条件当代的犬儒派难以达到，只有早期的犬
儒派才能勉强合格。狄奥在其《演说集》的第六、八、九、十篇中，对
第欧根尼的简朴生活，忍受饥贫、以斗为乐的品德，以及"吠咬"教诲
世人的方式和他的不置财产、不向神请教的观点作了发挥性的渲
染。③ 其意义也很明显，即第欧根尼式的犬儒是真正的犬儒，当代的
犬儒应以此为榜样。由此可见，在公元 1—2 世纪的犬儒中严重缺
乏早期犬儒的精神特征，急需第欧根尼式的人物横空出世，重振
军威。

　　其次分析柏里格利诺斯个人的犬儒行为及自焚动机。关于柏
里格利诺斯其人，我们主要依据琉善在《柏里格利诺斯之死》和《逃
亡者》中提供的材料，但由于琉善本人对早期犬儒怀念敬仰，对当代
犬儒厌恶反感，因此，他对柏里格利诺斯及此时犬儒的描述的真实
性、客观性值得怀疑。近代有的学者倾向于接受它，有的怀疑它，有
的则持保留意见，认为真理存在于两者之间。④ 笔者倾向于后一种
意见，即一方面对它的客观性表示怀疑，另一方面，承认它提供的基
本事实和线索。从这些材料中，能明显感到琉善对当代犬儒群体的
贬低、鄙视。如说它的大部分成员是目不识丁的奴隶和佣工，对哲

---

① 参见 Lucian, *The Runaways*, 11.
② 详见 Epictetus, *On the Calling of a Cynic*.
③ 详见 Dio Chrysostom, *The Sixth Discourse*；*Diogenes, or On Tyranny*；*The Eighth Discourses*；*Diogenes, On Virtue*；*The Ninth Discourses*；*Diogenes or Isthmian Discourse*；*The Tenth Discourses*；*Diogenes or Servants*.
④ 详见 Luis. E. Navia, *Classical Cynicism*, p. 179.

学一无所知。他们加入犬儒派的动机可耻卑鄙，是为了摆脱劳苦清贫，不劳而食，不尊而荣。他们打着安提斯泰尼、第欧根尼、克拉底的旗号组成"犬军"，却一点也没有保持狗的长处，如守卫财产、待在家里、爱护主人、记着主人的好意，而是模仿狗的吠咬、贪婪、偷窃，对雌性过分热情，对给予者摇尾乞怜、讨好奉承。他们嗜酒成性，勾引女人，满嘴谎言，却大言不惭地严厉斥责醉酒、私通、淫荡和贪婪，劝人说真话。一句话，这些家伙都是些言行不一的江湖骗子，"披着狮子皮的公驴"，是假犬儒。① 他认为柏里格利诺斯就是这种假犬儒的典型。他早年恶贯满盈，劣迹斑斑，后来却摇身一变，成了犬儒，为了博取虚名，最后投火自焚。这就是琉善笔下的当代犬儒与柏里格利诺斯。我们能对如此情绪化的记述相信吗？ 显然需要冷静地对待，以澄清柏里格利诺斯到底做了些什么。对于他成为犬儒前的劣迹，我们没有必要过多地重视，只把它看作促使他成为犬儒的原因之一。第欧根尼不也是因为涉嫌毁币而从城邦出走成为犬儒的吗？ 但对于他以犬儒面貌出现后的活动，还是应加以认真分析。

他在第一次返回本城后，怕受弑父罪的追究，便穿上犬儒的行头，并把家产捐赠给城市，受到同胞对他的以前所为的谅解。此后他又到巴勒斯坦，在当地的基督教社团中活动，但因触犯禁忌被逐。他第二次返回本城，索要捐赠，被同胞拒绝。此后，他第三次离开本城市，到达埃及，拜当地著名的犬儒哲学家阿加托布鲁斯为师，受到了相当严格的禁欲主义的训练。他的行为方式也发生了根本上的变化，脑袋的头发剃掉了一半，脸上涂上了泥巴，终日游动于街头闹市，口头攻击来往行人，自己却不动声色。

后来他从埃及到了罗马，一上岸就开始辱骂别人，特别辱骂罗

---

① 详见 Lucian，*The Runaways*，12 - 21；*Lucian*，*Vol. V*，p. 1.

马皇帝，①但被宽宏大量的皇帝所容忍，他因此而声名鹊起。由于他依然无所顾忌，最后被罗马市政长官驱逐出城，理由是"我们的城市不需要这样的任何一位哲学家"。此举又使他的知名度大大提高。

最后，他来到希腊，辱骂过埃利斯人（Eleans），建议希腊人拿起武器反抗罗马人，嘲笑著名文学家希罗多斯·阿提库斯（Herodos Atticus）在奥林匹亚修建引水渠供运动员之用，因此惹恼了民众，只是躲进宙斯神庙才幸免被砸死。但在下次运动会上，他又赞扬为运动会送水的人，为自己的逃跑辩护。最后，他名声大臭，无人崇拜。他不甘寂寞、冷落，决定在下一次的运动会上自焚。四年之后，他在运动会结束后的一个月朗星稀的晚上，在众多犬儒的簇拥下履行了自己的诺言，跳入火中化作了一股飞烟。那天晚上，观者如潮，琉善就是其中的一个。

这就是琉善留给后人的有关犬儒柏里格利诺斯的基本事实和活动线索。从以上可以看出，柏里格利诺斯是在埃及受到了严格的犬儒主义训练后才成为一个名副其实的犬儒。此前，他以犬儒面貌出现只是权宜之计，后来又跑到基督教社团中活动就是明证。他后来在罗马城用辱骂向世人挑战，特别是敢于冒犯皇帝，因直言不讳和过度自由受到驱逐。他在希腊侮辱埃利斯人，鼓动希腊人造反，借口使希腊人变得柔弱而攻击为奥林匹亚引水者，使人感到一个第欧根尼式的犬儒的再现，一条汪汪吠叫的狗在希腊、罗马大地上行走。

至于他的自焚动机，琉善说他此举是为了虚荣、出名，因他是个

① 辱骂的是哪一位皇帝，有两说：罗叶布古典丛书译本 *Lucian*, Vol. V. p. 21 下注说是安东尼·庇护（Antonius Pius），但 Navia 说是马尔库斯·奥勒留（Marcus Aurelius），关键取决于他到罗马的时间到底是哪一位皇帝在位之年。依据琉善以后的记述，此事应在自焚之年的前3个奥林匹克运动会周期之前，如果他死于165年，则此事至少应在153年，因此，此事应发生在安东尼·庇护当政之时（公元138—161年）。参见 *Lucian*, Vol. V, p. 24 页下注。

名誉熏心之徒。① 但他也承认，柏里格利诺斯声称是为了拯救他的
人类同胞，通过此举教导他们藐视死亡、忍受恐惧。② 他说他希望对
金色的生命划上金色的句号，因为他曾经像赫拉克勒斯那样生活，
也必须像他那样死去，与天空融为一体。他说，他希望通过向人类
显示出如何轻视死亡而帮助他们，因为所有的人都是他的菲罗克忒
特斯(Philoctetes)。③ 死后，希腊人为他树立了许多雕像。据说，他
死前曾派人给几乎所有著名的城市都送了一封遗嘱性的信，并把这
些挑选出来的使者称为"来自死者的信使"或"冥界信使"。④ 联想到
犬儒的自杀传统，以及印度裸体智者自焚先例的影响⑤和犬儒派的
理想英雄赫拉克勒斯自愿自焚而死的传说，我们可以较为肯定地
说，柏里格利诺斯自焚的主要动机不是琉善所说的对虚荣、名声的
酷爱，而是如他所言是为了向世人表明犬儒派对死亡和恐惧的不屑
一顾。他的目的是提醒世人不要沉溺于世俗生活，贪生怕死。犹如
当年苏格拉底为了给病入膏肓的雅典社会和昏庸自大的雅典人以
警示和震惊一样，柏里格利诺斯试图以自己独特的死来唤起世人对
犬儒派事业的理解、认可，努力去实现神圣的人生理想。这在社会
奢侈之风盛行、犬儒派总体蜕变的罗马帝国和平年代的环境下是可
以理解的。当然，他的"壮举"犹如划破夜空的一颗流星，倏忽即逝，
不会产生什么巨大的社会效应。如果他想以自焚来实现自己成为
"黑夜守护神"⑥的超人梦想，那只能是一场徒劳。此外，不名而名也
是犬儒派行为的必然结果，对于这样一个一度劣迹昭著、后又出尔

---

① 关于琉善把柏里格利诺斯自焚归于虚荣的说法，在 Lucian, *The Passing of Peregrenus*
中通篇皆有。可参见 20、21、22、30、34、42、44 等节。
② Lucian, *The Passing of Peregrenus*, 23.
③ Lucian, *The Passing of Peregrenus*, 33. 菲罗克忒特斯是一位希腊英雄，赫拉克勒斯
死时将弓箭赠给他，他随后点燃了焚尸柴堆。这里的意思可能是说所有人都是他的朋
友，他为大家而死，是为了大家的利益而导致他自焚。
④ Lucian, *The Passing of Peregrenus*, 41.
⑤ 琉善已明确谈到，见 Lucian, *The Passing of Peregrenus*, 25.
⑥ Lucian, *The Passing of Peregrenus*, 27.

反尔的犬儒，琉善的评价也非空穴来风。但他的柏里格利诺斯选择奥林匹克运动会自焚以获取轰动效应的说法似乎欠妥，因深入社会、训诫世人、惊醒世人恰是犬儒派活动的特点。

总之，柏里格利诺斯之死是一个犬儒式的死亡——自愿而死。他用他的死为犬儒派的"超人"理想画上了一个"金色的句号"。从此后再也没有像他这样的犬儒出现了。犬儒派的人生理想也随着他们社会理想的破灭而破灭，留下的只是后人的感叹和惊奇，还有对他们的反叛精神及行为生活方式的模仿和移植。

第五章　犬儒派理想与庄子学派理想的比较

　　庄子学派是我国春秋战国时期诸子百家中的重要派别之一。虽然后人常把它与老子学派统称为"老庄学派",将两派的思想合称为"老庄之学",同归道家,①但实际上老、庄二人生活的时间相距较远,而且在学派的思想主旨上也不尽相同。② 老子与孔子大约同时,是公元前 6 世纪中期到前 5 世纪前期的人物,属春秋晚期。庄子"与梁惠王、齐宣王同时",也曾拒仕于楚威王。③ 近人虽然对其生卒年代提出了三种有代表性的不同说法,④但都在公元前 4 至前 3 世纪之间,因此,庄子应当生活在战国中后期,其学派也只能产生于此时。至于其学派传承,因史无记载,不能确定。但学术界一般认为,今本《庄子》三十三篇⑤包含了庄子及其后学的作品,其中"内篇"为庄子本人原作,其余"外篇""杂篇"为庄子后学所作。据此,我们可以这么认为,今本《庄子》是庄子及其学派思想集大成之作,庄子学

---

① 参见(西汉)司马迁:《史记·史太公自序》,中华书局,1982 年;(东汉)班固:《汉书·艺文志》,中华书局,1962 年。
② 关于二者的不同,参见《庄子·天下篇》,见王先谦注:《庄子集解》(《诸子集成》),上海书店,1996 年。
③ 司马迁:《史记·老子韩非列传》。
④ 三种说法分别是:梁启超的约公元前 375—前 300 年;马叙伦的公元前 369—前 286 年;范文澜的公元前 328—前 286 年。详见崔大华:《庄子研究》,人民出版社,1997 年,第 2—6 页。
⑤ 班固《汉书·艺文志》中说《庄子》五十二篇,可见《庄子》在成书之后确有失佚,到西晋郭象(?—公元 312 年)注时仅有三十三篇。

派的理想信念当包含在此书中,《庄子》一书是我们将庄子学派与犬儒派进行比较研究的基本依据。①

一、二者的可比性

古希腊文明与古代中国文明是两个独立发展、特色迥异的文明。犬儒派与庄子学派仅仅是汇入各自文明的两支细流,它们所体现的理想信念也不过是历史长河中泛起的两朵浪花,那么,为什么要对这二者进行比较研究,可比性何在? 这是我们首先要解决的问题,是此项研究能否进行下去的关键。对此,笔者的回答是:这两个派别虽然异地,但同时同质,即出现于大致相同的时代,其思想本质都是对现实社会的否定,同时对人生及社会寄予了美好但不切实际的"理想"。它们虽是各自文明中诸多思想流派之一,但影响深远,都是值得重视和研究的文化现象。

(一)庄子学派与犬儒派所处的时代类型相似或相同

从宏观的角度来看,二者都处于人类文明的轴心期,从微观的角度看,都处于社会剧烈变动的转型期。出现的时间大致相同,都在公元前 4 世纪到前 3 世纪之间。

公元前 8 至前 3 世纪,是人类文明发展史上的最重要时期之一。在此期间,在欧亚大陆的大部分文明区域,都出现了前所未有的文化大繁荣,各种思想流派、宗教信仰、文化巨人如雨后春笋般地涌现出来。中国的老子、孔子,印度的佛陀,希腊的泰勒斯、苏格拉底,波斯的琐罗亚斯德教,希伯来人的犹太教就是这一时期哲学与宗教思想的代表,并由此在欧亚大陆上形成了三个新的古典文化中心:中国、印度和希腊。中国自孔子、老子以降,印度自佛陀出世,希腊自

---

① 本文所引《庄子》原文,主要依据陈鼓应注译:《庄子今注今译》,中华书局,1996 年;王先谦注:《庄子集解》(《诸子集成》),上海书店,1996 年。

泰勒斯之始,都出现了程度不同的、形式各异的思想争鸣局面。犬儒派与庄子学派就是在各自的文化圈中参与争鸣的派别之一。这具有世界意义的、不约而同的文化繁荣、思想争鸣时期被德国学者雅斯贝斯称为"轴心期"(Axial Age),[①]我国学者刘家和先生则称其为"人类精神的觉醒"时期。[②] 所以,广义上讲,犬儒派与庄子学派属于同一历史时期。雅斯贝斯谈到轴心期的伟人时,还特别提到了中国的庄子。[③]

这一时期还是社会大变革时期,上述文化繁荣、思想争鸣现象实则是社会大变革的产物。从古希腊和古代中国两大文明来看,古希腊经历了奴隶制城邦形成、繁荣、衰落的进程,基本完成了从城邦到帝国、由民主制到君主制的过渡。古代中国这一时期经历了从周王朝式微,到诸侯国坐大、争霸、独立、兼并,最后秦汉一统的进程,由分封制到郡县制,由宗法制到中央集权制的过渡也大致完成。在这样治乱兴衰、周而复始的社会动荡中,社会的主体,尤其是具有敏锐头脑的知识阶层必然要对这种社会现象及其所带来的后果进行反思,作出自己的反应。天(自然)人关系和人与人的关系,即如何认识这个世界,并在其中生存生活、安身安命,成为这一时期两大文明中哲人关注的中心,不论孔子、老子,还是泰勒斯、苏格拉底都在力图回答这些问题。因此,作为孔子学派的对立面,老子学派的近亲——庄子学派和作为苏格拉底精神使命的发扬光大者——犬儒派的出现是历史的必然,是这个动荡复杂、未定于一统的社会历史时期提供了这些学派得以产生的土壤和环境。刘家和先生对此有非常精辟的分析,他认为,在公元前 8 世纪以后的几个世纪中,印

---

① 雅斯贝斯(Karl Jaspers)1949 年出版《历史的起源与目的》(德文版),提出了"轴心期"的基本观点。详见该书英译本第一章:"The Axial Period", in Karl Jaspers, *The Origin and Goal of History*, New Haven: Yale University Press, 1965, pp. 1 - 21。
② 刘家和先生对这一时期人类精神觉醒的内涵、产生的历史条件及特点进行了深入透彻的分析。详见刘家和:《古代中国与世界》,武汉出版社,1995 年,第 571—599 页。
③ Karl Jaspers, *The Origin and Goal of History*, p. 2.

度、希腊和中国都存在着种种尖锐复杂的矛盾和斗争。在这些矛盾中，有两个不容忽视的事实："一则，斗争正在进行之中，鹿死谁手尚未最后决定，不存在一个已经定于一尊的力量去控制和统治人们的思想，相反，各国的统治者和各种社会力量集团都企图充分发挥自己的潜力并借助一切可为自己所用的因素去谋求胜利。""再则，尖锐复杂的斗争引起了社会的激烈震荡，曾经为人们所信守的，似乎十分纯朴可爱的传统东西，越来越显得荒谬和腐朽，从传统中破土而出的新事物又往往显得贪婪、卑鄙而无情。""从一个角度看，历史是在前进的；从另一个角度看，历史又似乎倒退了，社会变动中的巨大而深刻的矛盾渗入人的心中，打破了先前的精神稳定平衡状态，变成了人不得不加以思考的内容。"①中国、印度、希腊总的情况是如此，就是从犬儒派与庄子学派的产生来说也是如此。正是由于希腊城邦林立、华夏列国纷争，双方都缺乏至高无上的政治权力与思想控制，才会有文化繁荣、百家争鸣的局面出现。也正是由于统治者的争斗，才给了文人学士以施展才能的机会。战国时代的"士"阶层与希腊化时期的"王友"集团（philoi）就是这种机遇的幸运儿。② 但也正是由于这种社会变革的震荡引起了一部分知识分子对社会现象极为不满，他们愤世嫉俗，对现实存在的事物，不论新旧，一律采取否定批判的态度。他们非世而不背世，救世而不弃世，对现实不满但不卷入具体政治事务。他们是学派而非政治集团，是哲人而非政治家。他们主要是以自制甚至自虐的方式来表达自己的思想主张。因此，他们不仅不会受到当权者的迫害，反而赢得了包括当权者在内的广大社会成员的理解和宽容。犬儒派和庄子学派之所以能产生并存在发展，与两地这种相似的政治气候、历史环境是分不开的。

---

① 刘家和：《论古代的人类精神觉醒》，《古代中国与世界》，第582—583页。
② 参见杨巨平：《希腊化时期的君主制统治》，载施治生、刘欣如主编《古代王权与专制主义》，中国社会科学出版社，1993年。

从两个学派产生的相对时代与相对环境来看,二者也都是各自社会转型时期的产物。

犬儒派产生于古典时期结束与希腊化时期开启之际,也即城邦共和制向帝国君主制过渡的最后阶段。城邦制的弊端彻底暴露,难以为继。马其顿亚历山大帝国的建立使城邦制的复兴成为泡影。希腊城邦不论名义上还是实质上都沦为各希腊化王国的城市,虽有一定的自治权但失去了独立。① 统治阶级、征服者骄横傲慢,选举制流于形式。昔日希腊民族的优越感不复存在,希波战争时万众一心、同仇敌忾的保家卫国精神已成为过去。世风日下,贪欲横流;宗教弥漫,诡辩盛行;世人或陷于名利,或痴于虚荣,偌大的世界能有几处安宁,能有几人清醒。现实失望,未来无望,犬儒派的这种愤世情感在很大程度上是对社会转型期难以适应的痛苦的流露。

庄子学派出现于战国中后期,此时周王朝名存实亡,列国争霸接近尾声。由战乱到统一、由王国到帝国的进程即将结束。经过几百年的兼并战争,有能力逐鹿中原的也不过七个大国,谁吞并了其余六国,谁将成为天下共主。七国和平共处绝不可能,统一的趋势不可阻挡。扫清六合、独霸天下的前景越明朗,战争的规模就越大,次数也就越频繁,各国争斗的残酷性也愈强。关于这一时期争战之惨烈,汉代刘向的一段话说得最清楚,也分析得最透彻:

> 夫篡盗之人,列为侯王;诈谲之国,兴立为强。是以传相放效,后生师之,遂相吞灭,并大兼小,暴师经岁,流血遍野,父子不相亲,兄弟不相安,夫妇离散,莫保其命,泯然道德绝矣。晚世益甚,万乘之国七,千乘之国五,敌侔争权,盖为战国。贪饕无耻,竞进无厌;国异政教,各自制断;上无天子,下无方伯;力功争强,胜者为右,兵革不休,诈伪并起,当此之时,虽有道德,

---

① 参见施治生、郭方主编:《古代的民主与共和制度》第四章第五节,中国社会科学出版社,1998年。此节为笔者所撰。

不得施谋；……而游说权谋之徒，见贵于俗。①

正是出于对这些统治者的横征暴敛、荒淫无耻、穷兵黩武的愤恨，出于对战乱给社会带来深重灾难的痛心，出于对世人贪图名利、趋炎附势的鄙视，出于对以圣知仁义为名行窃国肥己之实的深刻认识，庄子坚辞不仕，以匡时救世为己任，试图以自己愤世嫉俗的身体力行，促使世人成为超凡脱俗的至人、神人、真人、圣人等得道之人；使社会成为无阶级之分，无战争之苦，无吾我之欲，人人悠然自乐、自然生活的"至德之世"和"建德之国"。司马迁把孟子的退而著书归于与战国时以"攻伐为贤"的时务不合，同样，庄子及其学派的出现也与这一历史变化的背景有关。

（二）庄子学派与犬儒派的思想本质相似

即二者都是从人性自然的基本点出发，对所处的现实社会表示了强烈的不满和无情的批判嘲讽。虽然表现方式或具体观点上有所差别，但思想批判的锋芒所向是一致的。

首先，庄子学派的政治观与犬儒派接近。

其一，庄子学派否定现行政治制度存在的合理性，斥责那些在位的统治者都是窃国者。田成子杀齐君得齐国，南面称孤道寡，这与盗窃他人财物又有何异！然而柳下跖聚众起义却被称为盗跖，窃国者则成了堂而皇之的高唱仁义之道的国王。反差如此之大，怎能不让庄子气愤地骂道："彼窃钩者诛，窃国者为诸侯，诸侯之门仁义存焉，则是非窃仁义圣知邪？"②既然窃国者为诸侯，那么统治者怎能不以严刑峻法保证自己的权位，不"轻用其国""轻用民死"③去发动战争以窃取更大的国土呢？这样的结果只能是百姓遭殃。"殊死者

① 刘向辑录：《战国策·刘向书录》，上海古籍出版社，1978年。
②《庄子·胠箧》。
③《庄子·人间世》。

相枕也,桁杨者相推也,刑戮者相望也",①"伏尸百万",②民不聊生,就是对当时社会的真实写照。而消除这一现象的手段就是"绝圣弃知","焚符破玺","殚残天下之圣法",使"民始可与议论",③从根本上废除现行的政治制度,使社会回到原始自然状态。显然,这与犬儒派从否定到重建的社会改革思路是一致的。

其二,庄子学派认为统治者是社会的罪恶之源。庄子在齐国见到一具受刑示众的尸体,非常悲伤,便脱下衣服盖在尸体上,并号啕大哭地诉说着此人的不幸:"子乎子乎! 天下有大菑,子独先离之,曰莫为盗,莫为杀人! 荣辱立,然后睹所病,货财聚,然后睹所争。今立人之所病,聚人之所争,穷困人之身使无休时,欲无至此,得乎!"④是险恶纷争的社会环境使这位受刑者遭此大难,庄子的同情之心溢于言表。然而谁是这种环境的始作俑者呢? 庄子学派的矛头直指当权的"君人者",并将古今之君人者作了比较:

> 古之君人者,以得为在民,以失为在己;以正为在民,以枉为在己;故一形有失其形者,退而自责,今则不然。匿为物而愚不识,大为难而罪不敢,重为任而罚不胜,远其涂而诛不至。民知力竭,则以伪继之,日出多伪,士民安取不伪! 夫力不足则伪,知不足则欺,财不足则盗,盗窃之行,于谁责而可乎?⑤

答案很明白,责在"日出多伪"的君人者。第欧根尼曾讥笑神庙的管理者带走小偷是大盗带走小盗,克拉底曾斥责计划重建底比斯的亚历山大:不是另一个亚历山大还会破坏它吗? 统治者是大盗,是祸源,二者的认识何其相似乃尔。

其三,庄子学派主张"无为而治",德化天下,反对统治者以厚赏重罚为手段,认为这样的结果只能适得其反,使天下大乱。

---

①《庄子·在宥》。
②《庄子·则阳》。
③《庄子·胠箧》。
④⑤《庄子·则阳》。

《庄子·在宥》中对此有一段精辟的论述：

> 闻在宥天下，不闻治天下也。在之也者，恐天下淫其情也；宥之也者，恐天下之迁德也。天下不淫其性，不迁其德，有治天下哉！昔尧之治天下也，使天下欣欣焉人乐其性，是不恬也；桀之治天下也，使天下瘁瘁焉人苦其性，是不愉也。夫不恬不愉，非德也。非德也而可长久者，天下无之。

> ……故举天下以赏其善者不足，举天下以罚其恶者不给，故天下之大，不足以赏罚。自三代以下者，匈匈焉终以赏罚为事，彼何暇安其性命之情哉？

这段话虽然表面上反对治天下，但实际上主要反对以赏罚治天下，三代以下的统治者皆乐此不疲，老百姓怎能安生呢？统治者又怎能永久地保持自己的权位呢？统治者出于一己私利，别出心裁地制定出"经式仪度"治理天下，以为一言九鼎，天下一尊，"人孰敢不听而化诸"。但被庄子笔下的理想人物楚狂接舆斥为："是欺德也。其于治天下也，犹涉海凿河，而使蚊负山也。"[1]绝对行不通。统治者所能做的就是尽量不要以治天下为荣，实在"不得已而莅临天下，莫若无为"[2]，"正而后行"[3]，使天下人各安其性、各尽其事。若此，德人、德治的美好理想才能实现。犬儒派政治观点中最重要的一点就是反对一切人为统治，主张回归自然，不论在第欧根尼的《共和国》，还是在克拉底的"Pera 岛"，我们都找不到关于治国术、驭民术、统治机制的设计。从这个意义上说，二者均具有自然无为的思想。

其四，庄子学派以治世为己任，痛斥统治阶级的专横暴虐，荒淫无耻。隐者徐无鬼见魏武侯，武侯以为他来求仕禄，但徐无鬼答曰是来关爱他的心神和形体。武侯不解，无鬼应对说："天地之养也，

---

① 《庄子·应帝王》。
② 《庄子·在宥》。
③ 《庄子·应帝王》。

登高不可以为长,居下不可以为短。君独为万乘之主,以苦一国之民,以养耳目口鼻,夫神者不自许也。夫神者,好和而恶奸;夫奸,病也,故劳之。"并反问道:"唯君所病之,何也?"①以一国之民,满足一人之欲,这样的人不是独夫民贼又是什么? 这样的君主在庄子学派眼里自然是个需要救治的"病夫"。

卫国君主年轻气盛,独断专行,滥用国力民力发动战争,致使"死者以量乎泽,若蕉",人民陷于水深火热之中。这样的君主也是急需治疗的"病人",所以颜回自告奋勇前去。但孔子恐怕招来杀身之祸,因为"以下拂其上者",尽管好心好意,忠贞不贰,也会酿成"桀杀关龙逢,纣杀王子比干"②的悲剧。此处的孔颜师徒二人的对话,从不同侧面反映了庄子对暴君暴政的反感。

对于那些不择手段、投机钻营、奔走于统治者门下追名逐利的游说之士,庄子的讽刺可谓痛快之极,入木三分。据《列御寇》,宋国有个叫曹商的人,"为宋王使秦,其往也,得车数乘;王悦之,益车百乘"。他返回后得意洋洋地讥讽庄子的贫穷,夸耀自己的时来运转,遭到庄子的迎头痛击:"秦王有病召医,破痈溃痤者得车一乘,舐痔者得车五乘,所治愈下,得车愈多。子岂治其痔邪,何得车之多也?子行矣!"③为仕禄而"舐痔",因"舐痔"而得益,在庄子看来这些游士都是些卑鄙无耻的名利之徒,不过是君王的走狗而已。柏拉图曾因第欧根尼洗菜而大发感慨,第欧根尼则讽刺他到叙拉古宫廷去献媚求荣。庄子、第欧根尼等反对同类之人,发出类似的嘲讽,绝对不是历史的巧合,而是二人对所处世态环境持同样态度的结果。

其次,庄子学派的社会观与犬儒派相近。

庄子学派是社会倒退论者。他们以三代为界,此前是素朴自然

---

① 《庄子·徐无鬼》。
② 参见《庄子·人间世》。
③ 《庄子·列御寇》。

的理想社会。此后,则德衰民惑,"世与道交相丧也"①。统治者"举贤","任知",②争名夺利,相互倾轧。无怪乎庄子发出了"自三代以下者,天下何其嚣嚣也"③的惊呼。对于自己所处的时代,庄子学派更是痛心疾首:

> 凤兮凤兮,何如德之衰也!
>
> 来世不可待,往世不可追也。
>
> 天下有道,圣人成焉;
>
> 天下无道,圣人生焉。
>
> 方今之世,仅免刑焉。
>
> 福轻乎羽,莫之知载;
>
> 祸重乎地,莫之知避。
>
> 已乎已乎,临人以德!
>
> 殆乎殆乎,画地而趋!
>
> 迷阳迷阳,无伤吾行!
>
> 郤曲郤曲,无伤吾足!④

在这样一个以免刑为幸、祸福难测、荆棘遍地的社会里,人们怎能不心惊胆战,有如履薄冰、如临深渊之感呢?这样的社会怎能继续存在呢?必须彻底放弃,或全面改造。甚至对这个社会所继承、所创造的一切文明成果,庄子学派也认为应该弃之不顾,因为它们尽被统治阶级和名利之徒所利用。为此,他们提出了反文化、反知识、反智巧的极端反社会主张:

> 擢乱六律,铄绝竽瑟,塞瞽、旷之耳,而天下始人含其聪矣。
>
> 灭文章,散五采,胶离朱之目,而天下始人含其明矣。毁绝钩

---

① 《庄子·缮性》。
② 《庄子·庚桑楚》。
③ 《庄子·骈拇》。
④ 《庄子·人间世》。

绳,而弃规矩,攦工倕之指,而天下始人有其巧矣,故日大巧若拙。削曾、史之行,钳杨、墨之口,攘弃仁义,而天下之德始玄同矣。①

为了摘除文明的几颗恶果,结果把文明的大树都连根刨掉了,什么音乐、文采、技艺、智慧统统都不要了,这样的否定与第欧根尼等的反知识观在程度上和形式上几乎没有什么差别。

更有甚者,庄子学派把对知识、智慧的追求视为"天下每每大乱"的根源。"故天下皆知求其所不知而莫知求其所知之者,是以大乱"②,正如"弓弩毕弋机辟变之知多,则鸟乱于上"一样,"知诈渐毒颉滑坚白解垢同异之变多,则俗惑于辩矣"③。这里我们仿佛看到了第欧根尼对柏拉图的"理念论"和某些概念定义的诡辩式驳斥。《天地篇》中那个汉阴丈人"有机械者必有机事,有机事者必有机心"的"高论",放着桔槔不用,宁愿"凿隧而入井,抱瓮而出灌"的"愚公"行为,使我们想到了第欧根尼宁愿用手捧水而扔掉了杯子,把计时器的功能仅仅归于提醒人们不要忘了时间进食,以及他对修辞学家、音乐家、数学家的讽刺。可以看出,在反智论上,庄子学派与犬儒派有着惊人的相似。

此外,庄子学派在社会生活观上与犬儒派也极为相似,这将在下一节详述。

总之,不论在政治观,还是在社会观以及生活观上庄子学派与犬儒派的主流思想都有着较大程度上的相似或相同。考虑到它们属于同一时代类型,又具有同质的思想和相似的理想,因此,二者的可比性不仅成立,而且富有意义。它将会有助于我们探讨古代不同文明之间内在的共同发展规律及各自特殊文化现象产生的背景、特点和动因。

----

①②③《庄子·胠箧》。

二、人生理想之比较

人应该如何自然度过一生,如何在茫茫尘世人海中保持精神的自由、人格的独立,从而达到超越时空的至人、真人、神人、圣人等理想境界,是庄子学派人生理想的核心。他们或著书立说,授徒传道,或率先垂范,身体力行,终生为实现自己的崇高理想而努力。在这一点上,他们与犬儒派的人生追求十分相似,即都对现实人生采取自然而为的态度,对理想人生则提出了积极进取的更高要求。

(一)自然人生

人生自然,自然人生,这是庄子学派人生观的基本取向。既然"天地与我并生,万物与我为一"①,那人为什么就不能与万物一样,自然度过一生呢? 因此,庄子学派的人生理想具有浓厚的自然色彩。

1. 自然生死

生死是人生永恒的主题。庄子学派对待生死的态度与犬儒派极为相似,只是后者更多地停留在现象层面,而前者则在理论层面上作了较深入的探讨。

首先,生死是自然现象,是人生的必然过程,非人的意志可以改变。

> 死生,命也,其有夜旦之常,天也。人之有所不得与,皆物之情也。②
> 死生有之,……是事之变,命之行也。③
> 生之来不能却,其去不能止。④

---

① 《庄子·齐物论》。
② 《庄子·大宗师》。
③ 《庄子·德充符》。
④ 《庄子·达生》。

> 生也死之徒,死也生之始,孰知其纪! 人之生,气之聚也;
> 聚则为生,散则为死。①

> 夫大块载我以形,劳我以生,佚我以老,息我以死。故善吾
> 生者,乃所以善吾死也。②

可以看出,庄子学派是从整体的自然规律和具体的生命构成来论证生死的自然性。这里的"命""天"即自然运行规律,"死生""夜旦之常"是自然规律运行的具体表现。既是自然规律,当然非人力所能改变。生死相继,方生方死,方死方生,谁能知道其中的奥妙呢? 而且人是天地所养,不过一股气的凝合,气聚则生,气散则死,与万物的生死存亡又有何异。生死,这个人生最关注的问题不过是一种自然现象而已。

其次,死亡不可惧,死后不足憾。这是生死乃自然规律观点的进一步延伸。庄子学派与犬儒派在这个层面上大体一致,都用实际行为表现了对生死的旷达态度。

既然"死生为徒,吾又何患"③,这只不过是事物转化的过程。"臭腐复化为神奇,神奇复化为臭腐"④,天下一气,万物归一,又有何恐惧可言。人死后他人又有什么理由要悲天怆地,要为其重殓厚葬呢?

庄子妻死,好朋友惠施前去吊唁慰问,却见庄子坐在那里敲着盆子唱歌。惠子大惑不解,责备庄子说:"与人居,长子,老,身死,不哭,亦足矣,又鼓盆而歌,不亦甚乎。"对于相濡以沫、相依为命、为你生儿育女、辛苦一生的亡妻之死,不哭也可,怎能击盆作乐,这样做不是太过分了吗? 庄子回答说:"不然,是其始死也,我独何能无概然! 察其始而本无生,非徒无生也而本无形,非徒无形也本无气,杂

---

① 《庄子·知北游》。
② 《庄子·大宗师》。
③④ 《庄子·知北游》。

乎芒芴之间,变而有气,气变而有形,形变而有生,今又变生之死,是相与为春秋冬夏四时行也。人且偃然寝于巨室,而我噭噭然随而哭之,自以为不通乎命,故止也。"①原来庄子并非无情,但当他想生死乃气之聚散,犹如四时交替运行,死者已归其所归,生者却痛哭不已,这与自然本性相违啊!所以就不伤悲了。

同样的故事也发生在老聃死后,好友秦佚(失)前去吊唁,哭了三声就出来了。老子的弟子问他:"这样简单地表示哀悼可以吗?"他说,当然可以,因为"适来,夫子时也;适去,夫子顺也。安时而处顺,哀乐不能入也"②。老聃生死也是自然变化之理,所以没有必要愁情善感。

既然生是气之聚,死是气之散,所以庄子坚决反对厚葬。他临死前与弟子讨论其后事安排。弟子们出于对恩师爱戴,要为他举行厚葬,但遭到婉言拒绝。师徒间的对话与德莫那克斯在死前与朋友的对话几乎如出一辙。

> 庄子曰:"吾以天地为棺椁,以日月为连璧,星辰为珠玑,万物为赍送。吾葬具岂不备邪?何以如此!"
>
> 弟子曰:"吾恐为乌鸢之食夫子也。"
>
> 庄子曰:"在上为乌鸢食,在下为蝼蚁食,夺彼与此,何其偏也!"③

死后以天地为葬,让乌鸢而食,这与德莫那克斯的安排不约而同。第欧根尼死前也曾留下遗言,死后将他置于野外,让野兽来食。这种惊人的相似也非偶然,这是他们生死观相似的必然反映。既然都主张自然生活,坦然面对死亡,那自然之体复归于自然又有何足惜。二者生死观的相似源于二者都主张自然人生的基本认识。

---

① 《庄子·至乐》。
② 《庄子·养生主》。
③ 《庄子·列御寇》。

2. 自然生活

庄子学派虽然不是像犬儒派那样有意识抛弃家产,使自己从富翁变成空无一文的赤贫者,或在衣食住行上仅以维持生命的存在为限,尽量压低生活的需求,以流浪乞讨为生,以严格自制甚至自虐、忍受艰难困苦为乐,但他们甘于清贫,严于克己,拒绝赐赠,坚持顺任自然安身立命,与犬儒派的自然生活观大致接近。二者生活观本质上的差异大大小于形式和程度上的差异。

庄子学派提倡安于清贫,并从自我做起。庄子就是这样的一位典型:

庄子家贫,故往贷粟于监河侯。①

庄子衣大布而补之,正緳系履而过魏王。魏王曰:"何先生之惫邪?"庄子曰:"贫也,非惫也。"②

宋人……见庄子曰:"夫处穷闾陋巷,困窘织屦,槁项黄馘……"③

庄子属于贫者无疑,但他肯定不是极贫者或赤贫者。他曾作过蒙漆园吏,④与当世的君王有交往。自己著书立说,招纳生徒。因此,他应属于那种"穷且益坚,不坠青云之志"的名士,生活上当不会是社会的最底层。然而,在他所属的一类士阶层中,他是个贫士,所以方显出他与众不同的安贫乐道之本色。

他向监河侯借米,对方慨然应允,要借给他三百金。他忿然作色曰:"周昨来,有中道而呼者。周顾视车辙中,有鲋鱼焉。周问之曰:'鲋鱼来! 子何为者邪?'对曰:'我,东海之波臣也。君岂有斗升

---

① 《庄子·外物》。
② 《庄子·山木》。
③ 《庄子·列御寇》。
④ 司马迁:《史记·老子韩非列传》。

之水而活我哉?'周曰:'诺,我且南游吴越之土,激西江之水而迎子,可乎?'鲋鱼忿然作色曰:'吾失我常舆,我无所处,吾得斗升之水然活耳,君乃言此,曾不如早索我于枯鱼之肆!'"①

庄周只要一点米,监河侯却要借他三百金,鲋鱼只要一盆水就可活命,庄子却要给它引来西江之水。道不同不相为谋,庄子以此例表明了自己安于贫穷,只求保身,不祈求身外之物的反世俗态度。

犬儒派是舍富求贫,庄子学派安于固有的清贫,并把自己的贫穷归于不可捉摸的外力——"命",这是二者在此问题上的主要分歧之处。

子桑与子舆是好友。淫雨十日,子舆恐怕子桑饿病了,便带着饭食前去探视,老远就听见子桑若歌若哭。子舆进而问他这样何故,他说他悟出了自己之所以贫困的原因:

> 父母岂欲吾贫哉? 天无私覆,地无私载,天地岂私贫我哉? 求其为之者而不得也,然而至此极者,命也夫!②

把人生的一切归之于命的安排是《庄子》的一贯思想,这样的论述数见不鲜。

> 穷达贫富,贤与不肖毁誉,饥渴寒暑,是事之变,命之行也。③

> 知其不可奈何而安之若命,德之至也。④

> 知不可奈何,而安之若命,惟有德者能之。游于羿之彀中。中央者,中地也;然而不中者,命也。⑤

---

① 《庄子·外物》。
② 《庄子·大宗师》。
③ 《庄子·德充符》。
④ 《庄子·人间世》。
⑤ 《庄子·德充符》。

这里的"命"既有自然规律之意，也有命运的含义；既有自然观的反映，也有天命论的成分。但在早期犬儒派那里，是只有自然观，而无天命论。后期犬儒派也只有适应环境、顺应自然之说，无天命观的提倡。这是二者在面对人生变迁所取态度上的不同之处。

但在顺任自然、根据自然生活这一根本点上，二者的观点比较一致。

人生首先要设法免除世俗名利权位之累，《庄子·让王》中记述了多位安于贫贱、轻视利禄名位之人。如拒受尧舜天下的许由、子州支父、子州子伯、善卷、石户之农人、北人无择，逃避王位的越王子搜，甘居陋巷、穿粗衣养牛、拒辞鲁仕的曾子，为避远祸而拒仕守贫的列子，功成不受禄的屠羊说，"家贫居卑"而不仕的颜回，辞让王位的卞随、务光，不食周粟、饿死于首阳山的伯夷、叔齐。他们是庄子学派心目中的理想人物，说明拒绝仕禄名位是庄子学派所倡导的生活选择。庄子本人就多次拒聘：

庄子钓于濮水，楚王派二位大夫前去请他，他持竿不顾，答曰，宁愿像普通的乌龟"生而曳尾于涂中"，而不愿像神龟那样"死为留骨而贵"。①

"楚威王闻庄周贤，使使厚币迎之，许以为相。庄周笑谓楚使曰：'千金，重利，卿相，尊位也。子独不见郊祭之牺牛乎？养食之数岁，衣以文绣，以入太庙。当是之时，虽欲为孤豚，岂可得乎！子亟去，无污我，我宁游戏污渎之中自快，无为有国者所羁，终身不仕，以快吾志焉。'"②司马迁的这段记述与《庄子·列御寇》的有关记述相似，前者或以后者为源。③ 这个故事与前述庄子垂钓濮水而拒仕的故事本质上也相同，都是宁愿贫贱卑而乐，不愿富贵而死，不愿受形

①《庄子·秋水》。
②《史记·老子韩非列传》。
③《庄子·列御寇》记曰：或聘于庄子。庄子应其使曰："子见夫牺牛乎？衣以文绣，食以刍菽，及其牵而入于大庙，虽欲为孤犊，其可得乎！"

同腐鼠之相位①所制约而丧失了个人的自然本性。可见，远离世俗，不介入政治是庄子学派自然生活的重要特征之一。这仿佛第欧根尼、德米特里等犬儒派蔑视权力利诱的类似行为在中国的重演，其根源还在于共同的自然人生观。

人生其次要弃世乐生。弃世，并非放弃这个世界于不顾，而是放弃世俗之累。② 即："藏金于山，沉珠于渊，不利货财，不近贵富；不乐寿，不哀夭；不荣通，不丑穷；不拘一世之利以为己私分，不以王天下为己处显。"③要以平静的心志面对自然人生，"不以好恶内伤其身，常因自然而不益生"。因为"道与之貌，天与之形"④何必因为"外乎子之神，劳乎子之精"⑤搅得心神不宁呢？"弃事则形不劳，遗生则精不亏"，⑥如果能抛开世间分外之事，则会达到无累的境地。"无累则正平，正平则与彼（自然——笔者注）更生，更生则几矣。"⑦与自然更生，则接近于道了。按照庄子学派的说法，这"道""不可闻"，"不可想"，"不可言"，"不当名"，⑧是世界的本原，与"长于上古而不为寿"的"天乐"之境相似，而世人若能知"天乐"，则"其生也天行，其死也物化。静而与阴同德，动而与阳同波"。所以凡知天乐者，就会"无天怨，无人非，无物累，无鬼责"⑨。进入逍遥自在的自然生活状态，安时，安生，安命，乐在其中。犬儒派在这方面并无深入的推理探讨，但他们笑对人生，根据自然生活，力求排除一切外物之累。在自然生活的本质和追求的境界上，二者确有异曲同工之处。

（二）自然心境

庄子学派深知，要想自然对待生死、生活、人世，就必须先有一

————————

① 《庄子·秋水》。
② 《庄子·达生》。
③ 《庄子·天地》。
④⑤⑥《庄子·德充符》。
⑦ 《庄子·达生》。
⑧ 《庄子·知北游》，《庄子·大宗师》。
⑨ 《庄子·天道》。

个无待或无我的自然心境,也即要首先做到无欲无惑,精神独立自由。这与犬儒派自由、自足、无惑的精神追求大方向是一致的。

"无待"即精神绝对独立自由,没有什么可依待的。宋荣子"举世而圣之而不加劝,举世而非之而不加诅,定乎内外之分,辩乎荣辱之境",对于世俗的声名不刻意追求。"虽然,犹有未树也",他还有不足的地方。列子御风而行十五日,"此虽免乎行,犹有所待",他还是要借助于外力,使心灵有所期待。因此,"犹未树","有所待"还不是精神自由的最高境界。只有"乘天地之正,而御六气之辩,以游无穷者",才能达到"无待"的境地。① 可见,"无待"既是一种忘我的境界,也是一种虚无缥缈的境界,除了至人、神人、真人等,一般人是绝对达不到的。但这并不意味着要世人望而却步,而是要从自我一点一滴做起,向这个方向努力。

庄子学派认为精神不自由是由于各种情欲缠身,只有清除它们,才能使心神安宁。

> 贵富显严名利六者,勃志也。容动色理气意六者,谬心也。恶欲喜怒哀乐六者,累德也。去就取与知能六者,塞道也。此四六者不盪胸中则正,正则明,明则虚,虚则无为而无不为也。②

这二十四种心理欲望是对世人精神状态的概括。世人正是在这些情欲的驱动下,才跻身于熙熙攘攘、浑浑噩噩、庸庸碌碌的人海之中。他们犹如克拉底所认为的"τυφος"病患者,风尘仆仆,不知所终。那么如何驱除这些"τυφος 病症",达于无待之境呢? 庄子学派的途径是"坐忘""丧我""心斋"。以下几则寓言对此作了说明:

颜回两次向孔子汇报自己学习的长进,先是忘礼乐,再是忘仁义,孔子都不满意。第三次再见孔子,说他已"坐忘矣"。孔子精神一振,请他解释,颜回说:"堕肢体,黜聪明,离形去知,同于大通,此

---

① 《庄子·逍遥游》。
② 《庄子·庚桑楚》。

谓坐忘。"①"坐忘"之境由此而来。忘掉自我的存在,祛除心灵的纷扰,与大道融通为一,这时还会有什么欲望产生,还会有什么身外之物的期待呢?

南郭子綦倚靠几案而坐,呼吸徐缓,似乎心身相离。弟子颜成子游侍立一旁,感到奇怪:"形固可使如槁木,而心固可使如死灰乎?"先生怎么今天像换了个人似的。子綦说:"今者吾丧我,汝知之乎?"②这里的"吾"是指真正的自我;"我"是指为外物所累、我见所执的"非我"。只有抛弃这些外物、我见,才能恢复并保持自然之我。

"心斋"与"坐忘""丧我"的境界基本一致,也是拒绝外物干扰,保持心灵的宁静。颜回问孔子:何谓心斋?孔子的回答是:"若一志,无听之以耳而听之以心,无听之以心而听之以气!耳止于听,心止于符。气也者,虚而待物者也。唯道集虚。虚者,心斋也。"③专心一志而不旁骛,不听于耳,不累于心,而用空虚的气去感应万物。虚其心,则大道至。心境空明,就是心斋。心斋也即忘我,所以颜回说,听了心斋的道理,他都感觉不到自己的存在了("未始有回也")。

总之,庄子学派是希望世人能以一种平静坦然的心态去对待世俗的诱惑,心不为所动,身自然不会为之而行。这与犬儒派的不动心(apathy)精神状态的追求相一致。庄子学派希望世人抛弃各种外物情欲之干扰,达到心灵空明之境,与犬儒派试图使世人达到"无惑"(ατυφκα)境界的目的也不谋而合。犬儒派的首要追求——精神自由,在庄子学派这里达到了出神入化的境地。"天地与我并生,万物与我为一"④,我何不"独与天地精神往来"⑤呢? 但这样的境地又有几个理想超人可以达到呢? 现实中的庄子学派与犬儒派一样,只能朝此方向努力而已。

①《庄子·大宗师》。
②《庄子·齐物论》。
③《庄子·人间世》。
④《庄子·齐物论》。
⑤《庄子·天下》。

（三）超人理想

庄子学派与犬儒派一样，都把人生理想的实现寄托于一部分超人身上。这样的超人理想在现世中是不可能实现的。尽管他们各自都在孜孜以求，率先垂范，但总感力不从心，难以使世人闻风而从，仿而效之。于是，他们便把人生的理想楷模归于与现世恍若隔世的人物。犬儒派的赫拉克勒斯，庄子学派的至人、真人、神人、圣人等，就是他们各自推出的理想人物。这些人物都有一个共同的特点，即超凡脱俗，有的甚至具有神人的特征。赫拉克勒斯就是一位半人半神的英雄。庄子的圣人、真人、神人等也都是具有某些神异功能。他们可敬可学，但难以达到，或不可能达到，只是各自人生理想的人格化而已。

1. 至人理想

《庄子》书中"至人"出现次数颇多，关于它的论述也最多。

"至人"恬淡无为，心境空明。其人"无为名尸，无为谋府，无为事任，无为知主。体尽无穷，而游无朕；尽其所受乎天，而无见得，亦虚而已。至人之用心若镜，不将不迎，应而不藏，故能胜物而不伤。"①这与"危身弃生以殉物"②的世俗之人形成了鲜明的对照。

"忘其肝胆，遗其耳目"，③至人是抵达无待之境的先行者。

至人不求名利，与世无争：

> 夫至人有世，不亦大乎，而不足以为之累，天下奋棅而不与之偕，审乎无假而不与利迁，极物之真，能守其本。故外天地，遗万物，而神未尝有所困也。④

> 夫至人者，相与交食乎地而交乐乎天，不以人物利害相撄，

---

① 《庄子·应帝王》。
② 《庄子·让王》。
③ 《庄子·达生》。
④ 《庄子·天道》。

不相与为怪,不相与为谋,不相与为事,翛然而往,侗然而来。①

权柄、名位、利益这些世人追逐之物,至人都无动于衷。因为"天地有大美而不言,四时有明法而不议,万物有成理而不说"。天地、四时、万物自然运行而不显露自己,人何必追名逐利,丧失自我呢? 所以,"游于世而不僻,顺人而不失己"②。

至人似神,逍遥自在。"大泽焚而不能热,河汉冱而不能寒,疾雷破山而不能伤,飘风振海而不能惊。"这样的至人"乘云气,骑日月,而游乎四海之外"③,或游于"逍遥之墟"④,或"出入六合,游乎九州,独往独来"⑤,或"任精神乎无始而甘暝于无何有之乡"⑥,《庄子》一书之言"洸洋自恣"⑦的特点在这里得到了充分体现。这样的神人,这样的无何有之乡,现世中何处可觅呢? 世人又如何能达到呢? 庄子的至人理想若隐若现,遥不可及。其他的理想超人也同样如此。

2. 真人理想

庄子学派的"真人"与"至人"相似,也是神人合一。《大宗师篇》中对"真人"的特质作了详细描述。结合它处所及,我们可对庄子学派的"真人"理想概括如下:

真人一般无为,若有所为也不在意于得失。即"不逆寡,不雄成,不谟士,若然者,过而弗悔,当而不自得也"⑧。

真人视生死为自然,任其终始。即"不知说生,不知恶死;其出不䜣,其入不距;翛然而往,翛然而来而已矣。不忘其所始,不求其所终,受而喜之,忘而复之"⑨。一切听凭自然的安排。

---

①《庄子·庚桑楚》。
②《庄子·外物》。
③《庄子·齐物论》。
④《庄子·天运》。
⑤《庄子·在宥》。
⑥《庄子·列御寇》。
⑦《史记·老子韩非列传》。
⑧⑨《庄子·大宗师》。

真人心境空明忘我,不为世俗所动。此即"其心忘,其容寂,其颡頯;凄然似秋,煖然似春,喜怒通四时,与物有宜而莫知其极"①;"以目视目,以耳听耳,以心复心"。若此,心灵自然平静,"其平也绳,其变也循",就会"以天待人,而不以人入天"②,从而持"纯素之道"③,弃"世俗之礼"④,免"内外之形"⑤。

真人对世人一视同仁,无亲疏之别。因为"神人恶众至,众至则不比,不比则不利",所以,"无所甚亲,无所甚疏,抱德炀和以顺天下"⑥就成了真人处世准则之一。

真人亦神人,"登高不慄,入水不濡,入火不热","其寝不梦,其觉不忧,其食不甘,其息深深"⑦。这样的超人不仅水火莫奈他何,而且正常的生理机能也不存在。这样的境界世人同样达不到。

3. 神人理想

庄子学派的"神人"理想更是虚无缥缈。这种神人"肌肤若冰雪,绰约若处子,不食五谷,吸风饮露;乘云气,御飞龙,而游乎四海之外"。这种居于深山之中、不食人间烟火、行走腾云驾雾的神人是真正的超凡脱俗之人,他们"磅礴万物以为一,……孰弊弊焉以天下为事,……孰肯分分然以物为事"⑧。这种人已经完全超然世外。

4. 圣人理想

相对于至人、真人、神人,庄子学派的"圣人"之境比较易于达到。圣人虽然精神上可以飘飘欲仙,"乘彼白云,至于帝乡",⑨但生活于人间,是凡人。圣人可能穷困,但能"使家人忘其贫",可能腾

①《庄子·大宗师》。
②《庄子·徐无鬼》。
③《庄子·刻意》。
④《庄子·大宗师》。
⑤《庄子·列御寇》。
⑥《庄子·徐无鬼》。
⑦《庄子·大宗师》。
⑧《庄子·逍遥游》。
⑨《庄子·天地》。

达,但"使王公忘爵禄而化卑"。其与物与人都能和谐共处,"或不言而饮人以和,与人并立而使人化。"①圣人"恬淡寂寞虚无无为"②,德化天下。"其生若浮,其死若休"③,"知穷之有命,知通之有时,临大难而不惧"④,因此是个可敬可亲可近的人格理想。只要"以天为宗,以德为本,以道为门"⑤,就可达圣人之境。

除了以上四种理想人格,庄子学派还提出了"全人""德人""全德之人""畸人"和"儿子"等理想人格。

全人"工乎天而俍乎人",是善于契合天然而又善于应和人为之人。⑥

德人"居无思,行无虑,不藏是非美恶",以天下忧乐为己之忧乐,顺任自然,满足于自我,随遇而安,⑦是个克拉底式的博爱主义者。

全德之人实则另外一种圣人。他"德全""形全""神全","神全者,圣人之道也"。他"明白太素,无为复朴,体性抱神,以游世俗之间"⑧。坦然对待是非荣辱,无意于名利分别,这样的人也是值得仿效的超世之人。

畸人即奇人,是不合世俗之人。他们与众不同,但顺从自然,他们可能不为世人所理解,但他们是"天之君子"⑨。庄子学派与犬儒派大体可归属于这类人。

儿子是庄子学派的最高人生境界,他就像赤子婴儿一样,天真无邪,浑然不知,一切从自然本能出发,"动不知所为,行不知所之,身若槁木之枝而心若死灰"。而在这样的状态下,"祸亦不至,福亦不来,祸福无有,恶有人灾也!"⑩无知无觉,无情无欲,浑然天成,这

---

①《庄子·则阳》。
②③《庄子·刻意》。
④《庄子·秋水》。
⑤《庄子·天下》。
⑥《庄子·庚桑楚》。
⑦⑧《庄子·天地》。
⑨《庄子·大宗师》。
⑩《庄子·庚桑楚》。

真是理想的人生境界,但这怎么可能呢?人是社会之人,离开了社会人就不成其为人。置身于社会,又怎能与世隔绝呢?从犬儒派到庄子学派谁也无法脱离现实,你可以对社会评头论足,横加抨击,但你无法脱离它而存在。这就是古往今来所有厌世者退而难隐、背而难弃、遁而难逃的原因之所在。

综上所述可以看出,庄子学派与犬儒派在人生理想上确有许多相似或相同之处。他们都提倡自然生活,都主张精神自由,抛弃世俗之累,都提出了不同的理想人格作为世人追求的榜样。从这个意义上说,二者人生理想的可比性是很强的。但另一方面,我们还应注意二者的差异。在自然生活上,犬儒派要比庄子学派严格、清苦。他们不要家庭,抛弃财产,乞讨为生,随处栖身,蓬头垢面,一无所有,他们是流浪者,是禁欲主义者。而庄子学派显然不是如此。他们安贫,拒仕,拒赠,但却有妻儿,有家产,有君王的接纳,他们仍是世中人。在人格理想上,犬儒派的理想人格容易接受和达到,大部分犬儒派一直朝此方向努力,第欧根尼和德莫那克斯应该说都已接近,柏里格利诺斯也是以赫拉克勒斯为榜样而跳入火堆的。但庄子学派的完人、真人、神人、儿子,几乎与世人无缘。因为他们或是具有"水火不入"之至高精神境界的超人,或是混沌无知、人不可能返归的婴儿,只有圣人、德人、全德之人有可能接近,但也遥遥无期。即使庄子学派这些力倡之人,也未明确表明自己已达到了某一境界。此外,庄子学派没有犬儒派那样的神圣使命感,没有像犬儒派那样全身心投入于救世的事业。但他们的人生理想之引导价值仍值得肯定。犹如犬儒派的人生理想一样,它们都对后人产生了一定的启示和激励。二者之所以出现这种差异,其中一个原因在于犬儒派是理想的实践者,庄子学派在某种意义上说主要是理想的倡导者,二者表现方式的不同是可以理解的。

三、社会理想之比较

与犬儒派一样,庄子学派在对现实社会批判否定的同时,有感而发,提出了自己的社会理想。二者虽然在理想蓝图的具体设计上有诸多不同,但都表达了对"美好社会"的向往和追求。

(一)庄子学派理想社会的类型

根据《庄子》一书的记述,该学派的社会理想可分为三种类型:自然之世、圣治之世、虚无之世。其中前两种类型最为重要,集中体现了庄子学派对理想社会的多层次追求。

1. 自然之世

自然之世指恢复了原始人类自然生活状态的社会,其最大的特点是人与自然融为一体,一切服从天地造化的安排。

如前所述,庄子学派是社会退化论者,与古希腊古风时期的诗人赫西阿德一样,认为从远古到当代,一代不如一代。赫西阿德把人类到他之时的历史分成黄金、白银、青铜、英雄、黑铁五个时代,越往古,人类的生活越美好,本质越纯朴。① 庄子学派也是如此认为。他们把人类的历史分为四个时代:混芒之时,燧人伏羲之时,神农黄帝之时和唐虞之世。混芒之世是最好的时代。那时"阴阳和静,鬼神不扰,四时得节,万物不伤,群生不夭,人虽有知,无所用之,……莫之为而常自然"②。那时风调雨顺,阴阳和谐,万物并生,人有智慧但"澹漠"无为,顺任自然,这是大道归一的"至一"时代。但自此之后,道德下衰,燧人氏时天下"顺而不一",神农氏时,"安而不顺",唐虞时,则"民始惑乱!"③既然当今之时,"世道交丧",民"踶跂好知,争

---

① 参见 Hesiod, *Works and Days*, 110 – 200.
②《庄子·缮性》。
③《庄子·缮性》,但庄子学派仍把神农之世作为理想社会,参见下文。

归于利,不可止也",①既然"以强凌弱,以众暴寡",②愈演愈烈,世人"仅免刑焉",所以庄子学派首先把救世的希望寄托于复古返朴之上。于是,有了对"赫胥氏之时""有巢氏之民之时""知生之民之时""神农之世""至德之世""建德之国"以及上述"至一"之境的回顾和憧憬。

赫胥氏之时是人悠然自在、无忧无虑的极乐时代。"民居不知所为,行不知所亡。含哺而熙,鼓腹而游。"③简直幸福到了极点。

有巢氏之民和知生之民之时,"禽兽多而人少,于是民皆巢居以避之,昼拾橡栗,暮栖木上"。那时的民不仅要采集食物,住在树上,而且没有衣服遮体,只好"夏多积薪,冬则炀之"。这样的野生环境应该不是庄子学派的祈盼,所以才会大赞"至德之隆"的"神农之世"。

"神农之世,卧则居居,起则于于,民知其母,不知其父,与麋鹿共处,耕而食,织而衣,无有相害之心。"④这时似已进入男耕女织时代。但人只知其母,不知其父,似乎还是母系氏族社会。不管时代归属如何,百姓的生活舒适惬意,大家和平相处。

"至德之世"是庄子学派着墨最多的时代,可以说是他们的最高社会理想。

至德之世人与天地万物和谐共存,融为一体。"当此时也,山无蹊隧,泽无舟梁,万物群生,连属其乡。禽兽成群,草木遂长",一派原生的自然景象。这时的人们自由自在,与万物为友,"是故禽兽可系羁而游,鸟鹊之巢可攀援而窥"。在这样"同与禽兽居,族与万物并"的情况下,怎会有君子小人之分别呢?人人无知无欲,自然"其德不离",进入"素朴"⑤之境界。这正是人的自然本性之所在。

---

① 《庄子·马蹄》。
② 《庄子·盗跖》。
③ 《庄子·马蹄》。
④ 《庄子·盗跖》。
⑤ 《庄子·马蹄》。

至德之世人人安居乐业，满足自得。虽尚处于蒙昧阶段，"民结绳而用之"，生活简朴，但人们"甘其食，美其服，乐其俗，安其居"，虽有邻国，但"鸡狗之音相闻，民至老死而不相往来"。① 若能达到这个境界，则进入"至治"之世。这里显然继承了老子的"小国寡民"的社会理想。

至德之世人人自然而为，不争贤愚，不论高下，所言所行没有任何外力推动或功利目的。所以"端正而不知以为义，相爱而不知以为仁，实而不知以为忠，忠而不知以为信，蠢动而相使，不以为赐"。这种"行而无迹，事而无传"②的恬淡态度与后世推崇的功利主义形成了鲜明的对比。

至德之世似乎有了国家，虽有国相邻，但不相往来，又仿佛世外桃源。有上有民，表明有了社会管理机制，但"上如标枝"，随风飘拂，听民自为，"民如野鹿"，③随处走动，无所制约，似无严格的君民等级之分。这样的社会只能属无阶级、无压迫的原始部落社会，其生活只能是自然而然的自由生活。

"建德之国"是庄子学派虚构的一个乌托邦，地处当时中原民族仅有朦胧传闻的南越之地。其社会状况与至德之世相似："其民愚而朴，少私而寡欲；知作而不知藏，与而不求其报；不知义之所适，不知礼之所将；猖狂妄行，乃蹈乎大方；其生可乐，其死可葬。"④那儿的老百姓也是纯朴善良，不求名利，自然生死，自由生活，循于大道，当也属原始之民。但"少私而寡欲"，似乎又有私有观念。与"至德之世"相比，"建德之国"好像后退了一点。但二者本质上没有什么区别，都是原始之民繁衍生息的自然之世。

2. 圣治之世

圣治之世指治理良好之社会。这是指对脱离原始状态、进入阶

① 《庄子·胠箧》。
②③ 《庄子·天地》。
④ 《庄子·山木》。

级社会的人民和国家的治理。这样的时代虽然难以达到,但由于是在现世基础上的改进,比较现实,庄子学派对之仍寄予了较大的希望。

何谓"圣治",《天地篇》作了明确的说明:"官施而不失其宜,拔举而不失其能,毕见情事而行其所为,行言自为而天下化,手挠顾指,四方之民莫不俱至。"①设官得当,任人唯贤,明察而行,化育天下,万民响应,这就是"圣治"。

而要达到"圣治",君主就应像神农氏或"明王"那样,谨守四时祭祀,尽心为百姓服务;不强人所难,不损人利己,即使功盖天下,也不自显,似乎与己无关。只有这样无为无己,藏而不露,才会使"圣治""明王之治"的理想变为现实。②"圣治"实则"无为而治"。

3. 虚无之世

如果说"自然之世"似曾古而有之,"圣治之世"与现世并不太遥远,那"虚无之世"则无迹可寻。因为《庄子》书中多次出现的"无何有之乡"实际上根本不存在,只是作者的想象而已。在《逍遥游篇》中"无何有之乡"与"广莫之野"并提。在《应帝王篇》中提到"乘夫莽眇之鸟,以出六极之外,而游无何有之乡,以处圹垠之野"。《列御寇篇》中说至人"甘暝乎无何有之乡"。可见,"无何有之乡"是虚无世界,那里是至人的神游之地,因此无处可觅,无人可往,严格说起来,只是幻想之地,而非理想社会。

(二)二者社会理想的同异

从上述庄子学派的不同理想社会类型,可以看出,它们与犬儒派的社会理想既有相同之处,也有不同之处。

总体看,二者的社会理想都是对现实的超越,即使庄子学派的"圣治之世"也是如此。二者都提倡自然无为,都希望人人友好,和

---

① 《庄子·天地》。
② 《庄子·让王》,《庄子·应帝王》。

睦相处,但都是可望而不可即的空想。

具体看,庄子学派的"自然之世"型社会理想与犬儒派的社会理想,尤其与克拉底的 Pera 岛理想更为相似。但"圣治之世"型社会理想则与犬儒派的基本主张相悖。犬儒派不是要对原有社会进行改进,而是彻底否定,全部重建,而且重建后的社会不是全民社会而是智者社会,所以不存在"治人"与"治于人"的阶级之分,不存在个体家庭。男女平等,共夫共妻共子,虽有分工,有交换,但无职业的尊卑、地位的高低和无偿占有他人劳动的现象的发生。既无国君臣民,无以上驭下的等级制治理,也就不可能有什么"圣治"和"明王之治"。因此,"圣治之世"之理想在犬儒派那里不可能存在。至于"虚无之世"的"无何有之乡",与克拉底的 Pera 岛较为相似,都是虚幻的想象之地。它或是至人的归宿,但无任何其他有关的记述,因此,也无比较的基础。真正有可比性的就是"自然之世"类型中的"至德之世""建德之国"和"神农之世"、"赫胥氏之时"。似属于食物采集阶段的"有巢氏"和"知生之民"以及"混芒之中"的"至一之境"也因过于原始而失去了可比的资格。

那么,从庄子学派对这四个世代或境界的描述,我们能发现哪些与犬儒派社会理想相同之处呢?

首先,都有返归自然的倾向。不论时代明确的神农之世、赫胥氏之时,还是未明确时代的"至德之世""建德之国",庄子学派的这些理想社会都具有原始部落社会的特征。那里虽有上(部落首领、酋长?)、民(部落的成员)之别,或存在一定的管理机制,但人与大自然融为一体,几乎就是动物界大家庭中的一员。或有耕织,但大自然的丰富物产满足了人们的简单生活需求。那里子只知其母而不知其父,说明两性结合自然松散,群婚的形式依稀可见。天人合一,根据自然生活,在二者的理想社会中应该说都得到了程度不同的实现。

其次,二者的理想社会中都清除了贪欲、争斗,社会成员和平共处,知足常乐。庄子学派笔下的人们勤劳、善良、仁爱、朴实、忠厚、诚信、互助,绝无功利目的,因为他们根本不知名利之差,不知贫富之别,不知善恶之报。人们不会为金钱或荣誉而战,因为这些既无用处,也无意义,也不会为大自然的恩赐而争,因为这些无处不在,无所不有。在这点上,庄子学派"至德之世""建德之国"与克拉底的"Pera 岛"极为相似。

最后,二者的理想社会都是世外桃源。克拉底的 Pera 岛在"酒墨色的雾海中",第欧根尼的"共和国"像世界一样大,庄子学派的自然之世或在遥远的往昔,或在偏僻的边陲。时间与空间的不可接触性使这些理想社会都与世俗社会隔绝。即使是第欧根尼的"共和国",像世界之大,但其中只有智者,他们之外的非智者哪里去了,是否全人类都成了智者呢? 庄子学派的理想社会有毗邻的部落或国家,鸡犬相闻但不相往来,这些都说明了这些理想社会具有封闭性、排他性,是相对于世俗社会的一块乐土,是一个虚幻的梦境。

二者的不同之处也比较明显。

其一,社会性质取向不同。犬儒派的理想社会是智者社会,是无惑($\alpha\tau\nu\varphi\iota\alpha$)之人生活的地方。不是世界上无坏人、愚人、寄生虫、贪色鬼,而是这个理想社会把他们排除在外,他们不能进入这个社会。但庄子学派的理想社会却是全民社会,那个时间、那个空间的所有人都包括在其中。因此,庄子学派的自然之世更让人感到亲切、温暖,充满了博爱精神和人类情怀,更让人体验到了素朴的、自然的人性回归。如果说二者都具有自然社会的特征,那犬儒派的是人为设计的自然社会,而庄子学派的是原生的自然社会。

其二,人口再生产方式不同。第欧根尼让妇女组成妻子公社,共夫共妻共子,克拉底主张做性欲的主人。而庄子学派任其自然繁衍,或有男耕女织,但并非组成一夫一妻制家庭,只是社会性别分工不同而已。而在第欧根尼的"共和国"中,男女同服,妇女要同男子一样裸体参加公开的体育训练,只有男女相悦才可结合,孩子则为集体所有。这些观点在庄子学派看来一定是不可思议的,都是没有必要设计的。既然自然生死,后代的生育为什么还要做如此严格的规定呢?这不有违于顺任自然的原则了吗?

其三,物质生产方式不同。第欧根尼的"共和国"有货币、有交换,肯定有分工,因此可以设想物质生产方式的多样性,如农、工、商等。他的"共和国"成员应该是这些行业的从事者,至少是一部分生活资料的生产者。但在庄子学派的自然之世里,生活资料几乎可以全部由自然赐予,虽有耕织,也是因天时地利而为。这里可以明显地看到古希腊社会工商业经济的发达及古代中国农耕社会、小农经济的特征。在这点上,克拉底的 Pera 岛则与"自然之世"比较接近,但岛民纯粹依赖自然,寄生于自然,与庄子学派"耕而食,织而衣"的"知作之民"又有很大的差别。

（三）对同异之原因的分析

二者理想社会总体上的相似和具体特征上的相同源于二者对现实社会的不满和失望。理想社会一定要超越现实,所以只好或是求助于对往昔的回顾和对遥远之地的遐想,并对它们进行一厢情愿式的美化,或是以现实社会为基础,对其进行不切实际的重构、重建。于是我们就看到了有所相似的"自然之世"、"Pera 岛"和"共和国"。

二者的不同源于犬儒派与庄子学派所处社会经济背景、历史文化传统的不同。

古希腊是典型的奴隶制城邦社会,尽管犬儒派产生之时,城邦制已经衰落,但它的形式和影响仍然存在。因此,犬儒派,尤其是第欧根尼在设计他的"共和国"时,想重建的仍是城邦型社会,只是地域扩大,成员纯粹而已。如前所述,他的"共和国"具有斯巴达城邦制度的影子。克拉底的"Pera 岛"设想则与希腊化时期希腊人视野扩大有关,也与从荷马以来的"福地""福岛"的传说有关。

古代中国在庄子学派之时处于典型的农耕文明阶段。虽然小国林立,但都是实行封建君主制统治,其社会基础是自给自足的小农经济。因此,他们所设想的理想社会就呈现出一派田园风光。日出而作,日入而息,男耕女织,鸡犬相闻,但安土重迁,不与外界往来。机心机事在这里没有市场,也无由产生,因为一切听任自然。有上有民,但各得其所,互不相扰。这样的社会理想也只有古代中国的空想者才能提出。

此外,从老子、孔子以来,中国的先哲就对理想社会做出了种种设计,这些都给庄子学派提供了理想素材。

孔子的最高理想是实现社会"大同"。他说:"大道之行也,天下为公,选贤与能,讲信修睦。故人不独亲其亲,不独子其子,使老有所终,壮有所用,幼有所长,矜寡孤独废疾者皆有所养。男有分,女有归。货,恶其弃于地也,不藏于己;力恶其不出于身也,不必为己。是故谋闭而不兴,盗窃乱贼而不作,故外户而不闭。是谓大同。"①举贤、博爱、无私、和平、安宁是孔子理想社会的重要标志。庄子学派的"圣治""明王之治"与此有所相似,当由此受到启示。

老子的社会理想是"小国寡民"。"虽有什伯之器而不用,使民重死而不远徙。虽有舟舆,无所乘之,虽有甲兵,无所陈之;使人复结绳而用之。甘其食,美其服,安其居,乐其俗。邻国相望,鸡犬之声相闻,民至死不相往来。"②这是老子"无为"思想的体现,是典型的文明倒退论。但庄子学派却吸收了他的思想,甚至原封不动地照搬了他的部分设计。

因此,庄子学派的社会理想与犬儒派一样都植根于深厚的历史文化传统之中,这是两个古老文明所特有的现象。犬儒派与庄子学派以及他们的思想、理想都是社会发展到一定阶段的产物,也随着社会的发展、历史的变迁而淡出。但它们的影响却源远流长,直到今日,我们仍能隐约感觉它们的存在。

---

① 《礼记·礼运》。
② 《老子》八十章。

结语：理想的破灭

　　一场由安提斯泰尼发起,第欧根尼狂飙突进,克拉底温和转向的犬儒派思想运动随着西罗马帝国的衰落在古典世界沉寂了,消失了。此后,虽有与其类似的现象或思想、宗教派别出现于人类历史的舞台,但场景转换,演员已今非昔比,观众也成了陌生的面孔。但犬儒主义作为一种哲学幽灵仍在人类的思想上空游荡,从中世纪的托钵僧制度到20世纪后期出现的现代犬儒主义,都让人感到了它的影响的存在。但作为一种思想抗议运动,作为一种以独特的方式对社会进行批判,并提出瑰丽但犹如梦幻的社会理想的哲学派别,作为一种特色鲜明、独立于世、延续长达800年之久的极端反社会、反文明现象,古典犬儒主义、犬儒派、犬儒现象已经成了历史的过去,成了人类文明遗产中的组成部分。

　　犬儒派的结局是历史发展的必然。它是希腊、罗马世界的产儿。当这个给它提供容身立足之地的环境不存在时,它也就失去了存在的依托,自生也自灭。时过境迁,物是人非,覆巢之下,岂有完卵,野蛮粗朴的日耳曼人更不需要这样对他人妄加评论、对现实横加指责的所谓哲学家。

　　犬儒派的社会批判思想是深刻的,对现世的否定是彻底的,改造或重建社会的使命感是强烈的。这样的哲学派别在古希腊、罗马,乃至古代世界也是独一无二的。正是在这样的基础上,他们提出了自己的理想社会蓝图,不论是第欧根尼式的"共和国",还是克拉底式的"Pera岛",它们都是对现实社会的超越,虽然我们对这些蓝图的详细设计已不可能知晓,但它们的基本特征还是比较清楚的。空间上超越现实,或远离现实,成员都是纯洁无邪的智者或无惑者。这里没有阶级,没有贪欲,没有争斗,人人平等互助,依据自然共同生活,和谐相处。这里或有管理,但无阶级之别,这里或有分工,但无职业地位高下,或有约定俗成的"法律""规定",但那不是限制人们的行动,而是为了保证更大的自由、更好的生活,或有交换,但不是利益的赚取,而是互通有无,即使使用货币,它也是手段而非目的。

对于个人,犬儒派提出了严格的要求和崇高的理想人格。赫拉克勒斯是他们崇拜的英雄。乐于贫穷,生活简朴,一无所有,别无所求,勇敢地向世俗挑战,用极端或温和的方式关爱世人,坚持自然人生,使命人生,从而达到"超人"的理想境界,是犬儒派人生理想的三部曲。他们中的大部分人一直在努力走向自己的理想王国,实际上却没有几人真正抵达,但精神可敬可嘉。

如果说犬儒派的人生理想还有可能通过自身砥砺部分达到,那他们的社会理想则绝无实现的希望。主要原因在于它们都脱离了现实的社会基础,听起来令人神往,但却是空中楼阁。

首先,空间上不可能。哪里能有与世隔绝的"Pera岛",哪里能有世界一样大的国家? 即使如此,其中的成员又怎能人为或自主地纯洁到无私无欲的地步? 而且这些智者社会又能如何不与由愚者、惑者组成的周边国家或社会有染呢?

其次,现实上不可能。私有制、阶级、国家、公民、家庭、城市、社会、文明都是人类历史发展到一定阶段的产物,都植根并立足于一定的经济基础之上。历史不会倒退,也不能倒退。在阶级社会里,甚至犬儒派最想压抑的人类"恶劣的情欲"也不可能被彻底赶出历史舞台,因为贪欲和权势欲本身就是"历史发展的杠杆"①之一。 如

---

① 恩格斯:《路德维希·费尔巴哈和德国古典哲学的终结》,载《马克思恩格斯选集》第四卷,人民出版社,1972年,第233页。

果柏拉图的城邦改进方案都难以行通,那犬儒派否定城邦制、建立智者社会的理想也就只能成为泡影。

最后,犬儒派本质上是思想者,而非行动者,是设计师,而非工程师,是哲学家,而非政治家。因此,这样的理想也只能停留在思想层面,不可能对现实社会的基石有什么触动。犬儒派大概也知道自己的社会理想根本行不通,所以才会有对个人生活的严厉自制,才会有后来个别人的转向、参政。

犬儒派理想的破灭与他们个人的自负、清高、傲慢和他们缺乏理论体系的支撑也有关系。

犬儒派在否定社会、否定个人的同时,也显示了自己傲视一切、目中无人的致命缺点。第欧根尼认为世人没有几个真正的人,难道像他们那样不事生产,流浪乞讨,粗鲁无耻,像狗一样生活、吠咬就是真正的人吗?如果世人都是如此,这个世界何以存在,就是犬儒派也失去了最基本生存的基础。此外,难道他们就是十全十美的"理想完人"吗?克拉底就承认个人的不完美,他说要找到一个无缺点的人是不可能的,就像一颗石榴,其中的一个种子总是要变坏的。[1] 对于犬儒派的傲慢,柏拉图曾给予有力地回敬。一次,第欧根尼在柏拉图家里猛踏地毯,边踩脚边说:"我践踏柏拉图的虚荣。"后者则巧妙地回答:"你用你的似乎不傲慢显示了多大的傲气啊!"[2]安提斯泰尼也因故意把破外套翻在外边让人看而遭到了苏格拉底的讽刺:"透过你的外套我窥探到了你的爱慕虚荣。"[3]他没成为犬儒之前尚且如此,其后可想而知。他们蔑视权威,辱骂皇帝,嘲弄世人,拒绝馈赠,固然反映了对世俗的对立,但也显示了自己狂傲不羁。这种傲气既是自信心的体现,但也是极端主义的源头。所以,这样的傲气产生了双重效果,既使自己独立于世,也使自己孤立于世,因

---

① Diogenes Laertius, *Lives of Eminent Philosophy*, 6.89.
② Diogenes Laertius, *Lives of Eminent Philosophy*, 6.26.
③ Diogenes Laertius, *Lives of Eminent Philosophy*, 6.8.

而失去了社会的普遍支持。统治当局有时对他们也不客气,尤其是在罗马帝国时期。他们因之成了社会的边缘人——犬儒。

犬儒派的反知识、反文化、反文明倾向带来的严重后果是有意识不去构建自己的理论体系。虽然犬儒派以具有表现主义倾向的行为哲学为特征,但由于没有像其他学派那样建立自己的哲学体系,结果深深陷入了虚无主义、怀疑主义的泥沼,从而也无法形成自己的学派。本文之所以未称它为学派的主要原因就在于此,而不是仅仅因为它没有固定的授课地或不绝如缕的传承。犬儒派也有所著述,尤其是早期犬儒派的几位代表人物,但我们不知其详。按照第欧根尼·拉尔修的《主要哲学家的生平和思想》一书的基本结构,一般在介绍生平时,都要介绍传主的哲学思想。但在关于犬儒派的传记中,没有这方面的专门记述。只在有关犬儒派的第六章最后一节(6.104)中简略归纳了犬儒派的基本主张。可见,犬儒派确实缺乏系统的理论探索,至少第欧根尼·拉尔修对此并不知晓。这从安提斯泰尼、第欧根尼对定义、概念等抽象思维、逻辑推理结果的否定也可以看出来,犬儒派讨厌这样的"智力游戏"。但后果却是严重的。它不仅使自己失去了理论的支撑,而且人亡派息,给后人留下的只是一些零散的传闻、轶事、格言和警语,其真实性也令人怀疑。所以本文引用的"事实"并非历史的事实,而是反映思想的事实。这是要特别说明的。

犬儒派的理想虽然同柏拉图、芝诺、优赫莫鲁斯、亚姆布鲁斯以及我国庄子学派的各种理想一样,都不可避免地破灭了,但它留给后人的启示是深刻的:只有立足于现实的理想才有可能变为现实。否则,它们只能成为美丽的梦幻,等待这些理想者的只能是永久的失望和无限的遗憾。

定稿:2001 年 5 月

初版:2002 年 8 月

修订:2021 年 10 月

征引文献

（一）外文文献

1. 希腊、罗马古典作家著述

[均出自《罗叶布古典丛书》英译本（*The Loeb Classical Library*，with an English Translation，Cambridge，Mass. ：Harvard University Press），出版地、出版社不再一一注明]

[1] Aelian, *On the Characteristics of Animals*, by A. F. Scholfield, 1958.

[2] Aristophanes, *Birds*, by Benjamin Bickley Rogers, 1961.

[3] Aristotle, *Politics*, by H. Rackham, 1959.

[4] Aristotle, *Rhetorica*, by H. Rackham, 1957.

[5] Arrian, *History of Alexander and Indica*, by E. I. Robson, 1958.

[6] Cicero, *Tusculan Disputations*, by J. E. King. 1960.

[7] Dio Cassius, *Roman History*, by Earnest Cary, 1961.

[8] Dio Cassius, *Dio Chrysostom*, by J. W. Cohoon and H. Lamar Crasby, 1961.

[9] Dio Cassius, *Diodorus Siculus*, by C. H. Oldfather, Cambridge, 1993.

[10] Diogenes Laertius, *Lives of Eminent Philosophy*, by R. D. Hicks, 1958.

[11] Epictetus, *Discourse（On the Calling of a Cynic）*, by W. A. Oldfather. 1961.

[12] Herodotus, *The Histories*, by A. D. Godley, 1957.

[13] Hesiod, *Works and Days*, by Hugh G. Evelyn-white, 1959.

[14] Homer, *Odyssey*, by A. T. Murray, 1960.

[15] Homer, *The Iliad*, by A. T. Murray, 1963.

[16] Julian, *Oration*, by W. C. Wright, 1954.

[17] Lucian, *Lucian's works*, Vol. I-V, by A. M. Harmon, 1961；Vol. VII, by M. D. Macleod, 1961.

436

[18] Pindar, *The Principle Fragments*, by John Sandys, 1961.

[19] Plato, *Apology*, Phaedo, by H. N. Fowler, 1960.

[20] Plato, *the Metaphysics*, by Hugh Tredennick, 1961.

[21] Plato, *The Republic*, by Paul Shorey, 1956.

[22] Plato, *Laches Protagoras Meno Euthydemus*, by W. R. M. Lamb. 1962.

[23] Plato, *Epistle Ⅶ*, by R. G. Bury, 1952.

[24] Plutarch, *The Parallel Lives*, by Bernadotte Perrin, 1959.

[25] Plutarch, *Moralia*, by Frank Cole Babbitt, 1960.

[26] Philostratus, *Life of Apollonius of Tyana*, by Wilmer Cave Wright, 1961.

[27] Polybius, *The histories*, by W. R. Paton, 1960.

[28] Seneca, *Moral Essays (On Firmness, On Tranquillity of Mind)*, by John W. Basore, 1958.

[29] Seneca, *Ad Lucilium Epistulae Morales (On Benefits)*, by Richard. M. Gummere, 1962.

[30] Sextus Empiricus, *Against the Logicians*, by R. G. Bury, 1961.

[31] Suetonius, *The lives of the Caesars* (Vespasian, Nero), by J. C. Rolfe, 1960.

[32] Tacitus, *Histories*, by C. H. Moore, 1962.

[33] The Annals, by John Jackson. 1962.

[34] The Greek Anthology, by W. R. Paton, 1956.

[35] Thucydides, *The History of the Peloponnesian War*, by C. F. Smith, 1962.

[36] Xenophon, *Memorabilia*, by E. C. Marchant, 1959.

[37] Xenophon, *Hellenica*, by Carleton L. Brownson, 1961.

[38] Xenophon, *Symposium and Apology*, by O. J. Todd, 1961.

2. 近人著作

[1] Bowes, T. , *Cynicism and Postmodernity*, London: Verso, 1997.

[2] Cary, M. et al, ed. , *The Oxford Classical Dictionary*, Oxford Clarendon Press, 1964.

[3] Cook, S. A. , Adcock, F. E. and Charlesworth, M. P. eds. , *The Cambridge Ancient History Vol. Ⅶ : The Hellenistic Monarchies and the Rise of Rome*, Cambridge: The University Press, 1928.

[4] Dudley, D. R. , *A History of Cynicism*, Chicago: Ares Publishers, 1937.

[5] Erskine, A. , *The Hellenistic Stoa*, Ithaca, NY: Cornell University

Press，1990.

[6] Goldfard，J. C. ，*The Cynical Society*，Chicago：University of Chicago Press，1991.

[7] Hammond，N. G. L. ，A History of Greece to 322 BC，Oxford：Oxford University Press，1984.

[8] Jaspers，K. ，*The Origin and Goal of History*，New Haven：Yale University Press，1965.

[9] Long，A. A. ，Sedley，D. N. ，*The Hellenistic Philosophers*，Cambridge University Press，1987.

[10] Manuel，F. E. and Manual，F. P. ，*Utopian Thought in the Western World*，Cambridge：Belknap Press of Harvard University Press，1980.

[11] Navia，L. E. ，*Classical Cynicism*，Westport，CT：Greenwood Press，1996.

[12] Navia，L. E. ，*The Philosophy of Cynicism*，Westport，CT：Greenwood Press，1995.

[13] Rankin，H. D. ，*Sophists*，Socratics and Cynics，Totowa，New Jersey：Barnes& Noble Books，1983.

[14] Rist，J. M. ，*Stoic Philosophy*，Cambridge University Press，1980.

[15] Vatai，F. L. ，*Intellectuals in Politics in the Greek World*，London：Croom Helm，1984.

（二）中文文献

1. 古典史料著译

[1] 阿里安：《亚历山大远征记》，李活译，北京：商务印书馆，1985年。

[2] 柏拉图：《理想国》，郭斌和、张竹明译，北京：商务印书馆，1996年。

[3] 北京大学哲学系外国哲学史教研室编译：《古希腊罗马哲学》，北京：生活·读书·新知三联书店，1957年。

[4] 荷马：《奥德赛》，陈中梅译，上海：上海译文出版社，1998年。

[5] 赫西阿德：《工作与时日》，张竹明、蒋平译，北京：商务印书馆，1996年。

[6] 吉林师范大学、北京师范大学历史系世界古代及中世纪史教研室编：《世界古代史史料选辑》，北京：北京师范大学出版社，1959年。

[7] 普鲁塔克：《希腊罗马名人传》，黄宏煦主编，陆永庭、吴彭鹏等译，北京：商务印书馆，1995年。

[8] 色诺芬：《回忆苏格拉底》，吴永泉译，北京：商务印书馆，1997年。

[9] 苏维托尼乌斯：《罗马十二帝王传》，张竹明译，北京：商务印书馆，1996年。

[10] 塔西佗:《编年史》,王以铸、崔妙因译,北京:商务印书馆,1983 年。

[11] 塔西佗:《历史》,王以铸、崔妙因译,北京:商务印书馆,1997 年。

[12] 希罗多德:《历史》,王以铸译,北京:商务印书馆,1985 年。

[13] 修昔底德:《伯罗奔尼撒战争史》,谢德风译,北京:商务印书馆,1985 年。

[14] 亚里士多德:《政治学》,吴寿彭译,北京:商务印书馆,1996 年。

[15] 周辅成编:《西方伦理学名著选辑》,北京:商务印书馆,1996 年。

[16] 班固:《汉书》,北京:中华书局,1962 年。

[17] 陈鼓应注译:《庄子今注今译》,北京:中华书局,1996 年。

[18] 刘向辑录:《战国策》,上海:上海古籍出版社,1978 年。

[19] 阮元校刻:《十三经注疏》(《礼记》),北京:中华书局,1980 年影印本。

[20] 《诸子集成》(《庄子》《老子》《荀子》),上海:上海书店,1986 年世界书局影印版。

[21] 司马迁:《史记》,北京:中华书局,1982 年。

2. 近人著译

[1] A. E. 泰勒:《苏格拉底》,赵继铨、李真译,北京:商务印书馆,1999 年。

[2] M. H. 鲍特立尼克等编著:《神话辞典》,黄鸿森、温乃铮译,北京:商务印书馆,1985 年。

[3] 策勒尔:《古希腊哲学史纲》,翁绍军译,济南:山东人民出版社,1996 年。

[4] 陈鼓应:《老庄新论》,上海:上海古籍出版社,1992 年。

[5] 崔大华:《庄子研究》,北京:人民出版社,1997 年。

[6] 恩格斯:《反杜林论》,《路德维希·费尔巴哈和德国古典哲学的终结》,《马克思恩格斯选集》第三、四卷,北京:人民出版社,1972 年。

[7] 黑格尔:《哲学史演讲录》,贺麟、王太庆译,北京:商务印书馆,1996 年。

[8] 基托:《希腊人》,徐卫翔、黄韬译,上海:上海人民出版社,1998 年。

[9] 卡尔·雅斯贝斯:《历史的起源和目的》第 1 章《轴心期》,《史学研究》1988 年第 1 期。

[10] 凯瑟琳·勒维(Catherine Lever):《古希腊喜剧艺术》(*The Art of Greek Comedy*),傅正明译,北京:北京大学出版社,1989 年。

[11] 刘家和:《古代中国与世界》,武汉:武汉出版社,1995 年。

[12] 塞尔格叶夫:《古希腊史》,缪灵珠译,北京:高等教育出版社,1955 年。

[13] 施治生、郭方主编:《古代的民主与共和制度》,北京:中国社会科学出版社,1998 年。

[14] 施治生、刘欣如主编:《古代王权与专制主义》,北京:中国社会科学出

版社,1993 年。

　　[15] 斯东:《苏格拉底的审判》,董乐山译,北京:三联书店,1998 年。

　　[16] 斯威布:《希腊的神话和传说》,楚图南译,北京:人民文学出版社,1978 年。

　　[17] 托马斯·莫尔:《乌托邦》,戴镏龄译,北京:商务印书馆,1996 年。

　　[18] 汪子嵩等:《希腊哲学史》第 2 卷,北京:人民出版社 1993 年。

　　[19] 王宏文、宋洁人:《柏拉图研究》,济南:山东人民出版社,1991 年。

附录 1

楚狂接舆其人

——兼与古希腊犬儒第欧根尼比较

一、关于接舆的早期记载

楚狂接舆是春秋时期大约与孔子同时的著名隐士。① 关于他的记载,最早见于孔子的《论语》。

"楚狂接舆歌而过孔子曰:'凤兮凤兮,何德之衰。往者不可谏,来者犹可追。已而已而,今之从政者殆而'。孔子下,欲与语。趋而辟之,不得与之言。"(《微子》)

据朱熹《论语章句集注》,此事发生于孔子乘车将要赴楚国时。凤是古代传说中的神鸟,有道则现,无道则隐,楚国狂人接舆以凤比喻孔子,认为他生逢无道之世,却还奔走于列国之间,其德之衰何其甚也。并劝他幡然悔悟,弃旧图新,赶快隐去,因为今日的从政者均处于危险中。可能接舆的话对孔子有所刺激,孔子急忙下车,要给接舆表白。但接舆不愿多语,飘然而去,把孔子晾在了路边。

其后对楚狂接舆提及最多的先秦典籍应该是《庄子》。《庄子》

---

① 接舆确有其人,也可以从屈原的《九章·涉江》中得到证明。《涉江》有"接舆髡首兮,桑扈裸行"句。接舆愤世,把头发都剃掉了,另一个隐士桑扈则裸体行走。屈原是楚国人,大约生活于公元前340—前278年间,接舆生活于楚昭王之时(公元前515年—前489年),两者相距约200年。屈原的《九章》虽是文学作品,但提到的接舆应是历史上那个真实的"楚狂接舆"。

是庄子及其后学之作。其特点是借事喻意,借人喻理,"其言洸洋自恣"①,想象力非常丰富。因此,不能将《庄子》中的人事记述当作是信史来读。但择出有关接舆的几则故事,还是可以看出庄子笔下的接舆之狂,本色如一。

其一,是对《论语》中孔子与接舆路遇之事的发挥。这次的场景是接舆找到了孔子的住所,当门讥讽。内容加了这么几句:"天下有道,圣人成焉;天下无道,圣人生焉。方今之时,仅免刑焉。福轻乎羽,莫之知载;福重乎地,莫之知避。已乎已乎,临人以德! 殆乎殆乎,画地而趋! 迷阳迷阳,无伤吾行! 郤曲郤曲,无伤吾足。"(《庄子·人间世》)

与前相比,接舆讽世之主旨未变,只不过强化了方今之世的危险。他劝孔子珍惜片羽之福,逃避重地之祸,不要再在人前以德施教,还是小心翼翼、择地而行为妙。

其二,是关于肩吾与接舆的一段对话。肩吾告诉接舆,有人告他说:"君人者以己出经式义度,人孰敢不听而化诸!"君主自己制定法律制度,臣民谁敢违抗而不被感化! 这是典型的"朕即国家","朕即法律"论,自然遭到接舆的驳斥:"是欺德也,其于治天下也,犹涉海凿河,而使蚊负山也。"(《庄子·应帝王》)这是骗人的鬼话,如此治理天下,绝然行不通。圣人不会如此治国,而且鸟兽尚知凭本能趋利避害,何况人呢? 应该说,这仍是接舆愤世思想的再现。

其三,庄子借接舆之口,描述了一位居住于姑射山的神人。他"肌肤若冰雪,绰约若处子,不食五谷,吸风饮露;乘云气,御飞龙,而游乎四海之外。其神凝,使物不疵疠而年谷收。"(《庄子·逍遥游》)姑射山确有其地,在今山西晋南境内,但神人居此,纯系杜撰。对这段话,可以置而不信。但庄子借与接舆对话的肩吾之口,说接舆之言"大而无当,往而不返。犹河汉而无极","大有径庭,不近人情",

---

① 司马迁:《史记·老子韩非列传》,中华书局,1982 年。

"狂而不可信"(《庄子·逍遥游》),则应是对接舆狂言狂语的恰当评价。接舆之狂,庄子看来确信不疑,所以在此基础上大加发挥。

关于接舆记载最多的应是晋人皇甫谧的《高士传》和魏人嵇康的《圣贤高士传》。此二传中关于接舆的小传内容大致相同,且较为详细。按照皇甫谧的说法,接舆名陆通,接舆为其字,喜欢修身养性,以耕作为生。楚昭王时国政混乱无常,遂佯狂不仕,因此有了"楚狂"这个"雅号"。他在孔子赴楚前曾访其家,说过上述那段讥讽孔子与当世的话,并从"山木自寇,膏火自煎,桂可食而伐,漆可用而割"的有用之害得出了"无用之用"的结论。楚王听说他是一位贤良之士,派人"持金百镒、车马二驷",聘他做官,治理江南。他笑而不应,并接受妻子的建议出走。他们俩"负釜甑""载纴器",改变姓名,遍游名山,最后隐于今四川峨眉山,长寿而终。①

从这个记载可知:(1)接舆(陆通)是佯狂,而非真狂。(2)他讥讽孔子与当世可能确有其事,魏晋时人仍信其言。(3)他家境贫困,曾务农为业。(4)他辞官不仕,归隐终老。

至此,可对接舆其人有个大致的了解。那么,与当世那些隐士、高士相比,接舆有哪些鲜明特点呢?

二、接舆之"狂"

接舆之出名,大概这个"狂"起了很大作用。那么,在当时的人眼里,他属于什么类型的士人呢?

关于春秋战国时的士人,《庄子·刻意》篇中有一个分类:

"刻意尚行,离世异俗,高论怨诽,为亢而已矣;此山谷之士,非世人,枯槁赴渊者之所好也。语仁义忠信,恭俭推让,为修而已

---

① 但据嵇康的《圣贤高士传》,接舆隐居后"更姓陆通"。说法不一,但接舆、陆通实为一人可证。

矣；此平世之士，教诲之人，游居学者之所好也。语大功，立大名，礼君臣，正上下，为治而已矣；此朝廷之士，尊主强国之人，致功兼并者之所好也。就薮泽，处闲旷，钓鱼闲处，无为而已矣；此江海之士，避世之人，闲暇者之所好也。吹呴呼吸，吐故纳新，熊经鸟申，为寿而已矣；此导引之士，养形之士，彭祖寿考者之所好也。"

依此分类，接舆大概应属山谷之士，并兼有江海之士、导引之士的某些特点。

山谷之士，即非世之人。他们严格自律，追求高尚，愤世嫉俗，一副傲骨，愿为自己心目中的理想奋斗献身。楚狂接舆在这一点上尤为突出。

面对春秋时期周天子式微、诸侯并起、列国争霸、礼崩乐坏的巨大变局，士人的分化是必然的。有的抓住机遇，四处奔走，积极为当政者出谋划策，以求一官半职，建功立业。像辅佐齐桓公称霸的管仲，帮助越王勾践报仇灭吴的范蠡、文种之流当属此种朝廷之士。孔子曾在鲁国担任过司寇之职，后来周游列国，不遗余力宣传他的政治主张。这些说明孔子也具有朝廷之士、尊主强国之人的某些特点。此外，也有些士人修身律己，讲求仁义道德，并收徒授学，感化世人，用另外一种方式入世。应该说，晚年的孔子是这类"平世之士"的典型。

对于这后两类人，尤其是第一类朝廷之士，接舆给予了严厉的讽刺。在这样一个世风日下、荆棘遍地、险象环生的社会里，你们还要到处投机钻营，不知保全自己，不知无用之用的妙处，真是不可救药，自找苦吃。

面对"仅免刑焉"的当世之世，不少士人采取了忘情于山水之间的避世生活，他们追求的是悠闲、静心、高寿、回归自然。有的士人躬耕南亩，自食其力，过着"日出而作，日入而息"的田园生活。他们身居乡野，但世事洞明，因此，常常对那些汲汲于名利的士人不以为然。孔子就碰到了好几位这样的隐者。如斥孔子"四体不勤，五谷不分"的荷蓧丈人（《论语·微子》）；自称"辟世之士"，孔子使人问路而不答,"耰而不辍"的耦耕者长沮、桀溺(《论语·微子》);以及批评孔子"何为是栖栖者舆,无乃为佞乎"的微生亩,讥讽孔子不谙世事,不知变通,"莫己知也"的荷蒉者,傲慢蹲踞以待孔子的原壤(《论语·宪问》),都属于这样凛然傲世但又隐身自保之人。这些人显然是隐者。接舆与他们的不同之处在于:在人生的相当一段时间,他并非避世之人,而是主动地、积极地向现实社会发起进攻,表示自己的强烈不满。只是他所处的社会政治环境难以容许他这样的非世之人的存在,所以只好假做狂人,遮人耳目。接舆之"狂"名,大率来源于此。

三、与古希腊犬儒第欧根尼之比较

第欧根尼(Diogenes)主要生活于公元前 4 世纪,与接舆相比,晚了一个多世纪。但从二人所处时代来看,却大致相当。因都属于各自社会的转型时期,第欧根尼处于城邦制度衰落、帝国即将建立之时,接舆处于周王朝式微,列国称雄争霸之时。时代的剧变必然对当世人以强烈的震撼,具有忧患意识,一向对时政反应敏感的两地知识分子不约而同地做出了自己的抉择。在古希腊的公元前 4 世纪,就先后出现了愤世嫉俗的犬儒派,主张快乐主义的昔列尼派和随后以心灵宁静求快乐的伊壁鸠鲁派,以及怀疑一切的皮浪学派,还有与犬儒派有渊源关系,主张入世但又提倡顺从命运、自然的斯多亚学派。在这些派别中,对现实社会持严厉批评态度的则非犬儒派莫属,而犬儒人士中最堪称勇猛斗士的莫过于第欧根尼。不论从其思想主张还是行为方式,生活态度,他都是犬儒派的典型代表。作为犬儒派的主要创始人,他确确实实是一个"发疯了的苏格拉底"。[①]

[①] 语出第欧根尼本人。一次,有人问第欧根尼:"你认为第欧根尼是个什么样的人?"他回答道:"一个发了疯的苏格拉底。" Diognes Laertius, *Lives of Eminent Philosophers*, 6.54. with an English translation by R. D. Hicks, Cambridge, Mass.: Harvard University Press, 1958.

从第欧根尼身上,可以看出与接舆有几点相似之处。

(1)都是现实社会的主动批判者。接舆不是有道则显、无道则隐的士人,第欧根尼则不安于总是大白天睡在木桶里晒太阳,而是在一切公共场所,如街道、市场、剧场、神庙甚至运动会上,对一切他所认为的世人的愚蠢行为发起抨击。尽管有点不近人情,但他我行我素。对慕名前来拜访他的亚历山大这样的伟人,他也以"不要挡了我的阳光"为由将其赶走;①他在大白天打着灯笼在雅典大街上熙熙攘攘的人群中寻找真正的人。② 在他眼里,这些世人都不是真正的"人"。接舆不像长沮、桀溺那样,隐归田野,而是自动寻上门去,对孔丘及当世大加讥讽。在主动出击这一点上,二人可谓是志同道合,说明他们都自认为具有使世人振聋发聩的使命。

(2)二人都甘愿清贫,视金钱为粪土。第欧根尼认为金钱是万恶之源③,认为那些终生算计、积攒金钱的人都是些浑浑噩噩的傻瓜。④ 他自成为犬儒后,一个破袋子,一件破外套,一根拐杖足矣。他四处流浪,四处为家,靠乞讨为生,但乐在其中。接舆曾以耕作为生,见重金而不受,似也有第欧根尼之风。

(3)二人都是现实社会的对立者,特立独行。第欧根尼终生过着犬儒生活,对现实社会的一切统统说不,自然不会融入或屈从于这个社会。接舆对当世完全失望,以髡首表示抗议。他认为世间荆棘遍地,人何堪行,所以最终隐去。虽然方式不一,但殊途同归,都表明对现实社会的背离。

然而,二者毕竟是两个文明,两种社会政治环境之下出现的特

---

① Plutarch, *Alexander*, 14, with an English translation by Frank Cole Babbitt et al, Cambridge, Mass.: Harvard University Press, 1959; Arrian, *History of Alexander and Indica*. 7. 2, with an English translation by E. I. Robson, Cambridge, Mass.: Harvard University Press, 1958.

② Diognes Laertius, *Lives of Eminent Philosophers*, 6. 41.

③ Diognes Laertius, *Lives of Eminent Philosophers*, 6. 5.

④ Lucian, *The Dialogues of the Dead*, 333, with an English translation by A. M. Harmon, Cambridge, Mass.: Harvard University Press, 1961.

殊人物。接舆之狂,是佯狂,环境所使然。第欧根尼确实是个"像狗的人"(Cynic, like a dog,犬儒),一有机会,就向世人吠咬不止。那个城邦社会容忍了这条"疯狗"的存在。接舆虽曾以农为生,家境贫寒,但夫耕妻织,伴有天伦之乐。即使后来隐去,也是夫妻同行,相依为命。而第欧根尼为代表的犬儒,则是不要家庭,不事生产,不要金钱,独身一人,无所牵挂,惟以拯救世人心灵为己任。因此,如果说二者有区别,那第欧根尼是个至死未改初衷的犬儒斗士,楚狂接舆则是一位始则佯狂刺世、终而隐居山水的高士。但无论如何,从他们追求的目标上看,二者都是悲剧性人物,因为现实并未因他们的个人愤世行为而改变。

(本文原载王敦书主编:《雷海宗与二十世纪中国史学——雷海宗先生百年诞辰纪念文集》,中华书局,2005 年)

附录 2

犬儒派与庄子学派
处世观辨析

犬儒派(Cynics)是希腊古典末期与希腊化时期出现的哲人流派之一,庄子学派(The School of Zhuangzi)是中国先秦战国时期出现的一个士人群体。前者以愤世嫉俗、行为乖张为特征,后者以"离世异俗"(《刻意》)①、思想抗争为特征。希腊、中国两个古代文明相距遥远,彼此之间此时尚无直接的文化交流与联系。那历史为什么会在异地同时(约公元前 4—公元前 3 世纪)催生出这两个处世态度颇为相似的哲人流派呢?关于犬儒派与庄子学派的个案研究,海内外学界均有大量的专门之作问世,但就二者的处世观进行比较,恕笔者孤陋寡闻,还未曾见到。因此不揣冒昧,略陈管见。

一、犬儒派的出现及其主要处世特征

一般认为,古希腊的犬儒派出现于公元前 4 世纪,是所谓的"小苏格拉底学派"之一。作为一种特殊的社会文化现象,它时断时续,一直存在到罗马帝国晚期。但犬儒生活方式的创立、基本思想主张的提出和处世特征的形成却主要是在早期阶段的三位代表人物安

---

① 本文所引《庄子》原文,主要依据陈鼓应注译:《庄子今注今译》,中华书局,1996 年;王先谦注:《庄子集解》(《诸子集成》),上海书店出版社,1996 年。

提斯泰尼(Antisthenes)、第欧根尼(Diogenes)和克拉底(Crates)活动之时。①

安提斯泰尼(约公元前 455—公元前 360 年)是雅典人,犬儒之名很可能由他而始。据说,他有一绰号:"纯粹的狗"(a hound pure and simple)。[2](6.13)由于他常在名为"白犬"或"快犬"(Cynosarges)的体育场与人谈话,雅典人于是把他及其追随者称为"犬儒"。他先师从智者学派的高尔吉亚,后来转归苏格拉底门下,从此与这位恩师结下了终生情谊。正是在苏格拉底的影响下,安提斯泰尼完成了两个思想转变,即从一名智者(Sophist)转变为一名苏格拉底派(Socratic),再从苏格拉底派转变为一名犬儒。他一改过去歌妓伴舞、通宵达旦高谈阔论的宴饮哲学家形象,转而身着与众不同的犬儒行头招摇过市②。但由于安提斯泰尼是在晚年才走上犬儒之路,因此在思想上、行为上难免保留有智者派或苏格拉底派的痕迹,生活方式上也难以与过去完全脱节。比如,他主张节欲,但不禁欲。③ 他把快乐的死去当作人生的最大福分,但在疾病缠身生命垂危的时候,却不愿结束自己的生命。④ 安提斯泰尼的这种不彻底性是他复杂的个人背景及人性固有的缺陷的反映。不过,这种不彻底性在他的后继者第欧根尼身上彻底地烟消云散了。

第欧根尼的生卒年代难以定论,现在倾向性的意见是在公元前413/前 404 年到公元前 323 年之间。据说他曾在雅典拜安提斯泰尼

---

① 关于犬儒派的具体创立者,西方学术界目前主要有四种观点,即安提斯泰尼说、第欧根尼说、安提斯泰尼和第欧根尼二人同创说、克拉底说。虽然这些说法见仁见智,都有一定的道理,但从古典犬儒派长达约 8 个世纪的活动史来看,这三人都为它的创立从不同的时段、不同的方面发挥了相互不可替代的作用。从这个意义上说,他们都是犬儒派的创立者。

② 据说安泰斯提尼是第一个采用破外套、破皮袋子、木杖这套犬儒行头的。见 Diogenes Laertius, *Lives of Eminent Philosophers*, 6.13, with an English translation by R. D. Hicks, Cambridge, Mass. : Harvard University Press, 1958.

③ Diogenes Laertius, *Lives of Eminent Philosophers*, 6.3,11.

④ Diogenes Laertius, *Lives of Eminent Philosophers*, 6.5,18 - 19.

为师,①但此说遭到 D. R. 达德利的断然否定。② 然而,第欧根尼是安提斯泰尼之后犬儒生活方式的积极倡导者和实践者则确定无疑。第欧根尼转向犬儒,传统的说法是由于受到一次毁币事件的牵连,他在本邦西诺普(Sinope)待不下去,只好出走。此前或此后,他曾到过德尔斐(Delphi)神庙,得到了"改变货币"(alter the currency)的神谕。而雅典则是他开始犬儒生涯的地方。③ 第欧根尼宣称要与现实世界彻底决裂,对现行的政治制度、社会秩序、价值观念、风俗习惯统统说"不",并身体力行,以像狗一样生活为荣④。由否定社会弊端到否定社会的一切,由脱离世俗生活到排斥世俗生活,第欧根尼的犬儒性确实发挥到了极致。

第欧根尼的极端化在他的学生克拉底(约公元前 365—公元前285 年)之时⑤很快得到了纠正、缓和。克拉底是底比斯人,家境富有,但在第欧根尼的影响下抛弃财产,走上了犬儒之路。虽然他仍保持了犬儒派的基本特征,但对待世人的方式明显改变。他把尖刻的攻击、辛辣的讽刺变成了热情的救助、温和的劝导;把与世人的决然对立变成了渐进式的融为一体;把对他人的苛求变成了身体力行的示范教育。因此,他所到之处深受欢迎,被称为"开门者"(Door-opener)。⑥ 这种较为温和的转向在一定程度上扩大了犬儒派的影响,从而使其免于由于第欧根尼式的极端化而迅速走向自我毁灭的

---

① Diogenes Laertius, *Lives of Eminent Philosophers*, 6. 21.
② 达德利认为二人不可能在雅典会面,并以钱币学上的研究结果推测第欧根尼很可能在公元前 340 年之后来到雅典,而安提斯泰尼早在公元前 366 年后不久就去世了。详见 D. R. Dudley, *A History of Cynicism*, Chicago: Ares publishers,, 1937, pp. 1 - 3。
③ Diogenes Laertius, *Lives of Eminent Philosophers*, 6. 20 - 21.
④ 一次,第欧根尼从几个宴饮者面前走过,他们把吃剩的骨头扔给他,叫道:"狗,过来!"他一声未吭,拾起骨头,然后走近他们,像狗那样,朝着他们就撒开小便。(Diogenes Laertius, *Lives of Eminent Philosophers*, 6. 46.)这虽是恶作剧,但表明他的生活或行为方式确有犬的特征。
⑤ Diogenes Laertius, *Lives of Eminent Philosophers*, 6. 85 提供了另一种材料,说克拉底不是第欧根尼的学生,但此非倾向性意见,仅作说明。
⑥ Diogenes Laertius, *Lives of Eminent Philosophers*, 6. 86.

死胡同。犬儒派后来的存在与延续应该说与此是有关的。

上述三个主要犬儒的出现,标志着古希腊犬儒派的形成,也标志着犬儒派愤世嫉俗、否定一切的处世特征的成型。

在他们看来,现存的制度、观念、风俗、人情都是人为的"货币",必须彻底改变,彻底抛弃。所有的世人无一不是浑浑噩噩,名利熏心,在茫茫欲海中挣扎。唯有他们自己有资格对他人、对社会评头品足、横加指责。他们憧憬的是建立一个清一色的由他们这样的智者所组成的共和国。在此国度里,人人都是无民族、城邦、阶级、尊卑之分的世界公民。

他们奉行苦行主义、禁欲主义与自然主义,以乞讨为生。长发,赤足,身穿破烂不堪的短外套,肩上背一个破袋子,手里拖一根木棒或拐杖,是他们的外在形象特征。白天在大街上、市场里、体育场,一切有人群的地方游荡,主动找人交谈或辩论,不时把严厉的斥责、不失幽默的嘲笑抛向路人。晚上,他们则露宿于街头、神庙。第欧根尼就曾以一个大木桶为暂时的栖身之地。他们不要家庭,独身生活,但也有例外,克拉底就与一位富家小姐结为唯一的一对犬儒夫妻,且在公众场所交合。① 他们鄙视金钱,视之为粪土,一旦成为犬儒,就会抛弃以前的一切,变成一无所有的乞丐哲学家。他们热爱生命,但任其自然运行。等到自然生命衰竭或情势需要时,他们会自动地、愉快地结束自己的生命。第欧根尼很可能是犬儒派自杀的第一人。他活了近九十岁,关于他的死传说颇多,但较多的说法是他自愿窒息而死。当朋友发现时,他已裹在外套里死去了。他们估计这是他的精心安排,以便获得生命的解脱。②

---

① Diogenes Laertius, *Lives of Eminent Philosophers*, 6.97. 关于两人在公开场合性交的故事在公元前二世纪的阿普利斯(Apuleius)的著作中首次出现。详见 Luis. E. Navia, *Classical Cynicism*, Westport, CT: Greenwood Press. 1996, p 124; D. R. Dudley, *A History of Cynicism*, pp. 50 - 51. 这两位作者都认为此故事不可信。
② 还有人说他是吃了一条生章鱼后胃绞痛而死,或说他是与群狗争吃章鱼,脚腱被严重咬伤,导致死亡。详见 Diogenes Laertius, *Lives of Eminent Philosophers*, 6.76 - 77.

犬儒派藐视一切权威,无论是城邦的政治制度、宗教活动,还是那些威严赫赫的君主、伟人,无一能逃脱他们的抨击。对希腊人引以为豪的城邦民主选举制,安提斯泰尼就曾不无讽刺地建议雅典人投票决定驴即马,有人说这不太荒谬了吗? 他回答说:那些没有经过任何军事训练的人不是被你们选举来做将军吗?① 面对骄横傲慢的亚历山大,第欧根尼毫无惧色。亚历山大感到吃惊,问道:"难道你不怕我吗?"第欧根尼反问:"你是坏人还是好人?"亚历山大答曰:"我当然是好人了。""那我为什么要怕一个好人呢!"②第欧根尼借机讽刺了这位自我标榜的"好人"。对于希腊宗教活动中一些骗人的伎俩,犬儒派及时予以揭穿。一位奥尔弗斯教的祭司告诉第欧根尼,参加秘仪后死了会得到许多好处。他当即反唇相讥:"那你为什么现在不去死呢?"③

虚荣自负、狂妄自大、脱离现实也是犬儒派处世态度的一大特色。他们把改变现实社会看作自己的神圣使命,然而仅靠他们这些人的横加指责就能改变现实的一切吗? 他们所想象的"世界国家"、"世界公民"在马其顿大兵压境、帝国取代城邦、君主制取代城邦制的政治格局下又如何能实现呢? 犬儒派主要以貌似玩世不恭的态度、惊世骇俗的行为来表达自己的思想,他们成为犬儒后很少著述,他们没有、也不想建立自己的伦理哲学思想体系,因此使自己的追求失去了理论的指导和支撑,从而也就不可能对当时及后世产生像同时期的斯多亚、伊壁鸠鲁等其他学派那样深远的影响。犬儒派在克拉底时的转型,在公元前2世纪以后的沉寂,以及在罗马帝国时期的蜕变都充分说明他们的这种犬儒方式不仅无助于现实社会的改变,而且还使自己有可能在多变的、无情的现实社会面前改变了自我,最终成为一群沽名钓誉、投机钻营、人所不齿的无耻之徒。罗

① Diogenes Laertius, *Lives of Eminent Philosophers*, 6.8.
② Diogenes Laertius, *Lives of Eminent Philosophers*, 6.68.
③ Diogenes Laertius, *Lives of Eminent Philosophers*, 6.4.

马帝国时期的哲学家琉善(Lucian)把他所处时代的犬儒斥为骗子并非毫无道理。[①] 这就是古典犬儒派的悲剧结局。

二、庄子学派与犬儒派处世观的似与异

中国先秦哲学以伦理哲学为主,主要解决人在现实社会中如何安身立命的问题,儒家如此,道家也如此,那我们为什么选择后来归属于道家的庄子学派作为比较的对象呢? 因为虽然庄子与老子都主张淡然处世,顺任自然,但实际上二者在处世的态度和方式上还是有所差异。老子主张无为而治,以柔克刚,奉行的是以退为进的原则。而庄子对现实社会的一切持彻底的批判否定态度,自己则安贫乐道,甘愿寂寞孤独,仅与门生分享精神的快乐。因此,庄子一派的处世哲学与犬儒派更具有可比性。[②]

对于现实政治,庄子学派与犬儒派一样,不仅否定其制度存在的合理性,而且对那些高高在上的统治者大加斥责。田成子杀齐君得齐国而南面称孤道寡,俨然一副君王模样,而柳下跖聚众起义却被称为盗贼。庄子对此极为愤慨,发出了"窃钩者诛,窃国者为诸侯"(《胠箧》)的怒骂。第欧根尼一次曾讥笑神庙管理者带走小偷是大盗带走了小盗。[③] 克拉底则当面讽刺先前摧毁底比斯而又计划重建的亚历山大:不是另一个亚历山大还会破坏它吗?[④] 统治者是大

---

① Lucian, *The Runaways*, 16, with an English translation by A. M. Harmon, Cambridge, Mass.：Harvard University Press, 1961.

② 关于庄子的生卒年代,现在中国史学界有三种代表性的说法。一是梁启超的公元前375—前300年,一是马叙伦的公元前369—公元前286年,一是范文澜的公元前328—公元前286年。(详见崔大华:《庄子研究》,人民出版社,1997年,第2—6页)。不论那一种说法,庄子生活在公元前4至公元前3世纪之间是可以肯定的。与犬儒派的出现大致同时。因此,二者在时间上也具有可比性。

③ Diogenes Laertius, *Lives of Eminent Philosophers*, 6.45.

④ Diogenes Laertius, *Lives of Eminent Philosophers*, 6.93；Philostratus, *The Life of Apollonius*, with an English translation by Arthur Fairbanks, Cambridge, Mass.：Harvard University Press, 1961.

盗,是祸源,二者的认识是何其相似乃尔。甚至对于那些四处奔走钻营,愿为统治者效犬马之劳的宫廷士人,庄子学派也嗤之以鼻。一位宋人曾向庄子夸耀他替周王出使别国得到了优厚赏赐,庄子迎头痛击说,秦国国王找人替他舔痔疮,奖励五乘车马,你快去吧。(《列御寇》)在庄子看来,这些人都不过是在君王跟前摇尾乞怜的走狗,毫无人格可言。无独有偶,柏拉图见到第欧根尼洗菜而大发感叹,说如果第欧根尼到叙拉古(Syracuse)宫廷那里去就不至于在这里洗菜了,第欧根尼则反唇相讥道,如果你在这里洗菜,你也不会到国王那里去献殷勤了。① 这是对柏拉图到叙拉古宫廷游说其国王实行政治改革的讽刺。庄子、第欧根尼反对同类之人,发出类似的嘲讽,绝不是历史的巧合,而是二人对此现象具有同感的结果。

对于现实社会,庄子学派像犬儒派一样,由悲观失望走向极端否定。庄子学派认为,当今之世是个荆棘遍地、祸福难测的可怕时代,人们以免除刑罚为人生幸事,还有什么幸福可言。② 既然如此,这个社会怎么能继续存在呢? 因此,必须对其进行全面改造或彻底放弃。他们甚至提出了反文化、反知识、反智巧的极端主张,什么乐器音律、辞章文章、方圆规矩、仁义道德统统都应该抛弃摧毁,因为这些尽被统治阶级和"名利之徒"所利用;更令人不可思议的是,他们把天下大乱的根源归结于人们对知识、智慧的追求。(《胠箧》)在他们看来,一切知识、智慧的创造发明都不仅于事无补,且为有害,因其败坏人们的心灵。"有机械者必有机事,有机事者必有机心",在这种高论指导之下,对于那种放着桔槔不用,而要"凿隧而入井,抱瓮而入灌"的愚公行为表示肯定也就不足为奇了。(《天地》)

这种反文明态度在犬儒派那里表现得更为彻底。第欧根尼主张放弃对几何、音乐、天文学和其他类似学科的研究,因其无用和无

---

① Diogenes Laertius, *Lives of Eminent Philosophers*, 6.58.
② 参见《庄子·人间世》中楚狂接舆对孔子的一段话。

必要。① 他对修辞学家、数学家、演说家都大加讽刺，说他们崇尚空谈，不重实务。他特别责备那些音乐家们丢下自己的灵魂不管，却去调弄琴弦。② 他以戏谑的方式驳斥了柏拉图的"理念论"，认为只有具体实在的事物而无一般抽象意义的概念。柏拉图曾把人定义为：一个双足无毛的动物。第欧根尼于是把一只家禽拔掉毛，然后拿到众人面前说：这就是柏拉图的人。③ 利用概念上的缺陷来宣扬知识的无用，实际上是知识虚无主义。庄子学派与犬儒派的反智论在理论和实践上都是站不住脚的。但他们看到知识、智慧在某种特定环境下或在某些人之手有可能结出文明的苦果，这一点是值得肯定的。

在对待个体生命上，庄子学派淡泊名利，甘愿清贫，笑对死亡，与犬儒派可谓是志同道合。庄子一生基本上是在贫困中度过。他的住处偏僻破旧，衣服打着补丁，面黄肌瘦，以织鞋为生，也曾向人借贷。（《列御寇》《山木》《外物》）虽然曾经担任过漆园小吏，但是个贫士无疑。面对楚王的三百金厚赠，他不为所动，断然拒绝，表现了"贫贱不能移"的高士气节。④ 对于生死这个人生面临的最大难题，庄子将其视为自然现象，非个人意志可以改变。"死生，命也，其有夜旦之常，天也"；（大宗师）"生之来不能却，其去不能止"；（《达生》）这是庄子的生死论出发点。既然如此，为什么还要对生死如此重视呢？所以，庄子妻死，别人都来吊唁，他却鼓盆而歌。有人说他无情无义，他却说，不是我不悲伤，而是人之死如春夏秋冬四季运行，死者已归其所归，生者却痛哭不止，这与自然本性相悖啊！所以就不

---

① Diogenes Laertius, *Lives of Eminent Philosophers*, 6.73.
② Diogenes Laertius, *Lives of Eminent Philosophers*, 6.27 - 28.
③ Diogenes Laertius, *Lives of Eminent Philosophers*, 6.40. 我国战国时期的荀子也对人的概念作了解释。他特别指出："人之所以为人者，非特以二足而无毛也，以其有辨也。"这里的"辨"指的是礼义等差，即强调人的社会性。见《荀子·非相》（《诸子集成·荀子集解》，上海书店 1996 年影印本）。
④《庄子·列御寇》；司马迁：《史记·老子韩非列传》。

伤悲了。(《至乐》)庄子甚至对自己死后都作了安排:不置棺木,葬身于野。弟子不解也不忍,但他说:放在地上让鸟儿啄食,埋在地下被蝼蚁吃掉,夺彼予此,这不太有偏向了吗?(《列御寇》)庄子学派的这些说法与犬儒派几乎如出一辙。第欧根尼生前就留下遗言:死后将他葬于野外,让野兽来食,或者将他扔到沟里,身上洒点土即可。[①] 可见在生死观上,二者是一致的。

在对未来社会的设计上,庄子学派与犬儒派一样,都希望建立或出现一个理想的社会或国家。庄子学派想象的是回到处于人类原始状态的"自然之世"去。他们设想或怀念许多所谓的"理想社会",如"赫胥氏之时"、"有巢氏之时"、"知生之民"、"神农之世"、"至德之世"、"建德之国"、"至一"之境等。描绘虽有所不同,但大致说来有这样几个相同的特征:(1)这些"自然之世"大都处于原始状态或母系氏族阶段,"民知其母,不知其父"。(《盗跖》)(2)这些社会的成员自然生活,自得其乐,友爱相处,无争无斗。(3)这些社会都远离现世,或存在于遥远的过去,或存在于偏僻的边地。对于现实的人们而言,只能是可望而不可即。当然,庄子学派也希望对现实的改造能够实现,希望"明王"出世和"圣治之世"的到来,但在当时的历史条件下,这也只能是一种空想而已。

关于犬儒派的社会理想,第欧根尼的《共和国》与克拉底的"Pera"诗作可为代表,前者是对现实城邦的彻底改造,后者是对一种自然乌托邦的憧憬。根据第欧根尼《共和国》的设想,这个国家不是一城一邦,而是指整个世界,在这个国家里,仍有交换活动,因为仍使用货币(虽然只是骨币);在这个社会里,男女同服,女子也应像男子那样裸体参加公开的训练;同时,妇女组成妻子公社,归全体男子所有,出生的孩子应视为所有人的后代。[②] 克拉底的"Pera"诗作只

---

① Diogenes Laertius, *Lives of Eminent Philosophers*, 6.79.
② Diogenes Laertius, *Lives of Eminent Philosophers*, 6.72; H. D. Rankin, *Sophists, Socratics and Cynics*, Totowa, New Jersey: Barnes & Noble Books, 1983, p. 231.

有几行,虽以犬儒常背的那种破袋子(pera)为喻,但他描述的是一个自然乌托邦景象。它远离尘世,位于茫茫雾海之中。那里风景秀丽,物产丰富,没有饥饿贫穷,人们纯洁无邪,平安相处,不会为名利而争斗。[①] 显然,克拉底的"Pera"与庄子的"自然之世"比较相似,第欧根尼的《共和国》则相去甚远。

综上所述,不难看出,二者在处世态度上相似之处颇多。但有其同,必有其异,即使是双方相似之处,也有许多差异值得注意。如双方都安贫乐道,但庄子学派并非像犬儒派那样奉行苦行主义,抛弃一切财产,乞食为生。庄子学派也没有脱离家庭,独身而居,而是要娶妻生子,相依为命,尽享天伦之乐。双方都对现实不满,向它发出抨击之声,但庄子学派主要是著书立说,表达思想,与社会相背而相容,不像犬儒派那样四面出击,锋芒毕露,咄咄逼人。在个人行为上,庄子学派也未像犬儒派那样无羞无耻,放浪形骸,我行我素,而是保持了当时士人的一般社会行为规则。所以,他们不仅没有遭到社会各个方面,包括统治阶级的责难,反而受到他们的敬重。可以这么说,犬儒派在他们那个社会被人视为异类:"像狗的人","发了疯的苏格拉底"[②],而庄子学派则是被所在社会认可包容的"成员"。

三、二者似异之根源

既然犬儒派与庄子学派的处世态度之相似大于相异。那么,这种文化共生现象根源何在呢? 笔者认为,正是由于二者所赖以产生的时代和文化背景相似或相同,从而有可能对共同面临的政治问题、社会问题、人生问题做出相似的反应。

首先,从宏观的角度来看,公元前 4 至前 3 世纪的中国与希腊都

---

① Diogenes Laertius, *Lives of Eminent Philosophers*, 6.85.
② Diogenes Laertius, *Lives of Eminent Philosophers*, 6.54.

处于人类文明发展的关键时期。根据德国学者雅斯贝斯的"轴心期"(Axial Age)理论,大约于公元前 8 至公元前 3 世纪之时,欧亚大陆的大部分文明区域都出现了前所未有的文化大繁荣,各种思想流派、宗教信仰、文化巨人如雨后春笋般地涌现出来。中国的老子、孔子,印度的佛陀,希腊的泰勒斯、苏格拉底,波斯的琐罗亚斯德教,希伯来人的犹太教就是这一时期哲学与宗教思想的代表,并由此在欧亚大陆上形成了三个新的古典文化中心:中国、印度和希腊。中国自孔子、老子以降,印度自佛陀出世,希腊自泰勒斯之始,都出现了程度不同、形式各异的思想争鸣局面。这种具有世界意义的、不约而同的文化繁荣、思想创新时期是人类文明史上的"轴心期"。① 而出现于这一时期的庄子学派和犬儒派就属于这些在各自文明圈参与争鸣的思想流派之列。因此,广义上讲,犬儒派与庄子学派同属"轴心时代"。

这一时期还是社会大变革时期,上述文化繁荣、思想争鸣现象实则是社会大变革的产物。从古希腊和古代中国两大文明来看,古希腊经历了奴隶制城邦形成、繁荣、衰落的进程,基本完成了从城邦到帝国、由共和制到君主制的过渡。古代中国这一时期经历了从周王朝式微,到诸侯国坐大、争霸、独立、兼并,最后秦汉一统的进程,由分封制到郡县制,由宗法制到中央集权制的过渡也大致完成。在这样治乱兴衰、分合不定的社会动荡中,社会的主体,尤其是具有敏锐头脑的知识阶层必然要对这种社会现象及其所带来的后果进行反思,做出自己的反应。天(自然)人关系和人与人的关系,即如何认识这个世界,并在其中生存生活、安身立命,成为这一时期两大文明中哲人关注的中心,不论孔子、老子,还是苏格拉底都在力图回答这些问题。因此,作为孔子学派的对立面,老子学派的近亲——庄

---

① 雅斯贝斯(Karl Jaspers)1949 年出版《历史的起源与目的》(德文版),提出了"轴心期"的基本观点。详见该书英译本(*The Origin and Goal of History*, New Haven: Yale University Press, 1965)第 1 章:"*The Axial Period*"。

子学派和作为苏格拉底精神使命的发扬光大者——犬儒派的出现是历史的必然,是这个动荡复杂、未定于一统的社会历史时期提供了这些学派得以产生的土壤和条件。犬儒派与庄子学派的产生显然得益于这样的外部环境。

其次,从微观的角度看,公元前 4 至公元前 3 世纪的希腊与中国都处于社会巨变的转型期。从希腊方面看,此时属于城邦古典后期和"希腊化"时代初期,是城邦制度衰落并向帝国或王国君主制过渡的关键时期。公元前 4 世纪中期,北部的马其顿成为中南部希腊城邦的最大威胁。公元前 338 年,喀罗尼亚一役,决定了马其顿国王君临希腊的政治格局。随着亚历山大帝国的建立,"希腊化"诸王朝的兴起,希腊城邦名存实亡。帝国取代了城邦,公民变成了臣民,面临如此巨大的社会变迁,希腊出现了一些反应强烈、愤世嫉俗的人是完全可能的。从中国方面看,此二百年是战国中后期,是由春秋以来的诸侯争霸转为列国兼并、并走向统一的最后时期。此时各种政治、军事力量的争夺必然给下层人民(包括一般的知识分子)带来无穷无尽的灾难,一部分士人伤时感世,有可能对现实发出不满。事实上,也正是这一时期的这种前所未有的社会震荡引起了一部分知识分子对社会现状的怀疑和批判。他们非世而不背世,愤世而不弃世。他们是学派而非政治集团,是哲人而非政治家。他们主要以自制甚至"自虐"的方式来表达自己的思想主张。因此,他们不仅不会受到当权者的迫害,反而赢得了包括当权者在内的广大社会成员的理解和宽容。犬儒派和庄子学派之所以能产生并存在发展,与两地这种相似的政治气候、历史环境是分不开的。

如果说二者之同是由于社会大背景相同,两地的知识分子都碰到了类似的问题,且都做出了相似的回答,那二者之异也应由此引起,因为毕竟古代中国与古希腊属于两个不同的文明体系。古代中国文明一脉相传,从尧舜禹到夏商周,中国一直是王治天下,所谓的"普天之下,莫非王土,率土之滨,莫非王臣"就是这种政治传统的真实写照。即使尧舜禹属于传说时代可以忽略不计,那夏商周的宗法制统治则是有史可证。春秋之时,虽然周天子式微,逐渐失去控制各地诸侯的实力,但名义上仍是一国最高的君主。战国之时,各诸侯纷纷称王,实行的仍然是君主制统治。这是与古希腊城邦制绝然不同的一点。此外,中国文明首先出现于黄河流域,其后发展到长江流域,本质上是内陆文明,农耕文明,这一点又与古希腊三面环海,农工商兼备的海洋文明、城市文明极为不同。所以,不同的社会、政治、经济环境必然孕育出不同的文明精神,不同的思想、行为和生活方式。在先秦中国,君王们不可能容忍像犬儒派那样的极端反社会行为,反之,在古希腊城邦时代,哲人们怎么也不会想象出日出而作、日入而息、男耕女织、鸡犬相闻、但互不往来的田园乌托邦,想象不出"上如标枝,民如野鹿"(《天地》)自然相融的君民关系。

因此,不同的文明,不同的社会,不同的历史,不同的传统决定了二者处世态度的不同。但相同的文明发展阶段,相同的社会历史时期,相同的社会人生问题决定了二者的相似。古代先秦中国与古希腊同时出现这一文化现象确实令人值得深思。

(本文原载《南开大学学报》2006 年第 3 期)

附录 3

古希腊乌托邦思想的
起源与演变

　　古希腊文明是西方文明的源头,古希腊的乌托邦思想同样是古希腊人留给后人的一份宝贵遗产。"乌托邦"一词虽然在 16 世纪之初才出现[①],但乌托邦思想的萌芽却可追溯到古希腊的荷马时代。其后随着时代的变化,类似的描述在古希腊仍不断出现,只是内容各有侧重而已。这些具有乌托邦色彩的著述对后世产生了深远的影响。柏拉图的《理想国》、希腊化时期关于海外福岛的故事都为包括英国人莫尔在内的近代空想家提供了直接的启示和效仿的模式[②]。因此,对古希腊乌托邦思想的起源、演变进行探究,并对其不同时期的思想特征进行分析就不仅具有学术意义,也有其现实意义。据笔者所知,国内学术界目前对古希腊乌托邦思想的有关研究一般都是围绕某一作品展开,如柏拉图的《理想国》就长期以来受到许多学者的重视,并有一些重要成果问世。其余的则大多是对隐含

[①] 此词首次出现于托马斯·莫尔著,戴镏龄译《乌托邦》一书。该书写于 1516 年,全名为《关于最高的共和国和新岛乌托邦》,中译本书名为《关于最完美的国家制度和乌托邦新岛的既有益又有趣的金书》(商务印书馆 1996 年,第 1 页)。"乌托邦"(Utopia)一词为莫尔从两个希腊词 ou(无),topos(地方)拼造而来,即 utopia,"无地方"(no place or nowhere)之意。

[②] 参见 F. E. Manuel and F. P. Manuel, *Utopian Thought in the Western World*, Cambridge, Mass.：Harvard University Press, 1979, p. 1.

于某些文学、哲学、历史作品中的有关乌托邦内容的介绍或评论①。所以，本文试图另辟蹊径，对其进行一种历时性的考察。

一、古希腊乌托邦思想的起源——神话乌托邦

希腊神话传说是古希腊人富有想象力的集中体现，是古希腊最早的文化成果，是后来希腊文化发展、繁荣的基础与土壤。同样，这些神话传说所蕴含的乌托邦因素对后来该思想的发展演变提供了永不衰竭的素材源泉与广阔的想象空间。

（一）荷马的"福地"

荷马史诗是希腊神话传说的重要组成部分，其中虽然包含了一定的历史内核，但它的内容却是以神话传说的形式展开的。因此，荷马史诗不仅是对迈锡尼时代，特别是对公元前11—前9世纪希腊社会历史状况的反映，也是对此时民间神话传说、宗教信仰的再现，同时也间接流露了人们对遥远的美好境地的向往。荷马笔下的"福地"（Elysium）就是这方面典型的一例。

"福地"的传说据说出自米诺斯时代②，但无实证。现在所能见到的最早的记述是在《奥德赛》中。希腊英雄、斯巴达国王莫涅拉俄

---

① 关于国外，尤其是西方学术界对古希腊乌托邦思想的研究状况，由于相关资料缺乏，笔者了解甚少。仅从现在所知道的情况看，与国内颇有相似之处。即在涉及古希腊的哲学、思想、文学、历史等通史性著作中，对有关的乌托邦内容都有所介绍或评论；更多的成果集中于对柏拉图的《理想国》《法律篇》的研究。但对古希腊乌托邦思想进行系统研究的成果则为数不多，其中国内能见到的代表性著作有两种。一本是上页注②所引的两位曼纽尔合写的《西方世界的乌托邦思想》一书。作者认为真正的乌托邦的产生是以托马斯·莫尔的《乌托邦》问世为标志，此前古代的及中世纪的乌托邦设想都是近代乌托邦的"源泉"（参见该书 Part I 与 Part II）。该书对古希腊乌托邦构想的类型、基本内容做了较为详细的归纳与分析。另一本是多伊恩·道森的《众神之城——希腊思想中的共产主义乌托邦》（Doyne Dawson, *Cities of the God: Communist Utopias in Greek Thought*, Oxford University Press, 1992）。该书把古希腊的乌托邦分为两类：一类是低级的乌托邦构想，产生于殖民时代；一类是高级的乌托邦理论形式，产生于公元前5至前3世纪，其目的是实行社会变革，实现财产与家庭的共产主义。该书主要探讨第二个所谓的高级类型。

② F. E. Manuel and F. P. Manuel, *Utopian Thought in the Western World*, p. 75.

斯(Menelaos)返国途中困留埃及法罗斯岛,他焦急万分,海神普罗透斯(Proteus)安慰他说:"你注定不会死,不会在牧马的阿尔戈斯遇到你的厄运。那些不朽的神将会把你送到福地和大地的尽头。那里居住着美发的剌达曼堤斯(Rhadamanthus)①,那里的生活对人类是再舒适不过了。没有雪,没有暴风雨,只有从大洋吹来的阵阵强劲西风,给人们送来凉爽。因为你有海伦(Helen)为妻,所以在别人的眼里,你是宙斯女儿的丈夫。"②从这段描述中可以看出:福地远在天际,面临海洋。那里风和日丽,气候宜人;那里神人共居,长生不死,确实是仙境福地。但那里靠凡人的力量却遥不可及。只有诸神才能将他们认为适合的人送达。

当然,这种"福地"遐想在《奥德赛》中比比皆是。如似实而虚的利比亚,那里母羊一年三胎,提供的乳汁长年不断,不管是主人,还是牧羊人,都不缺乳酪畜肉和甘甜的鲜奶③。俄底修斯中途落脚的法伊阿基亚岛(Phaeacia,the land of the Phaeacians)也是一个虚构的地名。据荷马,这里的居民(Phaeacians)受到不死者的十分钟爱,独居在遥远的、波涛汹涌的大海之中。④ 还有一座虚构的岛——苏里亚(Suria)似乎更加遥远。太阳在那里转身,大概是昼夜交替之处。岛上居民不多,却非常富足,牛羊成群,盛产小麦、葡萄酒,人民从未遭受过饥荒,也从不染病。⑤ 这些虚幻之地无疑给后来的类似乌托邦设想提供了原型和启示。

(二)赫西俄德的"黄金时代"

赫西俄德(Hesiod)是古希腊第一位给人类历史划分先后交替

---

① 宙斯与欧罗巴之子,福地(或冥府)的三个判官之一。
② Homer, *Odyssey*, 4. 561 - 569, with an English translation by A. T. Murray, Revised by George E. Dimock, Cambridge, Mass. : Harvard University Press, 1998. 中译本可参见荷马:《奥德赛》,陈中梅译,上海译文出版社,1998 年,第 770—771 页。
③ Homer, *Odyssey*, 4. 80 - 100;荷马:《奥德赛》,陈中梅译,第 753 页。
④ Homer, *Odyssey*, 4. 200 - 205;荷马:《奥德赛》,陈中梅译,第 808 页。
⑤ Homer, *Odyssey*, 15. 400 - 410;荷马:《奥德赛》,陈中梅译,第 986 页。

时代的诗人。在他看来,人类自诞生至今共经历了五代。第一代是人类的黄金时代,其次是白银、青铜、英雄与黑铁时代。

在他的笔下,黄金时代的人类"像神灵那样生活着,没有内心的忧伤,没有劳累和忧愁。他们不会可怜地衰老。他们远离所有的不幸,手足敏捷有力,享受着宴饮的快乐。他们的死亡就像熟睡一样安详,他们拥有一切美好的东西。肥沃的土地自动慷慨地出产吃不完的果实。他们和平轻松地生活在富有的土地上。羊群随处可见,幸福的神灵眷爱着他们。"这个种族的人死去后,变成了漫游大地的神灵,注视着人类的所作所为[1]。如此看来,他们还是凡人,最终会死去,但过着神一般的生活。和平、安宁、富足、惬意、自然、绝无现世的忧愁烦恼,而且死后变成了神灵。

以下各代均呈堕落之势,但在第四代英雄种族那里,赫西俄德虽不满于英雄们的无谓厮杀,却为其中的部分英雄设置了一个远离人类、远离诸神、位于大地尽头的住所,且让他们永生不死。"他们无忧无虑地生活在涡流深急的大洋岸边的幸福岛(the island of the blessed)上,出产谷物的土地一年三次为幸福的英雄们长出新鲜、香甜的果实。"他们的统治者是克罗诺斯王(Cronos)。[2] 赫西俄德的"福地"设想,与荷马的"福地"设想极为相似,这或许反映了二者的承继关系或平行关系。

(三)品达的"福岛"、"福地"

品达是古典时代的抒情诗人,神话乌托邦的第三代传人。在他的第二首《奥林匹亚颂诗》及流传下来的一些挽歌残篇中,可以看出品达的"福岛"、"福地"(Elysium)概念已与荷马、赫西俄德有了明显的变化。首先,福岛不是专门为英雄们准备的,进入是有条件的。

---

[1] Hesiod, *Works and Days*, 110 - 130, with an English translation by Hugh G. Evelyn-White, Cambridge, Mass.: Harvard University Press, 1998;译文见赫西俄德:《工作与时日》,张竹明、蒋平译,商务印书馆,1996 年,第 5 页。个别词句有变动。

[2] Hesiod, *Works and Days*, 155 - 169a;赫西俄德:《工作与时日》,张竹明、蒋平译,第 6 页。

"不论是谁,当居住于任何一个世间(阴间或阳间——笔者注)时,都必须有勇气三次洁净自己的灵魂,清除一切罪过(all deeds of wrong),最后才能走过宙斯的大道,到达克罗诺斯的城堡(tower)。"①品达显然受了古风时期兴起的奥尔弗斯教的影响。此教宣扬人生来具有神凡二性,灵魂不死,人生的主要任务就是涤除与生俱来的罪过,做好来世生活的准备。只有参加入会式,施行净化礼,才能在来世得到幸福的回报。只要经过一系列轮回转生,就可通过死后审判,到达永恒的至福之地。② 品达接受了这种说教,从而给前去福岛的人加了一项先决条件。但一旦到达福岛,则立即给人以如临仙境之感。"来自大洋的凉风环岛吹拂,金色的花朵熠熠闪光,有的花开在岸边流光溢彩的树上,有的开在水中,人们臂绕花环、头戴花冠"③,与刺达曼堤斯等在一起,其乐悠悠。其次,"福地"的居住者似乎并非无所事事,游手好闲,而是爱好运动、音乐。"他们中有的喜欢骑马、摔跤,有的喜欢下棋,或演奏竖琴,以愉悦身心。"这样的福地同样惬意宜人:"太阳不分昼夜照耀着大地,草地上布满了红红的玫瑰。城前香树成荫,挂满了金色的果实……这里盛开的幸福之花与人们为伴。这里可爱的土地上永远散发着芳香……"④

总之,品达的"福岛"、"福地"仍然充满着神话传奇色彩,与荷马的"福地"、赫西俄德的"黄金时代"、"福岛"属于同一个类型,即以传说中的某些神话人物或场景为基础来构建英雄或凡人的乌托邦,给

---

① Pindar, *The Odes of Pindar Including the Principle Fragments*: *Olympian Odes*, 2. 65 – 70, with an Introduction and an English translation by John Sandys, Cambridge, Mass.: Harvard University Press, 1961. 英译也可见 H. Race 重译本;Pindar, *Olympian Odes*, 2. 65 – 70, edited and translated by William H. Race, Cambridge, Mass.: Harvard University Press,1997. 按照此处英译,引文也可翻译为:"那些有勇气在阴间和阳间分别生活过三次,并保持自己的灵魂摆脱所有非正义行为的人,就会沿着宙斯的大道,抵达克洛诺斯的城堡。"
② 参见杨巨平:《奥尔弗斯教及其主要影响》,《历史研究》1993 年第 4 期。
③ Pindar, *Olympian Odes*, Ⅱ. 70 – 75.
④ Pindar, Fragments, 129 ＋130 (95)(Dirges: Elysium).

人的印象是全然虚幻的。

二、古希腊乌托邦思想的发展——政治乌托邦

政治乌托邦是指立足于对现实社会进行制度层面改造或重建但又严重脱离现实、根本不可能实现的政治理想或构想。这样的乌托邦设想在古典末期和希腊化时代初期相继出现,其中最有代表性的是柏拉图的"理想国"。犬儒派与斯多亚学派的"共和国",阿里斯托芬(Aristophanes)的"云中鸟国"亦可属于此列。

这股乌托邦思潮的兴起并非偶然。它与城邦制度的衰落与危机密切相关。人们对现行制度失望之余,自然要寻求一种新的更好的制度,出现一些超越现实的、不切实际的政治空想是完全可以理解的。从以下的具体分析中可以看出,是残酷的现实促使这些哲人展开了想象的翅膀,从而为世人设计了一个个理想的国度。

(一)阿里斯托芬的"云中鸟国"

阿里斯托芬的喜剧《鸟》虽然不能算严格意义上的政治乌托邦作品,但他的"云中鸟国"的设想开了古希腊政治乌托邦的先河。

《鸟》上演于公元前 414 年,此时正是雅典远征军陷于西西里不能自拔之时。作为雅典公民,阿里斯托芬对城邦政治生活的弊端体会尤切,特别对伯罗奔尼撒战争中雅典公民失去理智的主战情绪深恶痛绝,这出喜剧就是他这种情绪的反映。

剧中描写两位雅典老人因不满城中诉讼成风而出走,最后说服鸟类建立一个空中国家的故事。在这个鸟国内,风俗习惯与雅典正好相反,许多在雅典看来大逆不道的事,在这里都无所谓①;鸟国没有诗人、预言家、历数家、讼师等的容身之地。鸟类们的生活幸福美

---

① Aristophanes, *Birds*, 752 - 768, with an English translation by Benjamin Bickley Rogers, Cambridge, Mass. : Harvard University Press, 1996;埃斯库罗斯等《古希腊戏剧选》,罗念生、杨宪益、王焕生译,人民文学出版社,1998 年,第 451—452 页。

满,它们自豪地唱道:"冬天不用穿毛衣,夏天也不用怕远射的阳光太热;我们在繁花丛树、深山幽谷里自由自在……冬天我们在岩洞里休息,和山里的神女游戏,春天我们就啄吃才开的、雪白的、神女园里的长春花。"①鸟国内似乎完美无缺,"有智慧,有热情,有非凡的风雅,和悦的安静"②。因此受到人类的向往,据说有一万人仰慕前来。而且,由于鸟国建立于天地之间,切断了人类与诸神的交往,祭品的香味也因此达不到天界,最后诸神只得与鸟国议和,将宙斯的王权交给鸟国之王——两位老人中的一位。

剧情是荒诞的,场景是虚设的,但反映的希望是真实的,即希望雅典不要成为政客、讼棍聚集之地,而应成为幸福快乐、没有争斗的天上人间,雅典人应像鸟那样自由自在地生活。这是当时雅典社会普遍心态的真实反映。此剧上演后受到观众好评并因此获奖。

(二) 柏拉图的《理想国》

相对于阿里斯托芬,主要生活于战后雅典的柏拉图则对城邦制度的蜕变、政治生活的混乱有着更为深刻的体验。他年轻时曾有意参加政治,但严酷的政治现实却使他心灰意冷,感到处处受抑。乱哄哄你方唱罢我登台的政权更替,特别是恩师苏格拉底竟被民主政体诬以渎神罪而处以极刑,给他的刺激太强烈了。面对这种他认为毫无正义可言的政治,他反复思之,最后得出只有哲学家掌权或政治家变成哲学家,才能使人类避免灾祸的结论。③《理想国》就是这一政治思想主导之下的产物,也是柏拉图一系列有关理想政体设计的典型代表。

在其《理想国》中,社会成员被分成三个类型:统治者(治国者),即最完全含义上的"护卫者";军人或武士(辅助者),即护卫者中的

---

① Aristophanes, *Birds*,1088 - 1110;埃斯库罗斯等:《古希腊戏剧选》,罗念生、杨宪益、王焕生译,第 463—464 页。
② Aristophanes, *Birds*,1320 - 1322;埃斯库罗斯等:《古希腊戏剧选》,罗念生、杨宪益、王焕生译,第 471 页。
③ 参见柏拉图:《理想国》,郭斌和、张竹明译,商务印书馆,1996 年,"译者引言" i-ii。

年轻人;工农业生产者。前两种属于统治阶级,负管理保卫国家之责,后一种人负劳作之责,供养前两种人。这两种人的属性是天生的,因为上天在铸造这些人的时候,给有些人身上加了黄金,有些人加了白银,在其余人身上加了铁和铜,于是才会有统治者、辅助者、农民和其他技工之分。但这种区分并非世袭不变,在其后的生息繁衍中,有的铜铁后代会因天赋中有金有银而上升为护卫者或辅助者,有的金银后代则因心灵中流入了一些废铜烂铁而被置于工农之列。

《理想国》中对第一、二种人的生活做了详细而严格的安排:(1)集体生活、共产、公餐、共妻,除了绝对的必需品外,任何人不得有任何财产。女人为全体男子所有,生育的后代集体抚养,提倡优生优育。(2)男女平等,女性可与男性一样参与管理,参加战争,履行护卫者的义务。

这样组织井然、等级严格的城邦当然不能太小,也不能太大,最佳的规模是大到还能保持统一。这样的城邦或共和国的最高统治者是哲学家式的国王。

这样的理想国虽然只是柏拉图的一厢情愿,因为现实中的城邦都已分成了"相互敌对的两个部分,一为穷人的,一为富人的,而且这两个部分各自内部还分成很多个更小的对立部分。如果你把他们都当作许多个,并且把其中一些个的财富、权力或人口许给另一些个的部分,那你就会永远有许多盟友和不多的敌人"①。但与虎谋皮谈何容易,柏拉图曾寄希望于哲学家当政,但真正的哲学家寥若晨星,而且"当前的城邦事务中没有什么可以说是健康的,也没有一个可以做正义战士的盟友,援助他们,使他们免于毁灭。这极少数的真哲学家全像一个人落入了野兽群中一样,既不愿意参与作

---

① Plato, *The Republic*,422E - 423A;引文据柏拉图:《理想国》,郭斌和、张竹明译,第137页。

恶,又不能单枪匹马地对抗所有野兽,因此,大概只好在能够对城邦或朋友有所帮助之前就对己对人都毫无贡献的早死了。由于所有这些缘故,所以哲学家都保持漠然,只注意自己的事情"①。柏拉图倒未保持漠然,他不仅提出了构想,而且其后两次渡海到西西里的叙拉古城邦去寻求培养他的哲学王,希望实现自己的理想,但均以失败而告终。所以他最后得出的结论:现行的制度无一适合哲学;理想的城邦在地球上是找不到的,或许它存在于天上。这是画龙点睛之笔,是柏拉图对自己"理想国"空想性质的定性。

(三)犬儒派第欧根尼的"共和国"

第欧根尼大约生活于公元前 413/404—前 323 年间,相当于古典时代的后期与希腊化时代之初。这一时期给希腊人思想上震撼最大的现象莫过于城邦制度的进一步蜕变、衰落,以至名存实亡,最终成为亚历山大及其后继者所建帝国或王国的附庸。面对这一重大历史变局,有的哲人试图力挽狂澜,对现有的城邦加以改造、重建,使之规范化、理想化,恢复昔日的辉煌。这种人以前述的柏拉图为代表。反之,则有一些哲人对现实社会采取全然否定的态度,以自虐的近乎病态的生活方式,以惊世骇俗的行为言论来表示对现实社会的不满。但在否定现实世界的同时,他们也在构筑心目中的理想世界。作为犬儒派创始人之一的第欧根尼就曾提出了"共和国"的设想。他的《共和国》(Politeia)是个已佚的对话集,写于何时不详,但可以肯定的是写于柏拉图的《理想国》之后,写于他成为一名犬儒之后。关于第欧根尼的《共和国》资料极为有限,但从后人转述的有关内容,大致可勾勒出这个"共和国"的轮廓。其一,他的共和国不是指某个城邦或社会,而是指包括全人类,至少全希腊人在内的希腊人已知的世界。他曾说过:"唯一的真正的共和国是像世界

---

① Plato,*The Republic*,496C-D;引文据柏拉图:《理想国》,郭斌和、张竹明译,第247—248 页。

一样宽广。"①其二,在这个共和国内,女人组成妻子公社,男女相悦才能结合,后代共同抚养。其三,男女同服,女子也应像男子一样集体参加训练②。其四,社会成员之间平等,无出身、名望等之分。其五,这个社会的一切都是智者③的财产,朋友间一切共有,但可能还有私产、有交换,因仍需用货币,尽管不用金属币,而用骨币。其六,这个共和国似乎允许乱伦、同类相残或吃人肉(Cannibalism)④。前几点可以理解,最后一点令人费解。其实,妇女为男子共用,似不存在乱伦问题。同类相残或吃人肉可谓惊人之举,似乎在理想的共和国也不应存在。但根据他"一切因素都包含于一切事物之中"的理论⑤,那吃人肉与吃果实、蔬菜无异,因都包含对方的成分在内,或许这只是第欧根尼的极端主义提法而已。

由上可知,第欧根尼的共和国确有柏拉图"理想国"的影子,如,提倡取消或淡化私有财产,男女平等参加训练,妇女共用,儿童集体抚养。但仍有所不同。首先,第欧根尼的共和国是世界性的,而非城邦式的;其次,社会成员平等,而无等级之分。可见,第欧根尼的空想成分比柏拉图更进了一步。

(四)斯多亚学派芝诺的"共和国"

芝诺(公元前335—前263年)原是犬儒派另一主要创始人克拉底(公元前365—前285年)的学生。在他创立新的学派时,思想内已深深打上了犬儒派影响的印记。他的《共和国》就有明显的犬儒派的痕迹。据说,他的《共和国》是在追随克拉底期间写成的,以致有人开玩笑说他的书是在狗尾巴(Cynosura)上写出来的⑥。近代有

---

① Diogenes Laertius, *Lives of Eminent Philosophers*, 6. 72.
② H. D. Rankin, *Sophists, Socratics and Cynics*, p. 273.
③ 这里的智者(the wise)不是指早期智者学派的智者(sophist),也不是指后期诡辩派意义上的智者,而是指犬儒派们自己。
④ Luis E. Navia, *Classical Cynicism: A Critical Study*, p. 101.
⑤ Diogenes Laertius, *Lives of Eminent Philosophers*, 6. 73.
⑥ Diogenes Laertius, *Lives of Eminent Philosophers*, 7. 4 & n. a.

些学者对此提出异议，认为此书是在他离开克拉底之后，且受了柏拉图学派的影响才写成的①。不管他受到何种影响，他的《共和国》也是一典型的乌托邦设想。由于全书已佚，只有第欧根尼·拉尔修的《芝诺传》中转述了一些相关内容，因此，对他的"共和国"理想的重建肯定是不完善的。

第一，芝诺的共和国似乎是诸多城邦中的一个。因为他曾提到不能因交换或国外旅行的目的而引入货币，因此也可知国中无货币。

第二，共和国中不要神庙、法庭、体育馆。

第三，共和国是个智者社会。男女同服；男女自由选择性伙伴；妇女组成妻子公社；男人对所有孩子都应有父亲般的感情；允许男子同性恋。

第四，普通教育在共和国中无用。②

对于第欧根尼，芝诺的共和国范围缩小了，但共和国内部更为自然化、单纯化。无货币则无交换，无交换则无私产（是否以物易物，不得而知）；男女同服，共妻共夫共子；无需向诸神祈求保佑，也无需体育馆再造身体，无须受一般的教育，一切自然而为，人为的制度管理、道德制约在这个共和国统统不需要。这样的城邦比第欧根尼、柏拉图的设想都更远离实际。后来的斯多亚学派在此基础上提出了"世界城邦"（Cosmopolis）的理想。在这样的国度内，人人皆兄弟。不论奴隶，还是外邦人，都是同一父亲（宙斯、理性）的儿子，人们之间相互友爱、相互宽容，都是同一国家的公民。总之，生活在一个为理性所统治的大同世界之内。

---

① D. R. Dudley, *A History of Cynicism*, p. 98; A. Erskine, *The Hellenistic Stoa*, New York: Cornell University Press, 1990, p. 15.

② Diogenes Laertius, *Lives of Eminent Philosophers*, 7. 32, 33, 131, 129.

三、古希腊乌托邦思想的归宿——自然乌托邦

自然乌托邦是希腊古典时代末期与希腊化初期出现的另外一种乌托邦形式。鉴于政治乌托邦在现实中决然行不通的情况，人们有可能设想一远方之地去实现自己的梦想。此外，亚历山大帝国的建立，使希腊人对外部世界的了解空前扩大，过去从未耳闻或者有所耳闻但从未涉足的许多遥远的地方现在都向他们揭开了神秘的面纱。印度洋、阿拉伯海、红海、阿拉伯半岛都成了希腊人亲历之地。因此，人们有可能根据水手、商人、军人带回来的异域传说来编织自己的乌托邦之梦，自然乌托邦或远地乌托邦设想应运而生。此外，此前柏拉图在其《克里底亚篇》所描述的关于亚特兰蒂斯岛（Atlantis）的传说也对这类乌托邦故事的产生起了启示和推动作用[1]。

（一）克拉底的"Pera"岛

克拉底是著名犬儒，归于他名下的一首名为"Pera"的诗及其他一些残篇反映了他的乌托邦社会理想。首先，这个小岛与周边世界隔离，坐落于酒墨色的雾海中。小岛风光秀丽，物产丰富，主要有香草、大蒜、无花果和面包。岛民生活富足而不奢。其次，岛民中没有渔民、寄生虫、贪吃者和好色者。人们和平相处、恬淡寡欲、热爱自由，不会为金钱和荣誉而大动干戈，不会做任何邪欲的奴隶。[2]

这样的小岛给人以世外桃源之感，自给自足、无欲无争，一派安宁和谐的田园美景，这样的地方自然只能是智者、高尚者的乐园。

---

[1] 关于此岛的描述详见 Plato, *Critias*, with an English translation by R. G. Bury, Cambridge, Mass.: Harvard University Press, 1961.

[2] 以上关于 Pera 岛的材料引自 Diogenes Laertius, *Lives of Eminent Philosophers*, 6. 85; D. R. Dudley, *A History of Cynicism*, p. 44; H. D. Rankin, *Sophists, Socratics and Cynics*, p. 236 所转引的相关片段。

那些患有"τυφos"①病的名利色欲之徒是绝不能进入这样的一片净土的。

当然，克拉底的"pera"一词本意是指犬儒身上常有的那种破袋子，此即犬儒的全部所有，克拉底以此为名，也有借喻犬儒人生与社会理想之意。因此，它并非严格意义上的远地乌托邦。这样的乌托邦在与他同时代的优赫莫鲁斯(Euhemerus of Messene)和亚姆布鲁斯(Jambulus)那里得到了尽情的描述。

（二）优赫莫鲁斯的"圣岛"

优赫莫鲁斯属于昔列尼学派，他大约于公元前 300 年写过一本《圣史》(Sacred Inscription，或译为 Sacred History)。其中描写了一个并不存在的圣岛。此岛位于阿拉伯福地的最边缘，岛上草木繁盛，鸟语花香，泉水甘甜，果实累累。岛民主要分为三个等级：祭司、农夫和战士，也有工匠和牧人。祭司是国家的实际领导者，重大的犯罪案和国家的重要事务以及产品的分配都由祭司们来负责。但他们不能迈出圣地，否则他人有权将其处死。另外每年还选举三位主要官员处理一般事务②。

可以看出，优赫莫鲁斯的"圣岛"乌托邦有几个明显的特点：其一，远在异域，可望而不可即。其二，岛民有等级之分，有工种、职责之分，权利与义务之分，这使人想起了柏拉图的"理想国"。其三，祭司为最高统治者，这显然与古希腊的城邦制度不同。其四，战士要御外来之敌，说明圣岛与外界难以隔绝。

（三）亚姆布鲁斯的"福岛"

亚姆布鲁斯也生活于公元前 3 世纪，是斯多亚学派人士，芝诺的信徒，著有《大洋洲》(Oceanica)一书。其中描写了他与一位同伴

---

① "τυφos"的本意是指使人视线或神志模糊不清的气态。后来希波克拉底将此词引用为医学术语，指高烧引起的头脑不清，说胡话。最终此词被用来指伤寒病。克拉底以此比喻名利熏心、不能自拔的世人。

② 详见 Diodorus Siculus, *Library of History*，5.41-46，with an English translation by C. H. Oldfather, Cambridge, Mass.：Harvard University Press，1993.

海上历险,抵达"福岛"(Happy Island)的故事。该岛远离大陆,位于赤道,航行四个月后才到达。岛上气候温和,水果常年可熟,出产应有尽有,但居民生活有节,崇尚简朴,所需食物仅以维持身体需要为限。大家共同劳动,分工合作,定期轮换,岛民的血缘关系和政治组织分为群体生活。每个群体不超过 400 名亲属。每一群体年龄最长者负领导之责,年满 150 岁时由第二位年长者接任。岛民无家庭婚姻,共夫共妻共子,即使母亲也不知其子,因哺育子女的奶妈经常更换。岛民之间和平相处,不知争斗。他们一般都很长寿,但活到 150 岁时即自愿死去。他们崇拜日月星辰,特别崇拜太阳神,因此自称为生活于"太阳岛"的"太阳之子"。①

这样的"福岛"远离世人,应有尽有,这里的岛民无私无欲无争,无等级贵贱之分,生活恬淡有序,长寿常乐。与优赫莫鲁斯的"圣岛"相比,是更为理想的人类生息之地。

综上所述可知,古希腊乌托邦思想早已有之,且绵延不断。其间尽管由于时代变迁、社会转型出现过一系列内容及表现形式上的变化,但其脱离现实与现实相对立、相矛盾的空想本质从未改变。透过一幅幅美妙无比的乌托邦图景,我们看到的是当时的人们对现实的绝望与无奈,对美好未来的向往与憧憬。

古风时代的希腊人处于氏族制瓦解、城邦制建立的社会变革期。人们对古老的神话传说、刚刚失去的氏族公社生活仍记忆犹新。面对尊卑易位、贫富对立、弱肉强食的现状,人们自然把希望寄托到了神话世界之中。神话乌托邦随之产生。但时间不能倒流,远古不能再现,"福地"远在天边,遥不可及,这样的乌托邦显然不能满足一般人的现实需要。

古典时期的希腊人热衷于城邦政治生活,将其视为个人生命的

---

① 详见 Diodorus Siculus, *Library of History*, 2. 55 – 60, with an English translation by C. H. Oldfather, Cambridge, Mass.:Harvard University Press, 1998.

组成部分。但伯罗奔尼撒战争的爆发以及战争中间及战后所呈现出的城邦政治混乱不堪的局面,使希腊人特别是雅典人受到了强烈的震动。人们开始对现实城邦政治的合理性提出了怀疑,对它的前途产生了迷惘和失望。于是喜剧家阿里斯托芬想象着建立一个与雅典城邦截然不同的云中鸟国,哲学家柏拉图则希望建立哲学家为王的国家,而犬儒派第欧根尼以及一度追随犬儒派的斯多亚学派首领芝诺所设想的共和国,不论大小,则都是清一色的智者共和国。如果说柏拉图的等级理想国还有一定的现实基础,第欧根尼与芝诺的共和国则纯粹是哲人的自我想象,绝无实现或存在的可能。

　　既然神话乌托邦虚无缥缈,政治乌托邦犹如空中楼阁,而希腊化时期新的、扩大了的世界又及时地、大大地开阔了希腊人的视野,引起了他们的无限遐想,自然或远地乌托邦的产生也就成为可能。而在亚历山大及其后继者的统治之下,希腊城邦制名存实亡,人们失去政治与生活保证的严酷现实也促使希腊人产生对新的城邦生活的向往。于是克拉底的"Pera"、优赫莫鲁斯的"圣岛"、亚姆布鲁斯的"福岛"这些海外孤岛式的乌托邦出现了。但这种"原始共产主义"的生活图景在阶级社会的现实中绝对不可能再现。然而,这类乌托邦恰恰成了古罗马琉善乌托邦故事的范本,也由此影响了16世纪的莫尔。而莫尔的乌托邦是近代一系列乌托邦作品和空想社会主义的发端。由此可见,理想与现实的对立永远存在,理想脱离了现实就会变为空想,古希腊的乌托邦思想发展史就给予了我们这样的启示。

（本文原载《世界历史》2003 年第 6 期）

第四编

希腊化文明与丝绸
之路关系研究

绪　论^①

　　本课题"希腊化文明与丝绸之路"从学科门类来看,属于世界史,从时间上看,属于世界古代史,但从研究范围看,涉及两个不同的领域:希腊化文明与丝绸之路。但为什么两个看似不同的研究领域会出现交集,会有联系,能够组成一个研究的专题,其中有着历史的必然。

　　希腊化文明从欧亚大陆文明格局而言,属于在波斯帝国原有地域基础上形成的又一个横跨欧亚非三大洲的文明。从地中海世界而言,它是介于希腊古典文明与罗马帝国文明之间的一个文明,也可以说是从古希腊的城邦时代向罗马帝国时代过渡的一个文明。从古希腊史而言,它是古希腊历史的最后一个阶段,也是它的最后辉煌阶段。但上述说法似乎都有其不太准确之处。因为对于波斯帝国而言,亚历山大率领的希腊—马其顿人是侵略者,是征服者。在比原来波斯帝国领土还要扩大的基础上(至少加上了希腊半岛本土和波斯帝国后期已经失去实际控制的犍陀罗地区)建立的帝国,形成的文明,显然不可能是波斯帝国或波斯文明的延续。从地中海世界看,亚历山大及其后继者建立的这个世界的主体是在亚洲,远到中亚的兴都库什山和印度河。这个在东方大地上形成的文明很

---

① 本课题已经结项,6卷本的《希腊化文明与丝绸之路》,预计2024年出版。此文将作为本丛书《序言》的主体部分。

难说是地中海文明的组成部分,是从希腊城邦文明到罗马帝国文明之间的过渡。从古希腊史而言,亚历山大东征固然可以是希腊历史的一部分,但把他之后延续达三个世纪之久的希腊—马其顿人在东方的统治视为希腊史的延续也与历史事实不符。这时的希腊本土实际上成了希腊化世界的边缘,而且公元前 2 世纪中期就被罗马征服,成了罗马的行省。西方有的学者为了弥合这一缺陷,就把希腊化时代的下限定于罗马推翻希腊本土安提柯王朝之年,即公元前168 年,或者定于公元前 146 年科林斯的陷落。因此,在梳理本课题的学术史之前,首先应该对希腊化文明的时间及其存在的地理范围有一个比较清晰的界定。

所谓的"希腊化"('Eλληνίζω)一词,在"他者文化"东方语境中的最早出现,是在公元前 3 世纪托勒密二世在位时组织编译的希腊语《圣经》中,其意是指非希腊人说希腊语,过希腊人的生活,也就是指犹太人的希腊化。但将此词赋予一个时代,则始于 19 世纪德国历史学家德罗伊森(Johann Gustav Droysen,1808—1884)。他在煌煌三大卷《希腊化史》(*Geschichte des Hellenismus*,汉堡,1836—1843)中首次使用"Hellenismus"来描述亚历山大及其后继者们创立的这个时代。在德罗伊森看来,这是世界历史上一个最为重要的发展时期。正是由于亚历山大对东方的征服,"希腊的统治和文化扩展到了那些曾经拥有辉煌文化但业已衰落的民族当中",[1]从而最终导致了革命性的世界宗教——基督教的产生。[2] 他的"Hellenismus"一词,既是指这个时代,更是指这一时期希腊文化的

---

[1] Johann Gustav Droysen, *Geschichte des Hellenismus*:*Geschichte Alexanders des Grossen*, Gotha:Friedrich Andreas Perthes, 1877, p. 3.

[2] P. Cartledge, P. Garnsey & E. S. Gruen, eds., *Hellenistic Constructs*:*Essays in Culture*,*History*,*and Historiography*, Berkeley Los Angeles London:University of California Press, 1997, pp. 2 – 3; Johann Gustav Droysen, *History of Alexander the Great*, translated from the German by Flora Kimmich, Philadelphia:American Philosophical Society, 2012, "Preface" by G. W. Bowersock, p. Ⅷ.

传播及其与东方文化的融合。这个词一出现，就被学术界所接受。但由于英语中"Hellenism"更多的是指古典时代的希腊文化特征，后来就用另外一个形容词"Hellenistic"作为对希腊化时代的专用称谓。现在通行于英语世界的"Hellenistic Civilization"翻译成中文就是"希腊化文明"。强调时代的"Hellenistic Age"（希腊化时代）和强调地域的"Hellenistic World"（希腊化世界）都是由此而来。我国学术界在 20 世纪 50 年代到 80 年代，对"希腊化"这样的说法除个别外，总体上不太认同，有的教科书上把这一段称为"后期希腊时代"。这可能与当年的特定社会政治背景有关。80 年代以后，国内学术界与国际接轨，普遍采用了"希腊化"这一术语。但名称的统一并不等于问题的解决。在这个时代的时间起止上、这个文明的性质上、这个世界的构成上，学术界一直有不同的看法。

现在一般通行的观点是把亚历山大之死（公元前 323 年）视为希腊化时代的开始，言外之意亚历山大帝国的历史仍然属于古希腊史的范畴。希腊化时代的下限一般定于公元前 30 年埃及沦入罗马帝国之手，最后一个希腊化王国灭亡之时。这样的划分能否成立，主要取决于如何给希腊化时代定性。如果把它看作一个希腊文明与东方文明大碰撞、大交流、大融合的时代，那实际上从亚历山大踏上亚洲大地的那一刻起，这样的进程就开始了。因此，亚历山大东征开始之年——公元前 334 年就可以视为希腊化时代的开始。亚历山大一路上不断被东方的文化传统所吸引，先是去拜谒埃及的阿蒙神庙，将自己视为"阿蒙—宙斯"之子，后来又接受波斯的宫廷礼仪，并要部下给他行跪拜礼。他任命波斯人担任总督，将波斯人纳入自己的军队，倡导与当地妇女通婚，当然这些东方化或波斯化的做法引起了部下不满，但表明他在坚持希腊文化正统地位的同时，也在不断调整自己的统治政策。这些东方化的政策与其说是对东方文化的接受，不如说是统治异族的需要。亚历山大一路上建立了多达数十个（具体数目学术界有争议）以他命名或由他命名的希腊式城市,标志着希腊化世界城市化运动的开启。这些城镇后来有相当一部分都成了丝路重镇,成了东西方文化交汇的中心。罗马对托勒密埃及的征服就地中海世界的历史而言,确实具有划时代的意义,但远在印度西北部的印度—希腊人小王国一直存在到公元 1 世纪初。此后,可能还有一些希腊人、罗马人从罗马的东方通过海路前往印度经商。犍陀罗艺术兴盛于公元后的贵霜帝国时期,应该与这些希腊人、罗马人的存在与影响有关。因此,希腊化文明作为一个整体形态在公元后的欧亚大陆确实不复存在,但文明的影响不会中断,文明的遗产还在传播延续。像希腊语、希腊式钱币、希腊的艺术、希腊人原来建立的城市,都还在西亚、中亚、印度长期存在,或被利用,或模仿,或改造,或发展。所以,就希腊化时代而言,公元前后作为它的结束和下限是成立的,但就希腊化文明的影响而言,它的影响可以说一直延续到公元七世纪阿拉伯帝国的崛起。

"丝绸之路"(Die Seidenstrasse)一词也是德国学者首先提出的。[①] 1877 年,李希霍芬(Baron Ferdinand von Richthofen,1833—1905)在其所著的《中国:亲历与研究》第一卷中,把马其顿商人所走过的从幼发拉底河到石塔这一段路程称为丝绸之路(Seidenstrassen)之一的西段。[②] 此词后来被广泛接受,用来指代横贯欧亚大陆、沟通中国到地中海的东西方交通要道。但"丝绸之路"何时形成,学界有各种说法。一般认为,汉武帝时期张骞通西域,标

---

① 不过,现在有学者撰文认为丝绸之路的最早提出者不是我们通常认为的李希霍芬,而是在他之前的德国地理学家卡尔·李特尔(Carl Ritter,1779—1859),其他一些德国学者也有类似说法,但该文作者也承认真正赋予丝绸之路明确的时间和空间概念(汉代与西域)的第一人还是李希霍芬。详见 Matthias Mertens, "Did Richthofen Really Coin 'the Silk Road'?", *The Silk Road*, Volume 17(2018):pp. 1-9.

② 李希霍芬这里提到的"丝绸之路"(Seidenstrassen)是用复数,很显然,在他看来,丝绸之路有多条路线,这些马其顿商人走过的只是其中的一条。Ferdinand von Richthofen, *China. Ergebnisse eigener Reisen und darauf gegründeter Studien*, vol. 1, Berlin: Dietrich Reimer, 1877, p. 496. 关于丝绸之路这一概念的内涵和发展,详见本课题组成员徐朗博士近些年发表的论文:《"丝绸之路"概念的提出与拓展》,《西域研究》2020年第 1 期,第 140—151 页。

志着丝绸之路的全线贯通。但也有学者指出,中国的丝绸早就通过草原之路传到欧洲,此前还应有一条"草原丝绸之路"。但实际上,所谓"草原丝绸之路"即使存在,也是时断时通,丝绸的西传主要依靠欧亚大陆游牧民族之间的不断转手来实现,而且他们是以掳掠、战争为获得丝绸的主要手段。丝绸作为一种馈赠品或贸易交换物,大规模地西传是在张骞之后出现的。因此,本课题所说的丝绸之路始于张骞通西域之时。也就是从此时起,丝绸之路与希腊化文明或希腊化世界发生了直接的联系。但事实上,两个世纪之前的亚历山大帝国的建立,希腊化世界的形成,早就奠定了后来丝绸之路的基础。波斯帝国时期,从地中海到印度的道路已经连通。亚历山大就是沿着这条路线一路征服到印度,并从印度河南下,分兵海陆两路沿阿拉伯海岸回到波斯湾。这说明,当时从地中海到印度的海陆两路都是存在的。亚历山大死后,各希腊化王国虽然呈鼎立对峙之势,但它们之间是相通的。即使远在中亚腹地的兴都库什山下的希腊式城市遗址,考古学家也发现了一位希腊人不远万里从德尔斐神庙带来的人生格言和来自地中海地区的尖底双耳罐(amphora)。正是希腊化世界道路系统的存在,使得张骞一旦进入阿姆河流域,就意味着从中国到地中海的联系得以沟通,同时也决定了未来丝路的基本走向。从这个意义上说,亚历山大在丝绸之路的开通上发挥了与张骞同样重要的历史作用。

从公元前2世纪末到公元前后,虽然希腊人在中亚、西亚的统治逐渐萎缩,但丝路所经过之处,都是原来希腊人的控制之地,希腊化文明的遗产随处可见。张骞两次出使西域,首次带回了包含希腊化文明的信息。公元之后,贵霜、帕提亚和罗马的东方在原来希腊化世界的废墟上并立崛起,他们都不同程度地接受了希腊化文明的遗产。丝绸之路的延续意味着这些希腊化文明遗产影响的传播和扩大,丝路沿线各国发行的具有希腊化特征的钱币,各地区出现的具有希腊化文化因素的佛教犍陀罗艺术特征的雕塑、壁画,以及仍然流行于丝路中心地带的希腊文字,都是这种希腊化遗产传播和影响的证明。因此,不论从丝路的开通,还是从丝路经过的地区和丝路传递的文化信息来看,希腊化文明或希腊化世界及其遗产都与丝绸之路有着一种必然的、内在的、不绝如缕的联系。可以这么说,没有早已存在的希腊化世界,从中国到地中海的丝绸之路的全面贯通不可能在汉武帝和张骞的时代得以实现,中国文明与希腊文明也就不可能首先在中亚相逢,如果没有丝绸之路,希腊化文明的遗产也就不可能在以中亚为中心的地区传播、接受、改造、模仿,并最终传至遥远的中国,融入中国传统文化的主流之中。

因此,希腊化文明与丝绸之路二者之间到底存在着一种什么样的关系,这种关系是通过哪些方式体现出来的,它对世界历史的进程,尤其对东西方文明之间的交流互动到底发生了什么样的作用,作为丝路的起点和欧亚大陆的东端,古代中国在这种文明互动中到底扮演了什么样的角色,尤其是这种关系对于我们今天推进的"一带一路"倡议,与古代丝路沿线所经过的现代国家、民族建立友好合作关系能够提供哪些启示和借鉴,就成为本课题关注的重点。所以,本课题的时间上限起自公元前 334 年肇始的亚历山大时代,下限止于公元 7 世纪萨珊帝国的灭亡,大致相等于中国的秦汉到隋唐之际。

第一章　亚历山大东征与
丝绸之路开通

　　丝绸之路在汉武帝之时开通,张骞功不可没。但张骞通西域的目的并非打开丝绸贸易的大门,而是为了实现汉武帝联合月氏,合击匈奴,开拓西部疆土,建立强大汉帝国的雄心壮志。同样,希腊—马其顿国王亚历山大在公元前334年大规模向东方进军,也并非为了得到遥远的、朦胧的所谓"赛里斯人"(Seres)的丝绸,而是为了征服波斯帝国,并进而征服整个世界。① 但历史的结局往往和历史创造者的主观愿望不相一致。汉代对西域的控制时断时续,亚历山大帝国昙花一现,他的部将们所建立的希腊化王国在公元前1世纪末之前都陆续衰落,不复存在。唯有丝绸之路仍然作为历史的见证,继续发挥着沟通东西方物质与文化交流的重要作用。国内外学者在论及丝绸之路开通时,大多只强调张骞的西域凿空,而忽略了亚历山大及其后继者所开创的希腊化世界在其中所发挥的客观作用。

---

① 关于亚历山大东征的最终目标,古典作家阿里安有较为明确的记载。伊苏斯之战后,大流士三世曾写信给亚历山大,愿把幼发拉底河以西的土地让与以换取亚历山大的停战。他的回答是,他要的是整个波斯帝国,而非其中的一部分。占领印度河上游后,亚历山大执意要向恒河流域和东边的大海进军。他误以为,这个东海是和赫卡尼亚海(Hyrcanian Sea,即里海)连在一起的,他所知的整个大地都由海洋所环抱,因此,可从印度湾到波斯湾,或从波斯湾绕过利比亚(Lybia,当时指非洲)到达赫拉克勒斯石柱(the Pillars of Heracles,今直布罗陀海峡)。这样他就会征服全世界。Arrian, *Anabasis of Alexander*, 2. 25. 3, 5. 25. 3—26. 2, with an English translation by P. A. Brunt, Cambridge, Mass.：Harvard University Press, 1976;阿里安:《亚历山大远征记》,李活译,商务印书馆,1985年,第79,185—186页。

为此,本文试图从丝绸之路的另一端,逆向考察希腊—马其顿人的东进是如何推动了丝绸之路的开通、延伸与延续,希腊化文明的信息是如何通过张骞传入中原的。

一、亚历山大之前东西方文明之间的接触与传闻

亚历山大东征之前,即到公元前 4 世纪之时,古代世界各主要文明区域之间应该说都有了一定的、直接或间接的经济或文化上的接触。即使远在欧亚大陆两端的两大文明中心——希腊和中国也都有了相互的传闻。"赛里斯"(Seres) 就是当时的希腊人对东方一个可与北印度相提并论的国家的称谓。① 尽管关于它的具体地理位置古典作家说法不一,但位于遥远的东方,是产丝之国渐成共识。② "赛里斯"后来也就成了西方传说中对中国的代称。希罗多德的《历史》中曾记载了一位名叫阿里斯铁阿斯(Aristeas)的希腊人穿过斯基泰人(Scythian)的活动区域对远东之地的游历,他的最远足迹是

---

① 此名称是生活于公元前 5—前 4 世纪之交的希腊医生兼史家克泰西亚斯(Ctesias)首先提出的。他曾担任波斯宫廷御医,可能是在波斯听到了关于塞里斯的传闻。虽然这一资料的可靠性受到西方学者 H. 裕尔、戈岱司和我国学者张星烺的质疑,裕尔特别指出原因在于其仅见于《福尔提乌斯文库》(Bibliotheca of Photius)一处。但希腊人的赛里斯之名由此出现,则可备一说。详见:H. 裕尔撰:《东域纪程录丛》,H. 考迪埃修订,张绪山译,云南人民出版社,2002 年,第 21 页注 27。张星烺编注,朱杰勤校订:《中西交通史料汇编》(第一册),中华书局,1977 年,第 17 页;戈岱司编:《希腊拉丁作家远东文献辑录》,耿昇译,中华书局,1987 年,第 1 页。

② 参见戈岱司编:《希腊拉丁作家远东文献辑录》,"导论"以及正文中摘录的维吉尔(Vigile)、霍拉塞(Horace)、普罗佩塞(Properce)、奥维德(Ovide)、斯特拉波(Strabo)、塞内科(Seneque)、梅拉(Pomponins Mela)、普林尼(Pliny)、卢坎(Lucan)、佚名的《厄立特里亚航海记》、托勒密(Ptolemy)、鲍、保萨尼亚斯(Pausanias)、阿米安·马尔塞林(Ammianus Marcellinus)等的相关记述。(第 1—54,71—72 页)。H. 裕尔在整理分析了这些相关的史料后也得出了同样的结论。详见 H. 裕尔撰:《东域纪程录丛》,H. 考迪埃修订,张绪山译,第 11—12 页。但事实上,当时的中国是唯一的产丝之国,西方所知道的 Seres 是否就是中国,仍然存疑。笔者倾向于把这个传说中的 Seres 视为从事丝绸贸易的中介民族,大致活动于中亚、印度和中国西北部之间的某一地区。

伊塞顿人（Issedones）之地。① 据学者们考证，所谓的伊塞顿人（Issedones）活动区域大致应在乌拉尔以东，直至天山、阿尔泰山之间，也有的学者推测到达塔里木盆地或楼兰以东、敦煌一带。② 20世纪，考古学者在德国的公元前 6 世纪的克尔特人首领墓葬中发现了丝绸织物残片③，在大约同时的阿尔泰巴泽雷克古墓（公元前一千年代中叶至前 3 世纪）发现了保存完好的中国凤凰刺绣和山字纹铜镜。④出自中原中国的物品在远到西欧地区的出现，说明上古时期欧亚草原之路的存在。游牧于黑海、里海、咸海一线的斯基泰人和其他的游牧民族无疑是欧亚草原之路的开拓者、先行者。但这条交通线是游移不定的，时断时续的。由于游牧民族的流动性和游牧文明相对于农耕文明发展的滞后性，这条道路没有、也不可能成为东西方文明交流的主渠道。

　　文明的交流是以文明的互动为前提。早在爱琴文明时期，希腊地区的居民就与相邻的埃及、小亚、西亚等地区的古老文明有了接触。但作为一个独立成熟的文明与东方文明对等交往则是在波斯帝国时期。公元前 6 世纪中期，波斯帝国崛起于伊朗高原，并很快向外（主要是东西两面）扩张。小亚沿岸的希腊殖民城邦沦陷，希腊本土面临生死存亡的考验。然而正是这种对立和交往，使希腊人对波斯人有了进一步的了解，从而揭开了希腊文明与东方文明实质性交流的新篇章。有的希腊人到巴比伦考察游历，如希罗多德；有的希腊人到波斯的宫廷服务谋生，如担任御医的克泰西亚斯和受波斯

---

① Herodotus, *The Histories*, 4.13, 16, 25. 希罗多德：《历史》，王以铸译，商务印书馆，1985 年，第 270、272、275 页。
② 参见孙培良：《斯基泰贸易之路和古代中亚的传说，》，在《中外关系史论丛》第一辑，世界知识出版社，1985 年；保罗·佩迪什：《古代希腊人的地理学》，蔡宗夏译，商务印书馆，1983 年，第 22 页；王治来：《中亚史纲》，湖南教育出版社，1986 年，第 53 页注 1；G. F. Hudson, *Europe and China*, London: Arnold & Co., 1931, p. 37, 39；马雍、王炳华：《公元前七至二世纪的中国新疆地区》，载《中亚学刊》第三辑，中华书局，1990 年。
③ Jorg Biel, "Treasure from a Celtic Tomb", *National Geographic*, 157/3(1980), pp. 428‑438.【补注】但对其来源和定性近年学界有不同看法。详见李永斌：《希腊与东方：文明交流与互鉴》，商务印书馆，2023 年，第 163—172 页。
④ С. И. 鲁金科：《论中国与阿尔泰部落的古代关系》，《考古学报》1957 年第 2 期。

国王之命,考察印度河,并环航阿拉伯半岛的斯库拉克斯(Scylax,约公元前 510 年?)。① 还有的希腊人自愿或被迫移民到了巴克特里亚和索格底亚那地区。② 波斯帝国的版图西起埃及,北到黑海、里海一线,南到阿拉伯半岛,东到印度西北部。为了巩固对各地的统治,大流士一世在原来道路的基础上,修筑了覆盖全帝国的驿道网(The Imperial Roads)。其中最著名的是帝国西部的"王家大道"(The Royal Road)。它从都城之一的苏萨(Susa),经美索不达米亚,到达小亚的以弗所(Ephesus)或撒尔迪斯(Sardis),全长 2000 多公里,沿途设有驿站(现在已有 22 个被确认)。帝国东部的一条主要交通干线是沿着古老的美索不达米亚(Mesopotamia)——米底(Media)之路,进而经巴克特里亚(Bactria)抵达印度。③ 出产于巴克特里亚东部山区的名贵石头——青金石(lapis lazuli)就沿此路线而输送到美索不达米亚和印度。④ 亚历山大之前希腊的钱币已在巴克特里亚流通,也说明波斯帝国时期从东地中海到兴都库什山之间有可能存在着长途商贸活动。⑤ 这条路线连通中亚和南亚次大陆,实际上成为未来丝绸之路的西段。大流士一世还开通了埃及 26 王朝法老尼科(Necho Ⅱ,公元前 609 年—前 593 年在位)未完成的连接尼罗河与

---

① Herodotus, *Histories*, 4.44;希罗多德:《历史》,王以铸译,第 282 页。

② 如希罗多德提到的被波斯人俘虏的非洲希腊人殖民者——巴尔卡人(the Barcaeans),他们被大流士一世强迫移居到巴克特里亚。见 Herodotus, Histories, 4.204;希罗多德:《历史》,王以铸译,第 344 页;或如斯特拉波提到的布兰开德人(the Branchidae),他们是因为曾背叛祖国,甘愿随薛西斯(Xerxes)回到波斯,而后被安置到索格底亚那(Sogdiana)地区的。见 Strabo, *Geography*, 11. 11. 4, with an English translation by Horace Leonard Jones, Cambridge, Mass. : Harvard University Press, 1997.

③ 详见 Josef Wiesehofer, *Ancient Persia From 550 BC to 650 AD*, London: I. B. Tauris Publishers, 1996, pp. 76 - 77.

④ Frank L. Holt, *Alexander the Great and Bactria*, Leiden: E. J. Brill, 1989, p. 28.

⑤ 1966 年,在阿富汗巴尔赫(Balkh)附近发现了一罐钱币,其中绝大多数是希腊古典时期雅典的四德拉克马(tetradrachm),总数不详,但可以公开见到的至少有 150 枚。这些钱币在亚历山大之前很可能在巴克特里亚以银块的形式流通。此前的 1933 年,在喀布尔东面也发现了一处相似的古代窖藏,其中至少有 1000 枚属于希腊城邦的钱币。参见 Frank L. Holt, *Into the Land of Bones: Alexander the Great in Afghanistan*, Berkeley: University of California Press, 2005, p. 141.

红海的运河。[1] 这些驿道和水路加强了各地的联系。应该说在波斯帝国统治范围之内,各地交往的渠道是畅通的。[2]

希波战争以希腊人的胜利而告终,但这并不意味着希波对立的结束。相反,双方都在利用一切机会插手对方的内部事务。希腊城邦之间的争斗和波斯帝国的王位之争均提供了这样的可能。著名的两例就是公元前 401—前 400 年间应小居鲁士之邀深入波斯腹地的希腊万人雇佣军和公元前 387 年由波斯国王宣布的旨在解决希腊内部矛盾的"大王条约"(The King's Peace)。半个多世纪之后亚历山大在战场上还碰到了波斯军队中多达数万的希腊雇佣军。[3] 希腊与波斯之间在政治、军事斗争上的相互介入从另外一个侧面证明了两个文明之间联系的进一步加强。

公元前 4 世纪时,欧亚大陆还存在着一些其他的古老文明或正在兴起的文明,但它们或由于地理阻隔的原因或由于自身发展的原因,与其他文明真正接触和交流的历史机遇似乎还未来临。西地中海的罗马人正在为统一意大利而向南部发展,或许通过大希腊地区的希腊人对东方有所知晓。但他们的视野还没有超出半岛之外。此时的印度尚处于列国时代。逐渐强盛起来的摩揭陀王国的统治区域也还在恒河流域一带,佛教也未向西大规模传播。但西北部因受波斯帝国统治已与外部世界有所接触。此时的中国正处于战国时期,七雄争霸,逐鹿中原,根本无暇也无力西向。

总之,到公元前 4 世纪时,欧亚大陆诸文明之间有的已有所接触,有的也有所耳闻,但一条连接东西方两端的纽带或通道还未形

---

① Herodotus, *Histories*,4.39;希罗多德:《历史》,王以铸译,第 280 页。
② 公元前 480 年侵入希腊的波斯军队中就有来自波斯各地,甚至从巴克特里亚、印度远道而来的参战者(Herodotus, *Histories*,7. 64,65;希罗多德:《历史》,王以铸译,第 494 页)。这些驿道发挥作用由此可证。
③ 在格拉尼卡斯(Granicus)、伊苏斯(Issus)、高加米拉(Gaugamela)三次战役中,波斯军中都有希腊雇佣军助战。详见 Arrian, *Anabasis of Alexander*,1. 12 - 16,2. 8 - 11,3. 11- 15;阿里安:《亚历山大远征记》,李活译,第 26—33,59—63,94—99 页。

成。相互间的了解难免肤浅、偏颇甚至谬以千里。中国方面对西方世界的想象大概不会超出《山海经》《穆天子传》内容的范围。希腊方面虽通过波斯帝国对埃及、巴比伦、印度等东方古老文明地区都有所知晓,但对真正的中国,似乎仍一无所知。亚历山大只知印度之外是大洋,是东方大地的尽头,并不知锡尔河(Syr Darya, the Jaxartes)之外的东方还有一个大国的存在。他对远东世界的认识与一个多世纪以前希罗多德时代的希腊人并无多大区别。[1]

二、亚历山大之后东西方交往的扩大和东部希腊化世界的形成

公元前334年,亚历山大以希腊—马其顿联军统帅的身份开始了对波斯帝国的征服。十年征战,亚历山大不仅将原来波斯帝国的版图据为己有,而且有所扩大。从地中海到印度河,从黑海、里海、咸海到阿拉伯海、波斯湾、红海,几乎全囊括于亚历山大的帝国之下。虽然亚历山大于公元前323年突然病逝,他的帝国迅即崩溃,被他的部将们瓜分一空,但希腊—马其顿人对当地民族的统治格局并没有改变。希腊文化成为凌驾于当地文化之上的强势文化,希腊化的进程加快了,与东方文化的交流融合日益广泛深入。希腊化世界[2]的形成,大大便利和促进了各希腊化王国之间,以及它们与周边地区的交往。由于经济、文化的交流往往大大超出政治统治的区域之外,在希腊化世界及其周边地区实际上形成了以两河地区为中心、以地中海和中亚印度为两端的新的交通体系。

当时的东西方商路主要有三条。北路连接印度、巴克特里亚与黑海(the Black Sea, Euxine Sea)。来自印度的货物可经巴克特里

---

[1] 参见 Herodotus, *Histories*, 4.40;希罗多德:《历史》,王以铸译,第280页。
[2] 本文的"希腊化世界"既包括亚历山大及其后继者所直接控制的地区,也包括受希腊或希腊化文化深刻影响的地区。

亚沿阿姆河（Amu Darya，the Oxus）而下，进入里海（the Caspian Sea），再转运至黑海。中路连接印度与小亚，有两条支路：一条先走水路，从印度由海上到波斯湾，溯底格里斯河（the Tigris）而上，抵达曾为塞琉古王国都城之一的塞琉西亚（Seleucia on Tigris）；一条全部走陆路，从印度经兴都库什山、阿富汗的巴克特拉（Bactra）、伊朗高原到塞琉西亚城，至此，水陆两路会合，由此跨过幼发拉底河，西达塞琉古王国的另一都城、叙利亚的安条克（Antioch on the Orontes），再转向西北到达小亚的以弗所（Ephesus）。南路主要通过海路连接印度与埃及，从印度沿海到南阿拉伯，经陆路到佩特拉（Petra），再向北转到大马士革（Damascus）、安条克，或向西到埃及的苏伊士（Suez）、亚历山大里亚等地。① 托勒密王朝一直致力于寻求绕过阿拉伯半岛南部，经红海，直达埃及的海上通道。托勒密二世重新开通了第二十六王朝法老尼科时开凿的连接尼罗河与红海的沙漠运河，这样来自印度的货物就可经运河，沿尼罗河而下，最终抵达地中海的亚历山大里亚。公元前 1 世纪前后，印度洋上季风的发现使海上商路更加便利和安全。② 这些商路与后来丝绸之路西段（自帕米尔以西）的海陆走向大致吻合。从中亚通往丝绸产地中国，中间地带也就只剩下从河西走廊到帕米尔高原这一段了。而且这一段的距离也在双方的无意识努力下不断地缩小。

　　据斯特拉波，大约在公元前 2 世纪前后，中亚的希腊人王国巴克特里亚的统治者欧泰德姆斯（Eucthydemus）及其儿子德米特里

---

① 详见 W. W. Tarn, *Hellenistic Civilization*, London：Edward Arnold（Publishers）LTD, 1952, pp. 241 - 245；F. W. Walbank, *The Hellenistic World*, Glasgow：William Collins Sons & Co. Ltd. 1981, pp. 199 - 200；Strabo, *Geography*, 2. 1. 11, 15；11. 7. 3. Pliny, *Natural History*, 6. 52, Cambridge, Mass. ：Harvard University Press, 1949. 关于北路，斯特拉波的记述最为明确详细，但塔恩（Tarn）断然否认它的存在。本文采用古典作家的记述。不过，他们以为阿姆河注入里海，与现在注入咸海不一致，应予注意。
② 参见 F. W. Walbank, *The Hellenistic World*, pp. 200 - 204.

(Demetrius)曾向东面的赛里斯(Seres)和弗利尼(Phryni)扩张。① 这时西方人心目中的赛里斯估计还是模糊的产丝之地,并非指汉代的中国,至于弗利尼,学界有匈奴说②,不过此时匈奴的势力还未到达与巴克特里亚相邻的地区。③ 既然该父子向东面扩展,那东面最相邻的地区也就只能是帕米尔高原(葱岭)和塔里木盆地了。纳拉因(Narain)接受坎宁安(A. Cunningham)的建议,将赛里斯和弗利尼比附为《汉书·西域传》中的"疏勒"和"蒲犁"确有一定的道理,④因为汉时疏勒、蒲犁恰恰位于帕米尔东侧的今新疆喀什和塔什库尔干地区。

由此可见,在张骞到达中亚之前的公元前2世纪中后期,后来丝绸之路的西段实际上已经开通。而且此时距亚历山大东征已经两个世纪之久,东部希腊化世界的政治格局和文化面貌也发生了巨大的变化。

亚历山大的亚洲遗产最终几乎全被他的后继者之一的塞琉古一世(Seleucus Nicator,约公元前312—前280年在位)所独吞,但好景不长。由于孔雀王国的兴起,塞琉古王国恢复对印度西北部统治的努力落空,只得于约公元前305—前303年间媾和放弃。⑤ 公元前3世纪中叶,巴克特里亚的希腊人总督宣告脱离塞琉古王国独立。紧接着,帕提亚的当地人也独立建国(即张骞后来所说的"安息")。塞琉古王朝无力东顾,逐渐承认了这些既成事实,统治的重心转向两河以西以叙利亚为中心的濒地中海地区。公元前2世纪以后,巴克特里亚王国曾越过兴都库什山向印度西北部发展,约半

---

① Strabo, *Geography*, 11. 11. 1.

② G. F. Hudson, *Europe and China*, p. 58

③ 据《史记·匈奴列传》,匈奴前虽击败月氏,但"夷灭月氏,……定楼兰、乌孙、呼揭及其旁二十六国,皆以为匈奴",是在汉文帝前元四年(公元前176年),此前巴克特里亚希腊人不可能越过月氏远至匈奴。

④ 参见 A. K. Narain, *Indo-Greeks*, Appendix II, Oxford:Clarendon Press, 1957, pp. 170-171.

⑤ 塞琉古一世以同意联姻和接受500头大象的回赠为条件放弃了对印度西北部的统治权。见 Strabo, *Geography*, 15. 2. 9.

个世纪之后,迫于帕提亚①和北方游牧民族的压力,此地的希腊人开始从阿姆河撤退到印度。② 当张骞辗转 10 年大约于公元前 129—前 128 年间抵达巴克特里亚时,此地已被来自中国西北的月氏人所臣服。③ 张骞称其为"大夏"。

　　这就是张骞进入大夏时西亚、中亚和印度的政治格局。希腊人在这些地区的控制范围确实比亚历山大帝国时大为缩小,但希腊文化的影响却呈现出另外一番景象。希腊人所到之处,都要建立希腊式城市或殖民地。据统计,亚历山大及其后继者在东方建城(包括殖民地)至少在 300 个以上。其中保留下名称者约 275 个。它们主要分布在东地中海沿岸(约 160 个),其余的则在幼发拉底河中下游及其以东地区,在巴克特里亚及其相邻地区有名可据者有 19 个(其中亚历山大建了 8 座④),在印度有 27 个。⑤ 这类希腊式城市的基本

---

① 在欧克拉提德(Eucratides,约公元前 175—前 145 年在位)及其后继者统治时期,帕提亚曾夺取了巴克特里亚西部的两个行省。Strabo, *Geography*, 11. 9. 2, 11. 11. 2.

② 他们在印度西北部一直存在到公元前后才彻底消失,被印度学者纳拉因称为"印度—希腊人"(Indo-Greeks),认为"他们的历史是印度历史的一部分,而非希腊化国家的一部分;他们来了。他们看见了,但印度人胜利了"。(A. K. Narain, *Indo-Greeks*, p. 11)此说值得商榷。这些希腊人后来确实被印度的文化同化了,但他们在当地维持了长达一个多世纪的统治,留下了影响至今的最大的希腊化文化遗产之一——犍陀罗佛教艺术,他们的存在与活动应该视为希腊化世界历史的一部分。

③ 关于巴克特里亚王国的灭亡者,古代中西记载并不一致。据司马迁:《史记·大宛列传》,大月氏人"西击大夏而臣之"(司马迁:《史记》,中华书局,1982 年,第 3162 页),巴克特里亚被大月氏所灭。据斯特拉波,巴克特里亚的希腊人王国亡于来自锡尔河彼岸的 Asii、Pasiani、Tochari 和 Sacarauli 四个部落。(Strabo, *Geography*, 11. 8. 2.)本文主要采用司马迁说,因为张骞在巴克特里亚希腊人王国刚刚被征服就来到此地,这是他的实地考察结论,应该更为可靠。斯特拉波所说也有一定的可能性,但前提是要像塔恩、纳拉因那样,把 Tochari(吐火罗)比附为大月氏。若此,则中外记载趋于接近。(见 W. W. Tarn, *The Greeks in Bactria and India*, Cambridge: The Cambridge University Press 1951, pp. 285 - 286; A. K. Narain, *Indo-Greeks*, p. 132)至于这个大夏在大月氏人到来之前是否被塞人一支首先征服,尚难以定论。但塞人从北方草原南下印度和今阿富汗南部则是事实,塞人,至少其中的一支经过巴克特里亚地区是有可能的。他们可能是匆匆过客,在给了巴克特里亚希腊人王国重重一击之后离去。最后大夏希腊人王国最后应该灭亡于紧随塞人之后的大月氏人之手。

④ Strabo, *Geography*, 11. 11. 4.

⑤ 见 M. Cary, *A History of the Greek World*, London: Methuen & Co. LTD., 1959, pp. 244 - 245.

特征已被 20 世纪 60 年代在阿富汗阿伊·哈努姆遗址（Ai Khanoum）的考古发掘所证实。① 它们通常建于统治的中心地区、交通要道或军事要塞，是希腊—马其顿人统治网络的核心组成部分。城中一般建有希腊式的神庙、体育馆、剧场，居民也以希腊人为主。城中充溢着浓厚的希腊文化气息，希腊语、希腊钱币、希腊的神祇、希腊的戏剧、希腊的习俗使远在东方的希腊人有一种生活在故国家园之感。相对于广袤的东方之地，这些城市犹如沙漠中的绿洲。它们力图维护希腊文化的纯洁性、统一性，并试图对周围的世界施加影响，但由于处于当地民族、当地文化的汪洋大海之中，这些城市中的希腊殖民者也难免吸收一些东方文化的因素。因此在希腊人控制与影响的地区，就逐渐形成了一种以希腊文化因素为主，同时融合其他东方文化因素的多元混合文化，即近代学术界所称之的"希腊化文化"（Hellenistic Culture）或"希腊化文明"（Hellenistic Civilization）。

就张骞所耳闻目睹的巴克特里亚及其周边地区而言，其文化面貌的变化尤为明显。据斯特拉波，亚历山大时代的巴克特里亚人和索格底亚那人的生活方式、风俗习惯与游牧民族并无多大区别，②但在希腊人统治之下，巴克特里亚人的定居和城镇化进程加快，成了

---

① 关于这一遗址的希腊式特征，详见主持发掘的法国考古队负责人保罗·伯纳德（Paul Bernard）的 3 篇文章：(1) "An Ancient Greek City in Central Asia", *Scientific American*, Vol. 246, (1982) Jan. pp. 148-159. (2) *Ai* "Khanum on the Oxus: A Hellenistic City in Central Asia," *Proceedings of the British Academy*, 53(1967), pp. 71-95. (3)《中亚的希腊王国》(与 A. H. 丹尼合作)，载雅诺什·哈尔马塔主编：《中亚文明史》(第二卷)，徐文堪、芮传明译，第 67—93 页。该书第 3 章《亚历山大及其在中亚的后继者》也有若干关于该遗址的介绍。伯纳德是撰稿人之一。1979 年以后，该遗址的大规模发掘由于战乱而中断，但近年来此地仍出土了一些希腊化的艺术品，如赫拉克勒斯和雅典娜的雕像。见 Frank L. Holt, *Into the Land of Bones: Alexander the Great in Afghanistan*, pp. 162-163. 也可参见杨巨平：《阿伊·哈努姆遗址与希腊化时期东西方诸文明的互动》，《西域研究》2007 年第 1 期。
② 比如，巴克特里亚人虽然比索格底亚那人稍微文明一些，但他们都将无可救助的老年人或有病者活活地扔出，让专门为此而养的狗吃掉。巴克特里亚人的城外看上去倒还整洁，但城内的许多地方却白骨累累。亚历山大到此地后，废除了这种陋习。斯特拉波的此说来自亚历山大的随行者、传记作家欧奈西克瑞塔斯（Onesicritus），他认为后者并未报道巴克特里亚人最好的特征，似有以偏概全之嫌。见 Strabo, *Geography*, 11. 11. 3.

所谓的"千城之国"①。帕提亚虽然政治上脱离了塞琉古王国,但在文化上却长期以效仿希腊为荣。它采用塞琉古朝的历法,仿造希腊式的钱币,雕塑希腊的神像,上演希腊的戏剧②,宫廷还附设体育馆。③ 印度的那些希腊人小王国虽然受印度文化的影响较深,有的希腊人(如著名的米南德国王)皈依了佛教,④有的国王开始打造标有印度文字的双语币。但其钱币形式仍保持着希腊式钱币的基本特征,如正面是国王头像、希腊语的国王名字与荣誉称号,反面以希腊神祇为主,但出现了当地的佉卢文。由于受巴克特里亚希腊化艺术流派的影响,佛教犍陀罗艺术也有可能在这时萌芽。

　　张骞就是在这样的政治和文化背景下来到了东部希腊化世界,来到了中亚,确切地说是来到了以锡尔河和阿姆河为中心的巴克特里亚希腊人王国的昔日所在地。那他在此地看到和听到了什么呢?

---

① 据斯波拉底,巴克特里亚希腊人国王欧克拉提德在位时统辖着一千个城市。其资料来源于 Apollodorus 的《帕提亚史》(*The Parthica*)。详见 Strabo, *Geography*, 15. 1. 3;据查士丁,巴克特里亚是个拥有一千个城市的帝国,他甚至提到,在巴克特里亚希腊人国狄奥多托斯(Theodotus, Diodotus)任总督时统治着一千座城市。Justin, *Epitome of the Philippic History of Pompeius Trogus*, 41. 1. 8, 41. 4. 5, translated by J. C. Yardley. Atlanta, GA. : Scholars Press, 1994.

② 据普鲁塔克,帕提亚国王许罗德斯(Hyrodes,或 Orodes)曾和亚美尼亚国王阿塔瓦斯德斯(Atarvasdes)一同观看希腊悲剧家幼里庇底斯(Euripides,约公元前 480—前 406 年)的剧目——《酒神的伴侣》(*Bacchae*)。普鲁塔克还特别提到这位亚美尼亚国王不仅能和帕提亚国王一样通晓希腊语,熟读希腊文学,一起观看希腊戏剧,还能用希腊语写作悲剧、演讲词和历史。希腊语流传范围之广,希腊化文化渗透力之强由此可见一斑。参见 Plutarch, *Crassus*, 33。

③ 关于上述帕提亚的希腊化文化表征,也可参见 R. L. Fox, *Alexander the Great*, London: Futura Publications Limited, 1975, pp. 492 – 493;Josef Wiesehofer, *Ancient Persia: From* 550 *BC to* 650 *AD*, pp. 124 – 129.

④ 见《那先比丘经下》,《大正新修大藏经》第 32 卷《论集部》,台北市佛陀教育基金会,1990 年;Plutarch, "Precepts of Statecraft", *Moralia*, 821D-E, with an English translation by Harold North Fowler, Cambridge, Mass. : Harvard University Press, 1936.

三、张骞西域凿空与希腊化文化信息的随之传入

据《史记·大宛列传》,张骞曾受汉武帝之命,先后两次出使西域,第一次是在公元前 139 年(建元二年)—前 126 年(元朔三年)间。除匈奴外,他先后经过了大宛、康居、大月氏、大夏四个地区,另外还听到了关于乌孙、奄蔡、安息、条支、身毒等其他五个大国的传闻。第二次出使是在公元前 119 年(元狩四年)—前 115 年(元鼎二年)间,他先到乌孙,然后分遣副使到"大宛、康居、大月氏、大夏、安息、身毒、于寘、扞罙及诸旁国"。张骞之行,标志着后来所称之的"丝绸之路"的全线贯通,西域的信息首先传入内地中原。第一次出使归来,张骞就向汉武帝详细报告了他在西域的所见所闻。从司马迁的记述看,张骞对各地的介绍内容大致一致,只不过有详略之分而已。这大概是根据对它们了解的多少而定。但无论如何,这是张骞对希腊人所曾控制过、影响过的地区实地考察之后带回的第一手资料,是迄今为止中原汉地得到的关于西域诸国的第一份报告。其中蕴含的信息不能不详加分析,尤其需要注意的是,其中是否传递了一些当地留存下来的希腊化文化信息。

从《大宛列传》有关记载看,除了乌孙、康居、奄蔡、大月氏四个"行国"外,司马迁对其余的农耕、定居国家记述都比较详细,大致包括方位(包括道里、邻国)、物产、城邑、人口、统治形式、商贸等情况。

从方位上看,康居、乌孙、奄蔡都是活动于里海、咸海、天山、阿尔泰山一线的游牧民族,远在巴克特里亚希腊人王国控制范围之外。据司马迁,大月氏始"居敦煌、祁连间",后定居于阿姆河之北,是它臣服了大夏。它虽然占据了原来巴克特里亚王国的一部分,但刚刚立足,游牧民族传统浓厚,并未受到当地希腊化文化的浸染。司马迁称其"行国",在当时是恰如其分的。大宛一般认为是现在乌兹别克斯坦、塔吉克斯坦、吉尔吉斯斯坦三国交界的费尔干纳及其周边地区。此地属于亚历山大时代的索格底亚那(Sogdiana),后来

纳入巴克特里亚希腊人王国的统辖范围,①或者至少是受其强烈影响地区。安息(帕提亚,Parthia)希腊化程度较深,是个典型的"爱希腊帝国"(Philhellenic Empire)②。它的许多国王在钱币铭文中也都自称为"爱希腊者"(ΦΙΛΕΛΛΗΝΟΣ)。至于大夏、条支以及身毒的一部分(印度西北部)则都是亚历山大帝国的故地。张骞抵达时,条支(安条克,Antioch,仍是塞琉古王国的首都,故以此代之),即塞琉古王国仍然残存。大夏,即巴克特里亚希腊人王国,则刚刚灭亡,残余退往印度。因此,张骞在这些地方获得的印象,完全有可能包含着希腊化文化的信息。

从物产上看,这些地区大多既产粮食(稻、麦),也种植葡萄,且善于酿制和保存葡萄酒。葡萄并非起源于希腊半岛。据考证,它的种植以及葡萄酒的酿造始于今日小亚土耳其的东部,时间大致在公元前8500年至前4000年间,而后向东西方向传播。③ 希腊人得地利之先,克里特文明时期已知种植葡萄,酿造葡萄酒,到荷马时代,葡萄和葡萄酒成为他们经济生活和文化生活的重要组成部分。酒神崇拜是希腊神话传说和宗教信仰的主题之一。希腊悲剧就是从酒神大节的祭仪中发展而来。因此,希腊人在他们统治的地区种植或扩大种植葡萄,并传来先进的葡萄酒酿造技术是完全可能的。他们在两河流域南部的巴比伦(Babylon)苏西斯(Susis)地区首次引入了自己当地的葡萄种植技术(不挖地沟,用带有铁尖的木棒在地上直接穿洞,然后把葡萄苗植入其中)。④ 另据斯特拉波,与巴克特里亚毗邻的阿利亚(Aria)和马尔吉亚那(Margiana)地区也都适于种植葡萄,阿利亚(Aria)尤盛产葡萄酒,此酒能

---

① 据斯特拉波,巴克特里亚希腊人曾统治了索格底亚那东面,位于阿姆河与锡尔河之间的地区。(Strabo, *Geography*, 11. 11. 2)此方位应包括费尔干纳盆地。
② 汤因比认为它是希腊文化的"保护者、赞助者"。A. Toynbee, *Hellenism*:*The History of A Civilization*, Oxford University Press, 1959, p. 183.
③ William Cocke, "First Wine? Archaeologist Traces Drink to Stone Age", *National Geographic News*, July 21, 2004. http://news. nationalgeographic. com/news/2004/07/0721_040721_ancientwine. html
④ Strabo, *Geography*, 15. 3. 11.

保存三代而不变质。① 这一现象在中国方面的记载中也得到了证实，据《史记·大宛列传》，安息的特产之一就是"蒲陶酒"，大宛及其周围地区也是"以葡萄为酒，富人藏酒至万余石，久者数十岁不败"。由此可见，至少在张骞到达西域之前，葡萄种植以及葡萄酒的酿造在此地已非常普遍。东西两方对中亚地区盛产葡萄及葡萄酒的相似记载，绝非历史的巧合，而是对同一地区同一物产的真实反映。张骞之后，葡萄栽培技术首先通过丝路传入中原汉地。② 汉语中的"蒲陶"一词的发音与希腊语表示"葡萄串"和复数"葡萄"的 βοτρυς（botrus）发音相近，有可能是音译而来。③

---

① Strabo, *Geography*, 11. 10. 1 - 2.

②《史记·大宛列传》中记载："汉使取其实来，于是天子始种苜蓿、蒲陶肥饶地。及天马多，外国使来众，则离宫别观旁尽种蒲萄、苜蓿极望。"（司马迁：《史记》，第 3173—3174 页）。

③ 参见 Henry George Liddell and Robert Scott, *A Greek-English Lexicon*, with a revised supplement, Oxford：Clarendon Press, 1996, "βότρυς", p. 323. 据伯希和，此种说法 1837 年首先来自里特尔（Ritter），其后被金斯米尔（Kingsmill）和夏德（Friedrich Hirth）所主张。但他本人对此表示怀疑。（伯希和："葡萄"，见冯成钧译：《西域南海史地考证译丛》第一卷，商务印书馆，1995 年，第五编第 82—83 页）。据劳费尔，提出这种比对的第一人是 Tomascheck（1877），随后得到金斯米尔（T. Kingsmill, 1879 年）和夏德（Hirth, 1917 年）的支持。他对此持不同意见，认为"蒲桃"（"蒲陶"）一词是伊朗语 budawa 的对音，与希腊语的"βατιάκη"无关。但他也承认，这个词是由词干 buda 加上后缀 wa 或 awa 构成，budawa 可能与新波斯语的 bada（"葡萄酒"）和古波斯语的 βατιάκη（"酒杯"，相等于中波斯语的 batak，新波斯语的 badye）相联系。这个由汉语撰写的伊朗词也可以看作是《阿维斯塔》经中 Madav（浆果制的酒）的方言形式。可见这个 budawa 原意也不是直接指葡萄，而是指葡萄酒或酒具。他还有一个理由，就是葡萄早在希腊—马其顿人到来之前已经引入，大宛人不可能接受一个新的名称来命名一个常见的植物。见劳费尔：《中国伊朗编》，林筠因译，商务印书馆，1964 年，第 49—51 页；B. Laufer, *Sino-Iranica*: *Chinese contributions to the history of civilization in ancient Iran, with special reference to the history of cultivated plants and products*, pp. 225 - 226. 但此书出版于 20 世纪早期，其中有些结论显然已经过时。如他说，"没有证据可以证明在张骞游历的时代大宛有人懂得或能讲希腊语，希腊语在伊朗地区的影响是微而又微的；突厥斯坦的古代文稿里也未曾发现过任何与希腊有关的事物"，并以此为据推断葡萄和 βότρυς 没有关系。但近百年来的考古发现和研究成果已经证明，希腊语在这些地区不仅通行，而且留下了不少相关的碑铭、钱币和纸草文献等实物资料。值得注意的是，随葡萄同时传入的"苜蓿"（见前注）一词与希腊语表示苜蓿的"Μηδικος"一词的谐音也似乎有关（劳费尔对此也持否定意见，认为它与伊朗语的 buksuk，或 buxsux, buxsuk 有关。详见前揭书第 35—37 页）。据斯特拉波，米底（Media）地区有一牧场，盛产苜蓿。这是马最爱吃的一种草。因产于米底，故被希腊人称为"米底草"（Medic, Μηδικη ποια）。Strabo, *Geography*, 16. 13. 7. 参见 Henry George Liddell and Robert Scott, *A Greek-English Lexicon*, "μηδιξω", p. 1125.

　　城邑众多、人口繁盛也是这些地区的一大特点。大宛"有城郭屋室。其属大小七十余城,众可数十万";安息"城邑如大宛。其属大小数百城,地方数千里,最为大国";大夏"有城屋,与大宛同俗。无大君长,往往城邑置小长。……大夏民多,可百余万"。这些地方如此众多的城邑是否与亚历山大倡导的建城运动有关呢?答案是肯定的。如前所述,希腊人每到一地欲长期定居,必定建立与本土相似的城市或殖民地。对于希腊人而言,城市是城邦的中心和载体。城市不仅是生活居住之地,更重要的是政治、文化、教育、宗教活动的中心。他们对城市生活有着无比深厚的情感寄托和难以割舍的精神联系。在远离祖国数千公里的遥远东方,他们或为保持民族文化特征,或为更好地对当地进行统治,必然更加倾向于建城而居。从阿伊·哈努姆遗址能容纳 5000 名观众的剧场规模[1]来看,希腊人不仅是希腊式城市中居民的主体,而且为数不少。希腊化的当地人一定也可光临剧场。[2] 这是迄今为止在东方所发现的最大的希腊式剧场。[3] 张骞在此时此地发现如此众多的城邑应在情理之中。他的报告也从另一个侧面证实了西方古典作家笔下的那些关于希腊统治者热心建城的记载。希腊人虽然是统治民族,但他们毕竟是外来移民,在这些地方数十万、上百万居民中只能是很少的一部分。

---

① Paul Bernard,"*An Ancient Greek City in Central Asia*,"Scientific American,Vol. 246,(1982,Jan.),pp. 148 - 159.
② 普鲁塔克曾在《论亚历山大的幸运或美德》(*On the Fortune or the Virtue of Alexander*)一文中写道:"当亚历山大使亚洲文明化之时,荷马的诗作被广泛阅读,波斯、苏西亚那人(Susianian)、格德罗西亚人(Gedrosian)的孩子们都学习并能够谈论索福克里斯和幼里披底斯的悲剧"。(Plutarch,*Moralia*. 328D,with an English translation by Frank Cole Babbitt,Cambridge,Mass.:Harvard University Press,1959)看来普鲁塔克的说法还是有一定的根据,并非无中生有的想象。
③ Frank L. Holt,*Into the Land of Bones:Alexander the Great in Afghanistan*,p. 156.

难以设想原来的为数不多的希腊驻军①能够在两百年间繁衍出如此多的人口。我们也不能设想这些城市都是希腊式城市，不能设想这几十万、上百万人口都居住于城市之中。城邑的周围一定是种植着小麦、水稻、葡萄的乡村，这些劳作者也一定是当地人为主。但希腊式城市的存在是事实，"千城之国"的说法也并非漫无边际的夸张。张骞的有关记述间接证明了各希腊化地区城市的数量之多，阿伊·哈努姆遗址则直接证实了至少有一部分城市具有希腊式特征。

这些地区的政治统治形式，也同其他希腊化王国一样，实行君主制，但贵族、地方首领、城市首脑似乎在关键时刻也会发挥重要作用。大宛拒绝献马，并令"攻杀汉使"，在被汉军围困时又"相与谋"杀国王毋寡②，集体与汉议和，宛贵人几乎是整个事件的主谋。③ 这些宛贵人遇事能"相与谋"，且达成共识，并敢弑杀其王，这是否可理解为在大宛，有类似于其他主要希腊化王国的宫廷议事会这样的机构存在呢？这些贵人是否就是这种议事会的成员呢？张骞到达大夏时，此地"无大君长，往往城邑置小长"，这可否理解为巴克特里亚王朝已经退到印度，这里只剩下一些城市和地方的首领在维持着一方平安呢？

张骞在介绍安息和大夏时，提到这两地"有市"，"善贾市"，还提到大夏的都城蓝市城，"有市贩贾诸物"。此外还向汉武帝提到他在大夏见到了来自中国西南地区的邛竹杖和蜀布。这一事例证明了

---

① 亚历山大离开此地进军印度前留下 13500 名士兵（Arrian, *Anabasis of Alexander*, 4. 22. 3；阿里安：《亚历山大远征记》，李活译，第 147 页），但这个数字到底包括不包括已经安置在城镇中的那些希腊人和老弱伤残、不能再服役的马其顿人，不得而知。但在公元前 323 年亚历山大逝世后，帝国东部诸行省的殖民地中，至少还有 23000 名希腊—马其顿军人存在。参见 Frank L. Holt, *Alexander the Great and Bactria*, pp. 81, 88.
② "毋寡"之名，似与希腊化时期钱币铭文中流行的国王赞词"伟大的"（ΜΕΓΑΛΟΥ）有关。古钱币学资料证明，贵霜时期有一无名王（Namless King，即币上无其本人名字，这是一种罕见的现象），其赞词为"ΣΩΤΗΡ ΜΕΓΑΣ"（Soter Megas，伟大的救世主），可见 Megas 或可代称王名。（参见上海博物馆：《上海博物馆藏丝绸之路古代国家钱币》，上海书画出版社，2006 年，第 211—212 页 No. 1224—1228。）但是否《史记》中的"毋寡"即 Megas 之转音，仍难以确定。
③ 司马迁：《史记·大宛列传》，第 3174—3177 页。

此时以中亚巴克特里亚为中心连接西亚、南亚、东亚地区的商贸网络的存在。属于这一时期的大量希腊钱币的出土说明货币交换在希腊化王国及其周边地区已经广泛流行。① 张骞的报告中也特别提到了这一点，因为他所见到的钱币与中原汉王朝的圆形方孔钱大不相同。他在关于安息的报告中特别提到了此地"以银为钱，钱如其王面，王死辄更钱，效王面焉"。这里传递了几个与希腊化王国钱币相似的信息。一是钱币是银制的，二是钱上有国王的头像，三是王死则换钱，正面的头像随之更换，继位者取而代之。王像打压于币是希腊化时期造币的通行方式。亚历山大东征之初，就在埃及的孟菲斯（Memphis）发行过一种有自己肖像的铜币②，征服印度回到巴比伦后，他还发行过一种大徽章，上有自己骑马与乘象的印度国王作战和站立接受胜利女神呈献花环的图案。③ 亚历山大死后，托勒密一世在公元前318年也发行过上有亚历山大头像的钱币，但真正创制亚历山大头像标准币的是他的另外一位部将吕西马库斯（Lysimachus，公元前323—前281年在位，约公元前297年开始发行）。④ 亚历山大的其他后继者，纷纷效仿。他们自立为王后，一般也将自己的头像置于币上，成为王权的一种象征。这种钱币不只在希腊人统治的地区流行，那些相邻的由当地人统治的地区，如帕提

---

① 自从1735年第一枚属于巴克特里亚希腊人国王欧克拉泰德斯的银币（ΒΑΣΙΛΕΩΣ ΜΕΓΑΛΟΥ ΕΥΚΡΑΤΙΔΟΥ）面世以来，不计其数的希腊式钱币在这一带出土。最为典型的是1992年在阿富汗 Mir Zakah 村发现的一座钱币窖藏，出土总数估计约55万枚，几乎是所有已发现的希腊和马其顿窖藏总量的6倍。这些钱币均流向日本和欧美。详见 Frank L. Holt, *Into the Land of Bones*：*Alexander the great in Afghanistan*, pp. 125 – 148.

② Ian Carradice and Matin Prince, *Coinage in the Greek World*, London：B. A. Seaby Ltd, 1988，p. 109.

③ Ian Carradice and Matin Prince, *Coinage in the Greek World*, p. 116；Margarete Bieber,"The portraits of Alexander", *Greece and Rome*, 2ⁿᵈ Ser., Vol. 12, No. 2, Alexander the Great, (Oct., 1965), p. 185；Fig. 12.

④ Ian Carradice and Matin Prince, *Coinage in the Greek World*, p. 120；Margarete Bieber, *The portraits of Alexander*, *Greece and Rome*, 2ⁿᵈ Ser., Vol. 12, No. 2,，p. 186；Fig. 13a.

亚,也都坚持发行和使用这样的钱币。

从目前所能搜集到属于这些地区的希腊式钱币资料上看,它们从成色上可分为金、银、铜、铁、铅数种,以重量或币值可分为德拉克马(Drachm)、四德拉克马(Tetradrachm)、奥波尔(Obolos)三种。但就帕提亚而言,现在发现的几乎全是银币,金币极为罕见,可能也只用于纪念性的馈赠,并不流通。铜币由地方铸造。帕提亚银币的正面是在位国王的头像,反面一般是一持弓而坐的弓箭手形象(有学者认为此为开国君主阿尔萨息①),或命运女神(Tyche)、胜利女神(Nike)、农业女神(Demeter)、赫拉克勒斯(Herakles)等希腊神祇的形象。帕提亚钱币上的铭文通常都是希腊语,内容包括开国君主阿尔萨息(ΑΡΣΑΚΟΥ,Arsaces)的名字(此也可视为王朝名),以及对他的赞语,如"伟大的国王"(ΒΑΣΙΛΕΩΣ ΜΕΓΑΛΟΥ)、"王中王"(ΒΑΣΙΛΕΩΣ ΒΑΣΙΛΕΩΝ),"正义者"(ΔΙΚΑΙΟΥ)、"神显者"(ΕΠΙΦΑΝΟΥΣ)、"爱希腊者"(ΦΙΛΕΛΛΗΝΟΣ)②等。但值得注意的是,这些铭文中并无正面在位国王的名字,从而给后人增加了辨认的困难。帕提亚王朝后来的四德拉克马币上还有造币年代和月份的标记,以塞琉古纪年的开始——公元前312年来计算。③ 前述张骞对安息(帕提亚)钱币的介绍虽然简单,寥寥数语,但其基本特征完全可以得到考古学、古钱币学的证实。张骞所闻所见的这种钱币一定是希腊式的钱币,这也是当时当地唯一通行的货币。后来由月氏人建立的贵霜王国也采用了这种钱币的样式。《汉书·西域传》中在记述罽宾、乌弋山离、安息、大月氏("民俗钱货,与安息同")时,仍提到了类似的钱币,充分说明了希腊式钱币影响范围的扩大和持久。可以说,关于安息钱币的描述是张

---

① Josef Wiesehofer, *Ancient Persia : From 550 BC to 650 AD*, p. 128.
② 关于帕提亚钱币上的希腊语铭文,详见 http://www. parthia. com/parthia_inscriptions. htm#Greek;http://www. parthia. com/scripts/url. asp. 这些铭文的语法多为属格。
③ 关于此类希腊式钱币,国外各大博物馆和私人收藏为数颇丰,钱币学家、历史学家甚至可以据此复原各地王朝的世系。详见相关网站的实物图像资料:http://parthia. com/parthia_coins. htm; http://www. grifterrec. com/coins/coins. html.

骞带回中原的最确切无疑的希腊化文化信息。

此外，在关于安息的报告中，张骞还带回了一则非常重要但又长期以来不为人所注意的与希腊化文化有关的信息，即安息人"画革旁行以为书记"。以皮革作为书写的材料，据考证，在埃及第四王朝法老时期（约公元前2750年）就已开始使用，①如用于墓中的陪葬品"死人书"。希罗多德在《历史》中也说过，希腊的爱奥尼亚人在未得到埃及的纸草纸以前，是在山羊和绵羊的皮子上书写的，并说甚至在他的时代，还有许多外国人是在这样的皮子上写字的。② 可见，用皮革作为书写材料由来已久。但后来的羊皮纸（希腊文：πεγαμηη；拉丁文：Pergamena；英文：parchment）一词却来自小亚的另外一个希腊化王国的国名帕加马（Pergamum）。据说，为了打破托勒密埃及对纸草纸出口的封锁，帕加马的国王欧墨涅斯二世（Eumenes Ⅱ，公元前197年即位，死于公元前160或159年）创制出了羊皮纸。③ 但实际上，可能是帕加马人改进了以前的加工程序，造出了另外一种光滑洁白、可双面书写的皮革纸。安息与小亚和塞琉古王国相邻，首先得到这种羊皮纸也有可能。20世纪考古学者在阿伊·哈努姆遗址内发现了书写有希腊诗文的羊皮纸的遗迹，④在另外一地还发现了一张属于巴克特里亚希腊人王国时期（约公元前180—前160年）Asangorna城的希腊语羊皮纸收据，⑤证明羊皮纸也早已传入张骞所亲临的大夏。因此，张骞有可能亲眼看到了这种羊皮纸以及上面从左向右横写的文字，并对此大感惊讶。因为当时中原还是用竹简作为书写材料，且是上下竖写。此外，这些书写于帕提亚（安息）羊皮纸上的文字也有可能是希腊语，这是当时希腊化各地通行的语言，也是帕提亚上流社会的时髦语

① Meir Bar-Ilan, *PARCHMENT*, http://faculty.biu.ac.il/~barilm/parchmen.htm
② Herodotus, *The Histories*, 5.58；希罗多德：《历史》，王以铸译，第370页。
③ Pliny, *Natural History*, 13.21.
④ 参见 Josef Wiesehofer, *Ancient Persia From 550 BC to 650 AD*, p.114；Frank L. Holt, *Into the Land of Bones: Alexander the great in Afghanistan*, p.160.
⑤ Frank L. Holt, *Thundering Zeus: The Making of Hellenistic Bactria*, Berkley: University of California Press, 1999. p.176.

言。司马迁在《大宛列传》中曾说到,"自大宛以西至安息,国虽颇异言,然大同俗,相知言"。这相互知晓的语言大概除了当地原来的伊朗语之外,还应该包括这种通用希腊语(κοινη,common tongue)。[①] 张骞应该是亲耳听到过这种语言的,不然怎么会将βοτρυς(botrus)音译成"蒲陶"呢?

应该说,张骞确实进入了一个和中原汉地完全不同的文化环境之中。他的所见所闻,确实包含着希腊化文化的信息。从这个意义上看,张骞不仅是出使西域、由中原走向世界的第一人,而且是把希腊化文化信息带回中原的第一人。他的西域凿空与亚历山大的东征,从不同的方向沟通了欧亚大陆古代诸文明之间的文化交流和经济联系。从此,中国的丝绸、漆器、铁器(Sericiron,实则钢铁合成的制品,包括炼钢术)、皮制品,甚至杏树、桃树的种植术都开始向西传去,有的很快就传到了罗马。[②] 而西域的各种特产、奇物、乐舞、宗教也源源不断地传入中原。其中最具有希腊化文化明显特征的就是融佛教精神和希腊造型艺术为一体的印度犍陀罗艺术。这是继张骞之后通过丝绸之路传入中原的唯一的也是最可以明确辨认的希腊化文化信息。

综上所述,丝绸之路的开通,既要归功于中国方面汉武帝的经略西域,张骞的万里凿空,也与希腊方面亚历山大东征以及希腊化世界的形成密切相关。正是这种中希方面的相向而进才"无心插柳柳成荫",最终贯通了这条连接中西、影响深远的千年之路。

(本文原载《历史研究》2007 年第 4 期,略有改动)

---

① 参见 W. W. Tarn, "Notes on Hellenism in Bactria and India," *Journal of Hellenic Studies*, Vol. 22(1902), p. 278. 他在肯定伊朗语是当地流行语言的同时,也提到了希腊语在城市中的使用,但他认为无据可证。这种情况在其后一个世纪以来的考古发掘资料中已得到有力的证实,如希腊语的钱币、铭文、羊皮纸、纸草纸文献残片等。

② 参见司马迁:《史记·大宛列传》,第 3174 页;Pliny, *Natural History*, 34. 145. 来自中国的丝绸实物残片已在公元 1 至 3 世纪的叙利亚帕尔米拉古城遗址中发现。见美国斯坦福大学教授 Albert E. Dien 在《丝绸之路》(*The Silk Road*)2004 年第 2 卷上发表的 *Palmyra as a Caravan City* 一文。(http://www.silkroadfoundation.org/newsletter/2004vol2num1/Palmyra.htm),也可参见 Josef Wiesehofer, *Ancient Persia From 550 BC to 650 AD*, p. 147.

第二章 远东希腊化文明的基本 特征及其历史定位

　　远东希腊化（Hellenism in the far east）或希腊化远东 （Hellenistic Far East）是近年来在希腊化研究领域开始流行的专业 术语。① 远东在这里不是纯粹的近代地理学意义上的远东，而是指

---

① 其实，对远东希腊人的研究早在 18 世纪就已经开始。1738 年提奥菲罗斯·拜尔在圣 彼得堡出版的《巴克特里亚希腊人王国史》（Theophilus Bayer, *Historia Regni Graecorum Bactriani*, St. Petersburg: Academia Scientiarum）可以看作是滥觞之作。 19 世纪 30 年代，德国历史学家德罗伊森（J. G. Droysen）开创了希腊化史的研究。此 后，亚历山大对东方的征服、塞琉古王国对东方行省的控制，特别是希腊人在巴克特里 亚和印度先后长达 3 个世纪之久的统治，一直是希腊化时代或希腊化世界研究领域关 注的重点之一。1909、1912 年，罗林森先后出版了《巴克特里亚：从早期时代到巴克特 里亚希腊人在旁遮普的消失》和《巴克特里亚：一个被遗忘的帝国》（H. G. Rawlinson, *Bactria: From the Earliest Times to the Extinction of Bactrio-Greek Rule in the Punjab*, Bombay: The "Times of India" office, 1909; *Bactria, The History of a Forgotten Empire*, London: Probsthain & Co., 1912），对巴克特里亚和印度—希腊人 王国的兴衰做了系统的论述（后一部书实际上是前者的扩充版）。1938 年塔恩出版的 《巴克特里亚和印度的希腊人》（W. W. Tarn, *The Greeks in the Bactria and India*. 见 The Cambridge University Press, the first edition, 1938; the second edition, 1951; the third edition, edited by Frank Lee Holt, Chicago: Ares Publishers Inc., 1984.）利 用文献和最新的钱币资料，试图全面重建巴克特里亚和印度的希腊人（主要是公元前 2 世纪前半期）的历史，将其纳入希腊化文明史的整体研究之中。此书堪称划时代之作， 奠定了远东希腊化研究的基础，至今仍有不可替代的参考价值（参见 Frank Lee Holt: "Preface", pp. i-ii; "Introduction to Ancient Bactrian Studies", pp. iii-iv, W. W. Tarn, *The Greeks in the Bactria and India*, 1984.）。他的"远东"（the Farther East）包 括从伊朗东部到北印度的希腊人统治之地（"Introduction", p. xix. W. W. Tarn, *The Greeks in the Bactria and India*, 1951）。20 世纪 50 年代以来，由于新的城市遗址、钱 币、碑铭材料的发现，巴克特里亚和印度—希腊人王国的研究取得了前所未有的突破，远 东希腊化问题受到越来越多的关注。西方古典文献中的"千城之国"，巴克特里亚（转下页）

希腊化世界最东面的部分。希腊化时期的希腊人对东方的认识尽
管已经大为扩大,但还是非常有限,印度就是他们心目中的东方极
限之地。亚历山大当年试图抵达的大地最东边的尽头就是印度的
恒河及其以东的大海。①本文的"远东"是指以巴克特里亚(Bactria)为
中心的希腊人活动或直接影响的区域。大致范围西起伊朗高原,东至
兴都库什山,北达里海、咸海、锡尔河一线,南抵印度洋或阿拉伯海,东
南以印度河流域为界。这一地区大致相等于现在的中亚腹地(Inner
Asia,内亚)和南亚次大陆的西北部。其中,阿姆河和印度河流域是两
地的核心地区。该区域曾归波斯帝国所有,后来被亚历山大征服,成
为希腊化世界的一部分。"希腊化的远东"即由此而来。

　　长达 3 个多世纪的希腊人统治和影响,加之帕提亚帝国在伊朗
高原和两河流域的崛起,使这个地区成了一个相对独立的希腊化文
明的子区域。此地的希腊人虽然是外来的殖民者,人数不多②,但他

(接上页)和印度—希腊人王国的王位世系,犍陀罗艺术的希腊渊源等都得到了进一步的
证实。但"远东希腊化"或"希腊化的远东"作为一个学术研究术语的提出和应用应归于英
国雷丁大学的雷切尔·梅切斯博士。她在《希腊化的远东:希腊中亚的考古、语言与身份认
同》(Rachel Mairs, *The Hellenistic Far East: Archaeology, Language, and Identity in Greek
Central Asia*, Oakland: University of California Press, 2014)一书的"前言"中介绍了这一术
语的内涵和希腊化远东的地域范围。即包括北边的巴克特里亚、索格底亚那(Sogdiana)地
区(今乌兹别克斯坦、塔吉克斯坦和阿富汗北部)和南边的阿拉科西亚(Arachocia,今阿富汗
南部),及犍陀罗地区(Gandhara,今巴基斯坦西北),也就是当年亚历山大所征服的波斯帝
国的最东部(p. 2 & n. 2.)。本文采用"远东希腊化"这一概念,旨在强调它的区域文明特
征,而且涵盖的地区有所扩大,包括该文明的直接影响之地。

① Arrian, *Anabasis of Alexander*, 5. 26. 1 - 2, with English translation by P. A.
Brunt, Cambridge, Mass.: Harvard University Press, 1983.
② 据查士丁,亚历山大在巴克特里亚和索格底亚那建城的目的之一就是安置那些他认为
心怀不满的士兵。(Justin, translated by J. C. Yardley, *Epitome of the Philippic
History of Pompeius Trogus*, 12.5.13.)公元前 327 年,亚历山大离开巴克特里亚赴
印度时,曾在此地留下 3500 名骑兵和 10000 名步兵。(Arrian, *Anabasis of
Alexander*, 4. 22. 3 - 4.)公元前 325 年,他在印度负伤,驻守在巴克特里亚和索格底
亚那的 23000 名希腊士兵闻讯哗变,要返回希腊。这批人最后在亚历山大死后被其部
将披松(Pithon)率领的马其顿人截杀。(Diodorus Siculus, *The Library of History*,
17. 99. 5 - 6; 18.4.8;18.7.1 - 9, with an English translation by C. H. Oldfather et
al, Cambridge, Mass.: Harvard University Press, 1933)也有说他们最后安全逃脱。
(Quintus Curtius, *History of Alexander*. 9.7.1 - 11, with an English translation by
John C. Rolfe, Cambridge, Mass.: Harvard University Press, 1946)塞琉古统治之时
和巴克特里亚王国独立之后,有多少希腊人移民于此不详。

们是当地的实际统治者。他们带来了自己的文化并竭力保持其传统,但也不可避免地受到当地文化的影响。所谓"希腊化",就是希腊文化为主导,东方各地文化自觉或不自觉参与的一个特殊的文化互动融合过程。那些继希腊人之后统治此地的民族大多是来自北方草原的游牧部落(如帕提亚人、斯基泰人、大月氏—贵霜人、嚈哒人)。他们自身没有带来与定居文明相等的文化,只好对原来的希腊化文化遗产采取了拿来主义的态度,所以,希腊化文明的薪火并未随着希腊人的消失和游牧民族的到来倏然熄灭,而是得到了意想不到的传承和改造利用。远东希腊人的历史贡献就是在远离地中海的中亚腹地和印度西北部,竟然孕育了一个为古代历史文献记载所遗漏、几乎被世人所遗忘的文明。它的迷人风采只是在近代考古学家、钱币学家、碑铭学家和历史学家的共同努力之下,才逐渐显露出来,尽管其上的历史尘埃与迷雾还远没有拂去。就现在所知来看,这个子文明本质上属于希腊化文明的范畴,但具体来看,却又有着更为鲜明的地域特征。张骞通西域来到中亚耳闻目睹的就是这个文明的遗产。这里同时也是连接中国和地中海的丝绸之路的核心地区,草原丝绸之路、绿洲丝绸之路和海上丝绸之路的汇合之地。我们所说的远东希腊化文明遗产主要就是通过这一地区与当地或周边的文明发生接触、交融并传输至欧亚大陆的东西两端。

一、希腊式城市的延续与影响

城市是文明的主要载体,也是文化交流传播的中心。正是巴克特里亚这个希腊人统治下的所谓"千城之国"①确立了该区域希腊化

---

① Justin, translated by J. C. Yardley, *Epitome of the Philippic History of Pompeius Trogus*, 41. 1. 8, 41. 4. 5; Strabo, *Geography*, 15. 1. 3.

文明的基本特色。[①]

　　希腊人素有建城殖民的传统,古风时期长达两个世纪之久的大规模海外殖民建城运动,使希腊人的活动范围从爱琴海扩大到了黑海与东西地中海。亚历山大东征可谓是希腊人新的一轮建城运动的开始,但这次殖民运动却把希腊人带到了遥远的东方。公元前331年,亚历山大在埃及尼罗河口建立了第一座以他命名的城市——亚历山大里亚。此后他所建立的城市,绝大多数也是以自己名字命名。他一路上到底建立了多少亚历山大里亚,古典作家说法不一,少则几个,多则70个左右,[②]今人也莫衷一是。但大致可以认定的至少有10—20个之间。[③] 这些城市并非都是完全新建,有的就是以原来的城市为依托,在其旁重建一个军营或希腊人聚居地。它们大多分布在中亚和印度西北部(至少在10个左右)。据阿里安,亚历山大分别在高加索山(兴都库什山)、锡尔河畔和印度河流域建

---

① 巴克特里亚(Bactria)在古典作家的笔下,一般是指阿姆河之南,兴都库什山以北的地区。也有用此词来表示一个行政区域,或一个王国,或仅仅一个绿洲。但从地缘政治和文化归属上看,从亚历山大帝国到贵霜帝国时期,巴克特里亚都应包括阿姆河中游两岸的支流地区,南达兴都库什山,北达希萨尔山(Hissar 或 Gissar Range)。巴克特里亚的希腊人总督和王国甚至一度控制了远到锡尔河流域的索格底亚那地区。参见 Pierre Leriche, "Bactria, Land of One Thousand Cities", in Joe Cribb & Georgina Herrmann, eds., *After Alexander*: *Central Asia before Islam*, Oxford University Press, 2007, pp. 123 – 127.

② 古典作家关于亚历山大的建城地点和数目,说法颇多。其中普鲁塔克的数字最多,在70个以上,这是指亚历山大一路上在所谓的"蛮族部落中"(among savage tribes)建城的总数。(Plutarch, "On the Fortune or the Virtue of Alexander," *Moralia* 328E.)其余的数目少,是说他在中亚、印度及其某地的建城,这是需要注意的。见下文。

③ 现代史家对这些记载持谨慎态度。塔恩认为,总的数目不会超过13个,其中6个尚存可辨,7个难以定位。(W. W. Tarn, *Alexander the Great*, II: *Sources and Studies*, Cambridge University Press, 1948, pp. 232 - 259.)弗雷泽的观点比较极端,他根据各类史料比定的最后结果是,亚历山大仅仅建立了6个有据可证的亚历山大里亚。其余都难以证明,可视为虚构。(P. M. Fraser, *Cities of Alexander the Great*, p. 201, Maps 1 - 2, "Table of Alexander—foundations")。科恩认定,从美索不达米亚南部、波斯湾到中亚、印度,有13个城市被古典作家归于亚历山大名下。其余还有15个左右也可能由他所建,但不能证实。(Getzel M. Cohen, *The Hellenistic Settlements in the East from Armenia and Mesopotamia to Bactria and India*, pp. 335 - 338.)

立了 5 座城市；①据斯特拉波，他在巴克特里亚建立了 8 座城市；②据查士丁，他在巴克特里亚和索格底亚那建立了 12 座城市，还有 1 座在锡尔河畔；③据普林尼，他分别在马尔吉亚那（Margiana）、阿里亚（Aria）和锡尔河畔建立了 4 座城市。④ 据库尔提乌斯，他在马尔吉亚那城周围还建立了 6 座城镇，其中 2 个面南，4 个面东。⑤ 托勒密提到在索格底亚那地区还有一座亚历山大的同名城市"Alexandria Oxiana"。⑥ 这些数字虽有重复，也并不准确，即使名为亚历山大里亚也不一定真正为其所建，但反映了亚历山大对此地的重视和在此建城之多。这些城市有的历经沧桑，存在至今，如土库曼斯坦的木鹿（Merv，Alexandria in Margiana），塔吉克斯坦的苦盏（Khujand，最远的亚历山大里亚，Alexandria Eschate），阿富汗的赫拉特（Alexandria in Aria）⑦、贝格拉姆（Alexandria of the Caucasus，高加索的亚历山大里亚）、坎大哈（Alexandria in Arachosia）⑧。有的

① Arrian, *Anabasis of Alexander*, 3.1.5‑2.1, 3.28.4；4.1.3, 4.4.1；5.1.5, 5.19.4；6.15.2.
② Strabo, *Geography*, 11.11.4.
③ Justin, translated by J. C. Yardley, *Epitome of the Philippic History of Pompeius Trogus*, 12.5.12‑13.
④ Pliny, *Natural History*, 6.18.47‑49；6.21.61.
⑤ Quintus Curtius, *History of Alexander*, 7.10.15‑16.
⑥ Claudius Ptolemy, *The Geography*, 6.12, translated and Edited by Edward Luther Stevenson, New York, 1932 (the Dover Edition, 1991). 关于该城市，由于仅有托勒密提及，位置不详。目前有阿伊·哈努姆、铁尔梅兹和塔赫特·伊·桑金（Takht-i-Sangin）三说。
⑦ 斯特拉波、普林尼、伊西多尔、托勒密都提到这个位于 Ariana 的名为"Alexandria"的城市。见 Strabo, *Geography*, 11.8.9, 11.10.1；Pliny, *Natural History*, 6.21.61；Isidore, *Parthian Stations*, The Greek text with a translation and Commentary by Wilfred H. Schoff, 15. London edition, 1914；Claudius Ptolemy, *The Geography*, 6.17. 阿里安提到亚历山大路经此地，但没有建城的记载。(Arrian, *Anabasis of Alexander*, 3.25.1)因此，该城或如斯特拉波、普林尼所说以建立者亚历山大命名 (Strabo, 11.10.1)，或继承者以亚历山大的名义而建。
⑧ 亚历山大是否在现在的坎大哈地区建立过一个同名城市，学界尚有争议。但由于在此地发现了一些希腊语铭文，倾向性的意见还是将伊尔多西提到的"Alexandropolis" (Isidore, *Parthian Stations*, 19)与"Alexandria of Arachosia"相认同。详见 Getzel M. Cohen, *The Hellenistic Settlements in the East from Armenia and Mesopotamia to Bactria and India*, pp. 255‑260.

史有记载,但不知其确切位置,如他在印度河上游希达斯皮斯
(Hydaspes)河岸边建立的胜利之城尼凯亚(Nicaea)和以他的战马
命名的城市布西法拉斯(Bucephala),以及在阿塞西尼斯河
(Acesines)河与印度河交汇处建立的一座亚历山大里亚。① 还有一
些或许就是他命人所建,如著名的阿伊·哈努姆遗址②,遗憾的是这
一城市在公元前 2 世纪中期被巴克特里亚希腊人遗弃了。

亚历山大的后继者们继承了他的建城传统,以此安置希腊军人
和移民,作为统治的中心和基地。塞琉古王朝几乎控制了原来亚历
山大帝国的全部亚洲的领土。面对如此广袤庞大、民族众多、文化
差异巨大的帝国,塞琉古王朝只能沿袭亚历山大的传统,在交通要
道、中心区域建立希腊人城市或移民地,进行由点及面的控制。从
塞琉古一世起,建城活动就如火如荼地开展起来。③ 该王朝的建城
主要集中于小亚、叙利亚和两河流域一线,但在伊朗高原以东的地
区,他们还是新建或是重建了一些城市,④这些城市大多难以定
位,⑤但阿里亚的 Achais、马尔吉亚那的 Antiocheia、阿姆河以北的
铁尔梅兹(Termez,《后汉书·西域传》中的都密)、Maracanda(马拉

① Arrian, *Anabasis of Alexander*, 5. 19. 4, 6. 15. 2. 具体方位考证见 Getzel M. Cohen, *The Hellenistic Settlements in the East from Armenia and Mesopotamia to Bactria and India*, pp. 317 – 318, 308 – 312, 291 – 293.
② 阿伊·哈努姆(Ai Khanoum)遗址中有一个纪念建立者 Kineas 的英雄祠,但他受命于哪位国王,史无记载。有学者认为这就是亚历山大在阿姆河畔建立的以他命名的殖民地"Alexandria on the Oxus"。(Klaus Karttunen, *India and the Hellenistic World*, Helsinki: The Finnish Oriental Society, 1997, p. 279.)但该城(Alexandria Oxiana)仅仅在托勒密的《地理志》中提到,且将其定位于索格底亚那地区,似乎与位于阿姆河以南巴克特里亚地区的阿伊·哈努姆遗址难以勘同。参见 Claudius Ptolemy, *The Geography*, 6. 11 – 12.
③ 据说仅塞琉古一世本人就建立了总数达 59 个之多的希腊人城市。其中可能有夸大附会成分,但他建城之多是肯定的。见 Appian, *Roman History*, 11. 57, with an English translation by Horace White, Cambridge, Mass. : Harvard University Press, 1999.
④ 如位于帕提亚境内的 Soteira, Calliope, Charis, Hecatompylos, Achaia,印度的 Alexandropolis,斯基泰的 Alexandreschata。Appian, *Roman History*, 11. 57.
⑤ 见 Getzel M. Cohen, *The Hellenistic Settlements in the East from Armenia and Mesopotamia to Bactria and India*, pp. 203, 205 – 206, 211 – 215, 216, 252 – 255, 271, 286, 301.

坎大，"石头城"之意，即后来的撒马尔罕，Samarkand）、斯基泰的
Alexandreschata 等还是有迹可循。① Achais（Achaia）本名
Heraclea，由亚历山大所建，安条克一世重建，改为此名。② 马尔吉
亚那的亚历山大里亚不久即被蛮族（the Barbarians，指游牧民族）摧
毁，安条克一世将其重建，以自己的名字命名。③ 铁尔梅兹位于阿姆
河右岸，在今乌兹别克斯坦境内，隔河与阿富汗相望，在古代是一个
渡口。铁尔梅兹古城下游约 30 公里的坎佩尔（Kampyr Tepe）遗址
发现有希腊人的哨所和城堡遗址。亚历山大可能路经此地，也可能
在此建城。有学者认为这个遗址很有可能就是托勒密所提到的
Alexandria Oxiana。④ 马拉坎大是索格底亚那地区的首府，曾被亚
历山大占领，⑤但在塞琉古王国时期开始繁盛起来。在撒马尔罕的
阿弗拉西亚卜（Afrasiab）遗址上，考古学者发现了希腊化时期的城
堡和巴克特里亚国王欧泰德姆斯（Euthydemus，约公元前 230—前
200 年）、其子德米特里（Demetrius，约公元前 200—前 190 年）和欧
克拉提德（Eucratides，约公元前 170—前 145 年）的钱币以及一些具
有希腊化特征的陶器和高脚杯。⑥ Alexandreschata 这个斯基泰地

---

① 关于这些希腊式城市，科恩有详细的定位研究，参见 Getzel M. Cohen, *The Hellenistic Settlements in the East from Armenia and Mesopotamia to Bactria and India*, pp. 335 - 338, 349 - 359.

② Pliny, *Natural History*, 6.18.48. 斯特拉波也提到这座城市，见 Strabo, 11.10.1. 关于其位置的考证，见 Getzel M. Cohen, *The Hellenistic Settlements in the East from Armenia and Mesopotamia to Bactria and India*, pp. 274 - 276.

③ Pliny, *Natural History*, 6.18.46 - 47.

④ Pierre Leriche, "Bactria, Land of One Thousand Cities," in Joe Cribb & Georgina Herrmann, eds., *After Alexander: Central Asia before Islam*. p.133. 笔者 2014 年 9 月曾到铁尔梅兹地区残存的哨所和城堡遗址（Kampyr Tepe）考察，参观了当地的博物馆，目睹了发掘出来的希腊式的陶器、钱币、雕塑、科林斯柱式等。关于该城遗址的发掘和研究，详见 P. Leriche & S. Pidaev, "Termez in Antiquity," in Joe Cribb & Georgina Herrmann, eds., *After Alexander: Central Asia before Islam*, pp. 179 - 181; G. M. Cohen, *The Hellenistic Settlements in the East from Armenia and Mesopotamia to Bactria and India*, pp. 277 - 278.

⑤ Arrian, *Anabasis of Alexander*, 3.30.6 - 7; 4.3.6; 4.6.3.

⑥ 笔者 2014 年 9 月在该遗址博物馆见到了这个城堡的模型和希腊化时期的钱币、陶罐等。

区"最远的亚历山大里亚"应该就是亚历山大以前在锡尔河畔建立的那个同名城市,塞琉古一世可能对它重建,仍称原名。①

公元前3世纪中期,塞琉古王国东部分别被希腊人的巴克特里亚王国和帕提亚人的安息王国瓜分,但前者的建立者是塞琉古王国的总督,本质上是一个自行独立的希腊人王国;后者虽是外族建立,但由于统辖区域都是原来的希腊人统治之地,作为游牧民族出身的统治阶层对希腊化文化又钦羡之至,并以"爱希腊者"或"希腊人之友"自诩,②境内的希腊人城市非但没有受到大规模的破坏,反而得到了一定的利用和发展。伊西多尔(Isidore)在其《帕提亚驿程志》(*Parthian Stations*,写作于公元前后)就提到了马尔吉亚那的安条克、阿拉科西亚的亚历山大里亚城、德米特里亚城(Demetrias)等希腊人原来建立的城市。③ 这些希腊式城市虽然后来或被遗弃,或被改建,但它们都在不同的历史时期发挥了政治、经济或文化中心的作用。在它们的废墟下,或现代城市的地层下,大量的历史遗迹遗物近年被清理出来,证明了它们曾经作为希腊人或希腊式城市的存在。其实,这些现代城市在原址上的建立,就足以证明这些希腊式城市的历史价值之所在。

从这些城市遗址中,可以看到不同的文化景象。阿伊·哈努姆(Ai Khanoum)到底建于亚历山大时期还是之后,似乎并不重要。关键是这座城市遗址的希腊化风格非常明显。它位于阿姆河畔今日阿富汗东北部一侧。城市有卫城,有希腊城市中最基本的建筑:体育馆、剧场。神庙从外观上看是东方式的,但其中安放的却是希

---

① 关于二者的认同,详见 Getzel M. Cohen, *The Hellenistic Settlements in the East from Armenia and Mesopotamia to Bactria and India*, pp. 252–255.

② 关于帕提亚与希腊文化的关系,参见杨巨平:《帕提亚王朝的"爱希腊"情结》,《中国社会科学》2013年第11期,第180—201页。

③ Isidore, *Parthian Stations*, 14, 18, 19. Demetrias城是公元前2世纪初侵入阿拉科西亚地区的巴克特里亚国王德米特里所建。详见 Getzel M. Cohen, *The Hellenistic Settlements in the East from Armenia and Mesopotamia to Bactria and India*, p. 272; W. W. Tarn, *The Greeks in the Bactria and India*, p. 94.

腊神的雕塑。建城者的墓基石座上镌刻着来自希腊德尔斐神庙的
人生格言。此外,柱廊式的宫殿建筑群,以科林斯式为主的希腊式
柱头,希腊式钱币,希腊语的纸草文献,陶制的希腊喜剧人物面具的
出水口等,也都说明这不是一座一般的城市,或许就是巴克特里亚
王国的都城之一。[①] 近年来在巴克特里亚地区其他城市遗址上也新
发现一些希腊化时代的遗存,如巴克特拉(Bactra)遗址的科林斯式
和爱奥尼亚式的柱头[②],塔赫特·伊·桑金(Takht-i-Sangin)遗址的
爱奥尼亚式柱头,希腊语铭文,献给奥克索斯河(the Oxus)的希腊
神话人物塞勒努斯(Selenus)或马尔绪阿斯(Marsyas)的青铜雕像
(一个裸体光头老人,正在吹奏长笛),太阳神阿波罗(仅存大腿以上
部分)等石雕,"塞琉古式"希腊统治者的泥塑头像,剑柄或刀鞘上的
赫拉克勒斯(Heracles)与西勒诺斯(Silenus)(二者在搏斗,前者显然
已经将后者制服在地),戴狮子头皮盔的亚历山大牙雕形象等。[③] 虽
然有些城市早期的希腊化遗迹难以寻觅,但从此地出土的时间稍后
的文物来看,也可以看出这些城市的希腊化特征在延续。在这方
面,贝格拉姆、铁尔梅兹、坎大哈、木鹿等主要的几个遗址都可以提
供一些补充性的信息。贝格拉姆即"高加索的亚历山大里亚"所在
地,虽然由亚历山大所建,但其出土物品主要出自公元 1 世纪的贵
霜时期,其中不仅有来自印度的牙雕、中国的漆器,还有希腊罗马世
界的玻璃器皿和灰泥圆形浮雕,上面有反映特洛伊故事中赫克托尔
(Hector)和阿喀琉斯(Achilles)战斗的场面,也有典型的希腊神话

[①] 参见 Paul Bernard, "Ai Khanum on the Oxus: A Hellenistic City in Central Asia," *Proceedings of the British Academy*, Vol. 53 (1967), pp. 71 – 95; Paul Bernard, "An Ancient Greek City in Central Asia," *Scientific American*, Vol. 246 (1982, Jan.), pp. 148 – 159.

[②] Pierre Leriche, "Bactria, Land of One Thousand Cities," in Joe Cribb & Georgina Herrmann eds., *After Alexander: Central Asia before Islam*, pp. 131 – 132.

[③] B. A. Litvinskii and I. R. Pichikian, "The Hellenistic Architecture and Art of the Temple of the Oxus," *Bulletin of the Asia Institute*, New Series, vol. 8 (1994), pp. 47 – 66. 图片也可参见 http://www.afc.ryukoku.ac.jp/tj/tajikistanEnglish/C—ancienttime/C—04SouthernBC1-AD1/C-4.html。

人物形象,如美神阿芙洛狄特(Aphrodite)、美少年伽尼墨德斯(Ganymede)与化作老鹰的宙斯、有翼小爱神阿摩尔(Amor,Cupid,希腊神话中的 Eros)、月神塞勒涅(Selene)与美少年恩底弥翁(Endymion)。此外值得注意的是在此地发现了作为秤砣使用的希腊神雅典娜和赫尔墨斯胸像,以及具有埃及萨拉皮斯神特征的赫拉克勒斯神像(Serapis-Heracles)和手持火炬的有翼爱神爱洛斯(Eros)青铜雕像。希腊青年埃弗比(Ephebe)、青年骑手"亚历山大"、希腊音乐家的形象也以不同的艺术形式出现。① 这些艺术品不论是出自本地的艺术家之手,还是从地中海的罗马世界运来,都反映了此地浓厚的希腊化文化氛围。铁尔梅兹—坎佩尔遗址出土的科林斯柱头②,虽然属于贵霜时期,但它显然与犍陀罗佛教艺术的传播有关。科林斯式柱头在远东希腊化建筑中最为流行,尤其是在犍陀罗艺术中,几乎所有佛教雕刻中或作为两个叙事场面的间隔,或表示佛教建筑,都采用了这种柱式,但对其进行了重大的改造。其一,柱头简单化,我们还能够看到阿堪突斯叶(Acanthus)的花饰,但只是象征性的点缀而已;其二,柱身大多由圆形变为方形,呈半柱式。但在铁尔梅兹,柱头的花丛中出现了佛教人物。这固然反映了佛教犍陀罗艺术的变化与发展,但也反映出希腊化艺术的影响在当地的长久不衰。坎大哈的发掘在 20 世纪以来由于战乱虽然没有能够持续进行,仅有的出土物也难以证明该城具有明显的"希腊性",但近年来在当地发现的一块墓碑上的希腊语铭文证明此地具有深厚的希腊化文化底蕴。公元前 2 世纪的一位名叫索菲托斯

---

① 有关图片参见 *Hidden Afghanistan*, under the direction of Pierre Cambon in collaboration with Jean-François Jarrige; with scientific contributions by Paul Bernard and Véronique Schiltz. Amsterdam: Nieuwe Kerk, 2007, pp. 228 - 275 (catalogue: nos. 147 - 228)。

② P. Leriche and S. Pidaev, "Termez in Antiquity", in Joe Cribb & Georgina Herrmann, eds., *After Alexander: Central Asia before Islam*, pp. 190 - 191 & Figure 9.

(Sophytos)的当地人(印度人)用希腊离合诗(藏头诗)的形式,以典雅的希腊语叙述他的家世,其中特别提到了希腊复仇女神、太阳神阿波罗、文艺女神缪斯等。[1] 这说明他受到良好的、系统的希腊语训练和希腊文化的熏陶。这块墓碑立于大路之旁,目的是让路人阅读,可见当地人希腊化程度之高。木鹿的希腊人遗址也已经发现,它是在原来波斯时代的一个城堡的基础上发展起来的。原来的城堡仅仅是希腊化时期木鹿的一个很小的组成部分。[2] 公元前53年卡莱(Carrhae)战役之后,帕提亚人曾经把2万名罗马战俘关押于此。[3] 此时城市的规模之大可以想见。此地也出土了科林斯式的柱头。中国史书中把木鹿称为小安息[4],也可见木鹿在丝路中的中枢作用。

总之,现在可以确定为亚历山大及其后继者在远东建立的这些城市一部分湮没无闻,大部分都有迹可循。它们初期由于是希腊人的殖民地保持了较多的希腊化特征,但随着希腊人在当地的消失,这些特征逐渐失色、模糊。新的统治者由于自己没有带来成熟的本民族文化,大多延续了这些城市的文化传统,同时也注入了新的文化因素。本来这些城市在建立之初就自觉或不自觉地接受了一定程度的当地文化的因素,即使像阿伊·哈努姆这样希腊化特征极为明显的城市,东方的因素也随处可见。神庙中供奉的神可能是宙斯,但神庙却绝非希腊的柱廊式建筑,而是立于土台之上,四壁支撑着平面屋顶,外墙上嵌有壁龛。剧场整体上是希腊式的,半扇形依

[1] 关于此碑文的历史信息和文化内涵,见 Rachel Mairs, *The Hellenistic Far East*: *Archaeology, Language, and Identity in Greek Central Asia*, pp. 106 - 117, 190; Rachel Mairs, "The places in Between: Model and Metaphor in the Archaeology of Hellenistic Arachosia," in Sujatha Chandrasekaran, Anna Kouremenos and Roberto Rossi (eds.), *From Pella to Gandhara*: *Hybridisation and Identity in the Art and Architecture of the Hellenistic East*, Oxford: BAR, 2010, pp. 177 - 189.
[2] P. Leriche and S. Pidaev, "Termez in Antiquity," in Joe Cribb & Georgina Herrmann, eds., *After Alexander*: *Central Asia before Islam*, p. 313, Figure 1.
[3] Pliny, *Natural History*, 6. 18. 47.
[4] 范晔:《后汉书·西域传》,第2918页。

山坡而建,但却在中间设立了包厢式的看台(loggias),显然是供王公显贵等特权阶层使用;宫殿、庭院有希腊式的石头柱廊,但总体上是当地的平顶土砖结构。[①] 塔赫特·伊·桑金遗址是一座小城,但上述主要的具有希腊化特征的遗存均发现于一座设有琐罗亚斯德教祭火坛的阿姆河神庙("the temple of the Oxus")之中。类似情况在其他城市比比皆是。因此,这些城市,即使在希腊人掌控之时,也只能称为希腊化或希腊式的城市。不论从市政建设还是从内部管理,它们都不过是远东希腊人的栖身之所。它们中的一部分后来继续存在、发展,成了著名的丝路重镇,如撒马尔罕、木鹿、贝格拉姆(迦毕试)、铁尔梅兹(都密、怛密、怛满、怛没)、坎大哈。有的则消失于历史的长河之中,如上个世纪后半期才发现的阿伊·哈努姆遗址。

二、希腊式钱币在远东的流通、传播与模仿

钱币也是希腊化文明的一个重要载体,同时也是希腊化文明信息的主要传播媒介。今天我们对远东希腊化文明及其影响的了解在很大程度上要归功于这些钱币的发现和解读。

巴克特里亚希腊人王国的钱币是在亚历山大和塞琉古王国钱币的基础上发展而来,具有鲜明的区域特色,蕴含着更为丰富的历史文化信息。其一,统治者的正面肖像根据发行者自己年龄的增长与相貌的变化而变化,反面铭文的内容和保护神之类的设计与时俱进,不仅根据发行者的血统,而且根据其功绩、信仰来确定。这就为确定王位的世系更替和国王的在位时间提供了一定的依据。其二,在整个希腊化世界,唯有他们在印度发行了希腊语铭文与地方语言相对应的双语币,同时在反面增添了印度的神或其他具有地方特色

---

① 参见 Paul Bernard, "An Ancient Greek City in Central Asia," *Scientific American*, 246 (1982, Jan.), pp. 148 – 159.

的标记。其三,他们的钱币被后来的印度—斯基泰人(Indo-Scythians,塞人)、印度—帕提亚人(Indo-Parthians)、月氏—贵霜人、嚈哒人(Hephthalite)、粟特人(Sogdians)、花剌子模(Khwarazm)人所模仿,从而形成了希腊与远东地方文化相结合的希腊式钱币系列。这些钱币主要在巴克特里亚为中心的区域流通,事实上担当了文化传播和文明传承者的角色。

希腊钱币源于小亚的吕底亚和波斯钱币。小亚的希腊人首先接触到这种有标记的硬币,然后传回希腊本土,各城邦结合自己的需要,开始发行式样不一、图案各异的城邦钱币。但在形制上,它们有共同的特征:银币为主;圆形;正面是城邦的保护神,反面是保护神的标志,或是与城邦有关的动物或图案。马其顿王国的钱币可能是个例外。早在亚历山大东征之前,帕狄卡斯二世(Perdiccas Ⅱ)、阿刻劳斯一世(Achelaus I)、阿门塔斯三世(Amyntas Ⅲ)的钱币上都出现了赫拉克勒斯戴狮头皮盔的头像。亚历山大的父亲腓力二世(Philip Ⅱ,公元前359—前336年在位)曾经发行过一种钱币,正面是带月桂冠的宙斯头像,反面是腓力骑在马上伸手致意的形象。[①]小亚的一些波斯总督也发行过有自己头像的钱币,但希腊化时期王像钱币盛行,成为一种惯例,显然与亚历山大有关。[②] 他在东征开始前后首先发行"赫拉克勒斯/宙斯"(Heracles/Zeus),"雅典娜/胜利女神尼科"(Athena/Nike)型钱币,上面有他的名字。其后(约公元

[①] 笔者2018年11月在希腊马其顿都城培拉(Pella)遗址博物馆看到了这些钱币,并由此意识到马其顿钱币是希腊化钱币的主要源头,或者是源头之一。故此处稍作补充。"戴狮皮盔的赫拉克勒斯头像"见Barclay V. Head, *A Catalogue of the Greek Coins in the British Museum*, *Macedonia*, *Etc*. London: printed by Order of the Trustees, 1879, pp. 163 (Perdiccas II, no. 3), 165 – 167 (AcheLaus I, no. 10 – 13), 171 – 176 (Amyntas Ⅲ, no. 1 – 13, 17 – 23), 175 – 176 (Perdiccas Ⅲ, no. 1 – 8);腓力二世的骑像见李铁生编著:《古希腊币》,北京出版社,2013年,第45页图4—6。

[②] Otto Mørkholm, *Early Hellenistic Coinage from the Accession of Alexander to the Peace of Apamea*, Cambridge University Press, 1991, p. 27. 小亚波斯总督的个人头像钱币图片见李铁生编著:《古希腊币》,第89页图8—10,第90页图8—12,第108页图9—9,第111页图9—16,9—17。

前 332 年)他在埃及发行了一种青铜币,正面是他戴头盔的形象。①
公元前 326 年征服印度河流域后,他发行了一种纪念币或徽章,正
面是他纵马持矛击退乘象的印度国王波鲁斯(Porus)的场景,反面
显示他像宙斯一样,一手发出雷电,一手持权杖,头上方飞翔的胜利
女神向他敬献花环。② 亚历山大死后,最早为他造币的是其部将托
勒密一世(Ptolemy I)和吕西马库斯(Lysimachus),主要有"头戴象
头皮盔的亚历山大/王位上的宙斯","头戴公羊角的亚历山大/手托
胜利女神坐着的雅典娜"两种类型。③ 从此以后,"王像现于币"就成
了希腊化钱币的主要特征。不仅各个王国的统治者发行有自己头
像的钱币,就是一些地方总督也开始发行类似的钱币。钱币的正面
一般是国王头像,反面是其保护神或其他特殊的象征物,并附有表
示国王头衔及其名字的希腊语铭文。④ 这类钱币还有一个特点,就
是在重量和面值上以阿提卡制为基础⑤,这样做的目的显然是为了
便于在整个希腊化世界流通。巴克特里亚的希腊人虽然在公元前
250 年左右脱离塞琉古王国宣告独立,但为表示自己统治的合法性
和正统性,仍然继续发行这种钱币。第一任国王提奥多托斯
(Diodotus)及其作为共治者(co-regent)的同名儿子甚至在他们最初
的钱币上仍然保留着塞琉古国王安条克二世(Antiochus II)的名

---

① Ian Carradice & Martin Price, *Coinage in the Greek World*, pp. 106 – 107, 109.
② F. L. Holt, *Alexander the Great and the Mystery of the elephant Medallions*, Berkeley: University of California Press, 2003, Plate: 2 – 5. John Boardman, *The Greeks in Asia*, p. 57 (illus. 28).
③ Ian Carradice & Martin Price, *Coinage in the Greek World*, pp. 116 (pl. 220), 120 (pl. 234); Otto Mørkholm, *Early Hellenistic Coinage from the Accession of Alexander to the Peace of Apamea*, pp. 63 (pl. 90), 81(pls. 178 – 179, 181 – 182).
④ 一般是属格,如 ΒΑΣΙΛΕΩΣ ΣΕΛΕΤΚΟΥ,意思是"国王塞琉古的钱币"。
⑤ 古典时期的希腊流行阿提卡(Attic Standard)、厄基纳(Aeginetan Standard)、科林斯(Corinthian Standard) 三种币制。币值以一德拉克马(Drachm)和四德拉克马(Tetradrachm)为主。阿提卡制:1 Drachm= 4.25g, 1 Tetradrachm=17g。

字。① 正是由于巴克特里亚希腊人对这种钱币传统的执着坚持，并因地制宜，因时而异，从而奠定了这种钱币传统延续千年之久的基础

公元前 3 世纪末，巴克特里亚的希腊人王朝改朝换代，一个名为欧泰德姆斯（Euthydemus，约公元前 230—前 200 年）的国王出现。在他及其儿子德米特里（Demetrius，约公元前 200—前 190 年）统治时期，巴克特里亚王国的势力达到极盛，一度越过兴都库什山，深入印度西北部。欧泰德姆斯发行了"国王头像/呈休息状的赫拉克勒斯坐像形"钱币，影响深远，后来被索格底亚那和锡尔河之北的许多游牧民族统治者模仿采用。② 德米特里发行了头戴象头皮盔的钱币，表示自己和亚历山大一样是印度的征服者。接替这个家族统治巴克特里亚的是欧克拉提德，他的钱币反面的保护神是希腊神话中的狄奥斯库里兄弟（the Dioscuri）。大约在公元前 2 世纪中期，迫于北方游牧民族南下的压力，巴克特里亚希腊人退入印度西北部。王朝的更替导致了希腊人内部的分裂，这时的印度西北部由不同希腊人家族所控制。公元前 1 世纪，随着斯基泰人和帕提亚人侵入，这些希腊人小王国的地盘逐渐缩小。到公元前后，所有的希腊人王国都悄然消失。希腊人作为一个外来民族也融入印度人之中。在这二百年间，希腊人实际上成了印度—希腊人（Indo-Greeks），他们的血统逐渐和当地的民族混合，他们的文化也不得不向印度转向。反映在钱币上就是希印双语币（正面希腊文，反面佉卢文或婆罗米文）的出现和一些佛教的标志和地方神形象被吸纳于钱币的图案之中。双语币是希腊化钱币向仿希腊化钱币转化的分水岭，此后进入印度的印度—斯基泰人、印度—帕提亚人以及后来的贵霜人，都采

① Otto Mørkholm, *Early Hellenistic Coinage from the Accession of Alexander to the Peace of Apamea*, p. 120（pl. 374 - 375）；Osmund Bopearachchi, *Monnaies gréco-bactriennes et indo-grecques*, *Catalogue Raisonné*, Pl. 1（Diodote I et 2, serie 1 - 4）.

② Otto Mørkholm, *Early Hellenistic Coinage from the Accession of Alexander to the Peace of Apamea*, p. 121（pls. 383 - 386）.

用了这种双语币。

印度—斯基泰人主要活动区域在犍陀罗地区,也就是《汉书·西域传》首次提到的罽宾[①]。他们的钱币正面以全身披甲的国王骑马前行形象取代了印度—希腊人钱币上的国王头像,这与他们的游牧民族传统明显有关。与《汉书·西域传》的关于罽宾钱币的记载"文为骑马,幕为人面"[②]相比,正面相似,反面则是全身的希腊神或印度神。《汉书·西域传》中的乌弋山离很可能是阿拉科西亚地区首府 Alexandria 的谐音。[③] 此地曾被另外一支印度—斯基泰人占领。《汉书·西域传》称其钱币"其钱独文为人头,幕为骑马",[④]与罽宾的钱币正好相反,可能是传闻有误。但此地从亚历山大到孔雀帝国阿育王时期,再到印度—希腊人时期一直是希腊人的聚居地。印度—斯基泰人来到此地后,开始接受、仿造希腊式钱币。公元前后紧随其后进入阿拉科西亚和犍陀罗地区的印度—帕提亚人,也接受了印度—希腊人钱币的基本式样,仿造了印度—斯基泰人的钱币。[⑤]公元 1 世纪,贵霜帝国建立。前期钱币以仿制巴克特里亚希腊人、印度—希腊人钱币为主。从第三王(Vima Kadphises,约公元前113—前 127 年)开始,金币出现,钱币风格发生较大变化,国王形象

---

① 根据班固:《汉书·西域传》的记载:"乌孙国……本塞地也,大月氏西破走塞王,塞王南越悬度。""塞王南君罽宾。""罽宾国,王治循鲜城,去长安万二千二百里。不属都护。户口胜兵多,大国也。东北至都护治所六千八百四十里,东至乌秅国二千二百五十里,东北至难兜国九日行,西北与大月氏、西南与乌弋山离接。"(班固:《汉书·西域传》,中华书局,1962 年,第 3901、3884 页)可知,塞人的一支翻越帕米尔高原,南下犍陀罗地区,建立了"罽宾国"。

② 班固:《汉书·西域传》,第 3885 页。

③ Anthony F. P. Hulsewé and Michael Loewe, *China in Central Asia*, Leiden: E. J. Brill, 1979, p. 112 n. 250.

④ 班固:《汉书·西域传》,第 3889 页。

⑤ Osmund Bopearachchi, *From Bactria to Taprobane*, vol. I. *Central Asian and Indian Numismatics*, New Delhi: Manohar Publishers, 2015, pp. 528-529, 547-548 (nos. 1-9).

中的贵霜民族特征趋于明显,①希腊文变形错讹现象严重。迦腻色伽一世(Kanishka I,约公元 127—151 年在位)时期,铭文改为用希腊语拼写的巴克特里亚语。反面除了希腊的神之外,其余多为印度和波斯的神。② 这些现象反映了迦腻色伽时期希腊、印度、波斯三种文化交融的深入。

贵霜之后出现于中亚和印度西北部的王朝先后是印度—萨珊王朝(公元 230—360 年)、寄多罗王朝(公元 360—460 年)和嚈哒王朝(公元 450—542 年)。它们都吸收了希腊式钱币的基本要素,但从外观上看,主要采用了萨珊王朝和贵霜王朝的钱币类型,纯粹的希腊语铭文完全消失,但变形的希腊字母还在使用,如嚈哒王朝使用草体希腊文,印度—萨珊王朝的一些国王使用希腊语字母拼写的贵霜文。③ 粟特地区(Sogdiana,以泽拉夫善河流域为中心)先后处于亚历山大帝国、塞琉古王国、巴克特里亚希腊人王国、帕提亚王国、贵霜帝国、萨珊帝国的控制或影响之下,钱币以仿制为主,呈现出多元文化的特征,有的钱币后来甚至受到中国中原王朝钱币的影响,出现了方孔和汉字。④ 地处阿姆河下游的花剌子模(Khwarezm)虽然一直没有受到希腊人的直接统治,但由于周边希腊化文化的影响,从公元前 1 世纪起也开始发行自己的仿希腊式钱币。正面是国王头像,反面是欧克拉提德钱币上的狄奥斯库里兄弟骑像和单人骑

---

① 关于贵霜诸王的钱币图像及其特征,参见上海博物馆:《上海博物馆藏丝绸之路古代国家钱币》,第 208—232 页(No. 1200—1352);也可见杨巨平:《"Soter Megas"考辨》,《历史研究》2009 年第 4 期,第 140—152 页及封三图版。
② 详见 M. K. Thakur, *India in the Age of Kanishka*, Delhi: World View Publication, 1999, Pls. 1–10; pp. 43–46, 134–140.
③ 关于这三个王朝的钱币式样及其特点,参见李铁生编著:《古中亚币》,第 196—247 页。
④ 关于粟特钱币的演变,详见 http://www.sogdcoins.narod.ru/english/sogdiana/coins.html. 参见 Institute of Archeology of the UzSSR Academy of Sciences, etc., *Culture and Art of Ancient Uzbekistan: Exhibition Catalogue*, Moscow, 1991. Vol. 1, pp. 156–164 (nos: 205–245); Vol. 2, pp. 34–39 (nos. 405–415, 419).

马型,环以希腊语铭文。① 公元 1—3 世纪出现于中国和田地区的
"汉佉二体钱"(Sino-Kharosthi)实际上也是希腊式钱币的影响的结
果。这种钱币圆形无孔,大小钱的重量比例是 4∶1(廿四铢与六铢),
相当于希腊钱币的四德拉克马(Tetradrachm)与一德拉克马
(Drachm)之比。钱币的形制、佉卢铭文的书写形式和"王中王"称号
等显然与印度—斯基泰人、印度—帕提亚人和贵霜早期钱币的直接
影响有关。②

　　由此可见,在公元前后的几个世纪中,在中亚和印度存在着一
个以巴克特里亚希腊化钱币为源头的货币演变系列。中亚既是起
点,也是终点。巴克特里亚、印度—希腊人王国的钱币与印度—斯
基泰人王国、贵霜帝国、嚈哒王国,以至于粟特、花剌子模地区的钱
币之间实际上存在着一种不绝如缕的传承关系。尽管经过一代一
代的模仿、改造,希腊语铭文、希腊的神也都遗失殆尽,正反面的图
案早就面目全非,但基本的特征如形制、币值、币材等至少延续到了
阿拉伯人到来之时,甚至从其后的阿拉伯钱币和中亚蒙古汗国钱币
的轮廓中也都隐约感受到它的影响(圆形无孔,正反面各种图案)。

三、犍陀罗艺术与远东希腊神话的巴克特里亚起源

　　犍陀罗艺术(Gandhara Art)在印度西北部的起源、形成和希腊
神话传说在希腊化远东地区的广泛传播是巴克特里亚文明圈中一

---

① Institute of Archeology of the UzSSR Academy of Sciences, etc., *Culture and Art of Ancient Uzbekistan: Exhibition Catalogue*. Vol. I, pp. 192 - 193 (nos. 306 - 307).
② 详见 Joe Cribb, "The Sino-Kharosthi Coins of Khotan. Their attribution and relevance to Kushan Chronology" (Part one), *The Numismatic Chronicle*, Vol. 144 (1984), pp. 128 - 152;参见夏鼐:《和田马钱考》,《文物》1962 年第 7、8 合期,第 60—63 页;林梅村:《再论汉佉二体钱》,《中国钱币》1987 年第 4 期,第 3—11,20 页。此类钱币国内大连旅顺博物馆和新疆钱币博物馆、甘肃钱币博物馆也有收藏,笔者 2013 年夏曾专程考察,拍有实物照片。

个特殊的文化现象。由于有关的文献记载严重缺乏,所以这一地区具有犍陀罗艺术特征的文化遗存以及其他壁画、雕塑、钱币、器物、饰品上所反映的希腊神话素材就显得尤为珍贵。正是它们再现和凸现了巴克特里亚希腊化文明的基本特征:希腊文化与印度、波斯、草原游牧文明的深度互动与融合。

犍陀罗艺术包含西方古典因素,是在外来文化的参与或推动下出现的,这一点在学术界似乎没有太大异议。但它到底是与希腊化时期来到印度的希腊人有关,还是与罗马帝国时期通过海路而来的罗马人有关,也就是说这些古典因素是希腊人还是罗马人带来的,学术界存在争议。其实,如果我们承认犍陀罗艺术中的西方古典因素事实上就等于承认了希腊文化的作用,因为这些古典艺术因素本质上源于希腊文明,罗马人不过是它的继承者和发扬者而已。而且帝国东部(埃及、叙利亚一带)的罗马人相当一部分实际上就是以前的希腊人或其后裔,政治上他们是罗马帝国的臣民,但在血缘上,尤其在文化上他们还是希腊人。他们可能是最早来到印度的所谓"罗马人"。所以,有学者将犍陀罗艺术称为"希腊佛教艺术"(the Greco-Buddhist Art)[1]是有道理的。

佛教与希腊人的相遇发生在阿育王时期。亚历山大死后,印度的希腊—马其顿驻军最迟于公元前 316 年全部撤走。公元前 305—前 303 年,远征印度的塞琉古一世和当时印度孔雀王朝的统治者旃陀罗笈多(Chandragupta)达成妥协,放弃对印度西北部(原来是亚历山大帝国的一部分)的控制权。[2] 但这并不意味着希腊人与印度关系的中断。20 世纪五六十年代,在今日阿富汗的坎大哈发现了两块刻有孔雀王朝第三位国王阿育王(Asoka,约公元前 270/269/

---

① 参见 Alfred Foucher, *L'Art gréco-bouddhique du Gandhāra*, 3 volumes. Paris: Imprimerie Nationale, 1905, 1918 & 1922.

② Strabo, *Geography*, 15. 2. 9.

260—前 232/218 年在位)发布的希腊语石刻敕令。① 这就说明,此地仍有希腊人居住,而且人数可观,否则国王没有必要颁布希腊语敕令,而且也不可能找到如此谙熟希印两种语言和文化内涵的翻译者。他还派人到印度之外的西部五个希腊化王国去宣扬佛教。② 这是他的自我吹嘘,还是确有其事,已不可考。但表明佛教在印度西北部的广泛传播,巴克特里亚的希腊人对佛教应该有所耳闻。

公元前 2 世纪初,巴克特里亚的希腊人大举进入印度西北部,与此地的佛教开始了直接的接触。印度—希腊人国王阿伽托克勒斯(Agathocles,约公元前 190—前 180 年)的钱币上出现了表示覆钵状的佛塔和围栏中的菩提树。③ 著名的印度—希腊人国王米南德(Menander,约公元前 165/155—前 130 年)可能皈依了佛教。④ 他的钱币上出现的表示八正道的法轮,似乎就是他信仰、弘扬佛教的证据,表明他是一位转法轮王(the cakravartin, the king who makes the wheel of law turn),也即最高的统治者。⑤ 佛教既然如此流行,在当时的文化氛围中,希腊人皈依佛教似乎也在情理之中。随从米南德听经的 500 希腊人(the five hundred Yonakes,非确数)应该在

---

① 分别发现于 1958、1963 年(公布于 1964 年),详见 M. Wheeler, *Flames over Persepolis*, pp. 65 – 69; S. Sherwin-White and A. Kuhrt, *From Samarkand to Sardis: A New Approach to the Seleucid Empire*, pp. 101 – 102.

② Ven. S. Dhammika, *The Edicts of King Ashoka*, "the Fourteen Rock Edicts": No. 5, 13.

③ Osmund Bopearachchi, *Monnaies gréco-bactriennes et indo-grecques*, *Catalogue raisonné*, PL. 7 (Agathcles, 9 – 11).

④ T. W. Rhys Davids, trans., *The Questions of King Milinda*, Part II of II, Oxford: The Clarendon Press, 1894, pp. 373 – 374 (No. 420); I. B. Horner, trans., *Milinda's Questions*, Volume II, London: Luzac & Company, Ltd. 1964. pp. 304 – 305(No, 420);《大正新修大藏经·论集部》全第 32 卷 No. 1670 (A, B)《那先比丘经卷下》,第 703、719 页.

⑤ 关于该钱币图案及其寓意,见 Osmund Bopearachchi, *From Bactria to Taprobane*, vol. I. *Central Asian and Indian Numismatics*, Pl. I. no. 14; p. 197.

国王的带领下也成了佛教的信徒。①

　　一般认为,犍陀罗艺术的繁荣和传播是在贵霜迦腻色伽时期,但它的萌芽却无疑是在印度—希腊人统治时期。正是他们把希腊的神话故事、神人同形同性观念(anthropophuism)和雕塑造型艺术带入印度。在释迦牟尼的崇拜者们试图用一个人物形象表现他们的佛祖时,印度—希腊人中的佛教徒以及受雇于创作佛陀形象的希腊雕塑家首先想到了他们熟悉的希腊神。相当一部分学者把希腊的阿波罗神(Apollo)视为佛陀的原型,认为雕塑家们由此获取了创作的灵感。这种说法应该说有一定的合理性。② 当然,我们从早期犍陀罗艺术那些佛教人物雕塑和建筑艺术中所感受到的希腊化因素,不仅仅有类似于阿波罗式的希腊神像,还有经过改造的科林斯式柱头和各种具有希腊艺术风格的装饰性纹饰(如葡萄纹、蔷薇花饰、连珠纹、忍冬纹、棕榈枝等)。这些希腊化因素应该首先来自巴克特里亚的希腊人王国,阿伊·哈努姆遗址的发现提供了有力的证据。此地出土的希腊式雕塑,钱币上强烈的现实主义人物形象,希腊式柱式,以及它们精巧的制作工艺(如泥塑③)说明在巴克特里亚

---

① Yonakes,即 Yonas,是印度—希腊人 Yavanas 的巴利文复数形式。汉译为"臾那",首先出现在巴利文的《米南德问经》中。其中提到米南德的五百希腊随从("The five hundred Yonakes")或宫廷议事会成员(counselors),见 T. W. Rhys Davids, trans. , *The Questions of King Milinda* , Part I of II, pp. 8,30,33,37(Nos. 4,19,20,23)。在汉文《那先比丘经》中译为"五百伎"或"五百骑从"。《大正新修大藏经·论集部》全第 32 卷 No. 1670(A, B)。

② 参见 R. 格鲁塞:《从希腊到中国》,常书鸿译,第 27—29 页;R. A. Jairazbhoy, *Foreign Influence in Ancient India* , Bombay, New York: Asia Pub. House, 1963, p. 145; Alfred Foucher, *Beginnings of the Buddhist Art* , P p. 128.

③ 这种泥塑艺术在同时期的塔赫特·伊·桑金遗址也有发现。B. A. Litvinskii, and I. R. Pichikian, "The Hellenistic Architecture and Art of the Temple of the Oxus," *Bulletin of the Asia Institute* , New Series, Vol. 8 (1994), pp. 47 - 66.

存在着一个艺术流派①,它的成员可被视为犍陀罗艺术创造者的先驱。

希腊神话是古希腊文明的精神的一种体现,是古希腊人对自身以及自身与自然万物关系的拟人化想象。所谓希腊的神,以及关于这些神的传说,不过是古希腊人民族性和人性的展现。希腊人"神人同形同性"的观念可能即由此而来。像世界上其他民族一样,他们的神和关于神的传说与他们如影相随,无处不与他们同在。亚历山大的征服在某种意义上,就是传播希腊神话的过程。他声称,他是宙斯和赫拉克勒斯的后裔,认为自己就是荷马史诗中阿喀琉斯式的英雄。② 他到了埃及又认为自己是"阿蒙(Amon)—宙斯"之子。③托勒密一世发行亚历山大头戴公羊角的钱币就来源于此,因为公羊是阿蒙神的标志。当他经过兴都库什山进入中亚的时候,他把这座山当成是希腊神话中囚禁普罗米修斯(Prometheus)的高加索山。④当他进入印度的时候,在一座名为奈撒(Nysa)的城市,碰到了自称是酒神狄奥尼苏斯(Dionysus)追随者后裔的希腊人。他们对他的到来表示了真诚的欢迎。但这个偶遇反而激发了他的征服欲。他要比酒神走得更远,要和他一比高低。⑤ 巴克特里亚希腊人相对于当地民族,自然是少数。但他们在自己建立的城市里,则是居民的多数和社会上层。在这些希腊式城市的公共活动空间随处可见的各

---

① 有的学者根据在帕提亚尼撒遗址发掘出的具有希腊神话人物形象的来通(rhytons)、希腊式大理石雕像等艺术品,认为在此地存在着一个希腊—帕提亚艺术家群体,但也有的学者提出,这些艺术品可能来自地中海或亚洲的其他地方,如从巴克特里亚进口而来。若此,巴克特里亚希腊化艺术流派的假设可得到进一步佐证。参见 Carlo Lippolis, "Parthian Nisa: Art and Architecture in the Homeland of the Arsacids,"in Pierre Leriche, *Art et Civilizations de L'orient Hellénisé*, Paris: Picard, 2014, pp. 223 – 230.

② 亚历山大从小就崇拜阿喀琉斯,东征路过特洛伊(Troy)旧址时,还向其墓献了花环。见 Arrian, *Anabasis of Alexander*, 1.12.1; 7.14. 4 – 5.

③ Arrian, *Anabasis of Alexander*, 3. 3. 1–2; 4. 9. 9; Strabo, *Geography*, 17. 1. 43.

④ Arrian, *Anabasis of Alexander*, 3. 28. 4; 5. 3. 1–4; 5. 5. 3.

⑤ Arrian, *Anabasis of Alexander*, 5.1 – 2.

种希腊神的雕像,无不唤起希腊人对远祖神话英雄的记忆。这些神话故事随着希腊人代代口传而延续,也随着他们的统治的加强而深入人心。普鲁塔克曾说到,荷马的诗在亚洲得到广泛的阅读。[1] 希腊化钱币上的各种希腊保护神,无疑也推动了希腊神话的传播。

　　希腊神话在中亚和印度流传的结果就是在一定程度上逐渐被非希腊的民族所接受。帕提亚人和后来的印度—斯基泰人、贵霜人、嚈哒人、粟特人在接受希腊式钱币的同时,也接受了其上的希腊神。犍陀罗艺术中各种希腊神话人物的出现,尤其赫拉克勒斯形象的出现和变异就充分反映了希腊神话的传播之深远。在犍陀罗艺术出现的初期或之前,在印度西北部出现了一种类似于化妆盘(toilet tray,palette)的石盘[2],其中的许多人物形象和故事情节都取材于希腊神话,如太阳神阿波特与神女达芙妮(Daphne),美神阿芙洛狄特与特洛伊王子帕里斯(Paris),仙女宁芙(Nymph)和酒神随从萨提尔(Satyrs),狩猎女神阿尔特米斯(Artemis)和猎人阿克泰翁(Actaeon),阿芙洛狄特与小爱神厄洛斯(Eros),骑在海马背上的海中神女涅瑞德斯(Nereides),醉酒的狄奥尼苏斯,以及希腊传说中的英雄赫拉克勒斯、墨勒阿革洛斯(Meleagros)或美少年阿多尼斯(Adonis)等。一个石盘全景式地展示了狄奥尼苏斯与妻子阿里阿德涅(Ariadne)正在饮酒作乐(或正在举行婚礼)以及葡萄酒制作等

---

[1] Plutarch,"On the Fortune or the Virtue of Alexander," *Moralia*, 328D.
[2] 关于这些"化妆盘"出现的时间,学术界的争论主要在于他们出现在印度—希腊人时期还是在印度—帕提亚人和贵霜迦腻色伽时期。详见 Ciro Lo Muzio,"Gandharan Toilet Trays: Some Reflections on Chronology," *Ancient Civilization from Scythia to Siberia*, Vol. 17 (2011), pp. 331-340. 该作者持后一种观点,认为它们应该出现在公元 1 世纪,或者 2 世纪早期,与犍陀罗艺术的发展同步而非之前或在它的最早阶段。根据法兰克福的研究,这些所谓的化妆盘依其风格和内容可分为"希腊化式"、"帕提亚式"、"印度式"三个类型,他所搜集的 97 个石盘中仅有两个与佛陀有关(nos. 96—97)。可见这些化妆盘经历了一个漫长的演变过程,它们中的那些希腊化风格尤为突出的,显然属于印度—希腊人时期,后来那些属于帕提亚式和印度式的石盘,则是对以前题材的模仿或改造。参见 Henri-Paul Francfort, *Les Palette du Gandhara*, Paris: De Boccard, 1979, p. 5-7; Pls. I-XLVII (Palette nos. 1-97).

场面。① 还有一块石板上雕刻的是特洛伊的故事：特洛伊人想把木马拉回城里，但在城门口遭到女祭司卡珊德拉（Cassandra）和拉奥孔（Laocoon）的全力阻挠。② 希腊巨神阿特拉斯（Atlas）力扛天宇的形象也出现于犍陀罗地区的佛教雕刻中。③ 在犍陀罗佛教艺术中，赫拉克勒斯变成了护法金刚（Vajrapani）。④ 但他的基本特征仍然保留：头戴狮子头皮帽，裸体，手持由木棒变形的金刚杵。⑤ 这种形象一直东传到中国，麦积山石窟中的泥塑金刚⑥，隋唐墓中出土的护墓武士陶俑⑦、唐三彩武士俑⑧都或多或少反映了赫拉克勒斯的某些特征。值得注意的是，除了赫拉克利勒斯之外，希腊幸运女神（Tyche）的形象与印度女神 Hariti 合二为一，也进入了犍陀罗艺术

---

① John Marshall, *Taxila*, Vol. II, pp. 494-495, PL. 144. Nos. 62, 65; Henri-Paul Francfort, *Les Palette du Gandhara*, Pls. I-X, XⅡ-XⅢ, XIX, XXI-XXⅡ (Palette nos. 1-3, 6, 8-9, 12-17, 19, 24-26, 37, 41-44); 洛·穆兹奥：《印度—希腊、塞人和帕提亚时期西北印度的化妆盘》，载卡列宁·菲利真齐、奥里威利编著：《犍陀罗艺术探源》，魏正中、王倩编译，上海古籍出版社，2015年，第74—83页。
② 现藏大英博物馆，编号 1990,1013. 1。图片、说明详见该馆网页：http://www.britishmuseum. org/research/collection_online/collection_object_details. aspx? objectId=223566&partId=1&searchText=troy+horse&images=true&page=1.
③ Harald Ingholt, *Gandharan Art in Pakistan*, New York: Pantheon books, 1957, "Descriptive Catalogue" & Pls: 382-387.
④ 参见谢明良：《希腊美术的东渐？——从河北献县唐墓出土陶武士俑谈起》，《故宫文物月刊》1997年15卷第7期，第32—53页；邢义田：《赫拉克勒斯在东方》，荣新江、李孝聪主编：《中外关系史：新史料与新研究》，科学出版社，2004年，第15—48页。
⑤ 参见 W. Zwalf, *The Shrines of Gandhara*, London: British Museum Publications Limited, 1979, p. 23 (Pl. 21); Christian Luczanits, *Gandhara: Das Buddhistische Erbe Pakistans: Legenden, Klöster und Paradiese*, Mainz: Verlag Philipp von Zabern, 2008, p. 319 (abb. 3); Francine Tissot, *The Art of Gandhara*, Paris: Librairie Adrien Maisonneuve, 1986, Fig. 102. 柏林亚洲艺术博物馆也有一类似石刻收藏，名为"Buddha and Vajrapani"，编号：I 58，出自犍陀罗地区，公元前1世纪。个人拍摄（2014年2月7日）。
⑥ 身着铠甲，怒目前视，头戴虎头帽，右手施无畏印，左手持一木棒下垂于双腿间，脚踏小鬼。麦积山第四窟殿前泥塑，个人实地拍摄（2007年8月18日）。
⑦ 王敏之等：《河北献县唐墓清理简报》，《文物》1990年第5期，第28—33、53、101页；山西省文物管理委员会、山西省考古研究所：《山西长治北槽唐墓》，《考古》1962年第2期，第63—68页，图8。
⑧ 身着铠甲，头戴虎头或狮头皮盔，胸前两条前腿打结，与西方古典艺术中的赫拉克勒斯形象和犍陀罗艺术中的护法金刚颇有相似之处。现藏西安博物院，个人拍摄（2013年7月24日）。

的殿堂,在哈达的一组佛教雕塑中,她的位置紧靠佛陀的身旁。[1]

　　公元以后,佛教开始经中亚向东亚传播,也就意味着犍陀罗艺术的东传。中国境内图木舒克的飞天形象,龟兹的裸体壁画、日天月天形象[2],敦煌石窟中的爱奥尼亚和多利亚柱式[3]等,都反映了犍陀罗艺术中希腊化因素的强烈影响。可以毫不夸张地说,包含着希腊神话因素的犍陀罗艺术是远东希腊化文明留给后世影响最为深远的一份遗产。

四、远东希腊化世界与丝绸之路

　　远东希腊化地区处于从中国到地中海丝绸之路的核心地段,是丝路由中亚通往西亚和南亚次大陆的起点。因此,在对远东希腊化文明做出历史定位之时,我们有必要简略考察二者之间的关系。

　　两汉之际,从中国方向进入中亚和印度的主干线主要有三条。一条史称"北道",从疏勒"西踰葱岭则出大宛、康居、奄蔡焉",一条史称"南道",从莎车"西踰葱岭则出大月氏、安息"。北道沿泽拉夫善河行进,南道沿阿姆河行进,最后在安息的木鹿汇合,向西进入伊朗高原。南道还有一条延伸线,即从中国越帕米尔南下,经悬度,进入犍陀罗地区,由此西南行进入乌弋山离,即今日阿富汗的南部,自此"南道极矣"。[4] 三路所经之地,都是原来巴克特里亚和印度—希

① John Boardman, *The Greeks in Asia*, p. 189 (illus. 123).
② R. 格鲁塞:《从希腊到中国》,常书鸿译,第 118 页;吴焯:《克孜尔石窟壁画裸体问题初探》,《中亚学刊》第一辑,中华书局,1982 年,第 116—143 页。关于龟兹壁画中的希腊化文化因素,见韩翔、朱英荣:《龟兹石窟》,新疆大学出版社,1990 年,第 206—208、334—341 页,图八十、八十一。
③ 爱奥尼亚柱式出现于 268 窟,见敦煌研究院(樊锦诗等)编:《敦煌石窟全集》(第一卷):《莫高窟第 266—275 窟考古报告》,文物出版社,2011 年,第 96、249 页,图 34(第 56 页),图版:29—31、38;多利亚式柱式出现于 254 窟壁龛,图片见敦煌文物研究所编著:《中国石窟·敦煌莫高窟》第 1 卷,文物出版社,1982 年,图版 26。爱奥尼亚柱式也可见该书图版 6。
④ 班固:《汉书·西域传》,第 3872、3889 页。

腊人统辖之地。不论从中国西到伊朗、两河地区和地中海,还是从北方草原南下至印度河口,巴克特里亚及其属地都是必经之地。如果说中亚是亚洲的心脏,远东希腊化的核心地区——巴克特里亚王国的所在地就是丝绸之路的十字路口和交通枢纽。丝路的开通不仅推动了希腊化世界内部的文化交流,而且打开了巴克特里亚希腊化文明信息通往中国的大门。这一历史性的壮举有赖于张骞的西域凿空,更有赖于亚历山大帝国和希腊化世界的建立,特别是巴克特里亚希腊人在此地长达两个世纪的统治。

巴克特里亚是亚历山大由西而东和张骞由东而西的中亚极限之地,也是希腊化文明与中国文明的首次接触交流之地。汉代中国方面通过丝绸之路所获悉的西域"风土人俗"①,在很大程度上就是远东希腊化文明遗产的反映。

当张骞公元前128年风尘仆仆地来到阿姆河畔之时,巴克特里亚的希腊人大部分已经南撤至印度西北部。他所见到的是一个臣服于大月氏部落的大夏。这个大夏是否就是西方古典作家所记载的巴克特里亚希腊人王国,学界存在争议。从张骞的记述看,"大夏在大宛西南二千余里妫水南",这个大夏所据之地与巴克特里亚的地理位置吻合。据斯特拉波,阿姆河是索格底亚那和巴克特里亚的分界线。② 阿姆河的中游是东西流向,大夏位于"妫水南",就是位于阿姆河之南。"其俗土著,有城屋,与大宛同俗。无大君长,往往城邑置小长。其兵弱,畏战",③说明这是个定居的农业国家,有不少城镇,各地自治。国王已不存在,兵弱怯战。这可视为对希腊人王朝弃国而去,当地处于分裂割据状态的反映。美国学者勒纳认为,阿

---

① 范晔:《后汉书·西域传》,第2913页。
② Strabo, *Geography*, 11. 11. 2.
③ 司马迁:《史记·大宛列传》,第3164页。

伊·哈努姆遗址直到公元前 1 世纪中期才最后被希腊人遗弃。[①] 如果此论属实,张骞抵达大月氏、大夏之时,希腊人王朝可能还保有巴克特里亚东部的山区。张骞"并南山"而归时,极有可能会溯阿姆河而上,经过这个城市,然后沿瓦罕通道进入塔里木盆地。但无论如何,张骞所经过的大宛、康居、大月氏、大夏之地都是原来亚历山大帝国、塞琉古王国和巴克特里亚希腊人的统治区域。此地的希腊化文化遗产一定给他留下了深刻的印象。像他提到的这些地方的城市众多,种植葡萄,"相知言",以及传闻中的安息的"如其王面"的钱币和"画革旁行以为书记"[②]的书写材料与方式,都似乎与所谓的巴克特里亚"千城之国",通用希腊语(κοινή,common tongue),帕加马的牛皮纸和希腊语的书写规则,希腊人带来的葡萄种植技术有关。[③]

　　希腊化远东地区也是后来丝路文明的汇聚与辐射之地。张骞之行,标志着远东希腊化文明遗产通过丝路传播的开始。但以这一地区为中心的大规模的文明交流要到公元之后希腊人从印度彻底消失之后。不论是在印度西北部取代印度—希腊人王国的印度—斯基泰人王国,印度—帕提亚人王国,还是在中亚、印度取代巴克特里亚王国,其后崛起于从阿姆河到印度河的贵霜帝国,还是在中亚、西亚取代塞琉古王朝统治的帕提亚帝国以及后来曾经统治过中亚甚至印度一部的萨珊帝国,希腊人当初在远东建立的城市有相当一

[①] Jeffery Lerner, "The Eastern Baktria under Da Yuezhi Hegemony," in Vidula Jayaswal, ed., *Glory of the Kushans*: *Recent Discoveries and interpretations*, New Delhi: Aryan Books International, 2012, pp. 79 - 86. 一般认为,阿伊·哈努姆遗址在公元前 145 年被遗弃。[Paul Bernard, "*An Ancient Greek city in Central Asia*," *Scientific American*, Vol. 246, (1982, Jan.) pp. 148 - 159.]波比拉赫奇根据钱币资料,推定最后一位希腊人国王 Heliocles 一世对巴克特里亚东部的控制延续到公元前 130 年前后。(见 Osmund Bopearachchi, *Monnaies gréco-bactriennes et indo-grecques*: *Catalogue raisonné*, p. 453.)这大概是为了与汉文资料关于张骞抵达大夏的时间相吻合。

[②] 司马迁:《史记·大宛列传》,第 3160、3162、3174 页。

[③] 详见杨巨平:《亚历山大东征与丝绸之路开通》,《历史研究》2007 年第 4 期,第 150—161 页。也见本编第一章。

部分相继被新的统治者所利用,有的成为丝路重镇和文化中心。希腊式钱币也被这些后起王国所接受、改造、利用。佛教的希腊—犍陀罗艺术也经由贵霜传到中亚、中国。希腊神话人物的形象也随之传播,尽管本身已经发生了巨大的变异。

远东希腊化文明的遗产之所以能产生如此深刻和深远的影响,与继希腊人之后入主此地的民族本身的文明发展程度有关。不论是来自里海沿岸的帕提亚人,来自北方的斯基泰人,还是从中国西北而来的大月氏人、嚈哒人,他们都是游牧民族,背负的是草原文化。从游牧到定居,他们对当地的文化有一个接受适应的过程。面对文明程度大大高出他们的被统治民族,他们别无选择,只好接受当地的文化。这就是远东希腊化文明遗产之所以能够被普遍接受的历史和文化背景,也是后来这些统治民族的文化中包含大量希腊化因素的原因。当然,这是一个潜移默化的渐进过程。不可否认的是,他们在接受希腊化文明遗产的同时,也接受了其他民族的文化,特别是印度、波斯的文化,同时注入了自己的游牧文化元素。印度—斯基泰人钱币上的国王戎装骑马形象,贵霜钱币上的国王身着本民族的皮袍皮靴,向琐罗亚斯德教(Zoroastrianism)的火坛献祭,同时又将印度和波斯的神视为自己的保护神,就是这种多元文化相结合的见证。希腊、印度、波斯、中国、草原五大文明能够在原来希腊化的远东地区互动交流,以巴克特里亚为中心的丝路交通体系无疑发挥了至关重要的作用。

结　语

总之,希腊化文明本质上是一个既多元又统一的混合文明。就其整体上的构成和影响而言,实际上有两个中心,一个是东地中海地区,一个是巴克特里亚地区。前者的文明传承作用显而易见,有目共睹,后者则长期湮没在历史的失忆与尘封之中。然而,正是巴克特里亚的希腊人在中亚地区和印度西北部长达约三个世纪的统治，才使得这一区域的希腊化文明在孤悬远东的困境下，能一花独放，得以延续。此地的希腊人坚持他们的文化传统、生活方式、宗教信仰，坚持使用他们自己的语言，但同时也在不断地调适自我，有选择地接受当地的文化，所以才能在这样的多元文化环境中创造出这样一个独特的以阿姆河流域为中心，囊括中亚、印度西北部的"希腊—巴克特里亚文明圈"（或曰"远东希腊化文明圈"）。生活于其中的民族，不论是外来的，还是本土的，都不同程度地受到了这一文明直接或间接的影响。可以毫不夸张地说，它们的文化正是在吸收远东希腊化文化遗产的基础上发展起来的，它们的文明在某种意义上就是远东希腊化文明的延续和扩展。巴克特里亚是丝绸之路的枢纽地区，同时也是希腊罗马、波斯、印度和中国文化的汇聚之地。远东希腊化文明的遗产及其信息正是由此传到了中国，并融入了中华文化的传统之中。在我国实施"一带一路"倡议的今天，远东希腊化文明的内涵及其历史定位确实值得重新审视。

（本文原载《历史研究》2016 年第 5 期，略有改动）

后　记

　　本书主要是我从本科、硕士到博士不同求学阶段的学位论文和其他一些相关研究成果,借此初版或再版之际,再次向各位指导老师致敬。他们先后是山西大学历史系的陈文明先生,南开大学历史系的王敦书先生,北京师范大学历史系的刘家和先生。没有他们的耳提面命,谆谆教诲,我是不可能在学术之路上走到今天的。当然,我也不会忘记其他所有给我传道授业解惑的老师。虽然不能一一提及,但我对他们,以及所有与我风雨兼程、患难与共的同学、学生、朋友、家人,都是常存感恩之心的。

　　本书是由不同时期的文章构成,时间跨度大约 40 年。除了研究水平有渐进差别之外,在引用规范、译名与参考书目等方面也有不太统一之处。即使是发表过的部分,由于出版社和杂志社的标准不一,也会出现先后不一的现象。为了统一全书,我在这些方面尽量做了调整,但结果并不令人十分满意。因此,本书没有做统一的译名表,也没有统一的参考书目汇编,只是在每编或每篇文章中保持了译名和引文的统一,相关的译名原文附于文中,参考书目附于页下注或文后。但硕士学位论文和博士学位论文根据惯例保留了征引文献。这样,即使全书不能首尾相贯,单篇还是统一的,还是可以查到所有引文的全部出处。

感谢南开大学历史学院在我进入古稀之年,给我这样一个机会,把求学治学之路上几个关键节点的收获、体会付梓出版。在这些文稿的写作和整理过程中,学生张丽霞曾经帮助我将博士论文的部分手稿输入电脑,潘立宁将我的硕士论文油印本重新输入为电子版,李毅铭帮我将部分铅印版文稿转换为 word 文档版,在此一并致谢。同时对江苏人民出版社编辑一丝不苟、耐心细致的敬业精神表示由衷的敬意。